Periodismo para la historia

Periodismo para la historia

(Antología)

JULIO SCHERER GARCÍA

Grijalbo

El papel utilizado para la impresión de este libro ha sido fabricado a partir de madera
procedente de bosques y plantaciones gestionadas con los más altos estándares ambientales,
garantizando una explotación de los recursos sostenible con el medio ambiente y beneficiosa para las personas.

Penguin
Random House
Grupo Editorial

Periodismo para la historia
(Antología)

Primera edición: mayo, 2024

D. R. © 2024, Julio Scherer García
D. R. © 2024, Herederos de Julio Scherer, por la titularidad de los derechos

D. R. © 2024, derechos de edición mundiales en lengua castellana:
Penguin Random House Grupo Editorial, S. A. de C. V.
Blvd. Miguel de Cervantes Saavedra núm. 301, 1er piso,
colonia Granada, alcaldía Miguel Hidalgo, C. P. 11520,
Ciudad de México

penguinlibros.com

Selección de Rafael Rodríguez Castañeda y Rogelio Flores Morales

D. R. © 2024, Rogelio Flores Morales, por la presentación
D. R. © 2024, Rafael Rodríguez Castañeda, por el prólogo

ISBN: 978-607-384-219-8

Impreso en México – *Printed in Mexico*

Presentación

Por Rogelio Flores Morales

En diciembre de 2006, don Julio Scherer García me citó en la sala de juntas de *Proceso*. En ese entonces comenzaba a escribir *La terca memoria*, libro emblemático en el que habría de rescatar recuerdos, testimonios y documentos sobre distintos personajes del pasado y presente, tan disímiles como Gustavo Díaz Ordaz, Mario Vargas Llosa, Carlos Hank González o Guillermo del Toro.

Cada vez que don Julio me buscaba, algo se encendía en mis entrañas: un nuevo desafío en puerta, una búsqueda hemerográfica imposible, una indagación periodística... Participar, de algún modo, en uno de sus proyectos me llenaba de orgullo.

Don Julio me recibió en la sala de juntas con un abrazo intenso, de aquellos que resquebrajan los huesos de la espalda y las costillas. Lo notaba feliz, nostálgicamente reflexivo, envuelto en los ejercicios de la memoria.

—Tengo una tarea abismal para usted, don Rogelio —me dijo a bote pronto—. Necesito que comience a reunir todos mis textos, desde el primero hasta el último. Sé que le llevará años, pero tenemos que comenzar.

—Será un honor, don Julio.

—Prométame que va a reunir todo.

—Se lo prometo.

—Prométamelo de nuevo.

—Es un privilegio, don Julio. Todos queremos leer sus primeras notas, sus textos de juventud, sus inicios. Me emociona que...

—No se emocione tanto, don Rogelio —me cortó de tajo, con una sonrisa que quise imaginar paternal—. No me idealice. Ya descubrirá mis inicios y se llevará algunas sorpresas. Desde ahora le digo que las primeras notas no son tan especiales, pero sí significativas para mí.

Don Julio me tomó del hombro en un abrazo fraterno, señal inequívoca de que ya todo estaba dicho y, lentamente, me condujo hacia la puerta de la sala de juntas. Salí sonriendo, ligeramente perturbado, imaginando todo lo que vendría.

* * *

A partir de entonces y durante casi una década, en *Proceso* nos dimos a la tarea de reunir todo el material hemerográfico de don Julio. Agrupamos los textos que Elenita Guerra conservó durante años en su oficina y los integramos al cúmulo de reportajes, entrevistas, crónicas y notas que íbamos escaneando, fotografiando y transcribiendo en distintas bibliotecas de la Ciudad de México.

En las hemerotecas inhalamos el aroma del papel viejo y amarillento que se quebraba con sólo mirarlo. Viajamos en el tiempo con cada nota, con cada fotografía y con cada anuncio publicitario del pasado. Nos imaginamos al autor de esas líneas que narraban afanosamente la noticia del momento y describían a los personajes que harían historia, para bien y para mal.

No quisimos visitar el archivo de *Excélsior*. Alguna intuición o un resentimiento guardado nos alejó de esa posibilidad. Preferimos acudir a las hemerotecas aunque nos llevara más tiempo el proceso de búsqueda. Todavía no comprendo bien esta decisión impulsiva que tomé, pero creo que una profunda sensación de independencia, orgullo y dignidad fue la principal responsable.

La Biblioteca Miguel Lerdo de Tejada fue nuestro principal refugio y asidero. En pleno Centro Histórico encontramos espacio y libertad de trabajo, entre los más de dos mil metros de frescos y lienzos revolucionarios con los que Vlady cubrió al antiguo oratorio de San Felipe Neri.

En la sala principal en donde regularmente trabajábamos —con una vista impresionante de los trazos coloridos del muralista ruso y con mesas ordenadas a lo largo de los pasillos—, imaginaba caprichosamente un escenario de novela con personajes entrecruzados: un pintor que reivindicaba los procesos revolucionarios (Vlady); un presidente con manos ensangrentadas (Luis Echeverría), que autorizó y promovió ese mural apelando de forma hipócrita a la "libertad de expresión"; y un periodista (Julio Scherer García) que habría de ser víctima, paradójicamente, de un golpe represivo y autocrático del mismo mandatario que reivindicaba los "procesos revolucionarios".

Ironías del destino o coincidencia significativa, en alguna de nuestras búsquedas hallamos una crónica de Julio Scherer García, fechada en 1957, en la que daba cuenta justamente de la inauguración de la Biblioteca Lerdo de Tejada, entonces ubicada en la calle Corregidora.

8

En esa biblioteca —narraría Scherer García en su texto— se encuentran libros y volúmenes que salieron de la primera imprenta de América, además de toda clase de "documentos históricos" y un acervo importantísimo sobre los "personajes" y "joyas" que marcaron el curso de nuestro país.

El joven Julio Scherer, sin sospecharlo todavía, habría de ser justamente uno de esos "personajes históricos" que él mismo describió en su crónica de 1957, y que la misma biblioteca habría de albergar para la posteridad, a través de su amplia producción bibliográfica y hemerográfica.

***

El 26 de marzo de 1948 Julio Scherer García publicó su primer texto como reportero en la segunda edición de *Últimas Noticias* de *Excélsior*: lo titularon "Universidad del crimen. Más de dos millones anuales para degenerar a los menores". Tenía apenas 21 años y ya denunciaba la descarada corrupción institucional del país.

Casi 60 años después, Scherer García recordaría en su libro *Vivir*: "Como periodista me sentí trastornado cuando vi publicada mi primera nota en el diario. Me soñé cazador de especies inauditas, las exclusivas desplegadas a ocho columnas".

Atrás habían quedado de forma definitiva las clases de derecho y filosofía en la UNAM. Lejos, más lejos, habían quedado sus días en el Colegio Alemán y en Bachilleratos. "Imaginaba la vida futura de otra manera", escribió en *La terca memoria*.

Fue entonces cuando dio el salto que habría de marcar parte de su vida:

"Sin orden en los estudios, debes iniciarte en algún trabajo", le sugirió, contundente, Pablo Scherer, su padre.

Don Julio narra que, a instancias de don Pablo, visitó a Gilberto Figueroa, gerente de *Excélsior*, y que éste lo remitió con Enrique Borrego Escalante, director de la segunda edición de *Últimas Noticias*.

—¿Sabes algo de periodismo?

—Nada, don Enrique.

—¿Lees los periódicos de la casa *Excélsior*, sus ediciones?

—Sólo la sección deportiva de *Excélsior*.

Así inició su carrera periodística. Era 1948. Finalizaba la primera mitad del siglo XX.

***

9

En uno de sus primeros textos, publicado en septiembre de 1948, ya se vislumbraba su pasión por la noticia y el entusiasmo por la palabra. Vale la pena rescatar una cita larga de aquel joven de apenas 22 años que se iniciaba en el periodismo:

En la redacción las voces de los reporteros son ahogadas por el ruido trepidante de máquinas de escribir. Saben éstas que las noticias deberán estar concluidas en unos minutos más, y tal parece que por sí solas oprimen sus teclas como si desearan ayudar al angustiado redactor, cuya sola obsesión es el minutero. Sus resortes se mueven al compás de las ágiles ideas que la mente va plasmando en cuartillas. Las humildes hojas de papel, sin importancia alguna, se revisten de personalidad con cada letra, que no es más que una manchita de tinta…

La noticia está en espera de salir corriendo hacia el linotipo. De pronto, un teléfono grita: "¡Bueno! ¿Sí? ¡Caramba!".

Un nuevo personaje, vestido a ocho columnas, irrumpe majestuoso en la redacción. Pasea su mirada altiva por sobre las noticias de pequeña estatura, viéndose retratado ya en primera plana y brillando con luz propia. Miles de pupilas se fijarán en él. Será la sensación del día.

Un cúmulo de informaciones se apretuja ya sobre el escritorio del director. La lucha es tenaz por conseguir un sitio en la edición. Sin embargo, unas verán que su vida fugaz acaba en el más cruel de los desprecios: el cesto; otras no encontrarán lugar y tendrán que esperar un nuevo día; las más afortunadas serán llevadas a sitios luminosos.

Poco a poco se va cubriendo el esquema hasta quedar ocupado en sus más remotos rincones. El periódico está formado.

Las máquinas de escribir enmudecen, una a una. Los teléfonos ya no preguntan por nadie. Pasos que se alejan. Unos cuantos papeles regados por el suelo. Silencio en la redacción…

***

El 11 de enero de 2015 don Julio publicó su último texto. Lectores y quienes trabajamos en distintas etapas en *Proceso* nos miramos por siempre en aquel título febril que resquebraja el alma: "Morir a tiempo".

Entre su primera nota de marzo de 1948 y este último texto magistral publicado de manera póstuma transcurrieron casi 67 años. Durante este largo periodo, y entre ambas fechas que devendrán legendarias con el transcurrir del tiempo, es justamente donde se ubica el legado de uno de los mejores periodistas que ha dado México, a la altura de Francisco Zarco, Daniel Cabrera o de los propios hermanos Flores Magón.

Sin la menor duda, sus lectores contemporáneos celebraremos la dicha de haber vivido en *su tiempo*. Tiempos de canallas, saqueos, robos, corrupción y muerte, pero también de esperanzas y transformaciones de las que él fue principal impulsor y destacado protagonista.

Dejemos que hable la Historia (con mayúscula).

Prólogo

Por Rafael Rodríguez Castañeda

Conocí a Julio Scherer García en los azarosos años posteriores a 1968. En poco tiempo como director de *Excélsior*, él había hecho del "periódico de la vida nacional" el mejor diario de México y uno de los más influyentes de América Latina.

En fecha reciente había egresado yo de la carrera de periodismo y pedí una cita para verlo en la "catedral" de Reforma 18. Nuestro encuentro fue tan breve como el abrir y cerrar de la puerta de su oficina. Pidió a su secretaria Elena Guerra llevarme con un viejo español de apellido Albaitero, de cuyo nombre no quiero acordarme, jefe de la sección internacional. Con prontitud, en español de España, Albaitero me mandó lejos con cajas destempladas.

"¿Estudiante de periodismo? ¡Los periodistas se hacen en las redacciones!".

Minutos después caminaba cabizbajo por Paseo de la Reforma convencido de que sí, carajo, los periodistas se hacen en las redacciones, pero podría ayudar haber estudiado la licenciatura de Periodismo en la Escuela de Ciencias Políticas y Sociales de la UNAM con maestros de la talla de Víctor Flores Olea, Rubén Salazar Mallén, María del Carmen Ruiz Castañeda, Henrique y Pablo González Casanova, Fernando Benítez, Mario Rojas Avendaño, Francisco López Cámara, Enrique González Pedrero, etcétera, etcétera.

No mucho tiempo después se cumpliría mi anhelo de entrar a *Excélsior*. Pero ésa es historia aparte.

Para los universitarios aspirantes a periodistas, Julio Scherer García era ejemplar: reportero con glamur internacional, redactor de pluma literaria, director del diario que ejercía como ningún otro un periodismo crítico e independiente que confrontaba desde la información y el análisis al régimen autoritario... ¿Cómo no aspirar a pertenecer a ese *Excélsior*?

¿Cuál era su secreto? Vicente Leñero, colega y amigo suyo de muchos años, lo resumía así:

El único sustantivo para definir a Julio es el de reportero. Como reportero vive, como reportero trabaja tiempo completo, como reportero hace y pierde amigos... Pocos reporteros son, en México, tan reporteros como este Julio Scherer de corazón abierto a la curiosidad. Ésa es su gran virtud, su cualidad sobresaliente que tantos quisieran tranquilizarlo, aquietarlo, detenerlo: "Ya, don Julio, por favor, no pregunte más, no averigüe, no insista, no quiera saber lo que no se puede decir".

Desde que en 1948, a los 22 años, pisó por vez primera la redacción de *La Extra*, el periódico vespertino de la casa *Excélsior*, descubrió que su vocación era ésa: reportear, es decir, presenciar, preguntar, escuchar, investigar, saber y narrar. Y lo fue hasta el último día de su vida activa.

La plantilla del diario matutino, a la que se integró poco después, estaba formada por reconocidos reporteros de la época, entre los que brillaba con luz propia Carlos Denegri. En el periodismo campeaba la corrupción, que aceitaba la perversa relación del poder político con los periodistas. En este terreno Denegri también era la estrella. Por el contrario, Scherer era obsesivo en su rechazo a entrar en el juego de las componendas, los embutes y los chantajes. Estaba convencido de que el reportero de veras es el que puede acercarse al poder sin dejarse envolver en sus sedas deslumbrantes.

Sin compromisos ocultos se relacionó con políticos, funcionarios públicos y hombres del poder económico. Con frecuencia tenía en ellos sus mejores fuentes de información. Su red de contactos se extendía a la cultura y el espectáculo, en los que estableció vínculos de confianza y aun de amistad con pintores, músicos, escritores y artistas del cine y el teatro.

En los sexenios de Adolfo Ruiz Cortines y Adolfo López Mateos, cubrió movimientos de protesta social y bajo su firma quedó consignado el despertar del monstruo represivo que yacía en las entrañas del llamado régimen de la Revolución.

Hacia finales de la década de los años cincuenta y principios de los sesenta viajó en misiones especiales al extranjero. Fue testigo y cronista de acontecimientos internacionales y entrevistó a personajes relevantes de Estados Unidos, América Latina, Europa y Asia. Viajó al Japón, que renacía 15 años después de la bomba atómica; describió a la pujante Alemania, tierra de origen de sus ancestros paternos, emergiendo de los rescoldos del nazismo. En Washington rescató historias de los tiempos posteriores al asesinato de John F. Kennedy y entrevistó a quienes fueron los hombres del presidente.

América Latina, agitada por la efervescencia de la Revolución cubana y el consecuente surgimiento de regímenes militares, fue escenario favorito de Scherer. Libreta y grabadora en mano, estuvo presente lo mismo en Chile que en Argentina, en Perú que en Bolivia, en Guatemala que en República Dominicana. Y, por entendido, en Cuba. Entrevistó a presidentes, generales, intelectuales, activistas, revolucionarios...

Sus entrevistas y reportajes eran destacados en primera plana, muchos de ellos bajo las tan ambicionadas ocho columnas. Dentro de la cooperativa que editaba el periódico, pronto se convirtió en la figura más representativa de la redacción. A la muerte de Rodrigo de Llano, director general de *Excélsior*, su sucesor, Manuel Becerra Acosta, puso a Scherer a cargo de las páginas editoriales del diario.

De inmediato, convocó a incorporarse a ellas a escritores y políticos que él definía como dueños de obra y vida propios. Así, muchos colaboradores de la época de Rodrigo de Llano fueron sustituidos por nombres como los de Enrique Maza, Adolfo Christlieb Ibarrola, Manuel Moreno Sánchez, Alejandro Gómez Arias, José Alvarado, Ricardo Garibay, Rosario Castellanos, Miguel Ángel Granados Chapa, Jorge Ibargüengoitia, Samuel del Villar, Juan José Hinojosa...

En medio de los celos explicables de los compañeros de la redacción, continuaba viajando al extranjero. El rumor era que su cercanía con Becerra Acosta le aseguraba oportunidades como a ninguno para brillar en la portada del diario.

En realidad, muchos de sus trabajos nacían de su propia iniciativa. Y de sus contactos. Por ejemplo, "informado a tiempo por la embajada checa", viajó oportunamente en abril de 1968 y pudo presenciar y describir los episodios más dramáticos de la efímera Primavera de Praga.

Precisamente dos meses después de su regreso de Checoslovaquia, el 31 de agosto de 1968 Scherer tomó posesión como director de *Excélsior*, elegido por la asamblea de cooperativistas tras la muerte de Becerra Acosta. Eran las vísperas de la matanza de Tlatelolco, tras la cual el director emprendió en el periódico un gran viraje: en el curso de los siguientes ocho años, transformó al diario en un referente no sólo en México, sino en América Latina, y lo convirtió en un férreo instrumento de crítica a los sucesivos gobiernos de Gustavo Díaz Ordaz y Luis Echeverría.

Pero no dejó de reportear. Gracias a su insaciable vocación, los lectores de *Excélsior* se asomaron, por medio de sus crónicas y entrevistas, a los misterios de la China de Mao Tse-tung y de Chou En-lai, que iniciaba su apertura a Occidente; presenciaron escenas de la hambruna en las calles de Bangladesh y descendieron a los infiernos del *apartheid* en Sudáfrica.

Si el gran Kapuściński iba de guerra en guerra, Scherer optó por ir de dictadura en dictadura. Es autor de páginas memorables acerca de las guerrillas, la represión y las torturas en América Latina. En particular, contó las vicisitudes del golpe militar en Chile contra el gobierno de Salvador Allende en 1973, auspiciado y solapado por Richard Nixon y Henry Kissinger.

Tres años después, el propio Scherer sería víctima de un golpe gubernamental equivalente, cuando Echeverría se hartó de las críticas de *Excélsior* a su gestión y, traicionando su compromiso de "apertura democrática", utilizó los servicios de otro traidor, Regino Díaz Redondo, para lanzar fuera del periódico a su director y a dos centenares de reporteros y editorialistas.

Unos cuantos meses más tarde, sin embargo, todavía con Echeverría presidente, salió a la luz la revista *Proceso*, fundada, con Scherer a la cabeza, por el núcleo de los periodistas que lo acompañaron en su salida de *Excélsior*. Asumió la dirección de *Proceso* a los 50 años y durante los 20 siguientes aparecieron recurrentes, en las páginas de la revista, entrevistas y reportajes al tiempo que publicaba libros como *Los presidentes, El poder. Historias de familia* y *Estos años.*

En 1996 decidió, por voluntad propia, dejar la dirección de *Proceso*. Pero no abandonó su pasión reporteril. En su libro *Vivir* cuenta:

Ya no participaba en los acontecimientos de la vida noticiosa como un testigo privilegiado. Ahora veía los sucesos a distancia, crítico o cronista, mas no reportero.

De alguna manera apartado de la vida que había hecho mía durante años, el tiempo se alargaba inmisericorde. Veinticuatro horas pueden provocar sentimiento de indefinición, el final de la jornada siempre pendiente. ¿Cómo vivirlas para hacerlas útiles, atractivas? ¿Qué hacer con las horas que sobran? ¿Cómo vivir pensando en el amor el día entero o leyendo y escribiendo el día entero de amanecer a amanecer?

Me atraía el magisterio, pero no me conquistaba para la pasión de una vida vuelta al exterior. Los ojos están hechos para mirar, los oídos para escuchar y el tiempo de la reflexión ocupaba en mí un segundo espacio. No soy un intelectual ni aspiro a la erudición. Soy persona que existe a partir de los sentidos, no de mi inteligencia.

Fiel a su naturaleza, entró pronto en acción. A partir de 1996 publicó alrededor de 20 libros de investigación que lo llevaron al mundo clandestino del narcotráfico, a la sordidez de las cárceles de alta seguridad y a exhibir la corrupción de la política mexicana. Buena parte de su tiempo la dedicó a reportear sus recuerdos, que cobraron vida en obras memoriosas, un repaso de sus experiencias profesionales y personales al que mucho se había resistido.

Falleció en el amanecer de 2015, a los 88 años. Unos meses después, el sello editorial de la revista, Ediciones Proceso, publicó sus más brillantes trabajos en el género de la entrevista, en un volumen titulado *Entrevistas para la historia*, una selecta compilación de sus conversaciones con grandes personajes de la política y del arte, tanto mexicanos como extranjeros, publicadas en *Excélsior* y en *Proceso*.

El volumen que el lector tiene en sus manos, *Periodismo para la historia*, contiene una amplia selección de la obra periodística de Julio Scherer García: notas informativas, entrevistas, crónicas y reportajes sobre México y el mundo escritos durante 50 años de ejercicio profesional y publicados en *La Extra*, *Excélsior* y *Proceso*.

En *La terca memoria*, Scherer aseguraba que el periodismo padece la esclavitud del presente. Su propio trabajo, sin embargo, de alguna manera lo contradice: rompe las cadenas del presente de ayer y llega con validez al presente de hoy.

En su conjunto, la obra es una aportación al conocimiento del periodismo mexicano, una ventana a la evolución profesional y humana del mejor periodista mexicano del siglo XX y un testimonio de alto valor histórico: los acontecimientos y las situaciones del pasado vistos y narrados en tiempo real.

Incorpora también textos e intervenciones públicas que muestran ángulos de la filosofía del autor y sus reflexiones sobre la función del periodismo, el abuso del poder, la corrupción, la injusticia, la moral y la ética, sobre el ser humano y su responsabilidad ante sí mismo y ante la sociedad.

Periodismo para la historia es, por todo ello, de forma complementaria, un curso completo para aquellos que aspiran a ejercer el noble oficio de informar con exactitud, destreza y belleza. Ni más ni menos.

Nota de los editores

Los textos que componen *Periodismo para la historia* son una reproducción fiel de los que fueron publicados en la fecha que se indica tanto en *La Extra* y *Excélsior* como en *Proceso*. Los encabezados de algunos de ellos fueron modificados para hacerles ajustes por razones estrictamente tipográficas. Esta recopilación no hubiese sido posible sin el riguroso, amoroso y puntual trabajo de investigación hemerográfica de Rogelio Flores, coordinador del Centro de Documentación de *Proceso*.

VOLUMEN I

1947-1959

1949

"No pudieron pagarme lo que valgo", dijo María Félix[*]

"No pudieron pagarme en España lo que valgo", afirma María Félix, a pesar de que la filmación de *Mare Nostrum* representa para ella ganancias líquidas de dos millones y medio de pesetas, o sea, 250 mil pesos mexicanos. Éste fue uno de los ángulos captados durante una entrevista con la actriz. Los demás se orientan, preferentemente, hacia la proyección del cine mexicano en el futuro, junto con la trayectoria que debe adoptar frente a las nuevas tendencias que surgen en los demás países del mundo.

María Félix, podemos decirlo, regresa un tanto aturdida. Miles de sentimientos y emociones acumulados durante los meses de ausencia surgen atropellados, de suerte que, junto a la reflexión que habla de números y contratos, aparece la anécdota singular de que fue testigo en París o la broma de España o de Italia...

La entrevista tiene lugar en su casa, en el *hall* de la planta baja. Es de llamar la atención la cantidad enorme de flores que adornan las piezas y todos sus rincones, así como el lujo de aquéllas, que contrastan con la sencillez que luce María en su persona. Una sola joya lleva consigo: un anillo en la mano izquierda. Frente a una mesa descansa, también, una cigarrera de oro que enmarca sus iniciales con una serie de perlas.

Al comentar la filmación de su próxima película en México, tras la cual saldrá a Buenos Aires a cumplir la firma de viejo contrato, dice la estrella: "Desconozco su tema, así como el personal técnico y artístico que habrá de acompañarme". Expresa tan sólo que presionará hasta donde sea posible, con objeto de filmar algo semejante a *Enamorada*. "Una película humana, sencilla y mexicana que hable al corazón", son sus palabras.

A propósito de *Enamorada*, en Europa es una de las películas que integran el grupo de las preferidas y que ha dejado grandes ganancias.

---

[*] Fuente: *Excélsior*, 6 de abril de 1949

PERIODISMO PARA LA HISTORIA

Datos posteriores logrados por el reportero comprueban que ascienden a 160 mil dólares (más de un millón de pesos) las utilidades que ha dejado la distribución de esta cinta. Sólo así se justifica, por otra parte, el contrato por 400 mil pesos que acaba de firmar la artista, comprometiéndose a trabajar, en exclusiva, para César González.

El cine de Hollywood imita al italiano

El cine italiano ha dejado huella profunda en el espíritu de la artista mexicana, y es, en criterio suyo, la vanguardia del cine mundial: "Italia explota el aspecto humano, realista, que tanto imita Hollywood. Aquella cosa fuerte, expresiva —añade—, me impresionó profundamente y creo que el de Estados Unidos no trata más que ser una copia de ello".

En cuanto al cine nacional, señala el peligro de que se oriente por caminos semejantes, que encuentran magnífica acogida en el público mundial.

El alma un poco morbosa, compleja, llena de pliegues interiores y de sombras, ha encontrado magnífico espectáculo en esta nueva tendencia. De seguir los mismos lineamientos, el cine de México quedaría desvirtuado "y perdería su personalidad", expresa la artista.

"Debemos explotar lo nuestro y no imitar a nadie", sigue. Y confiesa que ella, en lo personal, se apartará de la tendencia ítala, misma que fructifica ya entre los productores nacionales.

Una anécdota de París

Una anécdota, de aquellas que han llevado la celebridad de París al mundo entero, haciendo de la Ciudad Luz el sitio único "donde ocurren sólo determinadas cosas", narra María Félix: a raíz de tragedias recientes con su marido, una bella joven decide suicidarse, pues no soporta más el odio y el desprecio que siente por su cónyuge; un día, y respondiendo a sus impulsos, se tira de cabeza desde un décimo piso, con tan buena puntería que fue a caer exactamente sobre la cabeza de su marido, quien pereció en el acto mientras ella quedaba ilesa. El juzgado, tras madura reflexión, absolvió a la esposa por falta de méritos. Y ésta, de manera involuntaria y salvando su propia vida, solucionó su problema.

"La prensa parisiense —comenta la actriz continental— se ocupó por semanas enteras del suceso, único en el mundo...".

Critica Siqueiros la obra de Rivera: 15 años de oportunismo moral y de *Mexican curios**

Las primeras explosiones violentas se han producido ya entre los pintores mexicanos cuando David Alfaro Siqueiros, refiriéndose a la obra global de Diego Rivera (hoy en exposición) insinúa que, durante los últimos 15 años, dicha obra responde únicamente a fines e ideas mercantilistas nacidas de la aceptación que han tenido esos trabajos entre los turistas norteamericanos y no de un íntimo sentimiento creador.

Las censuras se extienden al mismo Instituto Nacional de Bellas Artes, que, a juicio del muralista, realiza una labor torpe, de simple escaparate, en contraste con lo que debía ser su meta: el impulso de las artes nacionales.

El sábado pasado, la segunda edición de *UN* [Últimas Noticias] adelantó las tormentas que se avecinan entre los pintores, pues algunos —entre ellos Alfaro Siqueiros, el Frente de Pintores Revolucionarios, etcétera— se disponían a verter fuertes censuras contra la obra de Rivera y el Instituto. Hoy, estas primeras críticas emergen públicamente.

En cuatro puntos fijó el Coronelazo su criterio al respecto. Manifiesta:

1. Se expone la obra de Rivera como fenómeno simplemente individual y no como el tronco fundamental de un gran movimiento. ¿Cuándo dejará el Instituto Nacional de Bellas Artes de ser un escaparate catalogador de la obra producida para transformarse en un impulsador vivo de la creación artística?

2. Ese tronco tuvo sus antecedentes en las importantes inquietudes estéticas de fines del siglo XIX y principios del actual; en la famosa huelga de 1911 en la Escuela de San Carlos; en la participación directa de los artistas mexicanos en las filas del Ejército Constitucionalista; en

---

* *Últimas Noticias*, 2.ª ed., 15 de agosto de 1949

las discusiones de los artistas-soldados en los años 1917 y 18, etcétera. ¿No podía el Instituto Nacional de Bellas Artes haber hecho que, objetivamente, la exposición de Rivera arrancara de tales antecedentes? ¡Basta ya de repetir oficialmente en México las exposiciones vulgares que organizan las galerías privadas en todos los países del mundo!

3. Es incuestionable que el mercado privado, particularmente el mercado turístico, ha dañado seriamente la obra de Rivera durante los últimos 15 años. Es más, a ese mercado se debe lo que existe en su importante obra de *Mexican curios*, de pintoresco, de oportunismo moral.

Pero los críticos, de quienes esperaríamos una presentación simultánea de lo positivo y lo negativo en la obra de Rivera, se limitan simplemente a hacer gestos de disgusto, o bien a entonar salmos encomiásticos.

Por último, afirma Siqueiros que el nuevo movimiento internacional de pintura, cuyos cimientos pusiera el propio Diego Rivera, aún está en sus primeras etapas, y que para su engrandecimiento y fructificación exige la ayuda del pintor guanajuatense y el encauzamiento general por parte del Instituto.

El sábado próximo, según anunciamos, los artistas, en su gran mayoría, se reunirán en ocasión al homenaje a Diego Rivera, con motivo de su exposición de Bellas Artes. Y para aquella fecha habrán de conocerse las réplicas contra las ideas y censuras vertidas por Siqueiros, así como nuevas censuras a Rivera.

Censuradores y aplaudidores se portan "como idiotas"

Anteriormente Siqueiros lanzó una catilinaria a los censuradores y aduladores de la obra pictórica en México, quienes, según él, se portan "como idiotas". Expresó:

En México se ha producido un extraordinario movimiento en las plásticas (sin duda el más vital del mundo contemporáneo). Pero tanto los que lo censuran como los que lo aplauden lo hacen como verdaderos idiotas.

En realidad —sigue— nadie, o a casi nadie, sabe cuál es la exacta significación histórica de dicho impulso. Naturalmente, esto no es culpa del público, ni siquiera del sector intelectual en su conjunto, sino culpa de nosotros mismos, que no hemos sabido darle la publicidad adecuada a la primera manifestación de arte público en nuestro tiempo.

28

Ahora bien, la exposición de Rivera, aunque con muchos años de retardo, viene a hacer posible lo que pudiéramos llamar "un examen de conciencia nacional sobre nuestras artes plásticas".

Y, en seguida, abrió paso a los cuatro puntos fundamentales que quedaron puntualizados líneas arriba.

Honores nacionales a Clemente Orozco[*]

Diego Rivera, David Alfaro Siqueiros y todos los integrantes del movimiento de artes plásticas de México se dirigieron hoy al jefe del Estado con la petición expresa de que los restos de José Clemente Orozco sean transportados inmediatamente y sin dilación alguna a la Rotonda de los Hombres Ilustres.

El telegrama está redactado en los términos siguientes:

Al C. presidente de la República, licenciado Miguel Alemán Valdés:

José Clemente Orozco ha muerto hoy, a las 7 a. m. Con el debido respeto ante usted pedimos, a nombre de la patria, de la que Orozco en el arte era cabal expresión, que ordene que sus restos sean enterrados directamente, en homenaje justo y necesario, en la Rotonda de los Hombres Ilustres. A nuestra petición se han adherido la totalidad de los productores de artes plásticas.

Diego Rivera
David Alfaro Siqueiros

Sus restos, a la Rotonda de los Ilustres

Diego Rivera hizo el comentario siguiente al mensaje, así como a su significado:

Hemos pedido los compañeros de Orozco al presidente Miguel Alemán que envíe sus restos a la Rotonda de los Hombres Ilustres. Miguel

---

[*] *Últimas Noticias*, 2.ª ed., 7 de septiembre de 1949

30

Alemán, cuando era estudiante, contribuyó con dinero y con todas sus energías para que se hiciera pintura mural en la Escuela Preparatoria, junto con otros estudiantes de entonces, como Ramos Millán, Gómez Robledo, De la Selva, Gómez Arias, la gran artista Frida Kahlo y otros que forman las partes esenciales de la construcción del México actual.

Dice después el muralista que este mismo grupo luchó, de palabra y obra, para que no se destruyera la gran obra, incipiente aún, de Orozco, gracias a lo cual éstas se conservan aún. Agrega:

Al Miguel Alemán de entonces y al de ahora le pedimos que desde el poder supremo de la patria ordene que el cuerpo mortal del genio, cuya obra supo defender en su juventud, honrándose a sí mismo y a la patria, sea llevado directamente, de donde se vela su cadáver, a ser enterrado a la Rotonda de los Hombres Ilustres.

Homenaje nacional a José Clemente Orozco[*]

México rindió homenaje hoy a José Clemente Orozco en un movimiento que congregó a hombres de todas las tendencias políticas, de todos los credos y de todas las condiciones sociales. En torno al ataúd del genial artista, instalado en el vestíbulo del Palacio de Bellas Artes, y cobijado por la enorme bandera nacional, se unió el hombre de izquierda junto al sacerdote; la mujer junto al hombre; el diplomático junto al ciudadano.

La Presidencia de la República estuvo también representada. En nombre del jefe de Estado, montó severa guardia su secretario particular, licenciado Rogerio de la Selva. Manuel Gual Vidal y otros funcionarios de Estado se encontraron presentes en esta hora de duelo nacional.

A las 10 de la mañana y en medio de gran sencillez, el ataúd salió de la casa del muralista. Esta ceremonia preliminar fue presenciada por unas cuantas personas, parientes, íntimos, periodistas y fotógrafos. Tan sólo una carroza enorme, cargada de coronas, evidenciaba la grandeza del muerto.

Diez minutos más tarde llegaba el ataúd al Palacio de Bellas Artes. En la entrada principal le esperaban el luto y el homenaje de México. Dos crespones negros y al centro la bandera tricolor, testimoniaban suficientemente el hecho.

El ataúd de José Clemente fue transportado, de la carroza a Bellas Artes, por personas pertenecientes a distintas categorías. Un periodista, simples ciudadanos, artistas y empleados de la agencia Gayosso cumplieron esta misión.

---

[*] *Últimas Noticias*, 2.ª ed., 8 de septiembre de 1949

México entero montó guardia en Bellas Artes

Resulta imposible intentar siquiera la enumeración de la multitud que acudió a rendir el último homenaje a José Clemente. Apuntamos, tan sólo, el sacerdote José E. Dávila G., quien en unión de José Mancisidor (de izquierda) encabezó una de las guardias. Otra corrió a cargo de Vicente Lombardo Toledano y Alfonso Caso; otras a cargo de Diego y Siqueiros, de mujeres, niños, diplomáticos (como Raúl Desmarás, de Argentina), etcétera.

Para los mexicanos constituyó una satisfacción íntima contemplar la enorme afluencia de personalidades extranjeras. Desde luego, todas las figuras que laboran en el Congreso de Paz estuvieron presentes. Con ello ratificaron que Orozco ha dejado de ser un valor nacional para tornarse en figura universal.

El escultor Toussaint comentaba esta mañana con el reportero el hecho anterior en la forma siguiente: "Y, en verdad, José Clemente fue un hombre ejemplar. Como no era político, fue más humano. Sólo actuó en pintura y fue el mayor enemigo de las ostentaciones. Toda la gente de valer en México ha acudido a rendirle un homenaje último".

La mascarilla del rostro y la mano serán vaciadas en cobre

La mascarilla del rostro y de la mano derecha, que ayer fueron hechas por el escultor Toussaint y el íntimo amigo de José Clemente, Ignacio Asúnsolo, serán vaciadas en cobre con tres figuras, tanto del rostro como de la mano. Una será donada a la familia, otra destinada al Museo Nacional y la tercera al Instituto Nacional de Bellas Artes.

El homenaje al ya inmortal pintor tuvo su aspecto central en el Palacio de Bellas Artes. Sin embargo, hubo reproducciones en todos los ámbitos de México. Hoy en la tarde, durante su sesión vespertina, el Congreso de Paz guardará un minuto de silencio. En tanto, todos los centros de arte continúan cerrados y con negros crespones simbólicos.

Incontable número de coronas

Cientos de coronas llenaban los recintos del vestíbulo del Palacio de Bellas Artes. En cada rincón había numerosas flores. Precisar su número resulta labor estéril.

Durante un breve recorrido, apuntamos coronas de todos los secretarios de Estado, de numerosas secretarías, de los pintores, a través de sus distintas organizaciones, de la Universidad Nacional Autónoma y de la Universidad Femenina. Otras muchas, modestas, no incluían nombre alguno.

El espectáculo de estos testimonios objetivos reafirma que México entero lamenta la desaparición de uno de sus grandes personajes, que le ha dado gloria y fama universal.

Breve entrevista con el doctor Enrique González Martínez

Al filo de las 11 horas, todas las personas se conmovieron al correr el rumor de que los restos de José Clemente irían al Hospicio de Guadalajara y no al recinto de los hombres ilustres.

El doctor Enrique González Martínez fue el primero en darnos la noticia, con íntima satisfacción. "Irá —dijo— al Hospicio que él mismo decoró". Y agregó: "Se trata del pintor más genial del mundo contemporáneo. Los jaliscienses sentimos doblemente su ausencia".

Diego Rivera y David Alfaro Siqueiros, que promovieron su descanso para la Rotonda de los Hombres Ilustres, se encontraban conmocionados. Unificaron su opinión en los términos siguientes:

"Levantamos nuestra más enérgica y respetuosa censura". Argumentaron que Orozco era un valor nacional, que debía reposar en el recinto de las grandes figuras.

El senador Gámiz Orozco amplió los conceptos de los pintores y dijo: "Debe ser enterrado en la Rotonda de los Hombres Ilustres, pues se trata de una figura internacional".

La incertidumbre desde estos momentos fue terrible en el Palacio de Bellas Artes. En el lapso de dos horas, Fernando Gamboa suministró informaciones contradictorias. "Se va a Guadalajara; se queda en México...".

Se nos recordó que existe un decreto presidencial por el cual pueden ser enterrados en la Rotonda las figuras nacionales después de cinco años de desaparecidos. Pero se nos recordó, igualmente, que en el caso de Salvador Díaz Mirón habíase hecho una excepción que sentaba indiscutible precedente.

1952

Frida Kahlo trabaja*

La mexicanísima artista Frida Kahlo, que definitivamente ha desterrado de su vida diaria la silla de ruedas, el *corset* y las muletas, lanza desde su casa de Coyoacán una acusación pública:

A Diego Rivera, el mejor pintor de la época, todavía no le pagan ni un centavo por su trabajo en la Ciudad Universitaria. Diego ha tenido que pintar en las semanas pasadas una gran cantidad de acuarelas y otra clase de cuadros para reunir dinero y poder ir a Europa, con su hija Ruth. Porque Diego no tiene más capital que su trabajo.

Frida Kahlo se refería al viaje que emprendió ya el muralista de Guanajuato a Viena y a Praga, donde asistirá a los Congresos de la Paz, especialmente invitado por Iliá Ehrenburg y Pablo Picasso.

Frida, envuelta siempre en ropas mexicanas, es absorbida por un deseo febril de trabajo. Después de cinco años de inactividad —en que su máxima realización artística fueron dibujos en su aparato de yeso— labora de día y de noche. Y es así como en los últimos seis meses ha realizado 12 cuadros, uno de ellos de gran calidad y comprado en 10 mil pesos por María Félix.

Fue una naturaleza muerta que le gustó mucho a María, la mujer a quien más quiero en el mundo. Ahora, en este momento, estoy realizando un autorretrato, también para María. Me dará 10 mil pesos por él. María me dijo que quería tener un retrato mío y se lo estoy haciendo.

Frida alterna su pasión por la pintura con el trabajo de decorado en una pulquería, La Rosita, que se encuentra situada a una cuadra de su casa.

---

* *Excélsior*, 14 de diciembre de 1952

Y es que ella, junto con sus discípulos, celebrará "a todo grito y a todo tequila" la primera posada, el próximo día 16. "Y están todos invitados —dice—, excepto los que tanto atacan a Diego".

Aquí, la tempestuosa vitalidad de esta mujer, enjoyada únicamente con filigrana mexicana, hace una pausa. Pero acto seguido agrega: "Ya sé que todos están esperando que Diego se muera para ensañarse en él todavía con más rabia. Su obra de la Ciudad Universitaria, últimamente tan atacada —dijo al referirse a su esposo— es algo maravilloso y muy superior a lo que puedan hacer los demás pintores".

Y no habla de los murales exteriores de Siqueiros, O'Gorman y Chávez Morado, en la propia Ciudad Universitaria, porque no los conoce. "No los he visto", es su comentario.

De surrealista a realista

Frida Kahlo dice haber roto con los moldes de su vieja —así la juzga— técnica surrealista. "Ahora sólo hago pintura realista. Desgraciadamente para mí, no tengo contacto con la masa de obreros y campesinos de México. Y por eso pinto lo que puedo, pero ya no con sentido surrealista. Pero, eso sí, a nadie imito. A nadie copio. Vaya, ni siquiera a Diego, con quien vivo".

Relata o anticipa, por mejor decir, una particularidad en su obra personal futura: hará no sólo pintura, sino también escultura y decorado.

Ocurrirá esta conjunción de artes en el limitado espacio de una casa de muñecas de apenas 75 por 50 centímetros.

Está destinada ya al Museo de Arte Popular. La casa ya me la entregaron hecha. Pero yo tengo que amueblarla y decorarla por dentro y por fuera. Pondré muebles —hechos por mí— y hasta una planta de verdad encima de una mesa. Tendré que hacer cuadros muy pequeñitos para esta casa, que será única en México. Y hasta barnizaré los pisos, si se hace necesario.

Algunos muebles —como ella misma lo dice— serán elaborados con sus propias manos, en ocho de cuyos dedos lucen permanentemente grandes anillos.

No es el caso de todos. Porque otros enseres serán los que heredó, cuando niña, de su bisabuelo: "Se los regalaré al museo", dice Frida.

Y termina apuntando: "Aunque tengo mucho por hacer, me siento triste por la ausencia de Diego. Pero mientras él siga trabajando, todos los ataques los rechazará su propia obra. Yo, por ventura, ya ni me acuerdo de la silla de ruedas, ni de las muletas ni mucho menos del asfixiante *corset*".

1953

Demanda a Iduarte*

Los pinceles mejor cotizados demandarán al director del INBA [Instituto Nacional de Bellas Artes], Andrés Iduarte, el impulso vigoroso de las grandes decoraciones pictóricas al exterior, a fin de no frenar el desarrollo actual de la plástica mexicana.

Junto con esta petición, los prestigiados muralistas plantearán al escritor Iduarte una trayectoria de continuidad en lo que se refiere a la plena libertad de la expresión artística; es decir, que el pintor pueda ejecutar sobre los muros exteriores de los edificios públicos los trazos y síntesis que él solo determine, sin que comisión alguna sancione u ordene lo que haya de ejecutar sobre los mismos.

Así lo afirma el arquitecto y pintor Juan O'Gorman, quien piensa que estas necesidades del arte público nacional se derivan del "experimento muy importante de la Ciudad Universitaria [CU]", en materia de plástica pictórica exterior, ya que en los muros del Pedregal se gestó una nueva modalidad en la orientación moderna práctica de la pintura social mexicana.

Por lo mismo, lo hecho en CU debe ampliarse y perfeccionarse.

Juan O'Gorman fija estos puntos a pesar de que considera que uno de los cuatro muralistas de la CU, David Alfaro Siqueiros, "no ha estado en esta obra a la altura de su excelente calidad como pintor de caballete"; a pesar, también, de que Siqueiros lo único que hace en CU "son anuncios de la Coca-Cola" y a pesar, finalmente, de que su mural "desentona violentamente" con el conjunto y paisaje de este pedazo de México.

* *Excélsior*, 11 de enero de 1953

Su pintura no es mexicana

O'Gorman vuelve a lanzarse contra Siqueiros. Y dice: "Sus murales del edificio de la Rectoría de la CU no tienen carácter regional y su concepto no es mexicano".

Agrega que con la aplicación de sus teorías mecánicas sobre la pintura, Siqueiros ha perdido lo más importante que tiene el movimiento pictórico nacional, que es su relación con la tradición viva de México y su significado de expresión popular.

Sobre su teoría mecánica —la composición dinámica del muro frente al espectador en movimiento, el empleo de materiales de producción industrial y la aplicación a la pintura de lo que entiende por tecnología moderna, etcétera— piensa O'Gorman que son todos principios mecanicistas.

Pero como la técnica y los conceptos mecánicos son conocimientos de aplicación práctica y de carácter general —razona el arquitecto-pintor— resulta que, en la medida en que Siqueiros confunde su valor de aplicación con el resultado plástico de su pintura, en esa misma medida pierde su obra el valor como pintura mexicana y adquiere los caracteres del arte de producción industrial.

Es decir, su pintura se acerca más y más a los anuncios de los productos industriales que sobre tableros de lámina "adornan" las carreteras de todos los países donde se anuncian esos productos, por todo el mundo.

En este renglón, O'Gorman sostiene que los procedimientos mecánicos pictóricos son los medios de expresión y no la finalidad expresiva. "Y esto es, precisamente, lo que confunde Siqueiros: el fin con los medios", los recursos pictóricos con el efecto pictórico mismo.

Siqueiros se olvida de los anhelos populares

También dice O'Gorman de los murales de Siqueiros en la Rectoría de la CU:

En ellos se ha olvidado de la función principal del arte como expresión de los anhelos populares. Pues sólo encontrando las formas de expresión propias, es decir, un lenguaje plástico que guste a las mayorías populares, puede el pintor explicar con su temática las condiciones históricas, sociales y políticas de las relaciones entre los hombres.

El concepto nacional se refleja en el arte cuando éste representa los intereses comunes de la mayoría popular de un país o cuando es expresión de los anhelos de una nación. Por eso es que en el arte llamado popular, que es obra del pueblo, se reconoce su mexicanidad y su estilo propio por variadas y diversificadas que sean sus manifestaciones.

Añade Juan O'Gorman que es también necesario, para que un arte tenga estilo, que revele las condiciones regionales del lugar donde se produce, pues esto significa la adaptabilidad de las formas de expresión a las condiciones telúricas y geográficas, amén de que deja sentado que el arte es de la misma naturaleza o que contiene los elementos necesarios para armonizar con la realidad.

O en otros términos: que el arte está adaptado a las condiciones fisiológicas y psicológicas de los habitantes de esa misma región.

Y todo esto también lo ha olvidado Siqueiros, "cuya desviación principal en su obra reciente está en poner todo el énfasis en los medios mecánicos y materiales de trabajo, creyendo que estos últimos van a determinar el estilo de la obra".

Éste —subraya— es el nuevo y máximo error en la orientación actual del Coronelazo.

Juan O'Gorman vs. Siqueiros*

"Apoyarse en el arte de los aborígenes, ya sea de la antigüedad o del presente, es una indicación segura de impotencia y de cobardía, en realidad, de fraude".

Esta frase de José Clemente Orozco la empleó David Alfaro Siqueiros al responder a Juan O'Gorman, que el domingo pasado dijo: "Los murales de Siqueiros en la Rectoría no tienen carácter regional y su concepto no es mexicano".

En primer lugar, y esto lo saben perfectamente bien O'Gorman y Diego Rivera —empezó diciendo Siqueiros— mis murales de la Ciudad Universitaria se encuentran en un periodo absolutamente inicial. Ellos saben bien que se trata de simples trazados con muestras provisionales de colores, sobre los cuales, mediante precolados de concreto, serán construidos bajos y altos relieves, policromados posteriormente con procedimientos metálicos electrolíticos.

Ante la natural interrogación —¿qué tiene que ver Diego Rivera en esto?— repuso el Coronelazo:

"Juan O'Gorman, entre todos los pintores mexicanos, es la más fiel expresión de la teoría y la práctica del colega referido... Ahora bien, ¿quién ignora que los alumnos extreman los errores de sus maestros?". Y adujo a otra frase, ahora de Uccello: "Son tus discípulos, amigo, quienes entregan lo esencial de tus fallas".

---

* *Excélsior*, 18 de enero de 1953

La contradicción de Juan O'Gorman

Siqueiros sostiene que O'Gorman es contradictorio en sus afirmaciones y, por ende, en su pensamiento. Recuerda que O'Gorman, en respuesta a Lombardo Toledano, manifestó públicamente:

Yo creo que el licenciado Lombardo Toledano, antes de dar su opinión, debería molestarse en ver los murales de la Ciudad Universitaria terminados y no opinar sobre una fracción muy pequeña del trabajo. La precipitación en este juicio equivale a opinar sobre un cuadro que sólo está pintado en una mínima parte.

Y se pregunta Siqueiros: "¿Por qué no aplica esta moral en el caso mío, es decir, en el caso de un colega suyo? ¿No será que se está curando en salud? ¿No será que atacando lo que es antiético a su obra —mi obra— pretende justificar la suya propia?".

Después, olvida antecedentes y entra en materia.

Afirma el muralista que el estadio, la biblioteca, ciencias y la Rectoría de CU son obras de estructura arquitectónica internacional. Y que el problema en torno a dichos edificios era y es "mexicanizar" sus arquitecturas.

En el caso del edificio de la biblioteca —proyectada y decorada por Juan O'Gorman—, analiza su obra con este criterio:

Para O'Gorman, mexicanizar, darle carácter regional a un acto de fusión entre arquitectura y pintura, quiere decir cubrir "el típico cajón de la arquitectura moderna" con réplicas, entre otras, de códices prehispánicos. Exactamente lo mismo que hicieron los arquitectos porfirianos con el monumento a Cuauhtémoc y aquellos que posteriormente edificaron el horrendo monumento a la raza y lo mismo que realizaron los arquitectos francoitalianos al agregar cabezas de hombres tigres y hombres águilas al Palacio de Bellas Artes.

Y concluye que la diferencia entre todos ellos y O'Gorman no estriba más que en cuestiones de gusto. Lo de O'Gorman es más "exquisito". Y nada más. Porque el método seguido es idéntico.

"¡Qué fácil —expresa— sería el encuentro de la plástica mexicana integral por ese camino! Pero las cosas son mucho más difíciles de lo que suponen las hienas, esto es, los desenterradores de cadáveres estéticos".

El porqué de la "réplica"

Precisa Siqueiros lo que quiere decir al afirmar que el trabajo de O'Gorman es una réplica, entre otras, de códices prehispánicos.

"Porque una réplica honesta —precisa— hubiera sido repetir bien lo que los maestros del grandioso pasado prehispánico mexicano hicieron. O'Gorman copió el esquema de las obras prehispánicas, pero se olvidó del color correspondiente". Esa policromía que Rivera describe en su mural sobre el mercado de la gran Tenochtitlán, que aparece en el Palacio Nacional: rojos, verdes, amarillos, negros, todos violentos, "como el tigre rojo-verde de Chichén Itzá".

Y puntualiza irónicamente: "Esto es algo que no puede pedírsele a las piedras de colores naturales usadas por O'Gorman en su *pastiche* azteca".

Pero hay algo peor aún. La obra de O'Gorman es un condumio de Le Corbusier, en la estructura de Frank Lloyd Wright, en las materias plásticas textuales de la barda de piedra desnuda que pretende simular una base; de procedimientos californianos típicos, al incluir canales coloniales en una obra de tal naturaleza; de copias de códices, de copias de dibujo correspondientes a los tiempos del Calendario de Galván, etcétera.

Hace una pausa y una profecía Siqueiros, quien sostiene que en un futuro próximo se aceptará que la biblioteca de O'Gorman es un edificio que debe servir de "supermercado de *Mexican curios*, gran central de objetos sofisticados para turistas", en vez de la Biblioteca de la Universidad Nacional.

En cuanto al fallo de las mayorías populares, a través de su gusto que O'Gorman invocó, expresa el Coronelazo: "Le aconsejo que esperemos, con un tiempo racional, a que ese gusto se manifieste. Así veremos, ya terminadas ambas obras, si prefieren o no la gran central comercial de curiosidades o el anuncio de la Coca-Cola, como él llama a mis murales".

Los murales de Orozco*

La mayoría de los murales ejecutados en vida por José Clemente Orozco corren inminente peligro de perderse para siempre a causa del abandono oficial que en largos años nada ha hecho por conservar, y mucho menos por restaurar, las obras cada vez más deterioradas del pintor de Guadalajara.

Es el caso de los frescos de Orizaba, Veracruz, en lo que fue la Escuela Rural Federal, pintados el año de 1926; de los murales de la Biblioteca Gabino Ortiz, en Jiquilpan; de los del Palacio de los Azulejos, de la iglesia de Jesús y de la Escuela Normal de Maestros, en la Ciudad de México.

Precisamente en el momento en que Margarita Valladares, viuda de Orozco, abandonaba las oficinas del Palacio de Bellas Artes, fue entrevistada por *Excélsior*.

"Los murales de mi esposo se pierden sin que el gobierno haga nada por evitarlo —dijo—. He venido a gestionar del director del Instituto, señor Andrés Iduarte, la restauración y conservación de los cada vez más maltrechos murales".

Después, contó lo que le ha ocurrido de cuatro años a esta fecha.

Se ha dirigido a la Secretaría de Bienes Nacionales, a la Secretaría de Hacienda, a la de Educación, al Instituto Nacional de Bellas Artes, a los gobiernos de algunos estados y a mil sitios más. Ha pedido y ha gritado por la conservación y restauración de los murales de Orozco.

Se le ha respondido en todos los casos que sus demandas serán atendidas. Eso, en el papeleo burocrático. En tanto, la realidad ha llenado otro cometido y ha continuado firmemente la destrucción de las invaluables obras.

---

* *Excélsior*, 1 de febrero de 1953

49

No comprendo por qué en el extranjero se presentan las obras de José Clemente con un entusiasmo que casi no tiene límites, mientas en la propia patria se permite la destrucción de sus murales. Tengo cartas que demuestran la falsedad y la mentira de las promesas oficiales. En mil tonos se me ha ofrecido ayuda, que aún no llega...

Triste estado de los murales

En el descanso de la escalera del Palacio de los Azulejos se encuentran los murales ejecutados por Orozco en 1925. Las cuarteaduras son muy visibles. En uno de los extremos, los colores se han perdido.

"Para colmo, indicó la viuda de Orozco, los comerciantes han colocado en el mismo descanso de la escalera una vitrina con luces muy potentes. El calor probablemente ha resecado la pared, lo que influye de manera poderosa en el resquebrajamiento del muro".

Ha ocurrido lo inaudito en la biblioteca de Jiquilpan, Michoacán. La alegoría de la mexicanidad, ejecutada por Orozco en el ábside, así como los paneles laterales "están horriblemente cuarteados", según expresión de Margarita Valladares.

Pero lo inaudito es que en esta biblioteca no ha habido siquiera luz (ni siquiera un foco) para que los turistas que deseen conocer el mural puedan hacerlo. Estos murales, que en los extremos representan escenas locales de la Revolución, fueron realizados por petición especial de Lázaro Cárdenas.

En la iglesia de Jesús no han sido impermeabilizadas las bóvedas. La humedad avanza rápidamente y va dañando las obras de arte.

Los murales de la Escuela Normal de Maestros "están casi perdidos", dijo la viuda del pintor.

En cuanto sea recibida por el director Andrés Iduarte, le presentará el siguiente proyecto: que el estudio para llevar adelante la conservación y restauración de los murales de José Clemente lo realicen el pintor Sánchez Flores, que fue discípulo de Orozco, y Guillermo Lemus, que acaba de llegar a México después de graduarse en el Instituto del Restauro (en pintura), de Roma, Italia.

Una vez que ambos hayan trazado su plan, que el Instituto Nacional de Bellas Artes proporcione los medios para hacerlo realidad.

"Espero —terminó diciendo Margarita Valladares— que ahora mi lucha deje de ser inútil. Ya son cuatro años de estériles demandas...".

1956

Diego manda borrar el "Dios no existe"*

La leyenda "Dios no existe", que exhibe en primer término el mural que Diego Rivera ejecutó en el Hotel del Prado hace años, será suprimida por voluntad expresa del artista.

Desde Moscú, Rivera salta una vez más al primer plano de la publicidad con esta decisión espontánea, dada a conocer al poeta y escritor Carlos Pellicer, su amigo desde hace 33 años.

Le comunica el pintor: "Si el título de la conferencia molesta (el tan debatido "Dios no existe"), como lo importante es el hecho, puede restaurarse la pintura y poner en el papel que sostiene el Nigromante: "Conferencia de la Academia de Letrán (1836)".

Agrega: "Creo que así se respeta la verdad histórica, se eliminan pretextos y se evitan molestias".

El epílogo de este capítulo en la vida del pintor guanajuatense se percibe desde ahora claramente:

Guillermo Sánchez Lemus, director del Instituto de Restauración de Pinturas Murales de México, modificará la obra pictórica. Y ésta, después de años de permanecer oculta tras una cortina metálica, podrá ser admirada por nuestro pueblo.

En principio, el secretario de Bienes Naturales autorizó la restauración; el asunto ha quedado, temporalmente, en manos del director del INBA, a quien se ha consultado. Sánchez Lemus, entusiasmado, ha dicho que sí y emprenderá el trabajo dos horas después que se le dé la orden.

* *Excélsior*, 21 de enero de 1956

Su figura se prestó a todo

El mural del Hotel Del Prado es célebre. Lo curioso es que su fama ha trascendido más allá de nuestras fronteras, a toda América y a Europa, no obstante que ha permanecido cubierto. Y es que en su momento fue centro de una historia y de multitud de anécdotas.

Cuando Diego concluyó su trabajo, simultáneamente con la terminación del entonces llamado "hotel de príncipes", sus propietarios pidieron al arzobispo, doctor Luis María Martínez, que bendijera el inmueble. La autoridad eclesiástica había aceptado, pero, cuando supo del letrero famoso: "Dios no existe", negó su bendición. Y Diego Rivera y el arzobispo quedaron, quizá contra su voluntad, frente a frente en medio del escándalo.

Acto de cordialidad, dice Carlos Pellicer

Carlos Pellicer habló sobre el nuevo sesgo de esta historia. Su primera expresión fue: "Se trata de un acto de cordialidad de Diego; un acto de cordialidad para el pueblo católico de México". Y explicó el origen de la inminente restauración del mural:

Por propio impulso, sin consultar con nadie —"y mucho menos con Rivera, a quien no tengo por qué lisonjear"— se lanzó públicamente en defensa del mural por medio de una encuesta que tocaba el punto medular del asunto.

La tesis de Pellicer fue una: el hecho de que el muralista se haya referido en su obra a un hecho histórico indiscutible en nada lesiona los sentimientos del pueblo católico de México. "Lo digo —subrayó— como católico, como creyente reconocido, como hombre que está dentro de la Iglesia".

El mural se traduce a la presentación de personajes que desfilan por la Alameda Central, el paseo público más antiguo del continente. Figuras históricas son exhibidas en toda su autenticidad: lo mismo una sor Juana Inés de la Cruz, en hábito de monja jerónima, que un Gutiérrez Nájera con su característico clavel en la solapa, que un Ignacio Ramírez, cuyo ateísmo es público y sobradamente conocido.

"Esto —la descripción de hechos, el retrato de personajes— no puede ofender a nadie. El hecho de que usted o yo escribamos en todas las esquinas de México, un buen día, que 'Dios no existe', no puede, además, cambiar el rumbo espiritual de México. Por eso creo que la campaña que se desató contra el mural fue estúpida y se privó a nuestros compatriotas de admirar una de las obras más extraordinarias de Diego".

Con esta pasión trabajó Pellicer en su encuesta.

Junto a él se movió otra persona: Teresa Proenza, secretaria de Diego Rivera. Acumuló el amplio material elaborado por el poeta y lo envió a Moscú, donde se encuentra el artista, centro involuntario de estas actividades. La relación de Rivera, dada la obstinada defensa que años atrás había hecho del mural, fue sorpresiva. Y queda establecida en la carta que desde la URSS envió a su amigo, que dice, a la letra:

Mi querido Carlos:

He recibido los recortes de prensa con la encuesta sobre el mural en el Hotel del Prado y quiero agradecerle a usted, como gran poeta católico, su combate por la verdad histórica y la libre expresión en el arte; también a las demás personas que han tomado parte de la campaña.

Como ya se reconoció, se trata solamente de una cita histórica muy importante y una verdad evidente respecto al cambio de clima histórico de México en esa época. Por esto, la cita debe mantenerse en todo caso. Sin embargo, si el título de la conferencia molesta, como lo importante es el hecho, puede restaurarse la pintura y poner en el papel que sostiene el Nigromante: "Conferencia en la Academia de Letrán (1836)".

Creo que así se respeta la verdad histórica, se eliminan pretextos y se evitan molestias.

Considero que usted, más que nadie, es el indicado para dar a conocer, en la forma que juzgue más conveniente, mi decisión.

Muchos abrazos de este gran país, cuya ciencia y generosidad me han dado la posibilidad de continuar viviendo y trabajando. Muchos saludos afectuosos también de Ema, mi esposa.

"Representamos la marcha hacia el futuro"*

Centro de encarnizada contienda dialéctica vuelve a ser el tema de la pintura mexicana contemporánea. Rufino Tamayo y David Alfaro Siqueiros —acusador y defensor de este movimiento— se contradicen nuevamente y del modo más violento y radical.

Tamayo —lo vimos en su artículo publicado el domingo antepasado— afirma que la opinión respecto de la pintura mexicana se debilita cada vez más, y asegura que existe una triste, lamentable diferencia entre la pintura de hoy, en la Ciudad Universitaria, y la de ayer, en Chapingo y la Escuela Preparatoria.

Alfaro Siqueiros, que encuentra en estos duelos un placer indescriptible, que se ve pleno de euforia al abordar tales temas, que maneja con entusiasmo su palabra vigorosa, su agudo ingenio, su inteligencia avezada a la polémica, contesta: "Representa la pintura mexicana prorrealista la marcha más saludable del arte contemporáneo hacia el futuro".

No se contenta Siqueiros con aferrarse a sus puntos de vista. Y se lanza contra Tamayo. No emplea razones, dice. ¿Argumentos? No los aduce. Su fuerza de convencimiento la limita a frases gratuitas; su dialéctica es de principiante; se trata, además, de un verbalista de tercera categoría.

"Es un expositor —manifiesta textualmente— que carece de todo método en la formulación de su pensamiento. Se reduce a las afirmaciones enfáticas y a emitir falsedades contundentes, esto es, sin fundamentación alguna. Es un 'pensador' que se concentra a decir me gusta porque sí o no me gusta porque no".

E inicia así Alfaro Siqueiros la respuesta al artículo de Rufino Tamayo: "Haciendo un gran esfuerzo, el que podría hacer un boxeador profesional frente a un novato, este que tira los más absurdos e inesperados golpes, trataremos de seguir, en lo posible, su galimatías".

---

* *Excélsior*, 19 de febrero de 1956

En la entrevista, plantea:

Tamayo es un adorador de la llamada "escuela de París" y negador sistemático de todo valor de la pintura contemporánea mexicana. Él, a su vez, defiende, apasionado, el movimiento a que pertenece, corriente en la que su influencia y poder están fuera de toda duda, si bien expresa que éste es aún embrionario, aunque radiantemente promisorio.

Críticos, artistas y opinión pública

"Hay que ser osados —dice Tamayo en su artículo 'Presente de la pintura mexicana'— para aventurarse a hablar de la pintura mexicana en un tono que no sea de admiración [...] se pretende que la pintura mexicana es el *non plus ultra* de la expresión pictórica del país y, por consiguiente, no admite revisión".

A su vez se pregunta Alfaro Siqueiros:

¿Quién pretende tal cosa? ¿Los críticos de arte? ¿Los propios pintores? ¿La opinión pública? [...] Los críticos de arte, en su inmensa mayoría, son partidarios de la "escuela de París" —la escuela en que Rufino Tamayo figura como uno de sus párvulos indoamericanos más aventajados—, o bien consideran explícita o implícitamente que nuestra pintura mexicana contemporánea es sólo un injerto más o menos interesante en una de las ramas de ese árbol.

¿Quiénes son esos críticos de arte profesional? Margarita Nelken, Jorge Juan Crespo de la Serna, Luis Cardoza y Aragón, Justino Fernández, para no señalar sino a algunos de los más caracterizados.

En cuanto a los pintores, es total y absolutamente falso que éstos —se supone que nosotros, los partícipes del movimiento realista mexicano— hayamos dicho o escrito en alguna ocasión tan pedante tontería, por demás abstracta. Nosotros hemos dicho y escrito textualmente:

Nuestro movimiento pictórico mexicano, aún balbuciente, representa, sin embargo, la marcha más saludable del arte contemporáneo hacia el futuro. Jamás, en ninguna ocasión, hemos pretendido establecer una diferencia de valor intrínseco entre nuestra pintura y cualquier otra pintura, inclusive la correspondiente a la que todos hemos convenido en llamar "escuela de París".

La opinión pública, por su parte, todavía bajo la égida teórica de la crítica contraria, no puede estar aún en condiciones de valorizar adecuadamente el arte actual de nuestro país. Sino aún minorías populares, las que por instinto de clase se manifiestan, lógicamente, en favor de un arte de sentido y propósitos políticos populares.

Considera Siqueiros que ése es el panorama real. Agrega aún que, en cuanto al público de *vernissage*, en lo que respecta a la "opinión pública" de los sectores distinguidos, de los refinados, de los exquisitos, "está lógicamente opuesta, por esnobismo, a la escuela mexicana y en favor de la 'escuela de París', demostrando con ello que las amargas quejas del firmante de la obra que comento son por completo injustificadas".

Lo que debería ser de Orozco, de Rivera

"Nuestro país —agregan los de Tamayo— necesita alternar dignamente en un plano universal... creo que en esto estaremos todos de acuerdo. Si lo estamos, debemos aceptar que la pintura mexicana no cumple con ese postulado".

Pedimos a Siqueiros que juzgue estas categóricas afirmaciones de su adversario, a lo que responde:

Nuestros términos "colonialismo intelectual", "epigonismo estético", tan quemantes para los enemigos mexicanos del arte mexicano, el surgido y desenvuelto en el país como repercusión natural de la Revolución mexicana en el campo de la cultura, son evidentemente exactos. Pero ¿cómo pretenden ellos, los fiscales implacables de nuestra obra, que se realice ese "codo a codo" de nuestro arte con el arte universal?

Agrega que, partidarios de un arte, tanto en la semidoctrina como en la práctica, de carácter antirrealista, antiideológico, antipopular, antinacional, fieles asistentes al templo cosmopolita de la capital de Francia, su proposición consiste naturalmente en que empiecen los forjadores de la pintura mexicana contemporánea por confesar su rotunda equivocación al haber tomado, desde 1911, con la huelga de estudiantes de Bellas Artes y, más tarde, en 1921 y 22, con el primer muralismo, el camino antiético, contrapuesto al de la Europa de su tiempo.

Afines a la opinión de Rufino Tamayo —enfatiza Siqueiros— deberían aceptar que puede "expulsarse simplemente del arte la imagen del hombre y el medio físico que lo circunda sin cometer ninguna brutal mutilación de la naturaleza y finalidad del arte en la historia del mundo.

"Más aún, y como acto inicial, hace del muralismo y de la estampa un género complementario del cuadro de caballete, género éste consecuente con la propiedad privada, en vez de darles a aquéllos el carácter de tronco fundamental que le hemos impreso en nuestra producción".

Así planteadas las cosas, Diego Rivera debería retornar al cubismo que practicó en París a principios de siglo, y la obra de José Clemente Orozco —sin quitarle el mérito que ellos le han venido reconociendo... después de su muerte— aceptarla como atrasada a la forma, puntualiza nuestro entrevistado con ironía.

Y vuelve a preguntarse: "¿Puede haber sinceridad en la negación que nos ocupa de parte de cualquier artista nacido en nuestro país, o bien sumado íntegramente a sus problemas nacionales? Mucho me extrañaría que estuviéramos frente a un hecho de tal naturaleza".

El extremo: se habla de traición a la patria

Tamayo y Siqueiros hablan sucesivamente de "traición a la Patria". Es un punto extremo —y sonoro, muy sonoro— en sus ardientes y contradictorios puntos de vista.

Sostiene el primero: "Yo, el eterno inconforme con lo que se ha pretendido que es la pintura mexicana, voy sin embargo a emitir una opinión sin otro deseo más que el de hacer una crítica constructiva". Y añade: "Pretender señalar errores es algo intolerable que parece sacrílego e incluso traición a la patria".

Responde el segundo: "¿Cómo pueden, para empezar, señalarse errores de una tendencia, de una posición, de cualquier orden de la vida que se condena globalmente? Esto equivaldría a ofrecerle medicamento a quien se ha asesinado...".

Torna a preguntar:

¿A qué obedece y de dónde proviene esa campaña sistemática nacional e internacional que se libra contra la pintura figurativa, prorrealista, ideológica del México de nuestro tiempo?

Desde el mes de agosto de 1952 apareció en *The Saturday Evening Post* un artículo del señor Richard English, transcrito más tarde en el diario *Novedades*, de México, titulado "Manos fuera de México", en el que puede leerse textualmente lo siguiente:

"Aquí hay cosa de 60 intelectuales peligrosos. Entre éstos los más conocidos son los pintores David Alfaro Siqueiros y Diego Rivera. Ellos incitan a las chusmas… Siqueiros y Rivera son los más peligrosos debido a su gran fama. Esto es particularmente cierto, sobre todo cuando se piensa que multitud de muchachos norteamericanos vienen aquí a estudiar con ellos y creen que estos hombres son casi dioses".

Cabe, entonces —continúa el muralista—, aceptar lo de "traición a la patria" como una confesión de parte… como la consecuencia de un incontenible remordimiento. ¿Cómo podría considerarse a quienes tan sistemáticamente y apasionadamente se suman a tal campaña de origen extranjero?

"Para sumarse a esa campaña, Tamayo aprendió incluso a escribir", expresa su adversario. Y recuerda que sentenció textualmente en época no lejana: "Yo no hablo ni escribo sobre pintura; yo pinto. Que hablen y escriban los demagogos". "¿No es acaso sospechoso este cambio?", remacha Siqueiros.

Declara nuestro entrevistado:

En su nueva actitud hay algo positivo que no vacilo en confesar: el estudio de Tamayo parece iniciar un periodo de formulaciones doctrinarias contra la escuela prorrealista y social mexicana y en favor de la escuela antirrealista y pseudoapolítica de París, con evidente ventaja para la aclaración del problema.

¿Existe una corriente mexicana en las artes plásticas contemporáneas? ¿Esta corriente corresponde al movimiento social que llamamos Revolución mexicana? ¿Sigue a ese movimiento en sus contingencias políticas? ¿No existe tal movimiento, sino un simple berrinche contra la escuela de París, como centro intocable, como expresión insuperable en las artes plásticas de nuestro tiempo? ¿Lo que algunos llamamos aportes técnicos en el orden de la composición, de la perspectiva, de los materialistas, etcétera, son "simples vaciladas de pedantes provincianos", de "pobres indígenas de países subdesarrollados" o en todo esto pueden señalarse experiencias de importancia universal para el presente y el próximo futuro?

Quizá su nueva postura teórica los obligará, por resbaladilla, a tocar tales temas en forma ya no simplemente afirmativa en abstracto, sino de una manera analística y verdaderamente seria.

Vislumbrado ese "ángulo positivo" se le pide a Siqueiros que comente esas palabras del "más aventajado discípulo indoamericano de la escuela de París":

"¿Podría haber comparación posible entre los murales de Chapingo y la Escuela Preparatoria y la obra realizada en la Ciudad Universitaria?". Y después, la sentencia rotunda, categórica, definitiva de Tamayo: "Creo que aun la persona más obcecada no sería capaz de negar que existe una profunda diferencia".

La contestación brota así:

Es el caso que en cuestiones de esa seriedad tal método de afirmaciones gratuitas, sin más justificación que las palabras —las palabras en el aire sin fundamentación alguna—, muestra o una repentina crisis cerebral o una innoble manera de abordar el problema.

¿Por qué son inferiores las obras de Ciudad Universitaria? ¿Quién lo dice? ¿Los que hablan sobre ello tienen autoridad para hacerlo? ¿Son formalistas y, por lo tanto, enemigos por principio de que se decoren los exteriores de los edificios públicos con motivos ideológicos? Difícil es controvertir, insisto, con tales opositores gratuitos.

Y niega que no exista comparación entre unas y otras obras. "Sí existe comparación entre ambos murales", rubrica dos veces con el puño cerrado. Concreta:

Uno y otro esfuerzos marcan el principio de una etapa: el primero, necesariamente infantil, abrió la vida hacia el muralismo interior y, el segundo, en su caso, tan infantil como el anterior, ha abierto la puerta al muralismo en el exterior de los edificios.

El primero sufrió exactamente la misma incomprensión que el segundo, como es lógico suponer. Cuando eso aconteció, Tamayo desgraciadamente "era muy joven" y por eso no lo recuerda. La oposición "a los monotes" fue total. Arquitectos como Carlos Lazo Sr. y Federico Mariscal, todos los críticos de arte, la inmensa mayoría de los estudiantes, la totalidad de la prensa hicieron una pregunta muy parecida a la que hace hoy nuestro colega aludido: "¿Podría haber comparación entre la obra de los pintores coloniales: Gedovius, Herrán, Rosas, Ramos Ramírez, y lo que están haciendo estos ridículos fabricantes de 'monitos'?".

Y la respuesta fue igualmente radical: "Ninguna persona normal podría afirmar tal cosa" [éstas son palabras más, palabras menos —aclara Siqueiros—, las opiniones que aparecieron publicadas en El Universal de entonces, "según documentos que en su oportunidad pondré a disposición de los lectores"].

Claro que quien niega toda diferencia entre los problemas de la pintura de caballete y la pintura mural, a la manera de nuestro reciente huésped Mané Katz, típico viajante de la *rotonde* en tarea artística-comercial específica y que, más aún, toma posesión contra todo arte figurativo de inclinación realista, como de contenido ideológico, no puede ni podrá jamás percibir las soluciones embrionarias pero trascendentes —tan trascendentes como lo fueron las de la Preparatoria, hace 33 años— para el arte de su género, por demás novedoso, en el mundo contemporáneo y en grandes culturas del pasado.

David Alfaro Siqueiros, cuyo carácter de manera alguna se reconcilia con las posturas pacíficas, mesuradas, que se han desenvuelto en medio de agitación, no puede perder la oportunidad de una última ironía.

Promete citar las opiniones sobre estos temas de intelectuales prestigiados de otros países, "ya que al equipo de nuestros contrincantes, amparados en la rúbrica de Rufino Tamayo, les parecen las únicas manifestaciones críticas válidas".

Esta afirmación tiene su origen en las siguientes palabras de Tamayo:

La opinión respecto de la pintura mexicana se debilita cada vez más... díganlo si no el resultado de la gran exposición mexicana viajera, de la cual se elogió ampliamente, y con sobrada razón, el maravilloso arte precolombino, pero de cuya sección de pintura contemporánea no se obtuvo, ni con mucho, el elogio que los pintores esperaban, como lo puedo demostrar con la crítica que tuve oportunidad de reunir a través de una agencia europea.

Frase final de Siqueiros: "A las críticas de Tamayo, reunidas a través de una agencia europea, los prorrealistas mexicanos de la pintura mexicana contemporánea opondremos nuestra humilde colección...".

Don Alfonso Reyes: ni inquietud ni impaciencia, "Albert Einstein esperó 16 años..."*

Con esta frase, el escritor, filósofo, poeta, crítico y ensayista Alfonso Reyes descubre que no sufre inquietudes ni impaciencia por la adjudicación del Premio Nobel de Literatura a Juan Ramón Jiménez en este año. Escribe y aguarda su turno. Si éste llegare, enhorabuena. Una íntima, indescriptible satisfacción. Si no llegare, no habría sobresalto ni la más leve sombra de amargura en este hombre que trabaja sin descanso desde principios de siglo, en que publicó su primera obra, *Cuestiones estéticas*.

No cree, desde luego, que en 1957 pudiera recibir el codiciado galardón que cada año confiere la Academia de Suecia y que fue instituido por Alfred Nobel, inventor de la dinamita, en 1895.

La razón ya la apuntaba anteayer nuestro director general y la confirmó ayer el candidato mexicano al Premio Nobel: parece muy improbable que en dos años consecutivos se premie a una figura intelectual de la lengua española.

Las recompensas se otorgan con un sentido internacional en que "se busca que no haya olor de parcialidad en cuanto a los méritos, el idioma y la nacionalidad de los postulantes", para emplear las palabras de don Rodrigo de Llano.

Alfonso Reyes, cuya voz firme y aun enérgica contrasta con sus maneras suaves, habla con entusiasmo de la obra de Juan Ramón Jiménez, "el gran poeta español y querido amigo mío".

Considera que el premio que a aquél le fue conferido es uno de los más justos que pudiera otorgar el Instituto Nobel. "Se trata de un grandísimo poeta, universalmente reconocido", enaltece el escritor mexicano. "Fui el primero en alegrarme con su triunfo" agrega.

---

* *Excélsior*, 19 de diciembre de 1956

"El genio está trabajando"

Excélsior entrevistó al licenciado Reyes en su taller de trabajo: su biblioteca. Son estantes enormes en la planta baja y en un primer piso. Libros y libros por doquier, hasta sumar muchos miles. Y una tabla de no menos de tres metros de longitud, destinada exclusivamente a sus propias obras, que pasan de 150. Allí ha pasado la mitad de su existencia. En lucha diaria por asimilar conocimientos y por producir. Se alegra el escritor con algunos dibujos que cuelga en los sitios más visibles y que seguramente le hacen reír. Hay uno que muestra un clásico holgazán: un sujeto que duerme a pierna suelta con los pies sobre el escritorio.

Abajo del golfo, esta leyenda: "Silencio: el genio está trabajando".

Explica el intelectual que el galardón Nobel no se confiere de acuerdo con la intensidad de la propaganda pública que se desata en torno de un postulante. Nada más ajeno al ánimo de los jueces, hombres severos para quienes los factores políticos o de otro orden no intervienen para nada. Su fallo se concentra en un punto: la calidad de la obra.

De aquí que afirme Alfonso Reyes:

"Los señores del Instituto Nobel encargados de otorgar el premio de la Academia de Suecia proceden conforme a su buen criterio y la reiterada experiencia de más de 50 años demuestra que actúan de acuerdo con la más estricta imparcialidad.

"Creo que no se debe tratar más el asunto de mi postulación ante ellos. Estimo que no hace falta. Además, pienso que no sea del todo grato para los integrantes de la Academia sueca".

No se debe insistir, en suma, en algo que ha quedado perfectamente establecido: el deseo de instituciones culturales de México y de países hispanoamericanos para que se premie la obra extraordinaria —en número y en calidad— de Alfonso Reyes.

Una cuestión de urbanidad

El escritor vive dedicado a la preparación de sus obras completas, síntesis de una obra consagrada a la cultura. Se han publicado tres tomos, está próximo a salir el cuarto y están en manos del editor quinto y sexto volúmenes. Apenas la mitad del trabajo literario de Alfonso Reyes.

Su último libro vio la luz pública hace unos meses. Se trata de *Los tres tesoros*, relato dialogado. Lo editó su autor en forma privada: 100 ejemplares distribuidos entre amigos de México y del extranjero.

Explica así su autor la limitación de *Los tres tesoros*: "No hay que hacerle competencia a las obras completas. ¿Para qué poner a pelear la mano izquierda contra la derecha?".

La entrevista llega a su fin. El hombre de letras se disculpa con el reportero por no poder acompañarlo a la puerta. "Tendría que bajar la escalera y estoy enfermo del corazón. En cuanto llego a mi escritorio [situado en la parte alta de su biblioteca] evito bajar los peldaños". Se le hace notar que su mal cardiaco se ve contradicho por su buen aspecto físico. Las mejillas se advierten sonrosadas, lustrosas. Y toda la apariencia del literato denota salud, buen ánimo.

Responde así el aludido:

"Mi buen aspecto es la careta, amigo. Me la pongo por motivos de urbanidad".

1957

Tumultos en el aeropuerto al llegar los restos de Infante[*]

Los restos del ídolo popular, Pedro Infante, fueron recibidos ayer en el Aeropuerto Central de México por una multitud que rompió vallas, destrozó cristales, acabó con prados, se enredó a golpes con granaderos y policías y produjo, en suma, una jornada de tumulto.

Cuando aterrizó el avión que transportó el cadáver desde Mérida, todo fue ruido y movimiento en el campo aéreo. Algunas personas gritaron, muchas más lucharon por obtener un mejor lugar y no perder detalle del momento culminante que se avecinaba, en que el féretro sería bajado de la nave y trasladado a una carroza fúnebre.

La multitud lo había invadido todo. Era un hormiguero en frenética ebullición que se había apoderado de las terrazas, de las salas de espera, de los pasillos. Centenares de personas habían salvado cuanto obstáculo encontraron a su paso, evadieron la vigilancia, llegando a la pista y, en ese momento —11 horas—, avanzaban hacia el avión.

Llegó el instante en que éste se vio casi cercado. Todos querían estar a unos centímetros de distancia, palpar, ver hasta el último pormenor, oír las voces de los hermanos, de las hermanas, de las sobrinas, de la esposa de Pedro Infante. La excitación era indescriptible. Dominaba el desconcierto.

José Infante se colocó de espaldas contra la puerta del avión, de frente al gentío. Extendió los brazos hacia la multitud, como si quisiera contenerla con este ademán y exclamó con toda su fuerza: "¡No se abre la puerta! ¡No se abre! ¡Aléjense, por favor!".

Un coro extraño fue la única respuesta a estas palabras. José Infante volvió a gritar: "¡Atrás, por favor!".

La multitud no reaccionó. Permaneció sin dar un paso en retirada.

---

* *Excélsior*, 17 de abril de 1957

Alguien gritó: "¡Valla, valla!". Y, sin que nadie se explique cómo, al cabo de unos minutos se había formado una barrera humana de contención.

La maniobra de descenso

Manos y brazos de granaderos, de policías, de la Cruz Roja, de deudos y de otras muchas personas estaban entrelazados. La muchedumbre se había retirado unos pasos. Y pudo iniciarse la maniobra de descenso de la caja mortuoria.

Se abrió una hoja de la puerta del avión. Después la otra. Surgieron algunos rostros. Observaron. Algo dijeron y se retiraron con premura a lo profundo de la nave. No tardó en aparecer a la vista de todos una de las puntas de la caja mortuoria, forrada de terciopelo gris y negro. Inmediatamente después siguieron algunos movimientos hasta quedar colocada sobre los hombros de Mario Moreno, Cantinflas; de José y Ángel Infante y de otras personas.

Se inició, entonces, algo parecido a una fuga. Los camarógrafos y fotógrafos daban pequeños pero rápidos pasos hacia atrás, sin dejar de apuntar al féretro con sus aparatos y sin perder escena, en tanto que granaderos y policías abrían paso por medio de gritos, manotazos y empellones.

Entre la multitud hubo quienes tendieron los brazos hacia el ataúd, como si quisieran asirse a él. Una jovencita arrojó flores cuando el cortejo pasó a un metro de ella.

Confundido con el ruido sordo de muchos pies en movimiento, se escuchó varias veces el estrépito de cristales destrozados. También la voz de un locutor —un héroe— que siguió de cerca los acontecimientos y que elevaba su voz sobre la de un murmullo indefinible, a la par que luchaba con alambres y micrófono:

"Aquí estamos con el pueblo de México —decía entre jadeos—, que desborda su cariño y su pasión hacia quien fue ídolo y personificación de la alegría".

Por fin, caja y cortejo llegaron a la calle. Les esperaba una carroza con la puerta posterior abierta. El féretro fue depositado a gran prisa en el interior del vehículo. Inmediatamente después hubo un portazo.

Alto grado de excitación

En este nuevo escenario, una multitud que había esperado horas, que había escuchado gritos al aterrizar el avión, que había seguido con la imaginación cada uno de los incidentes de la jornada, se encontraba en alto grado de excitación.

Quizá por esto, cuando observó que el ataúd era depositado en la carroza, profirió en exclamaciones y dominó aún más a la valla de granaderos que pretendía contenerla, hasta colocarse a unos pasos del coche fúnebre. Éste no podía iniciar la marcha, pues había personas por doquier. Entonces empezó a oírse el ulular de las sirenas de motocicletas y amenazadores acelerones que urgían a hombres, mujeres y niños a hacerse a un lado y dejar expedito el camino.

Pero el gentío no abría paso. Lejos de eso, estrechó el cerco. Esta actitud llevó a su último extremo la tensión, se desbordaron los temperamentos y se iniciaron los golpes. Un granadero arremetió macana en mano contra un jovencito; otro granadero prensó por el cuello a un hombre del pueblo que, sobrecogido de miedo y sin oponer resistencia, exclamaba: "Yo no, señor, yo no fui". Mientras tanto, a unos pasos, se liaban a puñetazos un mayor y un paisano.

A la vista de tales escenas hubo quienes se enfurecieron. Una mujer de pelo cano quiso jalar del brazo a un policía. Otras personas amagaban con voces coléricas.

Algo hubiera pasado de no ser por los motociclistas que, en ese momento, lograron hacer a un lado a los compactos grupos que les cerraban el paso. Por un pequeño "canal", apenas el espacio justo para que pasase la carroza, se inició la marcha rumbo a la Asociación Nacional de Actores.

Pero todavía era una marcha lenta, atropellada. La gente se arrojaba materialmente sobre el coche, que enfrenaba continuamente a fin de evitar nuevas desgracias. Los motociclistas veíanse obligados a arremeter contra la multitud, que se hacía momentáneamente a un lado para volver sobre el automóvil a la primera oportunidad.

Una cauda de ciclistas

Poco a poco fue aumentado la velocidad de las máquinas que, ahora, eran seguidas por una cauda de ciclistas. Eran centenares y constituían un nuevo peligro, pues forcejeaban con tal de conquistar un buen lugar de observación, lo que hacía que olvidaran las reglas de tránsito y prudencia.

A una distancia de más de dos kilómetros del aeropuerto, el viaje empezó a ser normal. Pero todavía allí, como más adelante, hasta el propio anillo de Circunvalación, en Fray Servando Teresa de Mier, había grupos congregados con el exclusivo objeto de ver pasar la carroza que llevaba en su interior a Pedro Infante.

En ese sitio, algunos centenares de personas se apiñaban sobre la plazoleta que abre la circulación en varias vías. Algunas mujeres no pudieron dominar el llanto; algunos hombres se descubrieron respetuosamente; hubo niños que extendieron el brazo y agitaron la mano en señal de despedida.

Al paso del cortejo, anunciado por la incesante estridencia de las sirenas, muchas personas salían a los balcones y seguían con la mirada a carros, motocicletas y bicicletas, hasta que éstos se perdían en la distancia.

"No vean: es algo muy crudo"

Casi para llegar al edificio que ocupa la Asociación Nacional de Actores, en las calles de Artes y Altamirano, la carroza dio un brusco viraje, se desvió de la ruta directa y fue a parar frente a la agencia de inhumaciones.

Descendieron del vehículo algunos trabajadores con sus uniformes luctuosos: azul marino y franjas negras. Inmediatamente detrás de ellos, José y Ángel Infante, Mario Moreno y otras personas. Todos entraron a la casona; los primeros, con el ataúd sobre los hombros.

Llegaron a una oficina confortable. En ese sitio, anunció el señor Benjamín Díaz González, agente de la empresa de inhumaciones:

"Vamos a cambiar el cadáver de ataúd".

Hablaron atropelladamente los hermanos de Pedro Infante. La voz de José temblaba y se escuchaba velada por la emoción cuando suplicó que se les permitiera estar presentes durante el traslado de un féretro de madera a uno metálico, herméticamente cerrado.

"Queremos ver a Pedro —dijo—. Aunque esté quemado".

Repuso Díaz González con voz grave:

"Mejor no acudan con nosotros. Se los pido para evitar una escena muy cruda".

Y pasó, junto con sus trabajadores, al interior del salón de depósitos. Impresionaban las paredes desnudas, de azulejo blanco. El piso era de igual color. Una luz indirecta daba un aire fantasmal al recinto que en el centro tenía una plancha de mármol, igualmente blanca.

Parecía una sala de operaciones.

En unos segundos fue abierto el ataúd forrado de terciopelo que protegió los restos de Pedro Infante, desde Mérida. Apareció un cuerpo envuelto en sábanas blancas. No había manera de observar un cabello, por más que se apreciaban perfectamente los rasgos fisonómicos del actor y su musculatura.

El cadáver fue sacado de un ataúd y cuidadosamente colocado en su nueva caja, color gris plomizo.

Fue cerrado herméticamente

Dos trabajadores lo cerraron herméticamente e inmediatamente después fue elevado sobre los hombros de seis personas. Salieron con su cargamento a donde les aguardaban los deudos. Y sin más comentarios —hacía cinco minutos que no se pronunciaba una palabra— fueron desfilando uno a uno a la calle, a fin de trasladar los despojos al edificio de la Asociación Nacional de Actores, distante cuadra y media.

Allí, todo estaba preparado. Paños negros cubrían a grandes trechos las paredes del salón donde muchas veces se reunieron Jorge Negrete y Pedro Infante en los días de asambleas sindicales. Se veían incontables coronas florales y la atmósfera estaba impregnada de un olor característico.

Al fondo, más paños negros, ramos de gladiolos blancos, cuatro candelabros de plata coronados por cirios y el estandarte, igualmente albo, de la Asociación de Actores.

La jornada comenzó a las ocho de la mañana

En el aeropuerto, la jornada se inició a las ocho de la mañana. A esa hora, 22 personas habían llegado al campo para "despedir" —según dijeron— a Pedro Infante. Cosa curiosa: no había una mujer en el grupo; tampoco un niño. Todos eran hombres maduros, con el aspecto de obreros. No se veía un saco entre las vestimentas.

Tras de unos barandales amarillos, en pequeñas terrazas habitualmente reservadas a personas que van a despedir o a recibir viajeros, fueron acomodándose estas personas. El grupo que formaban era pequeño, insignificante. Se perdía entre el ajetreo normal del aeropuerto.

Poco a poco fue creciendo, hinchándose. Primero fueron personas aisladas las que se sumaban a los contingentes que les habían precedido.

73

Pero luego fueron oleadas interminables. A las nueve y media no cabía una persona más en las terrazas cercanas a la puerta número uno, sitio más a propósito para observar todas las escenas que posteriormente sucederían. A esa hora, niños con grandes fotografías de Pedro Infante empezaron a hacer negocio. Ofrecían el cuadro a tres pesos. Uno de ellos —pobremente vestido, que veía todo con azoro, como si fuese la primera vez que estuviese en ese sitio— ofrecía en venta cuartetas dedicadas al actor. Mostraba pequeños papeles bien impresos.

Los versos eran un canto de admiración a Pedro Infante:

Soberano de estirpe venerada
y es la tuya noble trayectoria;
porque ha sido de tu pueblo y a su gloria.
México te quiere y te venera
por tu gran corazón y tu nobleza,
llevando la pureza mexicana
sobre el ejemplo de la historia.

El aspecto que ofrecía la multitud —pues tal era ya en estos momentos— era tranquilo, silencioso. Había muchas caras contritas, pero nadie decía una palabra. Muchas mujeres luchaban con sus pequeños hijos sostenidos en brazos.

Llega María Luisa León, viuda de Infante

A las 9:50 llegó al aeropuerto la señora María Luisa León, viuda de Infante. Hubo una conmoción. Fotógrafos y camarógrafos se llegaron donde ella por veintenas. Los periodistas la acosaron a preguntas en cuanto la vieron. Ella era imagen viva de la desolación cuando se recargó tras de una pared y empezó a contestar.

Con los ojos ocultos por anteojos negros, apenas movía los labios. Hablaba en voz muy baja; se le escuchaba con suma dificultad. Una frase era pronunciada con más fuerza que las demás:

"Yo no reclamo el cadáver de Pedro; yo lo lloro".

Muchas mujeres enlutadas, de rostros pálidos, de ojos igualmente ocultos por lentes negros, se acercaron a ella. Hicieron algunas explicaciones y la rescataron de los periodistas. Llevaron a María Luisa León de Infante a unas oficinas vacías del aeropuerto. Ella se dejaba conducir dócilmente. Parecía una niña sin voluntad.

Allí quedó por largos minutos, por más de una hora. Sentada en un sillón, sin pronunciar palabra. De vez en cuando, sólo exclamaba: "Sí, un té, por favor".

Sofía Álvarez decía a la esposa del exgobernador potosino Ismael Salas: "Así está desde ayer: parecía como muerta. Pobrecita".

Entretanto, en el aeropuerto se informaba periódicamente por medio de altoparlantes: "Para conocimiento general, los restos del actor Pedro Infante llegarán aproximadamente a las 11 horas".

Y conforme transcurrían los minutos, las voces de la multitud iban elevándose de tono. El nerviosismo hacía presa de muchos espíritus, cuya inquietud se exteriorizaba en un ir y venir apresurado por los enormes corredores del aeropuerto.

José Infante, inconsolable

Sentado sobre los escalones de una escalera que conduce al restaurante del campo aéreo, José Infante lloraba en silencio.

La espalda totalmente inclinada, la cabeza sumida entre las manos que descansaban sobre las rodillas, eran una estampa que revelaba mejor las palabras el estado de ánimo de uno de los hermanos menores de Pedro.

El comandante de motociclistas José Ruiz Torres no resistió un impulso. Se acercó a José y empezó a hacerle cariños en la nuca. El hermano atribulado se abrazó al motociclista como a un padre. Y creció el llanto, denunciado por un sollozar convulso que agitaba su cuerpo.

Se cruzaron unas cuantas palabras.

—Resígnate, compadre.

—Es duro, compadre. Era mucho más que mi hermano. Acuérdate que fungía como jefe de la familia.

Simultánea con esta escena ocurrió la llegada de Mario Moreno. En cuanto se le descubrió, lo rodearon fotógrafos, lo interrogaron periodistas. Cantinflas eludía las preguntas. Quería abrazar a los deudos, a quienes buscaba.

A esa hora —cuarto para las 11— varios aviones surcaban los aires. Todas las miradas se elevaban en busca de aquel que traía los restos de Pedro Infante. No tardó en planear sobre la pista la nave color plata y rojo, matrícula XA-XEY, procedente de Mérida.

La tensión se hizo crisis.

El asesino de Castillo Armas, un conocido comunista*

Guatemala, Guatemala, julio 28.- El gobierno de Guatemala declaró hoy que el asesinato del coronel Castillo Armas fue obra del comunismo internacional. Agregó que ha quedado comprobada la filiación roja del magnicida Romeo Vásquez Sánchez, al que llamó "fanático" con numerosos contactos con Moscú.

Declaró Roberto Castañeda, con autorización expresa del presidente de la República en funciones, que fueron localizados documentos que demuestran la militancia comunista del asesino. Se trata —aseguró— de cartas fechadas en la capital rusa, que le fueron enviadas a Vásquez Sánchez por una mujer en mayo de este año.

Además, exhibió lo que dijo ser el "diario" del asesino. Mostró hojas escritas con tinta verde, llenas de enmiendas. Ostentan, al final de una exposición larguísima, la rúbrica que utilizó en vida el criminal.

A lo largo del manuscrito —afirmó el vocero presidencial— están expuestas sus idas y su filiación comunista. Expresa en un párrafo: "Quiero aclarar que esa gran nación que es Rusia está llenando una etapa importantísima en la historia de la humanidad, porque su sistema comunista está entrenando a los hombres y despertando a los pueblos de este letargo en que están embutidos por los tiranos, salvajes, esclavistas, tanto del clero, como capitalistas y conservadores despreciables".

Otro párrafo que, según el vocero presidencial, pertenece al diario auténtico de Vásquez Sánchez:

---

* *Excélsior*, 29 de julio de 1957

Cantaba loas al comunismo

"Desde este rincón humilde de mi posada en que me encuentro, lanzo mi expresión más colmada de amor y respeto a los más grandes valores del comunismo proletario ruso: Engels, Lenin, Marx, Stalin, así como a todos esos líderes amorosos que han hecho su aparición en las plataformas de todas partes del mundo, levantando a las masas trabajadoras y lanzándoles en conquista de sus derechos de hombres contra los tiranos, sus verdugos".

Más adelante, aseguró Castañeda, el magnicida escribió: "Ya he arreglado mi paz de ponerle coto a la existencia del encargado del poder aquí. Pues, al fin de cuentas, soy un mártir y nada tengo que perder. Estoy esperando que llegue la fecha indicada para ponerme por tercera y última vez el uniforme de guardia presidencial".

Afirma el vocero oficial de la presidencia de la República:

Es evidente que por esos días Vásquez Sánchez mantenía contactos con amigos comunistas, quienes lo habían sometido a un intenso adoctrinamiento.

En una página de su manuscrito hace referencia a la situación internacional, la cual define como una lucha "Soviet Union contra United States", y más adelante consigna las frecuencias de las estaciones de la radio de Moscú, de la que dice es su favorita.

"Para el proletariado internacional —son frases que dice Castañeda que escribió el magnicida—, es como un faro de esperanza, cuya luz, al brillar en el horizonte, anuncia la alborada de un nuevo día".

Líneas adelante del famoso diario, hay esta frase:

Llamaba "camarada" a Juan José Arévalo

"Pronto acabará Castillo Armas. El pueblo de Guatemala ha de tener a la cabeza al gran hermano y camarada, Juan José Arévalo, que será el eje motriz para el futuro desarrollo espiritual del moderno comunismo".

Un párrafo final: "El fuego sobre el presidente será en una forma combinada. Me refiero a un fuego cruzado de ametralladoras de mano. Puede que en el asalto participemos más de dos o, según los planes de arreglo, sólo uno. En este caso de arreglo, claro que seré yo. Estoy completamente seguro de que no erraré las descargas, pues soy soldado perfectamente entrenado y estoy casi acostumbrado a estos penosos pasos. No saldrá con vida del infierno de balas".

Estos datos y la explicación de Castañeda acumularon una conferencia de prensa que se llevó a cabo en el Palacio de Gobierno. Allí asistieron corresponsales estadounidenses en número muy considerable. Ellos solos constituían un ejército.

Entre el vocero presidencial y periodistas hispanoamericanos se entabló una guerra verbal que tuvo el siguiente origen:

Hay aspectos muy extraños

Castañeda, de pie frente a los diaristas, habló de los antecedentes de Romeo Vásquez Sánchez.

Dijo que fue expulsado del Ejército, hace años, por su filiación comunista. Más tarde, por iguales motivos, de la estación de radio y televisión del gobierno.

No obstante su historia, fue admitido después en la Guardia Presidencial, cuerpo selectísimo que cuida del hombre más importante de Guatemala.

Este planteamiento hizo razonar a los periodistas:

"¿Cómo es posible que a un acusado de comunista —donde el comunismo está proscrito por el gobierno— se le admita en el cuerpo de guardas más cercanos al jefe de la nación?".

¿Cómo? Se preguntó mil veces.

Castañeda se defendió así:

"La Guardia Presidencial y el Ejército no tienen nada en común; son dos cuerpos independientes. Por tanto, los guardias presidenciales no tomaron en cuenta aquellos expedientes del Ejército y los de la oficina gubernamental de radio y televisión, donde constaban las pruebas de comunismo de Romeo Vásquez Sánchez.

Y ante la insistencia de esta afirmación, de parte del vocero presidencial, empezaron a esbozarse los más diversos pensamientos.

Así, se insinúa la posibilidad de que el asesinato haya obedecido a negligencias o a algo más que una acción meramente individual. Esto es, un complot organizado en toda forma.

¿Cómo es posible que un comunista fuera aceptado en la Guardia Presidencial de un gobierno eminentemente anticomunista?, volvió a preguntarse al vocero del gobierno.

Se refugió de nuevo en sus argumentos y, a la postre, pidió que no se hablara más del asunto.

Guatemala, en peligro de volver a caer en manos del comunismo*

Guatemala, 30 de julio de 1957.- Guatemala está nuevamente en peligro de caer en manos del comunismo, lo que sería tanto como el retorno a la iniquidad y el horror, dijo hoy, durante las exequias del coronel Carlos Castillo Armas, el arzobispo de este país, monseñor Mariano Rossell.

En un discurso que pronunció en la Catedral Metropolitana ante el gabinete en pleno, los más altos jefes del Ejército, misiones diplomáticas especiales de casi todos los países de América, multitud de cofradías religiosas y asistentes sin mayor relieve, clamó el prelado:

"Luchemos por la causa de Dios, amenazada hoy más que nunca por los comunistas y los tradicionales enemigos de esta nación, quienes impulsados por el odio y el rencor no vacilarían un segundo en expulsar de aquí a los sacerdotes e implantar un régimen de injusticia social y de sangre".

El arzobispo, quien apenas ayer regresó de un viaje a Roma, aseguro que las acechanzas a la paz interna de esta nación están en todos lados y que los enemigos de ella no se permiten un momento de descanso. "No todos nuestros adversarios han salido de casa y muchos trabajan en el exterior", afirmó.

Con voz tranquila y ademanes suaves, monseñor Rossell exhortó a los católicos a empuñar las armas del cristianismo y mantener el respeto que se profesa a la Iglesia. "Pero no olvidéis —advirtió con tono grave— que hay que llevar la doctrina del Evangelio a los hogares y escuelas sin Dios, pues mientras existan habrá esbirros y criminales que asesinan".

Consciente de las pasiones políticas que ha despertado la muerte del coronel Castillo Armas, el arzobispo aconsejó:

"No sacrifiquéis al odio la unión que nos hará fuertes e imitad a quien supo, desde su sitio presidencial, dar a Dios lo que es de Dios y no al

---

* *Excélsior*, 31 de julio de 1957

César lo que es de Dios. Sed justos y no pretendáis alterar el orden de las cosas.

"Ojalá —continuó— que sigáis el ejemplo de nuestro amado presidente y que su muerte no señale una nueva era del calvario y persecución. Pedid a Dios fortaleza y confiad en que la justicia divina hará saber tarde o temprano la trama inicua que se escuda tras el crimen de quien dio su vida por salvar a una nación de las garras del comunismo".

En medio de un silencio absoluto, añadió:

"Nuestro bienamado hermano, que nunca fue cruel ni autócrata, que liquidó la iniquidad e implantó la justicia, no ha muerto del todo y confiemos en Dios que lo ha de tener consigo. No podemos olvidar que nunca se avergonzó de adorar al Cristo de Esquipulas, nuestra imagen venerada, a diferencia de otros que se avergonzaron en creer en el propio Dios que les ha dado la vida".

Monseñor Rossell —de mediana estatura y rostro venerable— imprimió a su voz un repentino vigor, abandonó las formas suaves y, levantando los brazos, exclamó:

"Señor, salva a Guatemala una vez más, como ya tantas veces lo has hecho. Recibe, Señor, el holocausto de nuestra pena y dale resignación a este país".

Hizo la señal de la cruz y volvió ante el altar, al tiempo que se escuchaba un repique de tambores, seguido de los acordes de una banda militar. En esos momentos, miles de personas escucharon *La granadera*, que es la marcha con que se recibe y despide al presidente de la República en los sitios a que acude.

Al fondo del altar donde el arzobispo musitaba las últimas oraciones, veíase la bandera nacional, que colgaba desde lo alto de la nave principal hasta el piso. Sobre el blanco del pabellón destacaba el Cristo negro de Esquipulas.

Muy cerca del área permanecerían rígidos los miembros del gabinete. Cada uno de ellos tenía en la mano la punta de un crespón negro, con que estaba adornado el féretro que contenía el cuerpo del coronel Castillo Armas. Sobre la caja mortuoria fueron colocados su gorra militar y el sable que usó cuando presidente.

En Catedral, los tipos más opuestos permanecían separados por centímetros. El nuncio apostólico junto a diplomáticos vestidos de levita, y éstos, a su vez, al lado de militares con uniformes de gala. En las primeras filas casi no había mujeres. Apenas destacaba la figura de doña Odilia P., viuda de Castillo Armas, quien a menudo lloraba.

1957

Había vallas compactas

Cerca de las 10:30, el cortejó inició la marcha. Un jeep abría la marcha con una bandera de la Organización de Estados Centroamericanos, con su escudo multicolor y estas palabras: "Dios, unión, libertad". Le seguía un "avantrén" con el féretro. E inmediatamente después el caballo negro de pura sangre que perteneció a Castillo Armas era conducido de las bridas por un oficial.

Diplomáticos, ministros y militares se confundían después en lo que fue una larga marcha a pie por las principales calles de la ciudad hasta llegar al Cementerio General.

La banda de la Guardia Nacional ejecutó de vez en vez marchas fúnebres y toques de honor, los cuales eran escuchados en silencio por una multitud que en vallas compactas se extendía a lo largo de dos kilómetros.

Ya en el cementerio, a unos metros de la cripta de la familia Armas, resonaron los acordes del Himno Nacional de Guatemala. E inmediatamente después fueron pronunciadas frases de exaltación al presidente asesinado y de censura violenta contra el comunismo.

"La mano criminal que segó la vida de nuestro jefe será cortada para siempre de nuestro país. Juramos hoy, sobre estos sagrados despojos, que el comunismo no volverá a este suelo", exclamó Mario Sandoval, el último de los oradores.

Llegaron los momentos finales.

Hubo una atmósfera tensa cuando el catafalco empezó a descender a lo profundo de la fosa, en medio de clarines y salvas…

En el mismo cementerio, a escaso medio kilómetro de la cripta de la familia Armas, una tosca caja de madera fue sepultada sin más testigos que tres enterradores.

Ellos informaron a *Excélsior.*

"Hicimos el entierro de Romeo Vásquez Sánchez, el que mató al presidente. Se quiso que nadie supiera la hora para evitar la curiosidad de la gente. Pero el entierro fue también hoy, como el del presidente. Hace unas horas que acabamos. Nos dijeron que sobre la tumba no pusiéramos ningún nombre ni ninguna marca…".

Incertidumbre en el vecino del sur[*]

La rígida censura impuesta por las autoridades guatemaltecas impidió anteayer a la información que consignamos líneas abajo llegar a su destino. El jefe de relaciones públicas del Ejército, coronel Ramiro Geredia Asturias, con facultades para tachar frases y suprimir párrafos en mensajes de prensa, se negó a autorizar el despacho y cerró los canales de cable y teléfono al enviado especial de Excélsior.

Adujo que había notorias discrepancias entre sus observaciones y la información que consignan periódicos de Guatemala, por lo que sugirió con ánimo conciliatorio: "Haga lo que los periodistas de aquí: exalte el gran amor que siente el pueblo por su presidente muerto. Eso es realmente lo que vale la pena consignar".

Agregó que el gobierno no puede permitir que se difundan en el extranjero "asuntos inconvenientes". El criterio del coronel Geredia Asturias se aplica a esta escala: no es posible expedir una línea informativa por cable si no lleva el sello del Ministerio de la Defensa. Además, se ha prohibido que se difundan en Guatemala diarios de otros países.

Guatemala, julio 30 de 1957. Pesa una extraña sensación de incertidumbre sobre esta ciudad. No hay signos externos de violencia, pero sí los más diversos y alarmantes rumores. Priva el estado de sitio y las garantías individuales se han abolido.

Pasan las horas con lentitud. Todas las oficinas burocráticas permanecen cerradas y el comercio se ha reducido a lo esencial. No hay un espectáculo abierto y están prohibidas las reuniones públicas o privadas de más de cuatro personas. Sin embargo, hay tolerancia y se forman muchos corrillos en la calle.

Durante el día, la ciudad se ve concurrida. Pero a partir de las siete de la noche la circulación se abate y las familias empiezan a reunirse en sus

---

[*] *Excélsior*, 31 de julio de 1957

hogares. Cuatro horas después, apenas se ve un alma transitando por las avenidas principales, que aparecen desiertas y producen una sensación de indefinible tristeza.

Sólo vigilantes hay en las calles

Desde las 23 horas, en la vía pública sólo se encuentran vigilantes, funcionarios y personas con un salvoconducto en el bolsillo.

A esa hora —como en el resto del día— es frecuente el tránsito de jeeps con tres soldados y un oficial a bordo. También ininterrumpidamente se advierten guardias especiales que vigilan las esquinas y en lo alto de edificios públicos, mientras el grueso de la tropa permanece acuartelado.

Hay algo así como un silencio general. Suele ser cortado por el repique de las campanas de Catedral llamando a misa; también es interrumpido por el estruendo sordo de un cañonazo que se dispara cada 15 minutos, desde el jardín central, en señal de duelo por la muerte del coronel Carlos Castillo Armas.

Las estaciones de radio, así como televisoras que funcionan en el país, están bajo el control de la radiodifusora La Voz de Guatemala, que sólo transmite boletines oficiales, música fúnebre, loas al presidente asesinado y cargos contra el comunismo.

Un decreto recién expedido autorizó los registros por parte del Ejército en casas particulares, oficinas y automóviles. El mismo acuerdo permite la aprehensión y consignación de cualquier persona considerada como sospechosa.

En derredor de estos temas —cateo y aprehensiones— se apasiona la población. Se habla de ello en todos los tonos, pero en forma vaga. Casi nadie proporciona un dato concreto y hay recelo cuando se toca el punto con insistencia.

Sólo de vez en cuando se oye una voz confidencial: "Yo vi cuando penetraron los soldados en las casas de Marco Antonio Ramírez y José Luis Bocaletti y se los llevaron".

Son herméticas las autoridades cuando se tocan estos puntos. Confiesan los registros y admiten que ocho miembros de la guardia presidencial, junto con su jefe, René Quiñones, fueron aprehendidos y están sujetos a proceso sumario. Pero ocultan los resultados, el número de confinados, y se limitan a expresar que trabajan con buen éxito y que muy pronto "se sabrán grandes cosas".

Roberto Castañeda, vocero presidencial, declaró:

"Por el momento, nadie está autorizado a decir más".

Entretanto, un recorrido por las embajadas aquí reconocidas arrojó este resultado: no ha habido persona alguna que se haya acogido al derecho de asilo. En la representación mexicana, el diplomático Francisco de Icaza informó:

"Nadie ha venido en busca de protección. Tengo entendido que igual situación se observa en las legaciones".

La guerra de rumores

Aquí ha estallado la guerra de rumores. Es intensa e ininterrumpida. Continuamente se conocen nuevas versiones que nadie sabe quién propala, pero que están en la atmósfera y son motivo de comentarios externados por lo bajo.

Se habla de todo. Hay quien dice que el Ejército está dividido, mientras otros afirman que la falta de unidad en el gobierno se ha producido a causa de que a varios de sus elementos les ha trastornado la idea de conquistar el poder para sí. También se oye decir que los asilados —como Juan José Arévalo, en Chile; Toriello, en México, y otros— se aprestan a luchar por el poder "al precio que sea".

Los rumores llenan Guatemala. Muchos ponen en duda la versión oficial sobre la muerte del coronel Castillo Armas y dan motivo a preguntas como ésta:

"Si el asesinato fue obra del comunismo, ¿por qué los comunistas no lo aprovecharon e intentaron apoderarse del gobierno, una vez dado el golpe? Nada más lógico si ellos fueron los que fraguaron el crimen. ¿O qué éste era un fin en sí mismo y no un camino para lograr el mundo?".

No se alteró la tranquilidad

Pero lejos de que se hubiese producido siquiera un conato de lucha después del magnicidio, se mantuvo inalterada la tranquilidad del país. El ministro de Relaciones Exteriores se enteró de lo sucedido tres horas después, en cuanto regresó de un banquete en la embajada de Ecuador; otro tanto ocurrió con el embajador de Estados Unidos, quien también cumplía un compromiso diplomático.

En los mismos periódicos hay contradicciones. *El Imparcial* sostiene que el asesino fue visto en la plancha de autopsias del Hospital Militar, el

84

sábado, con un agujero de daga en el cuello; *Prensa Libre* manifiesta que era orificio de bala; un periódico informa que el asesino logró desasirse del coronel Miguel Mendoza, que quería capturarlo, pero aquél logró huir y, al verse perdido, segundos después, se mató; el competidor dice exactamente lo contrario.

Además, no ha sido generalmente aceptada la versión oficial acerca de los documentos encontrados entre los efectos de Romeo Vásquez Sánchez. ¿Cómo es posible —es una pregunta que está en el ambiente— que un criminal en potencia, bien adiestrado, con antecedentes sospechosos, estuviese dedicado a redactar un diario en que exponía sus propósitos de acabar con la vida del primer mandatario? ¿Y cómo es posible que conservara propaganda rusa, en vez de destruirla, y cometiera todas esas torpezas dentro del recinto de Guardias Presidenciales, donde vivía? ¿Y cómo creer que el servicio de inteligencia que funciona dentro del Ejército no informó al jefe de Guardias Presidenciales acerca de los antecedentes comunistas de Vásquez Sánchez y su expulsión de la milicia?

La confusión que producen estos puntos oscuros propicia la ola de rumores. No faltan quienes aseguran que el crimen fue maquinado por ambiciosos del poder incrustados en el propio gobierno, lo que trata de ocultarse a toda costa, mientras otros creen que el asesinato sí fue obra del comunismo, a fin de iniciar el caos en Guatemala, despertar pasiones encontradas de políticos y facilitar "en río revuelto" la reconquista de las posiciones rojas.

Éstas son especulaciones que pueden o no tener fundamento, pero son síntomas del clima que priva. Hay la idea de que se ocultan cosas graves.

El gobierno lucha contra ese clima. Y en un boletín "previene al pueblo que no se deje sorprender por la ola de rumores que propalan los sectores interesados".

Los rojos, autores de los rumores

"Los comunistas —prosigue el boletín—, frente al fracaso de su intento de subvertir el orden constitucional mediante la supresión física del presidente, se han entregado a la tarea de "rodar bolas" de toda especie, con la perversa mira de desorientar a la opinión pública y entorpecer la aplicación de la justicia.

"Los rumores tienden a crear alarma y desasosiego públicos y son propalados por los mismos que instigaron al criminal atentado; pero los guatemaltecos deben confiar en que la institución armada permanece firme y unida para contrarrestar los efectos de la tragedia nacional y para mantener el orden y la paz en el país".

Entretanto, surgen ya en el plano de la opinión pública los primeros posibles candidatos a la sucesión de la presidencia: Francisco Oliva, ministro de la Defensa, encabeza la lista. Le siguen Miguel Mendoza, segundo jefe del Estado Mayor Presidencial; José Cruz Salar, embajador en Washington; Carlos Sosa Maríes, ministro de Salud Pública; coronel Enrique Peralta, embajador en El Salvador; Ricardo Barroso Peña, ministro de Comunicaciones; Mario Sandoval, jefe del Movimiento Democrático Nacional (también se habla de un bloque de los enemigos declarados del "castillo-armismo").

Todos, salvo el último, no pueden aspirar legítimamente a la presidencia, pues la Constitución establece que, para hacerlo, un funcionario público debe renunciar a su cargo seis meses antes de las elecciones, y los comicios han sido convocados para dentro de cuatro. ¿Qué pasará? ¿Renunciarán a sus pretensiones, se lanzarán por el camino de la ilegalidad o encontrarán una tercera fórmula?

Y la pregunta consiguiente colmada de incertidumbre está en todos los labios:

¿Cuál irá a ser el futuro de este país? ¿Habrá sucesión pacífica, sin problemas, como lo pregona el gobierno y lo desea el pueblo?

Para combatir la intranquilidad palpable, que se advierte en los temas de conversación y en el ambiente de la ciudad, el gobierno adoptó una resolución: bombardear con propaganda a los ciudadanos.

En cinco días han aparecido más de 400 boletines oficiales. Hablan de todo: del amor del pueblo por el coronel Castillo Armas, de la cordura ejemplar observada por la ciudadanía, de la pasividad que se respira en todos los sitios, del respeto a vidas y bienes, de las medidas tomadas en esta hora de emergencia.

El último boletín sobre el particular, expedido hoy por el ministro de la Defensa, "invita cordialmente al pueblo de Guatemala para que contribuya a la consolidación del orden constitucional".

Agrega: "Sucesos inesperados como el que actualmente ha consternado al pueblo siempre traen, como secuela, innumerables e imprevistos hechos populares que trastornan el desenvolvimiento de la vida. El encarecimiento de artículos de primera necesidad es una de las primeras consecuencias y la natural desconfianza que surge en el seno de las familias.

"Por todo ello y por otras muchas razones, las autoridades militares piden al pueblo que se mantenga vigilante y denuncie cualesquiera actividades de los comunistas o de otras personas que traten de aprovechar la situación prevaleciente con fines antipatrióticos encaminados a sembrar la intranquilidad pública".

Robustecen su propaganda las autoridades con discos y altavoces que permiten escuchar en el jardín principal loas al coronel Castillo Armas. Se le llama "héroe íntegro", "guatemalteco sin par", "alma generosa y patriótica", "espíritu ejemplar".

Otros hechos en la ciudad

Otros hechos se observan en la ciudad. El más llamativo se localizaba en las afueras de Palacio, donde se habían reunido miles de guatemaltecos.

Muchos de ellos formaban una masa compacta frente a las verjas semi-cerradas y bien custodiadas del edificio. La mayoría, empero, se distribuía en filas ordenadas, que lentamente se encaminaban rumbo al interior de Palacio, bajo la mirada vigilante de muchos soldados y policías.

Todos iban a ver el cadáver del coronel Castillo Armas. Yacía en el centro del Salón de Recepciones, de cantera labrada "vestida" con yeso y decorada con oro de 18 quilates.

Los restos del presidente reposaban en un féretro cubierto en parte por una bandera guatemalteca. Su rostro estaba ligeramente inclinado al lado derecho. Exhibía una expresión indefinible en un conjunto que parecía de cera. No había rastro que permitiera decir esa frase tan común a propósito de una persona recién fallecida:

"Parece que está durmiendo".

Al pie de la caja, una ofrenda floral en forma de cruz, y al fondo del salón, la mesa de trabajo del presidente asesinado. Sobre ella, un crucifijo de metal.

Del muro principal penden la bandera y el escudo guatemaltecos, en gran tamaño. La rama de laureles cruzada por dos fusiles y un pergamino que hace referencia al 15 de septiembre de 1821, fecha de la Independencia, está coronada por un quetzal disecado.

El cadáver vestía uniforme de gala: guerrera azul oscuro, bordada con hilo de oro en hombreras y cordones. Los botones eran dorados y tenían realzado el escudo nacional. Sobre el pecho de Castillo Armas fue colocado el llamado Cristo negro, que corresponde al Cristo de Esquipulas, la imagen más venerada de este país.

El recinto mortuorio se impregnaba de una atmósfera penetrante a causa de los miles de ramos y ofrendas florales distribuidos por todo el salón.

La gente entraba en él pausadamente. Había algunos que besaban el cristal del féretro en señal de adoración al Cristo negro que se encontraba en su interior; otros dejaban sobre el mismo cristal imágenes diversas, y los hubo que se desprendían de monedas.

En el Salón de Recepciones del Palacio Presidencial reinaba la tranquilidad y el orden. No faltaban mujeres que lloraran ni adultos que se retiraran con el rostro sinceramente conmovido. Hubo casos de histeria y de vez en vez se escuchaban sollozos lastimeros. También se percibió el sonido monótono, persistente de las oraciones, presididas en muchos casos por jerarcas de la Iglesia católica.

Juan J. Arévalo, posible autor intelectual del crimen[*]

Guatemala, 30 de julio.- Juan José Arévalo, expresidente de Guatemala y antecesor de Jacobo Árbenz, fue señalado hoy, en círculos oficiales, como uno de los posibles autores intelectuales del asesinato del coronel Carlos Castillo Armas.

Los informes sobre el particular consignan:

Hay más de 100 personas detenidas por las autoridades a quienes se ha sometido a interrogatorios severísimos. De sus aseveraciones, así como de documentos encontrados en domicilios cateados, se infiere la responsabilidad del ex primer mandatorio, actualmente asilado en Chile.

Los mismos informes indican que Arévalo, en combinación con fuerzas poderosas que le son fieles en Guatemala, elementos descontentos con el régimen de Castillo Armas, tradicionales enemigos de su causa y miembros del Ejército adictos a Árbenz, urdieron la conjura que culminó con el asesinato del viernes 26, según se desprende de las primeras investigaciones.

Se habla de ramificaciones importantes en esa conjura y se adelanta la posibilidad de que muy pronto haga una denuncia pública sobre el particular el gobierno de Guatemala.

En derredor de estos informes se entretejen ya historias y novelas complicadísimas.

* *Excélsior*, 31 de Julio de 1957

Súbitamente murió en su estudio el pintor Diego Rivera*

Diego Rivera, el mundialmente famoso pintor de Guanajuato, falleció ayer a las 11:20 horas, al parecer de un ataque cardiaco. Estaba por cumplir 71 años de edad —el 8 de diciembre— y desde hacía varios meses había suspendido toda actividad a causa de una serie de trastornos orgánicos.

La muerte sobrevino en su estudio de San Ángel, donde Diego vio transcurrir el último periodo de su existencia. La noticia transcendió después de las 13:30 horas de hoy.

El doctor Ignacio Chávez vio al artista al mediodía de ayer. Su diagnóstico fue alarmante, pero aún hizo pensar que Diego viviría algunos días, quizá semanas.

Parco, el cardiólogo informó a los parientes de Diego que su estado era grave y que dadas sus condiciones seguramente no llegaría con vida a fin de año.

Desde hacía tiempo, la salud del muralista era motivo de intranquilidad en los medios artísticos e intelectuales del país. Habría reserva sobre su estado, pero era notorio que éste no era nada bueno.

Hace varias semanas se informó que una tromboflebitis le había inmovilizado mano y brazo derechos —autores de obras que lo han inmortalizado como genio de la plástica— y que dejaría de pintar.

* *Excélsior*, 25 de noviembre de 1957

El adiós a Diego Rivera*

Los despojos de Diego Rivera, juzgado ya como uno de los grandes creadores de la pintura en todas las épocas, fueron trasladados, ayer, del estudio del artista en San Ángel al vestíbulo del Palacio de Bellas Artes, a fin de que el pueblo de México le rindiera póstumo tributo.

Desde las 17:05 horas en que el féretro fue colocado bajo enormes crespones negros, empezó el lento desfile de la multitud, mientras los deudos del artista hacían los últimos preparativos para darle sepultura hoy, entre las 11 y 12 del día, en la Rotonda de los Hombres Ilustres, muy cerca del sitio donde descansa José Clemente Orozco.

La caja mortuoria permaneció herméticamente cerrada. No se quiso que persona alguna pudiera ver en Bellas Artes el rostro de Diego. Hubiera sufrido una profunda impresión, pues éste presenta rasgos muy distintos de los que le fueron conocidos en la época activa, plena de creación, del célebre pintor.

Tiene un color gris verdoso y ángulos sumamente marcados. Sus párpados, que eran protuberantes, habían perdido todo realce. El pelo oscuro, fino y delgado, fue peinado con goma y resaltaba dramáticamente en una faz decrépita. Se veían en ésta grietas, más que arrugas. Y los labios fuertemente cerrados y de un color violáceo.

De la superabundancia que se desborda, Diego pasó, en los últimos meses de su existencia, a un estado lamentable. Cuando podía vérsele en su estudio, como una figura de cera, era frecuente escuchar este comentario compadecido:

"Pobrecito, parece otro hombre...".

---

* *Excélsior,* 27 de noviembre de 1957

Rodeado de sus flores predilectas

Desde las primeras horas de la madrugada, el cuerpo de Diego Rivera fue vestido con un traje azul marino, corbata de colores oscuros y camisa blanca. Se veía delgado hasta la exageración. Sobre la cama colocada en su estudio apenas se adivinaban las piernas. Se veían simplemente los pantalones, como si nada contuvieran en su interior.

El saco no lograba disimular unos hombros que se veían infantiles, angostos en extremo. Y los dedos de las manos se veían afilados más allá de lo creíble. En el anular de la mano izquierda tenía un anillo de oro, que a las claras se advertía que quedaba flojo.

La cama fue rodeada con claveles y rosas. Había también grandes flores de Nochebuena. Y alrededor, el mundo querido del muralista: los "judas", los grandes muñecos de cartón, las "muertes" que le hacían reír y multitud de pequeñas figuras arqueológicas, que apenas a principio de esta semana había comenzado a clasificar Eulalia Guzmán.

Al centro de la gran pieza, a un metro escaso de la cama donde pasó Diego los máximos sufrimientos de su existencia, se veían dos caballetes y algunos pinceles abandonados. En el lienzo de uno de los caballetes había unos trazos: los de una niña mexicana, con enormes moños sujetándole las trenzas.

La cara de la muchachita se veía redonda y parecía más bien una muñeca. Zapatos más grandes de lo normal y tobilleras mal ajustadas, fruto de un trabajo preliminar.

La obra en proceso era de la nieta del muralista, Ruth María, hija de Ruth Rivera de Alvarado.

El otro caballete tenía también asignada una función. En la mente creadora de Diego el cuadro ya estaba hecho. Era simple: un niño soviético con un Sputnik en la palma derecha.

A unos pasos de la gran sala de trabajo, un pequeño despacho: el de Diego. Sobre una mesa se veía su retrato: feliz, en las mejores épocas de su vida. Una gran sonrisa y la estampa del optimismo. También se advertía un cuadro de Frida Kahlo y, en derredor, multitud de pequeños objetos: muñecos de alambre, hojas de papel, pequeñas calaveras.

En ese despacho, Diego solía dictar. Lo hacía sentado en un cómodo sillón forrado de azul. Allí, hace apenas cinco días pidió a su secretaria Teresa Proenza que escribiera una carta a Ignacio Chávez para recomendarle a una comadre muy pobre, del barrio de San Juanico. La comadre es Catalina Frías, que ayer exhibía la carta como un trofeo.

Era conmovedor verla. Su pobreza saltaba a la vista. Había un signo distintivo: calzaba enormes zapatos de hombre.

Las primeras condolencias

A las siete de la mañana, Emma Hurtado, viuda de Rivera, apareció desolada. Su pelo se encontraba en desorden; el colorete de las mejillas y la pintura de los labios se habían corrido; y los ojos, de un azul acuarela, veíanse agrandados y plenos de asombro.

No cesaba de llorar. Luchaba por sobreponerse, pero lo conseguía a duras penas, sólo por instantes. Cuando se presentó ante ella Salvador Novo, sus últimas defensas quedaron pulverizadas. Lloró largamente sobre el hombro del escritor. Y empezó a desahogarse.

Entre sollozos, decía que la muerte engaña. "Sí, Salvador, la muerte engaña", y repetía estas palabras como si fueran un estribillo.

Explicó que anteayer Diego tuvo una ligera mejoría. El oxígeno que le fue aplicado los 15 días anteriores para facilitarle la respiración fue suspendido por orden de los médicos, que encontraron un mejor funcionamiento pulmonar.

Diego se comportaba ese día —el de su muerte— con mayores ánimos. Sonreía a menudo y platicaba con su esposa, sus hijas y los amigos que acudieron a visitarle. Hacía bromas y hablaba sobre arte. Tuvo grandes elogios —los últimos— para Alberto Beltrán, el grabador. Se expresó con entusiasmo de su última obra, en que satiriza a la "cargada política".

"Beltrán es un artista completo. Combina magníficamente forma y fondo. Es excelente", confió Diego a su secretaria.

A las 10 de la mañana —siguió contándole Emma Hurtado a Novo— Diego quiso permanecer solo. A menudo se refugiaba consigo mismo. Pasó algún tiempo en meditación y al poco tiempo llamó a su hija Guadalupe. Conversó con ella, le besó las manos. Varias veces le acarició las mejillas.

Los síntomas del inevitable final

La tarde transcurrió normalmente. Y en la noche, Diego sostuvo una conversación telefónica con María Félix. Eran en esos momentos las 20 horas y dos más tarde se presentarían los primeros síntomas angustiosos. El artista dijo que se sentía mal. Se quejó con amargura. Por un momento su semblante se cubrió con los rasgos del mayor desaliento.

Poco después, el principio del fin. Diego hizo sonar con urgencia una campanilla del buró. Acudió Emma Hurtado al instante. Diego respiraba con dificultad y se quejaba con mayor desasosiego. Y pidió que viniera

Manolo, su mozo de confianza. "Manolo... Manolo...", decía con voz ya suave, quebrada.

Guadalupe Marín, que había acudido también, intentó brindarle auxilio. Emma Hurtado le preguntó a su esposo si le colocaba las piernas sobre el piso, o bien, extendidas. Diego dijo que sí a la primera pregunta.

Y cuando hubo colocado la planta sobre las duelas, hizo un impulso para levantarse.

Fue el último. Instantes después se desplomaba sobre el lecho y expiraba.

Emma Hurtado no cesaba de decirle a Novo:

"La muerte engaña, Salvador. Murió Diego el día en que estuvo mejor. Dieguito... Dieguito..."; y, en un llamado sólo por ella cabalmente comprendido, dio rienda suelta a su pena.

La conversación con María Félix

María Félix, vestida de negro de la cabeza a los pies, ocultos sus hermosos ojos tras gruesos lentes, relató su última conversación con Diego Rivera. No es la plática que suele tenerse con un hombre ya condenado a la muerte. Por lo contrario, fue una conversación propia de dos personas que se conducen como si les quedara mucho por vivir.

La artista de Sonora se comunicó al estudio del muralista, deseosa de comprobar el curso que había seguido su enfermedad. Le contestó Ruth y después de un cambio de palabras la hija de Diego dijo a la artista:

—Ahorita te habla mi papá.

—Mi diosa, ¿cómo estás? —escuchó María que le preguntaba Diego, desde el lecho del que ya no se levantaría por propio pie.

—¿Qué, ya estás mejor? —cortó María.

—Si te oigo, mejoro. Si te veo, mejoro más.

—Te iré a ver mañana, Dieguito.

Y se despidieron los dos amigos.

María Félix decía ayer que el valor de Diego no se puede medir con palabras. Su obra está allí y es la que habla con mayor ímpetu de lo que fue el hombre que la realizó.

"Era maravilloso", fue su último comentario.

Leía los periódicos

Entre todos los parientes cercanos del artista, ninguno presentaba el aire de desolación de su hija Guadalupe.
Veíase inconsolable. No permanecía un segundo en reposo. Se convulsionaba con frecuencia y estallaba en sollozos a cada momento. Su rostro se contrajo muchas veces, en un deseo infructuoso por contener las lágrimas.
Ella contó algo acerca de su padre. Sus últimos días:
En ellos hubo profundos sufrimientos. Hubo ocasión en que le fue extraído de "aquí" —y Guadalupe se llevó la mano a la espalda— un litro de líquido cefalorraquídeo. "La punción le dolió horriblemente a mi papá y yo creí que no se repondría. Desde una semana yo daba a Dieguito por muerto. Así lo decía a todos mis amigos.
"Pero después de la punción —continuó— se observó ligera mejoría. Diego recobró bríos e impuso algunas exigencias. La principal era la lectura de los periódicos, a los que siempre fue muy afecto. Le gustaba leer de política y se burlaba de los hombres del gobierno que se abalanzaron sobre el candidato López Mateos".
Prosigue Guadalupe:
"La pasión que mi papá ha sentido siempre por la lectura de los periódicos fue la que nos obligó a no dar ninguna noticia sobre su verdadero estado. Hubiera sido muy doloroso que se enterara, por él mismo y a través de una noticia de que se aproximaba rápidamente su fin".
Raquel Tibol, admiradora fervorosa de la obra del artista de Guanajuato, interrumpió en ese momento a Guadalupe, para decir que Diego ya sabía lo que le esperaba y que se comportaba con fortaleza para no angustiar más a sus seres queridos.
"Hace ocho días, en conversación conmigo, llamaba a la muerte con desesperación. No aguantaba un día más".

Telefonemas, pésames sin fin

En el estudio de la calle de Altavista entraban y salían visitantes, casi todos enlutados con expresión de sincero pesar. Los telefonemas también se sucedían casi sin interrupción: El Colegio Nacional de México, el Colegio de Arquitectos, los grupos de pintores revolucionarios, los miembros del Partido Comunista.
Narciso Bassols, Vicente Lombardo Toledano, Heriberto Jara, Javier Rojo Gómez fueron las primeras personas que se presentaron en la casa.

Lamentaron la muerte de Diego como una pérdida nacional. Rojo Gómez dijo que no ha habido otro pintor de su fuerza avasalladora, la que se puede medir en los muchos miles de metros cuadrados que pintó.

Cuando llegó Salvador Novo y alguien le preguntó si estaba bien que lo velaran en el Palacio de Bellas Artes, contestó de mal humor: "Ese recinto es muy poco si se compara con la talla de Diego".

Y seguían los visitantes... y las frases. El rector de la UNAM, doctor Nabor Carrillo, lamentaba "la muerte de un genio"; Antonio Carrillo Flores, su hermano y secretario de Hacienda, afirmaba que "murió el más grande pintor de los últimos tiempos"; y don Julián Carrillo, padre de ambos, suprimió el elogio y se refugió en la pena: lloraba en silencio y como avergonzado, buscando escapar a las miradas.

Lupe Marín, segunda esposa de Diego, se abrazaba con Emma, la cuarta; Silvia Pinal, retratada recientemente por el artista, consolaba a Ruth; algunas estudiantes de pintura, que a las claras revelaban su procedencia norteamericana, miraban a uno y el otro lado con expresión de profundo azoro.

A las 10 de la mañana llegó David Alfaro Siqueiros con su esposa, Angélica Arenal. Comunicaba con grandes aspavientos y una expresión de profundo pesar:

"Me enteré hace apenas media hora. Ayer regresamos a la casa a las dos de la madrugada. Hoy leímos la noticia en los periódicos. Es una pérdida, no sólo de México, sino del mundo".

Los fotógrafos a la expectativa

En las primeras horas del día, el escultor Asúnsolo tomó en yeso la mascarilla y las manos de Diego. Trabajó con celeridad, bajo la mirada llorosa de los parientes de Rivera. Cuando se despidió, dijo:

"Los objetos irán a un museo. Diego era un figura de talla gigantesca; único".

Hacia las 11 llegaron los embalsamadores. Su presencia fue seguida de un murmullo de pesar, ante la sola idea del proceso a que iba a ser sometido el cuerpo.

El estudio de Diego fue abandonado por todos. Sólo quedó Emma Hurtado con los trabajadores. En la puerta de la entrada de la casa se decía a los visitantes: "Están embalsamándolo, no se puede subir".

Fueron largos, interminables los minutos. Media hora, una, dos, y los embalsamadores no terminaban su tarea. Los fotógrafos y camarógrafos esperaban pacientemente, alineados en fila. Todos querían ser los primeros en entrar, cuando se anunciara que el trabajo había concluido.

Al fin llegó ese momento. Y nuevamente apareció la figura exánime de Diego. Se le había cambiado de ropas, más a tono con las que él prefería. A la camisa blanca sustituyó una de color solferino. Y la corbata de colores fúnebres dejó el lugar a una a rayas, de tonos alegres.

Cándido Mayo, viejo amigo de Rivera, celebró el cambio. Y dijo: "Si Diego viera a todas estas personas vestidas de negro —y señaló a muchas, a casi todas—, las corría de su casa. Los colores eran su alegría, su pasión y uno de los ángulos más atractivos de su arte monumental".

Las manos de Diego aparecían cruzadas, a la altura del estómago. Y por momentos parecían acentuarse los rasgos afilados de su rostro, que le daban un aspecto desconocido.

Una persona habló de velarlo. Y al parecer salió presurosa en pos de algunas velas. De inmediato se escuchó la voz autoritaria de Ruth: "No, por favor. Aquí hay muchos muñecos de cartón. Podríamos provocar un incendio".

¿Incineración o sepelio?

De pronto corrió un rumor entre las personas que se encontraban en el estudio. No se sabe de dónde partió, pero el hecho es que en unos segundos fue conocido por todos. Se supo que entre los deudos allegados a Diego había una discrepancia: unos querían que se le incinerara; otros, que se le sepultara íntegro.

Por largo tiempo no se supo cuál sería la resolución final. Guadalupe Rivera quería que se enterrara a su padre y Ruth no cesaba de afirmar: "Yo prometí a papá que cumpliría sus deseos y éstos eran de que se le incinerara".

Entre las dos hijas, Emma Hurtado parecía titubear, sin voluntad. Se le preguntaba su opinión, se llevaba las manos a la cabeza, oprimía ésta y contestaba con voz pronta al llanto:

"No sé, no sé… por favor…".

En ese ambiente, Rosa Castro emitía su opinión:

"La voluntad de los muertos debe ser respetada. Yo tengo una carta de Diego, enviada desde Moscú, en su último viaje. En ella me dice textualmente: "Que se me incinere y se revuelvan mis cenizas con las de Frida".

Elena Vázquez Gómez hablaba en igual sentido que Rosa Castro. Y Judith Barreto, la enfermera que atendió al artista en sus últimos días, decía con humildad:

"A mí me dijo el señor que quería que lo incineraran. Y me lo dijo no una, sino varias veces".

El criterio iba de un extremo a otro. Llegó un momento en que nadie sabía nada. Pareció que se iba a dejar asunto tan importante para resolverlo a última hora.

Al fin, Ruth explicó la resolución adoptada, la que facilitó grandemente el presidente de la República. Expresó:

"El señor presidente nos ha comunicado que hay una fosa para mi papá en la Rotonda de los Hombres Ilustres. Hemos decidido, pues, que se le entierre".

De muchas personas brotaron frases de satisfacción. Hubo quien evocó un recuerdo muy doloroso: la incineración de Frida Kahlo, hace algunos años. Y se entró en detalles sombríos: el horno crematorio del cementerio civil de Dolores es viejo, funciona mal y el proceso es sumamente lento. Frida estuvo entre las llamas cuatro horas, mientras escapaban tenues nubecillas de humo que llegaban a todos los presentes.

La presencia de Frida Kahlo

Para quien se interne en el estudio de Diego, la presencia de Frida Kahlo se impone desde un principio. Parece una persona más en la casa. Está en el estudio, en el despacho; hay huellas de ella por doquier.

En el estudio, un retrato, siempre colmado de flores en su alrededor. En el despacho un retrato más. En un salón de reducidas dimensiones que está contiguo, un marco con unas frases de Frida Kahlo.

El contenido es intrascendente. No dice nada de interés. Pero revela hasta qué punto Diego se aferró a multitud de pequeños recuerdos, en cuanto lo transportaban a un ser a quien quiso intensamente.

Las palabras de Frida, en letra enérgica, algo hombruna, expresan:

"Señor Alonso José Arroyo:

"Le suplico sea tan amable de ver si puede conseguirme un libro que se llama *Lao Tse*, de un autor Wilhelm [y siguen a continuación unos tachones violentos], que fue publicado en *Revista de Occidente*, más o menos en 1926. Lo he buscado mucho en las librerías y parece que está agotado. Se lo agradecerá mucho. Frida Kahlo".

En otra pieza, otra carta de Frida, en su correspondiente marco. Es un mensaje dirigido a Diego. Le expresa inmenso cariño.

A los representantes de la embajada soviética, que acudieron en gran número al estudio, les sorprendieron estos marcos con los escritos de la pintora que pasó los últimos años de su existencia inmovilizada a una silla de ruedas.

Los diplomáticos de la URSS decían continuamente que Diego Rivera es admirado en su país como uno de los genios del arte pictórico contemporáneo.

Semejante afirmación la confirma el mensaje que transmitió Cándido Mayo a Diego Rivera, después de una estancia breve en aquellas latitudes. El mensaje procedía de Koriesky, quien en tiempos pasados hizo carteles para la guerra y hoy los hace para la paz, y que está reputado como el pintor número uno de la URSS.

Koriesky, condecorado tres veces por sus hechos durante la batalla de Stalingrado, escribió de su pluma y letra estas palabras sobre el guanajuatense Rivera:

"Nosotros pensamos que Diego Rivera es el mejor pintor del mundo".

El féretro salió a las 16 horas

En punto de las cuatro de la tarde, el féretro que contenía el cadáver de Diego Rivera abandonó el estudio de San Ángel. Varios centenares de personas fueron testigos del inicio del traslado a Bellas Artes.

Cubría la caja mortuoria una bandera nacional. Sobre su significado habló Ruth:

"No queremos —dijo— que haya homenaje de grupos. Queremos que cada persona acuda por sí, sin mayor representación. Las gentes que quieran despedir a mi papá que lo hagan como simples mexicanos".

La marcha rumbo al centro de la ciudad fue lenta pero expedita. Un motociclista abría paso. Muchos transeúntes se descubrían respetuosos. Otros señalaban con el índice extendido y murmuraban:

"Allá va Diego…".

Inmediatamente detrás de la carroza viajaban en un automóvil Emma Hurtado, Guadalupe y Ruth Rivera y una amiga de la hoy viuda de Rivera. A través de los vidrios del vehículo se advertía que casi no cruzaban palabra las mujeres enlutadas. Se limitaban a sollozar.

A la llegada a Bellas Artes, una multitud compacta se arremolinó en derredor del féretro. María Félix fue asediada por personas humildes. Una niña extendió su mano hacia ella, con timidez.

Las primeras guardias

Las primeras guardias en el vestíbulo de Bellas Artes fueron hechas por Emma Hurtado, María Félix, el banquero Rodrigo Gómez, Guadalupe Marín (segunda esposa de Diego; la primera fue Angelina Beloff), sus hijas Ruth y Guadalupe y los representantes de la embajada rusa, Boris A. Kazantsev y Nikolai A. Ksenov.

Simultáneamente, comenzaron a llegar ofrendas florales del doctor Ignacio Morones Prieto; del gobernador de Guanajuato, doctor Jesús Rodríguez Gaona; de la Universidad de Guanajuato; del Instituto de Intercambio Cultural Mexicano Ruso, del que era presidente el extinto pintor; del Instituto Nacional de Antropología e Historia; del general Heriberto Jara; de la Escuela Nacional de Artes Plásticas; del Instituto Politécnico Nacional; de la legación de Polonia y de la embajada de Rusia.

La ofrenda floral de la legación polaca consistió en una gran corona confeccionada con camelias y claveles. La de la embajada rusa llevaba un ancho listón rojinegro, en el que se leía lo siguiente: "Al gran pintor mexicano Diego Rivera. Embajada de la URSS".

Esta mañana, durante la inhumación en la Rotonda de los Hombres Ilustres, hablarán las siguientes personas al pie de la tumba:

Jorge Ramón Juárez, en nombre del Instituto Nacional de Bellas Artes; Carlos Pellicer, en representación de los deudos de Diego (ayer se encontraba en Tabasco y le fue enviado un telegrama para que viniera a esta ciudad; respondió sin demora y expresó pena indescriptible por el fin de uno de los grandes entre los grandes).

Eugenio Castro Leal pronunciará unas palabras en nombre de El Colegio Nacional a que perteneció Rivera, y David Alfaro Siqueiros hará lo propio como portavoz de los artistas mexicanos. Es posible que también envíe un mensaje el rector de la UNAM, Nabor Carrillo Flores.

1959

En el escenario de una desigual batalla[*]

Ocós, Guatemala, 1 de enero. Dos guardias federales permanecen atentos a todo lo que ocurre en su derredor. Vigilan con los fusiles fuertemente asidos con ambas manos. Tienen orden de no permitir que persona alguna toque los restos de la nave pesquera mexicana Salina Cruz Número Uno. El brillo metálico de sus bayonetas caladas es toda una advertencia.

El mar, poco a poco, ha ido devolviendo a la playa los despojos del barco ametrallado por cazas guatemaltecos Hay algunos objetos aún húmedos: las colchonetas de los pescadores, sus cojines de tela corriente y dibujos vulgares, dos camisas con estampados de anclas y sirenas.

Pedazos de tablas yacen dispersos sobre la arena. En una de regular tamaño se lee el nombre de México. Se ven también un cable enrollado y una cadena de color rojizo. Sobre el cable, grueso como el puño de un niño, una bota de hule y un par de zapatos cafés.

En un contrasentido se observan objetos que pudieran ser útiles todavía: una lata de aceite para mesa, dos tambos de combustible, un salvavidas y una brújula que señala con su aguja hacia el oriente. También aparece en el heterogéneo conjunto un diminuto botiquín con alcohol y gasas.

Es noche cerrada. Un ayudante de los guardias, Pedro González Villatoro, y Ramón López de León han ido iluminando los restos de la tripulación de la nave mexicana con una lámpara de bolsillo. La detiene sobre una lona blanca que formó parte del barco y que ahora es empleada como techumbre de improvisada tienda de campaña.

Luego dirige el círculo luminoso hacia el mar. Se concentra la atención y parece acentuarse la sonoridad del romper de las olas. Señala con el índice extendido hacia un sitio impreciso y dice: "Allí como a 100 metros quedó encallado el pesquero". Apenas si se ve algo: una sombra

---

[*] *Excélsior*, 1 de enero de 1959

103

informe y de agudas puntas que se elevan hacia el cielo y que se presume son los mástiles.

El paisaje es de una impresionante soledad. La naturaleza parece integrarse con sólo dos elementos: mar y arena.

Informa uno de los guardias:

"Este punto del Pacífico se conoce como La Encantada, el puerto de Ocós es el punto más cercano por mar y dista unas dos leguas de aquí" (Ocós es casi limítrofe con la frontera mexicana).

Se trata de un tipo alto, espigado. Cuando sonríe, su boca se endurece en algo que es simple mueca. Es moreno y viste más como un campesino que como un militar: pantalones blancos de dril, camisa blanca y un sobrero de palma. Sin embargo, confiesa con un orgullo que le estalla en el pecho:

"Soy jefe del comisario militar del municipio de Ocós".

Luego agrega, como violentándose:

"Efraín Flores Macías, a sus órdenes".

Tiene una sombra viviente: es un guardia que no le abandona un segundo. A donde vaya el jefe encamina sus pasos el subordinado. No habla, pero siempre está pendiente de los labios del superior. Y parece que un fusil invariablemente mantenido en alto fuese una prolongación de su brazo derecho.

Flores Macías, que suda tanto que parece que acaba de salir de la regadera, deja oír su voz ronca:

"Un avión de la Fuerza Aérea Guatemalteca estuvo ayer en la zona. Aterrizó y se llevó a los cuatro heridos del 'pirata' mexicano y cargó con el único tripulante ileso. Los heridos fueron internados en el Instituto Guatemalteco del Seguro Social, en la capital del país. El ileso debe estar siendo juzgado por las autoridades correspondientes".

—¿Y el marino muerto?

—Vino la Sanidad Pública por él. Se lo llevaron a Tilapa, a unas leguas del lugar. No sé más. A lo mejor ya hasta lo enterraron.

Luego escuchamos este relato de Mario Grijalva, uno de los lancheros mejor conocidos en el lugar:

"Lo miramos muerto mucho rato. Estaba acostado sobre unas tablas de pino, frente a la alcaldía de la población de Ocós. Parecía un tipo simpático. Dicen que tenía 40 días de casado. Lástima".

Habla con vivacidad. Se entristece cuando recuerda otros detalles:

"Tenía un agujero aquí, debajo del sobaco. Por allí se le salió la vida".

Permanece unos segundos en muda reflexión: la cabeza baja, el cuerpo sin movimiento. La voz es ahora más personal, como si hablara consigo mismo:

"No le pusieron siquiera una sábana encima. Sólo un pañuelo sobre la cara. Y era chico. Yo creo que de mujer. No lo tapó bien y las orejas le quedaron de fuera. Levanté el pañuelo y lo miré todo. Sí, era simpático... muy simpático...".

Luego se acuerda de los heridos.

"Dicen que a uno le pegaron en una pierna y a otro en un brazo, que casi le deshicieron...".

Es incesante el movimiento de la población de Ocós. Llegan y salen automóviles, y varios cayucos provistos con motores de gasolina zarpan continuamente, surcan el río Ocosito, prosiguen por el de Tilapa, pasan por "la ciudad del loco" —así llamada en recuerdo de un sujeto estrafalario que aterrizó en un sitio inverosímil con un avión al que no funcionaba la máquina— y llegan hasta escasos mil metros del mar y a cosa de dos kilómetros del sitio donde se encuentra encallado el Salina Cruz.

Hay muchos militares en el paraje. Se confunden con una población en que parecen predominar los niños, quienes los asedian y los siguen a donde quiera que vayan. El uniforme verde de los soldados contrasta con las vestimentas, casi siempre pardas, de los civiles. Se advierte que el hundimiento del pesquero es el gran acontecimiento. Hay muchachos que van por las calles imitando el ruido de la ametralladora: "Rat... ta... tat... tat...".

El teniente Francisco Álvarez Castillo, subjefe de la Guardia Nacional de Hacienda, es una de las figuras para la chiquillería. Sin embargo, escapa de ella y poco se le ve en las polvosas calles. Permanece casi todo el tiempo en el interior de una casa de techo de palma y paredes de adobe. Suda a mares y se ha despojado de la corbata. Ríe hasta sin motivo.

"No puedo dar una versión personal de los hechos. A mí no me constó lo que ha pasado.

"Puedo, eso sí, hablar de lo que se dice entre la población":

Y refiere que algunos habitantes del pueblo de Ocós afirman que el ametrallamiento a mercantes mexicanos se produjo en la barra del mismo nombre, en aguas territoriales guatemaltecas. "El juez de paz de aquí levantó un acta en que así se asienta. Yo no sé más. Es lo que se dice".

No oculta, sin embargo, que toda clase de versiones están en el ambiente y que no faltan quienes propalen estos rumores:

"No fue un barco el hundido. ¡Fueron 20! Lo peor es que nada se sabe de las tripulaciones y todo hace creer que se ahogaron".

El teniente se ríe:

"Eso sí es cierto. Está comprobado. Pero usted sabe que las ganas de imaginar cosas a nadie se le pueden quitar".

* * *

Está indignado el jefe de Migración de México en la frontera sur. En sus oficinas de Tapachula, Chiapas, declara a *Excélsior*: "Es un alarde absurdo. Una tontería incalificable. No hay nada que justifique el ametrallamiento a pesqueros mexicanos por aviones de la Fuerza Aérea de Guatemala. Estoy seguro de que nuestras naves pescaban en aguas territoriales nacionales cuando las agredieron, pero, aunque no hubiera sido así, es condenable por todos conceptos ese tratamiento a embarcaciones inermes, de muy escaso tonelaje y tripuladas por unos cuantos civiles.

"De acuerdo con las leyes de derecho internacional y el más elemental trato de gentes procede la detección de los barcos que infringen una ley, su multa, su castigo, la confiscación de la mercancía y aun de la misma nave. Pero ¿ametrallarla? Eso es algo que no tiene nombre. ¿Cuándo ha procedido México así con barcos cubanos o estadounidenses que pescan en nuestras aguas? Nunca, y esto lo afirmo con orgullo, los ha ametrallado".

José Hipólito Morales ha abierto una investigación de los hechos, cuyo resultado enviará a sus superiores de Gobernación posiblemente en esta misma semana. Para ese fin ha desplazado a varios agentes; uno de ellos, vestido de civil, realiza pesquisas en territorio de Guatemala. La zona en que actúa se extiende del puerto de Ocós a Champerico.

"Hay muchas cosas oscuras en este asunto que es preciso aclarar. En la población mexicana de La libertad, por ejemplo, a unos 10 kilómetros de la desembocadura del Suchiate, límite geográfico de nuestro país y el vecino del sur, se escuchó el estrépito de algunas bombas. Así me lo ha dicho el propio agente que radica allá".

Morales se desentiende momentáneamente de la conversación, se coloca las manos ante la boca a manera de bocina y llama con grandes voces a Efraín Gómez Gutú.

No tarda en aparecer el agente en La Libertad.

—A sus órdenes, jefe.

—Explica lo que pasó.

—En La Libertad escuchamos el ruido de bombas. Era como un trueno lejano, inconfundible. No fue sonido de ametralladora ni de cohetes. Se cree que las dejaron caer los aviones de forma tal que obligaron a dos de nuestros pesqueros a internarse en aguas guatemaltecas y así justificar el ataque.

Morales vuelve a hablar:

1959

"Todos los datos que hemos reunido hasta ahora, y que, desde luego, aún no son definitivos, nos hacen pensar fundadamente que nuestros pesqueros se encontraban a la altura de la barra el río Suchiate, el día de la agresión. "En ese punto, límite territorial de las dos naciones vecinas, siempre han pescado —y con pleno derecho— barcos mexicanos. No han sido cuatro o cinco, sino 15 o 20. Y se explica, pues en la barra existen barcos camaroneros muy ricos que, por fortuna, están ligeramente cargados para nuestros dominios".

El jefe de Migración se interrumpe para preguntar:

"¿Qué acaso con la existencia de esos bancos riquísimos y la experiencia de muchos años de captura hacía falta internarse en aguas guatemaltecas? Yo pienso que no, sobre todo después de que se les informó por radio de la amenaza que un día antes de la agresión lanzó el presidente Ydígoras, al advertir que ametrallaría a "barcos piratas" que incursionaran en sus aguas soberanas".

Se le altera el rostro moreno. Hay viva exaltación en su semblante:

"¡Y que no me digan que no fue mal intencionado ese mensaje! Hablar de la existencia de barcos mexicanos y estadounidenses, cuando sabe perfectamente que en esta zona no incursionan naves de Norteamérica, así lo demuestra. Fue algo que premeditó contra nuestros pesqueros".

* * *

El consulado de Guatemala en Tapachula está muy adornado: cuelgan del techo banderitas de papel azul y blanco. Las hay por veintenas. Parece un lugar típico de la Ciudad de México en día de posadas.

En la pared del fondo hay dos banderas: la nuestra, y la azul, blanco y azul de Guatemala. A uno y otro lados, estas dos efigies: don Adolfo Ruiz Cortines y el general Miguel Ydígoras, ambos con la banda presidencial cruzada al pecho.

Entre los lábaros nacionales está colocado el emblema guatemalteco: el quetzal indómito al cautiverio, dos rifles cruzados, la frase "libertad de noviembre de 1821" y una corona de laurel.

Debajo de las banderas y escudo, una manta blanca con letras azules: "Guatemala y México: Amistad".

El cónsul Víctor Manuel Noguera O. es hombre sencillo. Por su tipo podría ser confundido con un veracruzano. Es tan desenvuelto que no le importa limpiarse los dientes con los restos de un cerillo de madera. Lo hace a la vista de todos y a veces hasta se interrumpe en la conversación para concentrarse en la tarea que acomete con sinigual entusiasmo.

Habla de los últimos acontecimientos:

"No le veo al incidente mayor importancia. Guatemala y México son países amigos. Esto pasará sin dejar mayores consecuencias".

Medita. Se "trabaja" los dientes. Dice al fin:

"El presidente Ydígoras siempre ha querido a México. Varias veces ha estado aquí, en Tapachula. Las instrucciones que he recibido del gobierno que preside son en el sentido de mantener las relaciones en el mejor plano posible".

—¿Y esto de ahora?

—Pues vaya usted a saber; a lo mejor fueron órdenes mal ejecutadas. Quizá los pilotos obraron por su cuenta. En fin...

Luego dice en un arranque:

"Lamento lo que han pasado. Son cosas por las que la gente se resiente".

Hace dos años que el cónsul Noguera desempeña su misión en Tapachula. Confiesa que en ese periodo no había conocido de un hecho como el que ahora se ha producido. Y habló, nuevamente, de "las tranquilas, pacíficas, amistosas relaciones de los dos buenos vecinos" y de sus esperanzas de que todo pasará "sin dejar huella".

* * *

Frente a San Benito, Chiapas, permanece anclado un guardacostas mexicano. Llegó ayer cerca de medianoche o en las primeras horas de este día. Se tiene la certeza de que su presencia está ligada con el ametrallamiento a pesqueros.

El sitio, mencionado erróneamente como un punto desde el cual se había presenciado el desigual combate de aviones militares contra naves de pesca; los sucesos no parecen haber causado mayor impresión.

El primero del año fue celebrado con despreocupada alegría. La gente se lanzó a la playa y jugó por horas. Mayores y menores poblaban la extensa playa y parecían niños en regocijadas vacaciones.

Casi nadie habla de lo que acaba de acontecer. Sólo pláticas sueltas y rápidamente truncadas. A lo más una alusión contenida en cinco frases.

El periódico de la zona tampoco parece interesarse en el problema internacional que se ha planteado entre México y Guatemala. Dedica al asunto un espacio secundario de su primera plana y se remite a la Ciudad de México como fuente informativa.

Dedica el gran título de ocho columnas a la toma de posesión de la comuna con "ausencia de incidentes".

El ataque guatemalteco contra
barcos mexicanos I*

Guatemala.- Dos marineros muertos, 11 heridos y cinco detenidos ilesos es la síntesis numérica de los ataques de la Fuerza Aérea Guatemalteca contra pesqueros mexicanos, según noticias confirmadas hoy por *Excélsior* en esta ciudad.

Nuestros compatriotas pertenecían a las embarcaciones Salina Cruz Número Uno, San Diego y Elizabeth, dos de las cuales están encalladas en costas de este país y una tercera en poder de las autoridades.

Los muertos son el marinero Faustino Durán, del San Diego, quien pereció por bala en el cuarto de máquinas de su nave. Fue desembarcado por autoridades sanitarias guatemaltecas en Champerico y sepultado en Retalhuleu. La segunda víctima es Juan Mendoza Grijalva, quien fue enterrado en Tilapa. Formaba parte de la tripulación del Salina Cruz.

Entre los heridos, todos los cuales están internados en el Hospital Militar de esta población y sometidos a una vigilancia estricta y a un aislamiento casi total, hay uno por cuya vida se teme. Es Rosendo Ramos Flores y formaba parte también de la tripulación del Salina Cruz.

Ésta es la lista.

Barco San Diego:

1. Capitán Felipe Tirado López, de 33 años, casado, originario de Mazatlán, Sinaloa. Sufrió una herida seria en la cadera izquierda. La bala fue extraída en Mazatenango.

2. Maquinista Roberto Contreras, de 29 años, soltero, originario de Guaymas, Sonora. Herida seria provocada por una bala que se le introdujo en el costado izquierdo y le causó quemaduras. Está en observación para extraerle el proyectil.

3. Marinero Felipe Quevedo Ambrosio, de 29 años, soltero, originario de Ixtepec, Oaxaca. Sufrió heridas serias por bala en la espalda y en

---

* *Excélsior*, 3 de enero de 1959

la pierna derecha. Está en observación. Los proyectivos aún no le son extraídos.

4. Marinero José Esparza Cordero, de 27 años, soltero, originario de Guaymas, Sonora. Tiene quemaduras leves en el pie izquierdo.

5. Marinero Mariano López Coronado, de 44 años, casado, originario de Tonila, Jalisco. Herida leve en el índice de la mano derecha.

6. Ayudante de maquinista Miguel Romero Reyes, de 29 años, originario de la ciudad de Puebla. Sufre una herida penetrante en el muslo izquierdo. Le fue causada por un proyecto que ya se le extrajo.

7. Marinero Faustino Durán, muerto por bala en el cuarto de máquinas de su nave.

Barco Salina Cruz Número Uno:

1. Capitán Ramón Ruiz Peña. Herida seria en la clavícula izquierda.

2. Maquinista José Espinosa Moreno, originario de Manzanillo, Colima, de 36 años, soltero. Herida leve en sedal de la axila derecha.

3. Marinero Eustaquio Luria Reyes, originario de Jesús Carranza, Veracruz, 39 años de edad, soltero. Sufrió un golpe en la frente sin consecuencias mayores.

4. Marinero Julián Estrada, originario de Sentispac, Nayarit, de 34 años, soltero. Herida leve en la cara interna de un tobillo.

5. Cocinero Rosendo Ramos Flores. Herida grave con fractura en el húmero izquierdo. No se tienen más datos de él.

6. Marinero Juan Mendoza Grijalva, muerto.

Barco Elizabeth:

1. Capitán José León Bojórquez, originario de Mérida, Yucatán. Casado. Ileso.

2. Maquinista Ernesto Chec Co, de 28 años, casado, originario de Progreso, Yucatán. Ileso.

3. Cocinero Eduardo Cobó, de 51 años, casado, originario de Campeche, Campeche. Ileso.

4. Marinero Misael Argáez, de 24 años, soltero, originario de Campeche, Campeche. Ileso.

5. Marinero Gener Bojórquez, de 19 años, soltero, originario de Mérida, Yucatán. Ileso.

6. Zapatero Gilberto Pardevilla, de 40 años, originario de Hunucmá, Yucatán. Herido de sedal en la pierna derecha. Es uno de los internados en el Hospital Militar.

Se sabe que la nave San Diego es propiedad del exsecretario de Agricultura, Gilberto Flores Muñoz.

En cuanto a los tripulantes ilesos, se les mantiene prácticamente incomunicados en la Sección Número uno de la Policía Nacional, a tres calles del Palacio Presidencial. Al igual que los heridos, sólo han recibido a dos visitantes: el embajador de México en Guatemala, don Francisco A. de Icaza, y el cónsul general de nuestro país en esta capital.

La menor información sobre el tiroteo de que fueron víctimas está cerrada para los periodistas. Hay un cerco absoluto. No se permite ninguna entrevista. Las órdenes son terminantes y los guardias, tanto de la sección policiaca como del Hospital Militar, se conducen en forma tal que hacen inútiles hasta los intentos para llegar al grupo de mexicanos.

El ataque guatemalteco contra barcos mexicanos II*

Guatemala.- "Fue una infamia. El barco ya estaba encallado, inmóvil. El agua nos llegaba hasta la cintura en el cuarto de máquinas. Pero no por eso dejaba de ametrallarnos uno de los aviones. El tiroteo duró como dos horas. Parecíamos ratas".

Desde el Hospital Militar de Guatemala, donde se encuentra detenido desde hace cuatro días, el pescador mexicano Julián Estrada Mendoza, sobreviviente del Salina Cruz Número Uno, se expresó en esos términos. Lo acompañaba José Espinosa Morelos, quien asentía gravemente: "Es cierto. Así fue".

Tienen aire de tristeza. Durante el día no hacen otra cosa que pasear por los corredores y comer. Atraen la atención de otros enfermos "Son los mexicanos… los piratas…". Y más de uno los señala.

Por las noches, ante la puerta de su sala, un policía militar permanece en imperturbable vigilia. Su sombra se proyecta en la pared: rígida, amenazante. El casco se observa como una media naranja.

Tiene algo de lúgubre el hospital. Su exterior es el de una construcción con pretensiones de fortaleza. En el interior, los pasillos son largos y estrechos. Reina un silencio casi sepulcral, a veces interrumpido por el enérgico taconeo de botas militares. Las sombras de los soldados se repiten ante cada puerta. Y la luz amarillenta enferma, insuficiente, es casi obsesiva.

Los mexicanos están uniformados con sus batas color verde oscuro, al igual que todos los detenidos.

---

* *Excélsior*, 4 de enero de 1959

La historia como la narró

Estrada Mendoza es más bien bajo, pero muy vigoroso. No tiene un gramo de grasa. Su rostro moreno, inconfundiblemente mexicano, acusa cansancio y fastidio. Los ojos están sumidos en sus órbitas, la barba crecida.

Refiere así la historia que estuvo a punto de costarle la vida.

"Salimos de Salina Cruz el 28 del mes pasado rumbo al sur. Y en el faro de San Benito —en costas mexicanísimas— estábamos trabajando en la pesca, cuando perdimos parte del equipo. Hay allí mucho pegadero; las olas quiebran recio y se llevaron los cables de acero; los reventaron.

"En la tarde vimos pasar al Puerto Madero, otro barco pesquero como el nuestro. Y lo seguimos para que nos pasara algo de equipo para trabajar. Fue así como amanecimos en Champerico, que es de Guatemala".

Estrada Mendoza se rasca la cabeza. "Fue una lástima que llegáramos allá, ¿eh?".

Y sigue:

"Veníamos ya para afuera y, si mal no recuerdo, teníamos ya algo de caminata, cuando nos tiraron con ametralladora varios aviones. Nos atacaba el 321. Eran tres, pero sólo ése disparaba. Se dejaba caer sobre nosotros, nos echaba su plomo y volvía a elevarse para regresar al cabo de pocos minutos".

Luego habla de la infamia que hicieron con ellos. El barco parecía una criba. Era casi imposible dominarlo. Él se aferró al timón. Pero el barco iba hundiéndose. Pesaba más y más. El cuarto de máquinas se llenaba de agua. Había desesperación. Las balas pasaban por todos lados. Los tripulantes se refugiaron en el cuarto de máquinas.

"Yo encallé el barco. No era posible seguir así. De todos modos se iba a hundir y era preferible detenerlo. Pensé que nos dejaría de disparar el de la ametralladora". Pero no fue así. El 321 continuaba disparando metralla. Una, otra, otra vez. Aquello era incesante, casi ininterrumpido.

"Cuando estábamos encallados nos dieron por lo menos ocho 'pases' de ametralladora. Yo en la recua del timón era un blanco casi perfecto".

Relata luego que en su desesperación tuvo una idea: ¡A la playa! Lanzó un grito y se tiró al mar. Le siguieron todos sus compañeros. Ya en tierra se encontraron, desfallecientes y en unos segundos fueron sujetados y aprehendidos.

Arriba, en el barco, sólo quedó Juan Grijalva, "el muerto". Le llovieron balas. A él sí lo "cazaron".

El pescador piensa en su barco:

PERIODISMO PARA LA HISTORIA

"¡Cómo lo dejaron! No hay una media vara —y marca un espacio pequeño con las manos, unos 40 centímetros— donde no haya una bala. Quedó como una pichancha, peor que coladera".

Espinosa Morelos —chaparrito, mal encarado, de cejas pobladas, frente amplia, mirada de hombre inteligente— sale de su reserva, de su repetido "es cierto... así fue..." y cuenta: "Les hacíamos señas con una sábana. Aprovechábamos los momentos en que se iba el maldito 321 para salir del cuarto de máquinas y agitarla. Suponíamos en un principio que eso nos salvaría. Era como una bandera blanca. Después perdimos las esperanzas y ya no salimos de donde las máquinas hasta que nos echamos a la mar".

Pero antes...

"Fue horrible. Las balas nos bailoteaban por aquí, por allá. Las oíamos constantemente. ¡Ya nos dieron, manitos! les decía a cada momento. Y el agua que nos subía de los tobillos a las rodillas y luego a la cintura. Llegamos a pensar que moriríamos ahogados".

—¿Hubo un avión que les avisara previamente por medio de altoparlantes?

—¡No es cierto! —contestan casi al unísono—. Nos cayeron de pronto. No nos dieron tiempo de nada. Fue como una cacería.

Espinosa Morelos tiene un dedo entablillado. Entre las vendas que lo protegen se le ve el tamaño de un puro. Recibió también un balazo en el tobillo izquierdo.

Estrada Mendoza se quita la bata:

"Mire: aquí me dieron, debajo del sobaco. Me quemaron la carne". Del hospital no tienen queja.

"Nos tratan bien".

* * *

En la cárcel de Guatemala hay seis camastros. Los colchones están descubiertos: no hay una sábana, mucho menos algún cobertor. De una pared sucia cuelgan diversos cuadros y uno de ellos parece fuera de lugar: representa una batalla. Dos grupos luchan encarnizadamente. Se ven cuerpos tendidos, regueros de sangre. Por lo que dicen las formas y los colores es un combate encarnizado. Un soldado enarbola una bandera: es la verde, blanco y colorado.

En el sitio de honor se observa el escudo de Guatemala: está en lo que pudiera ser la "cabecera común" de la sala.

Hay algo que se antoja absurdo en este lugar de la Primera Sección de la Policía Nacional de Guatemala: un cuadro sobre "las combinaciones autorizadas para oficiales y soldados". Se ven dibujos grotescos: una gorra, un saco, un pantalón, una corbata. Y luego combinaciones. Y algunos escudos. El cuadro tiene más de una huella que denota rabia.

José León Bojórquez, capitán de la nave mexicana Elizabeth, es un tipo con personalidad. Se mueve en el centro de un grupo y parece que estuviera en la cubierta de su nave. Habla, gesticula y todos le siguen con atención. Nadie pierde una palabra ni un vuelo de su mano derecha. A ratos ríe su pequeño auditorio; en momentos muestra signos de gravedad. No sólo mexicanos le escuchan, sino también algunos detenidos de este pequeño país.

Un collar de cobre que termina en un ancla con sus iniciales está enrollado en su pescuezo de toro. Una cachucha de beisbolista corona su vestimenta.

"¿Que pescábamos en aguas guatemaltecas el 31 de diciembre? ¡Falso! ¡Miente quien así lo afirme, sea quien sea!".

Le escuchan Eustaquio Luria Reyes, Eduardo Cabo Pinzón, Misael Arga Canto y Ernesto Chuc Co. Luria es el más atento. Ve a su capitán con admiración.

"Es cierto lo que dice. Pescábamos a la altura de los límites con Guatemala, en nuestras aguas. Estábamos en la barra del Suchiate, pero más acá, de este lado".

Centellan sus ojos negros. El mal humor aflora a su rostro, poblado de una barba blanca que lo envejece y que contrasta con su cabellera negra.

Dice León Bojórquez:

"La verdad es ésta: nos encontrábamos enfrente del río Suchiate. Pescábamos camarón, como tantas otras veces. Estábamos en tierra mexicana, sí, señor. En eso, los aviones se dejaron venir sobre nosotros. Eran cuatro. Los vimos derechito. Y ellos sí pasaron a lado mexicano, pues dieron vueltas en círculo y se metieron mucho a México.

"Nos echaron la metralla e hirieron a uno de nuestros hombres. El barco quedó todo averiado. Cuando dimos vuelta rumbo a mar guatemalteco, los aviones nos dejaron de tirotear. Ya sin bala conduje el barco hacia Champerico. Los aviones nos siguieron siempre. No nos soltaron hasta que estuvimos en su puerto".

El capitán temía por todos sus hombres que, al igual que los del Salina Cruz, se refugiaron en el cuarto de máquinas.

"Pero ése, ése es el que más me preocupaba". Y señala con la cabeza hacia un muchacho pálido, de cara enferma, de ojos agrandados por algo que se antoja desnutrición.

"Es mi hermanito. Lo quiero mucho".

Piensa luego en el resto de su familia:

"Mejor que ni sepan... Cómo iban a pensar, de saber las que hemos pasado...".

Dice finalmente:

"De aquí no nos quejamos. Allá, en la mar, fue otra cosa".

Teme conjuras y por eso ataca a los pesqueros
No lo habría hecho, dice, de saber que
eran de México*

Guatemala, Guatemala, 3 de enero de 1959.- Miguel Ydígoras Fuentes declaró que existen sospechas de que se prepara una conjura contra su gobierno y que, para cortar de raíz cualquier intento que abrigue esos propósitos, ordenó a la Fuerza Aérea que abriera fuego contra los que él llamó "barcos piratas", ya que ellos "han sido el vehículo para un intenso contrabando de armas".

Habló para *Excélsior* durante dos horas en un gran salón de la casa que habita con su familia. Rodeado de rosas y gladíolos, cómodamente sentado en un sillón que recuerda el lujo del porfiriato, teniendo ante sí un cuadro que reproduce su efigie en actitud militar y a su izquierda una mesa colmada de obsequios navideños, precisó el Ejecutivo del vecino país:

No le anima ningún afán belicoso contra México ni desea un rompimiento de relaciones diplomáticas. Sus labios no habrían pronunciado la orden... (¡abran fuego!), el 31 de diciembre del año pasado, de haber tenido conocimiento de que se trataba de embarcaciones mexicanas. Afirmó, rotundo, que sus aviones no habrían ametrallado nunca naves con nuestra insignia.

Dijo:

"Soy el primero en deplorar y sentir que los barcos hubiesen sido mexicanos, porque con México nos unen lazos de amistad y son dos pueblos que se quieren. Nos pasó aquel episodio del marido que sorprendió a la esposa con un amante, le disparó en la oscuridad y al encender la luz se encontró con su mejor amigo tendido a sus pies".

Ríe Ydígoras. Sus labios se separan apenas. La cara se le alegra. En sus manifestaciones de buen humor como en la conversación se expresa débilmente. Hay que aproximar el oído a sus labios y evitar cualquier ruido, porque de lo contrario su voz sería inaudible.

---

* *Excélsior*, 3 de enero de 1959

La entrevista con Ydígoras

Declaró el presidente: "Para nosotros es más penoso que para ustedes el problema que se ha suscitado, pero queremos nosotros que los mexicanos no tomen el asunto como personal entre Guatemala y México, ya que nosotros lo único que hicimos fue defender nuestra soberanía, sin saber, desde luego, de dónde eran los barcos piratas que se encontraban en nuestras aguas territoriales.

"Pero la verdad es que han venido a pescar sin bandera y sin licencia y lo mismo a El Salvador, como puede verse en la prensa de hoy, que capturaron allá a un barco del ministro de Agricultura de México (*sic*). Somos gente pacífica, no nos gustan las dificultades, pero queremos defender nuestro territorio de la piratería, para que no nos suceda lo que pasó con Belice, que al principio se les permitió a los piratas explotar árboles de tinte, hasta apoderarse poco a poco de esa parte de nuestro territorio".

Están presentes en el salón, además de un camarógrafo, un fotógrafo y este enviado especial de *Excélsior*, tres coroneles del Ejército de Guatemala. Están a una distancia de varios metros. No pierden ninguno de los movimientos de las personas que se encuentran con el general Ydígoras. Sus ojos están clavados en ellos. Cualquier giro de una mano lo siguen sin pestañear.

Ydígoras continúa, al referirse a lo que aconteció el último día del año pasado: "Mandamos primero un pequeño remolcador a indicarles que estaban pescando en aguas guatemaltecas y que se retiraran, pero no pudieron llegar cerca de los mismos, porque los recibieron con disparos y tuvieron que regresarse.

"Deseo indicar que esta pesca ilícita se ha venido sucediendo por espacio de más de dos años y hemos estado enviando aviones para que los asustaran y los obligaran a salir. Se iban ese día y regresaban al siguiente. Últimamente ni siquiera se movían, indicando con esto que ya no los asustábamos, gritando desde los barcos por medio de altoparlantes: "¡Que vengan esos chapines a sacarnos...!".

Y aquí el general Ydígoras pronuncia las mismas frases que empleamos los mexicanos para proferir las más graves ofensas. Repite la frase. Hay un cierto solaz en pronunciarla, seguido de ésa, su débil risa.

Prosigue: "En esta última ocasión se les avisó durante largo tiempo, por medio de altoparlantes desde avionetas lentas, que se dirigieran al puerto de Champerico, pero lamentablemente no hicieron caso y en vez de dirigirse al lugar que se les indicaba, se dirigieron hacia altamar, por lo que hubo necesidad de dispararles para obligarlos a obedecer.

"Hizo caso a la orden únicamente uno de los barcos. Como les he manifestado, nosotros no sabíamos exactamente a qué país pertenecían esos barcos; no portaban bandera ni matrícula.

"Deseo también aclarar que mi gobierno habría seguido permitiendo a regañadientes la pesca de camarón en nuestras aguas territoriales mientras nos llega una flotilla de barcos rápidos y bien armados que ya compramos, si no hubiese sucedido que los barcos pesqueros hicieran desembarques en nuestro territorio, trayendo armas y estupefacientes y mancillando el territorio nacional. Las armas no me preocupan mucho, pero sí los estupefacientes…".

Se extendió en el tema. Las armas, a pesar de su frase inicial, sí le preocupan. Dijo que ha habido muchos desembarcos y que en ellos se han introducido ilegalmente pertrechos bélicos. Habló de lo que pasó en Cuba, "donde Fidel Castro se hizo de grandes reservas, aunque, "claro, Batista fue hijo de una asonada, por lo que su posición no era muy firme".

Luego manifestó: "Guatemala ha sufrido dictaduras: de 15, de 22 años. Ahora hacemos el primer ensayo democrático. Y las armas… las armas… no hay razón para que sean introducidas ilegalmente a nuestro territorio. Es una actividad que debemos reprimir".

Luego habló de una conjura. Dijo que hay sospechas al respecto. Y suavizó al fin la frase diciendo que "es una actividad deportiva, aunque muy peligrosa".

De haber sido mexicanos

El presidente de Guatemala afirmó que no habría disparado contra los pesqueros mexicanos… de haber sabido su origen.

"Hubiésemos avisado a las autoridades mexicanas por medio de nuestro embajador en México y del embajador mexicano en Guatemala.

"Deseo aclarar también que en esta ocasión, coligiendo que los barcos vendrían de países vecinos, indicamos a los señores embajadores de Estados Unidos y de México, con tres días de anticipación para que desalojasen las aguas del país, si es que venían de sus países, con la advertencia de que si no lo hacían los íbamos a apresar.

"El 31 de diciembre salieron nuestros aviones al litoral nuevamente y se encontraron flotillas de pesqueros dentro de nuestro mar territorial, es decir, en nuestras aguas. Con altoparlantes se les dijo: 'Suspendan la pesca; caminen hacia Champerico'. Se les estuvo repitiendo durante 20 minutos que navegaran al puerto de Champerico y en vista de que no quisieron

PERIODISMO PARA LA HISTORIA

obedecer, se les atacó, habiendo tomado uno al fin para el puerto y los otros dos para la playa, porque les golpearon los timones.

"Inmediatamente que desembarcaron, se ordenó a la avioneta que tenía el altoparlante que prestara ayuda aterrizando cerca y se enviara una lancha del puerto de Champerico para recoger a quienes se tiraron al mar para ganar la playa; al sacarlos del mar, se averiguó que eran mexicanos y que uno de los barcos tenía matrícula, no así los otros dos. A estos señores se les prestaron todas las atenciones médicas en el propio lugar, llevando a los heridos al hospital en donde les hicieron las operaciones y curaciones de emergencia".

Por la mente de Ydígoras pasa de nuevo la sombra de las armas. Desvía la conversación para referirse otra vez a ese asunto. Habla de nuevo de conjura, "deportiva y peligrosa"; esos calificativos le seducen y no pierde oportunidad para espetarlos.

En esos momentos aparece en el gran salón una de las nietas del presidente de Guatemala. El fotógrafo de *Excélsior*, Julio León, al acecho de un buen momento gráfico, no puede contenerse:

"Acércate a tu papá, nenita; acércate...".

La niña se sorprende y se retira.

Pero el general Ydígoras quiere que se le retrate en una actitud paternal. Llama a la niña una, varias veces. Insiste con marcado interés. Su nieta, de escasos tres años, de rubios cabellos, tez muy blanca, da nuevos pasos hacia la salida.

"Que la traigan", pide el general a uno de sus ayudantes.

Y es después de varios intentos cuando la criatura acepta, si bien a regañadientes. Una de sus ayas está presente. Pero al general ya no le interesa. Y posa para Julio León con íntima satisfacción.

Las armas y México

Se suceden rápidas preguntas y respuestas:

—Y esas armas, ¿vienen de México?

—Todo lo que capturamos como contrabando viene de allí. Con Centroamérica tenemos tratados multilaterales de integración económica y mercado común.

—¿Cómo se va a liquidar el grave incidente?

—Nosotros ejercemos un derecho de soberanía. Los hechores (*sic*) resultaron mexicanos y lo deploramos. El asunto se ventilará en los tribunales ordinarios del ramo judicial.

—¿Cómo va a finalizar este asunto?

—No sé. Es cuestión de juzgados y de cortes de justicia.

—¿Y las relaciones de México y Guatemala?

—Tenemos muy buenas relaciones con México y en lo personal tengo condecoración al Mérito Militar de México.

"Cuando fui gobernador de San Marcos, fronterizo a México, nos pusimos de acuerdo con el general Antonio Ríos Zertuche, que era jefe militar de Tapachula, y resolvimos los problemas de frontera de manera que, si aquí capturábamos algún mexicano, lo deportábamos a aquel lugar, y, si, por el contrario, ellos capturaban a algún guatemalteco, lo sacaban para Guatemala. Se acabaron los expedientes y los incidentes. Yo acabo de condecorar con nuestra máxima orden de Quetzal al general Ríos Zertuche en recuerdo de su actuación fronteriza.

No se interrumpe. Pero sus declaraciones dan un brusco viraje:

"Para el futuro, en la época del camarón, se está formando una compañía guatemalteca de pesca y mientras toma experiencia estamos en tratos con una compañía californiana para que venga a pescar. Se llenaron los requisitos legales y ya no tardarán en venir. Si viene una compañía mexicana y llena sus requisitos legales y paga sus arbitrios, nosotros con mucho gusto los dejamos trabajar; es el caso, por ejemplo, de un señor Musio, quien ya hizo alguna gestión".

El Cadillac del presidente

El general Ydígoras viste impecablemente: traje azul marino, camisa blanca, corbata azul con cintas blancas y verdes, zapatos negros, relucientes.

Hace unos minutos se cambió de ropa. Había llegado de un viaje aéreo por el interior de la pequeña república que gobierna. Y dejó la chamarra café claro y el pantalón de caqui en cuanto llegó a la casa presidencial.

Excélsior había presenciado su llegada al aeropuerto horas antes. Estaban presentes algunos ministros, el de la Defensa [Rubén González] Siguí en primer término, y un buen número de coroneles.

Descendió el presidente de un Aero Commander. Se aproximaron 10 militares. Sólo llegó hasta él Siguí. Se hablaron al oído. Cuatro minutos. Los coroneles, con sus uniformes verde oscuro con doble franja negra en los pantalones, permanecían rígidos.

No tardó en abordar su automóvil: un Cadillac de gran tamaño con la placa número uno y una bandera guatemalteca junto al guarismo. Salió a vuelta de rueda, entre los honores de rigor. Y detrás de él, otro Cadillac y luego otro, y otro y otro...

El de Siguí es impresionante: tiene toda clase de accesorios: antenas verticales, semicirculares, bocinas especiales.

De nuevo en la Casa Crema

Ya en la Casa Crema —así se denomina la casa presidencial— Miguel Ydígoras Fuentes dejó la ropa de trabajo, optó por el casimir y recibió a los enviados de *Excélsior.*

En la continuación de sus declaraciones manifestó que sus aviones no dispararán contra barcos reconocidos como mexicanos que llegasen a surcar sus aguas.

Dijo: "No creo que barcos mexicanos con bandera pescaran en territorio guatemalteco sin permiso, porque eso sería retroceder a los siglos de la reina virgen Elizabeth, que armaba caballeros a los piratas y les financiaba sus expediciones de corsarios. Nosotros lo que deseamos es que no vengan a robar aquí, porque no queremos dificultades y merecemos respeto. Quienquiera que venga ilegalmente a provocarnos será repelido.

"Cuando lleguen nuestros guardacostas ellos advertirán a quienes pesquen ilegalmente que se alejen y, si no obedecen... ¡los apresaremos!".

Aquí la voz de Ydígoras se elevó ligeramente. Eso parece denotar en él un signo de pasión. Porque aparece con aire tranquilo, casi bonachón. Es de maneras suaves, ligeramente obeso y tiene una papada por la que en ocasiones se pasa dos dedos de la mano derecha, como si le disgustara y en esa forma quisiera disminuirla.

Dice más adelante:

"Por el lado del Petén, entre Tabasco, Yucatán y Belice, hay mucho contrabando y actualmente acaba de haber dos casos similares —actividades ilegales— de los que avisamos al señor embajador de México en Guatemala. Al pasar por el Petén una avioneta fingió no tener gasolina y aterrizó en un lugar apartado. Estos aviadores traían contrabando. Los concentramos a la capital y avisamos al embajador de México. El mismo día aterrizó un Aero Commander en el mismo apartado lugar, con el mismo pretexto de la gasolina.

"No supimos si trajo armamento o cualquier otra cosa.

"Muy importante es que ustedes deben saber que nosotros nunca les vamos a robar a los mexicanos un camarón... ni 100. 'El respeto al derecho ajeno es la paz', dijo un mexicano ilustre".

—¿Cree usted en la ruptura de relaciones?

—Los que podrían pedir la ruptura de relaciones somos nosotros, porque fuimos los ofendidos al ser invadido nuestro territorio. Vamos a presentar una protesta al ilustre gobierno de México.

Se le pregunta al presidente por qué ametrallaron a nuestros barcos si podían haberlos aprehendido. Confiesa, entonces:

"No tenemos Marina".

"Los apreciamos bastante"

Insiste el presidente: "Los apreciamos bastante. En Guatemala queremos a México".

—¿…?

—Para demostrarles que es así, les diré que tenemos una ley de restricción económica que dice que todo el balance comercial con Guatemala queda en una situación estándar; pero todo aquel que tenga un balance desequilibrado se le castiga en un ciento por ciento las importaciones.

"Nosotros le compramos a México unos 25 millones de dólares anuales y ustedes no nos compran nada a nosotros. De todas maneras, México está exento de esa ley. A los guatemaltecos les gusta ir a México porque los pasajes son baratos y la vida y estudios son también baratos.

Habla luego de la Carretera Panamericana y del presidente de México, Adolfo López Mateos.

De la primera:

"Se esperaba terminar la ruta y para su inauguración habíamos invitado al señor presidente Ruiz Cortines en las postrimerías de su gobierno, pero ya no fue posible porque en territorio mexicano sufrieron unas inundaciones y porque nuestra carretera, en el lugar denominado El Tapón, se hundió debido a derrumbes enormes y se perdieron tres puentes grandes".

Del segundo narra cómo lo conoció:

"Hace muchos años llegaron a esta ciudad capital unos jóvenes mexicanos, a pie; tenían de 18 a 20 años de edad. Ya no me acuerdo de los nombres, pero sí de que el gobierno me nombró en comisión para atenderlos. Yo era capitán en ese tiempo.

"Antes de que tomara posesión de la presidencia el señor licenciado López Mateos, un amigo mutuo me enteró de que guardaba el hoy presidente de su país un banderín deportivo que yo le había regalado en aquel tiempo, porque él era uno de los habían venido a pie. Es una grata coincidencia".

¿Y su embajador en México?

Ultimo asunto: ¿y el embajador de Guatemala en México? ¿Por qué salió, al parecer precipitadamente, rumbo a la capital del país del sur? El general Ydígoras, de 63 años de edad y desde hace 10 meses presidente de su país, afirma que es asunto que no tiene conexión con los últimos graves problemas que se han suscitado.

Dice:

"Hacía varios que no disfrutaba de un periodo de vacaciones. Lo tomó en esta ocasión. No tardará en retornar a México".

Expresa a continuación que es un diplomático "amante de México" y que está casado con una mujer de Guadalajara.

***

Un taquígrafo estuvo presente en la entrevista. Se le había dicho que tomara la versión de la entrevista punto por punto. Sin embargo, cuando dicha versión fue entregada al reportero de *Excélsior*, contenía algunas omisiones.

Es el caso de las referencias a "las amenazas de conjura". El general Ydígoras se refirió a ello no una, sino buen número de veces.

Más tarde, cuando el taquígrafo Julio Morales le presentó el trabajo que había realizado, seguramente suprimió esa parte de sus declaraciones, pues la versión pasó dos veces por sus manos.

***

Un miembro de la Policía Militar guatemalteca abre la puerta para que pase el presidente una vez concluida la entrevista.

El militar está armado como si fuese a la guerra: ametralladora, cachiporra, pistola calibre 38. Tiene casco. Tiene una estrella al frente, signo de la corporación a que pertenece.

No es el único policía militar en la casa del general Miguel Ydígoras Fuentes. Hay otros, en buen número. Con ellos se cruzan muchos coroneles, algunos mayores, un enjambre de sujetos que tienen la insignia "E. M. P." en el antebrazo. Pertenecen al Estado Mayor Presidencial. Parece el sitio un pequeño cuartel trasladado a una mansión particular.

Pero de pronto se cruza por los corredores un sacerdote. Es franciscano: calza sandalias y se bambolea un rosario de muchas cuentas muy cerca de sus brazos, pendiente de un cinturón. Y otro sacerdote espera en un

124

sillón: es paciente, aguarda al general Ydígoras.

Militares y sacerdotes se saludan. Parecen viejos conocidos. Sugieren una extraña hermandad.

En el exterior de la Casa Crema —del primer metro cuadrado hasta el último está pintada con esos débiles tonos— la residencia está adornada con ingenuas figuras navideñas. Hay una cabeza de Santa Claus que cuelga inmediatamente arriba del gran portón de acceso.

En el mundo de Goitia[*]

Francisco Goitia, el laureado pintor de fama internacional, vive, a los 80 años, en la pobreza, aislado de todo y de todos. Lo único que interesa al autor de *Tata Jesucristo* es pintar. Su caso es inusitado: es refractario al dinero, a la fama, a todo estímulo material. El reportero ha encontrado a Goitia en una calle del centro de la ciudad, y lo ha acompañado a su morada, una miserable choza cercana a Xochimilco.

Provocaba su presencia ademanes y señas mal disimuladas. La gente volteaba a verlo con insistencia y no lo perdía de vista hasta que era absorbido por la muchedumbre que transitaba aquella tarde por las calles de La Palma. Un hombre con tipo de empleado dio a su compañero con el codo:

"¿Te fijaste en las barbas?".

Hubo un signo de asentamiento, luego sonrisas maliciosas, visajes. Para el par de sujetos, la figura del viejo era motivo de burla.

Su indumentaria no podía ser más humilde: un overol color cantera que le comunicaba un aire fúnebre y hacía pensar, quién sabe por qué extrañas razones, en el presidio o en un cementerio. Se cubría la cabeza con un sombrero de palma de anchas alas y bajo el brazo cargaba un sarape de burdo tejido.

Caminaba con lentitud. Avanzaba el pie derecho con cautela y, luego, como si temiera dar un paso en falso, aventuraba el izquierdo. A veces lo golpeaban los transeúntes, pero no se daba por enterado y ni siquiera volvía la cabeza.

Extraña serenidad la de su rostro, en el marco de una piel tostada por el sol. Los ojos permanecían quietos en sus órbitas. Ojos pequeños, de brillante luminosidad. No seguían, como es habitual, el movimiento de los automóviles y el ritmo de los peatones, y ciertamente no se percataban de la anónima agitación de miles de personas que se desplazaban de un

---

[*] *Excélsior*, 13 de mayo de 1959

lado a otro y chocaban entre sí, como en un juego absurdo. Estos ojos fijos eran distintos. Se veían ausentes de todo lo que los rodeaba, como entregados en la contemplación de algo muy íntimo.

Sus barbas de gran tamaño, de cabellos blancos en que se enredaban algunos manojos negros, le cubrían el cuello y parte del pecho. Hacia ellas se dirigían todas las miradas. Eran pocas las que reparaban en sus labios, fuertes y prietos. Labios de un joven en el rostro de un anciano. Labios que, se antojaba, habían tomado su color del contacto con la tierra.

Muchos años de vida acumulaba este hombre: 75, quizá 80. La espalda encorvada y ya redondeada así lo denunciaba. También las arrugas, que se multiplicaban en la frente alta y noble. Y los brazos flacos, consumidos. Y la figura en su conjunto que mucho se asemejaba a la de un convaleciente que lucha por reinstalarse en la vida, después de haber estado a punto de sucumbir.

Eso parecía el viejo: un hombre que vio la muerte muy de cerca y ha perdido la conciencia de lo que pasa en su derredor.

✳✳✳

Abordó un tranvía. Descendió al poco rato y subió a otro. Observaba sin interés los cuadros que se sucedían a través de la ventanilla. Primero fueron edificios y casas más bien bajas, de color uniforme y opaco. Más tarde, un paisaje que se dilataba. Aparecieron los primeros árboles y pudo apreciar la línea baja del horizonte en una campiña inmensa. Las pupilas del viejo perdieron su fijeza. El cuello abandonó su rigidez. Varias veces mantuvo la frente pegada al cristal de la ventanilla.

Bajó del tranvía en "El Torito", parada próxima al pueblo de Xochimilco. Caminó cerca de 20 metros y llegó a una construcción de maderos y láminas. Una choza informe de materiales de desecho amontonados en cualquier forma; una morada a la que daba la presencia del hombre encorvado cierta dignidad, pues sin él sugería simplemente una estampa de degradación humana, de abandono a una vida casi animal.

Con una gravedad en que se adivinaba cierta suspicacia, sacó una llave del bolsillo y con lujo de cuidados abrió una puerta a punto de venirse abajo. Había que ver la cautela con que introdujo la llave en la cerradura y las precauciones con que hizo girar los goznes de unos maderos mal ajustados que se hubieran derrumbado a impulsos de un empujón violento.

Y entró a sus dominios, pobres y tristes. Aquello era peor que un gallinero; todo se veía gris, sucio, disperso. Del fondo de un lavadero emergió el rostro de color de barro de su criada Micaela. El viejo agitó la mano y se perdió en el interior de una casucha minúscula de techos de lámina sostenidos con piedras. Repetíase en ella la impresión del exterior: miseria en el último de sus grados.

Arrojó el sarape en un rincón del piso —sobre el desnudo piso en que duerme—, se quitó el sombrero y se pasó la mano derecha por la frente, en un gesto de cansancio. Los cabellos casi blancos resbalaban por la nuca y tocaban los hombros, como una peluca mal ajustada. Su espalda parecía más encorvada que horas antes...

***

Dentro de unos días partirá para San Andrés, pueblo perdido de Zacatecas, su tierra natal. Por todo cargamento llevará algunos restiradores, unos lienzos, pinturas y pinceles. En San Andrés pintará hasta el límite de sus exiguas fuerzas.

Tiene resuelto ya el tema de su primer cuadro:

En un paisaje de líneas severas, sin alteración en el terreno, con unos cuantos árboles como accidentes de una naturaleza inhóspita, en que la tierra se abre en grietas y cae un sol vertical, plasmará una escena de la Revolución mexicana: un grupo de ahorcados.

Él los vio. Fue algo que penetró en su sangre y se confundió con ella. No puede olvidar los cuerpos inertes, que colgaban como si fuesen de materia mineral. La ausencia de viento los mantenía rígidos, pétreos. No le es difícil revivir sus impresiones de horror ante aquellos rostros violáceos y aquellos ojos que tenían la fijeza de las canicas y la expresión desesperada de un alma que se sabe perdida.

Otra idea pictórica madura en su mente e impregna su sensibilidad:

Una figura dominará en el cuadro. No habrá escenario, sino un hombre. Estará postrado y con las manos cubriéndole el rostro. Se percibirá un cuerpo joven y vigoroso a través de los agujeros de sus harapos. Los sollozos sacudirán el pecho de este hombre que expía una pena, y sin mayores esfuerzos de fantasía se tendrá la sensación de que las lágrimas fluyen de sus ojos como de un manantial.

El hijo pródigo, se llamará el óleo. Pero no será un primogénito convencional que vuelve al padre y en cuanto lo ve cae de rodillas. Esto será otra cosa. Algo más sincero y menos rígido. Un hombre que llora en silencio y solo, como en las confesiones íntimas, como en el arrepentimiento verdadero.

No concluyen aquí los planes del viejo. Si tiene tiempo y vigor —estará sólo unos meses en San Andrés y es hombre enfermo—, pintará un tercer cuadro. No puede pensar en él sin sentir que algo se agita en su interior. Es una confusión de rabia y tristeza, de inconformidad y temor. Son reacciones ligadas a sucesos desventurados de tiempo atrás. Bien lo recuerda. Fue hace 18 años, cuando vivía en la casa de patios soleados que tanto le gustaba. Era en el centro de Xochimilco, en terrenos donde ahora se levanta el mercado del pueblo.

Por aquellos días trabajó en una de sus mejores obras. Al terminarla, una cálida sensación de dicha lo colmó. Contemplaba el óleo, interrogaba a su conciencia de artista y no podía menos que confesarse que nada había que agregar, que era un esfuerzo bien concluido. El cuadro tenía la perfección con que había soñado al momento de dar la primera pincelada.

Era sencillo el tema: el patio de su casa de Xochimilco y un montón de harapos que estaban allí como algo olvidado. Sobre el patio caía un sol dorado que todo rejuvenecía y vivificaba, menos los desperdicios. A éstos hacían daño los rayos del sol. Cobraban reflejos de agua estancada al contacto con la luz. Y evidenciaban la forma de un cuerpo humano, como si algún ser se hubiese fundido con la miseria en forma tal que había acabado por identificase con un trapo despreciable.

No puede recordar lo que siguió después sin sentir un estremecimiento:

El gobierno le expropió su casa de Xochimilco y hubo que trasladarse a la choza donde ahora vive, en la parada de "El Torito". Al mudarse tuvo buen cuidado de llevar consigo el cuadro del sol y de los harapos, obra de su predilección.

Una tarde en que diluviaba, al regresar de una jornada de trabajo en los cerros cercanos, descubrió que el agua que se filtraba por mil resquicios había atacado el óleo. Se mezclaban entre sí colores que deberían diferenciarse y algunas porciones del cuadro eran irreconocibles.

Sintió que el sudor humedecía su frente, las manos. No pudo contenerse y en un arranque cogió el lienzo y lo destrozó.

Ahora, en vísperas de partir para San Andrés, medita: "Si pudiera volver a pintar aquel cuadro...", y una vaga sonrisa descubre sus dientes todavía jóvenes, sanos.

* * *

Quisiera que en San Andrés las cosas le fueran tan bien como en aquel pueblo de la sierra oaxaqueña donde estuvo 30 años.

Era un pueblo sin nada de particular. Gente en harapos, chozas de piedra y lodo, veredas que permitían la comunicación con sitios cercanos y una capilla a medio construir, de una pobreza que hacía pensar en el pesebre de Nazareth.

Pidió permiso e instaló su taller en la capilla. No tardó en fijar los restiradores sobre la tierra apisonada, colocar los primeros lienzos y darse al trabajo. La falta de un muro abría el espacio a la luz. Sobre las blancas telas no se dibujaba una sombra. El artista era feliz y trabajaba afanoso.

Por las noches, cuando la capilla se iba poblando de oscuridad, observaba a los fieles. Llegaban en silencio. Caminaban con la cabeza ligeramente inclinada y suave cadencia de movimientos. Sin prisas, con una lentitud que alargaba los minutos, se situaban ante lo que debía ser un altar, y que no era otra cosa que una pared casi desnuda, y se dirigían al crucifijo que de ella colgaba como objeto único.

Casi nadie oraba en voz baja. Y no eran oraciones propiamente, sino desahogos. Muchos gritaban sus penas y a voz en cuello rogaban por el alivio de un hijo que se consumía o pedían perdón por delitos cometidos contra el honor y la vida de sus semejantes. "Tata Jesucristo… Tata Jesucristo…", eran las primeras y familiares voces que siempre escuchaba el pintor, presente noche a noche en esta capilla convertida en inmenso confesionario sin sacerdote.

Fue un día cuya fecha jamás retuvo cuando quedó absorto en la contemplación de dos mujeres. Quizá fueran madre e hija. No sabría decirlo. Una con traza de joven, ocultaba el rostro entre las manos. Estaba sentada sobre la tierra con las piernas hacia adelante y mostraba las desnudas plantas de los pies, de un color cobrizo, achatadas y toscas. Junto a ella, con las caderas apoyadas sobre los talones, una anciana miraba fijamente con los ojos vueltos hacia arriba.

"Tata Jesucristo… Tata Jesucristo…" y la voz, más bien débil, se quebraba en la garganta. Era un ser convertido en angustia. Parecía que de ella hubiesen escapado todas las ilusiones, que los sueños se hubiesen desvanecido en su corazón y que perdurase sólo una leve, remotísima esperanza de algo que era su último sostén. Las manos, enlazadas bajo la barbilla, hacían más dolorosa su desesperación.

No dudó el artista. Trabajo con frenesí y de esta imagen humana, otras muchas veces contemplada en la capilla, hizo surgir su obra máxima: *Tata Jesucristo*, primer premio en la Bienal Internacional de Pintura y Grabado de 1958.

Vasconcelos adquirió su dimensión exacta: el mundo lo llora*

En el mundo privado de Vasconcelos

Allí quedaron, sobre una mesa en su recámara, las *Letanías del atardecer.* Oraciones a Dios, confesiones íntimas, angustia por la muerte que ya sentía sobre sí.

"Guardármelos, Señor —clamó en esas hojas inéditas José Vasconcelos—, que, aunque tuyos como yo, también son un poco, un mucho míos, quizá un poco más míos porque Tú tienes tanto y yo apenas esos pocos, entrañables afectos: unos niños, unas niñas, hijos, nietos, parientes y amigos. Te pido que esos niños no se angustien por mi partida. Protégelos, Señor, cuando cada uno de esos niños sienta subir de la entraña a la mente la cabal certeza de que el viejo se fue para no volver".

Hay una página desprendida en el ordenado legajo. Habla también de la muerte. Invoca la ayuda de Dios con desesperación. Es un coloquio que antecedió en días a su fin:

"¿Por qué permites que la muerte, la separación, la ausencia, conviertan en castigo el amor que ponemos en las criaturas de nuestra sangre? Ellas están más cerca de nosotros y necesitan de nuestro amor, que Tú no necesitas porque eres Todopoderosos y estás distante. ¿Por qué permites que el destino nos disperse?

"A ti nunca llegamos a alcanzarte si tu gracia no desciende a nosotros; pero ellos ya son nuestros, ya eran nuestros y jamás volverán a juntarse con nosotros.

"Cuando Tú llegues, ¿qué hallarás de nosotros sino ruinas? ¡Salva, Señor, a todos los que nos diste de compañeros en el tránsito: hijos o padres es lo mismo! ¡De nuestra desesperación, sálvanos, Señor, y apiádate de nosotros!".

---

* *Excélsior,* 2 de julio de 1959

131

***

Allí, en esa recámara que ahora parece agrandarse con la ausencia de Vasconcelos, están los últimos vestigios de su actividad. Hay un libro abierto sobre una cómoda de madera corriente. Es un libro de Federico Nietzsche. Sus páginas fueron las últimas que leyó. Hay frases subrayadas en rojo. Quizá alguno de sus nietos marcó las líneas que él señalara, pues son casi perfectas y se ocurre pensar que su pulso no tendría ya la firmeza para hacer un trazo recto y decidido a la vez.

Mi hermana y yo es el título de la obra de Nietzsche. En la página 38 están subrayadas estas frases:

"Mi casa se ha derrumbado y grande fue su caída. El anticristo, calzado con el amor del mundo, el amor manifestado en hechos. ¡Oh, vida, no te burles de mí!".

"¿¡Debo ocultar la victoria de Cristo a mi propia alma para perpetuar el mito del anticristo, de mis futuros biógrafos!?".

Y poco más adelante, en la página 40, otra vez el lápiz rojo:

"Un hombre solamente puede vivir mientras esté ebrio de vino, de mujeres, de ideas o de pasión mesiánica".

Pensamientos que impresionaron profundamente a Vasconcelos: ideas que corresponden, quizá, a sus últimas meditaciones.

Junto al libro de Nietzsche está una invitación del embajador de Estados Unidos para que Vasconcelos concurra a la celebración de la independencia de su país. Le dice que será un honor recibirlo en su residencia y conversar con él. Le participa que tendrán por delante dos horas, pues la reunión se iniciará a las ocho de la noche y terminará a las 10.

En la cómoda, en esa cómoda atiborrada de libros, hay también dos botellas de vino a medio consumir: vino rosado de mesa San Lorenzo.

***

Impresiona la recámara. Tiene el aire de una celda de religioso. Todo es modesto en ella, casi pobre. El piso es de mosaico corriente. La cama está cubierta por una colcha blanca con rayas negras, verdes y amarillas. El color está casi perdido. Se percibe fácilmente que tiene años de uso. Sobre el lecho, un crucificado. Pero no es un crucifijo de marfil o de madera, sino un simple cuadro que muestra a Cristo después de la muerte, inclinada la cabeza sobre uno de los hombros, inerte, vencido. ·

Al lado derecho de la cama se ve un buró y al izquierdo un tanque de oxígeno. "Oxígeno para Enfermos S. A.", dice el paño corriente que lo envuelve. Irrita el artefacto. No podía ser más viva la presencia de su inutilidad con su complicada red de tubos, sus aparatos de medición. Hay en la recámara cuatro libreros. Sus maderas parecen de ocote. En uno de ellos se encuentra la primera edición —Editorial Botas, 1935— de una de sus obras más famosas: *Ulises criollo*. Es imposible resistir la tentación de hojear el libro autobiográfico que presenta el rostro del autor rozagante, henchido de vida, en la portada. Y leemos, leemos aunque no sean sino las primeras frases aquellas que hablan del comienzo de su vida:

Mis primeros recuerdos emergen de una sensación acariciante y melodiosa. Era yo un retozo en el regazo materno. Sentíame prolongación física, porción apenas seccionada de una presencia tibia y protectora, casi divina. La voz entrañable de mi madre orientaba mis pensamientos, determinaba mis impulsos. Se diría que un cordón umbilical invisible y de carácter volitivo me ataba a ella y perduraba muchos años después de la ruptura del lazo fisiológico. Sin voluntad segura, invariablemente volvía al refugio de la zona amparada por sus brazos...

Muy cerca del librero donde Vasconcelos colocara ese volumen, para él seguramente entrañable, hay un cesto. Su fondo está cubierto por papeles rasgados. Y sobre ellos, separados, frascos de medicinas, los últimos que consumiera en el esfuerzo por seguir viviendo: "Ácido nicotínico, 50 miligramos"; "Dynoton, comprimidos". Hay por lo menos 10 botellitas vacías.

* * *

La recámara aparece casi desnuda de fotografías. Cuelgan dos, solamente, de las paredes enyesadas. En ambas aparece él, sonriente, optimista, dijéramos feliz. Pero no son fotografías de esas que sirven para hacer alarde, para hacer sentir que se es poderoso, que se es amigo del presidente de la República, de algún personaje de su talla en un país extranjero.

Estas son fotografías familiares. En una de ellas Vasconcelos está al lado de uno de sus nietos y de Herminio Ahumada, su yerno. El niño tiene el pelo alisado, como doblegado con pegamento, y la expresión un poco intimidada. Viste pantalón blanco y saco azul, cruzado. En una de las manos sostiene una vela y en la otra un libro de misa. Es el día en que hizo la primera comunión apadrinado por el abuelo.

Sobre una mesa de gran tamaño ante la cual solía Vasconcelos trabajar, y entre un mundo de papeles y libros, parece naufragar una fotografía ya muy vieja. Tiene manchas amarillas, huele a humedad. En el reverso indica que fue tomada en Texas, a fines del siglo pasado. Es una fotografía de la familia, cuando José aún no llegaba a un metro de estatura. Aparecen en ella no sólo graves, sino solemnes, su abuela y sus padres, y un poco divertidos los niños.

Sin duda es la misma fotografía de que habla Vasconcelos en su *Ulises criollo*:

De nuestra estancia en El Paso quedó en el hogar un documento valioso: la fotografía de etiqueta norteamericana que nos retrató el día de fiesta. Mi padre, de levita negra, pechera blanca y puños flamantes. En el vientre, una leontina de oro; en el pecho, barbas rizosas. Mi madre luce sombrero de plumas, aire melancólico, faja de seda esponjada, mitones al cuello. La abuela, sentada, sonríe entre sus arrugas y sus velos de estilo mantilla andaluza. Siguen tres niñas gorditas, risueñas, vestidas de corto y lazos de listón en el cabello y, por fin, mi persona, frente bombeada, pero aspecto insignificante, metido en el cuello almidonado, redondo y ridículo, a pesar de la corbata de poeta. Los hermanos éramos entonces cinco...

***

Destaca en uno de los muros que miran al jardín de la casa de José Vasconcelos —jardín sin forma ni estilo, con un quiosco y una fuente colocados porque sí, con anchas veredas de tierra apisonada y manchones de rosales junto a árboles de gran tamaño— una cruz de piedra. La cruz parece empotrada en el muro y presenta realizadas tres caritas de niñas.

Son sus nietas mayores: Carmen, María Teresa y María del Rosario. Guadalupe, la quinta nieta, ya señorita, de unos 16 años de edad, de cabello rubio, de finas facciones alteradas por el llanto casi incesante de sus ojos verdes, confía en voz baja: "La de la izquierda es María del Rosario. Fue la nieta preferida de mi abuelito".

Seguramente contempló un rostro incrédulo. Y sintió dentro de sí un acicate que la impulsó a hablar y hablar. Hubo momentos en que se atropellaban las palabras en sus labios: "María del Rosario se fue hace cinco días de monja. ¡Cómo sufrió mi abuelito! Mi hermana nos dejó el 25 del mes pasado".

134

Luego corre. Vuela al interior de la casa y regresa al cabo de unos minutos con una carta. Fatigada, luchando por dominar los altibajos de su respiración, pide al reportero:
"Lea, lea... Vea qué carta le escribió mi abuelito a Rosario. Lea...".
La carta empieza así:
"Muy querida hijita Rosario".
Habla luego de recuerdos comunes entre nieta y abuelo. En ella vacía su corazón atormentado, llora su tristeza. Y tiene una frase que revela congoja: "La resistencia humana tiene sus límites: ¡ya los alcancé!".

Ya desde aquella visita al templo, empezamos a movernos como autómatas que cumplen, un tanto inconscientes, ajenas voluntades. Ambos sabíamos que eran aquellas las últimas horas que pasábamos juntos en medio de toda una eternidad de ausencias y no te decía nada porque me faltaba la voz para hablarte y apenas te veía en tu juvenil hermosura, intacta, porque los ojos desde hacía tiempo los traía velados por no sé qué cambio en el color de las cosas. Tú sabías que tus papás me habían dado autoridad para que, si lo creía conveniente, prohibiese el cumplimiento de tu vocación hasta que llegaras a la mayor edad.

No me había atrevido a hacerlo, acaso por haberme acostumbrado constantemente a hacer tu voluntad. A veces me sentía culpable de no imponerme. Te veía tan inocente, tan ajena quizás a la profunda trascendencia de lo que hacías, pero nunca me decidí a discutirte. Soy, por lo mismo, responsable cabal de tu resolución y, por lo mismo, culpable si hay en ella culpa alguna. Sucede, quizás, que allá en el fondo yo no tenía argumentos radicales con qué detenerte. Tú lo sospechaste aquella vez que me viste llorar y sólo observaste: "Tú, en el fondo, estás de acuerdo conmigo". No, no lo estaba con que te decidieras con tal rapidez. Sólo recuerdo que te llamé la atención acerca de que también dentro de la sociedad se puede hacer obra de santidad. Te señalé el ejemplo de Concha, tu lejana prima, que ha dedicado su vida humilde al servicio de todo lo que reclama su ayuda. "Se puede ser santa", te dije, "en medio de la multitud más perversa". Nunca quise insistir en el argumento desleal de la falta que nos ibas a hacer. No podía ofrecerte ya nada en los últimos años de mi vida cargada de maleficios. Nadie puede ofrecer a otro, en rigor, alegre y haciendo una fiesta de cada día, una fiesta provocada por tu presencia.

A veces pensaba que la vida es tan mala radicalmente que es necesario imponerse estos sacrificios espontáneamente para vencerla de raíz, hasta que no existan generaciones que tornen a desearla.

Éramos unos cuantos citados para una misa temprano. El párroco, un joven trigueño y delgado, muy fino, estuvo unos momentos en el confesionario, atendiendo a algunos penitentes; luego se metió por la Sacristía, se puso sus vestiduras y acompañado de dos acólitos niños empezó su misa devota, seguido del órgano desde la bóveda del frente. Con dos o tres de las señoras que nos acompañaban, estuviste de rodillas en el pretil de la comunión. Yo me senté unas cuantas bancas atrás. Se desarrolló el oficio que difícilmente pude seguir, porque me agobiaba la pena. Tú, en cambio, rezabas con mucha naturalidad. En vano espié el momento en que tú también te pondrías a llorar. Los dos niños acólitos vestidos de rojo se habían colocado de rodillas formando un triángulo con un sacerdote de pie frente al altar; uno de los niños agitaba el incensario y el otro repicaba con oportunidad. Llegó el momento de alzar. De la bóveda bajaba mucha luz, pero la hostia brillaba más aún. La nube de incienso matizó la escena y en ese instante sentí como si un sacacorchos invisible me horadara el costado para sacarte a ti de mi corazón. No sé cómo en estos casos no se produce una hemorragia interna. Fue entonces cuando tuve la certidumbre de que era inevitable tu partida. Antes procuraba refugiarme en la esperanza de que a última hora podrías cambiar de parecer. Desde aquel instante ya no tuve dudas y me entregué a la desesperanza. Tuve que aceptar nuestro destino diferente: tú de alma dedicada a la renuncia y el sacrificio, y, por otro lado, mi suerte de pobre viejo privado de consuelo en la Tierra. Y me puse a pensar muchas cosas absurdas. Que yo sufriera, después de todo, era justo. Yo había cometido el error de creer en la dicha mundana, alguna vez había creído conquistarla y era debido que llegara a conocer su vanidad; pero ¿tú, que no habías pecado, que no has pecado, acaso por los pecados de todos nosotros, te dabas en holocausto para llevar una vida de mortificación cotidiana, a pesar de que no tenías cuenta alguna que saldar?

En fin, es ocioso indagar en los motivos de la Providencia. Lo que recuerdo es que me despedí del pobre sacerdote, sollozando. Algo muy profundo debe haber pasado también por tu alma en aquel momento de la Elevación, porque cuando te volví a ver de cerca estabas llorando y procurabas contenerte...

Nos salimos todos del templo. ¡Qué crueles martirios pueden ocurrir en un templo!

Cuando nos quedábamos solos permanecíamos callados; un secreto a la par doloroso y sublime nos unía en el silencio. Sólo cuando volví a ver a tu papá le dije: "No tiene remedio, ¡se nos va!", y me estalló un sollozo. Siguieron los días ocupados en todos esos detalles y escenas de las despedidas tiernas e inexorables. Todo ocurrió de prisa, porque habías señalado fecha fija para partir. Después he pensado mucho en lo ocurrido. A menudo me siento culpable, pero no tanto por haberte dejado marchar, sino culpable de las causas que a ti te llevaron a convertirte en objeto de expiación inocente de los pecados míos, de los pecados de todos nosotros, los más próximos a ti en el mundo. Y me digo que tú padecerás lo que no supe afrontar yo.

Es éste, un relato largo de sucesos recientes, pero que ya tengo colocados en la conciencia, dentro de una zona que se halla fuera del tiempo ordinario, en un tiempo sin fechas, donde se organizan ocurrencias que parecen sobrenaturales y poseen, por lo mismo, una realidad más viva que el acontecer ordinario. He querido recordarte que todo esto, tan lleno de dolor y de misterio, que parece haber ocurrido con independencias de nuestras propias voluntades, tan sólo para que te expliques por qué tengo que decirte que no acepto tu invitación para estar presente en la ceremonia de tu toma de velo. La resistencia humana tiene sus límites: ¡ya los alcancé! No quiere esto decir que no apruebe que seas completamente libre y única responsable ante Dios y tu conciencia. Haz lo que te dicte el Señor, y en todo caso y siempre te acompañará mi bendición sin reservas.

* * *

Había llegado el presidente de la República. Le seguían el presidente del Congreso y el presidente de la Suprema Corte. Con ellos, el secretario de Educación Pública, el de Industria y Comercio, el jefe del Estado Mayor Presidencial. El licenciado López Mateos se adentró primero en la biblioteca donde era velado el cuerpo de José Vasconcelos. Vio a Herminio Ahumada y le dio un abrazo. Sus palabras fueron audibles a 20 centímetros de distancia: "Los siento mucho. Llenó una época de la vida política y literaria de México. Su pérdida es irreparable".

Ardían los cirios en las cuatro esquinas del féretro. Las llamas baileteaban cuando los jefes de los tres poderes y el secretario de Educación Pública se aproximaron a la caja mortuoria y montaron guardia.

El presidente de la República tenía ante sí un altar, altar improvisado frente al cual había oficiado misa el arzobispo de México, apenas dos horas antes. Tenía también ante sí un gran crucifijo colocado sobre el pretil de la chimenea y dos pequeñas estatuas: una de san Miguel y la otra de un evangelista, san Pedro.

Era un escenario conventual. Dominaban casi exclusivamente en la espaciosa biblioteca los motivos de tipo religioso. Imágenes de santos de la Virgen, de Jesucristo. Cuadros antiguos casi todos. También, multitud de estatuas. En lo alto de una de las paredes sólo un detalle escapaba a la atmósfera religiosa dominante: tres fotografías de Carmen Ahumada de Malo, una de las nietas de Vasconcelos.

Mostraban las fotos a una niña en tres etapas sucesivas de su vida. Fotografías llenas de optimismo y de candidez, que, no obstante, se veían como algo extraño en ese ambiente impregnado en catolicismo.

No movía un dedo el licenciado López Mateos. Permanecía con las manos enlazadas poco más debajo de la cintura. La cabeza, ligeramente, inclinada, en pesarosa actitud de meditación.

Junto a él, Alfonso Guzmán Neyra, presidente de la Corte, exhibía un rostro inalterable. Nadie habría podido imaginar qué ideas bullían en su mente, qué sentimientos le agitaban. El bigotillo recortado con arte, la calva reluciente, la figura rígida y los ojos vacíos de expresión completaban una estampa desconcertante: la del hombre que se ha visto privado, de pronto, de todo aliento vital.

Atrás del jefe de la nación, don Jaime Torres Bodet. Ocultaba los ojos tras gruesas gafas negras. Se advertía, por la palidez de su rostro, el pliegue de sus labios y un continuo fruncimiento de la nariz, que la muerte de Vasconcelos le afectaba.

Manuel Moreno Sánchez, presidente del Congreso de la Unión, era atrás de Guzmán Neyra un contraste vivo con el máximo representante del Poder Judicial. Erguido, asumía una postura de militar. Pero sus ojos veíanse empañados. La cara toda alterada, las mejillas enrojecidas.

Ninguno cambió de actitud ni mostró en un parpadeo algún signo de sorpresa, cuando intempestivamente se escuchó un coro de voces infantiles. Oraban. La plegaria a la Virgen María colmó el ámbito. El presidente de la República permaneció como ajeno a los rezos de 40 niñas que habían irrumpido con sus boinas azules, faldas cafés, zapatos blanco y calcetines del mismo color.

Fueron cinco, 10 minutos los que se prolongó esta escena, hasta que el licenciado López Mateos volteó ligeramente el rostro hacia atrás e hizo una señal al secretario de Educación Pública. La guardia se deshizo en seguida. Los jefes de los tres poderes se perdieron entre las personas que ocupaban hasta el último rincón de la biblioteca.

Un locutor pedía opiniones. Su voz fuerte desentonaba. Alguien le pidió mesura. Pero no hizo caso. Su voz continuaba predominando como única sobre los murmullos que despedían al licenciado López Mateos.

—¿Su opinión… su opinión? Por favor, ¿su opinión sobre la muerte del Maestro de América?

Al fin atrapó a un hombre compadecido de sus angustias.

—Ojalá fructifique la semilla de Vasconcelos en esta juventud nuestra tan desorientada.

***

Tres horas antes —a las siete de la mañana— una escena muy distante se había realizado en la biblioteca: el arzobispo primado de México, acompañado de un sacerdote, había oficiado misa de difuntos por el descanso eterno de Vasconcelos.

Ardían los cirios, pero el recinto veíase semidesierto y parecía como que las llamas crecían. No había más de 40 personas y, entre ellas, muchos niños vestidos de azul marino y niñas de faldas grises y suéteres negros.

Las vestiduras del primado eran igualmente negras. Pero el luto se advertía no sólo en lo externo, sino en cada uno de sus gestos y en la tristeza de su voz cuando dio la espalda al altar y se dirigió, con los brazos abiertos en cruz, a su pequeño auditorio:

"La presencia de Dios se manifiesta en esta casa por medio del dolor; el dolor de los cristianos, siendo una cosa que penetra en el alma y nos deja como en orfandad, se transforma, a pesar de todo y por la gracia divina, en esperanza.

"Vasconcelos fue un gran cristiano, un gran ciudadano, un gran amigo, un gran padre de familia. Sus cualidades eminentes dejan un vacío en sus deudos y en sus amigos, y este vacío nos fuerza a pensar en él, a encomendarlo a Dios y a imitar sus virtudes".

A las ocho abandonó el primado la casa de José Vasconcelos.

***

Dos manos trémulas levantaron el cristal del féretro y un estremecimiento instantáneo sacudió a los presentes. Allí, sin el disimulo del vidrio, sin esa barrera, estaba el rostro de Vasconcelos: los labios fuertemente cerrados, los bigotes erizados, la faz tranquila aunque ya con ese inconfundible color verdoso que hace pensar en la presencia de una simple máscara, en un remedo del rostro que todavía ayer palpitaba y vivía.

El escultor Ignacio Asúnsolo, de pie ante la caja mortuoria, se despojó del saco y se vistió con una blanca bata de cirujano. Tomó un crucifijo de marfil que descansaba sobre el pecho de Vasconcelos y se lo entregó a una de las hijas:

"Señora, por favor, podríamos ensuciarlo".

Le hacían círculo al artista no menos de 20 personas. Miraban fascinadas. Las delgadas manos de Asúnsolo tomaron un tubo de vaselina blanca y empezaron a cubrir con ella el rostro del cadáver. Éste se movía como a impulsos de bruscas sacudidas. Parecía casi una afrenta. Cuarenta ojos estaban clavados en la faz verdosa, que lentamente iba perdiéndose bajo una especie de crema de afeitar.

Fue largo y penoso el trabajo. Asúnsolo asió una cubeta de agua y llenó de líquido una bandeja de peltre. Luego mezcló calhidra y un material terroso, como polvo de ladrillo. Hizo una pasta y con ella cubrió el rostro de Vasconcelos.

Fueron desapareciendo las facciones: se borraron los ojos, los labios quedaron convertidos en una simple raya, las narices en una pequeña protuberancia. Hubo quien no resistió el dolor y se retiró con los ojos arrasados por las lágrimas.

Asúnsolo trabajaba con una humildad conmovedora. Parecía pedir perdón en cada uno de sus gestos.

Fueron 15, 20 minutos de fuertes impresiones, al cabo de los cuales anunció con voz queda:

"Ya está. Creo que la mascarilla saldrá perfecta". Y se retiró como avergonzado.

* * *

Afuera, en el jardín, dos de los nietos de Vasconcelos repasaban páginas del *Ulises criollo*, en una "edición expurgada" de la editorial Jus.

Repasaban aquel delicioso capítulo que narra el primer fracaso oratorio de su abuelo, cuando aún vestía pantalón corto:

"Mi voz escasa y opaca estaba contra mí. Una exagerada timidez para lo externo, volvía encogidos mis movimientos y contrastaba penosamente con mi convicción interna acerca del valor de mi pieza escrita. El público atribuyó mi arrojamiento al temor que causa enfrentársele. En realidad, no me preocupaba el público, sino que gradualmente, al leer mi composición, perdía interés en ella, le encontraba defectos y mentalmente corregía. Me daban ganas de decir: 'Esto no está bien y hay que hacerlo de nuevo'.

"Pero seguía leyendo de cualquier modo y con prisa por concluir, y como nadie oía, comenzaron los siseos. Mi padre empezó a hacer señas

140

de que acortara, pero no hallaba el modo. En cada oreja sentía arder una llama. Por fin, terminé. No era demasiado largo lo escrito, sino que no había sabido declamarlo; quizá tampoco estaba en estilo declamable. Lo cierto es que pasé mi rato de agonía. Los demás se olvidaron pronto de mí, pero yo seguía rumiando mi fracaso. La claridad de la tarde de fiesta se me llenó de humosidad gris. Mi padre estaba irritado. Sólo mi madre, horas después, me dio la solución consoladora:

"—No eres tú para la oratoria; serás escritor, y vale más".

***

En la recámara de Vasconcelos, una de sus hijas leía una oración contenida en las *Letanías del atardecer*:

Dios todopoderoso, Dios eterno; Creador del universo y Padre de las criaturas:

Haz que nuestros ojos estén siempre luminosos para poder mirarte; purifica el deseo que palpita por cada uno de nuestros sentidos; sálvanos de la soberbia que engendra la presencia de una chispa de tu luz.

Es difícil ser humilde después de concebir un solo reflejo de tu presencia.

Padre eterno, estás muy distante. Tú lo sabes, por eso mandaste a tu Hijo: la segunda persona de la Trinidad.

Padre eterno, has escogido la Trinidad de ley de tu creación y como el medio más directo para que podamos acercarnos a tu grandeza. No te entenderemos nunca; para ello sería necesario abarcar tu creación y tus leyes. Pero tu Hijo enseñó el camino. El camino es el amor. En el amor de Cristo acércanos a tu propio corazón.

Y también leyó cinco frases que volvieron a ponerla en contacto con la desesperación que abrazó a su padre:

"¿Qué sería de esta pobre especie nuestra sin el consuelo de la muerte? Ya todo terminó. *Requiescat in pace*, obligado. ¿Hasta cuándo? ¿Hasta cuándo…?".

Con dolor y admiración, México despidió a don Alfonso Reyes[*]

En homenaje de amor y admiración se convirtieron ayer los funerales de Alfonso Reyes en la Rotonda de los Hombres Ilustres; allí, su nombre quedó unido a los de Amado Nervo, Justo Sierra, Enrique González Martínez, Mariano Azuela, Luis G. Urbina, Ignacio Manuel Altamirano, Juan José Tablada e Ignacio Ramírez.

Seis oradores exaltaron las virtudes de don Alfonso. Lo hicieron en nombre del presidente de la República, del Servicio Exterior, de la Universidad, de El Colegio Nacional, de la Academia de la Lengua, de sus compañeros, de sus discípulos. Y coincidieron todos al hablar de su talento y de su asombroso saber, de su ser de sensibilidad finísima, de la obra extraordinaria que lega a México y a la cultura universal.

Pero, sobre todo, coincidieron al hablar de su bondad y de su simpatía, de la fidelidad a una vocación y de cómo esa entrega a sus intereses más queridos nunca le impidió ser generoso en el trato diario con las gentes, a quienes dedicaba todo el tiempo que de él requerían.

La figura de un hombre privilegiado

Fue así como bosquejaron la figura de un hombre ejemplar y a la vez privilegiado, de un ser que a sus múltiples dones añadió el más sano y transparente: el del gozo de existir cada hora y disfrutar de todas las cosas de la vida, fuesen mínimas o transcendentes.

Casi en primera fila, a sólo unos pasos de la tumba abierta, muy cerca de los secretarios de Educación y de Relaciones, su viuda, doña Manuelita Mota de Reyes, escuchaba con la nariz enrojecida y los ojos hinchados por las lágrimas. Parecía aún más pequeña envuelta en sus ropas de luto,

---

[*] *Excélsior*, 29 de diciembre de 1959

de esas ropas que nunca debió usar de haber seguido el consejo que en vida, y ya para morir, le diera don Alfonso:

"No, Manuelita, no te vistas de negro cuando yo muera".

Poco más allá veíase a Manuela Reyes, una de las nietas de don Alfonso. No cesaba de llorar, de llorar en silencio. Como si se tratara de la mano de un niño que aprisiona una pelota, así apretaba un pañuelo en el puño fuertemente cerrado. Muchas veces se lo llevó a los ojos. "Papá... papacito...", musitó con un tono en que vibraba un apremio desolado, cuando las primeras paletadas de tierra cayeron sobre el féretro y esparcieron esos débiles sonidos que estremecen a quien los escucha.

Muy próxima a ella, apenas separada por el hijo único de don Alfonso, su hermana Alicia notábase ensimismada. Con la cara transparente semejaba más una figura inerte que una mujer de duelo. Percibíase lejanísima, ausente de las oraciones fúnebres que se sucedían en los labios de Torres Bodet, de Manuel Tello, de Ignacio Chávez, Castro Leal, Luis Garrido, González Casanova. Había momentos en que su cuerpo esbelto sufría estremecimientos, como si despertara de un sueño que la había hecho sufrir.

La atmósfera era deprimente. Un sol descolorido calentaba con tibieza. Y acrecentaba la tristeza del momento el paisaje circundante, con muchos pinos y fresnos reducidos a ramas secas, como esqueletos de árboles, en tanto que otros, algo más distantes, veíanse cuajados de hojas, pero de hojas color verde, parduzco, opaco, muerto.

En derredor de la tumba se agrupaban unas 200 o 300 personas. Entre ellas, muchos intelectuales, artistas y escritores. Y también personal humilde del Panteón Civil, trabajadores en chamarra y blusa, obreros con sus gorros en la mano y un aire reflexivo a la hora en que inclinaban los rostros al suelo.

Había también niñas. Niñas descalzas. Y un niño de unos cinco años que permaneció todo el tiempo —más de una hora— en cuclillas y con un aire de concentrada atención. No había flores en las manos de ninguno de los niños. Pero no se precisaban. El mejor tributo que podían ofrecer era su muda y atribulada presencia.

Habría habido espacio para muchas personas más. Un centenar, por lo menos, pudo haberse acomodado en un pequeño prado en el que veíanse algunos rosales. Y los claros pudieron haberse llenado. Y la avenida, la amplia avenida que cruza la Rotonda, pudo también resistir la presencia de muchos testigos más.

Pero la concurrencia fue modesta en número. Dolorosamente, tristemente pobre, sensación que confirmaban los micrófonos que fueron colocados para los oradores, como si se tratase de hacer llegar sus palabras a una verdadera multitud. Y la multitud fue, apenas, un pequeño conglomerado de unas 200, quizá 300 personas.

"Comprende todos los amores..."

Hacía las 12:30 horas entró el cortejo fúnebre en el camposanto. Llegaba de El Colegio Nacional, después de un largo recorrido por las calles principales de la ciudad.

Hubo empleados del cementerio que se descubrieron la cabeza. Algunas mujeres se arrodillaron y musitaron oraciones, al tiempo que se daban golpes de pecho.

Pero el cortejo no llamó la atención. Nadie habría pensado, al verlo, que se trataba de don Alfonso Reyes.

No hubo exclamaciones, como en otras ocasiones. Tampoco miradas de sorpresa o de ansiedad. Todo transcurrió en tranquilidad, con un orden esmerado, un poco como en los entierros de gente que no tiene los merecimientos de un literato de la magnitud del exquisito prosista y versificador regiomontano.

Y se inició el lento desfile por la avenida de los Hombres Ilustres, a cuya entrada están inscritas estas palabras de Justo Sierra:

"El amor a la patria comprende todos los amores humanos. Ese amor se siente primero y se explica después".

Luego, la llegada a la Rotonda misma, flanqueada por dos grandes monumentos: el dedicado a Manuel M. Ponce y el consagrado a Diego Rivera.

La marcha duró minutos. Ocho personas que conducían sobre los hombros el féretro gris que conserva los restos de don Alfonso Reyes avanzaban con penosa lentitud. José Luis Martínez, en medio de una de las dos filas, no podía contener las lágrimas. En la imposibilidad de llevarse un pañuelo a los ojos, dejaba que escurrieran libremente por las mejillas.

Cuando la caja mortuoria fue depositada en el sitio que le había sido designado al fondo de la Rotonda, entre el escritor José Juan Tablada y el militar Pedro Letechipía, enfrente de Luis G. Urbina y muy próximo a Virginia Fábregas y al general Donato Guerra, unas 100 personas aguardan en grupo compacto.

Ignacio Chávez, entre ellas, decía a Carlos Pellicer:

"Si mueren tres o cuatro miembros más de El Colegio Nacional el año próximo, lo cerramos".

1959

Y el poeta asentía y hacía el recuento de algunas bajas recientes: José Vasconcelos, Samuel Ramos, Diego Rivera... y luego añadía, en un tono de broma que quería suavizar la tensión del momento: "Y entraremos los mediocres, porque hombres de esta talla se dan sólo muy de vez en cuando".

Horacio Labastida, amigo muy querido de don Alfonso y de doña Manuelita, hablaba de la felicidad que rodeó la vida del literato. "Disfrutó de la existencia y nunca lo atribuló la muerte", comentaba a Luis Quintanilla.

Cuando nuestra visión se despeja

No pudimos menos que recordar, ante estas palabras, la transcripción que una hora antes, en la soledad de la biblioteca de Alfonso Reyes, habíamos hecho de apuntes que ahí se encontraban, precisamente sobre su mesa de trabajo y al lado de los últimos libros que había leído y que aún no clasificaba su esposa: *Leyendo a Loti*, de Rafael Solana; *El rey viejo*, de Fernando Benítez; *Salmos para una bella*, de Alfonso Martínez Estévez; y una edición en francés de *Los cuentos de San Petersburgo*, de Gógol.

Esos apuntes, escritos a máquina y con algunas correcciones marginales de su puño y letra, hablan de su serenidad frente a la enfermedad que le aquejaba y frente a la muerte misma:

"El aislamiento, una dolencia que nos abate y deja margen a la meditación, determina un clima propicio para el examen de la propia conducta. Y más cuando la enfermedad hace padecer poco, pero se sabe mortal y que puede vencernos de súbito en cualquier instante, al menor descuido.

"Vivir bajo una amenaza durante uno, dos, tres meses puede aniquilar, pero también puede despejar en grado increíble nuestra visión de mundo. Los vapores que estorban la contemplación se disipan. Las cosas adquieren perfiles firmes y una nitidez deslumbrante. El olvido de los pequeños cuidados diarios, el reposo del cuerpo, la certeza de que el fin puede sobrevenir de repente, todo ello crea un desasimiento, una indiferencia superior que aclara y limpia la atmósfera del espíritu, y comenzamos a contemplarlo todo como en el recuerdo. Y ¿hay otra que, siendo más nuestra, no sea más ajena que el recuerdo?

"¿Aquél era yo?, nos decimos. Y así, desde este término indeciso, nuestra propia persona se deja observar a lo lejos. Los médicos nos han dicho:

"Ya nunca serás el que eras. Hazte a la idea de vivir de hoy en adelante más a media rienda. Otro ritmo, otra cantidad vital. Nada de las agilidades

145

de ayer. Aunque no percibas padecimiento alguno, imagínate que llevas por corazón un jarrito de barro frágil, el cual ha comenzado a rajarse; de modo que, ¡mucho cuidado! ¡Parsimonia! Y, como dice el llamado 'músico poeta', con su delicioso disparate, cruzar la vida con la 'lentitud de un personaje'.

"El solo programa, por cuando convida a ser otro en cierta manera, convida también a considerar ese otro, al de antes, con alejamiento y desapego.

"¡Qué privilegiada situación para las reflexiones éticas! ¿No me envidas, lector? ¡Oh, sí! Me envidas seguramente a poco que en tus horas de soledad hayan sentido palpitar esos reflejos azulados que, como en el poeta romántico, anuncia la vecindad de unas alas de unos ángeles invisibles".

Así pensaba de la muerte el hombre que en esos momentos iba a ser inhumado.

Señor de las transparencias

Habíanse concentrado ante la tumba todos los asistentes al funeral. Don Jaime Torres Bodet, con la representación del primer magistrado, presidía el duelo. Los brazos colgantes daban idea de su estado de ánimo. No volteaba a derecha ni a izquierda. Permanecía con los ojos fijos en la caja metálica que refulgía tenuemente el pálido sol decembrino.

Hubo un anuncio breve. Y empezó a escucharse la voz del secretario de Educación Pública. Sin altibajos, pero con emoción contenida. Pausado y con ese tono de convicción que imprime a todo lo que expresa:

"Pasma, en la existencia de Alfonso Reyes, la fidelidad estoica a la vocación. Nada lo interrumpió en su denodado ascenso hacia las cumbres más altas y más difíciles. Vivió impulsado incesantemente por una gran voluntad de luz. Señor de las transparencias, sus libros son un modelo de sonrisa y de claridad. Quien sonríe sabe lo que perdona. Y, como lo afirmó con palabras inmarcesibles Alfonso Reyes, 'cuando el hombre sonríe, entonces funda la civilización y empieza la historia'".

Apenas una pausa para continuar una oración fúnebre que, conforme transcurría, se tornaba más y más conmovedora:

"Esa sonrisa y aquella luz fueron sus armas espléndidas de humanista. Comprendió cuanto conoció y amó cuanto quiso comprender. Positiva lección para las nuevas generaciones la de este prócer de la literatura que no mezcló jamás el menor veneno de la miel de la madurez y que supo cumplidamente cómo en el ánfora de la prosa, o del verso mejor pulido, sólo debe escanciarse lo más puro de la experiencia y lo más genuino del corazón".

La voz de Torres Bodet abandonó su impasible ritmo y se volvió más cálida y acelerada cuando dijo:

"En un mundo que parece recelar del espíritu oscuramente, Reyes exaltó sobre todo la necesidad de acatar los valores auténticos del espíritu. Por eso en un párrafo inolvidable declaró alguna vez que el pecado mayor de la inteligencia contemporánea es, acaso, su desconfianza para la poesía. Creo no traicionarlo al asegurar que la poesía, entendida en ese supremo alcance, no está sólo en los libros, sino en los actos, pues, además de una fórmula de belleza, implica una ley de verdad y de amor al bien".

La modestia de Manuel Tello

Era imagen viva de la modestia don Manuel Tello cuando ocupó el micrófono que le cedía Torres Bodet.

Daba la impresión de que la sangre se había agolpado en su rostro. Y cuando empezó a leer lo hizo con voz extrañamente ronca, como si forzara las cuerdas vocales. En los primeros párrafos apenas levantó los ojos del papel, levemente tembloroso entre sus manos:

"Queremos nosotros, solamente, recordar que México fue uno de los amores más constantes de su vida, y que desde su magnífica *Visión de Anáhuac*, y aun antes, pensó siempre en esta su tierra, la contempló largamente y la acarició con la abundancia del corazón generoso y con el incienso de las bellas palabras. Estoy seguro de que quiso vivir para México, dentro de esa notable tradición nuestra, según la cual todo ejercicio, desde el más humilde hasta el más encumbrado, y lo mismo el de las artes que el de las letras, no es en el fondo sino una manera de servir a la patria. Desde la región de silencio y de paz en que se encuentra ahora su alma, el más universal de nuestros escritores modernos se alegrará de saber que no olvidamos sus esencias mexicanas".

Transcurría el funeral con ritmo de programa. Concluida la oración fúnebre del secretario de Relaciones, ocupaba ya el sitio apropiado el doctor Ignacio Chávez.

Sus ojos estaban enrojecidos y abultados. Minutos antes, quizá segundos, había llorado el cardiólogo. Su nariz brillante también lo atestiguaba. En el cementerio mismo, sin poder reprimir sus emociones, el distinguido médico había visto flaquear sus fuerzas y su entereza.

Permaneció quieto ante el micrófono antes de articular palabra. Parecía concentrar todas sus energías en un solo propósito. Hubo temor generalizado cuando al fin expresó:

"Para acercarme a esta fosa y decir unas palabras de adiós a Alfonso Reyes debo hacer un esfuerzo doloroso. Tengo miedo de que la emoción me venza. Apenas hace un día que recogí sus últimas palabras y apenas hace unas horas que le cerré los ojos; calladamente, con una voz húmeda y sin palabras, me despedí de él. Y aquí estoy, sin embargo, para volver a despedirlo, esta vez en nombre de El Colegio Nacional, que se ha quedado huérfano de su presencia".

Más de una vez a lo largo de unos tres o cuatro minutos, el cardiólogo Chávez sorbió sus lágrimas.

Dijo:

"Esta muerte de hoy nos deja en desamparo. Por sobre la admiración que teníamos para Alfonso Reyes había el hecho de que todos lo amábamos. Nunca un hombre reunió mayor don de simpatía ni se amasó una figura de mayor calidad humana. Y junto a esos dones estaba el oro de la radiación de una inteligencia superior.

"En El Colegio Nacional unos representan la historia; otros, la filosofía; y otros más, alguna disciplina artística o científica. Alfonso Reyes las representabas todas, como el ejemplo vivo de la universalidad en el talento y en la cultura. En él no sabría decirse qué predominaba, si el poeta o el ensayista, si el crítico o el filósofo, si el humanista o el científico. El científico también, aunque parezca extraño, porque nadie mejor que él logró sistematizar sus conocimientos y forjarse una recia disciplina mental e investigar en su campo con tanto rigor como un hombre de ciencia. Más que un hombre culto, parecía la cultura misma".

González Casanova, Garrido, Castro Leal

Y siguieron las oraciones fúnebres.

Pablo González Casanova, después de un sonorísimo e inapropiado grito de mitin: "Maestros, ¡estamos de luto! Estudiantes, ¡estamos de luto!", dijo: "En sus luchas, Alfonso Reyes se afanó atacando las falsificaciones de la belleza por la retórica, las del pensamiento por las fórmulas y los lugares comunes, las de la política por la demagogia y los prejuicios. No se conformó con los triunfos primeros ni se metió en las corrientes de opinión que llevaban fácilmente a la fama. Se resistió a ser populachero cuando había una moda de falsos amantes del pueblo, y a ser vernáculo y provinciano cuando todo el mundo intentaba romper el cordón umbilical que ligaba a México con la Humanidad…".

Luis Garrido:

"Alfonso Reyes, con grandeza y vigor, se ocupó de los temas mexicanos. Muchas páginas suyas sobrevivirán, perpetuando nuestros encantos y valores. Y, en medio del cauce de su prodigiosa producción, se alzarán igualmente como rocas enhiestas sus libros sobre la Grecia inmortal, que son una revelación de plenitud de vida, de ser espiritual…".

Y Antonio Castro Leal:

"Se ha ido con el espíritu en plena primavera; regresa a llevar a los mundos originales las experiencias de esta zona; y, para que sepamos que pasó por aquí, nos deja el caudal de su obra, el ejemplo de su vida y el cálido recuerdo de su amistad. Amigo y maestro, ciudadano de excepción, tuvo la grandeza de ser al mismo tiempo bondad y tolerancia. Descanse en paz".

El retorno a la biblioteca

Algunos periodistas, concluido el sepelio, se aproximaron a literatos y a hombres importantes para requerir opiniones sobre el desaparecido.

¿Harían falta después de lo dicho ante su tumba? ¿Harían falta, existiendo esos centenares y centenares de dedicatorias que atesora la biblioteca de don Alfonso Reyes? La de Azorín, que le llama "entrañable"; la de José Ortega y Gasset, que se dirige a él "con respeto y admiración"; la de Juan Ramón Jiménez, que hace recuerdos "de días inolvidables" pasados en su compañía; la de Waldo Frank, que le obsequia uno de sus muchos libros y le dice "hermano Alfonso".

¿Y las dedicatorias de escritores mexicanos? Puede decirse que no hay uno que no le haya testimoniado cálidos sentimientos.

Manuel Maples Arce, en sus *Ensayos japoneses*, escribió: "Para Alfonso Reyes con admiración y afecto invariable"; Francisco de la Maza, en *Cinco cartas barrocas desde Madrid*: "Para don Alfonso Reyes (así, nada más, porque serían interminables los elogios)"; José Luis Martínez, en *La expresión nacional*: "A don Alfonso Reyes, en el día de sus 50 años de escritor, con la devoción y el cariño de su amigo"; Antonio Mediz Bolio, en *A la sombra de mi ceiba*: "Para Alfonso Reyes con mi vieja devoción, entrañable cariño y gran admiración"; Alfonso Méndez Plancarte, en *XL odas selectas*: "A don Alfonso Reyes, el de la *Oda nocturna*, antigua (sin injuria de lo demás), con admiración y afecto"; Francisco Monterde, en *Moctezuma II*, *señor del Anáhuac*: "Para Alfonso Reyes, maestro de la prosa y poeta de la crítica, a quien recuerda y admira cada día más"; Francisco Larroyo en *Historia general de la pedagogía*: "Para Alfonso Reyes con creciente admiración intelectual"; Salvador Novo, en *Las aves en la poesía castellana*: "Para que Alfonso, entre sus graves memorias de cocina y bodega, se coma fritas estas aves que despluma su colega".

Y no sólo de ellos, sino de concertistas europeos de fama mundial —muchísimas—, como la de Wanda Landowska, que cuelga de una de las paredes de su biblioteca. Y la de Diego Rivera, en el cuadro *Plaza de toros* que le obsequió allá por los años 1920. Y de su amigo Modigliani, el atormentado pintor que murió en el abandono y la miseria.

Sería interminable continuar. Con dedicatorias de artistas y escritores de renombre internacional y con las de aquellos que triunfan en otras esferas. Como Pedro Vargas, que escribió sobre un retrato en que se le ve vestido de charro:

"Con mi mejor canción, el más cordial recuerdo para don Alfonso Reyes y su gentil esposa, que me brindaron el regalo exquisito de su trato y su afectuosa bondad".

VOLUMEN II

1960-1965

1960

Veinte divertidos minutos con Stravinski*

Ígor Stravinski no tenía deseos de hablar anoche. Y no le importó defraudar a 20 periodistas que se congregaron alrededor de él y a quienes sólo dijo palabras evasivas sobre la música contemporánea rusa, bromas sobre su cambio de nacionalidad (nació en Rusia, hoy es ciudadano norteamericano), frases jocosas acerca de la teoría de lo cursi, apenas uno que otro concepto acerca de la música contemporánea y *good evening, good evening*, por lo menos 40 veces.

Para colmo, Stravinski dijo que no tenía el menor conocimiento de lo que atañe al Sonido 13. Sus declaraciones acerca de Carlos Chávez se redujeron a un simple "es un querido y grato amigo", y por lo que toca a Silvestre Revueltas, otro de los grandes creadores mexicanos, se limitó a esta expresión que no dejó de causar desconcierto: "No lo conozco".

A falta de tema verdaderamente profundo o novedoso, los ojos de los periodistas hubieron de concentrarse en la figura humana que tenían ante sí: es un hombrecito. Medirá alrededor de metro y medio de estatura. Por su cráneo, casi reluciente, apenas corre uno que otro hilo de color castaño. Su nariz es prominente, y sus labios, gruesos y expresivos, se abren a menudo y dan motivo a una imagen llena de simpatía en la que juegan papel importante sus dientes, de no despreciable tamaño.

Las manos de Stravinski traslucen gran vigor. Son manos cuadradas, como de un hombre acostumbrado a ganar el sustento con ellas. Sus pies son igualmente poderosos. Parecen los de un andarín. Los calzaba con pantuflas de color café claro, que al parecer le son inseparables. "Son las mismas con las que descendió del avión", díjose en cuanto apareció el compositor.

Si se fijaban los ojos en los pies exclusivamente, cualquiera hubiera podido evocar la imagen de un tenista en reposo después de un encuentro

* *Excélsior*, 3 de agosto de 1960

sumamente reñido. Pantuflas acojinadas, muy confortables. Y como una prolongación de ellas, un par de calcetines blancos, sin mácula.

Grandes caravanas al entrar al salón

Habíase advertido a los periodistas, camarógrafos, fotógrafos, curiosos e intrusos que aguardaban en un pequeño salón de uno de los hoteles más lujosos de la Ciudad de México: "Estará con ustedes el maestro dentro de unos minutos. En estos momentos se está bañando. Resulta que la altura de la Ciudad de México le afectó y hubo de tomar un descanso".

Stravinski hizo su aparición, en una pequeña estancia donde le esperaba medio centenar de personas, con la más alegre y acogedora de las sonrisas. Los labios se distendían. Y el hombre llegó al centro del salón y se deshizo en caravanas. Parecía que agradecía una ovación desde el podio después de brillante interpretación de alguna de sus obras más famosas.

El hombre se hacía arco, materialmente. En momentos tenían sus caravanas todo el sentido que puede tener una inclinación semejante de un cristiano ante el altar del Dios que adora.

Junto con las caravanas, las dos palabras en inglés que le son más socorridas al compositor: *Good evening... Good evening...*

Y ecos respetuosos, repetían su saludo: *Good evening... Good evening...*

Luego se sentó el compositor en un gran sofá de cuero oscuro. Ocupó el sitio que le había sido reservado entre una señora de unos 50 años y su discípulo más querido: Robert Craft. La mujer, de mucho mayor estatura que él, había ocasiones en que se inclinaba hacia el compositor, lo que causaba extraña impresión, como si quisiera protegerlo con su cuerpo.

Y Stravinski, inquieto y con claras muestras de vivacidad en sus ojos azules, se comportaba en forma tal que nadie hubiera podido decir en el salón si todo aquello le divertía extraordinariamente o le molestaba hasta hacérsele insufrible.

Preguntas amplias: respuestas cortantes

Y empezaron las preguntas, una vez que le fueron tomadas al compositor 500 fotografías y metros y metros de película.

Alguien abrió el interrogatorio un poco tímidamente:

"¿Podría decirnos, maestro, por qué renunció a la nacionalidad rusa para adoptar la estadounidense?".

Stravinski se acarició la barbilla con los dedos. Y empezó a hablar en un tono del que no se separaría: el de la broma. Dijo que en 1910 estuvo en Suiza. Que los años posteriores lo encontraron en las más diversas latitudes. Que durante la primera guerra fue francés; durante la segunda, americano; y que no podía predecir qué nacionalidad tendría de estallar la tercera guerra.

Hubo risas corteses en el salón. Pero muy lejos de ser satisfactorias, cuando nacieron de las gargantas de los periodistas. A continuación, la pregunta que todos llevaban en el magín: la opinión de Stravinski sobre Shostakóvich y la música rusa contemporánea.

Stravinski volvió a la misma actitud de minutos antes. Pareció reflexionar. Los lápices estaban listos sobre las cuartillas. "Será una respuesta importante", decíanse los diaristas, muy en lo íntimo.

Pero el compositor, de origen ruso blanco, defraudó a todos. Y de una manera contundente:

"No suelo opinar sobre mis contemporáneos, no pienso quebrantar esa regla".

Hablaba en francés con acento parisino. Y traducía, con claras muestras de complacencia, el escritor y funcionario del Instituto Nacional de Bellas Artes, Wilberto Cantón.

No podrían faltar, en seguida, las preguntas sobre los creadores mexicanos: Chávez, Revueltas, Julián Carrillo. Era tema seguro. Provocaría contestaciones amplias.

Pero estas ideas quedaron aniquiladas por las respuestas, siempre amables, casi melosas pero cortantes de Stravinski: "Carlos Chávez es un querido amigo… no conozco a Silvestre Revueltas… ¿El Sonido 13? ¿El Sonido 13? No, no sé nada acerca de él…".

El hombre de las barbitas

De pronto, un hombre de barbitas hizo su aparición en escena. Quiso lucirse y entablar diálogo directo con el huésped, razón por la cual se dirigió a él en francés.

Le dijo que había sido el iniciador de la música contemporánea. Lo halagó grandemente. Se deshizo en elogios. Y quiso saber cuál sería la orientación de su música en el futuro y cuál era la opinión que le merecía la música dodecafónica, que tiene en Stravinski a su iniciador.

Dijo el compositor que no podía emitir juicios críticos sobre su propia música, pues eso correspondía hacerlo a otras personas. Pero el hombre de las barbitas —barbitas minúsculas, insignificantes— estaba en lo suyo.

Insistió. Dijo al artista que él había dicho en una ocasión: "No busco. Encuentro". E hizo saber cuál es el sentido de sus búsquedas y cuál el de sus hallazgos.

Stravinski sonrió. Ahora sí fue patente el regocijo interno. El hombre que tenía ante sí le divertía a ojos vistas.

Non, monsieur, non…

Y le dijo que era muy amable en atribuirle frases brillantes, pero que nunca había pronunciado esas tres palabras: remitió al hombre de las barbitas a Picasso, creador de ese terceto de vocablos que tanto habían interesado al hombre que con afán inquiría acerca de su significado. Y a continuación manifestó, ya con aires menos perceptibles de ironía: "Claro que cuando encuentro me siento feliz, muy feliz…".

La teoría de lo cursi

Quién sabe por qué alguien se interesó en la palabra francesa *pompier*, sobre la que se ha entretejido toda una teoría acerca de lo cursi.

Stravinski se interesó. Pero con el interés que puede mostrar cualquier hombre ante un juego imprevisto y a la vez divertido, pero de la más blanca inocencia. Y dijo que, en efecto, *pompier* significa, en su origen, "bombero" (y la palabrita estaba una y otra vez en labios de Stravinski; era, de pronto, la palabra más importante para esas cincuenta y tantas personas reunidas en un pequeño salón que, poco a poco, se iba tornando asfixiante).

Pues, sí… *pompier*…

Y Stravinski seguía: La palabra degeneró. Porque hubo la época en que por *pompier* se designaba lo mismo a los militares que a los soldados que portaban cascos con remembranzas del ejército romano y a muchos más. Fue así como el vocablo acabó por adquirir su significado actual: *pompier*… o el arte de los bomberos. O dicho más claro aún: *pompier* o el arte de lo cursi.

Stravinski expresó que así como había en el arte musical antiguo *pompier*, así lo había en el moderno y contemporáneo. Pero vuelto a la época en que vivimos, se negó a ampliar sus ideas.

Y cuando los periodistas buscaban nuevos temas, el compositor se incorporó, casi con violencia, hizo otra vez una caravana —que bien a bien no podría decirse si era caravana o un inicio de genuflexión— y se retiró otra vez entre sus cordiales palabras en inglés: *Good evening… Good evening…*

Y nuevamente el susurro de respuesta se espació por el salón: *Good evening… Good evening…*

Ocho semanas de arte mexicano en Rusia*

El arte mexicano de todos los tiempos hará mañana la más extraordinaria irrupción en Moscú y, con ello, en la Unión Soviética.

Una colección formada por más de tres mil piezas de primera magnitud, en la que es posible contemplar desde una cabeza olmeca de siete toneladas de peso hasta el más diminuto objeto de oro procedente de Monte Albán, y en la que rivalizan escuelas pictóricas tan opuestas como pueden ser la realista que representa David Alfaro Siqueiros y la formalista de Rufino Tamayo, será inaugurada en el Museo Pushkin, que es el museo ruso por excelencia.

Sobre una superficie de dos mil metros cuadrados serán exhibidas nuestras joyas, previa ceremonia en la que el embajador de México en la República Árabe Unida, Alejandro Carrillo, representará a nuestro país ante las autoridades y el pueblo soviéticos.

A partir de ese momento, en Rusia podrá contemplarse por vez primera, en toda su grandiosidad y en un conjunto que nada omite, lo mejor del arte mexicano. Habrá más de mil piezas prehispánicas y otras tantas de arte popular; cuadros de los grandes maestros de nuestra pintura contemporánea; monumentos del barroco de la Colonia, sin que pudiera omitirse el esplendoroso altar de oro de Tepotzotlán, e inclusive grandes maquetas de Ciudad Universitaria, del Centro Médico, del Centro SCOP.

Datos recogidos en la Dirección de Industrias de la Secretaria de Industria y Comercio, que ha sido el organismo promotor de esta exposición que se realiza por disposición del presidente de la República, dan cuenta del entusiasmo que existe en Moscú por esta presentación de lo mejor del espíritu y la cultura mexicanos.

---

* *Excélsior*, 12 de octubre de 1960

El Ministerio de Asuntos Culturales de la Unión Soviética calcula que en las ocho semanas que se prolongará la exposición de México concurrirán al Museo Pushkin no menos de 500 mil visitantes.

Ya hay conferencias en la capital rusa sobre arte mexicano. En las afueras del museo se forman grupos compactos que se asoman, que están atentos a la movilización de grandes y pequeños objetos, que quieren tener las primeras impresiones de lo que oculta ese inmenso bagaje traído desde una distancia de más de 10 mil kilómetros.

Y el gobierno soviético, interesado como el mismo público en esta exposición, ha hecho ofrecimientos a su director, Fernando Gamboa, que rebasan todas las cortesías y todos los halagos, y de los que no existen antecedentes en los archivos del Ministerio de Asuntos Culturales.

Ha pedido, en suma, que al término de la exhibición en Moscú, sean trasladadas las piezas a Leningrado y ahí montadas en las mejores salas del museo del Hermitage.

***

Nunca antes había ofrecido Rusia este museo para una exposición extranjera y mucho menos aún había ofrecido "vaciar" las salas que sean necesarias y despojarlas temporalmente de colecciones que han sido calificadas con estos dos términos: "permanente e inamovible".

Hay que decir, para tener la percepción de lo que el arte mexicano ha interesado en Rusia, aun antes de que pueda ser admirado en toda su plenitud, sino al simple soplo de las primeras impresiones, del contacto inicial con figuras prehispánicas de Jaina, Yucatán y la Huasteca, con el monumental "atlante" de Tula, con los cuadros de Clemente Orozco y Diego Rivera, con las calaveras de muerto, hechas de dulce, gracia e ironía, con el barroco que es una manifestación peculiar mexicana, hay que decir lo que el Hermitage significa para los rusos.

En ese museo se concentran las más fabulosas colecciones de los pintores europeos de nuestro siglo: quien desee conocer lo mejor de Picasso o de Matisse, o de Braque, o de Toulouse Lautrec, o de Léger, o de Renoir, o de Gauguin, no debe ir a los museos de Francia o de España o de Alemania o de Estados Unidos, sino dirigirse al centro cultural más importante en su género de la Unión Soviética: el Hermitage.

Es singular la forma que en este museo llegó a ser lo que es ahora y a representar uno de los núcleos esenciales en materia de arte, especialmente en pintura contemporánea.

Ocurrió que allá por las postrimerías del siglo XIX y principios del XX, una pareja de millonarios rusos vivía en París. Eran genuinos representantes del periodo zarista y gozaban de la vida lejos de su patria, donde poseían extensiones que podrían compararse a cualquiera de nuestros estados más grandes, inclusive Chihuahua.

Estos millonarios, amantes del arte, con aguda sensibilidad, educados en lo mejor de la cultura europea, pronto empezaron a adquirir cuadros de los plásticos de su tiempo. París, imán incomparable en aquellas etapas, atracción sin rival para los grandes artistas, concentraba a los mejores. Y los rusos zaristas no tenían grandes dificultades, dados sus millones y su olfato, en ir haciéndose de obras excepcionales.

No se crea, siquiera, que pagaban grandes sumas por ellas. Hubo, sí, algunas que exigieron fuertes desembolsos, pero no todas, desde luego. Cuadros de Lautrec, el trágico y lastimero a la vez que genial francés, no les costaron arriba de lo que hoy pudiera equivaler a cinco dólares. Y así Picasso y De Chirico y Rouault y Matisse.

De Picasso, por ejemplo, se encuentran en el Hermitage algunas de las obras básicas de la famosa "influencia negra" que tuviera el pintor español en los arranques de su obra creativa, y las mejores expresiones del cubismo. Y cuadros posteriores, en número elevadísimo.

Porque una vez que los millonarios zaristas murieron y dejaron ese tesoro invaluable, las colecciones del Hermitage fueron enriqueciéndose, ya no sobre bases de esfuerzos individuales, sino en una proyección de todo un gobierno, ávido por adquirir cuadros incomparables, los que ahora luce como uno de sus más grandes orgullos.

Y ese tipo de salas es el que han ofrecido las autoridades soviéticas a los promotores de nuestra exposición de arte, "en homenaje a las excelsitudes del espíritu creador de los mexicanos".

***

¿Cómo resumir el contenido de esta exposición, la primera que se lleva a cabo más allá de los confines de la Europa Occidental?

Sería imposible intentarlo en una nota informativa. Porque hay figuras excepcionales que responden a cada una de las culturas prehispánicas; porque hay cerca de 100 obras de nuestros "cuatro grandes" pintores que no pueden englobarse en un párrafo que generalice calidades tan distintas como las que pueden encontrarse en un Orozco o en un Rivera; porque los objetos de arte popular ya instalados en el Museo Pushkin tienen la vivacidad, el colorido y la multiplicidad incomparable de cualquiera de nuestras ferias mexicanas.

No se puede, en esas condiciones, sino hablar al azar. Mencionar, por ejemplo, las figuritas de Tlatilco, esas maternidades que sorprenden por su gracia y diversidad. Se parecen entre sí, pero cada una de ellas conserva un "aire", una especie de marcada personalidad. No puede encontrarse siquiera un peinado igual entre dos de esas piezas que holgadamente cabrían en la palma diminuta de un niño.

Y junto a ellas, la figura esencial masiva del jaguar azteca. Y al lado, las manifestaciones jocosas, a la vez que de un natural sentido humano, de las piezas representativas de las culturas de Occidente: periquitos, pájaros, serpientes, patos, guerreros, tortugas, vasijas y un sinfín más de figuras que hablan de su simplicidad sin retorcimientos.

Y en un contraste intencionado podría citarse, a la par de esos objetos de barro, la fantástica escultura maya que representa un disco de juego de pelota, pieza sin igual que ha recorrido, fotográficamente, no menos de 10 veces el mundo entero. Y quien tal afirma de esa pieza, otro tanto podría repetir del Chac Mool maya, también instalado en Moscú.

¿Y qué decir de los grandes cuadros de nuestros muralistas? Ahí, en varios salones del Museo Pushkin, imaginamos que cobran nueva dimensión las realizaciones de Orozco, Rivera, Siqueiros y Tamayo. Obras insustituibles de cada uno de ellos podrán ser contempladas, desde mañana, por filas interminables de espectadores rusos.

La madre campesina, de Siqueiros; *Prometeo* y *Cristo destruye su cruz*, de Orozco; *Paisaje urbano* y *Conteniendo el Hielo del Danubio*, de Rivera; *El trovador*, de Tamayo, son tan sólo enumeración elemental del lote riquísimo que de ese cuarteto de artistas fue llevado a la capital de la URSS.

El trovador, de Tamayo, por ejemplo, fue cedido por el Museo de Arte Moderno de París para que enriqueciera nuestra exposición. Fue descolgado de uno de sus grandes salones y entregado a Fernando Gamboa. Es, a juicio de algunos críticos, una de las realizaciones clave de Tamayo. Y en estos momentos parece como si viéramos de nueva cuenta ese óleo tan celebrado, donde un trovador parece que alargara sus grandes dedos de plata muy cerca de las cuerdas de una guitarra pequeña.

En cuanto a Rivera, dos de las obras que le inspira Moscú ya en los albores de su muerte, serán exhibidas en esa capital: *Paisaje urbano* es, simplemente, una perspectiva hermosísima de un ángulo de la capital. Y *Rompiendo el hielo en el Neva* todo lo dice en ese su largo nombre.

Pero hay algo que habría que ver una vez más: la vivacidad de colores con que el muralista de Guanajuato realizó sus postreras creaciones. Cualquiera diría que el sol da de frente a los últimos trabajos de Diego. Reverberan los pigmentos; hay un chisporroteo de rojos, de azules, de verdes, de amarillos, de ese bugambilia a que tan afecto fue toda su vida.

El arte barroco trasladado a Moscú es también de grandes dimensiones, por su calidad y por la multiplicidad que de los ejemplos de esas manifestaciones artísticas constituyen motivo esencial en la exposición mexicana. Nunca antes se habían llevado al extranjero tantas muestras de ese arte que floreciera, con particularidades muy nuestras, durante la dominación española.

¿Y del arte popular qué no podría decirse? Hay todas las figuras concebibles. Pero un grupo, sobre todo, sorprende por su originalidad: son muchas calaveras típicamente vestidas a lo ranchero, a lo mariachi. Y cada una con un instrumento en la mano, en pleno virtuosismo.

La sonrisa acude a los labios de inmediato. Y una reflexión que es inevitable: la de esa extraordinaria conjunción de vida y muerte, carcajada y llanto con que el mexicano suele enfrentarse al problema del diario existir...

La obra de Orozco en el abandono*

¿Qué hace México con la obra de José Clemente Orozco? Fuera del decreto presidencial que la declaró monumento nacional, nada. O casi nada, si no se quieren extremar los juicios y pasar por alto casos de excepción. Algunas de sus pinturas murales son reparadas, pero con técnicas discutibles o riesgos muy elevados. Su producción de caballete está olvidada. Para el gobierno es como si no existiera. Y el genio creador del artista se observa como un hecho histórico al que nada puede añadirse, pues está ya consignado en letras de oro y las generaciones de niños lo irán memorizando y repitiendo a lo largo del tiempo.

Y mientras así se procede, el polvo, los hongos, el agua, la incuria, los gruesos pinceles que sólo repintan de manera burda, las manos irresponsables que rayan y ultrajan los murales van destruyendo uno de nuestros máximos tesoros culturales. "Yo vi nacer la obra de mi esposo. No quiero verla morir". Y la viuda del pintor, que habla en estos términos, no puede contener el mohín en que palpita la impotencia y un gesto de emoción que momentáneamente escapa a la celosa vigilancia que se ha impuesto sobre ella misma.

Margarita Valladares hace pensar en una directora de escuela. En su pelo cano, peinado sin destellos de coquetería, en su mirada llena de confianza y seguridad, expresa un temperamento adicto a la disciplina que no transige con actos irresponsables. Es el suyo un rostro en el que no se concibe culto alguno a la frivolidad, concesiones al capricho, a la ligereza. Pero hay también en él sombras de sufrimiento, a la vez que huellas profundas de una vida que ha asimilado, con modestia, grandes satisfacciones.

Se antoja que esa cara noble y severa ha sido moldeada por pruebas inimaginables y que de ellas ha quedado una síntesis de goces muy íntimos y un general desengaño por la conducta que observa en derredor.

---

* *Excélsior*, 1 de noviembre de 1960

Y esa dureza de sus facciones, esa aparente rispidez de su trato, esa brusquedad con que se dirige a los demás, esa fortaleza que le brinda su calidad de compañera de uno de nuestros más grandes artistas ha sido, quizá, el gran enemigo de Margarita Valladares.

Porque los funcionarios con que ha tratado, en su gran mayoría, la han recibido con desganos y aun con mal humor, porque no han tenido para con ella las elevadas consideraciones que se deben a una mujer de su mérito, porque han escuchado con impaciencia las demandas para que se vele, con cuidados casi religiosos, por la preservación y engrandecimiento de la obra de José Clemente Orozco.

Margarita Valladares, que no se ha impuesto más misión en la vida que la de guardián de la pintura de su marido, que no tiene en mente sino preocupaciones siempre referidas al genio del artista, muchas veces se ve desplazada y vive ya con la angustia de permanente incomprensión.

Pero no por ello desfallece ni deja de sufrir las consecuencias propias de los temperamentos que chocan con el medio ambiente que los rodea.

En ella no hay zalamerías ni halagos ni circunloquios.

Hay la exigencia cruda que nace de la convicción de que todo el esfuerzo que pueda hacerse lo merece la obra de Orozco. Y esto no ha sido aceptado, con esa sencillez de planteamiento, en las esferas que frecuenta.

Y es así como su lucha se vuelve casi heroica, y cada victoria, por pequeña que sea, ha de obtenerla a fuerza de sacrificios y de una voluntad que no admite pausas ni debilidades.

***

Margarita Valladares sabe que una cultura no vive si no se difunde. Muy de cerca conoció ejemplos de esta verdad evidente. El caso de José María Velasco, por ejemplo, ha sido uno de tantos.

Autoridad de su tiempo, el paisajista del Valle de México, el hombre que logró la más lúcida transparencia en sus pinturas, que hizo sentir el aire y el sol, que reprodujo la naturaleza con fidelidad que asombra, que consumó la proeza de situar al espectador de su obra como ante una ventana sólo cubierta con visillos muy finos, de encaje comparable al que entretejen las arañas, pronto fue olvidado.

Murió, nadie se ocupó de él y en poco tiempo gruesa capa de polvo cubrió su tumba y su pintura. Tuvieron que pasar casi 40 años para que fuera "redescubierto" y volviera a vivir en la conciencia de México.

Margarita Valladares no quiere que eso llegue a repetirse con Orozco. Por eso luchó hasta que consiguió que se abriera el Museo de Guadalajara, consagrado a su recuerdo, que resucita su imagen, que muestra sus pinceles, su caballete, la última paleta que sostuvo. Pero ¡cómo hubo de trabajar para obtener eso que parece tan simple y tan obvio! Aún lo recuerda. Pasó por desprecios de secretarios de Estado y directores de centros de cultura. Pero siguió adelante. El Museo de Guadalajara debía ser prolongado a la Ciudad de México. Convenía que aquí se mostraran otros aspectos de la obra de Orozco.

Ideó un segundo centro. Sería imán para estudiantes de pintura, para los amantes de la creación plástica y también para los espíritus sólo aptos para recibir los efluvios de lo bello y embriagarse con ellos. Aquí, en un museo, mostraría los bocetos de su marido, los documentos de cómo nace una obra y del largo camino que hay que recorrer hasta plasmarla en el muro.

Daría a conocer los temples, los crayones, desde el esquema mismo del estudio de una obra monumental. Y también sus apuntes del natural. Una mano. Un brazo. Un gesto. Trazos rápidos, geniales. Obras aparentemente ya agotadas para la sensibilidad del espectador, incapaces de producir nuevas emociones, pero que en el pincel o en el lápiz de Orozco ocasionan arrebatos inesperados.

Y otra vez, después de idas y venidas, de conversaciones, de argumentar sin fatiga, de padecer desvelos similares a los que puede vivir un abogado convencido de la inocencia de un reo —que no otra cosa sugiere el peregrinar de Margarita Valladares—, obtuvo el premio a sus trabajos.

El museo fue abierto en la calle de Hamburgo. En una noche de octubre de 1958 se efectuó la inauguración. Concurrieron personajes. El ambiente se pobló con las finas maneras de los diplomáticos. Se llevaron sillas, flores; hubo niños que desfilaron en este nuevo templo consagrado a Orozco. Y luego… nada. Casi al día siguiente de la inauguración fueron retiradas las sillas y abandonado el museo. Y sólo encontró miradas agrias, levantamiento de hombros. Se dirigió a sus más altos funcionarios y nada hicieron, como no fuera remitirla con Miguel Salas Anzures, director de Artes Plásticas.

Habló con él. Discutió largamente. Lo fue a ver una y muchas veces más. Sólo encontró frialdad, desapego, indiferencia. Parecía Margarita Valladares la promotora de una causa mezquina, de un artista sin futuro, de un hombre mediocre.

Hasta que tropezó con lo que jamás hubiera esperado:

Un día se enteró de que el INBA proyectaba cerrar el museo, mandar a paseo la obra de Orozco y reemplazarla con cuadros de los llamados

166

"pintores independientes". No es que ella les niegue valor, pero no admite que se les dé a conocer a costa de uno de los más grandes artistas de nuestro tiempo.

Supo cómo los "independientes" se presentaron una tarde al museo y empezaron a hacer planes. Vieron con menosprecio una mano de Orozco, una réplica maravillosa del *Hombre de fuego*, un boceto de *La justicia*. Y con toda naturalidad, como quien piensa que muy pronto ha de descolgar cuadros que nada valen, hablaron en estos términos:

"Aquí, en lugar de esta mano, habrá una de tus pinturas... Y en este ángulo podremos una naturaleza abstracta...".

Desde entonces, Margarita Valladares acude al museo día a día. Ahí se le ve. Digna y humilde, hace las veces de secretaria y propagandista. Es la razón de ser del museo, que sobrevive por su exclusivo esfuerzo. Ella lleva ahí las obras de su marido, las renueva, las coloca, se fija en las proporciones, en los efectos en la variedad y dinamismo de las salas. Y con los recursos que tiene a mano se encarga también de la muy limitada difusión que puede emprender para dar a conocer este centro.

***

Pero no radica ahí el problema más grave. Se localiza en Jiquilpan, donde los murales de la biblioteca amenazan convertirse en ruina; en Orizaba, donde la obra pictórica está en completo abandono; en la Escuela Nacional de Maestros, donde cualquiera puede aproximarse a los paneles y deteriorarlos, que no habrá voz que proteste.

¡Y si eso fuera todo!

Pero en las vicisitudes que vive Margarita Valladares, y de las que habla por vez primera después de años de silencio, hay algo más: la obra de su marido se restaura con irresponsabilidad. Hay que oír a esta mujer, que asume con plenitud su papel de sombra y que sería feliz si su misión de guardián del legado cultural de Orozco tuviera en el gobierno las prolongaciones de amor y cuidados exquisitos con que ella sueña, para comprender todas las inquietudes que la agitan.

"Fermín Chávez fue, entre muchos, uno de los ayudantes de mi marido. Con él molió los colores. Y no hizo otra cosa. Hoy es uno de los restauradores de su obra".

Hay un gesto de desengaño en su rostro. Y luego, estas preguntas:

"¿Puede tener los conocimientos técnicos que un trabajo de esa naturaleza reclama? ¿Puedo estar tranquila cuando lo veo ante los muros? ¿Tengo o no derecho a protestar con toda la fuerza de mi alma?".

En el Hospicio Cabañas, la directora, que es una persona a la que no se pone objeción, que puede estar dotada de todas las virtudes espirituales que se quiera, que es posible concebir como mujer henchida de amor para sus semejantes sin huella de maldad, bienintencionada para todos, pero que no sabe nada de pintura, da órdenes a los restauradores. "¿No es para llorar?".

Y Margarita Valladares pierde otra vez, en instantes, el control, y, si en ese momento se llevase las manos a la cabeza y se mesase los cabellos de desesperación, su gesto lo observaríamos como algo absolutamente natural.

"Los murales pequeñitos de la Escuela Nacional de Maestros yo vi que se repararon a 'brochazo gordo'. Se hizo el trabajo por contrato, con fecha de entrega y cobro inmediato. Y había que cumplir con el compromiso y trabajar a la velocidad que fuese necesario. Se trataron los murales como baratijas, como cuadros que pueden pintarrajearse impunemente".

Y en el fondo de todo esto hay todavía algo más que Margarita Valladares desea que se haga público: Orozco fue de un celo excepcional. La sola preparación de cualquiera de sus obras murales le llevaba mucho tiempo y arduas reflexiones. Estudiaba la pared, su consistencia, y cuando se aplicaba a ella lo hacía después de haber analizado los pigmentos con que iba a trabajar.

Ocurre que los colorantes naturales suelen poseer cuerpos orgánicos que les son extraños. De ellos nacen hongos que, con el transcurso de los años, pueden alterar los tonos naturales; suelen poseer cuerpos con brillo propio de un fuego que ha ardido por horas, es factible que degenere en bermellón. Y así, en una gama de combinaciones que podría remontarse al infinito.

Y Orozco cuidaba de estos problemas esenciales como del trazo mismo de las formas. No descuidaba detalle. Todo lo preveía hasta donde le era posible.

¿Y hoy?

Hoy se restaura —sostiene Margarita Valladares— sin tener esos problemas en cuenta. El color se imita con exactitud y produce magnífica impresión. Nueva vida inunda los muros y curvas que estaban desvanecidas. Pero ¿por cuánto tiempo? ¿Qué irá a pasar cuando las materias orgánicas de los pigmentos proliferen e inicien su tarea destructora? ¿Qué nuevos colores, extraños y ajenos a la concepción de Orozco, irán a aparecer en los murales que él pinto con fabuloso esfuerzo físico y de creación? ¿Cuál será el Orozco que admirarán los mexicanos dentro de 10, 20, 30 años?

Y Margarita Valladares deja la pregunta en suspenso para remontarse a otro plano: "¿Es así como se respeta a un pintor de renombre universal?".

***

La esposa de Orozco es modesta, aunque ésta sea otra de las manifestaciones de su carácter que se empeña en mantener enterrada. Pero hay veces que su humildad innata se desborda y exhibe libremente. No se cierra a otras opiniones. No quiere tener la última palabra. Le interesa cuanto juicio de buena fe, fundado en conocimientos, pueda ofrecérsele.

Pidió a las personas que restauran a Orozco y a Guillermo Sánchez Lemus, director del Instituto Nacional del Restauro, en particular, que se llamase a especialistas europeos para que viesen el proceso seguido y dijesen si se iba por el buen camino o se precisaba imponer rectificaciones.

Pero también aquí tropezó con una muralla. Lo ha propuesto y se le ha sonreído con obsequiosidad, como a un niño al que no puede rechazarse, pero tampoco pueden cumplirse todos sus caprichos.

Hubo un momento en que ella casi había triunfado. Tuvo contacto con un restaurador vienés de primer orden: Huber Erich.

Se escribieron. Fue intensa su relación epistolar. Erich afirmó que vendría a México por el solo honor de trabajar en los murales de Orozco. No precisaba de mayor estímulo. No cobraría un centavo. Con los gastos de viaje y su estancia aquí era suficiente. Y permanecería entre nosotros uno o dos años.

EL INBA y el gobernador de Jalisco, Juan Gil Preciado, aceptaron el ofrecimiento del artista vienés. Y autorizaron a Margarita Valladares para que le escribiera en esos términos. Quedaba por precisar la fecha del viaje. Erich avisaría. Antes de una empresa como la que se proponía necesitaba liquidar algunos asuntos.

Escribió al cabo de algunos meses. "Estoy dispuesto a marchar en cuanto me envíen los gastos". Su carta era sintética y breve, pero sobradamente expresiva. "Todo listo", concluía.

Margarita Valladares se entrevistó con el INBA, con Gil Preciado. Sólo evasivas en los encuentros personales. Y luego, silencio.

Comprendió: institución y gobernante se desistían del proyecto.

"Hubo un malentendido", se le dijo, por ejemplo, en la secretaría de Gil Preciado, que acabó por no franquearle siquiera las puertas de su despacho.

La señora tuvo rubor en explicarle los hechos a Erich. "Aún no es tiempo", díjole. "Ya le avisaremos". Eso ocurrió hace un año. Y apenas en días pasados recibió nueva misiva del vienés:

"¿Todavía no es tiempo propicio? Sería un honor trabajar en los muros de su marido, tan admirado en Europa". Y seguían elogios para ese pintor al que, incomprensiblemente, no se cuida en su patria como a uno de sus grandes tesoros artísticos.

***

¿Qué significa José Clemente Orozco en México?

Parece que nada. Cualquiera tiene derecho a pensar en esta forma si considera que las colecciones nacionales poseen sólo dos de las miles de obras transportables que pintó en su vida entregada al trabajo: *Las soldaderas* y *Prometeo*.

¿Podrá estar satisfecho el Estado de su promoción artística en uno de los más altos valores que ha producido México? ¿Qué no debiera adquirir para el pueblo mexicano, para los millones de compatriotas que jamás podrán adquirir ni siquiera una litografía, el mayor número posible de obras de caballete del creador jalisciense?

Y después de estas consideraciones no queda sino abrir puntos suspensivos y esperar que algún día, y ojalá sea muy pronto, de inmediato, haya alguna rectificación esencial a tantas torpezas y omisiones, según nos dice la esposa del artista.

Tres horas con Pablo Casals*

Acapulco, Gro.- Pablo Casals levanta del piano sus ojos azules y los fija largamente en el cantante Donald MacDonald. Lo mira con enorme aprecio. Su pipa, curva y retorcida a la manera de las pipas que nos hacen pensar en el pasado, tiembla entre sus dientes y por momentos parece que va a caer al suelo. Pero no por ello el músico altera la amplísima sonrisa que dedica al intérprete de su obra.

Very good, very good.

Casals, a los 84 años de edad —los cumplirá el 29 de diciembre, en Acapulco— es poseído por el entusiasmo. Se incorpora de su silla casi con presteza y da palmadas en los hombros poderosos de MacDonald, bajo de voz impresionante que vino a México para participar en el estreno del oratorio *El pesebre*, bajo la batuta de su autor.

Hoy ensayaron una vez más con Casals y MacDonald la contralto catalana Rosario Gómez, el barítono Roberto Bañuelos y el tenor Paulino Subarrea. Con ellos estuvieron Marta Montañez, célebre más que nada porque hizo donación amorosa de su juventud al arte y al corazón bueno de Casals; Enrique, hermano del compositor, y unos cuantos invitados y amigos del artista.

Marta Montañez, en cuya tez tostada y ojos brillantes podría adivinarse un temperamento lleno de pasión, se juega al noviazgo con el abuelo. Está siempre cerca de él. Le llama lindo, le acaricia la cabeza, una mejilla; cuando se retira a prudente distancia, a fin de no proyectarse como una sombra, a fin de no ser sólo un reflejo, una emanación de él, sus ojos negros lo siguen vigilantes.

Si ha estado en pie más de cinco minutos, le aproxima una silla. Si está ante el piano y no hay nadie que acuda a cambiar las hojas de la partitura que ensaya y que Pablo Casals aún no aprende de memoria, son sus dedos los que están allí para cumplir tarea.

---

* *Excélsior*, 11 de diciembre de 1960

No olvida Marta que su marido tiene 84 años, ni mucho menos que hace dos sufrió un infarto cardiaco. Pero no por estas aprensiones da idea de ser una enfermera al lado de un ser frágil, en peligro de romperse. Tiene el encanto de la naturalidad y la gracia de una chiquilla que sólo juega y que no alcanza a darse cuenta de que ése, su juego, mantiene subyugados a algunos adultos que la contemplan sin ser vistos.

Enrique Casals, director de orquesta y violinista célebre en Europa, pero necesariamente disminuido por la fama de Pablo, integra al lado de la pareja un trío que no es fácil que se produzca a menudo. Conserva el sano orgullo de su linaje. Le basta ser hermano de un hombre a quien admira y venera. Y se siente feliz de que ese ser viva envuelto en la dulce protección de una mujer 50 años menor que él pero que ha dicho que su vida no tiene otra razón de ser que Pablo Casals.

***

En esa sala, más bien pequeña, de la casa particular donde se aloja el chelista, contemplamos cómo el sol proyectaba su luz ardiente sobre un grupo de no más de 12 personas, luego declinaba y finalmente desaparecía.

Transcurría el tiempo y nadie reparaba en el avance de las manecillas. Pablo Casals se mostró sorprendido cuando las sombras del atardecer irrumpieron en el recinto y pidió a su hermano que prendiera la luz artificial, pues no quería forzar la vista, que mantenía continuamente sobre la partitura.

Enrique corrió, más que caminó, hacia el contacto. Y entonces pudimos ver a un medio "gemelo" de Pablo Casals.

Los hombros de los hermanos idénticos. Podría identificárseles en su relación fraterna con sólo verlos caminar juntos. Pero ocurre que no sólo sus espaldas tienen la misma suavidad, la misma curva y la blandura propia de un niño, sino que en ambos los pantalones se conservan flojos, como si tanto el chelista como el violinista se hubiesen empeñado en usar prendas de número mucho mayor al de sus tallas.

Es cómico el efecto que producen los hermanos Casals vistos así, en la intimidad. Pero no es la suya una comicidad grosera o vulgar. Son cómicos como pudiera serlo Charles Chaplin con su bombín, su paraguas inseparable y esos zapatos de gigante que tan bien lo caracterizan ante el mundo entero.

Ahora, que los rostros de los hermanos son otra cosa. El de Pablo parece como si respondiera al bosquejo de un hombre del pueblo. La nariz es pequeña y ancha, la frente denota vigor y no hay en sus facciones más distinción que la de la bondad y el talento.

Enrique, 20 años menor, parece que hubiera sido corregido, si bien siguiendo siempre el modelo original. Su nariz es semejante a la de Pablo, pero fina y recta; su frente no sólo es enérgica, sino que conserva pureza en la línea. Sugiere, al lado de la cara más bien burda de su hermano, al asceta. Y es, al igual que él, calvo, si bien con una media aureola capilar que envidiaría cualquier obispo.

Durante horas permanecieron uno al lado del otro. Pablo, sentado ante el piano ejecutaba su música, la música del oratorio de *El pesebre*, y a veces en su exaltación cerraba un puño como si pronunciara un discurso, y en otras ocasiones se dejaba mecer por la dulce melodía, acariciadora como una sonata.

Enrique, en pie, hacía ademanes de director de orquesta. No quitaba los ojos del teclado. Y alrededor de ellos, los cuatro solistas, vestidos como si viniesen de la playa, sufrían los sacudimientos propios de los cantantes que sienten su vocación. Había momentos en que revelaban todas esas ausencias que son propias de los introvertidos que vemos manoteando solos en las calles, y a veces tenían especie de crispaciones, como si las notas musicales oprimiesen nervios que les causaban dolor.

El ambiente, en fin, era sencillo y propiciaba todos los desbordamientos de la emoción y de la sensibilidad.

Hacia el exterior sólo se divisaba la bahía de Acapulco. Tocadas por el sol, refulgían las aguas. En ocasiones, una lancha de motor cruzaba por las cercanías y llevaba hasta el interior de la sala una especie de ráfagas que en nada molestaba al compositor, a los intérpretes o a sus amigos.

Ahí sólo se atendía a la música.

Y de cuando en cuando, Martita Montañez cuidaba de una de las 14 pipas de Pablo Casals. De esas pipas que ahora se encuentran alineadas sobre una cómoda y de las que tanto se ha hablado a causa de la frecuencia con que las que pierde su propietario y a causa, también, del tabaco especial con que las rellena:

"Que sea moreno y no rubio. Que sea suave y no fuerte. Que huela a hombre y no a perfume", como suele decir a su amigo José García Borrás cada vez que le encarga un paquete.

***

Cuando la penumbra se ha apoderado de esta sala íntima en que hemos visto transcurrir la tarde, Pablo Casals se convierte más en maestro que en compositor.

Tiene ante sí, en semicírculo, a los cuatro solistas que tanto ha escuchado. Hace que repasen los pasajes de *El pesebre* que no lo dejaron satisfecho y se dirige a ellos, ya en catalán, inglés o español.

Su voz es ronca, pero no áspera; débil, mas no quebradiza. Y siempre amable, en concordancia con la apacible luz que despiden sus ojos azules.

Protesta cuando las voces, en los finales de un salmo, resultan demasiado lánguidas.

"¡Con fuerza, con fuerza!".

Y se vuelve al piano y ejemplifica con notas marciales, secas, que no dejan detrás de sí eco alguno o vibraciones que pudieran mezclarse con los acordes que las siguen.

Los cantantes vuelven a su tarea. Hay decidido empeño en satisfacer a Casals. La contralto, de cabellos rubios que resbalan en ondas hasta su cintura, se congestiona por el esfuerzo; el tórax del bajo asume los ritmos de un ejercicio atlético; el tenor, diminuto al lado de Donald MacDonald, lucha para que no quede opacada su débil voz, y el barítono, concentrado con toda su potencia, se conduce exactamente como si estuviese ya en la sala de conciertos.

Sonríe el viejo catalán. Todos comprenden que el escollo quedó superado y está contento. Hace apenas una seña y ya está Marta Montañez a su lado. Quiere cerillos. La pipa se ha apagado y siente avidez por el tabaco.

Mientras enciende la hornilla, empieza a decir a su minúsculo auditorio:

"Así, muy bien, muy bien. Debemos cantar con acento vigoroso, pero sin énfasis excesivo. Mientras más corta sea una nota resulta mejor, porque permite que se escuche el tema".

Y el tema a Casals le importa mucho…

* * *

Nació un 24 de diciembre, al pie de un nacimiento.

Encontrábase el poeta catalán Juan Alavedra en contemplación de las pequeñas figuras que recuerdan el milagro de Nazareth. A su lado una niña de apenas cuatro o cinco años se revolvía inquieta. Sus ojos iban del pesebre a los Reyes Magos, de Melchor, Gaspar y Baltasar a María y José, de los padres de Jesús a los peregrinos que atestiguaban el nacimiento de El Salvador.

La niña quiso saber. E interrogó a su padre. Le preguntó por todos los pormenores. Ávida e imaginativa urgió al poeta para que le explicara por qué había nacido un niño maravilloso en una cuna tan humilde y qué pensaba cada una de las "personas" que presenciaban la escena.

¿Qué piensan los Reyes Magos? ¿Y los pastores? ¿Y los peregrinos de todo Nazareth? ¿Qué piensa la Virgen María y qué su esposo?

Juan Alavedra empezó a contestar. De sus labios brotaron historias que corresponden a ese primer día de la era cristiana.

Pero como la niña estaba enternecida con la imagen de Jesús en su cuna, no quiso desbaratar el sortilegio.

Y fue narrando los sucesos sin que Jesús dejase de ser el niño que tenía cautivada a la criatura, a su hija.

Sufrió y fue crucificado, pero nunca creció. Se mantuvo siempre niño, como niños deben conservarse los seres de bien.

Así nació el oratorio de *El pesebre*; de esa noche y de esa niña maravillada...

Bajo la batuta de Casals, 80 maestros ensayaron *El pesebre**

Acapulco, Gro., 11 de diciembre.- Ochenta profesores agrupáronse esta mañana bajo la batuta de Pablo Casals en el primer ensayo general de *El pesebre*, oratorio que será dado a conocer al mundo desde el Fuerte de San Diego, el próximo sábado.

Son los más brillantes, los más afamados instrumentistas de México, algunos con prestigio internacional. Las voces que cantaron los versos de Juan Alavedra en esta primicia de *El pesebre* no son menos egregias: Irma González, Rosario Gómez, Amparo Guerra Margáin, Donald MacDonald, Roberto Bañuelos, Paulino Subarrea, para mencionar algunas.

La música de Casals y los versos de Alavedra son una sola armonía en la que no es dable hacer delimitaciones; son música, son poesía confundidas en una sola expresión. Y si se oyera la música y si se leyeran los versos por separado, descubriríamos dos distintas expresiones. Los versos son enternecedores, sencillos, infantiles en algunos tiempos; rechazan la guerra, claman por la paz; "la vida es el amor", parecen definir. Y la música hace sentir también todo eso; consigue, mejor, llevar a tal sentimiento. Pero antes hay que transitar por zonas de dolor; la guerra, la amenaza de guerra siempre latente; sobre el nacimiento navideño, allí donde se simboliza un provenir luminoso para el hombre, pasan nubecillas preñadas de tormenta. Y súbitamente la visión de Belén desaparece y todo se torna sombrío. Pero el hombre lucha, no se conforma y aparece otra vez la legendaria estrella de Oriente.

"Paz en la Tierra.

"Jamás otra guerra...".

La paz es seguramente la más arraigada obsesión en Casals. Su permanente alegría de ahora, la felicidad —que en él refulge— es la paz, la paz

---

* *Excélsior*, 12 de diciembre de 1960

del hombre que ha visto la guerra; es la dicha que podría conocer quien muere un segundo y después revive.

Dice Juan Alavedra que hay una visión que el maestro no puede olvidar:

"Vio entrar a los soldados nazis en Prades".

Y España en el 36...

* * *

El gran chelista asomó a la calle a las 10:30 de la mañana. Tenía un aspecto de millonario en temporada de veraneo: pantalones y camisa blancos, de una tela que podría servir, por su exiguo espesor, para proteger contra los mosquitos sin velar a los ojos nada del exterior; coronaba la cabeza un sombrero de palma con forma de bombín. Una sonrisa flotaba en el rostro, cobijado bajo un paraguas negro del tamaño de un paracaídas. A la entrada de la casa, a unos metros de la playa, situose unos segundos. Caía sobre Acapulco un sol ardiente. Pero Casals estaba totalmente aislado, hundido en su propia atmósfera, en su propio clima, bajo esa inmensa sombrilla que refractaba cualquier imprevisible rayo de luz. La piel del maestro, blanca como su ropa, evidencia años sin el más leve contacto con el sol.

Es la piel de un niño bien cuidado.

Siempre protegido por aquella sombrilla, caminó unos metros hasta colocarse ante la puerta abierta del coche que lo aguardaba; lo abordó cuando su esposa se hizo cargo del pesado adminículo.

Nuevamente le fue presentada la sombrilla en las puertas del hotel Papagayo y bajo ella caminó hasta el elevador.

Los músicos se habían reunido ya en un amplio salón del hotel. Percibíase desde lejos el vibrar de las cuerdas y el viento soplado en notas ascendentes de los metales. La mirada sorprendíase con aquella escena: hombres ataviados con camisas de colores hirientes, los pies enfundados en calcetines amarillos, rojos dentro de huaraches, alpargatas y mocasines. Su aspecto podría engañar y hacer creer que formaban parte de algún grupo de fanáticos del jazz.

Pidioles el director que tomaran asiento. Él también dirige sentado. Pero allí estaba el problema: Casals tiene una corta talla y la silla que le era brindada lo colocaba a un nivel inferior al de sus músicos, a pesar de que se asentaba sobre un podio. ¿Qué hacer? Manos solícitas acudieron con cojines: cuatro fueron apilados sobre la silla. Las partituras fueron acomodadas sobre los atriles; pronto cesó la tarea de afinación de instrumentos;

se hizo el silencio. Pero el director se revolvía en su sitial; no, no estaba a gusto sobre esos cojines blandos. Miró en derredor: ahí en un rincón estaba una caja de jabón. Pidiola. Fue montada sobre la silla y él trepó hasta esa precaria posición. Su esposa, algunos solistas, ubicáronse atrás. Casals, al dirigir, hacía bruscos movimientos. Y los músicos atendían más a la posibilidad de una infortunada caída que al pentagrama. Nueva interrupción. ¿Serviría una de las sillas del bar? Tienen unas patas largas. Se hizo la prueba. El director acomodose sobre ese zancudo de metal. Pero tampoco fue de su agrado. Alguien sugirió: "Tal vez... si se colocara el cajón transversalmente". Fue la salvación del ensayo. Casals probó la estabilidad del nuevo asiento y aparentemente quedó convencido.

Ahora sí. Los chelos, las violas, los violines... ¡los violines! ¿Dónde estaba Franco Ferrari, el concertino? ¿Dónde Higinio Ruvalcaba, el primer violín? Era patente: no estaban. Una sombra de enfado oscureció la de ordinario apacible cara del compositor.

Bueno, se haría el ensayo sin ellos. La mano del compositor empezó a marcar compases. Sus pies, calzados en unos zapatitos negros, brillantes, daban taconazos sobre el cajón.

Primero, las flautas. Indicó en catalán:

"¡Seco, seco!".

Las percusiones:

"¡Alto, alto!".

Llegaban al recinto múltiples ruidos de la calle; las explosiones de una motocicleta molestaron particularmente a Casals.

Sonaron los flautines. Y el director pidió:

"Una nota alegre, una nota larga, pero naturalmente disminuida...".

Otra motocicleta: esta vez la explosión rebasó por mucho lo que pudiera tolerar el director de una orquesta que hubiera hecho acopio de resignada paciencia. Llevose una mano al oído y lo sacudió.

Parecía decir: "¡No es posible!". Su menudo cuerpo se estremeció de indignación. Y abajo el tránsito de vehículos fluía intenso.

No, no le convencían esos primeros escarceos musicales.

"Los diminuendos, las variaciones y los matices son lo que da color a la música", se dirigió a toda la orquesta.

Vibraron los violines:

"Todas las notas son diferentes, como las hojas, como los colores. No hay dos iguales. El arte consiste en combinarlas, en destruir toda monotonía, ¡y en tocarlas con el corazón!".

No, no sonaba como él quería.

Las violas:

"¡El do! ¡El do!".

El enojo fue visible en la ilustre faz del compositor. Los chelos ejecutaban con brillante esplendor. Y los violines... estaban apagados, imperceptibles al dar el do.

"¡Paa! ¡Paa! Son las notas que tienen que tener acento. ¡Paa! ¡Paa! "¡Toquen con gracia! ¡Con el corazón! —y Casals se llevó la mano al pecho—. ¡Con el corazón!".

Tenía el aspecto de un muchacho enojado, al borde de perder el control y estallar en iracundia. Su cabeza —su cabecita de león— se agitaba admonitoriamente. Luego parecía advertir que no estaba bien incurrir en accesos de disgusto y sonreía cariñosamente a los músicos. Al rato, otra vez a punto de franquear los límites que le imponía su razón.

"Las notas no valen nada; hay que hacerlas valer: lo importante es lo que se pone en ellas".

Alzáronse las notas que salían de los chelos y llenaron todo aquel ámbito; notas profundas, dolorosas. La transformación se operó en una fracción de segundo: Casals cerró los ojos, ladeó la cabeza; era el continente de la felicidad. De su boca salían sonidos, leves, apenas inteligibles; su cuerpo bailaba sobre la silla. Ya no hacía calor, ya no invadían ese recinto los desagradables ruidos de la calle.

Casals dirigía como si estuviera solo allí y la música proviniera de regiones distantes, interrenales.

Y advinieron los oboes. Fue un duro despertar. Un despertar a las pequeñas, punzantes molestias del primer momento de vigilia.

En la mirada de ese hombre infortunado leíase lo irremediable, lo que ninguna fuerza es capaz de evitar. Volviose a su hermano menor Enrique, de 68 años:

San perdut...

Miró los oboes:

"Toquen con esto", y puso la mano sobre el corazón.

Pero no estaba "todo perdido". Lo oboes dejaron de ser más tarde el rudo despertar de un sueño. Las "notas fueron dadas con el corazón". La orquesta llegó a momentos de un perfecto acoplamiento. A veces oíase como un órgano grandioso; sugería otras un canto catalán de contagiosa alegría: imaginábase con el estímulo de las panderetas, con las notas fáciles, cortas de los violines, todo un pueblo bailando. De pronto aquella fiesta popular concluía. Y era entonces la fuerte, la aplastante impresión de un contrapunto de Bach.

El pesebre... Juan Alavedra relata la progénesis de la obra. Después de la guerra, Casals y Alavedra vivieron, juntos, en una modesta casa de Prades, en los Pirineos franceses. Fueron, dice el poeta, los "años más felices de su vida".

"En el pequeño piano de mi habitación, cada mañana empezaba alzándose, tímida, una sola nota; se quedaba viviendo en el silencio, suspendida en el aire; una sola nota que se repetía, insistiendo, como si llamase a otra; que era seguida lentamente como otras compañeras que, con ella, avanzaban vacilando por una región de ensueño. Era como una lenta y errante vagarosidad etérea, como una inmaterial floración musical que ascendía, se abría suavemente en el espacio, se cerraba o se desvanecía en el silencio, para reanudarse en seguida, cada vez con un acento más seguro.

"Yo asistí íntimamente al misterio de la transformación gradual de la poesía en música; de la estrofa en canto. Sabía siempre el verso sobre el cual trabajaba el maestro. Y veía cómo, ora vistiendo, ora penetrando, ora trascendiendo, ora aureolando la palabra, la obra iba construyéndose, ordenándose en figuras y temas musicales que se precisaban cada vez más. En la casa reinaba siempre la quietud, colmada de resonancias musicales".

1961

Dos horas con la heredera de Ana Pávlova*

No olvidamos aquella escena, simple y majestuosa a la vez. Es la escena de una mujer que danza, vestida de plumas de cisne, sin más compañía que la de su íntima soledad, de su arte, lejos de todos, ajena a la misma madera sobre la que van y vienen sus zapatillas de satén. Imposible ver el instante en que sus pies se asientan sobre el piso. No llega a producirse ese momento. Es algo impalpable su baile. Es algo que no se atrapa, como no puede asirse el vuelo de un ave.

La música también ha "desaparecido". No penetra a los oídos, no circula por el cerebro, por los nervios, no produce reacción alguna. No hay sino una presencia: la de esa mujer, que es cisne que flota en un lago, que se mece en sus aguas tranquilas, iluminada por una luz opaca, la luz de la luna. No tiene que trabajar la imaginación; no tiene por qué forzarse una intención en quien presencia el espectáculo. La danzarina proporciona todos los elementos. Su arte es, en esos momentos, el mismo de Beethoven cuando escribió la *Sinfonía pastoral*. No necesita advertir que sus notas entretejen escenas bucólicas, llenas de paz, de apacibles contornos, para que todo esto sea comprendido. Es la fuerza impresionante de una descripción bien lograda, de un papel que se interpreta con el aporte del genio.

Así, Tamara Toumánova. Cuando cae en el piso, en el lago sobre el que ha flotado, permanece así, no como si estuviera muerta, sino como si soñara, entregada al descanso. Miles de personas aplauden, y ella, como un cisne que ha ocultado su cabeza entre las alas, como un cisne que habita su mundo, intangible para el hombre, continúa ahí, tendida. Llegan los cestos de rosas, los obsequios. Y ella, al fin, se incorpora. Y del cisne brota una mujer, hermosísima, que sonríe, que se inclina con una gracia que, de compararla con la que privó en las cortes de María Antonieta, ésta se nos haría acartonada, torpe, de una tosquedad que la volvería casi ridícula.

---

* *Excélsior*, 15 de marzo de 1961

La bella rusa, hija de príncipes que extendieron su dominio por el área de Vladivostok durante el reinado del zar Nicolás, habla a *Excélsior* de sus sentimientos al momento de bailar. Nunca había dicho lo que ahora expresa. Está ante su madre, que lo confirma. Esa mujer gorda, a quien todos dicen "mamá", natural de las estepas de Georgia, de brazos muy cortos y una sonrisa que casi nunca abandona su rostro, pero que, si lo hace, es para ceder el campo a las lágrimas, casi arrebata la palabra a su hija. La lanza a la interrupción su temperamento, que se expresa en borbotones de palabras.

Tamara Toumánova quiere retomar el curso de lo que había dicho. Y no encuentra palabras más adecuadas para imponer silencio a ese ser que idolatra —esa mamá que la acompaña a todo lugar donde va, que le borda sus vestidos, barre el escenario, está atenta a su maquillaje, a que telofonee a papá, sin que importe el lugar donde se encuentre, para avisarle del resultado de su última actuación— que golpearla con estas palabras, aparentemente rudas, pero suavizadas con una sonrisa que casi afila en una doble línea sus delgados labrios:

"¡Ya cállate tú, monstruo ruso!".

Y el "monstruo ruso" guarda silencio, pero no sin pronunciar todavía unas 80 frases en todos los idiomas que maneja, a causa de su educación y, sobre todo, a causa de ese interminable viajar que es la vida al lado de una bailarina célebre en el mundo entero, heredera, para muchos, del arte de Ana Pawlowa.

Intimidad de una bailarina

Tamara Toumánova tiene el porte y se conduce como una reina, en el mejor sentido de la palabra, en el que no atribuye majestad alguna a su ser, sino una serie de calidades de muy distinto orden.

Ve sin arrogancia, pero con íntima seguridad. Habla sin afectaciones, pero con una firmeza que palpita en cada palabra. A lo largo de su conversación, una idea se insinúa primero en sus labios, se agranda más tarde y al fin acaba por adquirir las proporciones de una convicción, guía de su trabajo y norma de su vida:

"Debo convertir la intimidad de Tamara en una entidad que tenga su perfecto equivalente en los actos externos. Debo ser sincera conmigo misma y plena, absolutamente sincera con los demás. Y debo lograr que quien se ocupe de mí en lo exterior, en lo que pueda atrapar a simple vista, tenga siempre su correspondiente en mi alma".

La observamos larga, detenidamente. No luce en esos momentos, en los momentos de un tardío desayuno que se inició casi a las 12 del día, joya alguna. Pero hay en su cuello, en sus dedos, en sus diminutas muñecas, la presencia de algo que no se da en todas las mujeres y que no es otra cosa que la belleza rotunda, aquella que no necesita de perlas ni diamantes para corroborarse.

Viste Tamara como una joven viuda que recién volviera a sus antiguos paseos, que se tomara las primeras libertades, que reanudara las visitas con sus amigas, con sus amigos y que, todavía con alguna timidez y un cierto pesar, aceptara participar en reuniones donde menudearan las bromas picantes. Viste blusa blanca, zapatos negros, falda y suéter negros. Y se recoge el cabello, color azabache, en una especie de "chongo bajo", que desciende hasta la altura de los hombros.

"Bueno, ¿te callas ya, monstruo ruso?".

Y dirige una mirada aparentemente severa hacia su madre, espera a que termine las últimas 28 frases que tiene almacenadas y que, si no vierte al exterior, estalla, y luego habla la bailarina de lo que para ella significa la danza.

En sus periodos más hermosos, en aquellos inigualables como es *La muerte del cisne*, Tamara Toumánova experimenta la misma sensación que una joven novicia que se aproximara al altar, depositara en él un ramo de flores blancas y luego, en la soledad de un templo que a nadie ha admitido sino a ella, empezara a rezar y a rezar...

El tiempo se evade. Todas las proporciones desaparecen. No queda sino una conciencia gigantesca, luminosa, que es ella misma y no lo es. No existe la noción del público. La música que la acompaña es como el murmullo de palabras que, en oraciones, va escapando de los labios de la futura religiosa. Ya no sabe de qué tamaño es el escenario. Puede ser inmenso, puede ser diminuto. Es algo que se ignora y en lo que no se repara. Ella gira, avanza, salta, retrocede, flota sobre el piso.

"Hay una chispa —dice— que se inicia en el cerebro, recorre todo el cuerpo, lo calienta, lo estremece, se detiene en cada uno de los músculos y acaba por descender hasta los pies, y de ahí, a las mismas puntas de los dedos... Es el baile... Es lo imperceptible, lo desconocido, que yo misma no sé cómo se inicia, cuando empiezo a danzar. Es una emoción tan total, tan completa que no deja espacio para nada más y que pone en juego todo lo que es una, sin darse cuenta cabal de manera consciente...".

¿Es la inspiración? ¿Es el arte, simplemente?

La Rusia que llora

Cualquiera podría pensar que Tamara Toumánova, célebre en el mundo entero, heredera de la pureza genuina del Ballet Imperial Ruso, celosa atesoradora de su técnica, de su coreografía, de su vestuario, de los bailes populares de su tierra de origen —ahora es americana nacionalizada—, vive en un marco esplendoroso y que su vida privada no es sino prolongación del dorado escenario en que baila.

¡Qué lejos, cuán distante de la verdad sería esta impresión!

Hemos oído de Tamara, hemos escuchado de uno de sus amigos más queridos, lo que es su vida, que no admite la molicie, que se talla en el sacrificio, que desprecia el sosiego, al grado de que después de cada representación se impone esta tarea:

Bueno, Tamara, acabó la representación. Ahora, la de mañana. Y vivas aún las ovaciones del público y fragantes todavía las rosas que le enviaron a su camerino muchos de sus admiradores, pasa por alto las celebraciones ruidosas, se aleja de los aparatos de televisión, de los periodistas, y se refugia en círculos siempre íntimos para luego reposar brevemente y sólo en función del esfuerzo que ha de desarrollar dentro de unas horas.

Hablaba ese mediodía, ante un desayuno de franciscana frugalidad, de comer tacos en cualquier restaurante mexicano. "Tacos", decía con la voz ronca que le es propia, donde se combinan matices de esa lengua aparentemente severa, que es la rusa, y de esa otra, que parece tan propia para las mujeres, como si para ellas hubiera sido hecha, que es el francés.

Alguien habló de invitar a una serie de amigos. Sería una mesa larga. Habría muchos "temperamentos". Se citaron nombres. Y vimos a Tamara y observamos su rostro adusto, sus labios cerrados, su clara muestra de desagrado.

"No, no, vayamos sólo con los nuestros, con nuestra gente".

¿Y quién es nuestra gente? Apenas unos cuantos; apenas el número de comensales que se sentarían ante una pequeña mesa y en ella cabrían con toda holgura.

Esto da idea de la vida que lleva. En su casa, en el barrio aristocrático de Bel-Air, en Los Ángeles, donde se confunden las residencias de los actores hollywoodenses, Tamara es una más. Pero lo es por el área que ocupa su casa. Apenas sale. Y, si lo hace, es para viajar por el mundo, para actuar en la Ópera de París, en los teatros de Londres, en el Colón de Buenos Aires, y para añorar, quiéralo o no, a su Rusia, por la que derrama lágrimas ardientes, como en ese ballet que danza en el amor de una niña inocente y que se llama *Lágrimas de Rusia*.

"Es la Rusia que llora… la Rusia de ayer… la Rusia de hoy… Es mi patria, que no sabe sino de llanto…".

Y habla de un árbol que es característico en aquellas inmensidades y cuyo nombre no retenemos. Ese árbol sólo lo hay en Rusia. Sus ramas cuelgan con la languidez que hace pensar en el llanto. No se lo ha sugerido sólo a ella. Lo sugiere a todos los rusos. Hizo pensar así a Pushkin y a los poetas y escritores que le siguieron.

Los ojos negros de Tamara se entornan. Parece que viera al pasado. Que buscara en lo más recóndito de sí y vislumbrara de nuevo el ámbito de su vida de niña, cuando su madre habitaba una casa en la que servían 18 criados y cuando de su abuelo se afirmaba que poseía todas las barricas de vino en el país.

Luego vino la Revolución. Huyó la familia. Tamara tenía unos cuantos años. Casi no puede precisar lo que pasó entonces. Sus recuerdos más firmes se relacionan con una maestra, con Olga Preobrazhénskaya, la primera maestra del Ballet Imperial, que huyó con unos contrabandistas, que después fue muy pobre, pero a quien su miseria no le hizo abandonar el orgullo ni perder la confianza que es tan propia, que arraiga tanto en el espíritu ruso.

Tamara, muchos años después, ya famosa, prestigiada en todos los grandes teatros del mundo, le enviaba a su maestra queridísima algunos dólares, en cantidades pequeñas, pero incesantes. Eran los días de la Segunda Guerra Mundial. Olga Preobrazhénskaya ya vivía en París y padecía hambre. La sostenía su amor propio en los momentos en que rechazaba insinuaciones amistosas, casi caritativas. "No, gracias". Y luego, cuando la anciana —ahora tiene más de 90 años— se encontró con su discípula, con la Tamara que había visto tan pequeña, apenas de cuatro, cinco años, levantarse ya sobre la punta de los pies, cuando la volvió a ver, pero ya llena de gloria, la besó hasta cansarse, la empapó con sus lágrimas y luego de pronto la increpó:

"Malvada… si querías que fuera a la cárcel por tráfico de dólares en el mercado negro…".

Pero casi al instante, colocada frente a una mujer que nada le reprochaba, sino sólo se condolía de que ese dinero no le hubiese servido para comer y vivir un poco mejor, la cubrió de nuevo de besos y le pidió perdón, casi a gritos, como nos imaginamos que habría hecho esa mujer que tenemos enfrente, la "mamá", cuyos sentimientos viven dentro de ella, al igual que en muchísimas almas rusas, en inalterada y máxima tensión, casi sin un minuto de flojedad, de tregua, de tranquilo olvido de un drama o de una alegría muy íntima.

Yo procuro dar mi baile

Cuando las giras artísticas, sólo trabaja. Del hotel al teatro y del teatro al hotel parece ser su divisa, igual que los niños de primaria que no saben sino de la hoja y del colegio, salvo en aquellos días luminosos en que salen a la calle asidos de la mano materna.

Así Tamara. Ha estado seis ocasiones en México. ¿Qué conoce de nuestro país? No hay exageración si decimos que la avenida Juárez, el teatro de Bellas Artes, de la primera a la última butaca, del primero al último camerino, milímetro por milímetro, y unas cuantas casas particulares, donde sólo por excepción asiste a una cena, a una reunión familiar.

"Vivo encerrada. Tengo el amor de mis padres y de algunos amigos. Y tengo mi carrera... la danza".

Toda su vida se encierra en estas palabras, que parecen elementales, pero que no alcanzan a rebasar una existencia tan rica como la de esta artista excepcional. De la soledad aparente en que vive —aparente, decimos, porque la compañía no son las multitudes ni es el ruido— ha nacido un carácter particular. Tamara Toumánova lo expresa así:

"Fuera del teatro, siento dentro de mí la inocencia que pudiera albergar una niña de 12 o 13 años. Muy distante de todo, pero a la vez con todas las posibilidades ciertas, aún sin frustraciones que mutilan.

"Pero cuando danzo, aquella inocencia desaparece. Soy una mujer y todas las mujeres al mismo tiempo. En mí se da el misticismo, el amor, la pasión desgarradora, la tragedia, la hipocresía, la locura".

Un amigo muy querido que está presente, huésped de su casa de Bel-Air en muchas ocasiones, recuerda un cuadro que hay en la sala de esa mansión. Es Tamara Toumánova en el papel de Giselle, la protagonista del célebre ballet de Adam. Cuadro tremendo. Es el cuadro de una loca. Ahí está la bailarina. No aparecen las puntas de los pies, ni sus piernas, ni sus muslos, ni el talle, ni los vuelos del corpiño. El rostro. Sólo el rostro. Hay en él dos ojos saltados, que salen de las órbitas que tienen una fijeza aterradora, la fijeza de un muerto. Y al mismo tiempo, una piel que se adivina caliente, una boca entreabierta, ávida, las fosas de la nariz absorbiendo la sensualidad como se puede respirar el polvillo de un desierto.

Es Tamara Toumánova, la misma, la mujer que ahora nos parece una viuda joven cuando se lleva a los labios porciones mínimas de frutas "que no engordan".

Es una mujer que concibe la danza como un conjunto de muchas cosas. Hay en ella el aparente silencio de la actriz que no habla. Pero hay también el portentoso lenguaje de lo que todo, todo, absolutamente todo

188

puede expresarse en el ritmo, en los gestos, en el aleteo de los brazos, en la silueta, en una cara de loca...

"Cada quien debe dar algo para que este mundo sea menos infeliz. Yo procuro dar mi baile. Que otros den su palabra, su pintura, su bondad, su ternura, su amor... Cada quien lo que ha recibido de Dios...".

En la casa mágica de Diego[*]

El estudio monumental que Diego Rivera soñó para erigir en San Pablo Tepetlapa, esa pirámide de moldes prehispánicos que imaginó como centro de una gran concentración artística, en la que habría pintores, grabadores, artesanos de la cerámica y el tejido, muy pronto será inaugurado como el más extraordinario museo que pueda concebirse.

Hay en su interior, henchido ahora de trabajadores que día y noche son vigilados por policías encargados de la custodia de los tesoros que se depositan en esa pirámide, una atmósfera llena de fascinación. Va más allá de lo original. Y hace pensar en lo misterioso, en aquello que no es de fácil comprensión, pero de lo que participa la conciencia de manera vaga y de lo que la sensibilidad se nutre por cada uno de sus poros.

Todo el museo es de piedra. Se palpa su firmeza en los muros, en el techo, en los pisos. Hay el frío natural que se trasmina de ese material. Hay la sensación, ante su contacto, de que se ha descendido a la primera galería de una catacumba, de que se ha penetrado a una construcción alquimista. Huele a húmedo, huele a polvo de siglos. La imaginación puede permitirse los desvaríos que se le antojen, que todos son válidos, a la vista de fondos siempre oscuros, ante la presencia de algo que no existe en ningún otro sitio.

No hay, seguramente, otros ventanales como esos del museo de San Pablo Tepetlapa. Entre gruesas franjas de cantera, que cuelgan verticales, se abre espacio al tecali, a ese extraordinario material que participa de la belleza y la tersura del mármol y del que se dice que es corriente, "de segunda", por las vetas oscuras y multiformes de que está hecho y que son, precisamente, las que le dan vida.

Son ellas las que hacen posible que la luz se entregue a todos los juegos, a combinaciones llenas de fantasía al entrar en contacto con los claros

[*] *Excélsior*, 12 de abril de 1961

muros del tecali e ir a perderse luego al interior del edificio, donde hay reflectores semiocultos, escondidos en ángulos apropiados, que penden de considerables alturas y producen toda suerte de efectos y contrastes. Luminosidades y sombras se prodigan en el piso, se arrastran por el muro, suben hasta los plafones. Tienen la variedad de las nubes y también sus incesantes transformaciones. Hay sombras que se alargan, que se encogen, que adquieren densidad, que se desvanecen como el vapor, que se contraen como animales heridos.

Es el encanto del museo. Ese ambiente extraño que suscita todas las fantasías. Quien lo visita se ve de pronto sustraído de la rutina. La calle, el trabajo, los conflictos han quedado atrás. No fue un simple muro de cantera, en San Pablo Tepetlapa, lo que se franqueó; fue una sensibilidad, un estado de conciencia el que se dejó muy lejos, perdido allá, en una ciudad que por el momento se antoja increíblemente distante.

Se impone esta mágica casa en el espíritu del visitante, desde un principio. Se impone a pesar de que el curioso se adentra ahí para presenciar el nacimiento de un museo, la colocación de las figuras arqueológicas, los trabajos de los operarios, de los diseñadores, del poeta Carlos Pellicer, director de toda esta obra artística. Pero ocurre que poco a poco va creciendo ese ambiente hasta alcanzar las dimensiones de lo que es absoluto, exclusivo; y hasta quedar atrapado por la negrura que está patente arriba, a los lados, abajo. Y por esos juegos de sombra que en su diversidad y capricho podrían compararse con las piezas sueltas de gigantescos rompecabezas…

Lo artístico, en otra dimensión

Y en ese ambiente tan rico por sí mismo, Carlos Pellicer, otra vez de oficio de museógrafo, va distribuyendo miles y miles de figuras que pertenecieron a la colección arqueológica de Diego Rivera.

¡Qué manera tan distinta de comprender el arte en ese poeta-museógrafo! Es sensible, ante todo, a la belleza de la pieza, a su movimiento, a las sugerencias que despierta. Y es sensible, también, al buen humor. Se ríe de los principios rígidos que pretenden ordenar que tales objetos de cerámica deben ser colocados de esta manera y que jamás deben permitirse al arqueólogo combinaciones de este otro tipo. Pellicer rompe con todo. Se atiene a su instinto, a su cultura, a su buen gusto y, por qué no, a un sentido que tiene mucho de festivo.

Ha buscado, entre las incontables muestras de las culturas de Colima que dejó Rivera, una serie que obedeció al más extraño capricho de sus escultores. Hay en ellas culto especial por la nariz. Es la nariz erigida a alturas de superlativa importancia en esas minúsculas piezas. El estudio plástico de ese órgano parece ser lo único que interesó a sus autores. En los rostros humanos de barro casi han desaparecido los otros elementos. Son apenas sombras en el conjunto, que domina la nariz.

Las hay alargadas, las hay que parecen olfatear aromas sutiles, así de ávidas se advierten; las hay que llegan hasta el pliegue mismo del labio superior; las hay que tienen toda la soberbia, ese orgullo peculiar que suele atribuirse a los aristócratas, con narices más bien levantadas, como despreciativas. Las hay diminutas, al grado de que parecen meros "pegotes" de plastilina terrosa. Y hay una extraordinaria, "modernísima", que parece la mismísima nariz de Charles de Gaulle.

Vemos esa especie de pepino que nos es tan familiar y no podemos evitar una sonrisa amplia, tan amplia como la misma nariz del premier francés. Pellicer ríe a su vez: "Es cierto, ¿verdad? ¿Es algo que no sólo se me ha ocurrido a mí?". Y, ante la primera señal de asentimiento, prosigue entusiasmado: "Pues, claro, yo siempre lo he dicho: esta figurita, deliciosa, es Charles de Gaulle, quizá un poco más joven que ahora, pero con la misma nariz de siempre".

Muy cerca de esa vitrina, que es una entre centenares, se encuentra una gran pieza de Nayarit. Posee la abstracción misma de la idea, sin perder por ello un ápice de realismo. Son dos hombres, pero separados por considerable distancia. Ambos sentados. En uno es visible, casi patética su ansia de beber. Lo dice con los labios, como tendidos en busca de un ánfora. Y el compañero, con unos brazos largos largos, delgados como la rama joven de un árbol, aproxima hacia él un cántaro que el otro está por absorber.

"Es la idea de la sed", dice Pellicer. Y luego, perdido en las épocas prehispánicas a que nos trasladaron el museo y la pieza misma, ha de hacer un esfuerzo de comparación con el arte escultórico actual, para expresar finalmente: "Esta solución artística que tenemos enfrente es Henry Moore...".

Extraña la figura arqueológica. Mientras más se le contempla, más atrae. Ocurre con ella lo que con esas pinturas complicadas, a las que hay que ir arrancando, a fuerza de paciencia y esfuerzo, todos sus encantos. El hombre de los brazos largos, tan largos como dos o tres veces el tamaño natural, debiera inspirar disgusto ante una deformidad tan intencionada como la que exhibe. Pero es aquí donde interviene la creación afortunada, el toque del artista verdadero: no disgusta, sino conmueve. Impresiona la solicitud casi caritativa con que se apresta a saciar una necesidad apremiante. Los brazos tan largos tienen el alcance de la generosidad, que es el segundo símbolo de esta creación que se remonta a más de mil años.

Una galería de gestos

Los alardes museográficos de Pellicer tienen un soporte: su conocimiento de las culturas prehispánicas Está familiarizado con las piezas que maneja. Identifica sus orígenes, las culturas a que pertenecieron, su antigüedad aproximada. Y a cada una de ellas la ha ido cubriendo con una película finísima, que no es usual en los hombres de ciencia: la de la amorosa comprensión, gracias a la cual las maneja de manera apropiada y les da un color, un brillo, una magnificencia que no es otra cosa que la palpitación de la vida propia, individual.

Oír a Pellicer hablar de las figuras de Teotihuacán, colocado a 20 centímetros de distancia de las vitrinas consagradas a esas piezas minúsculas, frente a las cuales el dedo del poeta que las va señalando se ve inmenso, es toda una lección de arte... y de humanidad.

Pellicer contempla y describe esas miniaturas, no más grandes que una falange. Lo hace con espontánea manifestación de buen humor, que lo lleva a risitas que se ven pronto acalladas. No aparta los ojos de los centenares de rostros que tiene ante sí y que son obra de eso artífices teotihuacanos sin par. Todas las emociones del hombre están ahí, en esos objetos hechos con el más frágil de los materiales, con pedazos de barro que desaparecerían como manifestaciones de arte ante la más ligera presión, como desaparecería cualquier acuarela al entrar en contacto con unas gotas de agua.

En esos rostros increíblemente minúsculos está viva la alegría, la tristeza, la amargura, el odio, la envidia, el chiste, la ironía. Son un muestrario de lo que el alma puede producir en la gama inacabable de los sentimientos. Toda clase de gestos pueden ser contemplados en el espacio de unos cuantos metros lineales por unos 50 centímetros de profundidad, que no más grandes son las vitrinas que los contienen.

El dios Huehuetéotl se repite muchas veces. Es el dios del fuego. Su plástica es sugerente y hace pensar más en un hombre conocido, de nuestro tiempo, que en un símbolo del pasado.

Sobre él, narra Pellicer:

"Era el dios del fuego. Y, como el fuego era el más antiguo de los elementos conocidos por nuestros antepasados, era natural que lo representaran como a un hombre viejo".

Y ahí está esa deidad, en creaciones de milímetros; cuajado de arrugas, con expresión de cansancio, pues ha vivido tanto… Es tan viejo y está tan lleno de arrugas que hay momentos en que se concibe como una especie de payaso trágico. Como si al payaso de la célebre ópera le hubiese faltado de pronto el dominio sobre sí mismo, ese extraordinario oficio de que estaba dotado, y, sin más, en plena escena, frente a los espectadores, se hubiera derrumbado, despojado de un maquillaje que descubriese un rostro senil, vencido y públicamente se hubiese entregado al desaliento, al hastío por vivir que nace de un cansancio supremo.

Pellicer contó que uno de los obreros que trabajaban con él, un electricista, sensible como muchos de sus hermanos, exclamó al ver esa vitrina de las figuras teotihuacanas:

"Ésta, señor don Carlos, es vitrina de joyería…".

Y así se ve, efectivamente. El barro deja de mostrarse como tal. Es tan bello el modelado que se realizó en él que no hay conciencia de que se trate apenas de algo más que tierra. Y luego esas colaboraciones de siglos que cubren a las figuras acaban por prestarles algo nuevo, de rara solidez, de extraña permanencia.

Sí, vitrina de joyería…

La señorita desnuda

No es posible intentar siquiera una descripción superficial de las piezas. Son tantas y tan bellas. Las hay que aparecen de pronto sobre una saliente del muro o que parecen brotar de una especie de montaña de piedra, perdida en un rincón de la pirámide gigantesca, que se resuelve en pasillos intrincados, en escaleras que conducen hasta un tercer piso, en galerías disímbolas, ahora a la manera de crujías, ahora semejantes a un cuartito, apenas cuatro o cinco veces más grande que un nicho destinado a una figura del tamaño de un hombre.

La negra e impositiva presencia de la cantera no desaparece un momento, salvo, quizá en lo que Diego pensaba que sería su estudio mismo, en las alturas de la pirámide, abierto a un escenario mexicano, cuajado de nopales y eucaliptos, con el perfil morado de las montañas allá en lo lejos.

En esas alturas, donde Pellicer colocará una gran fotografía de Diego, estarán también algunos de sus proyectos para murales, óleos que arrancan de su época de estudiante de San Carlos y culminan en la etapa final de su carrera de artista, así como una serie de vitrinas de fondo azul claro, que contrasta bellamente con el negro de la piedra.

Parece como si alguna de esas vitrinas, ya instaladas, hubiesen sido dedicadas exprofeso al pintor. Así, al menos, lo expresa Pellicer. Hay una que tiene como centro a una bella mujer, desnuda, con un brazo al aire, el codo en ángulo recto y la mano apoyada en la nuca. Es la presencia misma de la odalisca "señorita desnuda" que tiene a su alrededor un cortejo de admiradores. Hay un hombre encorvado que mira con asombro, casi con terror, "tanta belleza". Hay un ser en cuclillas que no aparta la vista de ese cuerpo de suaves líneas, como si hubiese sufrido súbito encantamiento. Y del fondo de la vitrina se ven aparecer otras figuras, todas pequeñas, que llegan ante el conjuro de la fama de esa "señorita joven que muestra sus encantos".

Es una especie de harén prehispánico que, está seguro Pellicer, habría hecho las delicias de ese hombre lleno de sensualidad que fue Diego Rivera.

Y hay también una vitrina dedicada a la vida en la calle con vendedores y compradores, con sujetos que tocan un caracol (corneta de la época) para anunciar algo así como un día de tianguis; y una orquesta, en la que el tambor es golpeado de 10 maneras distintas; y un personaje que se abanica y mira despreciativamente a la corte que le rinde honores y que parece dispuesta a todo, con tal de obtener una sonrisa del soberano.

Pellicer disfruta con esa manera de presentar el arte prehispánico. No ve por qué hay que llenar las vitrinas de tiesura y sabiduría. Que la belleza se imponga por sí misma, por las líneas de las figuras, por la originalidad de la concepción, a la vez que lleve el espíritu de quien las contempla un sentimiento de inmediata admiración. Admiración por la humanidad que hay en esas maneras de observar la vida y de retratarla escultóricamente, y por la perfección de los trazos, a la vez que por la imaginación de artistas que no tenían sino los más raquíticos instrumentos de trabajo.

Y como esas escenas, otras en que se ven conjuntos de animales. La tarántula, el perico, el perro, centenares de perros, a los que Diego fue tan afecto. Y un tiburón que avanza al encuentro de una sirena, de rostro bellísimo, lleno de placidez, soberano en su tranquilidad, que encuentra su prolongación en un pescuezo de cisne y finalmente se desenvuelve en formas complicadas, que parecen primero la insinuación de una media estrella y más tarde dos aletas estilizadas.

No todo es buen humor, claro. Hay también la tragedia, como en estos hombrecitos entregados a la [miseria]. Hay uno de ojos profundamente hundidos, donde se antoja la desaparición de las pupilas para dejar espacio sólo a una cuenca en cuyo interior se adivina el ojo, mas no se ve. Las mejillas guardan equilibrio con esa estampa. Enjutas, en un hombre demacrado en quien se advierten los estragos del hambre y el sufrimiento, a la vez que la presencia de un cerebro que no se perturba y que trabaja. Junto a él, una figura semejante, que arranca esta exclamación de la señora Billington, norteamericana de claros ojos azules, descendiente de irlandeses y amante de nuestras joyas prehispánicas:

—Pero ¡si es la India, maestro!

—Sí, señora —corrobora Pellicer—. Es la India...

Sobre este museo se escribirán, llegado el tiempo, muchos artículos, muchos reportajes. Y estamos seguros de que en todos ellos se advertirá que sus autores experimentaron al encuentro con esa impresionante mole que es el Anahuacalli de Diego, uno de esos choques que se propagan por todas las regiones del espíritu. Porque en él la fantasía hace una con la belleza y el exotismo.

Entre tanto, hay que esperar la fecha de la inauguración, para dentro de unos dos meses...

El minuto actual de Japón I
Los primeros tallos de la ciudad muerta[*]

Hiroshima, noviembre.- Un campo sembrado con rosales y una avenida de cipreses conducen al Museo en Memoria de la Paz. Las rosas se abren espléndidas, a pesar del duro clima de estos días, a despecho del otoño que ya se abate sobre Hiroshima. Las hay de todos los colores, desde el blanco purísimo hasta el rojo intenso, y vemos unas, amarillas, de tonos insinuados, de matices increíblemente pálidos, que se ocurre pensar querrían rivalizar con el toque que sólo puede lograrse con el pincel de un acuarelista.

El edificio del museo aparece en perspectiva. Tiene la forma de un vagón de ferrocarril y, como es muy largo y al mismo tiempo está sostenido en lo alto por medio de grandes columnas de concreto, desde lejos simula un convoy al momento al cruzar un río. Edificio feo y sin carácter, con colores de la más honda tristeza, en que es exclusivo el gris plomizo, casi negro, el gris de un cielo que anuncia tormenta.

Kenzo Miguchi, soldado de la guardia del emperador Hirohito en la pasada guerra mundial, se encuentra a nuestro lado. Su rostro se ha ensombrecido en los últimos minutos. Todavía cuando caminábamos por los prados, sonreía y aun bromeaba, al tiempo que hablaba sin cesar. Hablaba de su amada Hiroshima y recordaba cómo, cuando sus supervivientes se mostraban pesimistas, enseñaban sus heridas y contaban a sus muertos; cómo, cuando la desesperanza cundía, cuando nadie quería permanecer en ese infierno desolado, en esos campos que se aparecían como gigantescos desiertos de cascajo, como basurero sin fin donde se levantaban los esqueletos de unos 20 edificios tétricos, sin vida, totalmente deshechos en su interior, sin más realidad que la de unas vigas de concreto que sostenían armazones de paredes y techos que nada resguardaban, cómo entonces nacieron las primeras hojas.

---

[*] *Excélsior*, 2 de diciembre de 1961

***

Fue en la primavera de 1946, unos cuantos meses después del estallido de la bomba atómica, cuando brotaron esas plantas, cuando reapareció el color verde sobre esa extensión fúnebre, sobre ese valle de un gris uniforme. Fueron hojas que consumaron los efectos de un milagro, pues cuando los pobladores de Hiroshima las vieron, cuando contemplaron los primeros tallos y pudieron palparlas, a pesar de que algunas eran feas y estaban cruzadas por franjas de color café, hojas enfermas que nacían entre ruinas, entre pedazos de hierros retorcidos, de madera calcinada, de cadáveres de hombres y animales, hubo un suspiro y luego un ahogado grito de alegría. Habían nacido los primeros frutos de vida en ese lugar macabro; la muerte no se enseñoreaba del todo, la existencia dominaba las sombras, la luz renacía.

Una palabra volvió a ser pronunciada en el campo devastado de Hiroshima, palabra que parecía sepultada para siempre, con sus 240 mil muertos: ¡reconstruir! Reconstruir y volver a nacer. Vivir, a pesar de los muertos y a pesar de las llagas. Respirar, palpitar, amar. Era posible, puesto que habían brotado nuevas hojas. Hubo quienes se hincaron ante ese renacer de la naturaleza; hubo quienes lloraron lágrimas muy dulces, que remojaron aquellas otras, amargas como ácidos que emanaron de las cuencas de ojos desesperados el día en que se tuvieron noticias de las madres, de los hijos, de los amigos muertos, despedazados o convertidos en teas humeantes.

Kenzo Miguchi está excitado. Ha vertido todo en un par de minutos. Y ha dicho que nos mostrará esas hojas, hojas que para los habitantes de Hiroshima son tan amadas como las flores del cerezo para cualquier japonés. "Yo se las enseñaré", nos dice el exsoldado de la guardia del emperador. "Usted las verá y comprobará que algunas son feas, como todo lo que es enfermo, como todo lo que brota sin tiernos cuidados, sin amante protección".

Luego guarda silencio este ser pequeño, de hombros estrechos y menudas manos, a quien no concebimos enfundado en telas militares. Camina con sus rasgados ojos negros fijos en el suelo, y, como creyera sorprender que adivinamos sus pensamientos, nos dice: "Perdone, perdone usted. Pero nosotros aquí, en Hiroshima, nos emocionamos por todo".

Y vuelve a su silencio, que se torna más y más obstinado conforme nos aproximamos a la mole sin carácter del museo erigido en memoria de la paz.

Diez minutos después de haber penetrado al interior del edificio, habríamos querido salir de él. Nos rodean fotografías que muestran a seres desnudos o semidesnudos, con caras que han perdido todo rasgo humano a fuerza de sufrir y gritar. Hay rostros que se reducen a una boca, boca inmensa que clama, que llora, boca cuyos lamentos desgarradores creemos percibir; hay rostros, espaldas, torsos, piernas, brazos que parece que han sido cubiertos con grandes brochazos de chapopote y aceite; son rostros y cuerpos negros, relucientes, caras y órganos quemados e inflamados, caras y miembros que se hacen pedazos, que se caen en trozos. Hay niños y niñas sin cabello sobre el cráneo, sin cejas, sin pestañas, niños a los que les falta un pedazo de nariz, un pedazo de boca o de mejilla. Hay una fotografía que muestra a una criatura de ocho años y lo que se cree que perteneció a ella y que fue lo único que pudo encontrarse después de la explosión: dientes y muelas, pedazos de uñas y de falanges. El niño tiene la cara seria, ese rostro que adoptan los escolares cuando posan ante cámaras fotográficas el día de la inscripción en su colegio.

Observamos y, mientras un mayor número de escenas van desfilando ante nuestros ojos, percibimos que nos afecta una especie de mareo. El malestar que nos invade es provocado y así lo hacemos notar a Kenzo Miguchi. Él nos dice que sufre impresiones físicas similares, que las manos se le han enfriado y que se siente mal.

Pero los ojos reclaman nuevas visiones. "Vea eso", expresa imperativamente con el índice apuntando en dirección a unos maniquíes conservados en vitrinas de cristal.

✳ ✳ ✳

Vemos. Primero es el desconcierto lo que domina la sensibilidad y luego el horror lo que se apodera de ella. Estamos ante víctimas de Hiroshima, reconstruidas fielmente, a escala, con base en fotografías y documentos. Tienen los mismos jergones con que perecieron hace 16 años. Son pedazos de tela en estado inimaginable. Hilos colgantes, más que andrajos. Seres en el colmo del desamparo y la desdicha, en el extremo del sufrimiento, con actitudes crispadas que han perdido toda conexión con lo humano, con manos desesperadas que quieren asirse a algo, con plantas que no saben dónde posarse, sin duda porque se encuentran en el centro de un área que es toda ella una brasa.

Las caras de los maniquíes están cubiertas con capuchones negros. No necesitamos que se nos explique el motivo, a pesar de lo cual rompe el silencio la voz alterada de nuestro guía:

"Había visitantes que no resistían la imagen corpórea de esas víctimas de las jornadas de agosto de 1945. Hubo muchos que se desmayaron en el salón. Palabras mojadas en llanto, escalofríos que terminaban en temblores convulsos, hombres y mujeres que caían de hinojos frente a esos cuerpos de cera, manos que tocaban los cristales de las vitrinas, como en búsqueda anhelosa de una caricia, la caricia del ser que se quiso tanto y que pereció así, como ese maniquí que parece iniciar una danza ritual al fuego, devorado él mismo por las primeras llamas, obligaron a esa medida, a cubrir con gruesos capuchones negros las caras de las figuras representativas de quienes sufrieron la explosión atómica".

Pero sigue el desfile de seres y objetos. Ya no son maniquíes, a los que nos negamos a ver un segundo más y de los que sólo podríamos expresar que resisten todos los recursos del horror y de la literatura tétrica. Ya no son más esas representaciones vívidas, sino ahora es una forma calcárea que, de momento, nada nos dice. No comprendemos. Nos encontramos frente a ella, como un profano ante una conformación pétrea de algún museo de geografía. "Es un pedazo de hierro, del hierro en un puente —narra Miguchi—. El calor fundió el metal. Y cuando se enfrió y se solidificó, ya bajo nuevas formas retorcidas, ya en esta especie de masa, fue encontrado en su interior un pedazo de tibia". Ahora, hierro y tibia integran una nueva unidad a la que se consagra aquí un sitio especial.

* * *

Llegamos luego a objetos que nos repelen y atraen al mismo tiempo, que nos causan más trastornos en el estómago, que nos anudan la garganta, que nos provocan que la mirada se torne huidiza, que flaqueen las fuerzas. Son botellas y más botellas retorcidas en formas increíbles, que acaso ni siquiera un pintor de la era del abstraccionismo lograría relacionar con algún sueño o una visión propia de un rapto de demencia. Formas no sólo caprichosas, sino alucinantes, con alargamientos súbitos, con masas comprimidas, con idas y venidas que no ofrecen continuidad ni sentido y que están ahí como simple expresión de algo siniestro.

Vidrio derretido por el fuego atómico, material dúctil que más tarde, al enfriarse, adoptó formas inimaginables que no pueden describirse, porque en sí mismas son un absurdo. Sin embargo, el dedo de Miguchi señala:

—¿Ve aquélla, esa cosa blanca que acaso fue una botella de sáke? ¿La ve? ¿No le parece algo así como la cara de un niño que llora?

Respondemos que sí, por decir algo.

200

—¿Y esa otra? —expresamos a nuestra vez—, la verde, ¿no es como un barco que ha encallado?

Responde afirmativamente; estamos seguros que más por seguir una broma que tiene mucho de curativo que por cualquier otra razón. Y es que se trata de distraer la mente, de pensar en otras cosas, de escapar, aunque sea ilusoriamente, a ese horror, a esas fotografías y maniquíes, a esos pedazos de hombre en consunción, a esos rostros que claman con desesperación inaudita, a esas mandíbulas cerradas con fuerza tal que se antoja que hicieron crujir dientes y muelas en un esfuerzo por contener gritos y lágrimas.

***

Sentimos respirar cuando llegamos a las hojas. Las vemos ahí, en vitrinas, como si formaran la colección de un estudiante de botánica. Están contenidas detrás de gruesos cristales. Nos fijamos en una, pequeña, de forma regular. Parece la hoja de un árbol de trueno, sólo que de un verde extremadamente claro. Es un verde límpido, el verde que pudiera contemplarse en las pupilas de una dulce mujer rubia del extremo norte de Europa. Es un verde sobre el que cabría decir que han caído las primeras gotas de una lluvia mañanera, verde puro, verde de aguas mansas. Y junto a él, una franja diminuta de color café; y más allá, en el extremo de la hoja, un café todavía más suave, ya más cerca del blanco.

Hay ahora un recodo en el museo. No ha terminado la historia de este edificio en esos tallos, en esas hojas milagrosas, en esos vegetales que nacieron en el epicentro de la explosión, en el punto exacto del que se dijera no habría vida antes de 75 años. Resta por ver una serie de fotografías que parecen desentonar del anterior conjunto. En una aparece un barco pesquero; en otra, centenares de pescados, cuidadosamente alineados, como prestos para ser ofrecidos en venta; una más muestra a un trabajador del mar.

Estas fotografías resumen breve historia:

Hace dos años Estados Unidos lanzó una bomba experimental en aguas del océano Pacífico, muy cerca de la isla de Bikini. Quiso la desdicha que las cenizas de ese ensayo nuclear cayeran sobre el barco pesquero Fucuriumar. Los pescados que transportaba en sus bodegas resultaron afectados por el radio y hubieron de ser enterrados muchos metros bajo tierra. Un pescador sufrió los efectos de las radiaciones con intensidad tal que murió al cabo de unos meses. Queda, entre otros, el testimonio de su cráneo, del que vemos que gran parte del cabello fue devorado por la fuerza radiactiva.

***

Abandonamos el museo. Pasan muy cerca de nosotros, en tropel, muchos niños. Hay algunos de siete, quizá hasta de seis años de edad. Proceden de diversas escuelas y llevan sobre las cabezas, a manera de gigantescos distintivos, sus gorros de vivos colores, unos rojos, amarillo con verde los más. Corren libremente por la avenida de cipreses y caminan con cuidado, por temor a las espinas, entre los prados sembrados de rosales.

—¿Se les permite la entrada al museo? —preguntamos a Miguchi.

—Sí. Deben ver, sentir, ese horror, evitar que pueda volver a pasar.

No respondemos. Nos ahoga una nueva emoción. ¿Será posible que esos niños vean lo que nosotros hemos contemplado y que observen pedazos de piel humana, piel afectada por el calor y las radiaciones que ahora se conserva en frascos de alcohol, como si se tratara de animales extraños, de familias de microbios nunca antes conocidas, de hongos recién descubiertos en apartadas regiones? ¿Será posible que todo esto y lo que nosotros vimos y lo que nos negamos a descubrir con detalle sea mostrado a esas criaturas?

Miguchi nos ha conducido, entre tanto, hasta el monumento erigido en memoria de las víctimas de la bomba atómica que cayó sobre Hiroshima la mañana del 6 de agosto de 1945. Es un monumento de conmovedora simplicidad. Muestra, como parte esencial, una especie de túnel de concreto, más ancho en su base y que termina por unirse, después de describir un principio de semicírculo, en un vértice que se encuentran a cosa de dos metros y medio de altura. Representa la forma de vivienda de los primitivos habitantes del Japón y quiere decir a todo aquel que se aproxima a él: "Observa cómo la supervivencia de este pueblo no tiene fin, a pesar de todo". Debajo de ese techo imaginario de vivienda primitiva hay un gran bloque de piedra que resguarda —se nos dice— los nombres de cada uno de los hombres, mujeres y niños que perecieron como consecuencia del estallido nuclear.

¿Habrá 240 mil nombres inscritos? Lo dudamos. De cualquier manera, el monumento se asienta sobre un sinfín de piedras pequeñas. Ellas podrían ser, en último término, la simbolización material de cada uno de los muertos que perdieron la vida en esa jornada de horror. No es difícil soñar que así sea. No es difícil concebir que una de esas pequeñas piedras, perdida entre miles y miles de hermanas, pero siempre posible identificar, represente al ser querido.

La imaginación se pierde en esos extravíos. Pero pronto vuelve la realidad al conjuro de la voz de Miguchi, que lee el epitafio del monumento. "Duerme pacíficamente: la humanidad no repetirá más esta calamidad". Miguchi vuelve a hablar:
"Si fuera cierto... Pero ¿lo será?".

Y voltea con esos ojos muy negros y rasgados, ojos en los que nada puede leerse, pues los párpados casi los cierran y mantienen semiocultas las pupilas. Pero observamos la boca y ella sí exterioriza sentimientos, boca que se pliega en rictus amargo, triste, pero que también deja adivinar, por el timbre de la voz, que se acoge a la esperanza.

"¿Será cierto —repite Kenzo Miguchi—, será cierto que la humanidad nunca más repetirá esta calamidad?".

Y en las palabras del exsoldado de la Guardia Imperial hay la contradicción entre el pánico que se insinúa y un fervoroso anhelo que también se descubre, que también se abre paso...

El minuto actual de Japón II
Evasiones fallidas de una noche frívola*

Hiroshima.- Mundo complicado y febril el del barrio del centro noctur-
no de Hiroshima. Movimiento incesante, pasos acelerados, ideas de que
la gente quiere vivir de prisa, resarcirse de algo, abandonarse, olvidar.
Hay esquinas en que aparecen 10 o 15 botellas apuradas hasta la última
gota y que han quedado ahí, ya inservibles. Eran las 11:30 de la noche,
hora en que todos los bares deben cerrar sus puertas, en que debería
iniciarse el sosiego también para este pedazo de ciudad. Pero casi nadie
hacía caso de la disposición, pues se entraba y salía de los sitios de diversión nocturna como si apenas se iniciara la jornada.

Mundo complicado, pero al mismo tiempo multicolor y lleno de
atractivos. Circulaban por la calle con ritmo nervioso, a veces entre voces
altas y risotadas, grupos compactos. Era un renovarse sin fin de hombres y
mujeres, muchos jóvenes, pero quizá en tan elevado número como ellos,
seres de edad madura y aun anclados que caminaban a toda la velocidad
de sus torpes piernas, con ojos brillantes y una expresión de dolorida ansiedad en el rostro. El espacio que quedaba libre —pues la vía Ginza, por
la que transitábamos, como muchísimas de este país, no tiene acera— era
disputado por automovilistas, principalmente conductores de taxi. Los
bocinazos contribuían al escándalo. Ruido y más ruido por todos lados,
y también una lluvia de colores por doquier. Rojos, verdes, amarillos,
azules, violetas. El arcoíris presente en todo el ámbito que la mirada pudiera abarcar.

***

Los signos de la escritura japonesa, lo mismo en brillante luz neón que
en faroles de papel, se antojaban muñecos de colores, líneas y curvas

---

* *Excélsior*, 3 de diciembre de 1961

que acababan por tener para nosotros un sentido exclusivamente plástico. Con sólo abrir los ojos y dejarse llevar por la imaginación, era posible contemplar en aquel gran anuncio de cabaret el techo de una pagoda oriental, el marco de una ventana común y una marioneta danzante. Juegos de colores luminosos caían de las alturas, maravillas de formas que parecían trazadas por algún pulso infantil, por un niño de lúcida y caprichosa fantasía.

El gentío tornábase fascinante. No había oportunidad de que la vista entrara en reposo. Alternaban, con rapidez casi violenta, todas las formas de vestido y calzado que quieran enumerarse. Ahora era el zapatón de madera, primitivo y elemental, y un segundo después la fina sandalia de las geishas. Nos trasladaba el primero a épocas remotas y atrasadas, con su plataforma plana donde se apoya la planta del pie, con su tamaño desmedido e informe y dos taquetes que hacen las veces de suela y golpetean fúnebremente sobre el pavimento; en tanto que la segunda, la sandalia, nos conducía imaginativamente a escenarios de refinamiento, de gusto sutil y exquisito.

Y luego venía el zapato europeo, de punta, largo y estrecho como un paraguas, y junto a él ese como choclo que hubiéramos pensado que era exclusivo del hombre, de terminación roma, chato, propio para despedir violentamente cualquier objeto que estorbara el paso y que aquí, en Hiroshima, veíamos que es usado indistintamente por uno y otro sexos.

Alternaban luego mujeres de piernas desnudas con otras que lucían finas medias de seda y, sobre ellas, absurdos calcetines, generalmente de lana gruesa. Y sin posibilidades de tregua, en un verdadero vértigo, continuaban alegres transeúntes que sólo usaban esas últimas prendas, lo que les daba un aire hombruno, a menudo en claro contraste con sus formas torneadas, de turbadora presencia.

Y como los zapatos, interminable variedad de vestidos. Kimonos de algodón de colores oscuros, más bien tristes, al lado de kimonos de seda, de material que se antoja delicado como papel de China y que muestra en sus tejidos los más disímbolos adornos, ya fuera la imitación de un bosque de cerezos en flor, ya la presencia de un lago, ya el vuelo de una parvada de pájaros, ya simples dibujos sin otro sentido que el puramente ornamental.

Y junto a este lujo y a esta modestia, jóvenes a la europea, con trajes sastres como quizá no los haya más elegantes en las calles de París, y muchachas con suéteres negros, de mangas largas y cuellos altos que aprisionaban las gargantas, así como señoras y señoritas vestidas de pantalones y que lo mismo caminaban sobre esos toscos zapatones de madera que hemos descrito que sobre sandalias o zapatillas que parecen de algodón.

***

Tashida Nakagawa, nuestro acompañante, director de la Sociedad Latinoamericana del Japón, hombre de formas aparentemente rígidas, severo en el exterior, pero a quien tarde o temprano traicionaba su alma sensible y casi tierna, abrió con resolución la puerta de uno de los innúmeros bares de Hiroshima. Bien dispuesto, dijo en el más animoso de los tonos: "Veamos qué nos depara el destino".

El bar L'Escargot —no olvidemos su nombre— era como la mayoría de este tipo de establecimientos en el Japón: íntimo, con cierto lujo y luces tenues o casi apagadas con las que armonizaba un fondo musical adecuado a ese interior sin complicaciones.

A primera vista, L'Escargot era un bar más. Pero pronto dimos con una nota distintiva, que quizá sea común en esta ciudad y constituya la decoración predilecta de sus centros nocturnos. Pendían de las paredes cuadros y fotografías difíciles de hermanar entre sí. Cuadros siniestros y cuadros que daban a conocer, casi íntegra, las formas de la belleza femenina. Fotografías pavorosas del desastre de Hiroshima y bellísimos desnudos, debidos lo mismo a la cámara que al pincel de un artista.

Había dos fotografías, una al lado de la otra, particularmente contrastadas. La primera había sido tomada al anochecer, cuando dominaban las sombras y apenas si dejaban espacios a unas cuantas líneas claras que surgían en el horizonte, oprimidos en medio de inmensas porciones negras. El cielo se había cerrado sobre Hiroshima. Brillaban apenas los últimos, débiles resplandores. Y en ese panorama, un edificio en ruinas destacaba en primer plano, insinuada sólo la arquitectura a punto de venirse abajo. Es el edificio que todavía se conserva en pie y bajo el cual ya nadie puede transitar por temor a un derrumbe que se prevé inminente, y que está ahí como símbolo de lo que fue la ciudad arrasada. Hasta principios de agosto de 1945 constituyó el centro de exhibición de la industria japonesa en esta población. Gran casona de aires pretenciosos, que culmina en cúpula, como si se tratase de un templo.

El edificio en ruinas transmite en su lenguaje algo que toca a su fin, algo que pronto acabará para siempre, y el cielo, apenas con la vida de unas cuantas franjas de colores moribundos, sugiere también un fin ya cercano. Acaso por el sitio en que nos encontramos, por lo extraño que resulta ver ahí, frente a nosotros, en un ámbito donde se bebe con gran rapidez y donde los parroquianos parecen como si no tuviesen más tarea que emborracharse en el menor tiempo posible, la fotografía resulta particularmente elocuente, como si el hombre y su escenario se entregaran ya, a pesar de todas las simulaciones y las evasiones de aquél, y se enlazaran en un último abrazo, fúnebre y simbólico.

Al lado de este paisaje, a una distancia de sólo unos cuantos centímetros, aparece un torso femenino que culmina en un rostro sobre cuya frente caen desmayados mechones de cabello oscuro. Es una imagen que, en su propósito, tiene mucho más de morboso que de bello. La fotografía está tomada de perfil y da la impresión de que encara directamente a la muerte que tiene ante sí, pero en una actitud de desafío y soberbia.

Debajo de ambas fotos advertimos que la pared ha sido maltratada. Las huellas son claras. Preguntamos el motivo y pronto una joven da la respuesta: "Han sido los borrachos. Muchas copas semivacías, y también muchas llenas, han sido arrojadas contra la fotografías, que ya hemos tenido que sustituir buen número de veces. Antes, sobre todo, había algunos clientes que decían que no resistían ver juntas esas dos fotos. Pero nosotros las dejamos ahí. Y siempre han estado en ese sitio".

***

El bar, entre el sonoro ruido de los borrachos, la música insinuante, apenas algo más que un murmullo orquesta; las fotografías contrastadas, el ir y venir de las muchachas vestidas igual en la calle, unas con pantalones, otras con kimonos ordinarios, algunas con sedas que deslumbran, tiene algo que enerva. Las fotos del desastre están ahí casi como un imperativo del que se desprende un deseo de saber. Quizá no sea exclusivo de nosotros, pues pronto vemos a Tashida Nakagawa que se trenza en animada conversación con una joven que, después sabríamos, nació en Manchuria. Joven vestida con un kimono de colores maravillosos, muy parecidos al verde-amarillo de nuestros limones reales, y de ojos como no hemos visto iguales. Rasgados más allá del límite de lo creíble, sin que nos expliquemos todavía cómo es posible que esa mujer sepa de sus pasos, del mundo que la rodea y de la luz del sol. Hablar de que esos ojos se asoman por un espacio comparable a la rendija de una alcancía es exageración, puesto que todavía son mucho más estrechos.

Jay, jay ("sí, sí"), advertimos que decía a Nakagawa. Y luego éste, con palabras interesadas, nos comunicaba: "Vendrá ahora una mujer que estuvo en Hiroshima el día de la explosión nuclear".

Apareció, en efecto, una mujer de unos 40 años, baja de estatura, de piel muy blanca y ojos sin fijeza. Envuelta también en su kimono, sólo que de tonos apagados y sin atractivo, pronto empezó a hablar.

Lo hacía rápido, muy rápidamente. Su voz tenía altibajos incesantes. Voz que participa lo mismo de la sonoridad que del susurro, voz que ahora era cálida, para un segundo después tornarse ríspida, llena de amargura. Contaba que la explosión la sorprendió cuando conducía su bicicleta a un taller de reparaciones. Eso la salvó. De haber ido directamente a su oficina de Correos y Telégrafos, como todas las mañanas, habría perecido fatalmente, pues encontrábase el edificio a 200 metros del punto en que estalló la bomba.

"Perdí a todas mis amigas y no quedó ni uno solo de mis amigos. También murió mi madre. Mi hermana, que resultó ilesa, falleció un mes después. Fue enfermera en uno de los centros de auxilio. Un día me despertó a medianoche. Lanzaba aullidos horribles. Lloraba desesperada: '¡Tashia, Tashia!', me gritaba. Todavía oigo su voz. Hay veces que despierto en medio de sus gritos, todavía ahora, como si la hecatombe hubiese sido ayer. '¡Tashia, Tashia!', aullaba mi hermana. Cuando la vi, creí morir. La piel se le caía a pedazos. Pensé en ese instante en las papas hervidas y cómo van quedando limpias de su cáscara. Vi a mi hermana con el rostro casi sangrante, con la piel viva, con ojos ajustados, empavorecidos, pero sin una lágrima. ¡No lloraba! La vi como a una loca. Corrí hacia ella y en cuanto la iba a alcanzar, ella misma me contuvo: '¡Tashia', me decía, 'no me toques que estoy podrida. ¡No me toques... no me toques!'".

Vemos a Tashia, menuda y opaca. Vemos a sus ojos y los observamos arrasados en lágrimas. Vemos luego a Tashida Nakagawa, que también llora. Se sabe sorprendido y no le importa. Saca el pañuelo de la bolsa del pantalón y se suena con estrépito. Muchas lágrimas resbalan por sus abultadas mejillas y hay algunas que se desvían por los pómulos salientes.

"Ya no cuentes, Tashia", pide él mismo...

El minuto actual de Japón III
La ciudad que se esconde[*]

Nagasaki.- Aquella mañana Nagasaki parecía estallar de felicidad. El cielo era azul, pero de un azul tan fuerte que en momentos confundíase con el morado, y todos los habitantes de la población habíanse lanzado a la calle. Miles y miles de niños, de trabajadores, de madres, de abuelos hacían valla a deportistas prestos a competir en una prueba de maratón. Correrían hasta desfallecer por las calles de la ciudad, que está en altos y bajos, que tiene vías de inclinación pronunciadísimas y callejones que se pierden en curvas y recodos, a veces de ángulos increíbles y que dan al lugar el encanto de lo inesperado, del misterio más allá de cualquier cálculo, de la sorpresa que aguarda y que hará presa, inevitablemente, de todo ser que se aventure por los recovecos de esta capital de provincia.

Todas las manos portaban banderitas de papel, blancas y color de rosa, y las muy pequeñas de los niños eran agitadas al viento o blandidas como sables. Las caras sonreían y el sol encontraba su mejor reflejo en esos ojos alegres, en esas bocas entreabiertas y ávidas de más placer.

Fiesta en Nagasaki, con el complemento de bandas infantiles que daban forma musical, en notas y ritmos marciales, a ese optimismo, a ese entusiasmo matinal.

Arrancaban viva simpatía esos músicos de un metro, acaso de 90 centímetros de estatura. Con cornetas que eran más propias de adultos que de infantes, con trombones que en algunos casos apenas si podían transportar, con flautines que llegamos a ver enormes para los cortos brazos de sus dueños, se afanaban y aun producían acordes brillantes. Las bandas —pues eran muchas y asomaban, inesperadamente, en cualquier calle— llevaban al frente a su animador. Era el escolar de mayor estatura y de mejor presencia en el grupo. Asía el clásico bastón en este tipo de conjuntos e intentaba reproducir, no sabemos si consciente o inconscientemente,

---
* *Excélsior*, 4 de diciembre de 1961

muchas de las gracias de las hermosísimas mujeres de bandas norteamericanas, esculturas generalmente de color blanco y cabello de oro. La
comparación, quiérase o no, resultaba desdichada, lo que no evitaba que
el jefe de banda escolar sonriera con aire triunfal en medio de sus cote-
rráneos, seguro de que sus movimientos, su levantar de rodillas hasta la
barba, las piruetas indescriptibles que el bastón daba en el aire producían
asombro y fascinación en cada uno de los espectadores.

* * *

Vagábamos por la ciudad en espera de la cita concertada con el director
del Hospital de la Cruz Roja. Y mientras transcurrían los minutos que
nos separaban del encuentro, evocábamos la noche de la víspera. Noche deliciosa en un restaurante de esta ciudad. Horas interminables que
transcurrieron al lado de Tashida Nakagawa y de una geisha que parecía
síntesis del temperamento y de la gracia de esas peculiares artistas del
Japón. Habíamos visto a la joven en un restaurante típico, que parece de
juguete, hecho de madera de bambú, con vidrios que en esa casa eran a
la usanza del país, de papel, con un jardín en miniatura, como todo el
recinto, al que salía la geisha y en medio de voces armoniosas llamaba a
peces de colores que se agrupaban muy cerca de ella, al tiempo que arrojaba menudos pedazos de pan a su estanque de aguas tenuemente azules.

El sitio se antojaba más propio de niños que de adultos. Así pensábamos, incluso cuando veíamos a la hermosa geisha con su kimono de seda
roja y blanca y adornos de pájaros entretejidos; su equivalente de calcetines —especie de botines que apenas si asomaban bajo su vestido y que llegaban a la altura del "huesito"— hechos de material mucho más delicado
que la gamuza; con sus flores en la cabeza, en medio de abundantísimos
cabellos negros peinados con el mismo esmero y la misma complicación
que pudiéramos observar en cuadros de la época de María Antonieta;
esbelta y alegre, pero maquillada al extremo, hasta parecer de porcelana
blanca, irreal y distante; bulliciosa como una mujer que vive lo mejor de
una fiesta, pero irreconocible por los afeites, que hacían imposible todo
rubor, que daban otra expresión a los ojos, que la mantenían como detrás
de una máscara, ajena y misteriosa.

De ella se escuchaban palabras, risas; de ella se veían las manos pequeñas que ayudaban a sus huéspedes en todo lo que pudieran necesitar, con
una presteza y una vivacidad que mostraban claramente las excelencias
de la educación a que había sido sometida desde la infancia, ahora al
lado de la mesa y luego en danzas y cantos; de ella se percibía su caminar

ondulante y a la vez casi etéreo, en que se mezclaban la seguridad del felino y el peso de la ardilla, y se admiraba, sobre todo, su belleza. Pero permanecía tan lejana, tan indescifrable como si se tratara no de una mujer, sino de un producto de la mecánica y del arte más exquisito. En un momento podía pensarse que aquella figura terminaría de hablar y de reír, que cesaría el movimiento de sus manos y el desplazamiento de sus pies, que permanecería con los ojos abiertos, pero ya sin brillo, y que entonces llegaría el momento de guardarla en una caja.

***

Una sala de regulares dimensiones, con enfermos que entraban y salían, con caras de sufrimiento y esperanza, nos devolvió a la realidad.

El Hospital de la Cruz Roja, en Nagasaki, está sobre todo dedicado al tratamiento de enfermos que sufren las consecuencias de la radiación nuclear.

Nos encontrábamos frente a su director, el doctor Sochiro Yakata. Hubiera sido difícil encontrar un tipo humano que armonizara mejor con su profesión de médico. La palabra tranquila, los ademanes suaves, la amplia frente despejada, la mirada firme y escrutadora detrás de unas gafas de fino aro de carey, todo en él hablaba del médico.

Estas observaciones las pudimos hacer mientras se iniciaba la conversación y se abría paso a las habituales formas de cortesía y a los primeros sorbos de té. Porque pronto surgió en el hospital, en ese cuarto más que modesto de su director, que incluso tiene un lavamanos mal disimulado detrás de un biombo de madera, el drama de Nagasaki y, a su lado, el de Hiroshima.

Miles y miles de radiados por la explosión atómica viven presos de angustia. No saben si llevan dentro de sí la flama, el germen de una enfermedad que pudiera ser fatal, conocida o no, en sus orígenes o, peor que eso, que pudiera tarar a sus hijos concebidos después del año 1945.

Las relaciones sociales y el trato económico, meramente comercial, están en parte quebrantados en ambas poblaciones del Japón, que durante la guerra fueron centro de operaciones militares y navales de gran escala. El doctor Yakata ha sabido, no de uno, sino de muchos noviazgos que terminaron súbitamente cuando él o ella renunciaron al matrimonio por temor a la herencia que casi inevitablemente vendría de aquella unión.

El pánico a procrear hijos deformes, enfermos, condenados a una existencia efímera y dolorosa, tiene en Nagasaki y en Hiroshima expresión diaria. El sufrimiento más intenso y a veces más íntimo camina al lado de

211

una angustia, a menudo inconfesada y también guardada como secreto. Los amores en silencio y a distancia, las pasiones legítimas que no pueden confesarse a una mujer o a un hombre amado, la renuncia anticipada a posibilidades sin fin que en otras ciudades y en cualquier parte del mundo pueden ser aprovechadas, aquí se encuentran mutiladas.

***

Hay víctimas de la explosión atómica que se han forjado ilusiones y han pensado que después de tantos años podrían y debían vivir tranquilos. Se han aferrado a esa idea y han vivido como seres absolutamente normales. La preocupación que a veces los invade como humedad, que se filtra misteriosamente, que no se sabe por dónde penetra, pero que un día se manifiesta con toda la fuerza de lo que ya no puede mantenerse oculto, ha sido disfrazada de mil maneras. Y esos hombres se han dado a la existencia como cualquier habitante de Nagasaki llegado de alguna provincia lejana del Japón. Muchos se han casado y, entre ellos, no pocos han tenido la desdicha de su herencia, el sufrimiento de hijos nacidos en condiciones desgarradoras.

Éstas son noticias que no siempre pueden mantenerse en secreto, que corren quién sabe cómo, que van de oído a oído y que actualizan, quiérase o no, el drama de los radiados. ¿Y si huyeran? ¿Y si se trasladaran a otros sitios? Pero es que hay muchos que llevan con ellos mismos, en alguna parte del cuerpo y aun de la cara, el testimonio de "aquello". Y, sobre todo, aquí está su suelo, sus seres queridos y hombres y mujeres que sufren como ellos y con los que integran formas de solidaridad que los ayuden a continuar adelante.

Males nerviosos, cánceres, enfermedades hepáticas, trastornos cerebrales, leucemias; pieles que de pronto, sin que aún pueda precisarse por qué, se ennegrecen, y espantosas consecuencias en la descendencia son pan sobradamente conocido que aquí se come y aquí se sirve. "¿Si dijeran sólo —expresa el doctor Yakata— que todavía hoy, 16 años después de la explosión atómica, calculamos que muere un radiado en el Hospital de Nagasaki cada tercer día?".

Enumera luego una larga serie de enfermedades hereditarias que han sido por él conocidas en su penoso trabajo. Toda la galería del sufrimiento aparece en su voz dulce, casi cantarina. Hace poco estuvo presente en una escena que no olvidará mientras viva, aquella en que una madre, todavía ilusionada, recibió a su hijo recién nacido con un solo ojo casi en mitad de la frente.

De 1945 a la fecha se ha llevado una estadística, lo más cuidadosa posible. El director del Hospital de la Cruz Roja está convencido de que la proporción de hijos tarados, en todas las formas y con todos los matices, en toda clase de órganos y sistemas del cuerpo humano, es sensiblemente más elevada entre los radiados que entre personas que aquí no es extraño que sean denominadas como "normales".

Y si eso fuera todo. Pero todavía hay más. Hay víctimas de los efectos nucleares colmados de compasión y simpatía, pudiera decirse que hasta de amor, pero a condición de que sea un amor distante, lo más lejos posible. Cómo han sufrido esos inocentes. No son pocos los que se han acercado a una fábrica, a un centro comercial, a una oficina y han pedido trabajo. Se les ha visto con los mejores ojos, con una sonrisa condolida, pero se les he dicho que no. Para ellos, en no pocos casos, no ha habido trabajo. Los jefes de personal han pensado en sus propios operarios y se han formulado miles de preguntas, al cabo de las cuales ha prevalecido la protección a sus trabajadores y empleados, al tiempo que han despedido, con lágrimas en los ojos, si se quiere, al radiado.

Él ha explicado. Ha dicho que no tiene culpa, que le asiste el derecho a vivir, que cuando el estallido de la bomba apenas si contaba tres años de edad y ahora hay personas que dependen económicamente de su esfuerzo. Todos comprenden, todos han comprendido desde el primer día y el gobierno ha hecho su parte para atenuar hasta el máximo el problema, pero no siempre ha habido trabajo para todos, a pesar de las peticiones y súplicas, por encima de todos los ayes y de todas las lágrimas.

También nos ha dicho el doctor Yakata:

"Nosotros afirmamos que los males entre los radiados son de tres especies: medicinales, sociales y económicos".

Y luego ha añadido:

"Los radiados sufren mucho, pues afrontan el peor de los dolores, que muchas veces no es más que la incertidumbre, pero que se perpetúa en ellos y se ajusta al término de sus días. Ese estado de nervios —cuando no algún trastorno grave— siempre provoca una vida más negra, más fatalista y también da los peores resultados para el mantenimiento del ser propio y de la familia".

Preguntamos cuántos radiados hay en la zona de Nagasaki:

—Tenemos en lista 80 mil. Pero son más. Yo creo que llegan a 100 mil.

—¿Y en la de Hiroshima?

—Allí son muchos más. Seguramente el doble, por lo menos.

Y ahora, por si no bastara con ese pasado y este presente, como si no fuera suficiente con esos sufrimientos todavía no asimilados y que quizá se necesite de más de una generación para poder absorber íntegramente, nuevos terrores agitan a las conciencias perturbadas, nuevas heridas agrandan y perforan cicatrices que apenas se encuentran en estado de formación.

El doctor Yakata ha hablado en términos parecidos, para añadir de manera literal:

"Usted seguramente imagina que me refiero a las recientes pruebas nucleares realizadas por la Unión Soviética.

"Se nos dijo, de parte de Rusia, que la última y gigantesca bomba que había hecho estallar era 'muy limpia', sin elementos peligrosos para el género humano, pero nosotros hemos comprobado por medio de nuestros aparatos que eso es falso.

"Sobre Japón ha descendido la conocida lluvia de 'cenizas de la muerte'. Y en esas cenizas hemos encontrado estroncio 90 y cesio, que provocan males dentro del hueso humano y dañan seriamente vegetales y animales, llamados a ser vehículos de contagio radiactivo".

Luego expresa que ha de ser muy cauto a la hora de hablar y que sus opiniones sean difundidas, porque sobre Nagasaki e Hiroshima está pendiente, casi de manera enfermiza, la atención de los estadistas.

Aguardan con la paciencia y el ardor de un pescador con esa excitación que no se descubre, porque está contenida por medio de prodigios de dominio, a que muerda el anzuelo algo que pueda servirles para su política. Se encuentran a la expectativa de noticias que puedan generar estas poblaciones martirizadas, sobre todo en el pasado, pero todavía en el presente y para las que aún no se avizora un claro futuro.

"No creo que les interesen sobremanera nuestros enfermos ni nuestros muertos. Les interesan sus objetivos políticos", afirma el doctor Yakata con una energía que súbitamente le transforma el rostro.

Y ése es un fenómeno que explica en parte por qué razón Nagasaki se envuelve en ella misma y se oculta lo más posible a los ojos del exterior.

"Nuestro bellísimo cielo nos ayuda, así como nuestra ciudad reconstruida hasta la última piedra y, sobre todo, nuestro honor", dice finalmente en un tono que anuncia el término de la entrevista.

El minuto actual de Japón IV
Noventa y tres millones de "ímpetus"*

Industrias, industrias, industrias. A lo largo de varios días, de la mañana al anochecer, no había hecho otra cosa que visitar sus instalaciones,
de las que los japoneses se muestran orgullosos. Sin énfasis, como algo
absolutamente natural como el frío en invierno, dicen a sus huéspedes:
"La recuperación económica de Japón, como la Alemania Occidental,
constituye una de las indiscutibles maravillas del siglo xx".

Cifras de todas las dimensiones nos bailoteaban en la cabeza: Japón, en
ruinas hace 16 años, sin fábricas ni maquinaria, con una red de comunicaciones y transportes pulverizada, inmenso campo yermo de uno a otro
de sus extremos, ha destinado ya mil 500 millones de pesos mexicanos a
la América Latina en empresas de capital mixto, y sus exportaciones en
todo el mundo han dado saltos prodigiosos de año en año, a veces hasta
de un 20 por ciento.

Sensuka Fujeda, jefe del Departamento de la Defensa Nacional, diputado civil al frente de soldados, marinos y aviadores, en breve conversación que tuvo mucho de casual, había expresado: "Nuestro Ejército, no así
nuestra Marina, ya es equiparable al que tuvimos antes de la guerra mundial.
Ahora estamos en los inicios de un plan quinquenal para elevar las posibilidades de nuestras tres armas, exclusivamente para fines de protección territorial, sin animosidad militarista para nadie. La inversión será de unos cuatro
mil millones de pesos sólo en la adquisición y modernización de equipo".

***

Producción y más producción, apertura de mercados, nuevos sistemas
para la fabricación en serie, ampliaciones industriales, todo habla en este
país del ímpetu de sus 93 millones de habitantes, que ya no caen, que

---

* *Excélsior*, 5 de diciembre de 1961

se disputan el espacio, que han hecho de Tokio, Kawasaki y Yokohama una misma ciudad, con anulación de espacios que en el pasado fueron abiertos, en lucha continua por mejores niveles y en un crecimiento demográfico que se manifiesta en valles de casas y casas que en grandes tramos hacen imposible que la mirada se pueda recrear así sea en un árbol y que para contemplar la naturaleza ha de elevarse al cielo.

Estos mismos temas y otros similares eran abordados en una fábrica de automóviles, cuando fue llamado a la oficina de sus ejecutivos un ser que de inmediato se impuso por su extraña personalidad.

Conforme se le preguntaba de cifras y porcentajes sobre ventas a América Latina y particularmente a México, este sujeto, de piel más verde que amarilla, de ligera papada y pequeña estatura, pero de voz que haría estremecer no ya las delgadas paredes de esa sala, sino las de un auditorio, proporcionaba los datos que se le pedían.

En medio de la seguridad de sus respuestas resaltaba desconcertante su carcajada. Irrumpía y se retiraba como una tormenta, en estallidos violentos pero siempre breves. Además, se reía sin motivo. Interrogaba, dirigidos sus ojos hacia nosotros: "¿Es usted de México?".

Y, sin esperar contestación, explotaba su temperamento, con la boca abierta a toda su capacidad y entregada a expeler esas impresionantes sonoridades.

Vestía con la pulcritud de un trabajador que ha convertido la limpieza en motivo de orgullo personal, pero no una limpieza normal, sino una limpieza reluciente, de tal manera que sus ropas obreras de grueso género veíanse no sólo albas como algodón, sino almidonadas con excesos; y su cara, sus manos y sus uñas no dejaban espacio sino para una higiene tan esmerada que hacían pensar en un cirujano al momento de entrar al quirófano.

A primera vista, sin más apoyo que el de una simple impresión, podría pensarse que este sujeto, con muchos de los rasgos de malayo, era un bromista profesional que había sido conducido al salón a disolver las últimas actitudes graves de un grupo de personas reunidas alrededor de la mesa del Consejo de Administración de la fábrica.

Pero no era posible seguir ese hilo de pensamiento, puesto que al personaje se le dispensaba toda clase de atenciones y, más aún, porque ya alguien nos había dicho, con el índice apuntado hacia un pequeño cartón protegido con mica que aquél llevaba prendido a la altura de la solapa: "Kazuo Sakamaki, jefe del Departamento de Exportación".

Aunque no se lo hubiera propuesto, poco a poco había logrado Sakamaki que desaparecieran las arrugas de los entrecejos y había vuelto

mucho más libre la conversación. Ya no eran las estadísticas y los mercados de exportación lo único que ofrecía interés en este mundo, sino otros
mil asuntos más. Las bromas también habían acabado por abrirse paso y
ocupaban ya un lugar en la mesa de consejo.

—Usted sabe quién es Sakamaki, ¿verdad?

—Cómo no. Es el jefe de exportación de esta industria.

Y, dicho esto, el autor de la frase imitó a Sakamaki y produjo una
carcajada breve pero estrepitosa.

Observamos al aludido y comprobamos que por vez primera parecía
introvertirse, hasta mostrarse grave, no obstante que se encontraba sentado en el último filo de un sillón y que su cuerpo se tendía casi horizontal
contra el respaldo, como si se tratara más de un estudiante colmado de
hastío que de un hombre cargado de responsabilidades al frente de una
gran industria.

En la conversación se percibió algo que no marchaba fácilmente.
Hubo un cierto embarazo, frases y bromas que carecieron de calor y,
sobre todo, del atractivo de la espontaneidad.

Luego hubo una confesión franca:

—A Sakamaki no le gusta hablar de eso. Pero ahora le pediremos que
lo haga. Él fue el primer japonés capturado por Estados Unidos en la pasada guerra. Lo aprehendieron en Pearl Harbor. Sakamaki perteneció al
equipo de marinos que penetró a la base naval, el año de 1941.

Alguien agrega:

—Fue uno de los famosos "hombres torpedo".

***

Para nosotros el tema se tornó lleno de interés especialmente en un
punto: ¿qué pensó entonces Sakamaki de su emperador, mucho más
próximo a la divinidad que al hombre, ser sagrado, portento de palabra
infalible, visionario que siempre conduciría a su pueblo a la victoria, y
qué piensa ahora del propio Hirohito?

Pero Kazuo Sakamaki ya había iniciado su relato:

"Todo comenzó un día de abril de 1941, cuando recibí órdenes de
trabajar en un submarino tipo Miseto ('pequeño', en español), recién
construido y todavía en proceso de pruebas por el Estado Mayor Naval.

"Fuimos seleccionados 24 hombres. Todos éramos muy jóvenes. Yo
tenía 26 años, era optimista, alegre, lleno de salud y fortaleza. Recibí la
orden con júbilo, aunque de momento no se me explicó de qué se trataba
ni qué se demandaría de mí. Pero la vida de compañerismo que llevé con

23 marineros como yo, que pronto fueron mis amigos; el adiestramiento en el mayor sigilo, lejos de miradas indiscretas; los exámenes médicos y psicológicos a que periódicamente nos sometían, todo contribuyó a crear en mí la sensación de que era personaje de fascinante aventura. Y como era joven, me sentía feliz".

El Miseto tenía 26 metros de longitud y dos de diámetro; su peso era de 46 toneladas y la máxima velocidad de desplazamiento, 24 nudos; el motor era eléctrico y tenía caja de velocidades, como los automóviles; sus armas, en ese conjunto de miniatura, en esa nave que podría sumergirse en una piscina de natación, resultaban impresionantes: dos torpedos de 90 centímetros de diámetro capaces de perforar las planchas de hierro de cualquier acorazado de la época.

"Los 24 miembros de la Marina nacional fuimos organizados en 12 grupos, pues cada Miseto era de dos plazas solamente. Había un sitio para el conductor y otro para quien hacía las veces de jefe de comando. Uno iba sentado y su compañero de pie, para ocupar el menor espacio posible. Yo comandaba", dice Sakamaki sin disimular su orgullo y en medio de una más de sus carcajadas, la que ya no es posible escuchar sin sufrir una crispación nerviosa.

Así transcurrieron semanas y meses, hasta que llegó una mañana cargada de solemnidad. Los 24 marineros fueron reunidos en una pequeña explanada. Un jefe naval se aproximó a ellos y los saludó, uno a uno. No existió en esta ocasión la austeridad de otras veces, el trato distante que imponen los grados militares. Hubo otras palpitaciones humanas y un timbre desusado en la garganta del superior:

"Tienen una semana de vacaciones. Despídanse de sus familiares y diviértanse mucho".

Luego, la advertencia severa:

"Ni una palabra de los entrenamientos ni de las actividades que hemos desarrollado y que habrán de culminar".

Sobrevino entonces la información: los 24 marinos habían sido seleccionados para bombardear Pearl Harbor. Los embajadores especiales que el gobierno de Japón había enviado a Washington sostuvieron pláticas sin resultado. Las relaciones habían quedado prácticamente rotas entre los dos países. "La gran prueba de hierro y sangre estaba a la vista".

Día inenarrable para Sakamaki. El corazón le dio un vuelco y sintió una opresión en el vientre. Toda su sensibilidad se concentró allí. Tuvo hambre y deseos de comer. Pero no por eso perdió la alegría, una alegría que lo llenaba de un calor desconocido, muy íntimo, que no habría osado comunicar a nadie. La magnitud de su aventura, su fortuna como personaje de novela, el servicio que brindaría al país y a su emperador crecían a sus propios ojos. Se contempló las manos empapadas de sudor. Se pasó el dorso de éstas por la frente, también empapada. Sonrió a su superior. Dijo que estaba dispuesto a todo, que partiría un segundo después de recibir la orden, que cumpliría con honor la comisión que se le confiaba. Su voz le sonó distinta. "Quizá él no lo ha notado", pensó para sí.

—¿Y por qué Pearl Harbor? —preguntó de pronto.

La explicación fue breve:

—El Estado Mayor Naval estudió la posibilidad de realizar esas mismas operaciones en Singapur, Manila, Sídney y San Francisco. Pero optó por Pearl Harbor porque allí se concentran las mayores fuerzas navales de los enemigos de nuestro país.

Ya no pensó en nada, como no fuera en su familia, en algunos amigos muy cercanos, en su país y, muy largamente, en el emperador.

***

De los 24 marinos adiestrados para los Miseto, 14 hubieron de permanecer en tierra. Sakamaki sufrió un dolor profundo ante la sola posibilidad de no zarpar rumbo a Pearl Harbor. Pero pronto se trocó ese sentimiento en alegría, cuando un oficial pronunció su nombre y señaló uno de los cinco submarinos que harían el recorrido hasta el nido de la Armada de Estados Unidos.

Era la mañana del 17 de octubre y se encontraba en Kura, muy cerca de Hiroshima. El tiempo era hermoso y en él vieron 10 hombres el mejor de los augurios.

En sus inicios, la travesía se realizó a bordo de cinco grandes submarinos que trasladaban sobre cubierta a las "pequeñas criaturas", a esos Miseto de 26 metros de longitud. Durante las horas del día navegaban bajo la superficie del océano y emergían ya bien entrada la noche. Principiaba entonces lo mejor de la jornada para los tripulantes, como era el coloquio con las estrellas y la contemplación de las nubes, que se forman y se disuelven, que pierden y readquieren las más extravagantes y sugestivas figuras, como si se tratara de seres maravillosos que sólo en la incesante mutación de ellos mismos encontraran su razón de existir.

A las 22:30 horas del día 6 de diciembre de 1941, Sakamaki llegó a las afueras de Pearl Harbor. No podría hablar ahora de sus emociones, como no fuera de la seguridad que tenía en la victoria y la creencia de que podría regresar con su Miseto al submarino madrina, que justamente en esos momentos lo despedía y dejaba solo en las profundidades del Pacífico.

También recuerda, si bien vagamente, que percibía la contradicción que había en él mismo: por un lado era un conjunto de nervios restirados al máximo, a punto de romperse. Ahora no sólo le dolía el estómago sino también las piernas, sobre todo detrás de las rodillas. Sin embargo, se sabía con un dominio tal sobre todas y cada una de sus sensaciones como nunca lo ha vuelto a tener. Él mismo se compara, en esos momentos de prueba definitiva, al hombre que en el circo avanza sobre una cuerda tendida a 30 metros de altura, sin redes protectoras cerca del piso. Sabe lo que significa un músculo, un nervio, cualquiera que sea, que no le obedezca. Pero sabe también que eso no sucederá y que allá arriba está tan seguro como los espectadores que lo observan desde sus butacas.

**

"Al levantarse el sol salimos a Pearl Harbor. Éramos 10 hombres sin comunicación entre nosotros mismos. Imposible manejar el radio, pues podría haber sido localizada la transmisión y eso habría señalado el fracaso inmediato de todos nuestros proyectos".

Sakamaki vuelve a reír, ahora más excitado que nunca. Es la suya, en esos instantes, una risa que enervaría al hombre más tranquilo. Nos recuerda la misma risa que observamos en una película norteamericana y en la cual el protagonista era jugador de póquer. Sólo que la risa de este japonés con cara de malayo es incomparablemente más poderosa y parece producirse como simple manifestación de una psicología que ha pasado por las más duras pruebas y no ha salido del todo ilesa.

"En Pearl Harbor el combate era cerrado y brutal. Mi Miseto había sido localizado y llovían sobre nosotros toda clase de proyectiles y también bombas dejadas caer desde aviones militares. El submarino sufrió las primeras averías. Hubo en su interior una escena dramática entre el operador, que quería salir a la superficie y vivir a toda costa, y yo, que me entregaba al destino, sin fuerza ni voluntad para nada".

Emergió al fin la pequeña nave. Fue la última vez que vio a su compañero, de quien jamás volvió a tener noticia y a quien sabe muerto desde entonces. En cuanto a él, todavía ignora cómo se vio arrojado a una playa.

Allí, patrulleros norteamericanos lo hicieron preso.

* * *

Vino la derrota, la firma del Tratado de Paz, el comunicado del emperador Hirohito a su pueblo, por radio, y estas confesiones del japonés, según el testimonio que dejó escrito John Hersey en 1945:

"Qué bendición tan maravillosa que él (el emperador) nos hable y podamos oír su propia voz. ¡Estamos completamente satisfechos de tan gran sacrificio!".

Y Kazuo Sakamaki, ¿qué piensa?

"Para mí, el emperador hoy no es más que un símbolo".

Observa el hombre del Miseto la insatisfacción que ha producido su respuesta y entonces la amplía así, en medio de un asentimiento que no encuentra excepción en esa sala donde nos encontramos desde hace tres horas:

"Es un símbolo de Japón, como es la flor del cerezo. Y es un símbolo con la misma fuerza real que el pétalo de nuestra amadísima flor".

El minuto actual de Japón V
Se rompen las antiguas formas y se da la espalda al Sol Naciente*

Tokio.- Japón se presenta como escenario donde germinan los más sorprendentes contrastes. No hay que ir tras ellos, como en lugares de vida apagada o excesivamente escondida, pues aquí proliferan y se ofrecen en las calles de Tokio, en su teatro clásico, en las escalinatas de una pagoda, en el interior de un templo o en las mesas de sus salones de té.

Son tantos y tan variados, de fuerza tal, que de inmediato se ocurre que éste sería el mejor de los campos para cualquier amante de la fotografía y, mejor que eso, para cualquier pintor del hombre.

Hay parejas —madre e hija— que pasean por los barrios de su capital como si fueran anuncio vívido de dos generaciones que ya han roto entre sí o que están a punto de hacerlo. Conmueve el cuadro. Ella, la madre de kimono que rechaza los brillantes colores del arcoíris y sólo ha aceptado los que se asemejan a la tierra, grises y cafés, tiene en mucho la presencia de trágica asceta. Su compañera, por el contrario, joven y de grácil figura, se ha puesto encima todo lo que contraste con su progenitora; afeites y tacones altos, sedas, blusa escotada, adornos, complicado peinado y, como coronación de todo, de su figura europea o americana, una tal cantidad de carmín alrededor de los ojos que más parecen éstos un antifaz magistralmente colocado sobre el rostro que negras pupilas japonesas enmarcadas en el centro de cuencas en forma de avellana.

Madre e hija han caminado una al lado de la otra y se han visto con amor, pero no han hecho sino confirmar lo que parece escrito en muchos rostros y lo que se presiente que hay en el interior de los almacenes, de los cafés, de las estaciones del subterráneo y, sobre todo, en el bullicio incesante del centro de Tokio:

Los jóvenes de hoy, esta generación de la posguerra no es como la generación que la precedió. Ha guardado el kimono y no lo ha vuelto

* *Excélsior*, 6 de diciembre de 1961

a usar sino en contadas ocasiones; se ha retirado de restaurantes típicos y fiestas alargadas con geishas para refugiarse en el bar y en el cabaret; ha contemplado el amor de manera distinta, más libre, desenvuelta y con un principio de igualdad entre hombre y mujer; ha escogido nuevas formas en el cine, en la música y se ha entregado a vivir con libertad y la manifiesta con todo el natural ardor.

Padres y abuelos (especialmente éstos) dan la impresión de que enmudecieron; inclinaron el rostro y sus espaldas se encorvaron un poco más; no pudieron contener la irrupción de formas nuevas de vivir en la capital del Japón y hoy ven —y sienten— cómo miles y miles de pies, los pies de sus hijos, los pies de sus nietos, pasan sobre ellos.

Estos fenómenos no pueden dejar de relacionarse con Estados Unidos, victoriosos sobre este país, y su primera y más fuerte manifestación aquí: el idioma.

Es impresionante su presencia. En el corazón de Tokio, en medio de avenidas inmensas y de una circulación desaforada, con choferes que parece que se juegan la vida en cada esquina; en medio de multitudes que cubren como hormigas las aceras, por más amplias que éstas sean, un noticiero en inglés, simultáneo con uno en japonés, da a conocer cada noche los últimos acontecimientos desde lo alto de uno de los más grandes edificios de la ciudad.

Hay, paralelamente, una estación de radio —de la mayor frecuencia— en la que no es fácil escuchar una palabra en japonés, y existen horizontes urbanos que podrían confundirse de pronto con una población norteamericana: así de numerosos son los anuncios que pueden leerse en inglés.

* * *

En el centro del barrio popular de Asakusa, pródigo y heterogéneo, de calles y callecitas donde la multitud no puede ser más abigarrada, con restaurantes japoneses que descubren su intimidad a la primera mirada y muestran los pares de zapatos a la entrada, larga línea en que suelen predominar los muy pequeños de los niños; de iluminación cambiante y variada, en que ya se observa una ruta encendida con faroles, ya otra que refulge bajo el neón, y una más que descubre su arquitectura y dimensiones al mercurio para pasar a continuación a una final en que se perciben claridades casi matinales, el inglés prepotente también se deja oír a cada paso.

En esa zona, donde pueden verse árboles artificiales que florecen en multicolores frutos de papel amarillo, cereza y rosa; donde al lado de los discretos restaurantes japoneses generalmente silenciosos y con fuerte olor a pescado frito de un mercado popular que en mucho recuerda a la vieja Lagunilla; donde casi todo se compra y se vende en grandes cantidades y donde aparecen a cada momento dos grandes muñecos de madera que son característicos de esa zona de Tokio y que con ser tan populares sorprende que sus ojos no sean rasgados, sino muy redondos con la expresión de un alegre y divertido asombro, ahí también ocupa el inglés una parte que debe ser importante en la vida diaria de sus pobladores.

Se habla japonés e inglés entre toda esa avalancha humana, formada por padres que han ido a comer con sus hijos los típicos platillos de su país; por comerciantes que, rendidos de cansancio, se retiran a descansar; por simples curiosos y compradores de chucherías; por padres de familia que caminan presurosos con bolsas bien cargadas; por parejas que han ido al teatro o al cine; por grupos de juerguistas; por mujeres que trabajan en los centros de diversión; y por una colección de tipos curiosos que se pasean frente a sus puertas de entrada y anuncian toda clase de atractivos, lo mismo con la voz que con cartelones que elevan al cielo y mezclados sus gritos con palabras que no hablan sino de *Not much money* y *Beautiful and young girls*.

Personajes peculiares de este barrio, igual un hombre alto y huesudo vestido de frac y sombrero de copa, que otro con facha de cómico italiano sólo traicionado por sus ojos acentuadamente rasgados, y uno que parece obrero, con saco y pantalón que hacen pensar en la mezclilla, sin que pudiera faltar esa otra cara que tanto se ve por Tokio y en la que llaman la atención los cabellos cuidadosamente peinados sobre la frente como si se tratara de un fleco descomunal que debiera abarcarla en su totalidad y cubrir el nacimiento de las cejas.

¿Qué ha ocurrido con el Japón en los últimos 16 años? ¿Qué ha pasado con su sociedad? ¿Cómo explicarse el desenfreno de buena parte de su juventud, la presencia de mujeres que, todavía con el hábito del kimono y con la aparente introversión de sus viejas costumbres, rodeadas de un hábito exterior que las muestra a primera vista recatadas hasta el extremo y llenas de timidez, se conducen hoy como las más alegres bulliciosas latinas? ¿Qué pensar de esa avalancha de pantalones ajustados que se ven por Tokio y bajo los cuales gustan tanto de lucirse muchachas excesivamente jóvenes?

Kazuo Hasegawa, primer actor del cine clásico, hombre respetado unánimemente en centros de cultura y arte, personaje ligado a las más viejas tradiciones de su país, pues a ellas ha consagrado su talento y esfuerzo desde hace 45 años, dice que para los propios japoneses, para los hombres de este suelo que han vivido hora tras hora las transformaciones que aquí se operan, no deja de ser sorprendente la nueva influencia, por poderosa y por todos los espíritus que ha envuelto en su ola y los ha arrastrado consigo.

El mismo cine clásico, consagrado al culto del pasado, a la presentación de la vida de los antiguos grandes señores, que exhibe los palacios maravillosos del general Tokugawa en Nikko, que no pierde oportunidad para enseñar los vestidos de siglos remotos (que hemos visto en pagodas conservadas como templos del más extraordinario gusto oriental y que están ahí, como ejemplos increíbles de lo que puede lograrse con los dedos, las sedas y las combinaciones de colores), ese cine tan querido de Hasegawa no ha podido sustraerse del todo a los gustos que impone la actual juventud japonesa...

Señala un ejemplo.

Nada podía ser más extraño a la manera de ser del japonés que el "beso occidental" entre hombre y mujer. Imposible que se exhibiera en alguna de las películas que él filma y en las que aparece, desde hace siete lustros, como primera figura. Imposible, también, que dos enamorados de los tiempos pasados aparecieran en la pantalla envueltos en un abrazo. "Eso no es de Oriente y en Japón nunca se había visto algo parecido entre sus hijos verdaderos".

Ahora, sin embargo, la juventud se abraza y se besa. Una pareja de novios que hace 18 años circulaba por las calles de Tokio como si fuese cabeza de "fila india", él por delante y ella atrás de él, generalmente en actitud sumisa y débil, presta a adivinar lo que pudiera solicitar para correr a servirle, hoy circula del brazo con la misma naturalidad que puede advertirse en cualquier avenida de América o de Europa.

"Aquí decíamos que a los siete años, niños y niñas no debían verse juntos, como expresión de la intimidad, casi del secreto en que desarrollábanse primero el noviazgo y luego la unión formal".

Pero en 1961 —sigue Hasegawa— todo es distinto. Beso, abrazo, exhibición pública y rotunda de los amores entre jóvenes, ya a nadie sorprenden. Y es tan fuerte la inclinación que millones de japoneses sienten por estas nuevas formas de ser que a las mismas películas del pasado nipón ha tenido que agregárseles algo, un tinte, aunque sea un ligero matiz, una insinuación muchas veces, pero algo que conforme al público joven que paga y abarrota los cinematógrafos.

"Ahora —dice también Hasegawa— en nuestras películas nos hemos visto obligados a simular escenas en que no hay besos a la manera occidental, pero sí una apariencia muchas veces aproximada a esos ósculos que tanto apasionan a nuestros jóvenes".

Y eso es un ejemplo de lo que aquí se vive. Otro sería el olvido progresivo de la música japonesa. Cierto que en casas de discos aparece en los escaparates, amado como ningún otro, el rostro de Ludwig van Beethoven; cierto que hay cafés y restaurantes donde se lee, al lado del menú, una nota que dice: "Música clásica de tales a tales horas", y en el que los parroquianos, al lado de humeantes tazas, pueden escuchar, en silencio religioso, a los grandes compositores de todos los tiempos; cierto también que en centros de diversión ligera y de reunión normal hay música popular mexicana, como se escucha también la música italiana de este tiempo. Pero ninguna ciertamente tiene los adeptos en número tan impresionante como la música norteamericana.

Los ritmos desenfrenados que Estados Unidos dispersa por el mundo aquí tienen un público que se les ha entregado. En la radio hay evidente predominio de ellos, de la misma manera como pudiera haber imperado el jazz frente a los opositores de su tiempo, cuando hizo su aparición en América.

Algo más expresa el primer actor Hasegawa:

"Sentimos la pérdida de algunas de nuestras tradiciones de gustos peculiares, de formas de ser. Pero yo creo que lo que está ocurriendo será algo temporal, pasajero, pues nuestras costumbres están arraigadas en el alma japonesa y son muy poderosas, como todo lo que forma parte del ser auténtico, del ser verdadero".

Yukio Mishima es otro personaje de la cultura japonesa. Joven de 35 años, escritor de influencia entre los literatos de su generación y los que empiezan a formarse a su alrededor, traducido al español, al francés y al inglés, alternando con Octavio Paz en obras de teatro que se han exhibido sobre todo en Argentina, confirma lo dicho por Hasegawa:

"Japón, en medio de convulsiones sociales, es hoy otro muy distinto al Japón que existió antes de la guerra. Muchas maneras han quedado reducidas a añicos y han surgido, al mismo tiempo, los nuevos hábitos que las han reemplazado".

Señala lo que para él es más importante que todo:

Antes de la guerra, Japón era dominado por castas de fuerza granítica. Había la casta de los nobles y la casta de los ricos; luego venían otras, pero aquéllas, junto al gremio de los militares, dominaban y disfrutaban de todos los beneficios de la creación y del trabajo del pueblo japonés. Nobles, duques, condes y millonarios al lado de los grandes militares recibían el cálido sol de la abundancia.

Los hijos de los nobles, como los hijos de los ricos, eran seres rosados que vivían sin trabajar. Cultivaban las virtudes de la simpatía, de los buenos modales; vestían con elegancia y aprendían las formas de conversaciones exquisitas pero banales, tan vacías como sus mismas vidas.

La guerra acabó con militares, con millonarios y con nobles. Fueron castas que desaparecieron en 24 horas para abrir paso a una clase media que hoy es el sector que prevalece en Japón y cuyos integrantes vivieron oprimidos durante mucho tiempo, con la aspiración de ascender a clases sociales superiores, pero enfrentados siempre a una realidad: el hermetismo de los grandes señores de su país, el bloque cerrado de sus clanes.

La clase media se desbordó bajo el acicate, claro, de nuevas formas que llegaron del exterior y de las nuevas condiciones que impusieron los resultados de la guerra; al tiempo que los privilegiados del tiempo pasado y sus hijos, sobre todo esa generación que vivió sin trabajar y que no hizo otra cosa que recibirlo todo desde un sillón, sin mover un músculo, sin alargar una mano, sufren ahora intensamente.

Con miles de japoneses ha pasado lo que con plantas amorosamente cultivadas en un invernadero que, de pronto, frente a la fuerza de una tormenta, quedara reducido a pedazos. Esas plantas se han visto sorpresivamente en el exterior, en medio de la naturaleza, ya sin abonos ni temperaturas artificiales. Han debido penetrar la tierra, unir sus raíces con las raíces de otras plantas silvestres, o languidecer para después morir en el más desencantado de los fines.

Muy pocos de aquellos hombres mimados antes de la guerra han resistido la prueba. La mayoría ha sucumbido, si bien existen ejemplos admirables y heroicos. Pero apenas ayer se enteraba Yukio Mishima que un conocido suyo, nombre entre los nombres, heredero de inmensas propiedades que eran envidia de los amigos, fue hecho preso por el robo de una bicicleta. Él explicó que no tenía trabajo y que había "robado por necesidad".

La entrevista con Yukio Mishima ha tenido lugar en su casa, en un barrio que ofrece las mismas características que muchos otros de Tokio: está formado por un dédalo de vías en todas las direcciones y en todas las formas que quieran concebirse: las hay anchas y estrechas, pero basta no permitir sino el paso de un automóvil europeo, pues sería imposible concebir en ellas un Ford o un Chevrolet; hay también calles rectas, como una regla; curvas, muchas, y algunas que son casi circulares, sin que falten aquellas que no tienen forma y que acaba uno por no saber a dónde conducen.

Llegar a la casa deseada es muchas veces cuestión de paciencia... y de un gran esfuerzo. Abundan las calles sin nombre y las residencias sin número. Y entre las que tienen número no existe la continuidad normal que permita su fácil localización. Es de tal manera complejo este problema que muchas de las tarjetas de presentación tienen, en su reverso, no la dirección de la casa en que mora el propietario, sino un mapa que explica detalladamente cómo llegar a ella.

Y así con la casa de Yukio Mishima que es, como tantas cosas en el Japón, una contradicción más.

El escritor nos recibió con la cortesía tradicional de ese país. Sonriente, con una cara en que resplandecía la más acogedora invitación, con caravanas continuas y profundas como reverencias. Los ademanes de acceso al interior de la casa fueron sólo el indicio de un trato que no emitiría ni la menor minucia para halagar al visitante.

Pero esa casa donde se cultiva la forma cortés del oriental, a la que hubo que penetrar sin zapatos, es absolutamente europea. Tiene todo el gusto de una mansión representativa de la cultura francesa. Cuadros, muebles, adornos, alfombras, todo habla en ese interior de un refinamiento que puede ser propio del país que se quiera, menos de Oriente.

El mismo jardín es un anticipo de esta combinación extraña, pues en medio de árboles enanos para los que aquí existe un verdadero culto se yergue la estatua de mármol de una diosa griega con un arpa en las manos.

El minuto actual de Japón VI
La sociedad en un mundo irreal*

Kioto.- Muchas de las sugerencias que el Japón provoca desde la distancia, cuando se está a miles de kilómetros de este suelo, aparecen en sus teatros. Se conjugan el misterio de lo que no se comprende, la belleza de colores espléndidos como el mismo sol; la fantasía de escenarios que aúnan a su belleza un sentido de la tercera dimensión que mueve al espectador como juguete y que ahora lo hace sentirse en un valle para después trasladarlo a lo más [alto] de una montaña; el desconcierto de una música casi siempre lenta, angustiada, llena de torturas, con instrumentos de expresión tan raquíticos como una guitarra de tres cuerdas, que suena como laúd rasposo, triste como la muerte, desfallecido y lúgubre, un tambor primitivo y un flautín que se ocurre tiene la tristeza del desierto; los más hermosos vestidos y mujeres que ondulan, de cinturas delicadas y flexibles como madera de bambú.

Hemos visto en un teatro de la ciudad de Kioto los conjuntos de danza integrados por geishas. Ellas hacen también los papeles de hombres y, cuando ejecutan bailes guerreros, se maquillan con fieros bigotes y se ensombrecen los ojos. Pero son tan frágiles que ni esos afeites, como tampoco los trajes adecuados con que aparecen en el escenario, producen impresión de virilidad. Son mujeres, mujeres de fina silueta, mujeres que se antojan consistentes como arena y de las que llega a pensarse: el mismo soplo del viento podría dañarlas. Golpean el piso con zapatones militares, blanden sables, lanzan gritos lo más agudos que les es posible y siguen siendo mujeres sobre el tablado, a pesar de lo cual sus danzas bélicas no son menos bellas.

Tienen el don del movimiento. No son los pies, sino el cuerpo y las manos, lo que en ellas es más importante. No es el rostro, porque sus maquillajes han anulado toda exteriorización de sentimientos en la cara.

---

* *Excélsior*, 7 de diciembre de 1961

Es la armonía lo que produce el encantamiento de los espectadores y, al lado de ella, los vestidos fastuosos que usan. Pensábamos, a la vista de todo aquello, si los pájaros necesitaban "ser expresivos" para fascinar con la facilidad de su vuelo. Y así estas geishas, en que el rostro pasa a un último término y no importa que sea siempre el mismo, sin una sonrisa o un gesto, sin insinuar tragedia o felicidad, como máscara esculpida en yeso.

Y es que están hechas para danzar —y no para actuar—, lo mismo cuando ejecutan un tierno adiós de despedida en algún puerto imaginario de Oriente que cuando se lían en luchas feroces. Hay bailes consagrados a otoño, al invierno, al verano y a la primavera; hay danzas burlescas, de mujeres humildes que limpian una casa japonesa; hay danzas de tiempos ya muy remotos de la era de Tokugawa, general temible que impuso su dominio sobre todo Japón, pero al que dio tres siglos de orden; hay recuerdos de provincias lejanas; hay danzas en que se festeja una buena cosecha de arroz. Y ahí están esos cuerpos maravillosamente dotados, esas caras inexpresivas, de hielo, blancas a fuerza de maquillaje, irreales, sin una gota de sangre, muertas, pero intensamente cautivadoras como mera corona de manos, de pies, de cintura, de brazos, de caderas, de espaldas, de mil músculos que se mueven con la suavidad de un viento apacible, apenas insinuado, o con el vértigo de un remolino, en movimiento desenfrenado y en medio de contorsiones de circo.

La música completa el conjunto. Al principio enerva. Es un sonsonete, más que un ritmo. Es una repetición de temas, con variedades mínimas. Es el golpeteo desesperante de lo que se concibe, en el autor, como mente sin imaginación. Ese laúd fúnebre, ese palito que golpea, esa flauta que silba. Ritmo, a veces, pero melodía como nosotros la construimos, nunca. Y a la par, las voces de un coro también integrado por mujeres. Voces que rezan, más que cantan; voces que en ocasiones conversan, al parecer olvidadas del pentagrama, pero que de pronto se avivan e inician una especie de marcha que va creciendo y creciendo hasta terminar en vertiginosa carrera. Voces roncas o agudísimas las de esas mujeres, a las que se observa igual que a las geishas: inexpresivas, sin un músculo que se mueva más allá de lo que la música exige.

La integración final de todo esto deberá ser, por tan extraña, quizá hasta desagradable. Pero no sabe uno cómo se van combinando los elementos hasta embrujar los sentidos. No sabemos si así operen algunos enervantes; tampoco si así lleguen a integrarse algunos colores, que, en lo disímbolo, en lo singular y en las complicaciones misteriosas de fenómenos que se atraen y se repelen, lleguen a formar resultados imprevistos y sugerentes. Pero al menos así es con las danzas, que en momentos desfallecen, como en las cercanías de la muerte, y luego resurgen, como ante la aparición misma de la vida.

* * *

Y a continuación, el kabuki en la ciudad de Tokio, el teatro clásico, orgullo de los que se aferran a las tradiciones de este país, de los que sienten amor por ellas y acuden a él como a un oficioso religioso.

Aquí, a diferencia del teatro de las geishas, no hay una sola actriz. Todo corre por cuenta de los mejores actores del Japón, entre los que hay uno, Bayko, que baila como cualquiera de las danzarinas de Kioto.

Nos habían prevenido de la ausencia de mujeres, pero todavía dudábamos a la vista de esa "bailarina". Era tan delicada, en una suavidad tal, que era imposible que bajo aquellas sedas pudieran ocultarse los músculos de un hombre.

Luego vimos a Bayko en un papel guerrero. Y aquí la transformación sí fue súbita y absoluta. No era un bailarín, sino un verdadero samurái. Toda la fuerza del hombre que odia, dispuesto a acabar con su enemigo al precio que sea, violento en cada ademán, estaba presente en Bayko, a quien se admira, sobre todo entre la vieja generación, con el respeto que sólo se guarda a los héroes.

La mente se olvidaba de todo y sumergíase en ese mundo del kabuki, como si hubiese sido envuelta en algo tan sutil, pero al mismo tiempo tan profundo, como las notas de una sinfonía. Se extraviaba y perdía en ese teatro que presenta las viejas costumbres, las leyendas, el modo de ser oriental de este pueblo de dos mil años.

No sólo eran danzas, sino dramas los que se sucedían en el escenario. Aparecían pagodas fielmente reproducidas y era posible contemplar otra vez siquiera unos cuantos de los mil templos que conserva Kioto, ciudad intocada por la guerra y a la que se antoja cercar, no sin antes hacer público anuncio de que todo Kioto es un museo y que se cobrará por la entrada.

Vimos en el kabuki un templo que en su interior es como un galerón de muchos metros de largo y donde aparecen, formadas como batallones, miles y miles de estatuas de Buda. De negra laca y oro, ofrecen un cuadro fantasmagórico en medio de las luces que con dificultad se filtran del exterior y los reflejos de velas colocadas ante altares y envueltas en densas nubes de incienso.

Las estatuas deben tener la altura equivalente de un muchacho de 14 años y, como a casi todas se les ha desprendido en parte la película de oro que las cubre, aparecen los cuerpos y caras en que el negro de la laca y el dorado reluciente parecen disputarse la superficie del dios, con predominio ya de uno ya de otro color. Ese contraste, esa continua variación en los Budas —pues una estatua conserva casi todo el oro en el cuerpo, pero está desposeída de él en la cara, y otra se ve dorada en los brazos, pero hay dos dedos de la mano izquierda donde es exclusivo el negro, medio iluminadas por los débiles rayos del sol que logran llegar hasta ellas y el oscilante reflejo de las velas— da forma a un cuadro que no sólo tiene mucho de misterioso y algo de escalofriante, sino grandes dosis de belleza.

Y en medio de los Budas, sacerdotes, muchos, pero entre los que no hay un solo joven. De cabezas más bien pequeñas, casi rapadas, esbeltos y más que esbeltos, flacos, altos, huesudos, con labios finos que no sonríen, con caminar inclinado, como si la meditación o un fastidio de muerte se hubiera arrojado sobre ellos. Personajes fúnebres en el interior del templo, que a lo más daban unos cuantos pasos y luego volvían a orar ante una estatura mucho mayor que todas las otras, pero no de cuerpo completo, sino sólo de la cintura para arriba. Ante ella se postraban y musitaban oraciones. Semejaban entonces, en medio de su absoluta inmovilidad, más que hombres, bultos, formas inertes de colores opacos, lo que contrastaba con su dios, reluciente de oro y con decenas de brazos que salen de todos lados de su cuerpo de laca, como serpientes estilizadas, y terminan en manos activas.

Una sostiene un instrumento musical, otra aprisiona suavemente a un ser humano, una más realiza alguna labor artesanal. Manos activas que encarnan una idea: la posibilidad omnímoda de Buda, que puede realizar mil trabajos a la vez, ser a quien es dable hacerlo todo a un mismo tiempo. Y sobre su gran cabeza, muchas cabecitas más colocadas a su alrededor, como si se tratara de una corona de laurel. Cabezas que oyen, que observan, que hablan, en la integración completa y simbólica del dios.

***

Todo ese ambiente encontraba su continuidad natural en el camerino de Bayko. Antes de penetrar a él había que despojarse de los zapatos, que no debían maltratar o ensuciar el típico piso japonés, que tiene la frescura del pasto y la suavidad de una alfombra.

Bayko, de rodillas, encontrábase frente a un tocador en miniatura, de múltiples cajones y coronado por un espejo que a lo sumo se elevaría 90 centímetros del suelo. Tenía detrás de sí, en una iluminación de penumbra, pues sólo había una lámpara encendida frente a su espejo, a seis servidores que se conducían con la solicitud de vasallos. Uno le alargaba un pañuelo; otro, el pincel con el que debería pintarse ojeras color violeta, que poco a poco irían transformándolo en mujer; uno más sostenía, como la corona de un rey, el indescriptible peinado que las mujeres de la corte de Tokugawa usaron en el pasado y que Bayko habría de colocarse sobre las sienes. Cada vez que el actor terminaba una fase de su complicadísimo arreglo, encendía una segunda lámpara y comprobaba la perfección del afeite.

Los ayudantes del actor, casi en fila india, detrás de él, con botas negras que les llegaban muy cerca de los pies, parecían oficiantes de algún ceremonial macabro, y Bayko, ahora ya pintado como mujer, pero con una especie de red sobre el cabello que restiraba éste hasta dejarlo liso como superficie de madera pulida, hacía reír.

Antes de colocarse el tocado sobre la cabeza, nos lo mostró:

"Vea. Sopéselo". Todas aquellas formas de negra cabellera, flores artificiales y adornos de vivos colores estaban armados sobre varillas de cobre y tenían un peso de cuatro kilos y medio.

"Imagine lo que es para un hombre bailar no sólo como mujer, sino con esto, que es como un casco de guerra", dijo Bayko con humor festivo, incomprensible en ese recinto en el que por momentos creíase aspirar aromas de incienso.

Bayko contó que la transformación en mujer es tarea agobiante que no termina con la imitación de los pasos femeninos y la fiel reproducción de sus movimientos. El esfuerzo va mucho más allá. Debe conocerse sus hábitos, su psicología, sus reacciones de carácter, los pensamientos que en ellas suelen ser dominantes, poder hablar como mujer en un momento dado, con su timbre y su suavidad. El actor que en el kabuki quiere bailar como geisha, ser mujer, a los ojos de los espectadores, debe serlo también ante sí mismo.

Es el caso del actor que interpreta un papel de borracho. Si no tiene la sensación de su propia embriaguez, algo faltará en la interpretación. El actor es un ser vivo y no un comediante, porque si es comediante representará por medio de trucos, que a nadie llevarán la presencia del verdadero arte. Un actor del kabuki que baile como mujer debe sentirse plenamente femenina. Si no llega a este resultado, será como un escritor o un compositor que escribe sin el único acento que no está permitido olvidar al artista… ¡nunca!: la sinceridad.

* * *

De vuelta frente al escenario y en espera de un acto más, comprobamos que si sólo hubiésemos contemplado los incontables e inmensos telones que son mostrados en el teatro a lo largo de la representación, la visita a ese sitio tradicional habría estado compensada.

Hilos de oro trenzados y tejidos con sedas que mostraban todos los paisajes, todos los escenarios naturales y humanos que se quieran imaginar. Había un cambio de trigo que nos hizo sentirnos no ante un cuadro, sino frente a un gran mural de Van Gogh. Aquello parecían llamas. Y otro, un bosque con miles de árboles, con ramas enredadas entre sí hasta producir la impresión de la selva, conjunto de tan fuertes efectos que se experimentaba algo semejante al miedo con sólo pensarse extraviado en él...

1962

Argentina 1962 I
La caída de Arturo Frondizi[*]

Buenos Aires, 22 de abril.- Los hechos han sido aplastantes. Para comprenderlos hay que retroceder a los días en que cayó Arturo Frondizi. Ahí comienza el caos que crece en Argentina, este drama cívico, humano, político y económico que afronta el país, ahora a unos centímetros de la guerra civil.

En el derrocamiento del presidente Frondizi está el origen de lo que ahora ocurre. Es la ambición de las Fuerzas Armadas de esa nación, en que Ejército, Marina y Aviación han sido omnipotentes, lo que ahora crea la confusión y el máximo choque de fuerzas antagónicas. Se ha llegado al extremo de la crisis al reñir también, y de manera pública, los propios jefes militares. ¿Qué pasará de aquí en adelante? Es la incógnita.

Detalles íntimos de la caída

El relato de los detalles íntimos de la caída de Frondizi resultan apenas verosímiles. Fue una jornada en que hubo de todo. Se mezclaron las actitudes cínicas con las situaciones dramáticas y se llegó hasta el sainete. Se tomó una decisión radical, pero se conservaron las formas suaves. Se encarceló a un presidente, pero se le despidió como a un amigo que abandona la casa en que ha sido el mejor y más querido huésped.

Nos encontramos frente al senador Alfredo García, amigo de Frondizi y presidente de su partido, la Unión Cívica Radical Intransigente (UCRI). En un despacho de la Comisión de Honor y Justicia se sucede una conversación que ya se prolonga horas. Primero fueron las formalidades y las declaraciones solemnes; luego al inicio de una cierta, vaga, lejana confianza con el reportero: a media tarde, la confesión de sucesos que a García le

---

* *Excélsior*, 23 de abril de 1962

atormentan. ¿Cómo fue posible que derrocaran así a Arturo Frondizi?, se pregunta con el ceño fruncido y los ojos atónitos. Y en seguida da rienda suelta a revelaciones que, dice, alguna vez debían difundirse. Se inicia así la narración de todo lo que presenció en la Quinta Presidencial de Olivos, durante las primeras horas de ese 29 de marzo.

Clement ya no sugería: ordenaba

A las 2:30 de la madrugada lo llamó Frondizi. Requería de él con toda urgencia. Las Fuerzas Armadas lo conminaban de nueva cuenta para que dejara el poder. Planteaban estas soluciones: renuncia o alejamiento por licencia.

Dos secretarios militares se habían entrevistado largamente con Frondizi sin llegar a ningún acuerdo: el almirante Gastón Clement y el brigadier Rojas. Fueron sesiones interminables de discusiones estériles. Frente a las amenazas estaba la respuesta negativa, y frente a las formas sutiles de convencimiento, rotundo rechazo de toda institución.

"Me trasladé a la residencia de Olivos —refiere García—, donde personalmente di a Frondizi la opinión del partido, ratificándole la absoluta solidaridad con su firme decisión de no abandonar por ningún concepto, bajo presiones, la función que tenía por mandato del pueblo".

Alrededor de las cuatro de la mañana se escuchó el teléfono en la recámara de Frondizi. Era el almirante Clement. Ya no proponía. Comunicaba, simplemente, que las Fuerzas Armadas habían decidido echar al presidente.

A continuación relata el senador García algo que no puede menos que desconcertar: el agradecimiento que Frondizi expresó a Clement por informarle de la decisión de las Fuerzas Armadas.

—¿Por qué dio las gracias? —preguntamos al líder de la ucri.

Levanta los hombros con desconsuelo y expresa:

—Porque aquí, en Argentina, hay un poder absoluto, que es el de los militares, y detrás de él todos los poderosos aparentes y relativos que quieran concebirse.

Estaba Frondizi, pues —pensamos nosotros—, un poco como el niño indefenso ante el padre iracundo que ha tenido para él, en medio de toda su ira, la condescendencia de una sonrisa.

Pero Frondizi no terminaba aún su conversación con Clement. Quería, eso sí, hacerle una enérgica petición:

"Deseo —escuchó García— que a los oficiales de mi custodia presidencial se les releve antes de la detención. Fueron siempre leales conmigo

y me opongo a que se les infiera el agravio de que se me entregue durante
su guardia".

Aceptó Clement. Y dos aparatos telefónicos fueron simultáneamente
colgados.

Antes de retirarse a descansar para dormir dos o tres horas que le
ayudaran a hacer frente a la prueba que le esperaba, Arturo Frondizi se
reunió con su joven guardia. García no fue testigo de la escena, pero sí de
la forma en que precipitadamente fueron despertados todos los militares
que debían comparecer ante el presidente de la República, ya en los estertores de su mandato. Descamisados, algunos abrochándose el uniforme al
tiempo que corrían rumbo a las habitaciones presidenciales, irrumpieron
en ellas con expresiones de extremo desconcierto.

No sabe el líder de Unión Cívica lo que ocurrió en los siguientes 10
minutos. Pero sí da fe de la actitud con que abandonaron el interior de la
Quinta de Olivos los integrantes de la guardia presidencial. Muchos de ellos
salieron con los ojos humedecidos. Caminaban despacio, casi con sigilo,
como si en la morada hubiese quedado un ser débil al que había que cuidar
el sueño. Iban cabizbajos. Parecía un pequeño grupo de muchachos derro-
tados. No hubo uno que cruzara palabra con algún compañero. Fue una
retirada que para el senador García encerró profundo dramatismo. Los vio
y comprendió. Era el fin. Era la guardia que se alejaba. Era lo último. Era…
era… y el senador apenas desliza: "Era el punto final de una ignominia".

Volvió el líder político con el presidente. Conversaron sobre el futuro
del país. Escuchó de Frondizi esta demanda: "Hay que luchar a brazo
partido para salvar los despojos de las instituciones". No habría presidente
constitucional dentro de muy poco; el presidente elegido por el pueblo
no renunciaba ni pedía licencia, pero sería apresado; habría que trabajar
para mantener al Congreso y conservar, aunque fuera, una apariencia
de orden y legalidad. Había que encarar un problema supremo: que no
quedase una junta militar como dueña absoluta del país y así se exhibiese
ante los ojos del mundo y, sobre todo, de América.

Salió García de la Quinta de Olivos. En el interior de la casa quedó un
hombre que hará todos los esfuerzos posibles para conciliar el sueño. O
la pesadilla. Pero faltaban aún los acontecimientos finales. Serían breves
pero paradójicamente interminables.

* * *

El sol estaba alto cuando Frondizi apareció ante veintenas de partidarios que deseaban despedirse de él, ante la servidumbre que lo atendió

durante cuatro años, ante amigos íntimos y colaboradores. Eran más o menos las ocho de la mañana. La suerte estaba echada y no había más alternativa que recorrer los tramos finales que aún le faltaban. El silencio en la estancia principal de la casa era impresionante, pero aun así alcanzó todavía esa profundidad mayor que se produce cuando uno repara de pronto en su propia respiración y en la del vecino, en los sonidos más leves y sutiles, que resuenan en los tímpanos como si se hubiesen producido en una bóveda vacía. Fueron los instantes en que se adelantó hacia Frondizi un personaje recién llegado. Todas las miradas se dirigieron a él. El azoro cambió las expresiones de los presentes. Hombres y mujeres voltearon a verse las caras. En cada uno de esos rostros se marcaban huellas de un desconcierto que no puede ser descrito.

¿Era posible aquello que todos veían? Las pupilas y las bocas entreabiertas revelaban en forma casi plástica el asombro que los poseía.

Había llegado a la Quinta Presidencial el almirante Gastón Clement. No iba solo, pero no era su guardia la que le acompañaba, sino su esposa. Ésta caminaba del brazo del jefe de la Marina y apenas si podía disimular su desasosiego. Pero el almirante no había querido que pasara la jornada sin despedirse de Arturo Frondizi. Se aproximó a él y le extendió la mano. Había una sonrisa apenas insinuada en su faz más bien pálida. Cambiaron unas cuantas palabras verdugo y víctima. Nadie supo lo que se dijeron. De Frondizi cuenta el senador García: "Estaba sereno, como en todo momento".

Poco duraron Clement y su esposa en la estancia presidencial. Cuando se retiraron, Arturo Frondizi saludó, uno a uno, a sus amigos, colaboradores y sirvientes. Les dio la mano e intercambió cortas frases. En ocasiones sólo miraba largamente al ser querido que tenía frente a sí.

"Su aparición, que se produjo en medio de un silencio expectante y emocionado, alcanzó momentos después niveles desbordantes. Fue cuando el presidente subió a su automóvil acompañado tan sólo de un guardia vestido de civil. Antes que el vehículo se pusiera en marcha, pudo escuchar: '¡Viva Frondizi! ¡Viva el presidente! ¡Viva la República!'. Luego se intentó cantar el himno nacional, pero las voces se quebraban en las gargantas y apenas si emitían pobres sonidos. Ya no había para qué contenerse. El automóvil se encontraba 100 metros distante. Fue natural que las lágrimas se desbordaran sobre el viril rubor de los hombres y sobre la contención de las mujeres".

El senador queda en silencio.

* * *

Una pregunta lo vuelve a la realidad de la entrevista:

—¿Por qué se mantiene la casta militar?

Reconoce Alfredo García el fracaso de los intentos que hizo Frondizi para evadirse de la bota, que en Argentina es pesada como bloque de cemento.

—Los sucesos que hemos vivido nos demuestran que no logramos nuestros propósitos.

Continúa la férula de los altos jefes del Ejército, la Marina y la Aviación igual que en 1930, cuando inició una carrera desenfrenada de derrocamientos que ahora ha llegado al número siete.

—¿Cómo se explica la hegemonía del militar por encima de cualquier presidente y por encima también de todo orden constitucional?

—Son factores —dice Alfredo García— que se entrelazan desde hace muchos años. Hay que buscarlos en la pasión clasista que existe entre los hombres que abrazan la milicia, en el poder que alcanzan por el manejo de las armas y la organización de las fuerzas que dirigen en la democracia incipiente que aquí existe y en el apoyo que los militares reciben del grupo oligárquico que no logra sacudirse el país.

Es una aristocracia combinada de poder y fuerza económica. Los oligarcas que apoyan a los militares están relacionados íntimamente con las grandes cadenas internacionales de negociantes. Son hombres que sólo aspiran a fabricar millones de pesos como ladrillos puede producir un horno. Siempre agrupados bajo la razón social de las "sociedades anónimas", tienen contacto con los poderosos clanes de la importación y la exportación. Dominan el campo financiero, que es suyo, que les pertenece. Poco les importa el país a cambio de dinero… y poder.

* * *

Ahora han dado una nueva prueba de su fuerza. Militares y oligarcas derrotaron a Frondizi, que les estorbaba, que daba aliento a las huestes del peronismo, que había abierto a éstas la posibilidad de que participaran en los comicios del 18 de marzo, después de años de proscripción. No podían permitirlo, pues por encima de todas las desviaciones de la época de Perón, de sus actitudes desconcertantes, de sus prédicas sobre la justicia al pobre, el "descamisado", y de la exhibición de increíbles fortunas en joyas que lucía a diario Eva Duarte de Perón, el peronismo planteó y libró la lucha franca contra los oligarcas tradicionales.

Fue así como se gestaron estos acontecimientos:

Frondizi abrió la puerta a la participación electoral de los grupos peronistas. Éstos ganaron los comicios en varias provincias y, sobre todo, en la más importante, en la que políticamente significa "medio Argentina", la provincia de Buenos Aires. Ni Frondizi ni los militares lo esperaban. Para el presidente fue un fracaso espantoso, pues él contaba con afirmar su popularidad ante el pueblo argentino, merced al triunfo de su partido, la UCRI, lo que lo presentaría como hombre fuerte antes los militares. Para las Fuerzas Armadas fue un anuncio ominoso: otra vez el "justicialismo" y la preferencia, si no siempre sincera, al menos reiterada en toda ocasión posible, del obrero sobre el patrón, del pobre sobre el rico.

El presidente quiso adelantarse a los acontecimientos. Había gobernado todo el tiempo —cita el senador García— "bajo la presión militar y la amenaza del golpe de Estado". Había que evitar que este último se produjera. Quiso maniobrar con habilidad extrema y en un afán desesperado por librarse de la muerte política, de su fin como presidente, él mismo puso el cuello bajo la guillotina. Intervino (vale decir, declaró desaparecidos los poderes) las provincias en que habían ganado los peronistas. Confiaba en dar muestras de tacto en la lucha contra Perón. Nunca subiría un peronista al gobierno, jamás gobernaría la provincia de Buenos Aires un adicto del general exiliado en Madrid.

Pero le falló el juego. Las Fuerzas Armadas dejaron caer la cuchilla y cortaron la cabeza del presidente. En su intervención a las provincias vieron la fácil salida de todos sus problemas. Acusaron a Frondizi de violar la Constitución, de intervenir las provincias (que equivalen a nuestros estados) al margen de todo precepto legal. Y declararon que se había producido una "crisis de confianza" entre las Fuerzas Armadas de Argentina y el Ejecutivo de la nación.

Luego, los hechos no hicieron más que evolucionar. Y desde hace unas cuantas semanas culminaron en Martín García, la isla del destierro, del confinamiento de los presidentes argentinos que osan desagradar a la casta militar.

Con esta circunstancia:

El general Raúl Alejandro Poggi, comandante en jefe del Ejército, estaba empeñado en ser presidente de la República. Llegó hasta ponerse la bandera en los momentos de duda del señor José María Guido, hecho que trascendió a todas las esferas.

Fue el principio de la división. Hubo militares que se opusieron a Poggi y de ahí las diferencias por mil motivos se han sucedido sin cesar.

Poggi reclama la inmediata proscripción de toda actividad peronista, frente a quienes quieran que se deje actuar al presidente Guido.

Y entre estas disensiones Argentina naufraga.

Argentina 1962 II
Entre la espada militar y el muro peronista*

Buenos Aires, 23 de abril de 1962.- Hay juristas argentinos que llegan estos momentos a la consciente negación de sí mismos. Las leyes supremas se violan en el país con impudicia y no sólo lo aceptan, sino lo aplauden. Es la contradicción del ser que se formó en las aulas del derecho. Pero es fruto —hay que advertirlo— de que la crisis argentina no ha llegado todavía a la cresta. Puede crecer más, mucho más, desbordarse en guerra civil o cuando menos degenerar en dictadura militar abierta a la luz del día.

Se vive una democracia de opereta que a nadie engaña. El presidente José María Guido fue fabricado por las actitudes complacientes de la Corte de Justicia. ¿No acaso sostuvo este poder que lo facultaba para ejercer la presidencia de la nación, aunque sin adentrase al estudio de la "cuestión de fondo"? ¿Puede decirse tal cosa de un presidente de la República sin que se advierta en esta frase toda la simulación, toda la conciencia encubierta de que se está actuando en función de maniobras y no de la jurisprudencia establecida?

Asumió Guido la suprema investidura sin fuerza ni popularidad. Pero se hizo cargo del Ejecutivo con un propósito que todos celebran: tratar de oponer una cortina, así fuese de cartón, para que el pueblo argentino y el mundo no viesen en todos sus detalles lo que había detrás de ella: el imperio del militar.

Además, Guido trata de salvar algo más que la presidencia, que no es toda la República. Si en aquella se sostiene, sobrevivirán también el Congreso y la Corte de Justicia, que son las otras caras del orden institucional. Si no hay presidente, sino una junta militar, uno de esos fatídicos triunviratos, todo se viene abajo. Aunque mucho se ha perdido, todavía quedan los despojos. Y por ellos se trabaja en medio de una inquietud que

---

* *Excélsior*, 24 de abril de 1962

va en aumento día a día, pues los intereses fundamentales están aún muy lejos de haber sido conciliados.

Son las apariencias y un resto de constitucionalidad lo que ahora se cuida ante el exterior. Hasta un niño sabe que la casta militar levantó esta ola gigantesca que ha sumido el país en el caos, desde el momento mismo en que se aprehendió a Arturo Frondizi al margen de todo precepto legal. Pero todo el mundo se acoge a la esperanza de que Guido logrará al fin contener las aguas que amenazan desbordarse y que armonizará, así sea precariamente, dos posiciones que parecen irreconciliables: la fuerza pujante del peronismo que ganó las elecciones y la prepotencia de los militares que mantienen el control del gobierno, a pesar de sus divisiones y el encuentro entre facciones del Ejército, la Aviación y la Marina.

Sólo de esta manera, se piensa aquí, podrá llegarse con una situación más o menos clara a lo que es común anhelo: a nuevas jornadas electorales que den a la nación un presidente constitucional y no sólo un hombre que ha subido a ese puesto por medio de la complicidad de los legalistas y en condiciones que a todos deprimen, si bien con el atributo de la mejor voluntad en favor de su país en peligro.

* * *

Excélsior entrevistó al constitucionalista más respetado en Argentina, al abogado Carlos Sánchez Viamonte, en otro tiempo candidato a la vicepresidencia del país. Hombre de elevada estatura y corpulencia poco común en un ser entregado a la ciencia. De más de 70 años y voz que se produce en estruendos. De vientre poderoso y cara rubicunda. Especialista en derecho que respira salud y fortaleza, pero que ahora se ve abatido.

"¿Dígame qué solución se ve en este problema, a esta farsa constitucional?", dice casi en un gesto de impotencia. "Vivimos días negros. Estamos en la clásica situación de aquel que tiene horror a los aguaceros torrenciales, pero que los prefiere a que un rayo caiga sobre su casa y lo deje en la orfandad de todo bien. 'Que llueva, Señor, que llueva', implora el infeliz, 'pero salva mi casa de un rayo'.

"Así nosotros —prosigue—. Que se siga adelante con la simulación, que a Guido, ya acreditado presidente de la nación, se le confieran por el Congreso todas las facultades que requiera, pero que se llegue a las elecciones en el menor plazo posible y podamos encaminarnos así a un nuevo orden legal. Hoy todo está roto y maltrecho. Hay un presidente constitucional en el ámbito del derecho, pero está preso. Se encuentra a kilómetros de distancia. Y hay otro que actúa, pero que todos sabemos de qué manera desventurada llegó al primer puesto del país. Y todo sabemos, también, que tiene sobre sí la responsabilidad de resolver esta contradicción: evitar que militares y peronistas crucen la distancia cada vez más pequeña que los separa y lleguen a lo que sería fatal: a un encuentro de fuerza... o como se han puesto las cosas, entre ellos mismos, entre los propios militares".

¿Qué hará Guido? ¿Cómo mantendrá el equilibrio ¿Qué futuro espera a la nación en estas condiciones? ¿Cómo asegurar la paz para todos? ¿Cómo encauzar el país no sólo por el orden, sino por rumbos que lo lleven a la seguridad económica? Hace unos días cada dólar valía 85 pesos argentinos. Hoy cada dólar vale más de 100 pesos argentinos. Y como están las cosas mañana la proporción será aún mayor. Los precios de todos los artículos también suben. En los comercios se especula sin recato. No se requiere más que atender a "la voz de la calle" para escuchar el bullicio de las protestas: sube la electricidad, la gasolina, la leche, el pan. Hay temor por la vida pública y desconsuelo por la existencia íntima, la que se esconde en el hogar. Hay algo que va creciendo y que es oscuro, negro. Hay síntomas que, de no mantener Guido el equilibrio entre las fuerzas en pugna, o al menos una tregua, pronto se desbordarán en jornadas todavía más deplorables y quizá hasta angustiosas.

* * *

Hace historia el jurisconsulto Sánchez Viamonte de lo que ha pasado en Argentina de unas semanas a la fecha. Se atiene a los mandatos escritos y consagrados en la Constitución. No hay lugar a engaño. Todo es preciso y categórico. Las pruebas de la simulación legal a que ha sido arrastrada la nación le parecen irrebatibles.

Por ejemplo:

El artículo 75 de la Constitución prevé la destitución del presidente de la República. La prevé, es cierto. Pero también afirma que ella se producirá sólo cuando haya un juicio político y sentencia del Poder Legislativo. Aquí hubo destitución —o derrocamiento, mejor dicho, que es un concepto muy distinto—, pero jamás un juicio político ni nada que se le pareciera. A Frondizi se le abrió un foso a unos metros de distancia y se le obligó a caminar rumbo al abismo. Y cuando rodó hacia abajo, simplemente se le dijo al pueblo argentino:

"El presidente ha sido destituido. Reclamamos un nuevo orden. Que se aplique la Constitución y a todo trance se mantenga la institucionalidad dc uno a otro extremos de la República".

Pero eso era imposible. No se puede jugar con los hombres —y menos cuando son presidentes de la nación—, tratarlos como muñecos y pretender luego que sólo por un acto de voluntad aparezca un sucesor que llene todas las lagunas legales que se han formado como consecuencia de actos de fuerza y arbitrariedad.

En esta "pantomima democrática", que la constitucionalidad lastima y ofende, se han dado también pasos por otros senderos:

Frondizi, cuando aún era presidente de la República, intervino las provincias en que triunfaron los electores peronistas. Fue otra violación al orden constitucional. Cierto que se pueden intervenir las provincias, pero no de cualquier manera. No se trata de arrollar el orden simplemente porque se tiene la capacidad para hacerlo.

"El decreto que autoriza la intervención de las provincias compete al gobierno federal, pero entendiéndose por gobierno federal —subraya Sánchez Viamonte— no a la persona del Ejecutivo, sino al Congreso de la República.

"El decreto de la intervención —continúa el jurista— se hace invocando el artículo 68 inciso 28 de la Constitución general que contiene la afirmación de que el Congreso posee facultades implícitas que no tienen los otros poderes".

Pero ¿qué ha ocurrido una vez que Frondizi fue derrocado? No ha pasado nada. Hay un nuevo presidente, pero no un nuevo estado de cosas en este problema. Las provincias continúan intervenidas. ¿Por qué? Por la misma razón que explica otros muchos fenómenos que aquí vienen produciéndose: porque hay un grupo empeñado en gobernar desde los ministerios de la Defensa, la Aviación y la Marina, y no hay texto alguno de la Constitución que lo autorice a proceder en la forma solapada en que lo viene haciendo. Con un hecho inesperado que llegó a alarmar hasta sentimientos cercanos al pánico: la explosiva división entre las fuerzas militares.

Argentina 1962 III
La rivalidad de los Frondizi*

Buenos Aires, 24 de abril.– Si enconada es la lucha política de Argentina, apasionada, implacable es la rivalidad entre los hermanos Frondizi, todos ellos prominentes en la vida pública de su país. Los tres no se quieren entre sí. Proclaman lazos de afecto íntimo y casi intocado en sus raíces profundas, pero sobre la relación fraterna priva la rivalidad ideológica que los consume, que los lanza a uno contra el otro y hace que peleen entre sí.

Los hermanos Frondizi son un impresionante espectáculo que se agrega a toda la tragedia que vive el país, colocado prácticamente de espaldas a la Constitución y dominado por una casta militar, que también puede destruirse entre sí. Es tan intensa su pasión que ni los últimos acontecimientos y el fin de Arturo como presidente de la República han abierto una tregua entre los componentes de esta familia argentina.

Silvio, el mayor, es marxista y catedrático de economía; Arturo, el de en medio, es católico; y Risieri, el menor, es rector de la Universidad de Buenos Aires y todavía hace unos cuantos años intentó construir un puente entre los dos extremos, pero cuando avanzaba a mitad del camino la estructura se vino abajo y él mismo se encontró peleando contra Silvio y Arturo.

Ahora, confinado Arturo en la isla Martín García, desde esta capital lo siguen combatiendo Silvio y Risieri. A uno y otro les emocionó la conducta del hombre que prefirió la cárcel antes que la renuncia, pero no sólo coincidieron en ese punto, sino en este otro: fue un gesto gallardo, "un bello gesto", pero una actitud tardía. Fue como el caso de un campesino que hubiera esperado el invierno para sembrar sus semillas y a la vista de todos enterrara éstas en la desolación de un campo de nieve. Es natural que concluida su faena se vea solo, aislado en la inmensidad blanca que no producirá nada, aunque de lejos, eso sí, puedan acompañarlo las amistosas sonrisas de los demás agricultores.

---

* *Excélsior*, 25 de abril de 1962

Hay muchos argentinos que ahora expresan simpatía por Arturo Frondizi. Pero ¿eso puede remediar algo del pasado? Todos saben que no. El hielo jamás producirá savia, vida palpitante. Y eso es lo que cuenta: la pérdida de las estaciones propicias en que Arturo Frondizi pudo haber sido un gran presidente de la República, ocasión que no aprovechó y que ahora, a lo más, sólo puede dar pábulo a lamentaciones.

Risieri lo censura con duras palabras. Dice que su hermano fue elegido por un pueblo esperanzado sólo para verse traicionado al cabo de muy poco tiempo. Fue así como se gestó lo que él denomina "punto esencial de la crisis institucional que vive el país"; hubo un pueblo que eligió a un presidente y un presidente que engañó a ese pueblo.

Silvio va tan lejos como el rector de la Universidad de Buenos Aires. Arturo, su hermano, combatió a los enemigos, más que de él, de las Fuerzas Armadas. En las primeras etapas de su gobierno, sobre todo, las obedeció hasta extremos en los que la dignidad personal no sólo quedó empeñada, sino manchada de sangre. Las Fuerzas Armadas le impusieron la tortura de muchos peronistas entonces perseguidos, y Arturo cedió. Permitió tales crímenes contra el hombre aunque por dentro lo devorara el remordimiento.

∗∗∗

Excélsior entrevistó a Silvio Frondizi en su despacho de las calles de Cangallo. Hay todo un piso que le pertenece y está formado por una serie de departamentos pequeños e independientes entre sí en que el marxista trabaja y vive. Uno de ellos lo consagra a sus secretarios y a su archivo; otro, a su familia; el último, a su actividad solitaria, a su brega como pensador. Allí reflexiona y escribe. Tiene a mano muchos libros de consulta. Le basta estirar el brazo para hacerse del volumen que desee, pues el despacho, más que oficina, es un cubículo que tiene enormes libreros por paredes.

Refiere el catedrático uno de tantos episodios que ocurrieron durante la presidencia de su hermano. Fue un caso que le llegó a lo vivo, pues envolvió a su chofer, hombre bueno y pacífico, de edad avanzada, numerosa familia y adicto a Perón, desde el año 1945, cuando el entonces coronel dominó al país.

Esto fue lo que sucedió:

Un bien día cayó sobre el chofer un piquete de policías que sin más trámites lo aisló en un calabozo para que delatara a peronistas. Pero el pobre hombre nada sabía de esas cosas y era ajeno a todo trabajo en la clandestinidad. Era simpatizante, pero no conspirador. Gritaba que se le dejara en paz. Pero gritaba inútilmente, pues sus palabras se estrellaban en los muros del calabozo y rebotaban de los tímpanos de sus carceleros.

Pronto quisieron arrancarle confesiones por medio de la "picana eléctrica", artefacto que produce descargas que convulsionan al sujeto que las sufre. Uno de sus polos se fija en cualquier parte del cuerpo, en tanto que el otro, que termina en punta, se introduce en la boca, en los orificios de la nariz, en las orejas, entre los dedos, o se coloca simplemente sobre la epidermis. La descarga eléctrica que se produce causa dolores espantosos. Conmociona y quema. Desgarra y traumatiza. Es una tortura que enloquece. Y al chofer se le aplicó por días y casi no se le dejó porción sana.

Silvio protestó ante Arturo. Le expuso el caso. Recurrió ante el hermano y ante el presidente de la República. Quiso conmoverlo por el afecto y convencerlo por un llamado al deber. Arturo Frondizi lo vio con pesar. Pero ¿cómo evitarlo?, decíale con los ojos. Al fin, confesó sin hipocresías:

"Las Fuerzas Armadas han intervenido en esto. No puedo hacer nada".

* * *

Es notable el parecido de Risieri Frondizi con su hermano Arturo. La misma mirada penetrante y el mismo rostro que por la agudeza de muchos de sus rasgos hacen pensar en el gavilán.

La voz es profunda, de invariables acentos graves. La cordialidad con que el rector trata a las personas que se le aproximan es un llamado a la confianza y casi a un inmediato bienestar. La entrevista con este enviado lo absorbe.

Risieri Frondizi es presidente de la Unión de Universitarios de la América Latina y tiene su sala de espera congestionada. Varias veces se asoma el rostro de su secretario y le hace discretas señas. Pero el rector le indica que se le deje en paz. Continúa hablando de Arturo. Hace evocaciones que lo llevan muy lejos. Recuerda diversos episodios y no pocos días gratísimos, como aquellos que se sucedieron años después del exilio que él, Risieri, sufrió durante el dominio del general Perón. Épocas amargas, lejos de la patria y de sus afectos. Cuando Arturo ascendió al poder, se vio recompensado de todo. Llegaba de nuevo al solar querido en la mejor de las situaciones. No tenía casa, pero su hermano, el presidente de la República, le ofrecía la suya. Allí vivieron juntas las dos familias.

249

Los niños y las mujeres estaban en lo suyo, en los conflictos cotidianos y menores de la vida. Ellos se consagraban a tareas superiores: formulaban medidas de gobierno y hacían planes, no para dos familias, sino para las familias de toda una nación de 20 millones de habitantes.

¡Qué lejos estaba Risieri de pensar en lo que vendría después! ¿Cómo habría de suponer, de concebir siquiera que una mañana se vería lanzado a la calle al frente de una manifestación de 30 mil estudiantes que gritaban en contra del presidente de la República, su hermano?

Jornada dolorosa en que Risieri, el rector, protestó airadamente por ataques directos que Arturo Frondizi dirigía en contra de la autonomía universitaria. ¿Y cómo habría que suponer que a Silvio, el mayor de todos, el supuesto jefe de la familia, le sería clausurado su periódico *Revolución*, clausurada su editorial Praxis, y que a él, además, se le combatiría de otras muchas maneras? ¿Cómo concebir que entre ellos habría de producirse uno de esos conflictos familiares que por su intensidad hacen pensar un poco en *Los hermanos Karamazov*?

Nacieron los hermanos en efecto de padres totalmente desvinculados en su formación humana. Ella era católica. Iba a misa todos los domingos, comulgaba con regularidad y nunca perdía oportunidad de persignar a sus hijos. Él, por el contrario, era ateo. Todavía recuerda Risieri Frondizi la afirmación impresionante de Silvio el día en que Arturo divulgó a los cuatros vientos que sus padres habían sido católicos. "No, Arturo, no, no mientas", le escribió en una carta. "No mientas, Arturo". Y a continuación le decía que su padre fue "ateo furioso" y que el esquema de su vida podría haber sido trazado en estas palabras sintéticas pero de expresión cabalmente consumada para reflejar un modo de ser:

"Fue un hombre que nació, trabajó, blasfemó y murió. No hizo más en su existencia".

***

Pero ¿qué ha pasado en Argentina? ¿Por qué hay un presidente preso, uno *de facto*, conmoción general, devaluación económica, conflictos en el gabinete, noticias en los periódicos invariablemente alarmantes y lucha de hermanos entre sí? ¿Qué condujo a la crisis institucional que ha puesto al país de cabeza, desarrolla los primeros cardos de miedo y provoca desconfianza que ya aflora por todos lados?

Risieri Frondizi explica los fenómenos que aquí han ocurrido de la manera siguiente: todo es resultado de la traición de un presidente a su pueblo. O dicho con sus propias palabras:

"Lo que sucedió en mi país es la exteriorización de una lucha latente en toda la América Latina y se debe a un hecho tan lamentable como cierto: quienes eligen no gobiernan".

Se explaya en este terreno el rector. Para él es angustioso el panorama político que observa. Pero no es exclusivo de Argentina. Toda América lo sufre. Hay fuerzas mucho más poderosas que los desorganizados pueblos. Y los presidentes, cuando quieren acogerse a esos pueblos, temen sucumbir y acaban por entregarse a quienes dirigen, mandan, imponen decisiones y, si es necesario, cambian gobernante desde las sombras.

Expresa sus ideas con precisión. "Soy filósofo —dice— y estoy obligado a pensar claro". Pero, además, es sintético. Y explica a *Excélsior* todo su pensamiento en unas cuantas palabras, que aquí insertamos textualmente.

"El cúmulo de justificadas aspiraciones del pueblo latinoamericano es la procura de una mayor justicia social; obliga a los aspirantes al gobierno a proponer y a defender, como candidatos, programas progresistas y aun revolucionarios para lograr la mayoría necesaria de sufragios. Unos lo hacen de buena fe (toda una vida respalda su actitud), y otros, en cambio, lo usan como medio para lograr el poder.

"Una vez que el poder se ha logrado, la realidad exige un cambio de actitud. Los votos que han encumbrado a un gobernante poco sirven para mantenerlo en su cargo. Los "factores de poder" que, por lo general, representaban a los grupos reaccionarios hacen sentir su fuerza antes de que haya acallado todo el bullicio del triunfo.

"Los gobernantes deben optar entones entre dos requerimientos. Por un lado, aspiran a mantener la fidelidad a un programa que los llevó al gobierno y, por el otro, se ven obligados, si es que desean mantenerse en él, a los reclamos y exigencias, cada vez más urgentes e imperiosas, de los factores de poder.

"La política de concesiones a los factores de poder confiere mayor estabilidad al gobierno, pero lo aleja del pueblo y finalmente lo convierte en impopular. Los gobiernos avanzan así entre la estabilidad lograda a fuerza de traicionar las causas populares y la popularidad apenas reconquistada por la reiteración de un eslogan antes usado.

"La proximidad de nuevas elecciones presidenciales pone tenso el ambiente. El gobernante tendrá que decidirse entre asegurar su estabilidad a costa de su impopularidad o arriesgar la primera con ánimo de reconquistar la segunda".

Risieri Frondizi personifica ahora ese cuadro general en Arturo. No hay pesar en su voz. Habla del presidente confinado en la isla Martín García como de un extraño. Hace mucho que está acostumbrado a guardar esa actitud. Las batallas públicas entre los hermanos son conocidas de todo el país y a él le han curtido, al menos en apariencia. De Arturo Frondizi habla en estos momentos como pudiera hacerlo de Juan Domingo Perón: sin emoción, con inflexiones de objetividad, con voz neutra y fría que nadie que no estuviera en antecedentes podría pensar es el juicio en que un hermano condena a otro:

"El equilibrio inestable que el presidente Frondizi mantuvo durante varios años, traicionando su programa inicial, se rompió en beneficio de los factores de poder. Hoy nadie se llama a engaño. Por eso el pueblo que él abandonó comienza ahora a admirarlo con creciente simpatía, que aumentará si las cosas empeoran.

"La tragedia argentina es la de toda América y se deriva del hecho enunciado en un principio: el pueblo elige, pero no gobierna".

Argentina 1962 IV
Esperan los peronistas el regreso de Perón*

Buenos Aires, 25 de abril.- Pronto cambiará la faz de Argentina. Se vislumbra ya la abolición de la dictadura militar, el fin del pelelismo de la presidencia de la República, el término a las simulaciones del Congreso y, para una fecha que es imposible determinar, pero que sin duda habrá de producirse, el retorno a Buenos Aires de un hombre que ahora vive en Madrid: Juan Domingo Perón.

En el cuartel general peronista, en una casa lujosa en medio de un ajuar de sala que se mantiene cubierto por gruesas fundas blancas que impiden que caiga el polvo sobre sofás y sillones muy costosos, rodeado el escenario de vitrinas que atesoran figuras de porcelana, Andrés Framini, el obrero textil que ganó las elecciones en la provincia de Buenos Aires, habló en ese tono para este enviado especial.

Esto fue lo primero que dijo a *Excélsior*:

"Todos están trabajando para nuestra causa. Nosotros ganamos las elecciones y nos mantenemos a la expectativa. Ellos las perdieron y con su derrota han perdido también la cabeza. Se lanzan cada vez más precipitadamente por la ilegalidad. Primero derrocan a un presidente, luego improvisan otro, más tarde inventan fórmulas para justificarlo y al fin acaban peleando entre sí los mismos hombres que hicieron caer a Frondizi: los militares. El presidente, sin embargo, tiene que apoyarse en la dictadura militar, y la dictadura militar está cada vez más dividida, en la arbitrariedad. No hay pueblo que resista por mucho tiempo tales irregularidades, tal caos y las afrentas que se le están infiriendo. El pueblo está de nuestro lado y así lo ha demostrado. Del lado de ellos están la impopularidad y la ilegalidad. Y ahora, con el pleito entre los jefes militares, han empezado ya a cavar su fosa".

Aclara que los peronistas esperan el 1 de mayo con absoluta tranquilidad, pese a los aprestos que se toman y al despliegue de implementos

---

* *Excélsior*, 26 de abril de 1962

militares que ya se anuncia. Ese día, a despecho de todos esos acontecimientos y de las medidas que puedan tomar, electos por la voluntad popular se harán presentes en la Casa de Gobierno, en las intendencias y en
las legislaturas para que se cumpla con el veredicto de las urnas. Framini ya
estudia el mensaje que dirigirá a los ciudadanos de la provincia de Buenos
Aires. Hay dos alternativas para esa fecha: que tomen posesión, en cuyo
caso habrá talento de vida civil y orden; o bien que no los dejen ocupar
sus puestos, lo que les obligaría a una serie de medidas que ya meditan.

—¿Qué medidas?

—Cualquiera, menos la de la violencia. Aunque ellos la estén provocando.

—¿Una huelga general?

—Son todas las probabilidades.

—¿Y después?

—No nos toca sino esperar. Pero aguardamos confiados. El pueblo
está con nosotros ¿Puede pedir algo en un sentido político? Ellos, los que
quieren acallar la voz ciudadana, son los que deben estar preocupados. No
están ya muy lejos del desastre y no deben olvidarlo.

—¿Por qué dice que volverá Perón?

—Porque el pueblo lo ha llamado.

—¿Lo ha llamado?

—¿No significa que lo ha llamado el resultado de estas elecciones?
Aparecieron dos partidos políticos en los pasados comicios: Laboristas y
Unión Popular. Toda Argentina supo que estaban integrados por ele-
mentos peronistas. ¿Qué hizo el pueblo? Dio el triunfo a sus candidatos.
El lenguaje, che, ha sido claro.

***

Fue difícil, a veces desesperante, dar con Andrés Framini. El edificio
del sindicato textil es una casona vieja salpicada de carteles en que se
pide: "A los compañeros, tengan a bien no arrojar colillas ni salivar en
la baranda". El secretario de organización, Héctor Peluso, detuvo así los
insistentes requerimientos para concertar una cita con el gobernador
electo por la provincia de Buenos Aires: "Che, comprende, Andrés está
en reuniones, tiene que hablar con los compañeros, hacer planes, atender
mil cosas a la vez. Está en su momento, che".

Al fin pudo hacerse el contacto. La cita tuvo lugar en una residencia
de las calles de Juncal, propiedad de Atilio Bramuglia, que fue secretario
de Relaciones Exteriores de Perón. La casa, de varios pisos, ofrece el

aspecto de un centro de conspiración. Puertas y ventanas cerradas a piedra y lodo, y en su interior rostros preocupados y hombres que intentan concentrarse en tres tareas a la vez, que contestan teléfonos, dan recados, piden informes en voz susurrante y se inclinan a cada momento sobre pliegos de notas que escriben a toda velocidad. Es incesante el bullicio que se observa. Los distintos cuartos, oscurecidos por el humo de muchos cigarrillos encendidos, son testimonio de las horas en que ahí se discute. Concurren figuras del peronismo a cada momento, como los exministros Alfredo Gómez Morales, Antonio Cafiero, Raúl Matera, Roberto Ares y otros.

Todo en Framini delata al líder obrero. Habla como trabajador: en frases directas y sin retoques inútiles o falsamente elegantes. Su rostro es también el de un hombre que se gana la vida con el esfuerzo de sus manos y de sus músculos. No hay porciones blandas, sino ángulos toscos de la barbilla a la entrada de los cabellos. Se expresa con voz de bajo profundo y se advierte que está acostumbrado a mandar. Él autoriza el diálogo, pues en tanto sigue el curso de una idea no permite que se le interrumpa, ni siquiera en atención a una cortesía. "Espere, luego le explico", es una frase que está continuamente en sus labios. Como casi no sonríe y usa lentes negros, da la impresión de honda preocupación o mal humor, y hasta hace pensar en un temperamento sombrío. Pero es una apreciación en parte falsa, pues no son ajenas las bromas en su conversación.

Por años ha sido dirigente de los textiles. La última vez que se separó del cargo fue por razones de fuerza mayor: la cárcel. En tiempos de Frondizi, permaneció 30 meses en los calabozos del sur, en la "cárcel brava de Argentina". "Fue —dice— una infamia la que se cometió conmigo". Por decreto del presidente de la República se le privó de la libertad, y por decreto del propio Ejecutivo se le devolvió a la luz y el color. Pero ni uno solo de esos 30 meses compareció ante un juez.

"Sufrí mucho en la celda —cuenta—. La oscuridad era cerrada y la humedad no cesaba un minuto, ni siquiera cuando el sol estaba alto. Ahí me atrapó una ciática que todavía me causa problemas. Pero peor que todo fue la tortura moral. Preso sí, pero ¿por qué?, me pregunté día tras días durante esa condena que llegó a hacérseme interminable".

Cuando salió del presidio se le recibió como héroe en el edificio de la unión de trabajadores textiles. Regresó de la cárcel y casi lloró cuando contempló de nuevo los amados carteles en que se dan instrucciones ingenuas y casi escolares a los obreros.

Sus compañeros lo vitorearon por horas. Su popularidad creció. No fue sino lógico que poco después, acrecentada su fama en los gremios y sindicatos, diera el brinco a la candidatura para el gobierno de la provincia de Buenos Aires.

Y el tiempo habría de hacer más por Framini. Le dio el desquite, pues más tarde, como gobernador electo, fue pieza decisiva en la caída de Arturo Frondizi.

"Él me mandó a presidio —dice el líder textil—, pero yo también lo mandé a la cárcel, aunque a una mucho más cómoda y grande que la mía, a la isla del destierro, como llamamos nosotros a la isla Martín García. Ahora él es el confinado. Sólo que hay una diferencia entre los dos: Frondizi hizo todo para que yo permaneciera 30 meses en el calabozo, en tanto que yo nada hice con el propósito de que él rodara como presidente y luego fuera aprehendido por las Fuerzas Armadas. Él me dio un golpe, pero no se quedó sin la respuesta, aunque no haya sido mi puño el que se lo propinó".

—¿Le satisface la revancha?

—No me importa.

—¿Entonces?

—Me satisface la acción del pueblo, que ha puesto en marcha todos estos acontecimientos como un paso hacia la conquista de sus reivindicaciones.

* * *

Andrés Framini sostiene que Arturo Frondizi ha dejado escrita, a costa de su libertad, una lección que no es posible pasar por alto. Entraña una enseñanza y está sintetizada en estas palabras: el desconocimiento que tuvo de los intereses y sentimientos del pueblo fue lo que lo perdió.

Se explica:

Frondizi, por propia decisión y en un acto de audacia personal, abrió a los peronistas el camino a las elecciones del 18 de marzo. Como partido habían estado proscritos desde la caída de Juan Domingo Perón. Podían votar, pero no por candidatos propios. Eso es lo que originó, por ejemplo, que entregaran sus boletas electorales en blanco, en número de 2 millones 500 mil, en los comicios de 1958.

Pero el hombre que ahora permanece en la isla Martín García pensaba que los peronistas no tenían ya mayor fuerza en la República y que era el momento propicio para acabar con "el fantasma", con esa figura "desvanecida y débil" que es Perón. Confiaba que de esa manera, y con el triunfo de los candidatos frondicistas, se haría fuerte y estaría en condiciones excelentes no sólo de sortear los problemas que se le presentaban a su gobierno, sino de encaminarse rumbo a la sucesión presidencial de 1964 en la mejor de las condiciones posibles, y en calidad, muy posiblemente, de figura decisiva.

Contaba, además, con todos los elementos de propaganda. Podía valerse de ellos para disminuir lo que suponía una fuerza muy menguada del peronismo. Y efectivamente se valió de la prensa, de la radio, de la televisión, de los carteles, de todo medio de comunicación para difundir la especie: "Los peronistas y los comunistas se han aliado". Calculaba Frondizi que esta afirmación reiterada como anuncio publicitario, insistente, tenaz, mantenida, viniera o no a cuento, alejaría de los partidos peronistas Unión Popular y Laboristas a electores de la clase media, del campo y del propio sindicalismo. Él sabía que faltaba a la verdad, pero no le importó. Él supo entonces y lo sabe ahora que los peronistas son cristianos y que hubo provincias, como la de Jujuy, en que su pacto no sólo no fue con comunistas, sino que se realizó con el Partido Demócrata Cristiano. Pero Frondizi —es el pensamiento de Framini— estaba en guerra y procedió como si todo se valiera en ella. La carta que había tirado sobre la mesa era demasiado importante como para que pudiera arriesgarse a perder: era su presente y su futuro, era la seguridad del momento y las más hermosas perspectivas para 1964.

"El golpe de su derrota debe haberle enloquecido, pues podía esperarlo todo menos un fracaso —sostiene el líder textil—. Pero es que no conoce al pueblo, ya que siempre gobernó a sus espaldas, y en los hechos que se han desencadenado está la prueba. Perdió. Y lo perdió todo, al grado de que los mismos grupos que lo habían sostenido como testaferros y principales responsables de su política antipopular y antipatriótica le echaron, o como dicen los chilenos: lo botaron. Y hasta Martín García fue a dar este pésimo jugador".

Sobrevienen las últimas reflexiones de Framini: "Quizá en estos momentos y ayudado por la paz de la isla que tiene por cárcel, en la triste soledad de su confinamiento, haya meditado sobre esto que digo ahora: para gobernar hay que conocer y amar al pueblo que se gobierna. Y Frondizi ni lo quiso y mucho menos lo conoció".

* * *

Si Framini exalta a Perón tanto como disminuye a Frondizi, no ocurre lo mismo con Atilio Bramuglia, que fue canciller del general hoy asilado en España.

"No todo es Perón entre los peronistas", insinúa más que afirma, este internacionalista que ahora responde a las preguntas que le formula

Excélsior, una vez que el gobernador electo de la provincia de Buenos Aires se ha retirado para recibir a una comisión que le ofrece respaldo.

Sostiene el exsecretario de Relaciones Exteriores, presente con Torres Bodet y Manuel Tello en la constitución de la OEA, en Bogotá, y en el Tratado Internacional de Paz, en Río de Janeiro, que el movimiento en que figura, como todos los movimientos del mundo, ha tenido en su momento un caudillo que es su expresión más fiel. Esto ocurrió con Juan Domingo Perón. Pero el movimiento se ha mantenido vivo sin él, de tal suerte que no debe identificársele sólo con una palaba o con un hombre, sino con un conjunto de principios que aspiran a la realización de una democracia social, de una justicia económica y de otros muchos valores.

La prueba está en un hecho que todos constatan —dice—: hace más de siete años que Perón está lejos de su patria y el movimiento que él encabezó permanece vigoroso y acaba de anotarse un triunfo evidente.

¿Intervino Perón? No. Intervinieron las ideas que se tienen en Argentina a propósito de un cúmulo de problemas políticos y humanos que a todos aflige y al planteamiento conforme al cual deben resolverse las insuficiencias y carencias de este país.

Bramuglia habla, aunque sin decirlo, de una especie de "peronismo sin Perón". Es cauto a la hora en que responde a las preguntas que se le transmiten. Y es sincero en silencios profundos que abre ante interrogaciones determinadas, pues esa actitud implica en sí misma una respuesta muy concreta.

Fue el caso de una duda que se le planteó a propósito de lo que el reportero ha observado en las calles de Buenos Aires:

Los obreros, casi todos, hablan de Perón en los más vivos y entusiastas tonos. Sostiene que con él sobrevino una época de justicia. El obrero dejó de ser el individuo despreciable al que podía atropellarse en su derecho. Fue la época del "justicialismo", periodo por el que Argentina suspiraba, salvo las clases oligárquicas y los hombres en el poder.

Es difícil encontrar un mesero o un chofer, por ejemplo, que no se vuelva todo alabanzas para el hombre que, se dice, adoptó muchos de los sistemas y medios de actuación política de Benito Mussolini.

Pero así como los trabajadores se inclinan por Perón, entre los intelectuales priva un sentimiento contrario. Aún recordamos las frases del constitucionalista Sánchez Viamonte, quien al enjuiciar a Juan Domingo Perón decía: "Un hombre que nunca pronunció la palabra ciudadano y que desconoció el contenido de la ciudadanía, pues jamás lo aplicó, no puede inspirar confianza a nadie... Un hombre que llegó a expresar sentencias como 'alpargatas sí, libros no' se define a sí mismo en unas cuantas palabras".

Entre los mismos intelectuales se habla, además, de que Perón construyó el mito de sí mismo, ya en la segunda etapa de su gobierno, con el pecado vengador de que fue víctima de su propia soberbia. Hubo un momento en que se sintió todopoderoso y abrió el camino a toda clase de desórdenes y a vicios de muy distinta naturaleza.

Preguntamos a Bramuglia si efectivamente se produjo la autodivinización de Perón, como un extremo de muchos otros males.

Lo vemos. Y no contemplamos sino su rostro grave que nada responde. Sus labios permanecen cerrados y no se abren sino después de una muy larga pausa para expresar:

"Nuestros enemigos nos acechaban para caer sobre nosotros. Lo único cierto es que llegamos a darles la oportunidad que buscaban".

Regresan los generales de Hitler[*]

Bonn.- Han vuelto los generales de tiempos de Hitler. Se cuentan de nuevo entre los seres activos del pueblo alemán. Están con sus tropas, al frente de solados germanos, hoy íntegramente incorporadas al Ejército de la OTAN. En tono rotundo, una de las personalidades políticas más importantes de Alemania lo afirma así. Trátase de Karl Mommer, senador y figura sobresaliente del Partido Socialdemócrata, que sigue en importancia al Demócrata Cristiano, del canciller Konrad Adenauer. Cuenta con 203 parlamentarios en el Congreso y Mommer desempeña, en ese gran mundo de pasiones y agitación, esta tarea clave: coordinar los esfuerzos de senadores y diputados socialdemócratas, de tal suerte que no haya un instrumento que desafine y la actividad común tenga la armonía de una orquesta sinfónica.

De baja estatura y recio cuerpo; de lenguaje directo y una mirada que pensábamos no podía darse en tan claras pupilas azules, pues es cortante hasta resultar inquisitiva y tiene la amenazante penetración del águila, Mommer explica a *Excélsior*:

"Están activos los generales de la época hitleriana, pero no todos. Una comisión del Parlamento instaurado en Bonn se encargó de estudiar caso por caso y sólo fueron rehabilitados aquellos altos militares que no se entregaron de bruces al partido nazi, que voluntariamente jamás se inscribieron o pudieron permanecer fuera de él".

Dice algo más Karl Mommer:

"Es falso que los generales alemanes hayan lanzado a su país a la Segunda Guerra Mundial. Incluso se dieron casos de militares de la más alta graduación que fueron muertos por mantenerse fieles en su oposición a esos planes bélicos, oposición que llegó en ocasiones en los casos extremos de la sublevación".

---

[*] *Excélsior*, 30 de mayo de 1962

Sobre este punto, como sobre otros que giran alrededor de la pasada contienda mundial, el coordinador de los parlamentarios socialdemócratas sostiene que existen leyendas que han ido suplantando la verdad histórica. Una de ellas, una de tantas, es la sumisión de todos los generales a las órdenes de aquellos hombres que desataron la catástrofe: Hitler, Goebbels, Goering...

"Es lástima —medita Mommer— que la historia se vaya tejiendo con tantos hilos y que acaben por confundirse verdad y mentira, ilusión y realidad, hechos y fantasía".

Pero, en fin, parte esencial del hombre es ésa: evadirse de sí mismo y del medio que lo rodea por mil distintos caminos...

Entrevista en el Parlamento

La entrevista con Mommer ocurre en uno de los salones del Parlamento alemán. Edificio moderno, de líneas rectas y amplios ventanales. Es un gran cuerpo arquitectónico sin mayor carácter. Podría encontrarse igual en Nueva York o en la Ciudad de México. Lo importante aquí es el espacio y la luz. Que ésta penetre a raudales y aquél sea amplio, como un estudio. Las escaleras se multiplican, los pasillos son cómodos para el tránsito y todo mundo se encuentra a gusto, como en un parque. Hay un signo, uno solo, que indica la importancia del lugar, aparte del inmenso salón de sesiones parlamentarias, los ujieres, quienes se pasean de un lado a otro atentos a la menor indicación, prestos a brindar cualquier servicio. Llevan uniformes esplendorosos y de lejos no se sabe si son figuras extraídas de alguna corte de Francia o de la época imperial de este país. Los faldones de sus casacas terminan en forma de cola de pingüinos, más debajo de las rodillas; la tela en sus prendas, azul oscuro, se combina con blancos y rojos. La postura de esos ujieres hace pensar en instintiva nobleza. Pero es lo único. Porque lo demás es el espacio y la luz, sin adornos ni emblemas en los muros planos y en las puertas severas del edificio del Bundestag.

No cree en la cruz gamada

Mommer sostiene que la cruz gamada, la cruz hitlerista, ese emblema de seis líneas rectas que llegó a ondear sobre todas las plazas y edificios públicos de Alemania, es falso que haya vuelto a excitar pasiones y agrupar alrededor de sí ilusorios y absurdos propósitos revanchistas, después de la derrota de 1945. Son cosas que pertenecen al pasado. La cruz gamada fue sepultada entre ruinas humeantes, junto a millones de muertos. Quedó desgajada. Su símbolo final, el que perdura, fue la sangre y la destrucción. Las manifestaciones nazis de hace aproximadamente un año, aquellos actos de que se habló en el mundo, esos brotes en que de nueva cuenta se tocó el tema de la lucha antisemítica, carecieron de importancia en Alemania.

Exageró la propaganda. Las noticias llevaron un toque de alarma y fueron desproporcionadas a la realidad. Aconteció con tales informaciones lo que con un magnavoz colocado junto a susurrantes labios. Las palabras cobraron gran volumen, pero no por sí mismas, sino por el amplificador de sonido. La garganta que emitió los vocablos fue agónica, mas poderoso su eco. Nació así uno de tantos fenómenos característicos de nuestro tiempo, en que la propaganda llega a "crear" verdades, a "crear" situaciones y aun a "producir" hechos.

Mommer dice algo más: no basta que se le crea a él: hay que recurrir a otras fuentes. Una de ellas es la estadística, que en países severamente organizados no es fácil que mienta.

Y las estadísticas afirman que, en las últimas elecciones habidas en Alemania, los votos de los partidos extremistas, todo juntos, no sumaron siquiera el 2 por ciento del total de electores. En esos votos se encontraron los grupos de quienes todavía hoy, 17 años después de la hecatombe, piensan en formas de nazismo.

"De eso sólo han quedado grupos insignificantes", insiste Mommer. Hay los escritos propagandísticos, las voces que exageran y mienten, los conceptos que deliberadamente se apartan de la realidad. Pero aquello se acabó, como otras muchas cosas de las que se habla más allá de las fronteras de Alemania Occidental. Es el caso, por ejemplo, de los propósitos que se le atribuyen a este país en pro del estallido de una tercera guerra mundial.

Ojos directos y penetrantes

Mommer se excita. Aunque parece hombre de pleno control, es claro que el tema lo agita. Se mueve continuamente en su asiento. Es uno de los síntomas que traducen el estado de ánimo por el que atraviesa. La voz, empero, es la misma: segura y firme. Y los ojos quizá todavía más agudos, ofrecen la impresión de navajas, de puntas directas y penetrantes.

Sostiene Mommer que la lección ha sido en extremo dura. No es fácil afrontar la separación de grandes porciones del país. Pero ¿qué hacer? Sucumbió Alemania al término de la era hitlerista. Ahora aquí se piensa de manera distinta al tiempo anterior a la guerra. Nada por la fuerza. Alemania se aparta de toda violencia y esgrime como única arma la de la política. Una tercera conflagración sería la locura, el suicidio para todos. Alemania no está siquiera integrada como unidad. Además, sus jóvenes reflexionan de manera distinta a sus padres y abuelos. Han evolucionado hacia conceptos en que se interesan grandemente por un viejo anhelo de muchos alemanes: la integración de la unidad europea. El nacionalismo exacerbado, furibundo, lo mató el mismo Hitler con sus excesos y su fracaso. Hoy ya no existe. Si se da, es como los hongos: en casos más bien aislados que nada traducen del verdadero sentir colectivo de un pueblo.

Dice Mommer, no sin una vibración de pesar en la voz:

"Mucho se ha calumniado a Alemania Occidental en el exterior. Mucho...".

* * *

¿Qué se piensa en este país sobre la reunificación? ¿Llegará algún día? ¿Es posible imaginar el cambiante mapa de Europa? ¿Se modificará una vez más la geografía que ahora hace de Alemania un mosaico de regiones dispersas y bajo control de intereses diversos y aun antagónicos?

Mommer está convencido de que así acontecerá en el futuro. Pero es una solución a distancia. No le inquieta que el fin de esta crisis se perfile a lo lejos porque habrá de llegar. En el orden humano los problemas de cada día, las angustias del momento tienen un valor primordial que debe ser atendido y resuelto siempre en la medida de lo posible. Pero en el terreno de la política internacional los fenómenos deben observarse con distinto criterio. En ellos no son los cortos plazos los determinantes, sino los grandes periodos. Aquí es la perspectiva, la vista fija en el horizonte lo que a la postre cuenta como definitivo.

Menciona un ejemplo: Polonia, nación triturada en su geografía no una, sino repetidas veces. Sufrió por años y años, hasta que al cabo del tiempo logró confirmar, concretar, mejor dicho, el viejo anhelo de sus dispersos: la unidad de sus tres pedazos, una patria común, el fin de las llagas abiertas a un mismo cuerpo, la cicatrización de esas heridas.

Así acontecerá con Alemania. Piensa Karl Mommer que el anhelo de libertad, por ser inalienable al espíritu, por pertenecer a la esencia misma del hombre, no se puede cegar. Siempre palpitará en la conciencia, aunque no siempre se pueda manifestar en el exterior.

Es lo que ocurrirá en el "problema alemán". El ansia de libertad que priva en este país, el afán de volver a ser él mismo, de integrarse, de unir los pedazos, acabará por sobreponerse a todas las dificultades.

Además, Mommer confía en que la Unión Soviética, tarde o temprano, tendrá que ceder. Las circunstancias históricas, los conflictos a que se enfrenta, el ansia de libertad del pueblo alemán —insiste—, mantenida un día, otro, un año, otro, acabará por traducirse en hechos.

Tremendos problemas de Rusia

Piensa el senador socialdemócrata que la Unión Soviética encara problemas que cada días se multiplican en su número e importancia. La frontera con Alemania, en ese cúmulo de conflictos, le significa gigantescos esfuerzos. Millones de hombres apostados a lo largo de esa inmensa línea, permanecen en sus puestos día y noche. Son soldados que están ahí, como guardias, simples vigilantes que, en términos imaginativos, es posible contemplar con el fusil al hombre paseando de un lado a otro, patrullando un sector. Hay que estar atentos a todas sus necesidades y mantenerlos dispuestos a cualquier contingencia. Y eso también cuesta. Son millones y millones de rublos los que debe gastar el Estado soviético en la conservación de esa frontera creada en forma artificial.

No debe olvidarse tampoco —continúa Mommer— que la Unión Soviética tiene inmenso poderío militar, pero que no guarda justa proporción con él su fuerza económica y social. Son los puntos débiles en la política rusa.

Todo ello, unido a sus problemas cada día más agudos a causa de la expansión del comunismo asiático, hará que la Unión Soviética vaya cediendo por las presiones que se multiplicarán a su alrededor. Será el momento en que aflojará la mano que hoy mantiene férreamente cerrada y en la que estrangula a una gran porción de Alemania. Será el principio de la reunificación de un pueblo que no puede ser indefinidamente gobernado por extraños y sujeto a esa tortura de la división artificial. Será el día en que los alemanes decidirán por sí mismos y volverán a integrarse como nación cabal. Será la jornada que todos esperan: la de los hijos de un mismo pueblo que vuelven a verse las caras y estrecharse las manos como hermanos que son, como partícipes de una causa común que es Alemania.

"Voy a contarle una historia"

Mommer ha dejado a un lado toda tensión. Hablar le hace bien. Expulsa en palabras muchas de las inquietudes que danzan en su espíritu. "Voy a contarle una historia", anuncia.

Y empieza:

"Estuve en Roma hace poco. Fue durante la Pascua. Recorrí muchas veces la hermosa ciudad y supe de murallas que datan de la época anterior a Jesucristo. También supe de las murallas construidas después de su nacimiento. Son 27 siglos de historia romana, y sobre ese inmenso periodo no recabé datos acerca de una muralla, una sola que hubiera sido edificada con el propósito de impedir a los romanos que fueran más allá de un límite determinado de su territorio".

La historia —sigue Mommer— viene a cuento por lo que ocurre en Berlín. Ahí hay una muralla única en el mundo, en su historia, seguramente. Es una muralla que impide a una población ir más allá de una faja territorial delimitada severamente. Entre ese muro y el límite de un campo de concentración no existe diferencia. El muro de Berlín y el campo de concentración delimitan una zona más allá de la cual no puede darse un paso. ¿Por qué el muro? ¿Por qué? ¿Resistirá mucho tiempo? Piensa Mommer que no, porque está contra la razón y la libertad, valores llamados a perdurar más que la arbitrariedad y la dictadura, por ajustarse a valores esenciales del hombre.

Karl Mommer concluye así:

"Se habla del colonialismo en África, en Asia, en América Latina. ¿Por qué no se habla de colonialismo en los dominios de la Unión Soviética? ¿Y por qué no en Europa? ¿Y por qué no aquí, al lado de Bonn, a unos cuantos centenares de kilómetros? ¿Por qué no en Berlín, dividido por una muralla como nunca se dio en 27 siglos de historia romana? ¿Por qué...?".

Galland, un héroe nazi[*]

Bonn.- "No puedo dar mi opinión sobre el juicio de Nuremberg. Lo siento".
Hay una espera y una tensión. Luego, una pregunta reiterativa, insistente.
Adolf Galland se muestra de mal humor detrás de su escritorio de la calle Koblenzer, la más importante de Bonn. ¿Por qué se me importuna con estas preguntas?, puede leerse en sus ojos oscuros y, más que en ellos, en un mohín de disgusto.
Algo lo impulsa a una decisión súbita:
"Estoy de acuerdo —dice al fin— con muchas personas americanas e inglesas, amigas mías, que me han dicho que ésa no fue la mejor medida que se pudo haber tomado. Es todo lo que puedo opinar sobre el tema".
Galland ha revivido capítulos de su pasado durante hora y media. Algunos pasajes lo excitaron y se refirió a ellos con pasión, sin admitir interrupciones. Pero el tema de Nuremberg parece que lo ha sacado de quicio. De buenas a primeras dice que sólo dispone de unos minutos más. Llama a un empleado y dicta una orden cualquiera. Es el momento que aprovechamos para contemplar la extraña decoración de su oficina, en la que aparecen pieles de ciervo clavadas en la pared y pequeños aviones que exhiben la cruz gamada y que han sido cuidadosamente colocados en una mesa destinada a mostrarlos en posición de combate.
Pero ¿quién es Galland?
Ahora, consejero industrial dedicado al asesoramiento de empresas, sobre todo aquellas relacionadas con la aviación. Es individuo próspero, cuenta con un equipo de secretarias a su servicio y se conduce como hombre seguro de sí mismo: la voz poderosa y a menudo con notas imperativas en su timbre; los aires desenvueltos, la sonrisa amplia bajo el

---

* *Excélsior*, 31 de mayo, 1962

tupido bigote y todos los aires de quien ve generosamente recompensados sus esfuerzos.

Adolf Galland, hombre atlético

Viste bien. Sus telas de fino casimir delatan además al hombre atlético. No es extraño que Galland haya vivido por muchos años entregado al ejercicio físico. Lo obligó a ello su vocación de piloto y también la actividad que desarrolló en el comando de un avión de caza durante los cinco años de la Segunda Guerra Mundial.

No fue soldado que pasara inadvertido a los ojos del pueblo alemán. Destacó y gozó de popularidad. Muy delgado en aquella época —ahora se advierte que la buena mesa ha dejado su huella en kilos de más—, entregado por completo a la aviación, pronto sobresalió en el arte de la guerra. Hace unos minutos tuvimos frente a nosotros una fotografía de Galland en que se le ve al lado de Hitler y podemos advertir que era un aviador sin gramo de grasa. Músculos y energía eran lo único que dimanaba de su hercúleo esqueleto. Pero eso no es lo importante, sino la condecoración que exhibe en su uniforme, igual a la Cruz de Hierro del dictador.

En el segundo periodo de la contienda mundial, Galland alcanzó el grado más alto de su especialidad: inspector general de la Aviación de Caza, cuyos aparatos asombraron al estallido de la guerra, cuando se clavaban en el aire y se precipitaban como flechas rumbo a sus objetivos para después volver a elevarse casi verticalmente y desaparecer entre las nubes.

Galland no recibió una, sino varias condecoraciones de manos de Hitler. En su archivo existe una fotografía en que aparece con la gorra militar en la enguantada mano y de espaldas a un mapamundi. Permanece severo, erguido, con todos los músculos rígidos y de frente al personaje que le impone la nueva insignia. Es Hitler. Bajo la fotografía reza una leyenda:

"Condecorado con los brillantes de la Cruz de Caballero por cuarta vez".

Ése es Galland:

Piloto aviador durante la pasada Segunda Guerra Mundial; jefe de los cazas; figuras de esos tiempos... y próspero asesor industrial.

Un extraño complejo humano

Galland fuma puro. Y a decir verdad, no sabemos si lo hace con deleite o con rabia. Hay instantes en los que expele el humo como sibarita. Pero no duran mucho esos momentos, pues pronto se truecan en otros violentos, en que trata el tabaco como si fuera una pieza de carne difícil de dominar.

De cara ancha y ojos pequeños; de barba cerrada y nariz un tanto deforme; con varias heridas sobre el rostro, aún no borradas del todo, una de ellas en el párpado del ojo derecho, Galland resulta extraño complejo humano. Desborda vitalidad y ríe con júbilo casi infantil, lo que no es obstáculo para que sin transición muestre un cambio total y se presente como ser colérico, agresivo, con descargas internas de mal humor que no puede disimular.

Galland permaneció siete años en Argentina. Fue instructor y consejero de la Fuerza Aérea del país sudamericano. Lo acogió su gobierno y lo despidió con honores. En una jornada en la que el brigadier general Juan Francisco Fabri se refirió al aviador alemán, en el año 1955, dijo de él: "Destacada figura... hombre a quien las insignias de general no impidieron que estuviera entre "los últimos" durante la guerra y que su personalidad penetrara de lleno en la actual era del combate aéreo: la de propulsión a reacción".

Allá fue a dar Galland, a Argentina, después de dos años de cárcel en campos de concentración de las fuerzas aliadas.

Pero ése es el tranquilo, apacible pasado. ¿Qué piensa hoy Galland de la guerra, de Hitler, de él mismo, de ese torbellino que se inició poco después de 1930 y que todavía deja sentir sus efectos?

Aún no cumplía Galland 20 años cuando Hitler se constituyó en la figura más poderosa de toda Alemania, que estaba pulverizada en millones de partículas y sin trabajo para un piloto aviador. Tenía que huir y vivir. Eso explica su permanencia de siete años en Sudamérica. Apenas algo más que un incidente en su medio siglo de existencia.

Carecía de criterio político

Aún no cumplía 20 años cuando Hitler se constituyó en la figura más poderosa de toda Alemania, en dictador absoluto. A esa edad, Galland carecía de criterio político. Sólo tenía una realidad frente a sí, la realidad del nacionalsocialismo, que en nada le estorbaba como aviador de los comandos de guerra. Trabajaba tranquilo y cómodo. La política no irrumpía en la Luftwaffe, como no fuera para impulsarla y fortalecerla.

Ocho o nueve veces vio a Adolfo Hitler. La mitad, más o menos, correspondió a ocasiones señaladas de su vida, cuando lo condecoró el Führer por hazañas de guerra.

Deseamos conocer la impresión que causó a su espíritu esa figura impresionante, ese hombre de quien tanto se sigue hoy hablando en Alemania, de quien aún se editan revistas dedicadas al horror de su pasado, libros, folletos. Y la respuesta resulta extraña y casi desconcertante, pues es más la contestación de un muchacho satisfecho con su éxitos personales que la de un muchacho entregado al Ejército hasta el límite de su ser.

Sin un aspaviento, Galland afirma que no observó a Hitler con los mismos ojos con los que lo vieron las multitudes alemanas. Él lo contempló en "cierta posición de igualdad". Llegaba ante Hitler después de consumar actos bélicos notables; se cuadraba ante él y lo saludaba rodeado de tan fragantes hálitos. Y, además, sabedor de que disfrutaba de popularidad, lo que lo hacía creerse aún más.

—¿Le impresionó Hitler?

Y aparece en la cara de Galland un gesto, gesto que puede tenerse ante un platillo que no es desagradable, pero que tampoco atrae. Una aceptación un tanto forzada y, desde luego, estudiada.

—Bueno, en cierto modo.

Reacio a hablar del Führer

Hay que insistir ante Galland para que hable de Hitler. Nos encontramos junto a un amable acompañante que también percibe las resistencias que ofrece el general Galland. Se evade, ríe, mastica el puro con fuerza, dice que más tarde, que primero ha de formular otras respuestas, que no es tema que le agrade abordar.

Cuando se decide es para transformarse. Habla, habla, habla. Se repite a veces. No repara en ello, y, si repara, no le importa. La forma ha quedado atrás. Una chispa ha puesto en movimiento pasiones y ellas imperan.

Hitler fue hombre con rasgos geniales. Una personalidad extraordinaria. Pero un hombre en quien también se dieron los abismos más profundos que puedan concebirse. Ser lúcido y trastornado, personalidad de dos caras extremas, individuo con dos estados de conciencia que no suelen darse simultáneamente.

Piensa Galland que en la vida de muchos hombres se sigue esta línea de evolución: una curva ascendente, diario progreso, superación de todas las posibilidades hasta la realización del ser y, de pronto, el derrumbe. Es como si después de mucho caminar se llegara ante el precipicio y un paso en el vacío marcase el principio de espantosa caída.

Pero en Hitler no se dio ese fenómeno. En él genialidad y locura, esquizofrenia y talento convivieron entre sí, como si hiciera de dos tenedores un solo instrumento con dos mangos, y expresa, al tiempo que acciona las manos nerviosamente:

"Así, con mis dedos enlazados, fueron las dos caras de Hitler. Todo en él se combinaba al mismo tiempo". Eran encontradas corrientes en un cauce siempre revuelto.

Sin duda, fue ése el más desconcertante rasgo de su personalidad oscura, misteriosa, diabólica, múltiple y fuera de lo común. Los hombres que le rodeaban no sabían en qué momento una de sus resoluciones correspondía a un golpe de inspiración verdadera y en cuáles iba a resultar expresión de locura, producto de una mente torturada por la esquizofrenia. Sólo al fin de su vida todos vieron claro. Fue entonces, allá por 1944, cuando decayó en forma impresionante y total. Únicamente por la acción de los medicamentos pudo prolongar su existencia. Inclinó el cuerpo y se volvió jorobado; temblaba sin cesar; perdía energías. Era un viejo. Más que eso: un decrépito.

Las dificultades con Hitler

Galland tuvo personales dificultades con él. Cuenta una. Ocurrió como otros tantos problemas que hubo de encarar, ya en la debacle alemana. Antes, Hitler solía ser otra cosa. En cierta ocasión en que ofreció un té a los pilotos oficiales y a los principales mecánicos de una zona de ocupación en Francia, se mostró natural y amable. Pero cuán distinto fue después. Era frecuente que se colocara frente a un mapa del sector oriental; con una lupa fuertemente asida en los dedos de su mano derecha, gesticulaba y cambiaba de un lado a otro, en avances vertiginosos, los alfileres que simbolizaban a sus tropas. Él sólo quería destruir a las fuerzas enemigas. Se erguía ante el mapa como un batallón que todo lo arrasaba. Gritaba y permanecía encerrado con esos trances, desquiciado, loco, fuera de sí.

El año de 1943 Alemania tenía listo su primer avión de chorro. Era el más veloz de la época. Superaba en 280 kilómetros por hora al mejor aparato de los aliados, el más ligero. Nave ideal para el combate en las nubes; aeroplano sin par en el desarrollo de la lucha por el cielo, en la persecución de enemigos, en la caza de invasores.

Galland se incorpora de su asiento y se dirige a la pequeña mesa en que se alinean los cazas de juguete que adornan su oficina. Llega con un avión que un niño no manejaría con más placer que él. "Véalo. Así fueron los primeros aviones de propulsión a chorro. Línea perfecta. Una maravilla de su tiempo".

Pero Hitler, ya en pleno derrumbe, dominado sólo por la locura y excluida ya en su cerebro la segunda parte de su personalidad, impidió el empleo de esos aviones. Los aparatos debían dedicarse al bombardeo de objetivos enemigos. Se discutió el tema, en vista de la oposición que se le ofreció al Führer. Se le hizo ver el error en que incurría. Eran muy ligeros y sólo podían cargar una bomba, una sola, de 240 kilos. Además, carecían de miras para lanzarla con éxito sobre bases enemigas. Nada importó a Hitler. Fue un demente en plena obstinación. Su voz se convirtió en mazo que golpeó frágiles instrumentos. *Nein! Nein!* Mandaba. Era el dictador. Y el resultado final, que ya no contempló él, la historia lo dejó escrito: Alemania llegó al término de la guerra con mil 400 aviones de chorro que no le sirvieron de nada.

Preguntamos a Galland:

—Hitler quería destruir, ¿no es así? ¿Poco le importaban frente a esa obsesión la defensa de sus ciudades y posiciones militares, encomendada a los cazas?

—No. Hitler no quería destruir. Quería atacar, atacar. Era su palabra eterna: el ataque, el ataque.

Vemos al general piloto aviador. Ha quedado momentáneamente como alucinado, los ojos bien abiertos, la mente en otro lado, las manos fuertemente cerradas que descansan sobre el escritorio...

Nada supo de las matanzas

Seguimos con Hitler.

¿Supo él, Galland, de la matanza de los judíos?

—No.

—¿No? ¿Podía un militar de tan alta graduación permanecer ajeno a medidas tan importantes como era la matanza sistemática de millones de seres?

—Así fue. Desearía hacerle a mi vez una pregunta: ¿algún oficial ruso en un puesto semejante al mío, al que yo desempeñé, sabe hoy de las decisiones políticas de su gobierno?

Galland sostiene que se enteró de ese crimen al concluir la guerra. Cuando llegaron a sus oídos las primeras noticias sobre la muerte en masa, desechó las palabras que le transmitían tales horrores. Claro que sabía de los campos de concentración, pero estaba cierto de que eran prisiones, mas no puestos de exterminio en masa, de metódico aniquilamiento. Pero llegaban a él voces e informes cada vez más insistentes y precisos. Poco a poco la convicción fue integrándose en su conciencia. ¿Qué ocurrió entonces dentro de él mismo? Exactamente lo que ahora, lo que en este día de mayo de 1962: es un pasaje de la historia que no puede comprender, pasaje que lo aplasta.

Lo enorgullecen sus hazañas

Galland no lo expresa directamente, pero sí lo deja entrever: lo enorgullecen sus hechos de guerra.

Sostiene que un militar como él, entregado a la defensa de su patria y al combate de los enemigos, sin tiempo para pensar en otras cosas, día y noche dedicado a su nave, primero, y más tarde el comando de centenares de pilotos, no podía ocuparse de nada ajeno.

"Un hombre así, con esa función, no podía recibir ninguna orden amoral", afirma.

Considera que fue su caso. A él se le ordenaba que atacara o defendiera y siempre hizo todo lo posible por cumplir. En el aire derribó más de 200 aviones enemigos. Cuando fue inspector general de Aviación de Caza, todo su esfuerzo estuvo dirigido a un propósito: mantener el cielo de Alemania libre de aparatos aliados. Fracasó incontable número de ocasiones. Los adversarios lo superaban y por cada avión alemán había más de 20 ingleses, franceses, americanos. Combatía desesperadamente. Y hoy, como entonces, nadie podría reprocharle que se afanara en su misión de soldado y permaneciera fiel a su uniforme hasta el minuto final de la guerra.

Ideas sobre este mismo tema había expresado Galland al inicio de la entrevista. Fue cuando se le preguntó por qué, después de dos años de cárcel en un campo de concentración, las fuerzas aliadas lo habían dejado en libertad.

"Yo no formulo así la pregunta —responde—. Para mí es otra la incógnita: ¿por qué estuve dos años preso?".

Hoy, Alemania es más próspera

¿Y la Alemania de hoy? ¿Es más próspera que la Alemania de Hitler antes del estadillo de la guerra? Galland cree que no hay duda. "Es claro", dice. Hoy se comercia con la mayor parte del mundo y no existe la obsesión de un armamentismo frenético, aunque nadie puede negar que Alemania ha sido rearmada.

"Pero —sigue— tampoco es posible desconocer que Alemania no se rearmó por su propio deseo, sino por deseo expreso de la OTAN y especialmente de los americanos".

Continúa Adolf Galland:

"Si uno compara el militarismo en Alemania Occidental completamente separado de la OTAN y el militarismo de Alemania Oriental completamente separado de la Unión Soviética, no hay duda de que aquél es bastante más poderoso que éste. Pero esto se debe a que en la OTAN existe la convicción de que Alemania Occidental marcha con ella, mientras los rusos no tienen confianza en los alemanes orientales. ¿Por qué?, me pregunto. Porque allá todo es obligatorio, todo es sin libertad, todo es impuesto y aquí no".

Dice también el general de 50 años que han vuelto pilotos alemanes de tiempos de guerra a los aviones de combate. Unidades de regimiento de caza y bombardeo se encuentran a su cuidado, no así los escuadrones, sobre los que han asumido la responsabilidad jóvenes pilotos que no vivieron la hecatombe de 1939 a 1945.

Hay una razón:

La guerra terminó hace 17 años y en ese lapso muchos pilotos sobrepasaron el límite de edad en que eran aptos para la tripulación de esos aparatos.

Ellos quedaron fuera. La edad los venció. Otros muchos fueron descartados por considerárseles nazis. "Todavía hoy —dice Galland— sabemos de juicios aislados". ¿Son muchos? "Quién sabe. Pero sabemos de algunos con toda precisión".

Y él, Galland, ¿volvería a un avión de guerra?

"No. Hoy la influencia política llega hasta la más pequeña organización militar".

Lenguaje brutal de la muralla de Berlín*

Berlín, 31 de mayo.- Es cierto que son 32 kilómetros de muralla; es cierto también que esa muralla es como una llaga que corta en dos pedazos un organismo complejo de un solo corazón, y que en Berlín hace las veces de desgarramiento entre dos grandes porciones. Pero ¿es eso todo? ¿Ahí termina la muralla?

Es todo eso y mucho más, más que la expresión de una pugna que se ha llevado hasta el odio. La muralla es también, a la manera de una pequeña población, de tal suerte que avanzar a lo largo de su zigzagueante línea es como adentrarse por los recovecos de una ciudad desconocida. Hay momentos en que el asombro obliga a un alto; en otros, los ojos reciben la excitación de escenas que avivan la fantasía, sin que falten instantes en los que el alma se siente golpeada por espectáculos que en medio de toda su simplicidad humana —o quizá por ella— resultan casi aterradores.

Muro complicado que muestra fúnebres colores; es motivo de los más diversos temas de inspiración, menos de uno. Ahí, a lo largo de sus 32 kilómetros, no hay un solo llamado a lo bello. Todo es sombrío, a veces hasta tétrico. No se ven tonos azules o verdes claros. Predominan el gris, el café, el negro. Los colores de la tristeza, cuando no del horror.

En uno de los tramos se advierte una larga hilera de casas y edificios. Miran a la calle Bernauer, de Berlín Occidental. Exhiben la implacable uniformidad de sus puertas y ventanas tapiadas. No existe ni el más leve resquicio por donde aventurar una mirada. Detrás de los cristales de las casas fueron colocados muros de ladrillo y cemento; tras el frágil material de maderas ligeras, paredes de piedra. Es un plano poderoso, un inmenso cuerpo que se levanta hacia lo alto y se extiende a todo lo largo de la calle.

Frente a un espectáculo tal casi llega a pensarse en un ser humano con ojos, nariz, boca y oídos tapiados.

---

* *Excélsior*, 1 de junio de 1962

Todo aliento vital habrá desaparecido de él. Aquel rostro dejaría de palpitar para convertirse pronto en máscara, en remedo de hombre. Así, casas y edificios de esta calle berlinesa. Por un tiempo, sus puertas y ventanas dieron paso a la luz, a la presencia de mujeres, niños, ancianos. Hoy, nada. Han dejado de ser albergues. Aquella larga fila de construcciones no evoca siquiera una cárcel. Ojalá fuera eso. La impresión es todavía más aguda. Es la tumba, lo que yace muerto, lo que fue, lo que se muestra como espectro de un pasado. Eso es la calle. Una visión fantasmal, un área desolada de uno a otro de sus extremos. Es natural que provoque la misma tristeza de un campo yermo, sin un árbol, sin una hoja, con la diferencia de que aquí es la vida humana la que fue borrada.

El río provocó la separación

Hay un punto en esta línea divisoria de Berlín Occidental y Berlín Oriental en que la separación no fue edificada por las manos del hombre. Aquí actuó la naturaleza. El río Spree, que cruza la gran ciudad, provocó la separación.

Observamos el significado —el nuevo significado del Spree— en una tarde de densas nubes bajas. El agua parece que hubiera perdido liquidez. Su color oscuro, casi negro, se antoja sustancia pastosa, sólida. No sopla viento y la corriente aparece tersa, tan sosegada y tranquila como la superficie de un lago. Produce sensación de quietud. Y su color, opaco y turbio, subraya todavía más ese efecto.

De aquel lado, del Berlín Oriental, se ven grandes y altas fachadas color gris terroso o café sucio. Semejan los terrenos de una gigantesca y muy deteriorada fábrica. Parece como si la vida hubiera escapado de esa área. Largos minutos permanecemos en espera de un rostro, colocadas sobre las pupilas los anteojos de larga vista que nos ha facilitado un policía de Berlín Occidental. Nadie.

¿Y de este lado? Apenas cuatro o cinco alemanes. Se encuentran inclinados sobre la barandilla protectora de las orillas del Spree. Ofrecen el espectáculo de quienes continúan en el puerto horas después de que ha desaparecido el barco en que se alejaron los seres queridos. Miran sin esperanza. En momentos se antojan hombres sin músculos. ¿Luchar? No se piense tal cosa de esos cuerpos ahí inclinados. Hay varios que visten ásperas y gruesas telas, lo que aunado a sus gorras caladas hasta las cejas les da aspecto de viejos trabajadores.

¿Algún signo de vida en medio de esta quietud?

Uno, de este lado, que estremece. Es un Cristo moderno. La cruz no es de madera. Es de hierro. Dos barras que destacan en la tarde gris y muestran su color herido en medio de la desapacible tarde. Pie y brazos de la cruz de hierro aparecen herrumbrosos. Hay la presencia del tiempo y del olvido en su superficie. Se ve como piel carcomida, envenenada. ¿Un símbolo de estos tiempos?

Pero no es eso todo. No hay cuerpo en esa cruz. Hay otro símbolo. Símbolo que también pertenece a nuestros días, que fue arrancado a nuestra época. Desgarra lo mismo en el sentido figurado que en un concepto más profundo. En un aro de púas lo que está colocado en el cruce del pie y de los brazos de la cruz: son hierros con puntas erizadas lo que ha sustituido al cuerpo del Hombre-Dios.

Estremece el conjunto. Fantasía e imaginación pueden concebir lo que les venga en gana. Es posible que todo sea valedero. Hierro y púas, cruz moderna, cruz de nuestro tiempo, signo de Berlín, frontera de dos mundos.

¿Y bajo la cruz? Un área diminuta que mueve a nuevos sentimientos. Es algo así como un metro cuadrado de tierra torpemente cultivada. Débiles arbustos realizan esfuerzos sobre esa porción apenas dotada de humus. Florecen algunos botones, entre ellos una margarita.

¿Y en el fondo de todo ese conjunto? El río. El Spree. Las aguas grises, opacas, la densa superficie que parece se ha inmovilizado.

¿Será la inmovilidad el fin de todo? ¿Es la inmovilidad el principio de la muerte, la expresión de la no existencia? Quizás. Al menos, es la sugerencia que provoca este tramo de Berlín dividido.

Pulsaciones de vieja vitalidad

Pero no todo es así en esta muralla. En la plaza de Potsdam, que fue nervio activísimo del Berlín de Hitler, todavía se perciben las pulsaciones de aquella vitalidad. Cierto que ya casi no hay movimientos en ese crucero de la ciudad, que son muy pocos los automóviles que llegan hasta ese sitio y que los policías bostezan de aburrimiento. Pero la vida no ha huido del todo. Aún se aferra y ofrece sus últimas demostraciones.

Hay en la plaza seis o siete comercios. Todos viven del turismo. Explotan la sensibilidad y el morbo de millares de visitantes que llegan aquí procedentes de todo el mundo, y más con ánimo de contemplar la existencia superficial de los dos Berlines que de acercarse a sus obras de arte, a su Museo de Pérgamo, al Palacio de la Ópera, a la riqueza de su vida cultural y artística.

Venden fotografías los comercios. Antes y después de la guerra. Instantáneas de todos los momentos. La primera bomba... el fin... los días de la ocupación, las fechas felices en que el gentío se cruzaba en esta plaza ajeno a toda tragedia y, quizá, con sueños desmesurados de conquista y dominio.

Preguntamos a una alemana. Insinuamos, más bien, que su oficio no debe ser del todo alegre. Lo admite. Pero... "La guerra, las bombas, la destrucción, la muerte y ahora el muro son atractivos, estímulos para muchos. Se cuentan por millones sus adeptos. Es como el día y la noche. Gracias a la noche, parece hermosa la mañana, y gracias a la luz del sol, la noche se nos ofrece febril, excitante... Así la guerra y todas sus consecuencias. A muchos les gusta. Les gusta, sin duda, porque disfrutan de paz".

Y sigue filosofando esa matrona alemana a quien, a pesar de todo, habríamos preferido ver detrás del mostrador de una salchichonería...

La calle de ventanas tapiadas

Volvemos a la calle Bernauer. Es la calle de las puertas y ventanas tapiadas. Pero es también la vía simbólica, como simbólicos son muchos de los signos que por doquier aparecen en Berlín.

La armazón de esas tumbas colocadas en plena de calle no puede ser más simple. Se asemeja a las "murallas infantiles" que en parques y grandes residencias protegen a rosales tiernos. Son tres maderos inclinados que terminan por unirse en un vértice superior, formando así una especie de capelo que resguarda a la planta.

Pero, en la Bernauer Strasse, ¿a quién protegen esos sepulcros colocados en línea uno detrás de otro? A nadie. Señalan un símbolo. Muertos que no están ahí. Se ve el nombre en uno de los maderos de esas tumbas: a Franz. Hay también dos fechas inscritas: las del nacimiento y día de la muerte.

Y algo más: a los pies de los maderos terciados, de esos simbólicos sepulcros como seguramente no los hay sino en Berlín, flores marchitas. Algunas simplemente colocadas sobre el piso; otras, en macetas pequeñas; no pocas en botellas de leche rellenadas de tierra.

Un transeúnte se aproxima. Ha permanecido atento a todo. Espontáneamente nos explica. Son las tumbas que recuerdan a los alemanes que quisieron huir de Berlín Oriental. Cuando las puertas y ventanas de sus moradas fueron tapiadas, se descolgaron de las azoteas de los edificios y, con cuerdas hechas con sábanas y otras prendas, fueron bajando rumbo a la porción de Occidente. Muchos fracasaron en su intento y cayeron desde las alturas. Quedaron molidos contra el pavimento. Se les recuerda ahora, públicamente. Son sus parientes; algunos, amigos íntimos o alemanes anónimos, quienes una o dos veces por semana se aproximan ante esas tumbas y depositan sus ramos de flores al pie de los maderos terciados. Un impulso nos hace dudar. Lo confesamos así a nuestro interlocutor. Son tantas las frases de la propaganda, es tan tenaz, tan insistente su empeño por introducir ideas y doctrina, que ya de manera instintiva se le ofrece resistencia.

Nada contesta. Se limita a levantar la cabeza y a mirar hacia arriba. Sus ojos se detienen en algo que resulta asombroso: allá arriba, en las alturas, hay también cercos de púas. La muralla se llevó hasta esos sitios. Al borde de las azoteas de esas construcciones tapiadas aparece el mismo signo que encontramos en otros puntos de Berlín: las púas erizadas y su lenguaje brutal.

"¿Puede haber algo más expresivo que esos cercos de púas, que esa muralla de hierro en las alturas, en las azoteas de casas y edificios?", escuchamos al fin a nuestro ocasional acompañante, quien ahora se aleja paso a paso y ya sin esperar respuesta alguna…

Sector francés: la misma muralla

Continuamos. Es el mismo sendero que guía nuestros pasos. Un letrero avisa que nos encontramos en pleno sector francés. ¿Porción gala? ¡Pero si es la misma muralla a un lado, las mismas tumbas vacías, el mismo cielo gris, la misma vida que se muestra, a la vez que avara, terriblemente expresiva! ¿Territorio francés de ocupación? ¡Pero son alemanes los muertos: Otto, Olga, Franz! ¡Y son alemanes los policías que vigilan en las esquinas!

Seguimos adelante. Metros, metros, metros. Todo prosigue igual. Aunque, de pronto, la novedad revelada por otro aviso. Acabó Francia. Y para que no exista lugar a confusiones, se da a conocer el hecho en cuatro idiomas: francés, inglés, ruso y, en letra intencionadamente más pequeña… alemán.

Llegamos al fin ante un espectáculo que obliga a un alto. Es la misma muralla de siempre, color de tierra seca, infecunda, café grisácea, deprimente. Pero hay aquí algo que no se encuentra en otro punto de los 32 kilómetros de división entre los dos Berlines. Trátase de una iglesia. De arquitectura extraña, con sus torres muy elevadas y quizá demasiado esbeltas, hasta aparecer agujas. Pero no es la construcción lo que fundamentalmente interesa, sino el Cristo que se ve aprisionado detrás de la pared,

278

más allá del muro. Pertenece al sector oriental, pero ve a Occidente. Su mano derecha tiene la misma actitud del sacerdote en el momento en que imparte la bendición.

Observamos la escultura, debajo de la cual, a muy corta distancia, se extiende la muralla coronada en su base superior por millones de pedazos en vidrio de cortantes puntas.

Luego leemos esta inscripción, paradójica hasta el sarcasmo: *Bernauer Strasse mit Versoehnungskirche* ("Calle Bernauer con la iglesia de la Reconciliación").

Ver... parece tan simple

La muralla, pese a todo, a veces es traspasada. Hay ojos que miran todo el tiempo y algo consiguen. Templetes de madera de cuatro o cinco escalones de pequeño barandal al frente y espacio para dos o tres personas están colocados por doquier. Es lo más que pueden hacer los berlineses del sector occidental: ver, atisbar, en muchos casos conformarse con una seña a un grupo desconocido pero fraterno.

Ver... parece tan simple. Pero ¿si permaneciera siempre, al menos, dentro de las fronteras de lo permitido? Porque hay que decirlo: existen calles en las que hasta el acto de ver ha sido prohibido. Otros muros fueron construidos más allá de la muralla que corta en dos la ciudad. Son especie de gigantescos "tendederos" de madera que se levantan desde una altura de 40 centímetros hasta cuatro o cinco metros. Se extienden a todo lo ancho de la calle y ocultan la visión. Son una respuesta a los observatorios primitivos, a los templetes colocados en el sector occidental. Hacen imposible que se pueda contemplar un rostro, observar un auto que se aleja por aquellas calles de Berlín Oriental. ¿Cómo traspasar esa segunda muralla y ver una cara? ¿Cómo?

Sin embargo, y a pesar de todo, hay ojos que se empeñan por ver desde los observatorios de madera. Parece que les bastara detenerse en la contemplación de pies y piernas, aunque sólo sean pedazos, aunque no se vaya más allá de las rodillas de un niño si acaso.

Vidas truncadas. Zapatos, calcetines, medias, pedazos de pantalón, franjas de faldas. No hay más del otro lado. Imposible contemplar más.

¿Qué hacer?

Lo que hacen estos berlineses desde sus puestos de observación. Ver eso. Y limitarse a lo último, al ensueño: aquellos pantalones, aquella falda, aquellos calcetines de niño, quizá... y continuar.

1965

Censura el presidente peruano la poca eficacia de Alpro y OEA*

Lima.- Una crítica directa, agresiva, enderezó el presidente del Perú, arquitecto Fernando Belaúnde Terry, en contra de la Alianza para el Progreso, que —aseguró— no podrá caminar con el simple estímulo de la buena voluntad y los sanos propósitos.

La experiencia acumulada en sus dos años de gobierno quedó resumida en este pensamiento.

El diagnóstico, cuando es excesivo, puede matar al enfermo. Latinoamérica no requiere que le digan cuáles son sus males. Lo que necesita son medicinas.

Excesivo estudio y nada en la práctica

Es el caso de las comisiones de la Alianza, que estudian excesivamente los problemas y, a la postre, posponen la aplicación de medidas prácticas.

Dijo a *Excélsior* el mandatario:

"Aquí vienen las comisiones, una tras otra. Yo las atiendo, les doy facilidades, les abro las puertas hacia todo aquello que quieren observar. Pero eso no es lo primordial. Lo esencial es que se actúe".

El arquitecto Belaúnde concibe la Alianza para el Progreso como una gran empresa nacida del ideal. Llena de su espíritu nuevas zonas geográficas, el dominio de los nudos montañosos donde el andino sufre y muere sin alguna protesta, el aprovechamiento de los inacabables recursos de la vida, la construcción de millones de viviendas dignas de ese nombre.

Una tarea así, inmensa, tiene que ser riesgosa. Está en su misma naturaleza. Riesgoso es todo lo que desborda la rutina, los planes estrictos,

---

* *Excélsior*, 19 de abril de 1965

lo que va más allá de los estudios burocráticos que prevén un resultado determinado con inversiones previstas hasta el último centavo.

"Otra conciencia —insiste el presidente— debe normar las acciones de la Alianza para el Progreso. Los Estados Unidos muestran buena voluntad y contamos con un cierto grado de cooperación. Pero no se ha correspondido a las necesidades y al esfuerzo desplegado para cumplir con los presupuestos exigidos por la misma Alianza".

El arquitecto Belaúnde conduce al reportero al salón de banquetes de la Casa de Pizarro, ahora palacio presidencial. Las maquetas, los mapas iluminados, los planos extendidos sobre las mesas, las carpetas que se elevan como cerros dan vida a lo mejor del pensamiento del mandatario: la obra que sueña, que desea ver construida.

El escenario es de un lujo y de una belleza fuera de lo común. La madera de los asientos y respaldos de los muebles tienen finura de gobelino. Los paneles que enmarcan el salón evocan a Churriguera. A la manera de los pórticos de nuestras iglesias más recargadas, así fue tallado el material. Es imposible descubrir un centímetro cuadrado —en lambrines y plafones, en puertas y ventanas— que no acuse el esfuerzo de muchas manos y el ejercicio de una larga paciencia.

"Me he olvidado de las vajillas y de los cubiertos, pero aquí preparo mi mejor menú", dice el presidente.

De maneras distinguidas, responde a un tipo de gobernante que oscila entre la política y el arte para acabar, frecuentemente, en la órbita de lo estético. La conversación con él, iniciada alrededor de temas políticos, desembocó una y otra vez a las ramas de la cultura, en especial de la arqueología y de la plástica. Su comportamiento, su trato exquisitamente cordial, habla del hombre acostumbrado a penetrar en los problemas del espacio y de la forma, y no sólo del estadista que ha de luchar contra un Congreso dominado por sus enemigos, ha de aplicar la suspensión de garantías y ha de enfrentarse a las limitaciones brutales que impone un país tan pobre como el suyo.

El arquitecto Belaúnde ama intensamente la obra realizada. Los obstáculos que a ella se oponen le causan sufrimiento. Ha envejecido en 24 meses. Lo hacemos notar. En respuesta, él confía: si la posibilidad de servir desde los altos cargos no estuviera naturalmente cercada de obstáculos, algunos infranqueables, no habría, no podría existir desvelo más hermoso.

El gran avance por Cooperación Popular

Dice el presidente:
"Nosotros, Perú, mejor dicho, su pueblo ha cumplido con creces las peticiones de la Alianza para el Progreso".

Entre otros esfuerzos, el programa puesto en práctica ha sido el de la Cooperación Popular.

"La Cooperación Popular —explica ahora— es la forma como antiguamente se realizaba en el país una obra de interés público. Nosotros no hemos hecho sino heredar el sistema y ponerlo al día. Pero es el pueblo, siempre él, el gran actor. Las obras no las hacen los gobernantes, sino el pueblo. Es por esto que yo no he permitido que se inscriba mi nombre en una sola placa conmemorativa. Todo lo que se hace, insisto, es obra del pueblo. Por tanto, el mérito es suyo.

"Desde que llegué al poder, por Cooperación Popular se han levantado tres mil aulas. Sin pago de jornales. No he gastado una moneda en ellas. Ha sido un regalo, un generoso fruto del esfuerzo. Por el mismo sistema se han abierto mil 400 kilómetros de caminos. Tampoco han costado, como no sea la olla común del pan y de los alimentos.

"En la antigüedad, la importancia del sistema fue extraordinaria. Lo revelan obras grandiosas levantadas por los incas con procedimientos primitivos. ¿Qué no podremos hacer nosotros hoy, dueños de la tecnología, si seguimos el ejemplo y pisamos sobre las huellas de nuestros antepasados?".

Un día, en un villorrio de los Andes, el candidato Belaúnde Terry escuchó las peticiones de los hombres y las mujeres de la aldea. No tenían sino su vida y la luz del sol. Las demandas se acumulaban como las piedras de un río. Nadie, ni el ministro de Hacienda más capaz, hubiera encontrado recursos para aliviar sus necesidades y atender los problemas de otros muchos villorrios desvalidos hasta la desnudez.

Ese día nació Cooperación Popular como nervio del futuro gobierno. Hubo dos factores que lo hicieron posible: la lección de la historia y el encuentro con la realidad.

La OEA, carente de impulso creador

La Organización de los Estados Americanos, lamentablemente, ha participado de las limitaciones de la Alianza para el Progreso. Le ha faltado impulso creador y grandes obras de carácter continental que podría haber emprendido puestas las naciones de acuerdo; continúan en espera del hombre o del conjunto de hombres capaces de alentarlas.

El presidente Belaúnde es concreto cuando analiza uno de los grandes problemas de América:

"Desde el punto de vista simbólico de la unidad continental, creo que la Organización de los Estados Americanos cumple su función.

"Pero el problema fundamental es otro: la promoción de tareas de gran magnitud, la realización de trabajos más efectivos en favor de la solidaridad continental".

En otras palabras, la OEA ha sido como un Hércules desmayado, un gigante que no emplea su fuerza.

Sobre la superficie de un mapa, el arquitecto señala el Amazonas, el Orinoco, el Paraná. Grandes cuencas agrícolas e industriales podrían abrirse en las zonas de los ríos, de tal manera que una superficie inmensa, riquísima, fuera aprovechada por el hombre.

"Pero una empresa tan ambiciosa necesita de un espíritu que no ha existido en la OEA, una visión a escala continental", subraya.

Frente a estas posibilidades, ¿qué se ha hecho?

"La OEA se ha preocupado solamente de problemas comunes entre dos países, como el aprovechamiento de las aguas de un río, la construcción de un puente, la edificación de una hidroeléctrica. Y yo me pregunto: ¿por qué no ampliar las perspectivas y abarcar América?

"El ejemplo a que aludo es uno entre muchos. Podría la organización continental promover una emisión de bonos de 'reforma agraria', garantizados por los propios países interamericanos. Sería un camino para que naciones con este tipo de problemas dispusiera de recursos para cubrir expropiaciones de tierras y para explotar el campo. Sería, además, un lazo de unión entre pueblos hermanos".

Un conflicto artificial

Las posibilidades de la OEA como promotora de grandes empresas y del entendimiento basado en el trabajo no tienen límite. ¿O lo tienen las posibilidades de América?

Con ese pensamiento, el presidente del Perú define la actitud que su delegación asumirá ante la Segunda Conferencia Extraordinaria del 20 de mayo:

"La delegación acudirá a la reunión de Río de Janeiro con un espíritu positivo. No planteará conflictos ni avivará rencillas; la intención es mirar de frente, construir. De Río deberá surgir una Organización de los Estados Americanos que responda de manera más adecuada a las necesidades y a la unidad de nuestro continente".

—¿Y el conflicto de tierras con Ecuador, señor presidente?

—Para el Perú no existe tal conflicto. Es un asunto liquidado. No hay base para reclamaciones, pues el Protocolo de Río de Janeiro, de 1942, fue ratificado por los dos congresos, el peruano y el ecuatoriano, independientemente de que lo garantizaron Estados Unidos, Argentina y Perú. Repito: es un asunto liquidado que de ninguna manera podrá abordarse en la Conferencia Interamericana.

El presidente Belaúnde había dispuesto de largo tiempo para responder a las preguntas de *Excélsior*. Sin embargo, problemas imprevistos lo asaltan y en las antesalas del palacio le espera el ministro de Gobierno.

Retrocedemos al momento en que el mandatario, sin la preocupación de las horas, mostraba al reportero una colección de obras incaicas que próximamente enviará a México.

"Repare usted —decía— en el misterio de las manos. Los dedos tienen un lenguaje propio. Para quien sepa mirar pueden ser tan expresivos como los ojos. Hay mundos singulares en las pupilas, como los hay en las falanges".

Nos enviarán un nuevo embajador

Nuestro país ocupaba su atención:

"Mi padre vivió en México. Yo estuve allá el año 1935. Recuerdo Tamazunchale y la impresión que me produjo la zona geográfica, imponente y, en cierto sentido, desoladora, hostil.

"Pero no quiero hablar líricamente de México, de lo mucho que lo queremos y admiramos en Perú. Prefiero, por elocuente, contarle esto: nuestro primer vicepresidente, don Edgardo Seoane, será embajador. Con ese motivo yo le pregunté qué país y él, sin titubeos, me respondió que México. Sus palabras fueron estas: 'Me interesa como ningún otro. Avanza de cara al porvenir, pero orgulloso de su pasado. En el amor a sus tradiciones encuentra el ímpetu que necesita'".

El arquitecto Belaúnde se incorpora. "Le suplico que me disculpe, pero no hay presidente que se pertenezca".

Dos puntos, entre otros muchos, habían quedado en el aire: los bajos precios que Estados Unidos paga por la materia prima latinoamericana y Fidel Castro.

Sobre el primer tema, sintetizó el presidente:

Parecería muy sencillo, en efecto, que en vez de los recursos de la Alianza para el Progreso, Latinoamérica recibiera un precio justo por sus materias primas. "No hay que olvidar, sin embargo, que en estos asuntos intervienen factores de orden mundial, como el *dumping*, que no siempre son controlables. Pero creo que el comprador debe asegurar condiciones razonables al hombre que le vende su esfuerzo y su fatiga".

Sobre el segundo punto resumió:

"Escuche usted: debemos pensar menos en el gobierno de La Habana y más en nuestros propios países. Pero México y Perú no tienen problema. Caminan con firmeza. Creen en ellos mismos".

Ramón Castro Jijón: Ecuador vive bajo una "dictadura democrática"*

Quito.- Ecuador propondrá en la Conferencia Extraordinaria de Río de Janeiro la creación de un tribunal americano que en todo tiempo conozca de las querellas entre los gobiernos del continente.

El presidente de la junta militar, contralmirante Ramón Castro Jijón, lo informó así a *Excélsior*.

Un continente donde la incultura y los pequeños grupos pesan sobre las grandes masas, víctima de tensiones y conflictos, necesita de un tribunal propio, pues el de La Haya no lo es.

Con el negro cabello peinado de raya, el labio superior semioculto por el bigote y gruesas antiparras de cristales redondos, el militar que rige a este país dijo también:

"Mi gobierno considera que la Segunda Conferencia Interamericana reviste excepcional trascendencia y concede la mayor importancia a la preparación de un nuevo Tratado Americano de Soluciones Pacíficas de Controversias".

La querella con Perú, inolvidable

"Por otra parte, juzga necesario que se proceda a elaborar un instrumento que establezca, sobre bases sólidas, la cooperación económica iberoamericana en favor del crecimiento, progreso y bienestar de nuestros pueblos".

Pero urge que se escuchen los mil rumores de América. Hay inquietud y prevalecen las injusticias. Pueblos limítrofes defieren y se enfrentan hasta por motivos perdidos en la historia. En indispensable atender uno a uno los conflictos en pie.

---

* *Excélsior*, 21 de abril de 1965

Ecuador, por ejemplo, no olvida su querella con Perú, y es muy posible que exija su discusión en Río.

Aseveró Castro Jijón:

"Es uno entre los muchos graves problemas que afectan la armonía que debe prevalecer en la convivencia entre países hermanos como condición para cualquier esfuerzo constructivo en otros campos, especialmente en el orden económico y social.

"Ecuador ha proclamado y proclama la nulidad del Protocolo de Río de Janeiro del 29 de enero de 1942, porque fue resultado de una agresión no provocada, porque se firmó y ratificó el documento estando invadidos y ocupados territorios de una provincia ecuatoriana por las tropas peruanas, porque en esas condiciones no hubo libre consentimiento del Ecuador y porque el derecho internacional americano no acepta ni reconoce la conquista de territorio ni su adquisición por la fuerza o la violencia".

La dictadura democrática

En la sala de la residencia presidencial se abre una pausa. El jefe de la junta militar viste el sencillo traje del marino y parece concentrado en sus calcetines amarillos de seda transparente. Escucha sin un ademán, sin un gesto de protesta:

—Seguramente no ignora usted, señor, que las juntas militares han sido calificadas muchas veces como la maldición de América. ¿Qué opina usted de tales afirmaciones?

Inclina la cabeza, medita. Cuando responde, su voz es tranquila, casi impersonal:

—Es posible que en muchos casos tengan razón quienes así hablan, pero toda regla tiene su excepción. Es el caso de Ecuador. Si a mí alguien me llama dictador, honestamente rechazo la imputación".

Explica lo que llama su "situación personal", resumida en esta frase: "Soy un demócrata, un constitucionalista". Más aún, "sostengo que en el Ecuador, presidido por una junta militar, existe un clima de libertad que no se observa en varios países americanos que se dicen gobernados con apego a la Constitución. Aquí el pueblo se expresa libremente, mientras que en otras naciones enmudece".

—¿Usted, señor, es un demócrata y un constitucionalista?

—¿Por qué me lo pregunta?

—Porque una junta militar, como quieran verse las cosas, no gobierna conforme a los principios de la democracia.

—Vea. Hay dictaduras criminales, como la de Cuba, y hay dictaduras democráticas, como la nuestra.

—¿Una dictadura democrática?

—Exactamente. Aunque le parezca extraño, así lo denomino yo. Es democrática porque permite la libertad de opinión hablada y escrita; porque permite que los partidos se preparen para la época de la constitucionalidad, que preparamos; porque acepta todas las insinuaciones, siempre y cuando no se opongan a las metas trazadas, o sea, velar por la población, mejorarla en todos los órdenes de la vida.

Aún agrega:

"Algunos llaman al sistema nuestro la *dictablanda*. ¿Comprende usted?".

Enmudecemos.

Acerca de Cuba, la Alpro y la ALALC

Puntos diversos tocó el presidente de la junta militar en esta entrevista.

Al hablar de Cuba, declaró:

"No debe ser objeto de violencia desde el exterior. La última conferencia de cancilleres resolvió aplicar sanciones al gobierno de La Habana. El compromiso se selló. Deberá cumplirse íntegramente.

"El pueblo de Cuba reaccionará por sí mismo. Sabe cuál es su camino y lo seguirá muy pronto".

Sobre la Alianza para el Progreso:

"Este admirable programa de esfuerzo propio y ayuda mutua ha tenido que afrontar, como toda obra de vastas proyecciones, serios tropiezos en su marcha, que se hallan en su etapa de superación, bajo el estímulo permanente de la urgencia de resolver graves e imponderables problemas comunes, cuya supervivencia tendría consecuencias imprevisibles para el futuro de los países que integran la organización regional latinoamericana".

Sus puntos de vista acerca de la Asociación Latinoamericana de Libre Comercio (ALALC) fueron:

"Ecuador tiene especial interés en que se vigorice la ALALC, que en cuatro años de funcionamiento ha tenido que vencer múltiples problemas, sin que le haya sido posible llegar hasta el momento a una planeación regional y a una asignación equitativa de oportunidades en el campo industrial".

Acerca de la junta militar:

"Su transitoria presencia no contradice, sino más bien confirma la vocación democrática de la nación ecuatoriana, ya que ella surgió

291

precisamente como inevitable medida para preservar la seguridad del Estado, amenazado por la actividad subversiva de agentes comunistas".
Sobre el mismo tema:
"La junta que encabezo desaparecerá en el primer semestre de 1967".

Opinión sobre nuestro país

¿Y México?
"La Revolución mexicana y su trayectoria histórica han despertado interés permanente en el Ecuador, dadas las características esenciales de ese movimiento renovador que, en el lapso de pocos lustros, ha contribuido al extraordinario desarrollo económico y social de ese país, a través de una fecunda estructura de sus instituciones básicas, bajo el signo de un equilibrado régimen de libertad y de justicia".
En la sala de la residencia presidencial el ambiente es frío. Priva una discreta elegancia, pero distante, ajena. La decoración es europea. Lo indican los muebles de estilo clásico, los óleos con firmas francesas, los candiles dorados. Las habitaciones que recorrimos con el edecán del presidente de la junta militar responden a la misma inclinación. Sobre las cabeceras de las camas fueron colocados cuadros de vírgenes, pero de vírgenes debidas a pinceles europeos. No existe un rasgo del hombre ni de la naturaleza ecuatorianos y para encontrarlo hay que asomar la cabeza por una ventana.
Las tejas y los muros encalados se muestran entonces a los ojos. También detalles de la arquería colonial de que está lleno Quito. Y de vez en cuando, indios arropados en sus ponchos multicolores.
Afuera, la vida parece continuar al ritmo de un cuerpo fatigado, y la ciudad, recogida, se adormece en el fondo de sí misma.

René Barrientos Ortuño: el nacionalismo, ruta para que Iberoamérica supere la crisis*

La Paz.- Sobrevivir. He aquí el drama en 10 letras, de varios países iberoamericanos, Bolivia entre ellos.

"Por ahora debemos dedicarnos a nosotros mismos. No podemos perder energías. Somos igual que organismos jóvenes, somos el hombre que crece, en formación".

El bronce de Simón Bolívar —el bronce alargado como una estatua del Greco— destaca al lado del escritorio del general René Barrientos Ortuño, presidente de la junta militar instaurada hace cuatro meses en La Paz.

A los conceptos anteriores, agrega:

"Con una economía dependiente y una política interna en descomposición, las naciones latinoamericanas han de orientarse por los caminos del nacionalismo para superar la crisis que amenaza arrastrarlas o que ya las arrastra".

México, alentadora esperanza

El piloto aviador al frente del gobierno boliviano piensa que nuestra América puede ser víctima de la lucha entre las corrientes que aspiran a imponerse en el mundo. Esa lucha se avivará conforme transcurra el tiempo, al paso de las conquistas y los fracasos de las potencias en pugna. Para hacer frente a una situación tan crítica sólo hay un camino: "conformar el basamento de la nacionalidad".

Acomodado en una silla de respaldo altísimo —parece trono— dice también:

"Latinoamérica vive en una vorágine. Hay países que constituyen esperanzas, que nos alientan. México es uno de ellos. Toda nación americana

---

* *Excélsior*, 22 de abril de 1965

tiene que estar orgullosa del progreso que ha alcanzado y desear que su prosperidad se mantenga en un ritmo creciente. Pero se encuentra en la línea de las excepciones".

En este cuadro, ¿qué papel juega Cuba?

"Cuba afronta muy serios problemas internos. Es causa, además, de continuas amenazas para las naciones latinoamericanas. De ella, lo hemos comprobado, parten intentos de subversión. Pero el problema urbano repercute sobre todo en los Estados Unidos, porque se encuentra en la órbita de sus inquietudes supremas: Rusia.

"Los países iberoamericanos no atacarán a Cuba, a no ser que de ella parta una agresión directa. Sobre este punto no hay duda. De los Estados Unidos no podría decir lo mismo, por las razones expuestas".

El Palacio de Gobierno tiene la atmósfera de un cuartel exclusivo para oficiales. En la puerta, dos soldados hacen guardia. Con la bayoneta calada, firmes sobre una pequeña plataforma que eleva su estatura, forman parte de las piedras del edificio.

Se multiplican los militares en un pasillo que conduce al patio central. Los cascos verdes de la infantería se mezclan con las gorras azules de los pilotos y los cascos blancos de la policía militar. Se confunden los fusiles con las ametralladoras de mano, las espadas con las pistolas.

Para ir más allá del pasillo, es preciso franquear una segunda puerta, día y noche vigilada. Dos soldados preguntan el motivo de la visita y piden papeles de identificación.

En el centro del patio, en vez de la tradicional fuente colonial, Bolívar se impone majestuoso. Aparece la dualidad de su condición, la de un fiero soñador.

Van y vienen los soldados. Caminan por los corredores, suben los peldaños que los conducirían hasta las oficinas del presidente de la junta militar. El civil es un extraño y su saco de corte común, entre los galones y los botones relucientes, una prenda de mal gusto.

En la antesala del general Barrientos Ortuño, un piloto aviador elabora la lista de los personajes y comisiones que desean entrevistarlo: militares casi exclusivamente. El civil se observa aislado y, cuando al fin traspone el portón, un típico soldado lo espera en pie.

Alto, muy vigoroso, la guerrera adornada con estrellas, serio, casi imperturbable, estrecha la mano con la actitud del hombre que golpea los tacones de sus botas.

"Tome asiento".

¿Y...?

Prueba para el sistema interamericano

Juzga a la OEA. Habla de ineficacia de lamentables experiencias. Su voz es la del oficial que sabe mandar:

"La Segunda Conferencia Interamericana Extraordinaria, que habrá de celebrase en Río de Janeiro, será una prueba decisiva para el sistema americano. Bolivia ha experimentado en carne propia la incapacidad actual de la Organización de los Estados Americanos, cuando hace tres años acudió a su seno en demanda de justicia contra un daño inferido a su patrimonio fluvial. Fue una triste experiencia, pues el cauce del río Lauca, que Chile desvió en beneficio propio y con perjuicio para Bolivia, sólo mereció un enfoque ambiguo del organismo continental.

"La Carta de la OEA tiene que reformarse de manera que pueda contar con los medios y la autoridad suficientes para dar solución equitativa a los conflictos entre sus miembros. Cuanto más pronto se llegue a las reformas de la Organización de los Estados Americanos será mucho mejor para la paz y prosperidad del continente. Bolivia está de acuerdo con la idea de que a continuación de la Segunda Conferencia Interamericana Extraordinaria se reúna en el mismo Río de Janeiro una conferencia especial para introducir reformas urgentes y esenciales de la OEA".

Alrededor de estos temas habrá que escuchar opiniones. Todos los puntos de vista deberán ser tomados en consideración, pues el asunto reviste "extraordinaria importancia". Podría rotarse la sede de la OEA —¿por qué siempre Washington?— y, quizá, constituirse una fuerza especial para casos determinados. Pero el problema es mucho más profundo, ya que pertenece a este resorte: ¿cuáles son las posibilidades reales de un organismo supranacional frente a la soberanía de los países afiliados?

Garantía de precios justos

Después de apuntar esas ideas, el general Barrientos Ortuño habla de la Alianza para el Progreso. Sus expresiones de desencanto quedan aquí consignadas:

"Una empresa de tan vastos alcances ha tenido deficiencias que podrán corregirse en la experiencia de los años transcurridos luego de su implantación. Tendrá que darse a la Alianza un carácter más continental de esfuerzo mancomunado y solidario hacia metas comunes, cambiando su condición predominantemente actual de ayuda bilateral de una gran potencia a países subdesarrollados. Será esencial que la Alianza cuente con los medios para garantizar un precio justo y estable a los productos cuya exportación sigue constituyendo la base de la economía de muchos países latinoamericanos. Los sistemas de financiamiento de la ayuda deberán ser más flexibles y ágiles y estar a cargo de un organismo central en que tengan intervención representantes de las naciones más necesitadas".

Visión de la paz

Descansa La Paz en lo profundo de una cuchilla, insignificante entre los Andes que la rodean. Sus casas, que ocupan ambas laderas, forman una población escalonada, en planos.

Cuando los rayos del sol descienden sobre la ciudad después de un día de lluvia, el espectáculo es incomparable. El agua limpia los techos de lámina —casi todos los de La Paz— y el sol los cubre de oro. Reverbera la luz. Las chispas doradas se multiplican, llenan el espacio. El aire hace pensar en una nevada de miríadas de copos fosforescentes.

En la zona vieja de la población, misteriosos senderos recuerdan a Guanajuato. Casas coloniales estrechan el espacio, reducen las calles empedradas a simples veredas. En ellas, indias de bombín —el gracioso, inimitable *derby* británico de las bolivianas humildes— confunden la imaginación. ¿Es La Paz un escenario de teatro? Lo sería si las pobres mujeres no hubiesen de cargar bultos y perderse por los vericuetos; si no permanecieran las horas — mudas, hieráticas—frente a su insignificante mercancía; si no contemplaran su ciudad de oro con los ojos más tristes que puedan concebirse.

El presidente de la junta militar habla de la miseria de su país. Los campesinos han sido víctimas de engaños, frustraciones, robos. Ha sido tal el sufrimiento que ellos, sin más patrimonio que su choza y sus andrajos, se han hecho de fusiles y aun de armas más pesadas. La desconfianza es el mismo latir de su alma.

Primero los explotó el amo español; luego, el amo nativo. A los terratenientes de nuestro siglo siguieron los caciques políticos de nuestros días. El campesino, al margen de su país, no se enteraba de que el destino de Bolivia y la sucesión de sus gobernantes no eran problemas de poca monta que no podían resolverse en el exterior, más allá de sus fronteras.

La revolución nacional boliviana —dice el general Barrientos— se ha detenido en la teoría, en los símbolos, y eso es lo que ha dado el campesino: el conocimiento de la diferencia entre la libertad y la esclavitud; la noción de la salud; el principio del crédito. Nuestros hombres del campo atisban la civilización. Un paso más no lo hemos dado...

Ha caído la penumbra sobre el despacho presidencial. Bolívar, en bronce, parece una mancha oscura.

Edificar nuestra propia grandeza

Sin embargo, subsiste la esperanza. Sin ella, el horizonte se habría cerrado.

"Debemos edificar nuestra propia grandeza. Trabajar con denuedo, cultivar a nuestros hombres. Todavía nos faltan la conciencia y cultura cívica avanzadas que se obtienen con la tradición y una experiencia largamente probada. Las masas campesinas tienen que irse incorporando a la vida social, económica, cultural y política de la nación con plenitud de derechos y obligaciones, pero este esfuerzo tiene que cumplirse a través de varios periodos gubernamentales en forma coordinada e infatigable".

El gobernante boliviano cita a Toynbee: "Las generaciones futuras no se asombrarán tanto de la bomba atómica ni de vuelos espaciales de esta época, cuanto del interés de las grandes potencias en las naciones pequeñas".

Lo mueve a optimismo el pensamiento del historiador inglés. Él también cree que una gran oportunidad está abierta para Latinoamérica. Pero la ayuda de las grandes potencias hemos de ganarla, conquistarla, hacerla nuestra.

"Pienso —continúa— que los Estados Unidos están en deuda con nuestros países. Es una deuda que naturalmente debemos cobrar. Pero con inteligencia".

Considera que del exterior, sin que nos afecte esencialmente el lugar de origen, debemos recibir toda la ayuda que nos sea ofrecida. Pero hemos de cuidar que no afecte ni interfiera "acciones más importantes en beneficio de nuestros legítimos intereses".

El general Barrientos habla con naturalidad. No cuida la forma ni atiende a la perfecta redondez de la idea. La conversación es llana.

"Yo sé cuán incómoda es la presencia de los militares en el poder. Como presidente de una junta militar de gobierno trabajo contra el tiempo. No permaneceré en el cargo más de un año. Comprendo que los regímenes constitucionalmente instituidos son los que deben actuar, pero no desconozco que cuando no lo hacen así y llevan a la nación a la debacle, como Víctor Paz Estenssoro, intervenir es un imperativo de conciencia. Hoy me encuentro ansioso por que Bolivia vuelva a la plena normalidad".

Un oficial penetra al despacho y bruscamente se cuadra ante el general. "Su excelencia, disculpe. He de recordarle que debe asistir a una ceremonia. A las siete de la noche. En punto". Y subraya las dos últimas palabras, pues son las siete horas 20 minutos.

Barrientos Ortuño se ajustará al cuerpo un chaleco metálico, abandonará el palacio. Subirá a un Cadillac blindado y velozmente recorrerá las calles de la ciudad. Tres motociclistas y un grupo de policías abrirán la marcha. La cerrarán soldados con el fusil en la mano. El carro descubierto en que viajen será la mejor advertencia de su decisión.

Arturo Illia: "El continente, amagado por las llamas"*

Buenos Aires.- Derrocado sólo unos meses después que promovió la Reunión de Jefes de Estado del Continente, el doctor Arturo Illia, una de las más patéticas y contradictorias figuras americanas, declaró a *Excélsior* en inocultable tono de pesimismo:

"Hasta el momento, como están las cosas, la Reunión de Jefes de Estado es sólo una engañosa esperanza para nuestros pueblos. El temario, que no responde al plan original, soslaya los grandes problemas de América Latina. Punta del Este parece una emergencia en un continente amenazado por las llamas".

"México, la buena semilla"

A 12 kilómetros de Buenos Aires, en la modesta casa de su hermano Ricardo Illia, este hombre de mirada triste y hombros estrechos, de bien construida mentalidad, apto para el bien y mal dotado para la acción, dueño de los más insólitos valores, excepción hecha del coraje, dijo acerca de México:

"Es la buena semilla del continente. Un país de sólida estructura. Va bien, muy bien. Es una esperanza, un aliento".

Continuó:

"México puede resistir los embates, no así otros pueblos de estructuras inestables frente al duro vaivén de los intereses políticos y las conmociones económicas. Se ha trazado un rumbo y lo sigue. Apoyado en su personalidad nacional, indiscutible, avanza. No es fácil su lucha. Lo sabemos. Pero no deja de ir adelante".

---

* *Excélsior*, 27 de abril de 1965

Un programa inquietante

Alrededor de México —juzga uno de los 100 presidentes latinoamericanos derrocados en los últimos 30 años— el panorama es inquietante, confuso. Estados débiles y pueblos pobres. De la mano, violencia y miseria, dolorosamente confundidos el anhelo de progreso y la incapacidad para lograrlo. Dependencia de un comercio exterior que consume, en moneda de cobre, las materias primas que producimos, al tiempo que vende, en monedas de oro, sus artículos manufacturados. Círculo hasta hoy imposible de vencer: miseria que nace de la incapacidad para ahorrar, e incapacidad para ahorrar que nace justamente de la miseria.

Cobra brío la apagada personalidad del doctor Illia. Su voz, de un tono dulce, amable, vibra por la excitación. Es baja pero nerviosa, rápida. El expresidente ha pedido whisky y lo bebe a sorbitos, paladeándolo. Una nota de sensualidad enriquece su grave, austero continente.

Subdesarrollados o superexplotados

Pesado silencio envuelve la estancia donde el doctor Arturo Illia ordena sus ideas.

"Han dicho de nuestros pueblos —empieza— que somos subdesarrollados. Es un juicio incompleto. La verdad es que somos pueblos superexplotados. Me han informado que ésta es una frase de Tannenbaum. Si es así, felicito al gran historiador. Es un concepto feliz que explica muchas cosas".

El médico de Córdoba ("... médico general porque no puedo curar pedazos del ser humano, porque no me interesa una pierna o un abdomen como si en ellos se encerrara la vida total"), niega, como presidente derrocado, la imagen de mansedumbre que tanto emplearon escritores y periodistas para dibujar su temperamento a lo largo de los tres años en que ejerció el poder. Enérgico, no muy lejos de la irritación, refiere hechos que estima fundamentalmente para esclarecer circunstancias de nuestro presente:

"Una vez me dijo Dean Rusk (lo pronuncia Rask, con una 'a' que arrastra del paladar a la garganta), no recuerdo si en la casa presidencial o en la finca de los Olivos:

"—Estamos dispuestos a ayudarlos por medio de la Alianza para el Progreso.

"Yo no estuve de acuerdo y le contesté a Rusk:

"—No son ustedes los que nos ayudan a nosotros, sino nosotros los que los ayudamos a ustedes. En los últimos cinco años, la balanza de pagos entre Argentina y Estados Unidos los ha favorecido a ustedes en mil millones de dólares".

Una pausa breve: "Sí, amigo periodista, escriba usted mil millones de dólares".

Materia primas a precios de miseria

"Pues bien, también le dije a Rusk:

"'Y ustedes, los Estados Unidos, nos venden productos que corresponden a su nivel de vida, a los altos salarios que pagan a sus obreros, en tanto que nosotros les vendemos materias primas a precios que responden a nuestros índices, tan inferiores a los suyos. O sea que el déficit de la balanza de pagos no es para la Argentina de mil millones de dólares, sino de dos mil'.

"Claro está —terminó Illia, no ya para el secretario Rusk, sino para *Excélsior*— que con el dinero de la Alpro levantamos escuelas y abrimos carreteras, pero cuánto más no podríamos hacer con nuestras materias primas bien pagadas en el comercio exterior. El panorama iberoamericano sería otro".

Estos temas, que nunca había abordado con la crudeza que ahora exhibe, callado desde su derrocamiento, buscado por periodistas y casi siempre renuente o evasivo, templan los nervios del expresidente. Fibras de su sensibilidad normalmente tranquila, parecen exaltadas, tensas. No sería posible identificarlo ahora con el dolido personaje que, al ser derrocado, discutía en las afueras de la Casa Rosada si debía abordar un taxi o un auto oficial, puesto que yo no era el primer mandatario de Argentina.

"Podríamos decir tantas cosas sobre la ayuda de los Estados Unidos y la Alianza para el Progreso... Sólo a manera de ejemplo, haga el favor de anotar este dato:

"En mi gobierno hubo un año en que pagué 400 millones de dólares por intereses de la deuda exterior argentina, en tanto recibía 300 millones como contribución de la Alpro".

Sonríe. Es siempre una sonrisa triste, desencantada. Hay en él, no obstante su dulzura, algo seco y amargo.

"Dicen que somos subdesarrollados. Pero falta la segunda parte del concepto. La más importante: ¿por qué lo somos? Hay que vivir al frente de un país para explicarse muchas cosas. ¡Cuánta razón asiste a Tannenbaum!".

"Vea usted, señor Rostow"

Ahora será difícil contener al doctor Illia. Lo impulsa la necesidad de hablar. Ideas largamente reprimidas cobran expresión actual, a unos días de que se inicie el cónclave presidencial del que él, desde lejos, es pieza esencial.

Apoyada la mirada en el doctor Eugenio Raúl Zaffaroni, becario de la OEA, y en su compañero Arnoldo Jiménez, quienes asisten imperturbables a la entrevista, reflexiona antes de dibujar este otro cuadro de la realidad iberoamericana:

"Una vez nos encontrábamos reunidos Sanz de Santamaría; Rodrigo Gómez, el tan apreciable banquero mexicano; Rostow; Carranza, representante argentino en el CIAD, una o dos personas más y yo. Hablábamos, naturalmente, de América Latina y sus grandes problemas. A mí me pareció, desde el principio de la conversación, que Rostow miraba al techo, pero esto, en fin, no tiene importancia.

"La plática se desarrolló más o menos así:

"—Dígame, don Rodrigo —le pregunté a mi viejo amigo—, ¿cuál es el valor de las exportaciones mexicanas?

"—Alrededor de mil 100 millones dólares —me respondió.

"—¿Cuándo podrán exportar ustedes mil 500 millones de dólares?

"—No podría decirle con precisión.

"—Pero más o menos. ¿Puede ser cinco años?

"—Es muy posible.

"Entonces —prosigue el doctor Illia— me dirigí a Rostow, quien no dejaba de mirar el techo.

"—Vea usted, señor Rostow, ése es el problema. Nosotros, en América Latina, no podemos planear a largo plazo nuestro desarrollo económico si subsisten problemas de la índole que apunta don Rodrigo Gómez. No podemos hablar de cinco años probables, sino que tenemos que hablar de cinco años seguros. Si no reducimos los conceptos a este lenguaje, si no comprendemos así el futuro de América Latina, como un proyecto al que hay que integrar de una manera orgánica, bien estructurada, sin planes de emergencia ni de última hora, estamos perdidos".

Vuelto el rostro al reportero, subraya:

"Quiero expresar lo esencial con los más sencillos datos. No quiero artificios ni exageraciones en esta exposición. Suele ser tan clara la verdad".

1965

Agua destilada por un buen vino

Al principio de la conversación afirmó el expresidente que hubo cambios esenciales en la agenda de jefes de Estado.
¿Qué cambios fueron ésos? Antes de entrar en materia comenta de buen humor:
"Un buen vino fue cambiado por agua destilada. Sin un microbio, sin una sustancia nociva".
Ahora explica:
"La debilidad de las estructuras de muchos países de América Latina, su inestabilidad frente a los grupos militares politizados, las bien armadas oligarquías, todo lo que ya sabemos, fue una consideración, la primera, que me hice al plantearme el gran problema de nuestro futuro.
"Pese a los conflictos y tensiones, había motivo de esperanza. Guatemala tendría elecciones y cabía aguardar un mejor futuro para el país. En Santo Domingo ocurriría otro tanto. El Salvador, Honduras y Costa Rica viven periodos de relativa firmeza. Colombia se ha ido fortaleciendo. Venezuela parece estable. Ecuador resolvería sus más agudos problemas una vez superada la junta militar, lo que era también previsible. Chile, Brasil, Uruguay mantenían un equilibrio interno, y Argentina, en fin...
"Pensaba que frente a las elecciones que se avecinaban en varios países, ante la posibilidad de que llegaran al poder hombres victoriosos en las urnas, era legítimo esperar que se perfilara una tendencia muy saludable. No hablo de realizaciones concretas ni de cantos de victoria, sino de una tendencia solamente. Pero a mi juicio, en mi criterio, muy importante.

El envidiable buen ejemplo

"Con este esquema general, que no incluye a México, por supuesto, porque representa el envidiable buen ejemplo, consideré que resultaría conveniente estimular la nueva tendencia, enaltecerla, solidarizarnos todos con ella.
"Pero no sólo esto, sino violentar un mejor futuro para nuestros pueblos. ¿Cómo? En lo que debe ser tema de todos los días: que no haya interferencias en el mercado exterior para la colocación de nuestras materias primas, que se nos paguen precios justos, que se rompa la angustia de las fluctuaciones que tanto nos dañan y que nos impiden la planeación realística de nuestras economías.

"Estimé, en suma, que se abrían dos perspectivas: una, fortalecer nuestras estructuras, apoyar a los gobiernos legítimos, dar vuelo a la tendencia de que ya he hablado. Otra, ofrecer a nuestros pueblos la razonable esperanza de días mejores.

"También pensé: es indispensable abrir horizontes a la juventud. No podemos exponernos a que viva con la nariz pegada a una tapia. Esto es bueno para todos. Para América Latina y para los Estados Unidos. Así podremos planear una congruente acción en el continente.

"Cuando Rusk pasó por Argentina después de concurrir a la Conferencia de Montevideo, hablé detenidamente con él acerca de mis planes".

"Está bien", me dijo

Tarda el whisky en deslizarse por la garganta del doctor Illia, a las cinco de la tarde ha de concurrir a una reunión de su partido, que, se supone, es clandestino, porque todos los partidos políticos han sido declarados fuera de la ley, pero de la que están enterados periodistas, comentaristas de radio y televisión, policía, gobierno en pleno.

En Argentina todo es peculiar. Seis meses antes de la caída del médico de Córdoba, publicaban los periódicos, en primera plana, la lista de los militares "golpistas" (los partidarios del golpe de Estado), los adictos y los indecisos. Aquí dicen que el derrocamiento fue "cantado", anunciado igual que un meteoro.

Illia, en lo personal, tiene mucho de conmovedor. Su traje gris se ve gastado y el par de zapatones negros acusan muchos años de servicios. En la casa de su hermano Ricardo Illia no hay un objeto lujoso. Adornos de madera, toscos. Cuadros vulgares, muebles de la más rigurosa clase media.

Permaneció casi tres años en el poder, que ahora revive en su encuentro con el secretario de Estado de los Estados Unidos, sin que a su alrededor se advierta ni siquiera una sombra de lucro.

"—No me diga 'muy bien'. Dígame si tiene algún escrúpulo —le pedí a Rusk en nuestra entrevista", dice el exmandatario.

"—Ninguno —me contestó—. En cuanto llegue a los Estados Unidos voy a hablar con el presidente Johnson acerca de estos temas.

"Así lo hizo en efecto. Poco tiempo después, en México, durante la ceremonia en que hizo la entrega a su país de una estatua de Lincoln, Johnson habló de la junta de presidentes en los mismos términos en que yo había conversado con Rusk. Dos eran los puntos básicos: el proceso de transformación de los pueblos y la no interferencia para nuestras materias primas en el comercio exterior.

"No hace falta que amplíe lo que he dicho. El discurso de Johnson es mucho más claro que todo cuanto yo pudiera agregar. No me pregunte usted, ahora, por qué fue cambiando el temario, por qué fueron suprimidos los puntos fundamentales de la agenda original. No lo sé. Pero lo que sí puedo afirmar es que, como padre de la criatura, yo había pensado que Latinoamérica daba pasos muy importantes...".

El doctor Illia no agrega una palabra. A las insistentes preguntas contesta, afirma, que no es momento propicio para ahondar más en tan compleja cuestión.

"Creo que basta con lo que he dicho".

Sonríe. El mutismo lo envuelve de manera natural.

Lector de Pericles

Pronto reabrirá su consultorio el médico general. Volverá a las consultas sin que importen la lluvia ni el tiempo que haya que dedicar a cada enfermo.

Mientras tanto, asiste a las juntas de su partido y trabaja incansablemente. No piensa retirarse de la política.

"No se tienen convicciones para los días de triunfo. Se tienen y se aman para la adversidad", sentencia.

Cuando el reportero llegó a la casa en que vive, leía *El mito del Estado*. Ausente de todo lo que no fuera su grueso volumen, el doctor Illia memorizaba el más célebre de los discursos de Pericles, citado por el autor de la obra.

"Escuche usted —pidió—. Permítame leerle.

"Nuestro sistema político no compite con instituciones que tienen vigencia en otros lugares. Nosotros no copiamos a nuestros vecinos, tratamos de ser un ejemplo (Esto lo decía mucho cuando era presidente de la nación argentina. 'No copiar, crear; no imitar, ser')...

"Nuestra administración favorece a la mayoría y no a la minoría: es por ello que lo llamamos democracia. Nuestras leyes ofrecen una justicia equitativa a todos los hombres por igual, en sus querellas privadas, pero esto no significa que sean pasados por alto los derechos del mérito. Cuando un ciudadano se distingue por su valía, entonces se le prefiere para las tareas públicas, no a manera de privilegio, sino de reconocimiento a sus virtudes y en ningún caso constituye un obstáculo la pobreza.

"La libertad de que gozamos abarca también la vida corriente: no recelamos los unos de los otros y no nos entrometemos en los actos de nuestro vecino, dejándolo que siga su propia senda... Pero esta libertad no significa que quedamos al margen de las leyes. A todos se nos ha enseñado a respetar a los magistrados y a las leyes y a no olvidar nunca que debemos proteger a los débiles. Y también se nos enseña a observar aquellas leyes no escritas cuya sanción sólo reside en el sentimiento universal de lo que es justo".

"Libres de vivir a nuestro antojo"

"Nuestra ciudad tiene las puertas abiertas al mundo ('Qué hermoso es esto. Y esto es México. Eso son ustedes'): jamás expulsamos a un extranjero... Somos libres de vivir a nuestro antojo y, no obstante, siempre estamos dispuestos a enfrentar cualquier peligro... Amamos la belleza sin dejarnos llevar de las fantasías y, si bien tratamos de perfeccionar nuestro intelecto, esto no debilita nuestra voluntad.

"Admitir la propia pobreza no tiene entre nosotros nada de vergonzoso: lo que sí consideramos vergonzoso es no hacer ningún esfuerzo por evitarla ('Qué pensamiento más exacto, ¿no le parece? ¿No cree usted que esta es una síntesis de moral y política equilibrada y justa?')... El ciudadano ateniense no descuida los negocios por atender sus asuntos privados.

"No consideramos inofensivos, sino inútiles, a aquellos que no se interesan por el Estado ('Perfecto otra vez. A cuántas personas se podría acusar de no interesarse por el bien público. Inútiles, qué bien dicho', y el doctor Illia sonríe con calor, casi con entusiasmo).

"No consideramos la discusión como un obstáculo colocado en el camino de la acción política, sino como elemento indispensable para actuar prudentemente... Creemos que la felicidad es el fruto de la libertad, y la libertad, el del valor, y no nos amedrentamos ante el peligro de la guerra".

El doctor Illia termina así sus reflexiones:

"Cuántos gobiernos debieran escuchar esto. Hay gobiernos que quieren evitar la responsabilidad de los demás, gobiernos que piensan que el pueblo no es capaz y que todas las decisiones las han de tomar ellos, los hombres en el mando. Gobernar para el pueblo y no confiar en él, mandar sobre el pueblo y pensar que no es capaza de decisiones justas, dirigir a un pueblo sin amarlo es tan absurdo como intentar una obra de arte sin la emoción que es su aporte esencial...".

Excélsior habla con los actores del drama dominicano. "Dígale al mundo que no soy comunista", pide el jefe rebelde[*]

Éste es el primer testimonio directo recogido por un periodista de México en la convulsa República Dominicana. En el propio lugar del drama que angustia al continente, el enviado de Excélsior, *Julio Scherer García, ha visto los hechos, ha hablado con la gente, ha palpado el horror de la lucha, ha escuchado argumentos de los bandos en pugna. "Déjennos solos", claman los constitucionalistas que encabeza Caamaño. "Son comunistas", alegan los adictos a Wessin. "Queremos pacificar", afirman los enviados de la* OEA. *Dominándolo todo, la presencia de los soldados norteamericanos. En medio de este caos, Scherer García ha logrado componer el espléndido panorama que* Excélsior, *con legítimo orgullo periodístico, ofrece hoy a sus lectores.*

Santo Domingo, República Dominicana, 11 de mayo.- No cesan los disparos. Aún se escucha su sonido inconfundible parecido al golpetear de maderas duras. A veces se ve a grupos de personas que corren, despavorido el rostro, muy abiertos los ojos. No saben de dónde llegan los disparos. Se refugian en el quicio de una puerta, en el interior de una casa que ha quedado con la verja entreabierta o se embarran contra la pared. La opresión alcanza lo angustioso. La sensación de que la muerte puede llegar en cualquier momento no es exclusiva del periodista que llega a la ciudad. Es de muchos.

El general Caamaño afirma que sus 47 mil hombres sobre las armas están dispuestos a inmolarse. Un grupo de oficiales jóvenes que lo rodean asienten con la cabeza. Los fusiles y las ametralladoras han quedado en las sillas, sobre los estantes de libros, en los rincones del despacho que ocupa su Estado Mayor en un edificio que fue hasta hace unos días de la Asociación de Contadores Públicos de la República Dominicana.

---

* *Excélsior*, 12 de mayo de 1965

"Salga a la calle y vea lo que somos. Vea la decisión con que defendemos nuestra patria, su soberanía, su dignidad. Suba a las azoteas y mire a los muchachos que apenas si duermen observando, vigilando, esperando que aparezcan los tanques y las fuerzas de los invasores para hacerles fuego. Vea la pasión con que hoy defendemos nuestra dignidad. Hable con los choferes, con los vendedores de las pocas mercancías que pueden adquirirse, con los limpiabotas, con los empleados del gobierno. Vea y diga: no somos comunistas. No, se lo digo, no.

"No nos interesa Cuba, ni Rusia, ni China; nos interesa la República Dominicana. Queremos a la patria como un padre a su hijo".

A su lado, Héctor Aristy, ministro de la Presidencia instalada por Caamaño, acaricia su arma. Es una ametralladora automática. Parece como si tomara la guerra a juego.

"Esta arma (una calibre 7.62), cuando dispara, canta. Hay que tomarla con amor. Es fuerte fuerte. Uno se enamora de ella. Es como una mujer obediente, sumisa".

Un hombre de color, reluciente, Francisco Peña Gómez, locutor del programa de noticias más oído en Santo Domingo, sonríe a Aristy.

"Así pensamos todos. Yo era civil. Ahora soy militar. Yo no sabía disparar. Ahora no yerro un tiro. Con uniforme y sin uniforme todos tenemos un arma. Nos han hecho soldados de la noche a la mañana".

Esto es cierto. Bienvenido, jefe de comandos, lleva zapatos tenis y una gorrita de beisbolista, pero la ametralladora se bambolea sobre su hombro derecho. Así muchos más. Muchachos y hombres maduros, todos llevan un arma automática. Es una población civil dirigida por militares, pero confundidos todos en su pedazo de suelo, en su porción de ciudad, casi arrinconados contra el mar. Han escrito con letras blancas, con letras negras, con letras rojas: "A las armas por la patria. La libertad ante todo. Dignidad".

En una calle hay una frase dibujada con letras inmensas, de varios metros: "Patria sí...".

Apoyada contra la puerta de muchas casas, hace guardia, en paños corrientes, la bandera azul, blanca y roja de la República Dominicana.

***

Los tiroteos no son el único sonido extraño en la ciudad. Casi ininterrumpidamente se escuchan los motores de aviones que vuelan a muy baja altura. Caamaño y su grupo dicen que vigilan desde el aire. Toman fotografías, preparan planos. No es eso todo. Se trata de una guerra psicológica, que desconcierta y atemoriza a las mujeres, más que a los niños que levantan los ojos al cielo, no se sabe sin con admiración, envidia o miedo.

Los estadounidenses se adueñan de todo

En las calles los estadounidenses han ido haciendo suya a la ciudad. Cada vez que pueden dan un paso al frente. Se hacen de un metro de terreno, de un solar, de una casa. Ametralladoras, bazucas, toda clase de armas automáticas, tanques —algunos enormes— se advierten por todos lados. También las tiendas de campaña con complicados sistemas de transmisión. Por centenares se cuentan los jeeps y los camiones del Ejército. La carretera que va del aeropuerto a la ciudad les pertenece por entero. Los coches de los dominicanos han de desviarse por atrás, por los caminos no pavimentados. Una sola calle de acceso han dejado sobre la zona donde el dominio norteamericano se acentúa con la entrada a la capital.

Los registros de personas y vehículos son incesantes. No es posible caminar un kilómetro. A veces cada 500 metros, un soldado abre los brazos y ordena al chofer que se detenga. Todo lo revisan. Levantan el cofre del automóvil, buscan en la cajuela, se asoman por debajo en los tapetes. A veces en el interior del vehículo, a veces hasta con sus cuchillos hacen saltar los tapones de las llantas. Levantan el asiento delantero y el trasero. Al chofer y a su acompañante los registran centímetro a centímetro, los cachean. Algo en la bolsa, una libreta en lo profundo del saco, a veces los mueve a sospecha.

"¿Qué lleva ahí? *Show me!*".

Una vez con la libreta en su poder pasan sus hojas.

"¿Periodista? Siga".

A la distancia, en el horizonte, en un mar en que se confunden aguas de azul purísimo y aguas verde esmeralda, se dibuja la silueta de los barcos de guerra norteamericanos. No importa a dónde se dirijan los ojos. Ahí están. Rodean el país como un cinturón. Treinta y siete contó el reportero. Además, dos portaviones y muchas fragatas en continuo movimiento.

Asfixia el ambiente. Algunas calles huelen a desperdicio. Es un olor acre que revuelve el estómago. Los montones de basura se encuentran en algunas esquinas, a media calle. Mucha gente habla de hambre y algunos se mueren. En el hospital del padre Illilia, son María Victoria y el médico jefe de cirugía Luis E. Aiber, acongojados ambos, él en su uniforme blanco, ella en sus atavíos igualmente albos, dijeron al reportero:

Cadáveres en las playas

"Todavía aparecen cadáveres en las playas. Huelen. Los días de la matanza podían contarse ocho y 10 cadáveres abandonados en alguna calle del centro. No se sabe dónde fueron enterrados. A muchos los incineraron. Otros fueron arrojados al río Ozama o al mar, que hoy los devuelve. Hay muchos desaparecidos. Las madres buscan a sus hijos, los hijos a sus padres. En el hospital no han faltado medicinas y alimento porque los Estados Unidos han enviado leche, harina, arroz y todo lo que hace falta. Los constitucionalistas o rebeldes, que de los dos modos se les llama, también han enviado víveres, frutas especialmente, siempre alimentos modestos".

—¿Son comunistas estos hombres, madre? —preguntamos.

—Yo no sé. A lo mejor son, a lo mejor no lo son. Se habla de comunistas y yo me asusto. Pero los curo y los bendigo a todos. En estos días he cerrado los párpados a 30 hombres. Hubo una niñita de 13 años entre las víctimas.

A muy corta distancia del hospital, una escena distinta. Una escuela, la Salomé Ureña Pequero, fue habilitada como prisión. Junto a los pizarrones que citan a los estudiantes para que asistan a juegos de basquetbol, hoy se ven hombres con ametralladoras y cautivos de los constitucionalistas o rebeldes, que miran con ansia los frágiles muros que los separan de la calle. Ahí están los policías capturados, "los cascos blancos", así se les llama. Algunos son cínicos. Hablan de que golpearon, pero no para hacer daño, sino para cumplir órdenes, para asentar el palo en cuerpos blandos y mantener el "garrote" bueno.

"A nadie matamos. Sólo dimos lo que nos exigieron las autoridades. Garrotazos democráticos para mantener el orden. Estamos aquí, pero no con los americanos. La invasión nos ha unido".

Un mundo indescriptible

¿Cómo hablar de este mundo indescriptible que es hoy Santo Domingo? ¿Cómo referir algo de lo que aquí pasa? ¿Cómo contar que hay hombres armados y un ejército poderosísimo que los ha ido cercando hasta arrinconarlos? ¿Cómo decir que en este ambiente se habla de legalidad, de funcionamiento de ministerios, del nombramiento de secretarios? ¿Cómo referir la impresión que causan los niños que han hecho de la calle un parque, atentos a las armas que ven en las manos de

310

cada uniformado, fascinados por los cascos, por los tanques, y a la vez muertos de miedo por lo que han visto y han sufrido en unos cuantos días? ¿Cómo hablar de las "colas" enormes que se forman en determinados puestos establecidos por las fuerzas de invasión y la humildad con que se acercan las mujeres y los niños en pos de los alimentos que les son indispensables? ¿Cómo contar la impresión que causa ver en las ventanas de las casas, en los jardines, en las cocheras, en muchas salas ordinarias, los cascos verdes de los soldados norteamericanos?

¿Cómo hablar de las fortificaciones que se han hecho en los hogares considerados igual que montañas estratégicas que es indispensable mantener bajo control? No sabemos cómo referir todo esto que es caótico, que oprime pero despierta los sentidos, que aterroriza la conciencia pero la mantiene más despierta que nunca.

Tranquilidad... desde el aire

Desde la ventanilla del avión que nos condujo de Puerto Rico a Santo Domingo, el escenario no podía haber sido más hermoso. En las aguas verdes y azules de este océano aparecían los pequeños puntos grises de los barcos de guerra, inofensivos desde las alturas, juguetes en la inmensidad de las aguas.

Los acantilados hacían pensar en defensas naturales de la ciudad. El verdor de los árboles y los ocres de las tierras dominicanas sugerían no sólo una vida normal, sino tranquila y próspera. Cuando el avión descendió todo seguía siendo normal. Pero no bien pararon los motores, los pasajeros sobresaltados se pusieron de pie de golpe. Y empujaron para ganar un mejor puesto en la fila de salida. La nerviosidad de los pasajeros, que llegaban a buscar a sus parientes, sin noticias precisas, hecho un mundo confuso su cerebro, explicaba que no quisiesen perder un segundo.

Los trámites de migración, ya en el interior del aeropuerto, resultaban interminables. Diez minutos para consultar el nombre con una lista de quienes no podrán volver por ahora a Santo Domingo. Después sellos. Finalmente un pase para recoger el equipaje.

Del aeropuerto a la ciudad hay 30 kilómetros. Es un bello paseo. En la margen izquierda se extiende el mar. Una avenida de palmeras subraya la majestuosidad del paisaje.

El chofer, Manuel Pérez Lantigua, un negro con sombrero de carrete, un espécimen de hace 30 años.

311

"A la gente no le ha gustado que vengan los americanos. Dicen que Wessin y Wessin ametralló al pueblo y después los llamó. El viernes, el general Imbert de la junta de ellos, ordenó que la gente fuera a trabajar. No le obedecimos. Hasta el lunes lo hicimos cuando lo ordenó Caamaño. Yo no sé si Caamaño es comunista o no, pero sí que está contra la invasión. Eso me gusta".

La carretera se ve desierta. Apenas circula uno que otro automóvil. Poco a poco, conforme nos aproximamos a la ciudad, la presencia de los jeeps norteamericanos se vuelve familiar; también la de los camiones de gran tamaño, algunos con los toldos bajados. Otros con tropas que permanecen en el interior, recostadas las armas sobre las piernas.

Aparecen las casas de campaña a uno y otro lado de la carretera. Se multiplican. Los soldados se pasean, observados por los niños. Muchos negritos mal vestidos, andrajosos algunos, sonríen tímidamente a los invasores. Pero siempre detrás de las alambradas que circundan esos campamentos.

Estrellas blancas por todas partes

La estrella blanca, insignia del Ejército norteamericano se mira por doquier.

"Al entrar a la ciudad nos tiran por la calle lateral. La autopista es de ellos. Los soldados sí tienen entrada normal. No podemos llegar a la ciudad sino por una calle, la Teniente Amado García. Por ésa hay que entrar. Las demás son de los norteamericanos. Están cerradas para nosotros, muchas de ellas, muchas".

El chofer suspira. Salta a otro tema en la conversación:

"Diecinueve días sin trabajar. ¿Usted sabe lo que es esto? Diecinueve días sin un golpe".

Una doble línea de soldados ordena alto. U.S. Army. Revisa la maleta y la máquina de escribir del reportero. Un libro: *El señor presidente*; lo hojean detenidamente. Las ametralladoras al hombro o en las manos son una advertencia definitiva. La escena se vuelve familiar.

Una matanza ¿de inocentes?

Pasamos por el puente del río Ozama. Casuchas pobres se alinean a una y otra de sus márgenes. Ahí ocurrió una de las batallas más violentas. Combate, dicen unos; masacre, otros. Las fuerzas de Caamaño dicen que fueron ametrallados por los aviones de Wessin y Wessin, sin defensa posible, centenares de civiles y militares confundidos. Wessin y Wessin lo niega. Afirma que era un objetivo militar. Que las fuerzas avanzaban sobre la ciudad.

Los testimonios son elocuentes. Hay casas de madera reducidas a cenizas. Pedazos de lámina regados por el suelo como cascajo. Camiones de pasajeros reducidos a fierro retorcido. Estatuas grotescas de una época contradictoria y aun absurda.

La casa de apartamentos Aibert es sólo un cascarón. Las ventanas sin cristales hacen pensar en ojos sin pupilas. Los impactos de las balas se cuentan por centenares. A un lado, en un solar, el carro 30-C-224, del Ejército de los Estados Unidos, hace maniobras.

Seguimos adelante. La pequeña calle lateral está cerrada. Una ametralladora emplazada sobre un jeep y un grupo de soldados a su alrededor explican que es necesario continuar por el otro lado. Otra calle cerrada. Vigas enormes colocadas a todo lo ancho impiden entrar. Pedazos de láminas de una gasolinería destrozada semejan una montaña. Vuelven las huellas de las balas sobre una fachada. Es otro cuadro que también empieza a hacerse familiar.

"*Welcome today*. 20545...", leemos sobre la fachada de un edificio de la Oficina de Seguridad de los dominicanos y pedimos al chofer que detenga el carro cuando un soldado se aproxima.

"¿Qué hace usted aquí? Su identificación. Circule, rápido".

En la calle José Martí, al lado de un barracón verde abandonado, inhabilitado, los soldados norteamericanos registran a los civiles. Éstos, con los brazos en alto, como si se tratara de cautivos, se someten, en apariencia tranquilos. A las mujeres les piden que abran sus bolsos. En el interior de la Oficina de Identidad, cascos camuflados, uniformes verdes olivo, con insignias USA y las estrellas blancas.

Enervante estrépito

El estrépito de un convoy de camiones de guerra es una variación de este ambiente cargado, cerrado, en esta ciudad ocupada, en esta capital que vive lo inimaginable.

Un minuto después de escuchar el ruido enervante de muchos caballos, que exalta los nervios, que tira de ellos, que mueve a un impulso: correr, salir muy lejos de allí, abandonar el lugar.

Una estación de gasolina en manos de ellos, de los americanos. El tráfico lo dirigen ellos. En una calle, una alambrada de púas. En otra, algo así como una trinchera. Aparecen más carros del Ejército en línea. ·El estrépito que había cesado se renueva con furia.

Continuamos avanzando. Un hotel de pobre aspecto está ocupado por los invasores, que desde los escalones dan acceso a una pequeña oficina de recepción. Otro hotel, el Miami, lo mismo. Vemos muy cerca de él, sobre una cerca de madera: *Go home.*

Llegamos a la estación de policía. Un edificio de respetable tamaño. Los norteamericanos se asoman por las ventanas. Entre ellos hay un civil.

"Déjenos solos", dice un letrero de escritura pequeña, difícil de leer.

"La mano que lo escribió denuncia su timidez", decimos a nuestro acompañante.

"A lo mejor fue mujer", nos contesta.

Se distingue a lo lejos un pequeño grupo de personas con traje de calle; entre ellas, dominándolas, los soldados americanos. Son las oficinas de Canadian Airways.

En el salón de actos Juan Bosco, junto a la iglesia del mismo nombre, el santo de cara bondadosa abraza a dos niños. Es un tierno conjunto de bronce. El lugar, íntegramente, está ocupado por los americanos.

Nadie borra los letreros

Casas de familia, ordinarias, las mismas que podríamos ver en Azca-potzalco, en Clavería, la escena se repite: cascos verdes, soldados, U.S. Army. El panorama es obsesivo. Nuestro vehículo se detiene. Otro re-gistro. D. W. Baudden, que así se llama el soldado, lo hace con toda parsimonia. Pide la identificación del reportero. Más minutos que así se pierden.

Hacia el aeropuerto viejo, sobre un montículo, un tanque apunta sus cañones. Es el primero que vemos. Seguirán muchos más.

En el palacio de la Policía Nacional, detrás de la cerca de alambre que lo circunda, la inconfundible estampa: un soldado de verde olivo con el fusil al hombro.

La residencia del embajador norteamericano, muy cerca de ahí, ofrece sus espaciosos jardines a las fuerzas de ocupación. Algunos soldados re-unidos en grupos, acostados los más de ellos, descansan y conversan. La mansión, toda una manzana, dista poco de la del presidente de la Junta de Reconstrucción Nacional, general Imbert.

Leemos un letrero:
"Armas para el pueblo".
Otro:
"Constitución".
Nadie se ha ocupado de borrarlos.
En plena ciudad aparecen los primeros montones de basura. La atmósfera hace pensar en un mercado al aire libre, en un mercado de productos descompuestos. A lo lejos se erigen los edificios de la Universidad. Imposible llegar a ellos. Para eso habría que cruzar los cercos de los norteamericanos.

La zona de protección

Llegamos a la llamada zona de protección.
Es un centro destinado, entre otras cosas, a las embajadas. La bandera de México, la de Argentina, Chile, muchas más, son una advertencia y su recordatorio de su inviolabilidad.
En la embajada de Guatemala se refugia el periodista Bonilla, contra quien el pueblo arremetió repetidas veces. Doscientos dominicanos llegaron a decir que se entregara y cercaron la residencia. Pero era imposible. Se había refugiado en territorio guatemalteco. Días después un helicóptero de los Estados Unidos lo rescató.
El hotel El Embajador, en plena zona de protección, no parece un hotel de lujo, sino un campamento. La sala principal está llena de gente con los rostros abatidos. Mujeres y dominicanos ricos lo ocupan. Hay niños acostados en el suelo. Mujeres que llenan las alcobas. Son los que desean salir. Comerciantes sobre todo. A su lado se pasean periodistas, la gran mayoría norteamericanos. Pero también hay europeos, en especial italianos.
El hotel es centro de maniobras. Ha sido acondicionado como base de los helicópteros norteamericanos.
Llegan y se van continuamente las mariposas de hierro que hieren el espacio.
En el vestíbulo del hotel, no sabemos por qué, se nos acerca un mulato y nos dice:
"Hay hambre, acá".

El despoblado barrio "acomodado"

Volvemos al automóvil. Circulamos por la calle Washington, que es la costera. Junto al mar se alinean las casas de los pudientes. Se ven jardines, ventanales amplios, construcciones de varios pisos, terrazas soleadas. Pero no hay moradores. Todo el mundo ha huido. Sólo se escucha el ruido de las olas y las palmeras, muy parecido al del mar. Es el viento y es el agua. La brisa se ha llevado los malos olores. Es un pedazo privilegiado de la ciudad.

Otra vez la patrulla americana. Identificación, pasaporte. Nuevamente hay que detener el vehículo, abrir la portezuela, el cofre, mostrar todo al U.S. Army. Dejar que sus manos busquen un arma, un documento.

Una estatua de Jorge Washington parece mirar al mar. Atrás de la figura apuntan los cañones de unos tanques. Por las torrecillas asoman sus pilotos. Negros en su mayoría. Hay que esperar un registro más. Esto resulta tedioso. A los pasajeros de un camión de la azucarera Río Haina, que nos antecede, los hicieron bajar uno a uno. Hay aquí una variedad en el escenario. Recortada, en perfil, una figura espigada. Un policía dominicano dirige el tráfico. No tiene ni fusil ni ametralladora. La culata de un revólver 38, que asoma por la funda. Se balancea. Su garrote café claro a la altura de la cintura. El color oscuro de su cara destaca entre el gris perla de su uniforme y el casco blanco.

Los restaurantes Vesubio, Mandarín y Mar están vacíos. Son espectros de tiempos idos. La maleza ha crecido alrededor. Vemos el mar. Se escucha el ruido de las olas suave, sedante, pero amenazador por la presencia de los barcos de guerra.

El hotel Jaragua es también un cascarón. Cuando nos aproximamos un rugido ordena una nueva desviación. Hay que seguir ahora por la calle Independencia aunque la Washington esté despejada, sin un auto a la vista. Tiene algo de dramático a la vez que de triste el soldado que carga con su arma y así dirige el tránsito. Un tránsito que tiene mucho de imaginario. Apenas si hay vehículos.

En la Independencia otra vez el registro. ¿Cuándo acabará esto? El chofer mueve la cabeza:

"¿Volveremos algún día a la paz".

Aquí hay que armarse de paciencia. El registro es más severo. Al reportero lo cachean de pies a la cabeza. Se nos explica: hemos llegado al fin de la zona de ocupación. En adelante sigue la zona rebelde. Un tanque enorme, un tanque cuyo volumen abarca más de media calle es una señal ominosa.

En la zona de los rebeldes

Los ojos de los niños están fijos en el cielo. Miran los aviones que vuelan a baja altura. En la zona el mal olor se acentúa. Disminuye el tránsito. También el número de peatones. Pero aumenta la calma. No hay registros ni calles bloqueadas.

El cuartel general de los constitucionalistas o rebeldes, recinto de Caamaño, se encuentra en el edificio Copello. Los uniformes militares floreados, camuflados como si fueran a pelear en la jungla y no sobre el pavimiento, invaden el local. Apenas hay oportunidad para abrirse paso. Vemos los uniformes que de lejos parecen pijamas. El reloj marca las 12:10. El elevador funciona normalmente. Pero dentro hay un fusil que descansa en un rincón del cubículo de acero. En el tercer piso nos adentramos en paz. A derecha e izquierda se encuentran las oficinas: Contadores Públicos Titulados. Salón de Conferencias. Dr. O. H. Olavarrieta. Al fondo despachan Caamaño y su Estado Mayor.

Un joven, Héctor Aristy, tal vez de unos 35 años, responde a los periodistas. Sobre la mesa ante la que se encuentran unas 20 personas hay gorras militares, pistolas, ceniceros, plumas, papeles y una subametralladora. En un rincón, en el perchero, están colgadas ametralladoras y fusiles. En un estante de libros, colección de la *Gaceta Civil*. Muchos tomos de *La era de Trujillo: 25 años de historia dominicana*.

"Espero que ya haya paz"

Aristy responde a un hombre de cabello rubio, ojos azules, espigado.

"Señor Pedro: espero que cuando usted vuelva a Santo Domingo ya esto se encuentre en paz y pueda invitarle a mi casa a comer un puerquito asado".

El ministro de la Presidencia en el gobierno de Caamaño es sencillo, pero quiere ser alegre. Afuera, los camiones que circulan llevan un nombre pintado en el cofre o en la portezuela: "Pueblo".

En un escaparate contiguo al edificio Copello hay muñecos y vestidos de niñas alineados, y cuidadosamente dispuesta la mercancía, como si el comercio estuviera abierto. Pero no es eso lo que llama la atención, sino la bandera dominicana y los pétalos de rosa, marchitos, que fueron pegados ahí.

En la calle se alinean los coches de prensa. *Life*, *Corriere della Sera*, *Time* y muchos más. La animación es extraordinaria. Hombres en mangas de camisa y con su inconfundible libreta en la mano hablan, comentan y se intercambian noticias. Buck Canel grita con su voz ronca: "No se vayan, no se vayan, que esto se está poniendo bueno". Y luego, ya más serio: "No me explico lo que pasa. Hace un mes estaba reseñando aquí mismo un congreso mariano".

Las piernas corren por su propia cuenta

"Bosch sin componendas", leemos. El letrero se repite. "Constitución", aparece también con frecuencia.

Lejos ya del edificio Copello, la soledad. El Hotel Dominicano y la Casa de los Médicos están cerrados. Los cristales opacos hablan del tiempo transcurrido desde que no se abre una puerta. El olor a plomo da la sensación de una profunda tristeza. En el parque Independencia un carro es exhibido como trofeo. Perteneció a los temibles "cascos blancos". Ahora es llamado el "as negro". Cerca de él hay civiles con ametralladoras en las manos. Se escucha un disparo. No hay cuello que no quede tenso. Luego más disparos. Las piernas corren por su cuenta. Aquello termina de pronto, como se inició, sin motivo aparente.

En otro escaparate: "Se forran hebillas y botones". Sobre el cristal, con pintura negra: "Nacionalismo, no intervención, autodeterminacion".

En la calle de Pila y Caneda un grupo de civiles militarizados parecen tirar una puerta. Es un garaje habilitado como prisión. Veintinueve cautivos pasan las horas en el interior sombrío, que huele a aceite y gasolina. Un coronel, un oficial, un mayor, cinco capitanes, varios primeros y segundos tenientes, tres sargentos, tres cabos y varios rasos ven transcurrir el tiempo entregados al sueño y al dominó. Unos guardias acomodados en los coches, abiertas las puertas y bajados los cristales, los vigilan con las armas apuntadas hacia ellos.

El coronel Emilio Espinal Sánchez mira con dureza. Hace dos años que tiene el grado. Antes fue oficial de la marina. Estuvo en Nueva York, Alemania, Francia, Jamaica, Martinica. No conoció a Trujillo.

"De política no sé nada. Qué he de decir de los norteamericanos. ¿Que se vayan? Prefiero que me saquen de aquí. Nos tratan bien, pero nos tienen incomunicados, no nos dejan ver a la familia".

Encontramos dos locales abiertos. Una peluquería y una fonda. El peluquero, un hombre de apariencia somnolienta, sin clientela desde

318

hace tres semanas, con los brazos cruzados, frente a dos sillones en que nadie toma asiento, pregunta y afirma a la vez:

"¿Ya vio a los constitucionalistas? Es el pueblo entero".

En el Hospital Pedro Illilia llama la atención el aviso más grande que el nombre del nosocomio: "Atención. Sin excepción de personas prohibido pasar a la sala de los enfermos con armas".

Bienvenido, el jefe de los comandos de la zona rebelde deja su fusil en manos de la madre Victoria, que lo entrega a un médico que pasa en ese momento, no sin un gesto de reproche.

Hasta los niños quieren armas

Cuando Bienvenido vuelve a la calle refiere:

"Estamos organizados por sectores. Esta ciudad es un gran fortín. Cada comando es responsable del orden en tres cuadras. Las casas están defendidas con armas automáticas. Con fusiles. Pueden llegar aquí, claro está, pero después de haber regado con sangre la capital. Algunos niños, contagiados, han querido tomar las armas y hemos tenido que quitárselas. Después, vigilarlos continuamente".

Pina número 44 es un punto clave en la zona rebelde. Allá concurren hombres importantes y ahí vive gente que dirige muchas de las operaciones que se emprenden. Al entrar en la casa, que tiene dos pisos, hay guardias. Al pie de la escalera, guardias. Al fin de la escalera, guardias. Y guardias en la puerta de entrada.

Aguardan.

Francisco Peña, un negro de enorme estatura y pantalón gris, camisa azul clara y zapatos cafés, hace a *Excélsior* el siguiente relato:

"Los americanos se atribuyeron una zona de seguridad con el pretexto de que iban a proteger embajadas extranjeras. Con ese pretexto ocuparon la mitad de la ciudad. So pretexto de tener un corredor que les permitiera el camino libre al aeropuerto, estamos rodeados por ellos y por Wessin y Wessin. Sin embargo, las tropas americanas han seguido avanzando, día a día.

"¿Ya oyó los avioncitos? Siempre nos tienen bajo observación".

Cómo empezó el movimiento

Peña es uno de los dirigentes civiles. Tenía un programa de radio. Era director de *Tribuna democrática*: Refiere:

"El movimiento constitucionalista se precipitó debido a que el jefe del Estado Mayor del Ejército, general Marcos Rivera, a quien posiblemente le habían llegado algunos detalles del movimiento, quiso hacerlo abortar destituyendo a los dirigentes militares del movimiento, el teniente coronel Miguel Ángel Hernández Ramírez, el teniente coronel Giovani Gutiérrez, teniente coronel Álvarez Olguín, capitán Novoa Gálvez. Esos jefes fueron llamados a la jefatura del Estado Mayor del Ejército y destituidos y arrestados. Esta acción provocó el levantamiento de la guarnición destacada en el Estado Mayor del Ejército, bajo el mando del capitán Mario Peña Tavera, quien hizo presos a los cinco jefes del Estado Mayor, incluyendo al general Marcos Rivera. Tan pronto los jefes del Ejército fueron arrestados, el capitán Peña Tavera comunicó al director de la *Tribuna democrática*, a mí, la decisión que acababa de tomar, al tiempo que reclamaba el apoyo del pueblo. Fue entonces que se provocó una movilización al llamado del programa que dirijo. Fue entonces cuando se repartieron las armas al pueblo. Y las unidades comprometidas marcharon sobre la capital. Simultáneamente se registraron otros levantamientos.

"Los jefes de la base de San Isidro, que dieron el golpe de 1963, se opusieron al retorno a la Constitución y dispusieron que la Fuerza Aérea bombardeara la ciudad. Ante esto, algunos militares que estaban con nosotros se retiraron. Sin embargo, la adhesión popular fue tan intensa que poco a poco la victoria se inclinó a nuestro lado, que estaba encabezado por el coronel Caamaño y Manuel Arache. Al verse perdidos pidieron la intervención norteamericana".

* * *

En la calle, al poco rato, nos sorprende un tiroteo. El fuego es intenso. Cerca de Luis Suárez cae un hombre herido. Los soldados y los civiles armados, de bruces sobre el pavimento. Son las cuatro de la tarde.

Por la noche, en el hotel El Embajador, se bebe vodka. Después de cesar el tiroteo, los americanos avanzaron 100 metros.

Humberto Castelo Branco: integración iberoamericana, pero sin Cuba*

De continente rígido y cortesía fácil, el mariscal Humberto Castelo Branco sorbe café y discurre sobre las cuestiones del continente. Hombre dado a la cuidadosa ponderación de los hechos, opina con cautela, piensa que el progreso económico no puede alcanzarse sin un simultáneo avance político en las naciones iberoamericanas. De ahí sus dudas respecto a la viabilidad de las asociaciones en organismos supranacionales, al menos por ahora, temas estos de los que se habla reiteradamente en nuestra América y en los Estados Unidos.

Desde el sitio que ocupara no hace mucho João Goulart en el Palacio de Planalto, en Brasilia, Castelo Branco expresa que, si bien Cuba debe continuar fuera de cualquiera integración económica y política de Iberoamérica, el régimen de La Habana no constituye al presente ningún peligro. Ofrece una lacónica explicación a Julio Scherer García: "El régimen cubano tiene muy limitadas sus fronteras".

Brasilia, mayo de 1965.- En el orden económico Cuba deberá continuar al margen de los países latinoamericanos y fuera de cualquier integración que pudiera planearse en el futuro.

El presidente Humberto Castelo Branco abordó el tema de frente y adelantó a *Excélsior* la posición de su país en este capítulo que, aseguró, será uno de los que habrán de discutirse en la Conferencia Interamericana de Río de Janeiro.

En su despacho, colocada a uno y otro lado de su escritorio la bandera verde y oro de Brasil, habló del régimen cubano a propósito de las declaraciones del presidente Frei a *Excélsior*, en las que el mandatario chileno sostuvo que el bloqueo económico contra la isla, más que división, había provocado un fenómeno de solidaridad interna.

---

* *Excélsior*, 22 de mayo de 1965

La política deberá dominar la Junta de Río

Afirmó el mariscal Castelo Branco:
"Creo que la opinión debe ser considerada no solamente examinando los aspectos negativos, sino también los positivos. El principal aspecto positivo ha sido la caracterización del aislamiento del gobierno cubano, aislamiento buscado por él mismo".

Acerca de la posible inclusión de Cuba en una red económica latinoamericana, de cuya integración se habla cada vez más alto en esta porción del estado brasileño, expresó:

—Es justamente el aspecto político que deberá ser tratado en la Conferencia Interamericana.

—Pero ¿cuál es su opinión, señor presidente?

Preguntó entonces, a su vez, si el Mercado Común Europeo "existe sólo por causa del interés económico o también porque los regímenes de los países que lo integran tienen afinidades políticas", y, ante una respuesta en sentido afirmativo, fue categórico:

—Estoy de acuerdo. Es nuestro caso, en América Latina.

Sorbió su café, sin el cual los brasileños no pueden abordar ninguna cuestión.

Dijo el reportero que le "gusta mucho contestar haciendo preguntas".

Sonrió con expresión de hombre satisfecho y en seguida dijo algo más sobre el gobierno de Fidel Castro:

—En las actuales condiciones, creo que ha dejado de ser un peligro para los países del continente.

—¿En qué descansa su creencia, señor presidente?

—Es un hecho indiscutible: el régimen cubano tiene muy limitadas sus fronteras.

Rigidez y soltura

Todo vestido de negro, de cara blanca, grave y digno como el más severo de los magistrados, el mariscal Castelo Branco provoca una primera actitud de reserva. Inclinada la frente sobre su escritorio, dibujada en forma de arco la fina línea de los labios, obliga a esta reflexión: "He aquí un hombre rígido".

Pero el presidente del cuarto país del mundo en extensión es uno en su aspecto y otro en su actitud. Avanza —y casi se precipita— en cuanto advierte la presencia del reportero en el pequeño despacho que ocupa en el Palacio de Planalto. Su brazo parece disparado por un resorte y su mano saluda con energía. Ofrece un café y advierte: "Haga notar a los lectores de *Excélsior* que la entrevista no es preparada. En los términos más sencillos usted y yo platicaremos sobre problemas del continente. Será una conversación informal, de amigos". Luego ve su reloj. Es una manera de decir: "Tenemos algunos minutos por delante".

Como si tuviera prisa por definir su pensamiento, se adelanta a toda pregunta. Primero ha de sentar un principio:

"Alrededor de la gran asamblea del continente que tendrá lugar en Río dentro de algunas semanas, se ha hablado de buen número de asuntos. Uno de ellos es la OEA. Estoy convencido de que no existen motivos para debilitarla. Estoy convencido también de que los países del continente americano sólo tienen motivos para hacerla más fuerte y eficaz. Deberá ser ésta una de nuestras principales tareas".

Guarda silencio el presidente. Abre la oportunidad para que se le interrogue acerca del tema que hoy más preocupa en América Latina: el económico.

Responde de inmediato:

"No es posible postergar por más tiempo la integración económica latinoamericana. Creo que no caben dudas acerca de esta apremiante necesidad".

Sigue:

"Pero si bien es cierto que no podemos diferir asunto tan importante para el interés primario de nuestros pueblos y de nuestros países, también es cierto que la integración económica continental debe tener como mira un desarrollo equilibrado y en íntima relación, interpenetrado, por así decir, con una firme política democrática.

"Estos asuntos son del resorte de la máxima actualidad americana. Pero, como digo, la integración económica debe ser estudiada y planificada sin olvidar los principios de una sana política democrática".

Para el mariscal Castelo Branco no es posible referirse a las cuestiones económicas sin abordar al mismo tiempo, paralelamente, la unidad política. Son fuerzas que actúan en un mismo sentido, brazos de un mismo cuerpo.

"Economía y política —resume para *Excélsior*— no deben, no pueden ser postergadas. Se desarrollan o se degradan simultáneamente. El impulso económico que todos deseamos únicamente podrá ser alcanzado en un ambiente de paz continental, en un orden jurídico respetado por todos. El desarrollo económico ha de contribuir al perfeccionamiento de las instituciones políticas democráticas y éstas han de favorecer el avance económico de que tan necesitada está América Latina".

Las dudas de Castelo Branco

El presidente de Chile y cuatro economistas de relieve, encabezados por Raúl Prebisch y Felipe Herrera, estiman que el desarrollo económico de América Latina podrá activarse a un ritmo alentador sólo mediante la creación de organismos internacionales con autoridad supranacional. Así lo han hecho saber a los mandatarios de todo el hemisferio.

Abordado el punto con el mariscal Castelo Branco, hasta donde es posible inferirlo de sus palabras poco entusiastas, resulta claro que no es un partidario muy convencido de estas ideas. Un punto de oposición apunta en sus cortantes frases:

"Primero hay que estudiar la proposición. Después habrá que verificar su necesidad. Finalmente habría que crear los organismos que consideraran convenientes los países".

Las piernas cruzadas, la cabeza inclinada, medita unos segundos. A la postre, agrega:

"Cualquier mercado común tiene principios generales aplicables a todas las regiones. Pero cada región, específicamente considerada, posee particularidades muy propias. Éstas son las que deberán ser estudiadas a fondo, con todo detalle".

Por lo que toca al surgimiento de una organización de Estados latinoamericanos, de lo que también se ha hablado en Sudamérica, Castelo Branco se muestra igualmente frío:

"Si va a asociarse a los Estados Unidos, como se ha dicho, no veo aún la necesidad de crear un órgano específicamente latinoamericano".

Ha de relacionarse con este pensamiento su declaración acerca de la Alianza para el Progreso:

"Me satisface su funcionamiento. Es un órgano que se dinamiza y se ajusta a la realidad americana.

"En su acción, cada vez más amplia, sólo veo ventajas para América Latina, para la paz del continente, pero todo ello, vuelvo a decir, apoyado en dos principios: relaciones normales entre los países soberanos y desenvolvimiento armónico de nuestras posibilidades".

Reticencias y paisaje

No se oculta ya que, si la Reunión Interamericana que iniciará el 20 de mayo aprueba la celebración de una conferencia que estudie reformas a la Carta de la OEA, la organización continental podrá enfrentarse a muy serios problemas y, vistas las cosas con pesimismo, hasta a la elección de algunos de los países miembros.

En el orden político están planteados puntos antagónicos que subsisten y que revivirían de inmediato. Uno de ellos tiene que ver con la doctrina Betancourt —en honor de su autor, el expresidente Rómulo Betancourt—, presentada por la delegación venezolana al Consejo de la OEA hace seis años y que alude a una de las cuestiones más debatidas en América Latina: la incorporación en la Carta de Bogotá de un artículo que suspendería los derechos de los Estados cuyos gobiernos hubieran sido derrocados por golpes de Estado.

El tema fue puesto a consideración del presidente Castelo Branco. Pero en esta ocasión no esclareció la postura que asumirá el canciller del Brasil en la conferencia, pues se sumió en las reservas casi absolutas. Sobre la OEA se limitó a estas palabras: "Tengo la impresión de que debe actualizarse, estar al día con la época".

—¿Cómo deberá llenar sus funciones, señor presidente?

—Tengo la impresión de que es el mejor órgano supranacional para tratar nuestros problemas. Sólo debe ser actualizada.

En cuanto a la doctrina Betancourt fue igualmente parco, aunque dejó entrever su oposición el pensamiento del expresidente, del que participa su sucesor, Leoni.

"Es una cuestión sumamente compleja —dijo—. Debe ser examinada teniendo en cuenta la autodeterminación de los pueblos y la paz continental".

Desde la oficina donde nos encontramos, en el Palacio de Planalto, se domina una porción de Brasilia. Todas las floraciones de la naturaleza parece que se han dado en este lugar. Las plantas y las rosas llaman la atención por su tamaño y por sus colores. El rojo intenso al lado del verde esmeralda, el amarillo junto al azul, el rosa confundido con el guinda. Las plantas alcanzan altura de gigantes y hay macizos de tres y cuatro metros de diámetro.

A lo lejos se ve un lago de aguas azules. Es artificial, mas semeja una porción virgen de la naturaleza. Envuelve en su atmósfera a las casas construidas, alrededor de las cuales, perdidos entre los árboles, se distinguen los techos desvaídos, anaranjado pálido. Al fondo, en líneas suaves, se extiende el altiplano en todos los tonos del verde.

Nada falta, la tierra tiene el color del mamey y el cielo es igual que el lago, azul intenso, como el mar en su mejor instante.

Uno se podría sentir aquí a mil kilómetros de la Brasilia conocida, la de los edificios espectaculares y su circulación en dos planos, que evita el cruce de vehículos, hace inútiles los semáforos y anula el mal humor; muy lejos de la catedral descrita por Oscar Niemeyer como una flor que brota, pero que bien podría ser igual que una corona de espinas, estilizadas las puntas clavadas en la tierra; en el extremo opuesto de toda esa arquitectura sorprendente que acumula hallazgos que rebasan la audacia y hace pensar en artificios de un noble temperamento artístico puesto a divagar…

VOLUMEN III

1966-1974

1966

Necesaria, la victoria de EU en Vietnam*

Washington D. C.- Si los Estados Unidos no izan la bandera de la victoria en Vietnam o presencian al menos cómo los guerrilleros del norte piden negociaciones, se desplomará su prestigio en el mundo oriental, en el mundo musulmán, para decirlo todo de una vez, en el mundo.

Pero existe otra alternativa: de aceptarse la autodeterminación en el lejano punto del sudeste asiático, es posible que los vietnamitas del Sur se pasen al lado de los comunistas.

El jefe de la minoría republicana en el Senado, Everett Dirksen, hizo a un lado la oratoria, los efectos a que tan adictos son los parlamentarios; pero un mechón blanco sobre la frente, la expresión tensa del rostro y atrás, al alcance de las manos, dos muletas y una silla de ruedas imprimieron a la declaración un tono dramático.

Hace poco tuvo un accidente. Algunos se olvidaron de él y predijeron su próximo retiro. Pero ni los años ni la invalidez le impiden hacerse oír en este país. Cuando interpeló a los hombres del presidente Johnson, la semana pasada, exigió que hablaran claro en el asunto de Vietnam. El fondo de los pantanos, oculto para muchos, también lo estaba para sus ojos cansados.

El líder republicano sostiene que hay continuidad en la política estadounidense en Vietnam desde hace más de 10 años, y no habla del concepto que tuvo Kennedy durante sus mil días de gobierno. El presidente no era de los que pensaban que los Estados Unidos jugaban una carta decisiva ni que su honor, como nación y potencia mundial, estuviera empeñado en el país asiático.

Sus palabras son recordadas en Washington, aunque no siempre mencionadas por los políticos:

---

* *Excélsior*, 19 de junio de 1966

"Nosotros sólo podemos ayudar, proporcionar equipo y también enviar nuestros hombres como consejeros, pero la guerra tendrán que ganarla ellos, los vietnamitas".

Un senador distinto

Dirksen es un senador distinto. Su trato contradice al de muchos de sus colegas, untuosos y dados a formalidades excesivas, al llenar al visitante de pequeños recuerdos personales: un lapicero con la inscripción "U.S. Senate", un retrato dedicado, alguna postal del hogar nativo.

Brusco por naturaleza, el jefe republicano habla con agresividad y mira con altivez.

Argumenta sobre Vietnam: "Queremos ganar o que nos digan los de Vietnam del Norte que están listos para entrar en negociaciones. No podemos salirnos de Vietnam. Sería la decisión más desastrosa de los Estados Unidos. Perdería su buena fachada nuestro edificio y el prestigio del país se desplomaría en el mundo oriental, en el mundo musulmán, en el mundo entero".

"La simple idea de que este país, con 195 millones de habitantes, el país más fuerte del mundo, se hace para atrás ante una nación pequeña de sólo 90 millones de habitantes, que necesita todos sus abastecimientos del exterior, dejaría listo el escenario para pelear en el siguiente lugar, que ellos, los comunistas, escogieran para campo de batalla. Sería Tailandia, Indonesia o posiblemente Filipinas.

"La historia que vivimos es sencilla. Sólo podemos escoger entre el triunfo y la retirada de los vietnamitas del Norte o que nos digan que están dispuestos a negociar. A esto debemos agregar que la guerra de Vietnam no es nuestra guerra. Estamos allí para ayudar, porque se nos pidió que lo hiciéramos. Debe recordarse que somos huéspedes y que lo que se haga debe estar de acuerdo con el país anfitrión, que también tiene algo que decir en el asunto. No estamos en el sudeste de Asia para conquistar, sino para enseñar que no se puede destruir la libertad y la independencia de Vietnam del Sur. Cuando se nos asegure la existencia de un gobierno estable, podremos llegar a un arreglo".

La complejidad del pensamiento de Dirksen da forma a las contradicciones de este laberinto en el que no se halla salida:

No es la guerra de los Estados Unidos, pero el honor nacional de los Estados Unidos y su prestigio como primera potencia del mundo están en juego; no es la guerra de los Estados Unidos, pero sólo pueden optar por el triunfo; no es su guerra, pero el líder republicano habla de ella como si pronto pudiera trasladarse a las proximidades del río Potomac.

Sería un trago muy amargo

El senador aborda otro punto, "una de mis más graves preocupaciones". Dice:

"Si se acepta la autodeterminación a lo mejor deciden (los de Vietnam del Sur) unirse al lado comunista. Sería un trago muy amargo para nosotros, pero desde la época de Woodrow Wilson se sabe que hay que dejar que la gente de un país determine por ella misma. Así ocurrió en México durante la época de Benito Juárez, quien guió la revolución y acabó con Maximiliano. Aquí Lincoln fue muy inteligente con la Comisión Confederada que quiso negociar con él y le propuso una tregua durante la guerra civil para que se unieran ambas facciones y ayudaran a Juárez y los mexicanos se encargarían de ello. Esto es autodeterminación. Si Lincoln se hubiera dejado convencer, habría cometido un error, pero se comportó con buen sentido y prevaleció Juárez. Ese día empezó a escribirse el destino verdadero de México, en 1864 o 1865".

Sobre Vietnam otra vez, asegura que no hay desacuerdo básico con el gobierno de Estados Unidos ni cree en una lucha entre republicanos y demócratas por esa causa. Teme, en cambio, que la población no distinga entre los objetivos militares y políticos por un lado y los métodos de acción por el otro.

"Creo —fueron sus palabras— que la dificultad consiste en precisar, ante todo, si la guerra se pelea tan agresiva y diligentemente como se debiera. Hay desacuerdo sobre si se bombardea Hanói o Hai Phong, sobre si se colocan minas explosivas en las afueras del puerto de Hai Phong —punto de desembarque de las mercancías y no Hanói—, sobre si se bombardea el ferrocarril chino que transporta los abastos, lo que ayudaría a estrangular todos los establecimientos de Vietnam del Norte. Hay diferencias de opinión sobre lo que debe hacerse, pero sólo desde el punto de vista de la operación".

El líder republicano se interrumpe bruscamente y no da oportunidad a una palabra más. Ha llamado a su secretaria y pide que haga pasar a cuatro senadores que lo esperan desde hace 20 minutos. Sin ver la mano que estrecha, se dispone a seguir hablando de Vietnam.

Maxwell D. Taylor: la guerra de Vietnam puede durar un año... o mucho más[*]

Washington D. C.- El general Maxwell D. Taylor, condecorado por países de todos los continentes y reputado por los consejeros íntimos de John F. Kennedy como "el mejor soldado americano con capacidad de estadista", declaró hoy a *Excélsior* a lo largo de una inusitada entrevista que se inició a las 11 de la mañana y terminó 70 minutos después:

1. Ni los Estados Unidos ni China roja desean la guerra. El mundo puede permanecer tranquilo.
2. Vietnam no incendiará el continente asiático. China no tiene capacidad para una empresa de esa magnitud.
3. Estados Unidos tiene localizada la pequeña planta construida por los chinos para crear armas nucleares. Un acto de voluntad bastaría para destruir las instalaciones.
4. No está dicho que a fin de año tendrán los Estados Unidos 400 mil hombres en Vietnam. La cifra es un informe de los periódicos no confirmado por el gobierno. Pero no está descartado que el número llegue o sobrepase los 400 mil soldados.
5. No habrá plebiscito en Vietnam del Sur. Sus habitantes han expresado la voluntad de luchar contra el comunismo.
6. Son superiores las armas nucleares de Estados Unidos a las de la URSS. Pero eso ya no importa esencialmente: hay armas suficientes para la destrucción recíproca.
7. No se pueden extraer ejemplos paralelos de la guerra que Francia libró en Indochina hace 12 años, con pésima fortuna y pérdida de 100 mil hombres, con la que hoy se libra en Vietnam.

---

[*] *Excélsior*, 20 de junio de 1966

8. China se guardará muy bien de atacar la Séptima Flota o las instalaciones de los Estados Unidos en Asia. Los santuarios de este país permanecerán intocados.
9. El conflicto de Vietnam puede durar un año... o más. El fin no se vislumbra.
10. La guerra de Vietnam es impopular; pero el soldado de tres grandes guerras no conoce una que sea popular.

Actividades trascendentes

En la oficina número 300 del antiguo edificio del Departamento de Estado, en la avenida Pensilvania, en un cuarto de paredes blancas y techo alto, espacioso y frío, sin adornos, el protagonista del "Día D", como jefe de la División 101 de paracaidistas y después jefe del Estado Mayor de las fuerzas norteamericanas en Europa, comandante del gobierno militar americano en Berlín, comandante del Octavo Ejército en Corea, jefe del Estado Mayor del Ejército de los Estados Unidos, representante militar del presidente Kennedy, embajador en Saigón y actual consejero especial del presidente Johnson, recordó cómo la primera división de su país aterrizó en Normandía la noche entre el 5 y el 6 de julio de 1944 y fue la que él comandó.

"Aterrizamos sobre los alemanes —recuerda—. Mi división tenía seis mil paracaidistas y la del general Ridgway otros tantos. Doce mil soldados descendieron sobre la península de Cherburgo. Allí nosotros fuimos los guerrilleros y disfrutamos de la situación. Por esa experiencia me he convencido de que es mejor ser guerrillero que contraguerrillero. Es más agradable y más emocionante. No se necesitan tantos hombres".

Pero ¿y Vietnam? ¿Por qué los vietnamitas del Sur no han aplastado a los del Norte si en 1963, según cálculos oficiales, sus fuerzas regulares superaban en proporción de 10 a uno a las de los guerrilleros y a esa ventaja se ha sumado el extraordinario despliegue militar de los Estados Unidos en estos meses?

Responde el general de cinco estrellas:

"Esta pregunta se basa en un malentendido, porque nunca, ni en 1963 ni después, ha habido una proporción de 10 a uno entre las fuerzas del gobierno y las guerrillas. Cuando fui embajador en Saigón esta proporción era de 3.5 a uno. La experiencia histórica ha demostrado que para tener buen éxito en lugares como Grecia, Malasia y Filipinas las fuerzas gubernamentales tienen una superioridad de 10 a uno o más. Por la movilidad y equipo moderno de nuestras tropas no necesitamos tal proporción, pero sí una superior de 3.5 a uno".

Continúa:

"Fue la constante infiltración de refuerzos del Norte al Sur lo que impidió a las fuerzas gubernamentales elevar suficientemente el número de sus hombres. Ésta es la razón por la cual el gobierno de los Estados Unidos decidió en 1965 que era necesario traer fuerzas terrestres de nuestro país que suplieran las diferencias de fuerzas de Vietnam del Sur. Con el Vietcong, que aumentó sus fuerzas en 60 mil mientras nosotros lo habíamos hecho en 140 mil. En otras palabras, teníamos sólo una proporción de dos a uno. Y esto no era suficiente, por lo que nuestro gobierno decidió enviar más fuerzas terrestres en respuesta a la petición del gobierno de Vietnam del Sur".

¿Cuatrocientos mil hombres? Una incógnita

—Se sostiene que la guerra de Vietnam ha de ganarla el pueblo vietnamita. Pero... ¿400 mil hombres que habrá a fin de año en Vietnam y gastos anuales por más de 13 mil millones de dólares no significan que Estados Unidos ha tomado la iniciativa de las acciones?

—No. Yo diría que, de acuerdo con las instrucciones del presidente Kennedy en 1961, los Estados Unidos han tenido la política de ayudar a los sudvietnamitas haciendo únicamente lo que los sudvietnamitas no pueden hacer por ellos mismos o no pueden hacer oportunamente. No sé de ninguna acción nuestra en Vietnam del Sur que no esté de acuerdo con esa política. La razón por la cual hemos tenido que aumentar nuestra fuerza y gastos en dinero es por la guerra declarada en Vietnam que ha llevado a la introducción del Ejército de Vietnam del Norte dentro de Vietnam del Sur, además de las guerrillas que han estado peleando allí. Por lo tanto, diría que no hay la decisión de poner 400 mil hombres en Vietnam del Sur a fin de año. Ésos son informes de los periódicos que nuestro gobierno no confirma".

—¿No corrobora que los Estados Unidos han tomado la iniciativa en Vietnam el hecho de que las bajas de los soldados estadounidenses han sido en mayor número que las de los vietnamitas durante las últimas cinco semanas, según informes de los periódicos en Washington?

—Ha habido una, dos o tres semanas en que posiblemente ése ha sido el saldo. Pero no es el cuadro real. En general, las pérdidas de los vietnamitas han sido constantemente más elevadas que las de los americanos, pero esto varía de semana a semana. No se pueden organizar las batallas de acuerdo con un programa. Puede pelearse una vez en territorio donde hay más americanos o más vietnamitas, lo que determina la cantidad de bajas en uno y otro lado.

—¿A cuánto ascienden las pérdidas de los Estados Unidos en Vietnam?

—Tendré que contestar esto más tarde, ya que no tengo el dato a la mano.

—¿Cuánto han gastado los Estados Unidos en Vietnam?

—No puedo decirlo, porque las cifras han variado mucho desde 1954. Creo que el gobierno publicó un cálculo hace meses, pero no tengo las cifras totales. Pregunte al Departamento de Estado. Sé que se ha gastado mucho, sobre todo si se hace el cálculo desde el principio de nuestra ayuda en 1954.

Militarismo y comunismo

—Si se ganase la acción militar, pero no se manifestara un claro sentimiento anticomunista de Vietnam del Sur, ¿cuáles podrían ser las consecuencias? Preguntamos esto porque sobre todo en los Estados Unidos se ha insistido en que, a la postre, la victoria definitiva sólo la dará un sentimiento anticomunista en el sudeste asiático.

—Nuevamente creo que la pregunta tiene un punto de vista que no considero exacto. Primero, la victoria no puede lograrse por medios militares, es decir, nunca se logrará por la sola acción militar. La victoria se obtiene por una combinación entre la acción militar y las tareas de construcción y de reconstrucción de la nación, que naturalmente deben continuar en la cauda del éxito militar.

"En segundo lugar, la pregunta sugiere que no hay un sentido claro anticomunista en Vietnam del Sur. Yo diría que hay un sentido anticomunista muy claro, pues, de otra forma, ¿por qué habría peleado esta gente durante 11 años para rechazar el comunismo impuesto por las armas? Hay evidencia muy clara de un sentimiento anticomunista. No hay duda de que lo hay y continuará habiéndolo, a menos que los comunistas triunfen, en cuyo caso aquellos que no se adhieran al comunismo perderán la vida. Esto sucedió en Vietnam del Norte, en donde fueron ejecutados muchísimos anticomunistas entre 1954 y 1958, hasta que aceptaron el comunismo. Y habría mayores matanzas en Vietnam del Sur si los comunistas ganaran. Pero indudablemente la mayoría de los vietnamitas del Sur son anticomunistas, porque de otra forma no habrían peleado durante 11 años. Así es que yo diría que una victoria serviría para establecer claramente el sentido anticomunista, porque ya existe éste y ha existido desde 1954.

—¿Aceptarían ustedes un plebiscito en Vietnam del Sur para saber si la mayoría desea tropas en su territorio o no?

—Aceptaríamos cualquier elección libre sobre cualquier tema en Vietnam del Sur. El problema, por supuesto, es llevar a cabo una elección libre cuando se tiene una guerra en las 44 provincias. Lo hace difícil. Pero desde el principio hemos dicho que aceptaremos el resultado de cualquier elección libre sobre cualquier asunto en Vietnam del Sur.

—¿Puede haber elecciones libres con tropas de ocupación?

—No hay tropas de ocupación. Nosotros no ocupamos al país. Se me pasó mencionar algo que ha pasado a la atención de muchos países, pero que es muy importante. Hace un año, en mayo, se llevaron a cabo elecciones en Vietnam del Sur para elegir consejeros municipales y provinciales, consejeros asesores a los alcaldes de las principales ciudades y los gobernadores de las provincias. No muy importantes, pero tienen que elegirse y se les eligió en cada una de las 44 provincias.

"En Vietcong, los comunistas quisieron sabotear las elecciones y anunciaron que cualquiera que votara en ellas estaría votando en contra de ellos y amenazaron con tomar represalias. Sin embargo, el día de las elecciones el 67 por ciento de las personas que se calcula que tienen la posibilidad del voto se registraron para votar; ese día, el 62 por ciento de los que se registraron votaron. Hicieron esto a pesar de las amenazas del Vietcong, lo que significa un acto de gran valor en muchas áreas rurales.

"Lo anterior prueba dos cosas: una, que la mayoría de la gente de Vietnam del Sur, aun ante amenazas, se enfrentará al Vietcong por un gobierno; la segunda, que se pueden tener elecciones en Vietnam del Sur. A nadie se le ocurre que pueda haber interferencia militar en esas elecciones. Se pueden tener elecciones, aunque aproximadamente un 20 por ciento no podrá votar por estar en territorio del Vietcong. Creo que se pueden hacer las elecciones en septiembre, a pesar de esas limitaciones. La situación es bien clara, pero lo que ocurre es que se ha escrito y dicho tanto sobre todo este asunto que existen verdades y exageraciones.

Los santuarios de Estados Unidos

—Los Estados Unidos han declarado que no se inhibirán de atacar ciertos puntos de donde salen aviones o tropas del enemigo, como ocurrió en Corea, en que el territorio chino fue considerado como un santuario sagrado no tocado por tropas americanas. ¿Cuáles serían las consecuencias de un ataque de Vietnam del Norte contra los actuales santuarios estadounidenses, como sus bases en Vietnam del Sur o los barcos de la flota cercana a las costas?

—El resultado sería la destrucción de los aviones que atacaran. Temen atacarnos porque nosotros no hemos atacado sus aeropuertos de Vietnam del Norte; saben bien que si nos atacan en el mar o atacan nuestras bases en Vietnam del Sur, inmediatamente olvidaríamos esa limitación, contraatacaríamos y destruiríamos su fuerza aérea, hasta cierto grado; entonces, su fuerza aérea es como un rehén para nosotros. Han tenido mucho cuidado y lo único que hacen es combatir cuando nuestros aviones se acercan a Hanói o a Hai Phong. No saldrán. Saben bien que, si lo hacen, los destruiremos.

"En lo que se refiere a que hemos dicho que no debe haber santuarios, significa que cualquier ataque o cualquier nuevo objetivo militar se decide aquí, en Washington, con las más altas autoridades. Ésta no es una decisión que puedan tomar nuestros pilotos ni aun el general Westmoreland. Es un asunto cuidadosamente controlado, de suerte que no hay peligro de que nuestros pilotos puedan atacar los objetivos que se les ocurra.

—¿Y el famoso "error de cálculo" de que tanto hablaba el presidente Kennedy? Las órdenes pueden darse en Washington, pero en el frente puede haber una iniciativa personal que ocasione una catástrofe.

—El error de un piloto que pueda atravesar la frontera sin saberlo, pero eso no va a causar una guerra general. Tratamos de evitar que eso pudiera suceder.

—¿Usted no cree en una guerra general por causa de Vietnam?

—No. ¿Entre quiénes?

—Entre China y los Estados Unidos.

—China va a evitarlo y nosotros no deseamos la guerra. China tiene muchas razones que fundamentan lo que digo. Sabe que tenemos un arsenal de armas nucleares sin límite si queremos usarlas. Tenemos amplia superioridad militar. Podemos destruir a China, si así lo determinamos, con armas nucleares. Podemos dañar seriamente a China sin usar armas nucleares.

"En segundo lugar, han gastado mucho los chinos en una pequeña planta para crear armas nucleares y nosotros sabemos dónde está. Podemos eliminarla cuando queramos. Esto también es un rehén para nosotros. En el momento en que queramos podemos arrasar lo que ha sido construido con un esfuerzo nacional tremendo y con un prestigio nacional también tremendo.

"En tercer lugar, China sostiene profunda lucha con la Unión Soviética por la hegemonía en el mundo comunista. No puede darse el lujo de meterse en líos con nosotros, pues esto le significaría un debilitamiento que les impediría hasta pensar en llegar a ser la primera potencia comunista del mundo. Tienen que considerar esto.

"En cuarto lugar, el sudeste de Asia es un lugar muy difícil para que ellos puedan desatar una guerra. Las líneas de comunicación son difíciles. No pueden desplazar a sus tropas ni pueden sostener el enorme problema de alimentar a la enorme población china, lo que también causa muchas dificultades.

"En quinto lugar, están a la mitad de una lucha por el poder en su propio liderato. En suma, que no puedo imaginar una lista más impresionante de razones que ésta. Creo que ellos no quieren una guerra y definitivamente sé que nosotros tampoco. Por lo tanto, no debemos preocuparnos.

Papel de la URSS; *Indochina*

—¿Es el armamento nuclear de los Estados Unidos incomparablemente superior al de los rusos?

—Sí. Pero ¿quién dice que Rusia apoyará a China? Nuestro arsenal es muy superior. Se puede decir que hay superioridad si se tienen 200 megatones contra 100, pero eso no tiene importancia esencial, ya que 100 megatones destruirán también lo que destruirán 200. Es muy difícil comparar, pero ambos tenemos suficiente para destruirnos mutuamente. Esto está bien claro y también que China no tiene casi nada.

—¿En cuánto tiempo podría prepararse China para una guerra nuclear?

—En varios años, para adquirir una fuerza de importancia. Pronto podrán tener algunas armas, pero para tener fuerza significativa desde el punto de vista militar o político requerirán algunos años. Una fuerza nuclear que significara una potencia para los Estados Unidos necesitaría, cuando menos, cinco años, si no es que más.

—En 1954 el bien equipado Ejército francés fue derrotado y tuvo más de 94 mil bajas en Indochina. ¿Cuál es la diferencia entre esa batalla que Francia libró en suelo asiático contra guerrilleros que estaban en todos lados, como matorrales, y la que hoy libran los Estados Unidos en Vietnam?

Diferencia de posiciones

—Ésta es una pregunta muy interesante. Se refiere a la posición francesa y a la posición norteamericana. Yo diría que hay una gran diferencia. Francia era un poder colonial tratando de conservar y ganar sus colonias y, por lo tanto, enajenó prácticamente a todos. Los vietnamitas que pelean de nuestro lado antes pelearon contra los franceses que representaban una potencia extranjera y muy pocos la apoyaron. Creo que ésta es la diferencia política más importante.

"Nosotros estamos en Vietnam porque se nos pidió que fuéramos por los vietnamitas del Sur y nos quedaremos mientras ellos así lo deseen. Creo que todos entienden, nuestro presidente lo ha repetido muchas veces, que no queremos nada en Vietnam, no queremos bases, alianzas militares, misiones permanentes, sino que deseamos salir en cuanto logremos nuestro objetivo básico de un Vietnam del Sur independiente y libre de ataques. Creo que esto lo aceptan todos los vietnamitas.

"La propaganda comunista, por supuesto, trata de hacernos aparecer como los franceses, pero no creo que eso convenza a muchos vietnamitas. Militarmente la gran diferencia es que los Estados Unidos son más poderosos que los franceses. Tenemos un poderío militar como nunca antes tuvo ningún gobierno peleando contra guerrillas. Esto se representa en mucho con las armas de fuego modernas y especialmente por la movilidad moderna, sobre todo, la aérea. Nuestros helicópteros nos permiten poner hoy un batallón en la provincia A y mañana tenerlo peleando en la B. Esto nos da más rendimiento de nuestras fuerzas, su eficacia militar es mayor y con la posibilidad de mover a las tropas de un lado a otro.

Una fuerza que nadie tuvo

—El punto final es que tenemos no solamente a los americanos, sino a casi 700 mil vietnamitas del Sur armados, de los cuales casi todos son voluntarios. Sólo aproximadamente el 6 por ciento son conscriptos. Como se ve, esta fuerza nativa constituye una fuerza mayor que cualquiera que los franceses hayan alguna vez tenido a su disposición. Además, peleamos únicamente en la mitad del país, mientras que los franceses intentaron tener todo el país.

—Sigo sin entender por qué no han dominado a los vietnamitas del Norte con todos esos recursos.

—¿No recuerda usted a un general muy conocido llamado Pancho Villa? ¿Cuántos hombres y cuántos años se necesitaron para atraparlo? Y era más fácil en México que en Vietnam. En Vietnam se tiene a 250 mil guerrilleros armados en selva, montaña, en áreas inaccesibles que no se ven desde el aire, que aterrorizan a los habitantes de las poblaciones para que no los delaten. Cuando los atacamos pueden retirarse a Camboya o a Laos para escapar. Aun cuando tenemos muchos recursos, también tenemos muchos problemas. No es cosa fácil.

Estados Unidos y "la peor carga"

—No los han apoyado en Camboya y en Laos. ¿Por qué?

—Camboya se dice neutral. Sin embargo, constantemente tenemos diferencias en las fronteras, que están muy mal trazadas y en disputa constante, y los miembros del Vietcong continuamente invaden el santuario. En forma similar, en Laos, por invitación del gobierno laosiano nuestra fuerza aérea les ayuda a patrullar el camino de Ho Chi Minh, que viene de Vietnam del Norte, pero debido a las condiciones del terreno es muy difícil de tener el movimiento en esa región.

—¿Por qué únicamente cuatro países los apoyan militarmente?

—En primer lugar, porque a pocos países les gusta meterse en una guerra, si pueden evitarlo, y afortunada o desafortunadamente tienen los Estados Unidos que soportar la peor carga. Señalaría que unos 35 países ayudan a Vietnam del Sur, en algunos casos en forma muy reducida, pero cuando menos expresan su apoyo ayudando a Vietnam. En Vietnam del Sur hay 15 países que tienen gente ayudando, y, como usted dice, en el campo de batalla, los coreanos tienen 40 mil hombres, los australianos y los neozelandeses van pronto a aumentar su número y los filipinos han prometido enviar tropas. Estoy de acuerdo en que nos gustaría mucho que se nos ayudara, pero es difícil persuadir a otros países de que es su obligación, pero la mayoría de nuestros amigos no lo creen así.

"Diría que estamos allí por tres razones:

"Primero. Históricamente nos hemos opuesto a la agresión y hemos favorecido el derecho a la autodeterminación. Usted recordará que el presidente Woodrow Wilson lo decía continuamente.

"Segundo. Tenemos las obligaciones de un tratado que no es unilateral, sino constituido por ocho naciones, cada una de las cuales se compromete a ayudar a cualquier país en Asia Sudoriental que lo solicite si se ve atacado. Hemos ido a Vietnam del Sur por respeto a nuestras obligaciones por el tratado.

"Tercero. Hemos ido porque hemos visto el peligro internacional de que Asia Sudoriental se vuelva comunista y el uso de lo que los comunistas llaman 'guerra de liberación' para atacar a países débiles no sólo en Asia, sino también en América Latina y África.

El gobierno de facto: Vietnam

—Pero la petición de ayuda la hizo un gobierno *de facto*, no un gobierno elegido por el pueblo, ¿no es así?

—Nos gustaría mucho tener un gobierno elegido, pero es muy difícil tenerlo cuando la gente está bajo ataque constante. Estamos tratando de resolver esto. Es el objeto del programa constitucional actual que se ha esbozado, pero únicamente porque hemos traído nuestras fuerzas y establecido una condición de seguridad es posible tener las elecciones, y aun ahora va a ser muy difícil. Todo gobierno debe empezar por un periodo previo a una constitución. A nosotros nos tomó de 1776, fecha de la declaración de independencia, hasta 1789, para tener un gobierno constitucional. Así que cada nación en tiempo de guerra, amenazas y revolución tiene periodos en los que no puede tener gobierno legítimo. Algo debe parecerse a un gobierno legítimo.

—Insisto en que ustedes entraron allí por un gobierno *de facto*.

—Este gobierno al que usted refiere como *de facto* ha sido reconocido por 50 países del mundo, lo que lo hace legítimo. No fue elegido, como nos hubiera gustado, pero hay muchos gobiernos que son legítimos y que no fueron elegidos; nos gustaría que lo hubiera en Vietnam y también les gustaría a los vietnamitas. Ciertamente nosotros deseamos que lo haya para el año próximo.

—¿Por qué si ustedes están en la ONU no esperaron para tomar su decisión una previa resolución del organismo mundial?

—Informamos sobre ello. Se nos pide que informemos, no que esperemos una aprobación formal. Reportamos nuestra acción bajo el pacto regular de seguridad que pide que reportemos nuestras acciones de resistencia agresiva a las Naciones Unidas. Según sé, ahí termina nuestra acción legal. Pensé que usted posiblemente había preguntado por qué no pedimos a las Naciones Unidas que se encarguen de este asunto para no hacerlo nosotros de una manera unilateral. Nos encantaría que así fuera. Pero las Naciones Unidas se han negado repetidamente a absorber la jurisdicción.

La situación no puede cambiar

—¿Por qué lo ha hecho?

—Porque saben que no pueden cambiar esta situación. No tienen fuerzas, armas que puedan ir a pelear contra 235 mil guerrilleros armados. No tienen fuerza militar y, en segundo lugar, nunca obtendrían la aprobación por el veto comunista. La Unión Soviética les haría esto. En tercer lugar, aún a pesar de estos dos obstáculos, Vietnam del Norte y Pekín repetidamente han expresado que no quieren tener nada que ver con las Naciones Unidas. Éstas son tres buenas razones por las que no intervienen las Naciones Unidas. Nos satisfaría que lo hicieran.

—¿No bastaría una aprobación verbal, cuando menos, para darles apoyo moral?

—No, por el veto.

—Entonces, ¿Vietnam es un callejón sin salida?

—No lo creo. Todo lo que tenemos que hacer es continuar lo que estamos haciendo, mejor y con más fuerza y determinación. Tenemos los recursos. Se requerirá tiempo. Un año más, no lo sé.

Una guerra impopular

—¿Son importantes las diferencias existentes entre los militares norteamericanos sobre el modo de llevar la guerra en Vietnam?

—No creo que haya dificultades importantes. Por lo general, los militares quisieran ir más aprisa que los civiles, pero es cuestión de programas y no de objetivos la estrategia militar.

—¿Cuál es el espíritu de combate de los jóvenes soldados? Hay revistas en los Estados Unidos que han hablado de crecido número de jóvenes desquiciados.

—La moral de combate de los soldados es magnífica. Nuestros oficiales hacen cola para ir de voluntarios. Tengo un hijo que está por regresar de una gira de un año por Vietnam con su unidad de paracaidistas y me dice que la moral del soldado es magnífica, está funcionando perfectamente. No sé nada sobre desquiciados.

—¿Por qué se acrecienta el número de combatientes, gradual e incesantemente en Vietnam? Si a finales de 1963 eran 15 mil 500 soldados regulares, más 600 consejeros militares e instructores de tácticas antiguerrilleras. ¿A cuántos podrán llegarse? ¿Se ha hecho un cálculo al respecto si 400 mil hombres a fin de año tampoco son suficientes?

—Creo haber respondido esta pregunta al principio, cuando dije que las necesidades de aumentar los contingentes dependerán de Vietnam del Norte, que tienen el equivalente a cinco divisiones y puede tener más. Así que la incertidumbre de cuántos más se enviarán a Vietnam del Norte no evita poder decir cuánto se requerirá en el sur. Pondremos lo suficiente, pondremos lo que sea necesario. Si la cifra llega a 400 mil, eso no sé. Pueden ser más, pero nosotros enviaremos todo lo que se necesite.

—¿Qué piensa usted acerca de la impopularidad de la guerra en Vietnam, cada día más generalizada?

—Con frecuencia se me pregunta, durante mis giras por el país, por qué es tan impopular esta guerra. He vivido tres guerras y mi respuesta es que siempre la que se está llevando a cabo es la más impopular. No existe una guerra popular.

Nosotros, ya en la avenida Pensilvania, nos preguntamos: ¿habrá sido impopular la guerra contra Alemania nazi?

Robert Kennedy: es absurdo no dialogar con nuestros adversarios*

Nueva York, 23 de junio.- El senador Robert Kennedy proporcionó esta mañana a *Excélsior* las primicias de una noticia que, sin duda, tendrá repercusión en todo el mundo: su apoyo decidido al ingreso de China comunista en la ONU.

Camino al aeropuerto La Guardia, donde abordaría un avión para trasladarse por vez primera a Washington después de su viaje por Sudáfrica y algunas ciudades de Europa, declaró textualmente en la primera entrevista que concede al volver a Estados Unidos:

"Estoy de acuerdo con el ingreso de China en la ONU. Creo que carece de sentido no tener diálogo de ninguna especie con nuestros adversarios".

En tiempos de JFK era distinto

Al preguntársele por qué el presidente John F. Kennedy no intentó ese acercamiento con el gigante de 700 millones de habitantes, repuso el senador por el estado de Nueva York:

"Durante su época no fue posible intentarlo. Las relaciones con la Unión Soviética se encontraban entonces en un punto crítico. El ambiente era distinto al que priva hoy en el mundo. Podría citar otros problemas que complicaron grandemente los días de mi hermano en la Casa Blanca, como la invasión de la India. Hoy ya se puede y debe intentarse el acercamiento con China".

En respuesta a un modo de ser característico, libre de convencionalismos y prejuicios, partidario del trato directo, Kennedy citó al reportero en su automóvil. Con una agenda complicadísima, sin minuto de reposo,

---

* *Excélsior*, 24 de junio de 1966

con audiencias ante el Senado en Washington y compromisos en Nueva York, propuso:

"Si no le importa, mientras mi chofer maneja, usted y yo podemos platicar".

El trayecto del edificio número 870 de la plaza de las Naciones Unidas al aeropuerto se prolongó 18 minutos. En ese lapso el senador de 40 años, con un puro que apenas se retiraba de la boca, dijo:

"No me opondría a que Estados Unidos iniciara pláticas con los dirigentes de la frustrada Revolución cubana, pero lo intentaría bajo dos condiciones: que cesaran su total dependencia económica y política de la Unión Soviética y que pusieran fin a los intentos de socavar el orden en América Latina. No creo que estén dispuestos a intentar pláticas con nosotros bajo esas condiciones ni creo que nosotros podamos acercarnos a ellos mientras existan las dos premisas que he citado".

En la oficina de Bob Kennedy

El encuentro con el senador, a las 8:30 de la mañana, fue en su condominio de la plaza de las Naciones Unidas. Es mitad habitación particular y mitad centro de propaganda política. Los carteles en que se cita al Partido Demócrata y los ideales de una mejor sociedad americana casi se confunden con los retratos de la familia.

En serie aparecen las fotografías de sus ocho hijos, de su esposa, de su hermano John. Un busto en bronce del extinto presidente está colocado junto al diminuto calendario de plata que éste regaló a su hermano y al reducido número de colaboradores que afrontaron en la Casa Blanca, en octubre de 1962, el peligro de una guerra nuclear con la Unión Soviética. El calendario, enmarcado en nogal, tiene profundamente grabados los 13 días, comprendidos entre el 16 y el 28 de octubre, jornadas en que el mundo se jugó su destino en las manos de dos hombres: John F. Kennedy y Nikita Kruschev.

De prisa, siempre con los minutos contados, el senador Kennedy oprime el botón del ascensor, camina a grandes pasos rumbo a su automóvil Lincoln Continental, placas Z2-4449, saluda a su chofer, el irlandés Jean Malvey, sargento de policía; pasa los ojos por el programa del día, que es abultadísimo, y niega que su interés por Iberoamérica sea un trampolín más en su campaña política.

"Mi preocupación es genuina. Sé que algunos periódicos de Sudamérica han escrito que hay móviles egoístas, muy personales, en mis discursos favorables a Latinoamérica y a unas mejores relaciones de Estados Unidos y esta gran porción del continente. No sé por qué dicen eso, pero es falso. Tengo el convencimiento de que nunca ha habido el suficiente interés en los Estados Unidos por Latinoamérica y éste es un tema que a todos debe preocuparnos".

El mechón sobre la frente casi toca la ceja izquierda del senador. Es notable el contraste del color de su cabello y los ojos claros, de un azul profundo.

Lejos de la imagen que lo presenta con una sonrisa permanente, un tanto superficial, hasta frívola, habla de los impulsos que lo hacen actuar a favor de Iberoamérica y de las fuerzas que lo inspiran:

"Quiero —dice entre bocanadas de humo— que se despierte un mayor interés por América Latina, que se enfoque un hecho concreto: muchos de los problemas de los Estados Unidos deben manejarse de acuerdo con América Latina.

"En mi lucha me inspiran tres razones:

"Primera. Muchos de los pueblos de Iberoamérica tienen dificultades, graves problemas que los Estados Unidos deben compartir. Formamos un continente. Debemos ser conscientes de este hecho, que implica todo un programa de acercamiento y comprensión.

"Segunda. La política de los Estados Unidos algunas veces ha contribuido a la explotación de los pueblos de América Latina menos protegidos. Es un hecho que debemos encarar conjuntamente.

"Tercera. Estados Unidos representan algo en el mundo libre. Esto significa una responsabilidad grave cuando los países están intentando formar y desarrollar un futuro. Debemos trabajar por ellos. Es nuestra obligación ineludible.

"Estas tres razones son las que me mueven y en ellas no hay ninguna razón de política personal".

NY-Washington/Washington-NY

Aparecen a lo lejos las enormes siluetas de los edificios del aeropuerto. Ya no hay posibilidad de más preguntas. Kennedy da instrucciones a Malvey y le entrega una copia de su jornada el día de hoy:

9:45 - en Washington para atestiguar.

10:00 - reunión en el Subcomité de Asuntos de Trabajo.

10:30 - reunión en el Comité de Asociaciones de Trabajo.

12:00 - junta en el Senado.

16:00 - asistir a la conferencia sobre política exterior para senadores. Oradores: Humphrey y Rusk. Cuarto número F-201 del Capitolio.

18:00 - reunión con la Asociación de Trabajadores Uniformados de Sanidad.

19:45 - reunión con los dirigentes puertorriqueños ya no en Washington, sino en Nueva York, hotel George Washington, Lexington Avenue y calle 23.

19:45 - recorrido en la Segunda Avenida y calle 25 patrocinado por el Club Democrático.

20:30 - junta del comité del Partido Liberal en el hotel Astor.

21:30 - recepción en Xokol Hall del Club Democrático de Lenox, Hill.

Ante las oficinas de la Eastern Airlines, Kennedy baja del automóvil. Nadie lo espera. Con un portafolios bajo el brazo, se despide del irlandés Malvey y del reportero. De lejos, uno más entre muchas personas que entran y salen del aeropuerto, parece un hombre en medio de su vida privada.

Los hombres de Kennedy I
Kenneth Galbraith: Vietnam,
tumba de una política*

Kenneth Galbraith, Arthur Schlesinger, McGeorge Bundy y Theodore Sorensen formaron el equipo íntimo de consejeros de John F. Kennedy. Dos años y medio después del asesinato del presidente, ¿qué piensan de la marcha de su país, de Iberoamérica, de Europa, de Vietnam, de la URSS, de Fidel Castro?

Pocos hechos expresarían tan certeramente la influencia de los cuatro intelectuales en la vida de los Estados Unidos como un suceso reciente: cuando salió a la venta Los mil días, *el polémico libro de Schlesinger que presenta a Dean Rusk débil e indeciso, el presidente Johnson convocó a una entrevista de prensa para ratificar su confianza en el jefe del Departamento de Estado, y Humphrey, el vicepresidente, atacó a Schlesinger por televisión.*

Excélsior publicará, a partir de hoy, el meollo del pensamiento político de quienes formaron hasta noviembre de 1963 "el equipo Kennedy", y con ello adquirieron renombre en el mundo. Sus puntos de vista tienen el valor de un examen de la situación internacional y una autocrítica de su propio país.

Washington D. C.- Vietnam puede ser la tumba de los residuos de una política que dividió al mundo en buenos y malos, en comunistas y anticomunistas, dijo a *Excélsior* Kenneth Galbraith, maestro de John F. Kennedy en Harvard y uno de los ideólogos de mayor influencia en su gobierno.

Irónico en el tono de voz, con una sonrisa en el alargado rostro, añadió:

"Tenemos en los Estados Unidos muchas personas buenas, patrióticas, cuya tendencia es resolver los puntos críticos de la política mundial como en gran parte lo hizo el señor Foster Dulles; esto es, en términos de blanco y negro, o en la tendencia de ver el comunismo no como depravación social, sino como degradación moral".

---

* *Excélsior*, 29 de junio de 1966

Los consejeros de John Kennedy

Entrevistado en un despacho con fotografías de miseria tomadas en "la otra Norteamérica", la de los negros, el larguirucho profesor de 1.98 metros de estatura, obligado a mirar de arriba abajo, como quien contempla enanos, precisó conceptos sobre el comunismo, Kennedy y Johnson:

"No quisiera comparar a Kennedy con Eisenhower o a Kennedy con Johnson, pero lo que sí diría es que el periodo Kennedy fue una etapa en la que nos estábamos alejando de las simplicidades del periodo de Dulles. Lo que se podría llamar la simplicidad del anticomunismo.

"En los años de Kennedy fue común reconocer que el mundo comunista tenía sus diversidades y sus propios conflictos, y que, por lo tanto, deberíamos tener cierta política con una parte de él y cierta política con la otra".

Polifacético, brillante e irreverente, según lo presenta una revista que acaba de encomendarle la síntesis de un libro sobre Mark Twain, razona los motivos de su oposición a la política en Asia:

"Hasta cierto grado, la política de Vietnam representa una reversión a las simplicidades del periodo Dulles. Nunca preguntamos si teníamos un gobierno viable a nuestro lado, nunca preguntamos si era un buen lugar donde pelear, nunca se nos ha aclarado si nuestro enemigo final es Hanói, Pekín o la Unión Soviética. Nunca del grado en que el Frente de Liberación Nacional en Vietnam se sostiene con quejas verdaderas.

"Todo esto son consideraciones que deberían haber gobernado cualquier decisión para entrar en ese país. No se hicieron. La verdad es que pensaron que había comunistas del otro lado y, de acuerdo con la fórmula de los cincuenta y los sesenta, hubo una reacción inmediata y automática. Yo supondría que los desastres de esta expresión son suficientemente grandes, suficientemente elocuentes, así que la satisfacción que podría extraerse de ella es que fuera la tumba de la antigua política del blanco y el negro instaurada por Foster Dulles".

Los buenos y los malos

El profesor de Harvard solía hablar de la época de estudiante del presidente Kennedy:

"Era un joven alegre, encantador, no excesivamente respetuoso, de buena apariencia y poco trabajador".

Kennedy era breve cuando se refería a su maestro: "Es fascinante. Un cerebro privilegiado... y temible".

Galbraith contiene un impulso: revivir la visita de Nehru a Disneylandia en 1962, repetir las bromas entre los estadistas, recordar su profundo sentido del humor, la agudeza de sus comentarios mientras contemplaban los juegos mecánicos del paraíso de los niños. Kennedy gozaba con una plática bien llevada tanto como con una discusión de altura. Nehru, pese a su edad, conservaba la lozanía y el ímpetu que Kennedy necesitaba para desplegar su inagotable caudal de buen humor e ingenio. Quisiera hablar de todo eso y lo haría si no se hubiera hecho el propósito de evitarlo.

¿Razones?

Las explica con esta brevedad:

"Muerto Kennedy, algo murió en mí".

Pálido y de mejillas enjutas, de revueltos cabellos negros y frente marcada por surcos, guarda un silencio que rompe con la sonrisa.

"Me preocupa —dice— la doble imagen de los Estados Unidos: prestigio en el interior y descrédito en el exterior; batallas victoriosas entre sus ciudadanos y luchas desafortunadas en la diplomacia y el juego de los valores políticos.

"Apoyo al presidente Johnson y lo tengo en alta estima. Siempre he apoyado su política interna y he sido admirador de la importante legislación efectiva que ha podido llevar a cabo en lo relativo a problemas de siempre en la sociedad americana.

"No importa lo que suceda en lo futuro, ésta será recordada como la administración que atravesó las barreras de la discriminación racial y acercó las fronteras de la igualdad.

"En forma similar puedo hablar de otros asuntos, como la educación y la convicción de que la gente no tiene que ser necesariamente pobre".

Ahora, en política exterior:

"El presidente Johnson heredó de los cincuenta y de los sesenta (de Truman y Eisenhower) las tradiciones de la Guerra Fría y la preocupación que se había extendido en el Washington oficial de que el comunismo era el problema total de la política exterior norteamericana y la tendencia a medir ésta de acuerdo con el mayor o menor éxito que se oponía a lo que pareciera ser una conspiración comunista internacional.

"Hemos dado pasos al frente y nos hemos alejado de las concepciones más estrechas de esta política, pero aún tenemos algunas manifestaciones de ella y puede decirse que este punto de vista tan sencillo de los Estados Unidos, que divide al mundo en comunistas y no comunistas, en buenos y malos, fue el que siempre ha agradado a cierto tipo de mentes oficiales".

Galbraith, ligeramente excitado, no domina un tic. Levanta la comisura de los labios y hace pensar que está por sonreír, que ha tenido un pensamiento que le divierte. Es un gesto que incita a una silenciosa simpatía, a íntima hilaridad.

Fórmulas mecánicas de la Guerra Fría

Economista y diplomático, autor de *La sociedad opulenta* y embajador en la India hace algunos años, pasa revista a otros hechos en la guerra del sureste asiático:

"Siempre he pensado que no tenemos ningún interés vital en Vietnam, siempre he pensado que allí hay aspectos de guerra civil y en general estoy de acuerdo con el señor Walter Lippmann cuando dice que no vamos a tener un anillo de aliados militares alrededor de China.

"Pero sobre todo hay una cuestión política, una razón que me hace pensar que el Vietcong no se puede retirar de algunas regiones del Vietnam del Sur que han estado muchos años bajo su control, en algunos casos hasta 10.

"Así pues, bajo estas condiciones, no he apoyado la política exterior de la actual administración en lo que se refiere al punto crítico que hoy se debate en los Estados Unidos y en el mundo.

"Habiendo dicho esto, sé que llegará el día en que la administración se encargará de que las fórmulas antiguas de la Guerra Fría dejen de funcionar mecánicamente, como tantas veces ha sucedido. Confío en que habrá cambios y que serán para bien".

A Galbraith no le interesa discutir acerca de la legalidad o ilegalidad de la guerra, punto en que William Fulbright, presidente de la Comisión de Relaciones Exteriores del Senado, ha concentrado el grueso de sus energías.

"Estoy seguro de que es un tema que los abogados pueden abordar con razones para ambas partes. El planteamiento para nosotros es distinto. ¿Es acertada la intervención o no? Creo que no. Pienso de manera distinta que nuestro secretario de Estado. Es mi amigo, pero estoy en desacuerdo con él".

China y la ONU

Frente a Galbraith, conocedor de Asia, no es admisible pasar por alto un tema como el que hoy preocupa esencialmente al mundo: ¿Conviene abrir las puertas de la ONU a China roja?

Los ojos entornados y las arrugas ligeramente acentuadas en la frente del escritor, traslucen el esfuerzo por sintetizar una opinión coherente. Con lentitud, como quien dicta, dice:

"Siempre he pensado que si se deja sola a China y se le aísla, el efecto puede ser contraproducente, y que los chinos piensen que si el mundo no quiere tener nada que ver con ellos, ellos no querrán tener que ver nada con el mundo.

"No se puede asegurar que, si se recibe a China y se le admite en las Naciones Unidas, sus dirigentes cambiarán de actitud. Pero lo que sí podría asegurarse es que la perspectiva en la actitud de aislamiento provocaría una actitud negativa y difícil para ellos.

"Además, otra cosa: hubo durante la Revolución china un gran número de chinos educados en los Estados Unidos que pensaban en este país como en una segunda patria. Y esto era un reservorio de buena voluntad que constituía un patrimonio considerable para los Estados Unidos. Aislar a esta gente y a China es debilitar a este grupo y llevar las cosas a un mayor alejamiento hacia los Estados Unidos.

"Mi posición es bien clara: ciertamente el aislamiento es una política que no hizo mucho bien y ciertamente fue política que hizo daño.

"Además, no fue una política racional. La política hacia China durante este periodo se inspiró en el miedo, por el miedo a que la gente creyera que se era tolerante hacia el comunismo. Era una política de inseguridad en el objetivo en lugar de ser una política de seguridad en el objetivo".

Las formas de la esclavitud

Entre la "solución" de la India, que conserva íntegras las libertades individuales, aunque las vacas sagradas sean primero que los ancianos y los niños, y la "solución" de China roja, que anula el valor del individuo para construir un superestado, ¿por qué posición se inclina Galbraith? Entre el derecho a morir de hambre y la anulación de todos los derechos individuales, hasta ése, ¿qué elige?

No duda un instante el profesor de Harvard:

"Por supuesto que yo escogería la solución de la India. Uno puede desplazarse del tipo de comunidad a la cual uno está acostumbrado en México o en los Estados Unidos hacia otra comunidad en la India y sentirse que pertenece a ella, que es parte de la misma estructura y respeto al individuo, la misma dignidad de relaciones individuales en la comunidad. Esto es indudablemente importante.

"Habiendo dicho esto, sin embargo, es también muy importante recordar que no toda opresión o esclavitud es resultado del gobierno. Tanto la India como China están posiblemente bajo la opresión e insubordinación más seria del espíritu del individuo, no como resultado del gobierno, sino de la pobreza.

"El habitante de la aldea vive generalmente al día, sin la alimentación necesaria para la supervivencia, y esto es un fenómeno real que encadena su personalidad, tan tensa como la que podría imponer cualquier gobierno. Debemos recordar que la miseria puede esclavizar más que cualquier otra forma de gobierno. En este aspecto, tanto China como la India sufren la terrible lucha de una gran cantidad de población que necesita vivir de recursos demasiado limitados".

Con la sencillez que distingue a un tipo de hombres, pregunta Galbraith:

"¿Podría agregar algo?".

Fluyen sus palabras:

"El individuo en una gran parte de la India no tiene ingresos para pagar una escuela; por lo tanto, no posee la emancipación derivada de la educación, no puede viajar porque no puede alejarse de la tierra que cultiva; si enferma él o su familia, no tiene los medios más rudimentarios para una buena salud. Un hombre en esta situación, que trabaja de sol a sol para sobrevivir, es un hombre con escasísima libertad. Y quien se imagina que la esclavitud es cuestión de leyes y no de aspectos económicos se equivoca".

El escritor sale en defensa de su país. Responde a una pregunta que atañe a la "sociedad opulenta", al poderío económico de los Estados Unidos en un mundo que registra estas cifras: dos terceras partes de la humanidad víctimas del hambre; 30 millones, de los 60 que mueren al año, vencidos a causa de la miseria.

"En los últimos 20 años ha habido un compromiso sustancial para cambiar la esclavitud por la miseria. Se han dedicado mucho dinero y esfuerzos y energías intelectuales para este fin. Diría también que probablemente ha habido una preocupación por el comunismo como única forma de esclavitud en lugar de como una de tantas formas de restricción del espíritu humano".

Los hombres de Kennedy II
Arthur Schlesinger: las razones
de Robert Kennedy*

Princeton.- Aunque las auscultaciones indican que "ha bajado muchísimo" la popularidad de Lyndon B. Johnson en el país, conserva la fuerza suficiente para vencer cualquier oposición que pueda presentársele. Será nuevamente candidato y seguro ganador en las próximas elecciones.

Al analizar el rechazo de Robert Kennedy a la candidatura presidencial y el futuro inmediato de los Estados Unidos, Arthur Schlesinger, dos veces premio pulitzer y protagonista de un papel único en la pasada administración como intelectual residente en la Casa Blanca, dijo con el aplomo de la convicción:

"Nadie puede derrotar a Johnson. Aun un presidente tan impopular como Truman en 1958 controló la convención que lo postuló para su reelección. Si el presidente, y creo que en muchos aspectos ha sido bastante bueno, no tuviera ese control, carecería de poder y sería tan débil que su eficacia resultaría nula".

El tiempo, contra Robert Kennedy

A quienes hablan de que la oportunidad para Kennedy no fue en 1968, pero que será en el 72, el historiador político más importante de los Estados Unidos contesta:

"Falta tanto para 1972... Dentro de seis años posiblemente esté muerto, el pueblo se haya aburrido de él o luche por la presidencia una persona de la que hasta hoy nunca hayamos oído hablar.

"Si en 1940 alguien hubiera predicho que los siguientes tres primeros mandatarios de los Estados Unidos, después de Franklin D. Roosevelt, serían, primero, un hombre que en 1940 era un oscuro senador por Misuri;

---

* *Excélsior*, 30 de junio de 1966

que el segundo iba a ser un desconocido teniente del Ejército y que el tercer presidente después de Roosevelt sería un chico aún en la universidad, nadie le hubiera dado crédito. Sin embargo, esta secuencia fue puesta en movimiento en menos tiempo de lo que falta entre 1966 y 1972. La vida es muy incierta... y la política más aún".

Frente al Partido Demócrata, al que pertenece, Schlesinger menosprecia al Republicano. No ve a nadie capaz de presentar una digna oposición. Las figuras no han surgido en los últimos tiempos y no hubo error comparable a la designación de Goldwater, hace tres años.

"Aparentemente los republicanos no tienen a nadie para 1968. Si lanzan a Nixon será una indicación de que la muerte del partido es algo que desean antes de lo que se pensaba".

Ríe el intelectual de su ironía. Enseña dos hileras de dientes enormes. Hay travesura y malignidad en sus ojos.

"La razón inmediata de la crisis de los republicanos es la estupidez que cometieron cuando nombraron a Goldwater como su representante en 1964. Si hubieran puesto a Rockefeller o a Scranton estarían en mejor situación.

"La otra razón, a largo plazo, es que el Partido Republicano responde al interés de la comunidad de los negocios. Esta comunidad, generalmente, tiene puntos de vista restringidos y egoístas sobre el bien público. El Partido Republicano no ha sido un partido del interés nacional desde Teodoro Roosevelt. Cuando se le expulsó en 1912, el Partido Republicano dejó de tener ese carácter para convertirse en el partido de los intereses de los negocios".

Siempre y a todas horas, Vietnam

Inteligente y seguro de su inteligencia; en busca siempre de nuevos hechos y experiencias; agudo y entretenido, Schlesinger disfruta de la acción política, la buena comida y los buenos vinos, la vida social y el baile. Todo le gusta y a todo se entrega con una pasión que ha dado sus frutos; no hay en los Estados Unidos una persona de mediana cultura indiferente a sus palabras.

No soporta que se le entreviste en un despacho cerrado o en el ambiente austero de alguna biblioteca. Cuando no trabaja en sus libros, le agrada ver a la gente y que la gente lo vea. Al reportero lo citó en el comedor de la Universidad de Princeton, entre 100 personas de todas las edades que miraban al erudito con la mezcla siempre interesante de la curiosidad y el respeto.

"Dos martinis", ordenó sin dar oportunidad a que en su mesa se bebiera algo distinto. "Abordemos Vietnam, ¿le parece?", y no acababa de proponer el tema cuando ya se había lanzado a este sucinto análisis: "Las auscultaciones indican que ha bajado muchísimo la popularidad de Johnson, básicamente por la guerra en Vietnam, aunque el descenso empezó por la intervención en la República Dominicana. Creo que más del 50 por ciento desaprueba la forma en que está manejando la guerra. De ese 50 por ciento, la mitad no está de acuerdo con él porque quisiera que se ampliara la guerra y la otra mitad está en desacuerdo porque quisiera que se redujera la guerra. Parte de esta gente quiere que se continúen los bombardeos sobre Vietnam del Norte y que se manden más tropas a Vietnam del Sur y la otra parte quiere que se haga lo contrario".

Schlesinger bebe el martini sin admitir interrupciones. Su conducta responde a su reputación; autoritario y de trato difícil por la velocidad que imprime a la más insignificante decisión en su vida.

"Yo me opongo a la política de ampliar la guerra. Creo que debiéramos moderar los bombardeos en el Norte y tener una acción de control en el Sur. Estoy de acuerdo con el punto de vista de Robert Kennedy, quien sostiene que a menos que tratemos de exterminar al Vietcong, si negociamos, debemos concederles el prospecto de una vida política futura en Vietnam del Sur. Excluirlos de esta responsabilidad haría imposible cualquier negociación".

John Kennedy y Lyndon Johnson

Schlesinger lo acomete todo al mismo tiempo. Interesado en la conversación, está pendiente de la ensalada de lechugas y el té helado que un mesero acaba de colocar ante sus impacientes manos.

"Considero —dice en un resumen de lo que el pasado régimen y el actual han sido para Iberoamérica— que el presidente Kennedy tenía la solución democrática si se deseaba que el hemisferio progresara. Por lo tanto, tenía especial simpatía por los partidos y los gobiernos democráticos progresistas.

"Creo que el presidente Johnson no está en desacuerdo con esto, pero el Departamento de Estado, al principio de su administración, vio los regímenes militares y las necesidades de los negocios con más simpatía que en los tiempos de Kennedy. No sé en realidad lo que piense el presidente. Ha estado tan ocupado en los asuntos de Vietnam y la República Dominicana que ha prestado poca atención a América Latina en su conjunto.

Afortunadamente, el Departamento de Estado ya no se preocupa tanto por los regímenes militares".

Cuando se le pide una exposición que permita ver en detalle la diferencia entre los días de Kennedy y los días de Johnson en su trato para Iberoamérica, responde:

"Estoy perfectamente preparado para atacar la política de la administración de Johnson en mi propio país, pero no creo que sea correcto que lo haga en periódicos del extranjero. Además, estoy seguro de que todos los lectores inteligentes de *Excélsior* conocen la respuesta a su pregunta".

Para terminar con Iberoamérica (Cuba será tema por separado), una pregunta más: ¿hay alguna lección que pueda desprenderse de lo acontecido el año pasado en Santo Domingo?

La respuesta llega con rapidez:

"Creo que el presidente Johnson nunca volverá a hacer algo así (invadir un país del continente) sin antes consultar con la OEA".

El fin de un dictador

Schlesinger, quien se reunía todos los días con Kennedy y una vez a la semana comía con él, prevé para Fidel Castro:

"Tendrá el fin de todos los dictadores".

En el comedor de la Universidad de Princeton, un enorme salón encajado entre prados color esmeralda y olmos milenarios, el autor de *La política de la esperanza* analiza con esta frialdad al primer ministro de Cuba:

"Uno de los fenómenos más interesantes de la dictadura es la imposibilidad de predecir cambios. Si hace un año alguien hubiera dicho que Nkrumah, de Gana, y Sukarno, de Indonesia, estaban en aprietos, hubiera parecido ridículo. Sin embargo, Nkrumah está en el exilio y Sukarno en la cárcel.

"Perón en Argentina parecía muy fuerte todavía una semana antes de su derrocamiento. Lo mismo sucedió con Batista. Las cosas pueden cambiar muy rápidamente. Si es cuestión de una semana, dos semanas, dos meses, dos años o aun 10 años, realmente no podría decirlo. Creo que lo que sucederá a Castro es lo mismo que le sucedió a Nkrumah o a Sukarno. En Gana corrieron al jefe; en Indonesia se han quedado con él como una especie de fachada tras de la cual evoluciona la política. Creo que cualquiera de estas dos soluciones es posible en Cuba. No creo que una solución de la especie de Bahía de Cochinos sea posible".

—¿Cree usted que Cuba es "negocio" para la Unión Soviética?

—Me imagino que en Rusia, como en los Estados Unidos, ha habido quejas sobre el programa de ayuda al extranjero y que la gente en Moscú estará diciendo: "¿Por qué se le da tanto dinero a esos terribles cubanos?". Estoy seguro de que los rusos no están contentos de tener que mantener a Cuba. Pero, si la abandonan, los chinos dirán que los rusos dejan a su suerte a la única revolución en el hemisferio occidental. Así que los rusos tienen que continuar. No pueden hacer otra cosa.

En cuanto a un acercamiento entre los Estados Unidos y Cuba, Schlesinger no lo ve factible en las condiciones actuales. Sus puntos de vista coinciden con los del senador Robert Kennedy, que pueden sintetizarse así: Cuba no representa un peligro para los Estados Unidos, pero sí para otros países del hemisferio.

El viejo orden se resquebraja

Explica el historiador:

"John Kennedy estaría de acuerdo en nunca cerrar completamente una puerta y estaba preparado e interesado en lo que pudiera hacerse con Castro. La primera necesidad hubiera sido que Castro renunciara a su política de ataque a gobiernos democráticos, que repudiara la política que tan vigorosamente expresó durante la Conferencia Tricontinental de La Habana. Parece que el gran objetivo de Castro es el derrocamiento de los gobiernos de la Alianza para el Progreso. En estas condiciones, mientras odie y actúe contra regímenes como los de Venezuela, Perú y Chile, los intereses democráticos se verían pésimamente 'servidos' con cualquier acercamiento entre los Estados Unidos y Cuba".

Las palabras de Schlesinger sobre problemas de América y Cuba tienen particular importancia por la posición que asumió durante los acontecimientos de Bahía de Cochinos. Junto con el senador Fulbright fue el indignado censor de la invasión a Cuba, preparada en suelo de los Estados Unidos y dirigida por el Servicio de Inteligencia, según se ha hecho público no en una, sino en muchas biografías sobre John F. Kennedy.

Continúa el premio pulitzer: "La pelea más amarga que se libra en América es entre los comunistas y los demócratas sociales, que son gente capaz de lograr cambios sociales sin dictadura. Por eso la preocupación de Castro. Si las democracias sociales llevan a cabo sus experimentos en Perú, Chile y Venezuela, no hay futuro para el comunismo en América del Sur.

"Por todo esto, el máximo deseo de Castro, su gran ilusión, es que los experimentos no se lleven a cabo, que toda lucha por los cambios sociales democráticos tengan resultados negativos. Ése es su objetivo: trabajar para que así sea. Creo que, en circunstancias como las que describo, todo acercamiento con Cuba, sin que medie una modificación previa de la política de Castro, es imposible por ahora".

Schlesinger, vestido como un deportista —saco de lino con estrechísimas rayas verticales azul claro y blanco— no muestra más el rostro de impetuosa pero abierta camaradería. Frío, casi seco, ríspido como un dogmático, se ha convertido en otro hombre.

Concluye:

"El viejo orden se está desplomando en América Latina. La lucha parece ser entre los comunistas y las revoluciones democráticas, entre el modo cubano, por una parte, y el modo mexicano o venezolano o cualquier otro, por la otra parte. Colocadas así las fichas en el tablero, los Estados Unidos no pueden aproximarse a Castro".

Mao, reverso de Fidel

Si a Castro lo ve liquidado, a corto o a largo plazo, otro muy distinto es su juicio sobre "el viejo y enfermo Mao".

"Se parece más a Lenin que a Hitler —dice—. Su forma de hablar es descuidada, pero su manera de actuar es profundamente cuidadosa".

Hay algo envolvente en Schlesinger. Es posible que el atractivo nazca de la mezcla de su prestigio y su seguridad, pero sin duda se afirma cuando abandona las meras actitudes para fundirse en el analista y el político.

"Me imagino que en China hay un conflicto entre las generaciones. La gente que dirige a China tiene 60 o 70 años. Son ancianos que han estado en el gobierno durante tres decenios. Hay hombres de 40 o 50 años que están inquietos y frustrados, que ansían algo de poder antes de la muerte.

"Los jóvenes en China, como en Rusia, tienen puntos de vista más pragmáticos y menos doctrinarios sobre el mundo. Pero creo que lo que está sucediendo en China es probablemente una crisis de sucesión, crisis sobre quién va asumir el poder después de Mao, y probablemente un conflicto entre los pragmáticos y los realistas, por una parte, sobre todo en generaciones jóvenes, y los fanáticos ideológicos por la otra".

En el mundo político, China es Mao. La imagen que proyecta no es menos densa que la de Stalin en toda la expresión de su poder. ¿Puede un hombre, en este caso el líder chino, ser un revolucionario y un dictador al mismo tiempo?

Schlesinger meditaba las palabras:

"Mao es un verdadero revolucionario. Ha estado en el poder durante 17 años. Es como si Lenin hubiera permanecido en el poder hasta 1935 o 1936, en lugar de morir en 1924. Las vidas de los hombres de la revolución están dominadas por la conquista del poder. Tienden a permanecer fieles a las doctrinas revolucionarias. Así que, habiendo luchado Mao por el poder, aun cuando es un verdadero creyente, es un creyente fanático de su ideología y su acción".

Extraño en él, abre una pausa. Luego dice:

"A pesar de la belicosidad de las palabras de Mao, sus acciones han sido más bien cautas y prudentes. Hasta ahora ha hablado en forma descuidada, pero no ha actuado descuidadamente. Ni siquiera ha intentado expulsar a los nacionalistas chinos de las islas de Mats y Kumao, a unos cuantos kilómetros del territorio chino. Las acciones militares que ha emprendido China han sido en conexión con sus fronteras, ya sea para defenderlas, como en el caso de Corea, o cuando pensaron en corregir o rectificar errores, como en el caso de la India".

La locura ronda al hombre

Hay una interrogante: la decisión china de armarse nuclearmente. Mao, en el fondo, ¿qué quiere? Si las intenciones profundas pueden juzgarse por los actos de la conducta, ¿cuál es su aspiración razonable?

Responde Schlesinger:

"Creo que parte de la actitud de los chinos en asuntos nucleares se basa en el hecho de que no tenían ni tienen armas nucleares y a la circunstancia de que cada país que las ha adquirido ha tenido que tomar en cuenta lo que esto significa. En Rusia tuvo un efecto de cordura, un papel equilibrador, pues Rusia, una vez que hubo examinado las implicaciones de una guerra nuclear, decidió que era imposible.

"Pudiera ser que cuando China adquiera su arsenal nuclear, los científicos chinos confronten con el gobierno el significado real de una guerra nuclear y decidan ser muy cuidadosos en cada una de sus decisiones.

"Hasta ahora, Mao ha actuado más como Lenin que como Hitler. Es un hombre ya viejo, enfermo, pero estoy de acuerdo con usted cuando habla del genio de la especie, de su capacidad de evolucionar, lo mismo para bien que para mal. También estoy de acuerdo con usted cuando dice que no existe el ser humano capaz de ofrecer el ciento por ciento de seguridad, pues la enfermedad y la locura nos rondan a todos. Por eso creo que es una gran fortuna que la Séptima Flota se encuentre en las lejanas aguas del Asia".

362

Los hombres de Kennedy III
Mcgeorge Bundy: De Gaulle
sobreestima a Francia*

Nueva York.- El general De Gaulle exagera la importancia práctica del papel de Francia en el mundo, dijo a *Excélsior* el hombre en quien John F. Kennedy había pensado para el Departamento de Estado en un segundo periodo en la presidencia de los Estados Unidos, McGeorge Bundy.

Presidente de una de las compañías privadas más poderosas del mundo, la Fundación Ford; miembro del ultrasecreto Consejo de Seguridad Nacional en la pasada administración, y hasta hace poco invitado habitual a las comidas de Lyndon B. Johnson con los grandes de su política, Rusk y McNamara, dibujó este cáustico retrato del general francés:

"Sus actitudes teatrales carecen de relevancia. El argumento a veces es flojo y hay momentos en que detrás del telón no hay obra alguna, ni más dramaturgo que la prensa".

Malos modos, malas respuestas

No obstante la ironía de las palabras, tuvo un pensamiento admonitorio, cargado de intención, al hablar de la "orgullosa política exterior francesa".

"Nosotros también somos un pueblo orgulloso y los malos modos pueden provocar malas respuestas".

Bundy, decano de la Universidad de Harvard y despedido con lágrimas por sus alumnos cuando fue llamado a Washington por el presidente Kennedy, famoso por su "don maravilloso" para encontrar siempre la frase elocuente, la frase precisa, dijo también acerca de la política gala:

"Es una decepción por sus modos, costosa por su orgullo, pródiga por las oportunidades que desaprovecha, impertinente en muchas de sus actitudes teatrales y tolerable en sus principios".

---

* *Excélsior*, 1 de julio de 1966

La explicación de las premisas acaso no descubra todos los móviles de las órdenes que se dictan en el Elíseo, pero es de indudable concisión y buen gusto literario:

"Es una decepción en cuanto a sus modos, porque todos los que admiramos a Francia y a su presidente teníamos la esperanza de que la tradicional cortesía de una gran civilización se sobrepusiera a la doctrina y a la memoria de una afrenta.

"Su orgullo es costoso, porque obliga a hacer el gasto de un esfuerzo individual de defensa, y a todos nosotros nos impone el gasto innecesario de cambios de destacamentos.

"Pródigamente ha desperdiciado oportunidades, como la de asumir un papel principal en la dirección constructiva de la nueva Europa, papel que pudo haber sido suyo a raíz de la separación de Argel de Francia, de una Francia que fácilmente hubiera podido obtener por una magnanimidad general lo que ahora se le niega a una magnilocuencia personal".

Exagera su papel

De Gaulle ha hablado insistentemente de su interés en reducir las tensiones mundiales y el papel que Francia puede desempeñar como mediador. Fue el tema de su primer discurso en Moscú y eje de otras intervenciones en su largo viaje de 11 días por la Unión Soviética.

Bundy, "técnicamente un republicano, pero afín en su trabajo a los demócratas", según los clasifica el historiador Schlesinger, quien no disimula su admiración y lo llama "lo mejor que tenemos en casa", comenta la posición del estadista francés:

"Habla, en efecto, del interés que tiene Francia en reducir las tensiones. Todos compartimos ese interés. Pero creo también que el general De Gaulle hasta cierto punto, exagera la importancia práctica del papel que Francia pueda desempeñar, sencillamente por las realidades políticas de relativa fuerza entre las naciones de los mundos atlántico y europeo.

"Independientemente de esto, creo que es conveniente que haya llevado a cabo este tipo de visita diplomática a Moscú".

El recién nombrado presidente de la Fundación Ford —la designación se conoció este mes— va más allá de las relaciones Francia-URSS para hablar de las relaciones entre Francia y los países comunistas:

"No creo que haya un acercamiento político o significativo, de consecuencias, entre Francia y los países comunistas. Pienso que en el caso de Polonia, por ejemplo, nuestro interés político y cultural en el futuro de esta nación es igual de importante y, de hecho, se ha expresado de manera más concreta que el interés francés".

Toca el punto de los vínculos diplomáticos entre París y Pekín, instaurado el año pasado en medio de un escándalo mundial y lo reduce a "un gesto sin efecto práctico".

Por último, asegura que en el acercamiento del general De Gaulle con sus amigos comunistas no se oculta una "reorganización de alianzas" o un "cambio drástico" en el papel de Francia.

"Los franceses mismos insisten en ello, yo creo que tienen razón".

Difícil, aunque buen aliado

Bundy, un millonario sin ostentación, dueño de una pequeña oficina en la que sólo llaman la atención los libros, hace un resumen de la política de Francia, no de estos días, sino de los últimos años. El juicio, su fallo, por así decir, es positivo. Lo expresa mejor que cualquier frase este anhelo:

"Sigue siendo deseable, tanto por motivos de prudencia como de sentimiento, que ningún americano sea antifrancés".

Dice:

"El concepto original de las tres potencias (los Estados Unidos, la Gran Bretaña y Francia) naufragó ante la certidumbre de su rechazo por el resto de Europa y la falta de voluntad de Francia a comprometerse en una discusión acuciosa de su propia sugerencia.

"La siguiente idea, la de una sociedad particular francogermana, fracasó porque los dos socios interpretaban su significado de manera muy diferente. Uno lo veía como un sustituto, mientras el otro lo consideraba un suplemento de relaciones más amplias.

"La idea del liderato del Tercer Mundo fue sencillamente irreal; un vino embriagador que no logró sobrevivir el primer viaje.

"El fantasma actual de un trato con Moscú es una mera fantasía tan inaccesible al poderío francés como contrario a las intenciones de Francia".

Mas, a pesar de todo esto —sigue Mundy—, "los principios de la política exterior de Francia son tolerables. No ha desencadenado un nuevo espíritu de nacionalismo, aparte del suyo propio. No ha abandonado la Alianza en ningún momento de crisis. No ha estorbado el constante crecimiento del Mercado Común.

"Tenemos muchas diferencias con Francia, pero ninguna que no podamos tolerar. Su vida económica y social ha demostrado ser de una enorme vitalidad y coherencia. Sigue siendo nuestra aliada. Muy pocos franceses

son antiamericanos, y sigue siendo deseable, tanto por motivos de prudencia como de sentimiento, que ningún americano sea antifrancés".
La conclusión de este análisis apenas necesita ser escrita:
"Aunque lamentemos mucho lo que Francia haya hecho o dejado de
hacer, no debemos permitir que la actual política francesa ocupe exclusivamente nuestra atención".

Alemania y su dependencia

¿Y Alemania Occidental?
Bundy no arropa las ideas en el lenguaje:
"Alemania depende directamente del poderío americano y no puede
darse el lujo de las costosas pretensiones de las que otros hacen gala".
Corroboración de lo anterior:
"No tiene ninguna posibilidad de acceso a los armamentos nucleares.
Los alemanes aceptan esta situación, aunque naturalmente tratan de limi-
tar sus desventajas".
La facilidad de palabra del que fue candidato al Departamento de Estado en un segundo periodo presidencial que nunca llegó no va en la zaga
de sus ideas tajantes, de áspera rudeza:
"En su deseo de sacar partido políticamente de su posición como país
sin armas nucleares, algunos alemanes han sugerido la posibilidad de entrar en negociaciones con Moscú acerca de sus restricciones. No hay posibilidad de ningún trato, por lo menos de ninguno que puedan apoyar los
Estados Unidos. Alemania, en forma correcta y prudente, y permanente,
se encuentra fuera de cualquier discusión nuclear nacional".
Berlín, inseparable de cualquier análisis acerca de Europa, provoca
este comentario:
"La situación real ha sido tranquila y aun el Muro es menos pesado en
las mentes y en los corazones de los habitantes de la gran ciudad dividida.
Esto no significa que sea menor la tragedia de las familias separadas por
la pared de conciudadanos y compatriotas fraccionados por la fuerza. Sin
embargo, la situación en Berlín es mejor de lo que era hace cuatro años
y, aun cuando el prospecto de un arreglo no es inmediato, podemos decir
que el nivel de tensión ha disminuido".
Concluye Bundy:
"Berlín, no obstante, puede volverse un punto de crisis entre las dos
naciones más poderosas del mundo y, en este sentido, siempre es un punto potencial de gran peligro".

Por eso ha sostenido:

"Claro que puede alegarse que ya no va a haber crisis nuevas en Europa, ni por Berlín ni por ningún otro motivo. Es posible, pero difícilmente probable. Sería una imprudencia increíble tentar a la Providencia en este momento".

El futuro de la OTAN

En el cuadro que traza, ¿cuál es el futuro de la OTAN?

Más que una visión detallada, hay una idea general. El entrevistado de *Excélsior* la resume:

"El éxito básico de la política de los Estados Unidos y sus aliados en el Atlántico ha sido clara durante los últimos 15 o 20 años. Hay ahora cambios; algunos dentro de la Alianza y otros creados por la menor tensión entre las fuerzas occidentales y orientales en Europa. Aquellas dificultades dentro de la Alianza, deben ser resueltas y vigorosamente exploradas las nuevas oportunidades hacia el Oriente".

McGeorge Bundy explica el contenido estas apretadas ideas:

"En Moscú hay burócratas muy capaces, abocados a la solución de los urgentes problemas planteados por la falta de desarrollo agrícola y las discordias en el seno del comunismo. En Europa Oriental apenas está comenzando el deshielo y todavía se teme a los alemanes. En la mayor parte de Europa Occidental una tranquila prosperidad ha hecho que los problemas de política exterior pasen a ocupar un plano secundario.

"En los Estados Unidos, los asuntos que obligadamente preocupan son una solución decorosa en Vietnam y la justicia en las oportunidades para todos los americanos. Estas preocupaciones coinciden con el hecho de que por el momento no se vislumbra la posibilidad de llegar a un arreglo definitivo en Europa, aceptable a los dos lados".

No es espectacular, pero sí realista la consecuencia que Bundy desprende del mapa político que rápidamente ha dibujado:

"No hay perspectivas de un fin a la división de Europa, que ya lleva 20 años, ni es apremiante el peligro por el momento. Tenemos un tiempo que podemos aprovechar para ponernos en orden en anticipación del día en que sea posible un mayor movimiento. Mientras tanto, es necesario realizar algunas tareas, poco brillantes, pero necesarias, para mantener en funciones nuestra alianza".

En ella cree el presidente de la Fundación Ford. La ve ligada al destino de los Estados Unidos, de Europa y consiguientemente del mundo.

Dice:

"La Alianza del Atlántico no es nuestra únicamente, pero es nuestra para siempre; podemos estar orgullosos de ella; debemos trabajar por ella y sobre ella construir la paz".

EU-Europa-Iberoamérica

Con fina sonrisa había anticipado la secretaria del profesor educado en Harvard:

"Mañana a primera hora saldrá para Londres...".

Era una indicación: el tiempo de la entrevista será breve. Quedaban, no obstante, algunos minutos.

¿Tiene porvenir la relación triangular Estados Unidos-Europa-Iberoamérica? ¿Existe ya?

Repuso McGeorge Bundy:

"En cierto sentido, ya existe esa relación cultural. De hecho, nosotros tenemos muchas relaciones comerciales con Europa y con Iberoamérica. Iberoamérica tiene relaciones comerciales con nosotros y con Europa, y Europa tiene relaciones comerciales con nosotros dos.

"Esta relación comercial está aparejada con el triángulo tan importante de las relaciones culturales. Creo que algunas veces en los Estados Unidos ignoramos las líneas culturales tan importantes que conectan la cultura de Iberoamérica con la cultura de Europa Occidental. Evidentemente esto resulta cierto en el caso de la península ibérica, pero también resulta cierto en un sentido más amplio: las ideas y cultura francesas, las ideas y cultura inglesas y, en grado menor, las ideas y cultura italianas y alemanas de Iberoamérica que ustedes conocen.

"Pero creo que estaremos de acuerdo en que no todos los estadounidenses entienden estos problemas tan bien como los latinoamericanos. Cuando se llega a la cuestión de problemas de ayuda económica, a problemas de relaciones políticas, es cierto que la línea de norte a sur en el continente americano ha sido más importante para América Latina que la línea de comunicación con Europa. Nosotros en Estados Unidos hemos pensado que sería una gran ganancia si pudiera haber mayor participación por parte de Europa. No lo digo con gusto, pero creo que es un hecho que los gestos europeos en este respecto han permanecido en general como tales, como gestos, y que hasta el día en que haya un cambio de importancia en este patrón será necesario que América del Norte, América del Centro y América del Sur colaboren íntimamente en el campo de desarrollo económico".

Los hombres de Kennedy IV
Theodore Sorensen: veremos a otro Kennedy en la presidencia*

Nueva York.- El abogado que por doquier acompañó a John F. Kennedy en sus últimos 11 años, su amigo íntimo, su consejero, el fino intelectual de origen nórdico que escribió muchos de sus discursos y en casi todos intervino, Theodore C. Sorensen, no vacila un segundo:

"Creo que veremos a otro Kennedy en la presidencia de los Estados Unidos".

Nadie tan apropiado como él para hablar de los hermanos nacidos en Boston y educados en Harvard. A Robert lo asesora con frecuencia y a Ted no le regatea su simpatía. De 38 años, tranquilo como un hombre colmado de experiencia y sabiduría, los analiza con un sentido crítico que anula los excesos y evita las deformaciones.

Dice acerca de John:

"Dos cualidades del presidente me impresionaban por encima de todas las demás. Una era la suprema capacidad de razonamiento, ejercitada sin interrupción. No permitía que las emociones, los prejuicios, los caprichos, los mitos, la sentimentalidad o el fanatismo influyeran sobre sus decisiones ni en asuntos privados. Quería conocer los hechos de uno y otro lados, los argumentos, las alternativas, para así poder decidir en forma lógica, racional y liberal".

La sencilla autenticidad de John

En mangas de camisa, despreocupado, ajeno a los clientes que aguardan en la antesala de uno de los despachos más prestigiados de Nueva York, Sorensen señala una fotografía colocada a su espalda. Se ve en ella a

---

* *Excélsior*, 2 de julio de 1966

John Fitzgerald frente a un micrófono, pero muy separados los labios del aparato, como si quisiera hacerse oír no por medio de las ondas, sino en conversación directa, personal.

La foto, valiosa como un apunte de carácter, sugiere la segunda cualidad del presidente: su sencilla autenticidad. Un hombre que se proponía ser siempre él, sin importarle el puesto que ocupara, a disgusto frente a las multitudes sin nombres y sin rostros, a los votantes anónimos, a la turba incondicional de una convención.

El mejor de sus amigos, en cuyos ojos brillantes se adivina un alma sensible que anima todos sus rasgos y comunica ardor a la corriente de sus ideas, no contradice al reportero.

"La forma de hablar del presidente confirma lo que usted piensa. Era cándida y a mí me decía que no le gustaba el micrófono, sino las caras de la gente. No intentaba impresionar a nadie sobre qué tan poderoso era y siempre podía reírse de él mismo, aun cuando sus problemas los tomara muy en serio. Actuaba como cualquier ser humano normal hacia su familia, sus amistades, y poseía todas las cualidades, buenas y malas, y tenía las imperfecciones de cualquier hombre. Pero nunca, y aquí se aparta de casi todos, intentó disimular sus defectos".

Robert y Ted

Robert, senador por Nueva York, y Ted, por Massachusetts, acaparan el interés público en los Estados Unidos. Una declaración de cualquiera de ellos es analizada en sus detalles igual que un discurso de McNamara o una intervención de Dean Rusk. Para el público que todos los días asalta los puestos de periódicos para enterarse del número de muertos en Vietnam, las amenazas encubiertas del general De Gaulle o el lenguaje brutal de los líderes chinos, sus opiniones tienen un valor paralelo al de los altos miembros del gabinete presidencial.

Sorensen está pendiente de los hermanos. Sin que aparezca el más leve rastro de condescendencia en el tono de su voz, dice que los sigue paso a paso y los ve crecer.

"Hace años se afirmaba que si se amalgamara a Ted y a Robert, el resultado sería John".

Esto es debido a que Ted tiene el atractivo, la simpatía, los instintos políticos, la personalidad, el calor, y Robert tiene el criterio sustantivo de la política, el dominio de los puntos, el conocimiento de asuntos internos y externos, y, por supuesto, John tenía todo eso.

"Pero ambos, Ted y Robert, tienen una cualidad que John poseía en abundancia y que es la cualidad de crecimiento continuado. En los últimos dos o tres años, únicamente, he visto a Ted y a Robert cambiar, crecer y aprender. Ted está adquiriendo más experiencia y conocimiento en los asuntos sustantivos y Bob está adquiriendo más experiencia y habilidad en política y en presentarse a sí mismo como una persona atractiva y amable, que lo es en grado sumo.

"Creo que a través de los años veremos cómo ambos surgen como grandes figuras. No idénticos entre ellos o iguales a John, ya que nadie se repite en este mundo, pero excepcionales, con ilimitado futuro".

Por razón natural —la edad, ante todo; ocho años de diferencia— Robert va delante de Ted. Aparece con más frecuencia en los escenarios políticos y sociales, habla más, viaja al extranjero con numeroso equipo de ayudantes y trabaja sin darse un segundo de tregua, pero ruidosa, llamativamente. ¿Alcanzará las cumbres de su hermano?

Opina Sorensen:

—Soy un gran admirador de Robert Kennedy. Soy su amigo y a veces, no oficialmente, se puede decir que he sido su asesor y su consejero. Si las circunstancias hicieran que se me llamara a colaborar con él en Washington, ciertamente que, de serme posible, lo haría.

—¿En Washington o en la Casa Blanca?

—También en la Casa Blanca.

—¿Piensa entonces en él como en un futuro presidente?

—Sí, creo que veremos a otro Kennedy en la presidencia de los Estados Unidos.

—¿Cuál sería la cualidad distintiva de Robert Kennedy en el puesto de John?

—La misma de su hermano: la propagación de los mejores ideales del hombre.

La obra inconclusa

La última frase lleva al último día de John Fitzgerald, a Dallas. ¿Qué deseaba, a qué propósito ceñía su conducta el segundo Roosevelt, el visionario, que de uno u otro modo se le conoce?

"Decía de sí mismo que era un 'idealista sin ilusiones', pero creía en el porvenir con la firmeza de los hombres que saben del valor de la constancia, el esfuerzo, la abnegación, el sacrificio. Confiaba en que llegarían mejores tiempos si trabajábamos por ellos".

Sorensen, cuya expresión ingenua detrás de gruesos lentes con aros de carey lleva a pensar en el aprovechado alumno de algún instituto de estudios superiores, dice del presidente:

"Tuvo fuerzas para todo, menos para la ruptura. Los problemas antiguos los vio con nuevos ojos. Éstas son razones que explican su grandeza".

La lista de las tareas inconclusas es muy larga. En el lujoso despacho del centro de Nueva York, se hace apenas un apunte, un bosquejo:

"Su esperanza era que inmediatamente después del tratado de proscripción de pruebas nucleares, siguiera la línea 'caliente', la proscripción sobre armas en la estratósfera, la venta de trigo a la Unión Soviética; que hubiera una serie de acuerdos nuevos entre los Estados Unidos y la Unión Soviética o entre las potencias de la OTAN y las del Tratado de Varsovia, con miras futuras al desarme; que disminuyera la confrontación entre Europa Oriental y Europa Occidental, lo que redundaría en un aumento de empresas conjuntas en las cuales la fuerza de los Estados Unidos y la fuerza de la Unión Soviética podrían combinarse para el bien y no para la destrucción.

"Él también se interesaba mucho por América Latina. La Alianza para el Progreso es, sin lugar a duda, un trabajo inconcluso que dejó.

"Sentía que realmente no había empezado a atacar el problema de las relaciones de este país con China comunista, o a tratar de preparar a la opinión pública en los Estados Unidos para cuando fuese posible entablar negociaciones con los chinos rojos sobre problemas de desarme o la adquisición de alimentos norteamericanos y otro punto cualquiera. Pensaba que aún no estábamos preparados para ello y que se requeriría bastante tiempo para lograrlo.

"Hay otros problemas pendientes en lo que se refiere a política exterior, muchos otros referentes a los Estados Unidos mismos. Había pedido que se trazara la lucha contra la miseria; estaba a la mitad de una revolución sobre relaciones raciales; tenía programas pendientes ante el Congreso sobre educación, sanidad, transporte, agricultura, vivienda, etcétera. Creo que la gran tragedia de la muerte del presidente Kennedy es la pérdida de lo que pudo haber sido".

Controversia sobre Vietnam

Aunque un tanto encubierto el tema por su carácter especulativo, los políticos no pueden evitar una pregunta: ¿cómo habría afrontado Kennedy el conflicto de Vietnam? Los críticos de la actual administración sostienen que ha habido falta de imaginación, rigidez, retorno a un deplorable pasado que desprestigia a los Estados Unidos en el mundo.

El punto es llevado al consejero, al amigo íntimo de quien conquistó en sólo dos años y medio respeto universal:

—¿Por qué afirma usted en su libro sobre John Kennedy que éste heredó en Vietnam los resultados de la pésima política de los Estados Unidos en Asia?

Sorensen parece ligeramente sorprendido:

—No estoy muy seguro de haber dicho eso exactamente.

El reportero recurre a la cita textual de la obra biográfica:

"Por desgracia Kennedy había heredado en Vietnam algo más que un compromiso o un conflicto en crecimiento. Heredó también una política extranjera que identificaba a los Estados Unidos, ante la población asiática en general, con dictadores, intrigas del Servicio de Inteligencia y una respuesta al espíritu revolucionario de simple represión militar".

Las palabras, bien pensadas, caen una a una:

"Todo presidente hereda un sinnúmero de problemas, fenómeno que no es sorprendente ni desalentador. Creo que el presidente Kennedy tenía cierto pesar acerca de nuestra situación en Vietnam, pero no por eso iba a dejar de cumplir este compromiso ni abandonarlo en forma alguna, como tampoco iba a intentar culpar a su predecesor, el general Eisenhower, sobre la situación en Vietnam, porque cada presidente tiene que hacer lo mejor que puede de acuerdo con las situaciones en que se encuentre involucrado".

Luego diría:

"La ampliación de la guerra en Vietnam ciertamente no coadyuva a la seguridad de los Estados Unidos".

La doctrina Monroe, vejestorio inútil

Si Kennedy había dejado de mencionar, por inactual, la conocida frase de Woodrow Wilson: "Un mundo seguro para la democracia", pues consideraba que la sociedad de la segunda mitad del siglo XX sería regida por la diversidad, ¿cabía en su mente la vigencia de la doctrina Monroe?

Sorensen resume en dos párrafos la tesis iberoamericana:

"La doctrina Monroe se ha vuelto algo así como un cliché en este país, objeto de discusiones emocionales y políticas, más que de cualquier valorización realista de la actual situación del hemisferio occidental.

"El presidente Kennedy sentía que la doctrina Monroe podría haber estado de acuerdo con las condiciones que prevalecían hace más de un siglo, cuando fue promulgada, mas no para una situación en la que los países del hemisferio deberían ser socios o aliados para el progreso, en lugar de que las naciones latinas dependieran de los Estados Unidos para decisiones, apoyo, defensa y diplomacia".

Dallas, cuya "reputación de extremismo" fue para Kennedy el mejor impulso para incluir a la ciudad sureña en lo que sería su último viaje, obliga a una pregunta:

—¿Cómo pensaba Kennedy hacer frente a los hombres de la extrema derecha, de quienes fue tan combatido?

—Su pensamiento no era combatirlos por medio de la legislación, sino con el superior recurso de las ideas. Quería exponer la necesidad de su posición y señalar que las personas que hablan racionalmente de ampliar la guerra en Vietnam, que rechazan todo trato comercial con la Unión Soviética, que luchan por que disminuya la ayuda al extranjero no contribuyen a la seguridad de los Estados Unidos, pues, si sus planes se llevaran a cabo, estarían contribuyendo al debilitamiento de la seguridad interior de nuestro país.

"El sentir del presidente era muy claro: el ataque más efectivo contra esos grupos es la presentación objetiva de los hechos, de la verdad. También decía que era un error concederles demasiada importancia, pues se trataba de un grupo reducido cuyos puntos de vista nunca podrían soportar la prueba de la verdad. No prevalecerán, pronosticó repetidas veces".

Otro tanto pensaba de los adictos a la extrema izquierda:

"Se alejan de la realidad —cuenta Sorensen que confiaba a sus allegados—, de los cambios en el mundo".

El abogado y escritor busca en sus recuerdos:

"No creo que el presidente Kennedy pensara que ninguno de los dos, izquierda o derecha, constituyera mayor peligro interno para los Estados Unidos".

El enigmático líder francés

Ya en la puerta de su despacho, en pie, Sorensen sonríe con alegría. Su rostro agudo y su expresión inteligente dan cuenta de que le es grato pensar en el general De Gaulle, cuya presencia en las primeras planas de los periódicos se ha vuelto obligada y cada día más notoria.

"Al general le atrae lo dramático y lo inesperado, así es que quien arriesgue su reputación para predecir lo que hará el señor De Gaulle mañana o el mes que viene seguramente saldrá perdiendo".

No disimula su respeto por la tenaz determinación del hombre que ha restablecido el prestigio, la grandeza de un país geográficamente menor que Texas, pero agrega con sutil ironía:

"El general De Gaulle tiene una imagen de él mismo como dirigente del Occidente, como una gran figura de la historia, como alguien que debiera dedicarse a empresas grandes y gloriosas. En concordancia con esta imagen, ha viajado a la Unión Soviética, ha hablado sobre relaciones entre Oriente y Occidente. No creo que vaya a comprometer los intereses de sus aliados, aun cuando pueda estar en desacuerdo con ellos. No creo tampoco que sea comunista o esté a punto de comprometerse en un acto de conspiración. Para mí lo difícil es no recordar que el general De Gaulle se opuso mucho a que los Estados Unidos tuvieran compromisos o contactos unilaterales con la Unión Soviética. Pero supongo que los grandes hombres, como él, pueden darse el lujo de ser inconsistentes".

Tamayo: "Si un creador se limita, es el suicidio"
Siqueiros: "¿Por qué buscar amor lejos de lo amado?"

Esta noche se inaugura en el Palacio de Bellas Artes una exposición sin antece-
dente en la historia de la pintura en México. Fernando Gamboa convocó a los
jóvenes pintores —no menores de 24 años, no mayores de 40—, les sugirió
temas, les señaló las medidas de sus trabajos y los reunió en un espacio común.

De un conjunto de 75 obras se elegirán 35 para formar con ellas una de las salas
del pabellón de nuestro país en la Exposición Universal de Montreal, en la prima-
vera de 1967. Será la primera imagen, ante los demás, de lo que es hoy la pintura
mexicana en su brote más tierno, aún impreciso, sin clara definición.

El esfuerzo de Gamboa, su intención, fueron alabados por los dos premios
nacionales de arte, Siqueiros y Tamayo, quienes analizan en sendas entrevistas el
movimiento pictórico mexicano "de la raíz al fruto", para emplear una frase del
primero.

Rufino Tamayo, llamado comúnmente un maestro del abstraccionismo, considera que el arte, invento del hombre, tiene un destinatario:
su propio creador, el ser humano. ¿Puede hablarse entonces de un arte
abstracto, de formas puras? Imposible. Sería confundir la semilla con el
fruto, las raíces con la vida a que dan origen.

El premio nacional de artes 1964 dice a *Excélsior* que el abstraccionismo es trabajo, esfuerzo, disciplina. Es una introspección continua en
busca de colores y formas, un ensayo tras otro. Es el puente, un tránsito
en la preparación de la obra mayor, la obra en serio consagrada al público.

Un pintor ve dentro de sí fosforescencias, líneas, esplendores, pero
sólo a condición de que integre estas piezas en un conjunto armónico e
inteligible para los demás hará arte. Los sonidos inarticulados no forman
un lenguaje, ni las líneas ni las formas, ni los volúmenes ni los colores
producen por sí mismos emoción estética.

El pintor ha de hacerse oír, gritar, si es necesario. Mas para lograr que
se le escuche ha de expresarse en un lenguaje comprensible. ¿Cuál es

éste sino las palabras comunes, familiares hasta para un niño? Tiene que pintar, quiera que no, lo que todos conocen: el hombre y la naturaleza, las pasiones vitales y los elementos constitutivos, físicos, del reino en que vive: el agua, la tierra, el aire, el fuego.

Esto no quiere decir que deba entregar lo obvio, una naturaleza escueta y un personaje descarnado. Es indispensable la imaginación. Pero la imaginación no se da porque sí. No es un soplo ni una capacidad milagrosa. Hay que buscarla en la zona intermedia de lo que es y lo que podría ser, universo en que el artista encuentra el aire que necesita para respirar.

De la rama o el peñasco parte el ave en su vuelo. El pintor es igual. Posee al hombre y a la naturaleza como punto de partida. Dados en una obra, lo demás le es permitido, menos el capricho, la vaciedad por la vaciedad, la complacencia morbosa en lo irracional. El arte, la más acabada expresión del hombre, el hombre mismo, no podría existir sin un propósito o una emoción hecha conciencia.

***

De esa convicción nace la escuela mexicana, nuestra pintura, libre al fin de las ataduras a la europea. Con sus integrantes, el mexicano cobró conciencia de que podía crear arte propio, nacido de su entraña y enriquecido con su propia savia. Hasta ahí el genio de los "tres grandes" fue indiscutible. Pero de su grandeza nació su miseria, cuando pretendieron reducirlo todo a su escuela, a su movimiento, a su pensamiento, a sus propósitos, y uno de ellos, Siqueiros, llegó a pronunciar la frase lapidaria: "No hay más ruta que la nuestra".

Podría haber tantas escuelas como pintores de genio. De un tronco brotan innúmeras ramas, y una de ellas, andando el tiempo, es tronco y rama, raíz y fruto. Los "tres grandes" pensaron que eran el arranque —"en lo que estoy de acuerdo"—, pero también que eran el fin de la pintura. "Antes de nosotros, nada. Después de nosotros, nada, salvo nuestro índice, que orienta y apunta al buen camino, al único, al nuestro", han dicho en muchísimas ocasiones.

Tamayo rechaza por principio el concepto de las escuelas pictóricas que se perpetúan. Si el hombre, como individuo, no es más que un relevo entre billones, ¿quién es capaz de decir, con visos de verdad, que su ruta es la única, que fuera de ella no existe sino torpeza y desviación?

Nuestro entrevistado reduce la historia de la pintura a una interminable serie de puntos suspensivos. ¿Cuál es el verdadero, el mejor? Ninguno.

Uno explica al otro y el último al primero sin que pueda hablarse jamás de un último como de un final.

***

Lo grave es que la imposición de los "tres grandes" tuvo consecuencias. A la trilogía siguieron generaciones que no dejaron huella de su paso. Piensa Tamayo que después de él, continuador cronológico de Rivera, Orozco y Siqueiros, no ha habido quien cubra aceptablemente el panorama pictórico de México.

Los artistas vieron ante sí un camino fácil. Los maestros habían señalado una ruta y no había más tarea que seguirla. "Ése es el camino", se dijeron, igual que *juniors* que se aprestan a dilapidar la fortuna de los padres. "Ellos nos enseñaron cómo. Imitémosles". Y a ese juego —que no pasión— se entregaron, con los resultados hoy visibles: no hay museo importante que se interese por ellos.

Tamayo es directo y, si cabe, cáustico. "Los pintores que sucedieron a la trilogía se declararon pintores para el pueblo y sólo fueron pintores apoyados por el gobierno. Contribuyó al fracaso su incapacidad para innovar, lo que aplastó su talento —si lo tuvieron—, como ocurre con todo aquel que no ejercita las cualidades de que esté dotado. En arte hay que buscar, como en la ciencia. No cabe la parálisis ni la autocontemplación. Una obra terminada es como un día vencido. Tiene sentido en cuanto se adivina la mañana que habrá de sucederle".

Devoto del trabajo —cuando menos pinta siete horas diarias—, sostiene que el artista, cuando goza con la obra terminada, cuando la disfruta y en ella se solaza, da claros testimonios de vejez, de agotamiento. La creación es una tortura. Una tarea concluida no es sino el enlace con otra que habrá de tener sus propias aportaciones, sus descubrimientos, su mérito único, exclusivo. Si el creador se imita, se suicida; si ejercita el perfeccionismo, se agota en la repetición. No le queda sino una alternativa: un poco, otro, otro, otro… hasta la muerte.

***

Si existe este cúmulo de complicaciones en el arte, ¿tiene sentido hablar de que el mural —otra vez Siqueiros— es el camino y que el caballete la desviación? ¿Tiene sentido hablar de un arte pictórico que debe integrarse forzosamente a un conjunto arquitectónico y despreciar las manifestaciones, exquisitas o grandiosas, que pueden encerrarse en el pequeño rectángulo tradicional?

Tamayo piensa que Siqueiros equivoca otra vez el camino. Sus afirmaciones pueden ser justas o no, en cuanto que es respetable decir que la pintura es un elemento de integración en el conjunto arquitectónico, pero son dictatoriales, absurdamente impositivas en cuanto desprecian todo lo demás.

El genio se da sin que importe tiempo y lugar, dimensiones, circunstancias. No requiere, para manifestarse, del tamaño de una tela o del espacio abierto del mural. En pos del genio no hay una causa social o un arte público, necesariamente, fatalmente. El genio es un misterio del que sólo sabemos que se conquista con el trabajo.

Si éste es el panorama de la pintura mexicana, con un arranque original y un decaimiento posterior, ¿cuáles son las posibilidades de la generación actual, la llamada quinta generación? ¿Qué puede encontrarse en el grupo de pintores que hoy, en un nuevo esfuerzo, mostrarán sus obras en las salas tres y cuatro del Palacio de Bellas Artes?

Tamayo se deja llevar por el entusiasmo:

"Es la generación más preparada la que hace concebir las mayores esperanzas. Está formada por jóvenes que se interesan en todo: el cine, la política, la literatura, su país, el cosmos. Son pintores que leen y estudian. Son hombres en el mejor de los términos: sensibles y ávidos de originalidad, deseosos de enfrentarse a la tela o al muro y trabajar con denuedo".

Hay uno que le conmueve particularmente. Nació en Juchitán, Oaxaca, del origen más humilde. Cuando fue a París no dejó que el ambiente se apoderara de él y le enredara en sus calles, en la bohemia de la gran ciudad. Conservó intacto el carácter indígena, el retraimiento intenso, aparentemente malhumorado, del que no es posible inferir si nace de una preocupación por los problemas de la metafísica o de una angustia por la tragedia de lo cotidiano.

Se llama Toledo. En invierno, a veces bajo la nieve, rehusaba el abrigo y caminaba a la intemperie cubierto sólo por una guayabera. Observador profundo, trabajador incansable, tenía suficiente con un refrigerio elemental, a veces sólo pan y agua. En una buhardilla, como si protagonizara más que un drama, un melodrama, veía pasar los días y las noches con los pinceles en la mano.

Bien parecido, protegido por un hálito de misterio, atractivo para las europeas, desprecia el comercio de la pintura. En las galerías —lo mismo en las de París que en las de México—, no bien entregan sus cuadros; en cada uno de ellos coloca la estrella famosa, el signo indudable: vendido. Si una vez protesta, ceñudo, metido en él mismo, amenaza con retirar su producción y nunca mostrarla en esa galería en la que no se le comprende.

"¡Es un pintor!", exclama Tamayo.
¿Qué es un pintor?, preguntamos.
Tamayo duda. La pregunta encierra su vida.
"Pintor... ¿Qué sobra al árbol? ¿Las ramas? ¿El tronco? ¿Las hojas?
¿La raíz? Nada, ¿verdad? ¿Qué es un pintor sino un hombre con ojos y
energías para su paleta y su tela, con exclusión de todo lo demás?
"Toledo es de ésos. Como Cohen y Lilia Carrillo, a quien cree por-
tentosa...".

Tamayo, cuyo rostro café grisáceo hace pensar en las piedras calcina-
das al sol, sin grietas ni edad, habla del Premio Nacional de Artes entregado a Siqueiros este año.

Es tan breve como contundente:
"Se lo ha ganado... lo merece..."

* * *

Setenta años no han agotado la marcha. Seguro de sí mismo, arrogante, lleno de fuerza. Siqueiros volvió ayer a Bellas Artes después de largo tiempo
de no visitar un palacio que a él, en parte, debe su carácter y originalidad.

Contempló sus murales, los de Diego Rivera y José Clemente Orozco, que es tanto como decir la obra a que él se siente ligado, enraizado,
y los de Rufino Tamayo, el gran pintor que un día se acercó a ellos para
después abandonarlos y unirse a los europeos, amantes del formalismo y
los juegos plásticos.

Finalmente, como quien no quiere apartarse del presente, descendió
hasta las salas de la planta baja y pasó revista a la obra de los jóvenes, los
de la quinta generación.

¿Qué es esto? ¿Una galería de Nueva York, de París? ¿Acaso esto es el
aporte de México a la cultura universal?

Después, muy despacio, vio a Nishizawa, a Góngora, a Cohen, a Na-
dine, a Rojo, a Soriano, a Belkin, a Felguérez, a Arévalo, a Sepúlveda,
y elogió su fuerza, la capacidad creadora que en muchos de ellos se adivina, pero que no estalla, envuelta aún, arropada en preocupaciones que
revelan —gritan casi— la incertidumbre y confusión en que viven estos
pintores que oscilan entre los 24 y los 40 años.

Ayer, en que el premio nacional 1966 permaneció cerca de dos horas
en Bellas Artes, habló para *Excélsior*, pero no como quien conversa, sino
como quien monologa.

"Hacía mucho tiempo que no veía los murales. Qué extraordinaria
artesanía la de este gran pionero del muralismo mexicano que es Rivera.

Con qué inteligencia y habilidad reconquistó el procedimiento llamado al fresco, que había desaparecido prácticamente desde los albores del Renacimiento italiano.

"Y allá, el otro extremo de la sala, el mural de José Clemente Orozco pintado con igual procedimiento, aunque indudablemente con menos acuciosidad que el de Rivera".

* * *

Grupos de escolares y visitantes aislados recorren los pasillos del tercer piso de Bellas Artes. Muchos reconocen a Siqueiros y se detienen a verlo con una curiosidad que no se manifiesta frente a los murales.

En el caso de Orozco, como en el de Rivera, hay un arte oratorio, es decir, una expresión plástica opuesta a la pintura esnob, comercial, de su tiempo en el mundo entero.

"En José Clemente resuena el drama con voces claras y precisas. Su dramatismo es literario —¡por qué no!—, lo que imprime a sus concepciones una extraordinaria resonancia. Orozco aturde. Las llagas de sus figuras, la sangre que corre por alguna de ellas, la degradación de la mujer semidesnuda, todo es real, vivo, sin mentira. No hay jugueteos, bromas de "artistas superiores". El arte por el arte, que es un poco el ocio por el ocio, no aparece en la creación de Orozco, como tampoco en la de Rivera.

"Dinámico Orozco, constructivo y sólido Rivera, no logran despojarse íntegramente de muchos elementos del cuadro de caballete, lo que es explicable. Los años y la plena madurez, la capacidad creadora libre de ataduras al pasado, los convertiría en dueños del espacio, abierto, prácticamente ilimitado de la superficie monumental.

"Ambos, personalidades excepcionales, representan la base de nuestro movimiento, sin el cual los que venimos con ellos, aunque más jóvenes, no habríamos podido seguir adelante. Jamás tuvieron los pintores de Europa, de toda Europa, y esto para no hablar más que de esa región del mundo, una plataforma desde donde saltar hacia el futuro. ¡Qué regalo para los plásticos de México! ¿Seguirían su ejemplo y superarían su obra, como era su deber?".

Siqueiros abre una pausa y deja que el efecto avive el interés por lo que vendrá enseguida. Acostumbrado a verse con la multitud, aun en el monólogo disfruta de los significativos silencios, de los vacíos intencionados.

***

"Ahora estamos frente a la 'Nueva democracia', mi primer panel al lado de los de Rivera y Orozco. Puedo comprobar, después del tiempo transcurrido, que mi propósito evidente fue saltar la plataforma de mis antecesores hacia algo más adelantado en la composición.

"A las obras de Diego y José Clemente les faltaba más dinámica, pensaba yo entonces. ¿Cómo violentar la acción de mis figuras? Creí encontrar la solución colocando la figura central en un eje y haciendo algo así como aspas mediante la multiplicación de sus brazos en movimiento. Traté de violentar los volúmenes, atraje los elementos del fondo hacia delante. ¿Aquello era un realismo más realista? En todo caso el esfuerzo buscaba un realismo más veraz".

Los ojos del artista no se apartan de su obra. Una mujer, desnudo el torso, brota de la tierra y rompe las cadenas. Con el cigarro entre los labios, sin encender, absorto en el recuerdo, entregado a la contemplación, Siqueiros parece perplejo. ¿Reconoce íntegramente su obra? Ha hecho tantas, después ha trabajado con tal intensidad que no es aventurado suponer que vive emociones nuevas, como ante un espectáculo visto por vez primera. Los segundos se alargan. El silencio de este momento es mucho más intenso que el anterior, frente a los murales de Diego y Orozco.

Camino al segundo piso, donde se encuentran los murales de Tamayo, Siqueiros se detiene ante el panel de Jorge González Camarena.

"No obstante sus cualidades —comenta brevemente—, no consigue salir de los métodos y técnicas del cuadro de caballete, pero en su voluntad de muralista reconozco un mérito que tuvieron muy pocos pintores de su generación".

González Camarena hiere los ojos con un violeta encendido. La figura así realizada, ¿o idealizada?, acerca al espectador con la ficción y el academismo efectista.

Ya en las escaleras, la voz de Siqueiros:

"Hay falsificación en la policromía. Lástima, ¿no le parece?".

***

Ante uno de los murales de Tamayo —el caballo que rompe las formas clásicas, que hace pedazos la columna griega— el misterio de la pintura cobra otra dimensión. Hay una lucha entre la luz y la oscuridad, colores nunca vistos, pero familiares. Aquí se entiende el concepto de que la obra de arte no siempre es materia de relato, pero sí de poema, de "muda contemplación, de emoción purificada".

"El mural —juzga Siqueiros— me da la oportunidad de repetir lo que dije en su tiempo. Tamayo, ya en la vía del formalismo, en camino de favorecer la penetración de las corrientes abstractas de la escuela de París, retornó aquí, poderosamente, al muralismo de sus antecesores mexicanos. "Es para mí su obra más importante. Yo esperé que esta nueva magnitud material y técnica de su trabajo lo hubiera conducido a lo que parecía ser su destino histórico: enriquecer aún más nuestro muralismo. Si podemos decir que Rivera fijó la primera etapa y Orozco la segunda, y yo, cuando menos por mi voluntad y determinación, la tercera, a él a Tamayo correspondió modernizar, cabría decir, la policromía de nuestro movimiento.

"Sin duda el cuadro de caballete lo devolvió, aunque con gran talento, a las corrientes llamadas modernas, de las cuales habíamos renegado los pioneros del muralismo para tomar un camino humano frente a su deshumanización, para crear un poderoso y trascendente arte plástico que anulara lo que constituye para nosotros el gran error, esto es, el olvido de que el eje de todo arte, su carne y su sangre, es el hombre, que sin él no hay nada como no sean prácticas pictóricas más o menos interesantes, esfuerzos audaces pero sin dirección que fatalmente conducen al vacío, al temido arte por el arte".

***

Pero ¿qué es esto? ¿Una galería de Nueva York, de París? ¿Acaso esto es el arte universal que brotó en México?

Siqueiros no disimula, no su sorpresa, sino su desagrado por los cuadros que observa.

"Pero ¿es que esto que estamos viendo se encuentra a un paso de la sorprendente artesanía de Rivera, al lado de la violencia pictórica de Orozco, cerca, en el mismo edificio, de mis búsquedas del movimiento y del fino y a la vez potente dinamismo de los murales de Tamayo?

"¿Es que todo esto no son fuentes originales propias para la marcha de los jóvenes mexicanos? ¿Es que una generación posterior a la nuestra tiene que aprender de Picasso, de Dalí, de Klee, de Jasper Johns, Rauschenberg, con olvido o menosprecio de José Clemente Orozco, de Rivera y los demás?

"¿Por qué estos jóvenes buscan amor lo más lejos que les es posible de su familia, de las gentes que más los quieren? ¿Qué buscan en las galerías de París y Nueva York que no tengan, de hecho, en sus manos?

"¿Qué diablos pasa? ¿Qué ocurre en México? ¿Por qué son más importantes las monografías europeas y americanas de a 50 dólares que la presencia directa, palpable, del movimiento pictórico más trascendente y profundo que se ha dado en el siglo?".

De la visión de conjunto pasa Siqueiros a la observación detenida de los cuadros:

"En el fondo de las inclinaciones formales de estos jóvenes pueden apreciarse indudables facultades y talento potencial.

"En muchos de ellos hay una potencia, una fuerza plástica digna de mejor suerte, es decir, digna de una vía de producción humanista. Encerrados en el manchismo —¿habrá surgido del formalismo contemporáneo algo más vacuo?— están lanzado al viento, tirando a la nada su extraordinaria capacidad para manejar la sustancia pictórica, sin desconocer que en algunos se advierte el empleo del volumen, o sea, del espacio, propio de nuestro movimiento mexicano.

"¡Cuántos bellos aportes policromos hay en estas salas! ¡Cuánta energía para lo figurativo! ¡Cuánta capacidad, hasta hoy frustrada, para un arte mayor, para el muralismo! ¡Cuántas y cuántas cosas nosotros, los viejos, los de la primera generación, los jóvenes bisabuelos, podríamos aprender de estos brotes aislados e inconexos, pero magníficos por las posibilidades que encierran!".

Siqueiros, que se pasea entre los cuadros con el aire de un sinodal, calado el sombrero de ala ancha, poscarrancista, el cigarro en la boca, las manos en los bolsillos, hace un resumen de la exposición que esta noche se inaugura en Bellas Artes:

"Hay movimiento, pero falta dirección. El movimiento es el esfuerzo, las capacidades innatas, altamente apreciables que aquí se exponen. La dirección sería el retorno a lo figurativo y el amor a la única causa digna de serlo".

1968

Paul Warnke: "Si quisiéramos, arrasaríamos a Vietnam en menos de una semana"*

Washington D. C.- Uno de los grandes personajes del Pentágono, exabogado general del Departamento de la Defensa y actual secretario adjunto para Asuntos de Seguridad Internacional, habló hoy del derecho "pragmático y moral" de los Estados Unidos para intervenir en los países cuando la libertad de los pueblos se ve amenazada por fuerzas extranjeras.

Paul C. Warnke, espigado jurisconsulto de Massachusetts que peleó en la Segunda Guerra Mundial tanto en el Pacífico como en el Atlántico y uno de los primeros soldados de los Estados Unidos que desembarcó en Borneo y Filipinas, contestó de paso a Robert Kennedy, violento opositor de la política del presidente Johnson en Vietnam. "Sus sueños no son los míos", declaró. Agregó que el senador habla de una victoria militar imposible en Vietnam, mientras él piensa en una victoria política factible.

Para el senador Mike Mansfield, quien dijo a *Excélsior* que Saigón no cuenta con el apoyo del pueblo, ni el Ejército sudvietnamita tiene espíritu de lucha, su respuesta fue menos agria. La posición del senador Mansfield es inexacta, afirmó Warnke. Es cierto que Saigón no cuenta con el apoyo "entusiasta y unánime" del pueblo, pero tampoco tiene Hanói ese apoyo. La verdad es que "el pueblo no se ha comprometido con nadie".

De primera mano conoció *Excélsior* la filosofía del Pentágono, reino gigantesco, cuyas decisiones, "como se ha dicho muchas veces, afectan todo, desde la economía de San Diego hasta el destino de la humanidad". Warnke fue el portavoz, ahora que el secretario McNamara se ve asediado por dos preocupaciones: el Departamento de la Defensa, que dejará el último de marzo, y la presidencia del Banco Mundial, cargo que le espera a partir del primero de abril.

He aquí otros puntos destacados de la entrevista:

---

* *Excélsior*, 12 de febrero de 1968

1. No existe ningún peligro de que China comunista intervenga en la guerra del sudeste de Asia. Lo haría sólo en el caso de que Estados Unidos ocupara el territorio de Vietnam del Norte, posibilidad que debe ser excluida de modo categórico.
2. Cuba siguió el camino del comunismo por su propia voluntad. Frente a casos de suicidio como éste, los Estados Unidos no pueden hacer nada.
3. Los Estados Unidos intervienen sólo cuando "pueden evitar homicidio", como es el caso de Vietnam del Sur. "Nosotros tenemos el derecho y la responsabilidad de conservar la independencia de un país", según las palabras textuales de nuestro entrevistado.
4. La importancia del asalto a la embajada de los Estados Unidos en Saigón por fuerzas del Vietcong ha sido exagerada. "La embajada es simplemente una oficina en el centro de la ciudad que puede ser invadida en cualquier momento por fanáticos que penetren a su recinto".

La entrevista con Warnke

En los interminables corredores del Pentágono —una ciudad gris de líneas rectas— muchos pintores han revivido el drama de la guerra en sus formas más rudas y descarnadas. El miedo, la soledad, el hambre, el frío, el desorden, la sangre, pero sobre todo el heroísmo y la muerte desfilan delante de los ojos, igual que la corriente de un río.

Aunque se resista, el alma se puebla de imágenes y ruidos. Un hospital, pletórico de heridos, en la India, un bombardeo sobre el más pacífico y próspero de los campos, el llanto de un niño, el asalto a una fortaleza, un general que posa su displicente majestad, flotillas de aviones a punto de sembrar la destrucción, todo ocurre, como en una vorágine, en estos corredores profundos como túneles. Hay horror y grandeza en la exposición. Se recuerda a los muertos y se teme por los vivos, pero también se avivan odios y se cava, más hondo todavía, en incurables añoranzas.

La antesala del abogado Warnke carece de relieve. Algunos cuadros que se olvidan al instante y varios ramos de flores que algo alegran una oficina de corte burocrático.

Después de una audiencia de 25 minutos con el secretario McNamara, el secretario adjunto para Asuntos de Seguridad Internacional del Departamento de la Defensa recibió al reportero. Cortés pero distante, obvió toda frase inútil.

Éste fue, punto por punto, el desarrollo de la entrevista:

—Según el senador Mansfield, Saigón no cuenta con el apoyo del pueblo ni el Ejército sudvietnamita tiene espíritu de lucha ¿Participa usted, señor Warnke, de esta opinión?

—No, porque yo considero que es un juicio relativo. Desde luego, el gobierno de Vietnam del Sur no cuenta con un apoyo unánime ni entusiasta de la población. No es como un gobierno de Italia, Tailandia o los Estados Unidos. El gobierno de Vietnam del Sur y el sentido de nacionalidad sólo han empezado a desarrollarse. Yo no estoy de acuerdo con el senador Mansfield, porque en realidad si el gobierno de Vietnam del Sur no goza del apoyo de la población, tampoco hay otro grupo que disfrute del apoyo del pueblo. Por ejemplo, los acontecimientos de estas últimas semanas han comprobado este punto de vista, pues el Vietcong no recibió el apoyo del pueblo sudvietnamita para lograr un levantamiento contra el régimen existente. O sea, que ni el Vietcong ni el gobierno de Vietnam del Sur gozan de un apoyo unánime. Pero creo que los acontecimientos de las últimas semanas han reforzado al gobierno de Vietnam del Sur por la repugnancia que han causado las matanzas del Vietcong.

Podríamos acabar en una semana

—¿Cómo explica usted que los Estados Unidos, pese a su enorme poderío económico y militar, no haya podido resolver aún bélicamente el conflicto de Vietnam?

—Yo no creo que ningún poder extranjero sea capaz de encontrar una solución favorable para este problema. La solución sólo puede ser encontrada por los vietnamitas. El problema de fondo es si el país en desarrollo puede crear una estructura gubernamental lo bastante fuerte para mantener la unidad política y llegar a un progreso económico. Los Estados Unidos podrían resolver el problema de la guerra si así lo quisieran; por ejemplo, destruir todo el país, eliminarlo. Pero no se trata de un problema de poderío, sino de la manera en que se puede utilizar éste de manera limitada para conseguir las metas políticas.

"Nosotros no queremos conquistar a Vietnam del Norte, ni tampoco queremos derrocar a su gobierno. Nosotros podríamos llegar a una victoria dentro de una semana. Pero nuestra intención es demostrar al mundo que las interferencias de un poder extraño no serán coronadas por el éxito. El empleo total de nuestro poder no es una solución. Lo que nosotros queremos es emplearlo dentro de los límites. De aquí que el esfuerzo sea más largo y mucho más difícil.

—¿Quiere usted decir con esto que no hay esperanzas de una pronta solución a un conflicto tan doloroso?

—No depende de nosotros, sino del enemigo. Si Vietnam del Norte no insiste en una victoria y disminuye su esfuerzo bélico, entonces la guerra llegaría a su fin. Pero si continúa con su esfuerzo, nosotros no podremos establecer un equilibrio interno en Vietnam y la guerra continuará.

—¿De qué tipo de victoria habla usted?

—Tendría, ante todo, que definir nuestra finalidad, que es asegurar que el pueblo de Vietnam del Sur pueda elegir libremente sus instituciones políticas y determinar su futuro.

—Pero si el pueblo no apoya al gobierno ni está comprometido con nadie, como usted mismo dice, ¿cómo puede determinar lo que quiere para el futuro?

—En todos los países hay hombres que no tienen ideas definidas, que no están comprometidos, tal como ocurre en Italia y en los Estados Unidos mismos. Y hay otros que no se dan cuenta de lo que ocurre. Nosotros esperamos que este grupo aumente con el tiempo en Vietnam. Las fuerzas de ocupación de los Estados Unidos no impiden la libertad de los vietnamitas del Sur, ya que nunca pretenderán, por ejemplo, que el pueblo vote por Johnson. En cambio, los de Vietnam del Norte sí desean que el pueblo vote por Ho Chi Minh. Para los americanos, si el pueblo de Vietnam del Sur prefiere votar por un comunista, en elecciones libres, nosotros no lo impediríamos, ya que nosotros no necesitamos al país.

Tenemos el derecho...

—¿Es legítimo que los Estados Unidos vayan a arreglar los asuntos internos de otros países, a 10 mil millas de su frontera? ¿Qué les impediría, entonces, hacer lo mismo con otros países en cualquier parte del mundo?

—Nosotros fuimos invitados a intervenir. Usted supone que se trata de un solo país y no de Vietnam del Sur, que es un país, y de Vietnam del Norte, que es otro. La situación puede compararse a la de Grecia en 1947, en que estalló una guerra civil, que fue apoyada y alentada por elementos y ayuda externa. Nosotros acudimos en ayuda del gobierno griego y con éxito aplastamos la revuelta, y, en mi opinión, ésta fue una buena solución. En Vietnam se presenta la misma situación. Por lo tanto consideramos moralmente que tenemos el derecho y desde un punto de visa pragmático estamos justificados a intervenir en Vietnam.

—Consideramos en México que no basta una invitación de un gobierno a otro gobierno para intervenir en un país extraño. Para resolver este tipo de problemas están las organizaciones internacionales. La OEA, por ejemplo, fue usada como pretexto cuando la intervención unilateral en Santo Domingo. En Corea intervinieron las Naciones Unidas y en Vietnam no. ¿Por qué?

—Yo estoy de acuerdo en que es preferible tener el apoyo de una organización internacional. Pero no hay organización que agrupe a los países asiáticos o una organización del Pacífico con la que se pueda llevar a cabo una acción colectiva y que al mismo tiempo permitiera reducir la oposición que la actividad de los Estados Unidos ha causado en el mundo. Las Naciones Unidas pudieron únicamente intervenir en Corea porque Rusia se ausentó y por lo tanto no pudo usar su derecho a veto. Pero entre tanto la Unión Soviética se dio cuenta de su error y ya no se ausenta de las deliberaciones. Por lo tanto las Naciones Unidas han sido un organismo incapaz de acción en Vietnam. Si, por ejemplo, las Naciones Unidas se presentaran favoreciendo al gobierno de Vietnam del Sur, la Unión Soviética ejercitaría su veto. Si la resolución fuera favorable a Vietnam del Norte, nosotros usaríamos nuestro de derecho a veto. Por lo tanto, las Naciones Unidas no funcionan y son ineficaces actualmente en un conflicto en que se confrontan el comunismo y el no comunismo. Espero que dentro de unos años, en las regiones de Asia, se haya desarrollado una alianza como la que tenemos en este hemisferio con la OEA y que sea tan fuerte y sólida como para no necesitar la intervención de los Estados Unidos.

—¿Entonces usted considera que la guerra de Vietnam es entre comunistas y no comunistas, entre los Estados Unidos y la Unión Soviética?

—No. Los vietnamitas del Sur en su mayoría no son comunistas. En cambio, Vietnam del Norte es una nación. No se trata, por lo tanto, de una confrontación con la Unión Soviética ni con la China comunista.

Los sueños de Kennedy

—¿Existe algún peligro de que China comunista intervenga en la guerra de Vietnam?

—Estoy seguro de que ese peligro no existe. La única circunstancia bajo la que intervendrá es que se sienta amenazada en su territorio. Si nosotros, por ejemplo, tratásemos de derribar al gobierno de Vietnam del

Norte o de ocupar el territorio de Vietnam del Norte, entonces China se sentiría amenazada. Pero China sabe bien que ésas no son nuestras intenciones ni nuestra finalidad. Y por lo tanto no intervendrá en el conflicto.

—¿Avizora usted algún resultado militar, pronto?

—Esto es como un adivinanza, es como mirar en un globo y prever el futuro, que está muy turbio. Siempre hay resultados militares y de progreso militar también. Pero es el progreso político el que nos interesa más, ya que éste afecta directamente al país. El progreso político permitirá a Vietnam del Sur construir una comunidad estable y progresista.

—¿Qué tendría usted que responder a las afirmaciones del senador Robert Kennedy, quien dice que hay que desechar los sueños de una victoria total en Vietnam?

—Se debe definir primero lo que significa la palabra victoria. Si usted la considera en el sentido que tuvo en la Segunda Guerra Mundial, entonces sería poco realista y el sueño no se cumpliría. Pero yo tengo un sueño diferente al de Kennedy. Mi sueño es alcanzar la meta política: que un pequeño Estado tenga el derecho de elegir sus propias instituciones políticas y determinar su futuro.

—¿Cómo es posible que una fortaleza inexpugnable como la embajada de los Estados Unidos en Saigón haya caído durante ocho horas en manos de guerrilleros de Vietcong?

—No es una fortaleza impenetrable y nunca se ha pretendido que lo sea. Es simplemente una oficina en el centro de la ciudad de Saigón que puede ser invadida en cualquier momento por fanáticos que penetran en su recinto. Y no existe ninguna evidencia de que los Vietcong llegaran más allá del lobby. Sería como si alguien pretendiera entrar al Pentágono o en la Ciudad de México a un edificio cualquiera".

—¿Cómo es posible que para que un país pueda elegir libremente su camino, como usted dice, haya necesidad de parte de los Estados Unidos de enviar medio millón de soldados, gastar enormes sumas de dinero, dominar las fuerzas del aire y del mar y causar miles de muertos?

—Esto depende de las fuerzas externas que se oponen a la libertad, que en este caso son formidables.

El suicidio de Cuba

—¿Entonces por qué no arreglan los problemas de la libertad en Cuba, en Alemania Oriental, en China comunista, en la Unión Soviética, en Hungría, en Rumania…?

—Cada caso que usted ha mencionado representa una situación estable, en que no hay una fuerza externa que trate de intervenir. Por ejemplo, la Unión Soviética no presionó a Cuba para que siguiera el camino comunista. Cuba lo hizo por su propia voluntad. Nosotros tenemos el derecho y la responsabilidad de conservar la independencia de un país. Podemos evitar el homicidio, como en el caso de Cuba. Si Alemania Oriental tratase de conquistar a Alemania Occidental estoy seguro de que los Estados Unidos acudirían en defensa de Alemania Occidental. Si, por otra parte, Alemania Occidental tratase de invadir a Alemania Oriental, nosotros nos opondríamos. Nosotros nos oponemos a toda agresión externa. Tradicionalmente respetamos el derecho que tiene todo país grande o pequeño de determinar su propio futuro. Si México, por ejemplo, sufriera una agresión de China comunista, estoy seguro que la OEA se opondría. Pero si el pueblo mexicano elige un gobierno comunista, los Estados Unidos no harían nada para modificar el resultado.

—Con el criterio que usted expone, ¿cómo se explica que los Estados Unidos no hayan acudido en defensa del pueblo de Hungría cuando su levantamiento contra la Unión Soviética?

—Porque no fue práctico. En lo que se refiere a la situación de Hungría se trataba de un levantamiento contra un gobierno establecido, aunque este gobierno no nos era grato. Pero ¿cómo podríamos nosotros haber apoyado a insurgentes gratos, aun si los insurgentes nos eran más gratos que el gobierno establecido? Si en vez de haberse tratado de un gobierno comunista que sufrió un levantamiento interno se hubiera tratado de un gobierno no comunista que hubiera sufrido un levantamiento interno no comunista, nosotros tampoco hubiéramos podido intervenir. Nosotros sólo actuamos cuando se trata de la intervención de fuerzas extranjeras en contra de la voluntad del pueblo.

Martin Luther King: "Aprendamos a vivir con los comunistas"*

Washington D. C.- En el tono suave que podría haber empleado para iniciar una plegaria en la iglesia de Los Redimidos, donde fue entrevistado por *Excélsior*, el hombre que un día se constituyó en la gran voz de los oprimidos de su país, Martin Luther King, advirtió hoy: "Tendremos que aprender a vivir junto con el comunismo o volaremos todos. Hay una disyuntiva que ya no podemos eludir: coexistencia pacífica o no existencia. Es la enseñanza de la guerra de Vietnam".

Bajo de estatura, de rostro plácido, en apariencia insignificante, pero poseedor de esa fuerza tranquila que comunican los hombres con la atención permanentemente fija en un solo propósito, el premio nobel de la paz lanzó una de las más graves acusaciones que puedan hacerse en política cuando dijo que en los Estados Unidos hay quienes quieren salvar el presente al precio de la catástrofe de mañana.

La entrevista fue brevísima. Escamoteado el doctor King a un auditorio que lo espera con 50 hombres de color. Desde allí les hizo una seña y les pidió paciencia. Luego, tan natural como sencillo y seguramente para no perder un segundo, preguntó al reportero: "Hablaremos de Vietnam, ¿verdad? La guerra se ha hundido en la tierra más y más hondo. Es una tragedia que todos deploramos".

Ralph Abernathy, segundo de King desde hace 12 años, hombre grueso, tosco, en todo diferente a su jefe, se había aproximado y alargaba el cuello para no perder palabra.

---

* *Excélsior*, 13 de febrero de 1968

Johnson no ha sido explícito

—Sí, doctor, pero antes dígame: usted fue muy amigo del presidente Kennedy, ¿lo es también del presidente Johnson? No pudo reprimir el premio nobel una sonrisa irónica. No pudo evitar que en sus ojos saltados de las órbitas brillara una luz extraña. "Yo siempre he sido explícito en mis conversaciones con el presidente. Pero él no lo ha sido conmigo, seguramente por mis opiniones acerca de Vietnam".

Abernathy se reclinó en su silla plegadiza, de material corriente, mientras sus piernas desaparecían frente al gran volumen de su abdomen.

Por su parte, con la claridad del inglés aprendido en las universidades británicas, King continuó:

"La conclusión de la guerra en Vietnam y la inquietud creciente de las minorías americanas abiertamente en contra de esa guerra son dos problemas que oscurecerán el futuro de los Estados Unidos y aun nos acercarán a un drama de proporciones imprevisibles.

"La guerra de Vietnam está destruyendo el alma de nuestro país en cuanto que la pobreza, sobre todo de los negros, siempre los últimos en la fila y los primeros en el sacrificio, está provocando una cada vez más airada explosión de coraje y yo diría que hasta un desenlace trágico".

Existencia compartida con las ratas

"No hay sino un camino para resolver esos problemas: aceptarlos como son y reconocer que en el caso de Vietnam cometimos un error que es necesario corregir. Por el otro lado, admitir que hemos acudido con suma lentitud al alivio de las dolencias de los negros, que yo sintetizaría así: una existencia miserable compartida con las ratas".

De pie, resuelto a poner punto final a la conversación para acudir al insistente llamado de sus seguidores, todavía se dio tiempo para afirmar:

"Nada me preocupa tanto como movilizar la opinión del Congreso y hacer algo efectivo en favor de los millones de hombres que padecen hambre y enfermedad en este gran país. Pero hoy esta tarea es muy difícil. El Congreso, cada vez más preocupado por la guerra de Vietnam, pierde sensibilidad y pospone la solución a nuestros problemas internos. Pero éstos son los cotidianos y yo diría que, en definitiva, los más importantes".

¿Johnson? ¿Nixon? ¿Rockefeller?

Envuelto en su propio conflicto —la mejor voluntad del mundo y pocos medios para hacerla valer—, Luther King se alejó entre los hombres de la Conferencia Cristiana de Líderes.

Las cifras reveladoras

Abernathy, dueño del terreno, proporcionó a *Excélsior* estos datos acerca de Vietnam, no sin advertir en un lenguaje desprovisto de adjetivos y adverbios recargados:

"Hemos tomado el mal camino. Pero, sabiéndolo, no queremos detenernos y mucho menos regresar al punto de origen. Al contrario, avanzamos cada día con mayor rapidez". Luego, estas cifras espantosas:

"En los Estados Unidos el número de negros, en relación a los blancos, es del 10 por ciento. Pero en el frente de Vietnam el 18 por ciento de los soldados son de color y, por cada tres hombres que mueren, uno es negro. Por eso el doctor King le decía que somos los últimos en la fila y los primeros en el sacrificio. Para nosotros son los trabajos de los criados, de los choferes, de los meseros; para nosotros son los cuartuchos sin luz y los placeres sin sol, no obstante lo cual hemos de llegar antes que nadie a la trinchera".

Aun agregó Abernathy:

"El último para la alegría, el primero para la fosa; así podría rezar el epitafio de la tumba de cualquier negro".

El cuerpo y la cabeza inclinados, abiertas las piernas y enlazada entre ellas sus enormes manos, el vicepresidente de la Conferencia Cristina de Líderes aguardó la siguiente pregunta. Su actitud de hombre dolido y más que dolido, impotente, resultaba tan expresiva como un discurso. Confirmó en estos momentos que las cosas más importantes se dicen a menudo sin palabras.

—¿Votarán ustedes por el señor Johnson si es postulado para el segundo periodo en la presidencia de los Estados Unidos?

—Por Rockefeller sí votaríamos.

—¿Y si la postulación del Partido Republicano favorece a Nixon y no a Rockefeller?

—¿Johnson o Nixon dice usted?

—Sí, ¿Johnson o Nixon?

—No lo sabría. Los dos son malos, muy malos... y para el negro no habría opción.

Arthur Miller: caerá Estados Unidos en la autodestrucción si no ayuda a los países pobres*

Nueva York.- De ojos hundidos y piel pegada a los huesos, de enormes gafas y finos dientes maltratados, alto y casi calvo, con toscas manos de trabajador y delgadas piernas que mal cubren diminutos calcetines, Arthur Miller, el universalmente célebre dramaturgo nacido en Brooklyn, dijo hoy que para los Estados Unidos ha sonado la hora decisiva: o emplean su poder para ayudar a desarrollarse a otros países por su propio esfuerzo, sin imposiciones políticas o culturales, o un proceso de autodestrucción se habrá iniciado para ellos.

Muerto para la etiqueta, incapaz de un gesto afectado o de una mueca "interesante", tan espontáneo como sus personajes y tan esforzado como ellos, habló de Vietnam con esta rudeza:

"No se ha contado con el nacionalismo que allí se ha desarrollado, con la dignidad nacional, con esa fuerza que las balas no pueden destruir. Vietnam no tiene una justificación realista, sino que es una guerra simbólica. Pero los soldados mueren en realidad y no simbólicamente".

Lo de Vietnam se inició con buenas intenciones —agregó—, pero falta hoy la decisión para admitir que se cometió un error.

Mientras la ciudad aclama en el Morosco su nueva obra —*El precio*— y algunos críticos, como el del *New York Times*, afirman que en el público hay una conmovedora aceptación ante la fuerza y sinceridad de la pieza, el autor encara con *Excélsior* la situación "desesperadamente idiota" en que nos encontramos todos, enloquecido el mundo en una carrera que al parecer no tiene límites: la de armarse más y más y más.

Pero los Estados Unidos y la Unión Soviética no luchan ya por destruirse uno al otro. Eso pasó. Ambas potencias tienen la misma meta, que es organizar la productividad a un alto nivel tecnológico. El gran problema ha sido desplazado hacia los países subdesarrollados. Es aquí,

---

* *Excélsior*, 17 de febrero de 1968

en puntos que concentran la mayoría de la población humana, donde pueden desatarse los conflictos regionales que nos lleven a la hecatombe, dejen en suspenso la historia y hagan buenas las palabras de Sartre acerca del fin, o sea, el momento de "matar a los muertos".

Otros temas se tocaron durante la entrevista: la incapacidad de los dirigentes de los Estados Unidos y la Unión Soviética; el telón bajado sobre China, que desde lejos parece un manicomio; el naciente idealismo americano y ruso, capitaneado por jóvenes; el sentimiento de derrota y desesperación de la literatura contemporánea; los hippies, que nada transforman y rápidamente pierden importancia; un próximo viaje de Miller a México, quizá en abril; y al preguntarle sobre Marilyn Monroe pidió, tan amargo como enérgico:

"Dejemos que ella descanse en paz".

La excepcional aventura diaria

En la agencia que maneja los asuntos del dramaturgo, de Ingrid Bergman, de Audrey Hepburn, la misma que se ocupa de las nuevas ediciones de la obra de Thomas Mann, *Excélsior* localizó al escritor. En un vigesimosexto piso de la avenida de las Américas y en una pequeña oficina que en todo lo contradice —sillones verdes, rojos y azules, paredes blancas pintadas con finas rayas grises, igual que cierto tipo de camisas pasadas de moda, una puerta inexplicablemente negra y secretarias sofisticadas que se comportan como si el mundo estuviera realmente a sus pies, 26 pisos más abajo—, Miller habló de sus propósitos de visitar México.

¿Razones especiales? Ninguna. Su mujer tiene un hermano con negocios en nuestro país. ¿Planes para escribir? Ninguno, aunque el escritor siempre está en ello. ¿Temas, en todo caso? Los de siempre: el hombre, su vida y sus problemas cotidianos. Nada de gestos heroicos o aventuras extraordinarias. La excepcional aventura diaria y nada más.

Miller detuvo sus ojos oscuros en el reportero. Lo invitaba al interrogatorio.

—Es evidente, señor Miller, que el mundo vive un momento trágico. ¿Cuál es la actitud que frente a este drama debe asumir el escritor?

—Yo creo que los escritores deben prestar atención al aspecto humano y a los ideales humanos que la crisis contradice. El mundo continúa haciendo progresos sorprendentes en el ámbito científico y técnico, que no usa para ideales humanos, sino que aplica a la guerra, lo que es inaceptable.

—En la imposibilidad moral de que estalle una guerra nuclear, pero en vista de los enormes sacrificios que significa para los pueblos el crecimiento del poderío nuclear, ¿no es tan urgente como el problema militar llegar a acuerdos que impliquen la convivencia pacífica? ¿No encuentra usted que una paz fundada en el temor de una guerra nuclear es obligadamente inmoral y antihumana?

—Yo no creo que una guerra nuclear sea imposible.

—¿Desde el punto de vista moral...?

—Sí, estoy de acuerdo. Pero insisto: la guerra nuclear no es imposible. Para evitarla debemos tomar medidas básicas y llegar cuanto antes a un equilibrio en la riqueza y en las oportunidades para la humanidad y no para unos cuantos, como hoy acontece. Hasta que hayamos alcanzado esta meta de equilibrio tendremos que vivir en una paz con terror. Sobre todo necesitamos tiempo, tiempo que debería utilizarse para aumentar el nivel de vida en los países subdesarrollados. Las medidas para lograrlo pueden ser socialistas o adecuadas al espíritu del capitalismo privado. Lo mismo da, porque la meta es la misma: el desarrollo de los niveles de vida.

"Eso" que se llama Vietnam

Fuma Miller como un desesperado. La pipa entre sus labios acaba de ser una parte de él mismo. Un humo azulado envuelve sus palabras y a veces su alargado rostro de piel oscura.

—¿Cómo entiende usted "eso" que hoy se llama simplemente Vietnam?

—Yo no lo entiendo. Yo creo que la situación que allá existe se produjo por miedo a China, por miedo de que en el Extremo Oriente, en Asia, se establezca el comunismo. Pero la situación no se puede explicar por sí misma. Temo que los dirigentes de nuestro país se encuentren rodeados por hombres que tratan de analizar los hechos como si existiera un plan metódico. Pero en el fondo los dirigentes son víctimas de una ilusión: que los Estados Unidos es el país más poderoso, la potencia más fuerte y como tal puede controlar algunas parte del mundo, tal como Vietnam, con la idea, además, de que es por el bien del pueblo vietnamita. Estoy convencido que muchos actuaron así, que tuvieron el propósito de favorecer a Vietnam. Pero estoy igualmente convencido que no contaron con el nacionalismo que allí se ha desarrollado, con la dignidad nacional, con esa fuerza que las balas no pueden destruir. Y el drama ha crecido y sigue creciendo porque no se atreven a admitir que hicieron mal sus cálculos, porque no pueden admitir que se han equivocado.

—¿El crecimiento gigantesco de los Estados Unidos, en todo orden, no los lleva necesariamente a la creación de un superestado? ¿Un superestado no representa, por su propia naturaleza, un peligro para los valores culturales, sociales e históricos de las demás nacionalidades? ¿No necesariamente, como lo señala la historia, la creación de un poder tan vasto implica su autodestrucción?

—Si la historia ha de repetirse, habrá autodestrucción. La última esperanza que nos resta es que los Estados Unidos tomen conciencia de una alternativa y esta alternativa es posible, pero no probable. La alternativa es que empleemos nuestro enorme poder como nunca ha sido usado en la historia, es decir, para ayudar a desarrollar a los otros países por medio de su propio esfuerzo, con su propia idiosincrasia, sin que nosotros impongamos un dominio cultural ni político. Esto nunca ha ocurrido hasta ahora. Y, como digo, no es probable que ocurra. Pero, por otra parte, se ha despertado una conciencia como nunca había existido. Mi esperanza es que esta conciencia sea utilizada, puesta en práctica. No porque una nación sea pequeña o débil significa necesariamente que carece de valor moral o espiritual. En tiempos pasados todo lo que tenía valor era en función del poder militar y económico. Hoy sabemos que hay valores intrínsecos que no pueden ser destruidos.

—Pero ¿no están gastando los Estados Unidos gran parte de su riqueza nacional en detrimento de fines verdaderamente humanísticos?

—Sí.

—¿A dónde nos lleva esto?

—Yo creo que en última instancia nos conduciría a una confrontación con China y la Unión Soviética, a pesar de las apariencias que nos hacen observar a la Unión Soviética en estado de quietud. La lógica me lleva a pensar que terminaría todo con una confrontación en amplia escala. Por eso digo que nosotros lo que necesitamos desesperadamente es tiempo, tiempo para ayudar a los pequeños países a desarrollar una vida independiente. Y cuando digo tiempo pienso en 50 años. La base del conflicto, y creo que esto es algo que se explica por sí solo, es la desproporción enorme de poderes de los Estados Unidos y la Unión Soviética, por una parte, y el resto del mundo. El aumento incesante, más y más profundo de este desequilibrio, puede desencadenar la guerra. Ha habido ya indicios.

Un análisis de los grandes guías

Contagia la permanente excitación de Miller. Deja su silla sin motivo y vuelve a ella por el mismo impulso. Revuelve papeles en un escritorio —quiere cerillos, un lápiz, ¿algún número de teléfono?— y busca sin preocuparse más, sólo para reiniciar la búsqueda cinco minutos después. Pero no por esto deja de escuchar y, sobre todo, de hablar.

Es evidente que los Estados Unidos representan en todos los órdenes un fenómeno de excepcional grandeza histórica. ¿Están sus dirigentes, por su inteligencia, por su ideología, por su habilidad y por sus principios éticos, a la altura de esa grandeza?

—Yo creo que nuestros dirigentes sufren de parroquialismo. Desde que crecimos de manera tan prodigiosa no pueden concebir que hay otros países que se desarrollan de distinta manera. Ellos son, por lo tanto, incapaces de aceptar diferencias, diferencias de punto de vista en lo que concierne a la vida y al sistema de valores en otros países. Los dirigentes terminan siendo paranoicos al pensar que no habrá seguridad en este mundo hasta que todos sean iguales. Considero por tanto que no están a la altura de las necesidades actuales. Yo nunca he vivido por largo tiempo en naciones subdesarrolladas y con esto quiero decir que no conozco América Latina. Sólo he vivido en Europa y en África. Pero tengo la impresión de que en los países subdesarrollados se acepta con demasiada facilidad el punto de vista cultural americano y también europeo. La cultura se crea en Nueva York, a veces también en París y en Londres. Me parece que las culturas autóctonas han sido indebidamente menospreciadas. Éste es un problema que puede ser resuelto por hombres fuera de los Estados Unidos. Es un problema que los dirigentes de otros países pueden controlar, encauzar. Sé que no es fácil, pero deberían tratar de fomentar su propio arte dramático, su cinematografía, sus valores culturales en general, que quizá terminarán por ser más valiosos que los nuestros y los europeos.

—¿De lo que usted dice se desprende que los dirigentes de Estados Unidos buscan una solución americana para cada problema del mundo?

—Yo creo, para ser concretos, que los dirigentes no son capaces de comprender que la sociedad *bourgeoise* no puede imponerse a voluntad de cualquier país. Hay muchos tipos de sociedades que tienen derecho a existir y no sólo la sociedad de la clase media. Éste es el corazón del problema.

—¿Qué opina usted de los dirigentes de la Unión Soviética y de China?

—Hay que examinar los problemas internos de los países. El nuestro los tiene enormes. Problemas de educación, raza, pobreza y crimen. Nuestros dirigentes no han llegado a establecer todavía un sistema de prioridades para combatirlos. Por ejemplo, este año se construirán nueve millones de automóviles y, sin embargo, continúan existiendo los problemas de educación y de pobreza. En la Unión Soviética existe un ejemplo típico: ellos no han encontrado todavía una solución al problema de la libertad. Este conflicto no sólo se plantea a los artistas y a los escritores, sino al ciudadano que no puede establecer un diálogo con su gobierno. Este problema no ha tenido solución y continuamente se va, y se cae, de un extremo a otro. Tampoco han podido desarrollar en la Unión Soviética adecuados estímulos para el trabajo, es decir, cómo desarrollar la capacidad productiva del individuo al máximo y que éste la acepte con buena voluntad. De China no se tienen bastantes informaciones. Nadie sabe lo que ocurre en el interior de aquel país. A veces, por las noticias que recibimos, nos parece que es un manicomio. Pero estoy seguro de que los acontecimientos tienen mucho más sentido de lo que se nos ha dicho.

Hippies y otros temas

—Si hay un idealismo americano contemporáneo, ¿cuál es, cómo lo caracterizaría usted?

—Yo creo que en los Estados Unidos existe idealismo, sobre todo entre los jóvenes. Este idealismo reviste diferentes formas. Por ejemplo, el abandono de la sociedad, la resistencia al reclutamiento, el aislamiento, ideas políticas rebeldes, sobre todo con una tendencia de izquierda. Pienso que se está desarrollando un idealismo subterráneo. Por lo menos sé que hay mucho más idealismo que hace 20 años. Pero no está institucionalizado, no hay un partido político que lo represente, no está unificado en organizaciones, pero es intenso. Estoy seguro de que en el futuro se hará oír. Y que volverá a florecer.

—¿Ese idealismo incluye a los hippies?

—Yo no lo creo, porque el movimiento de los hippies está perdiendo importancia rápidamente. Se advierte que nada ha cambiado con la reacción hippie.

—¿Hay un idealismo soviético?

—Existe en su juventud, en aquellos que tienen menos de 30 años. Es una expresión de disgusto ante la estupidez burocrática. Es la rabia ante las persecuciones. Es un enfoque realista y no metafísico de la antigua ideología. Miran al individuo en su verdadero valor sin tratar de crear entidades ficticias. Ésta es una poderosa fuerza de la Unión Soviética. Pero, como en los Estados Unidos, no está institucionalizada. Pero existe.

—¿Decía usted que capitalismo privado y socialismo conducen a las mismas metas? ¿Son hoy más numerosas las causas del entendimiento que de fricción entre Estados Unidos y la Unión Soviética?

—No existe un conflicto de sistemas entre Estados Unidos y la Unión Soviética. Ambas potencias tienen la misma meta, que es organizar la productividad a un alto nivel tecnológico. Los sistemas empleados son similares. Las fricciones existen entre los países subdesarrollados y los dos gigantes. El problema es tratar de mantener una vida independiente para los países subdesarrollados. Y no es verdad que nosotros, en América, tratemos de derrotar a la Unión Soviética ni que la Unión Soviética trate de derrotar a los Estados Unidos. El problema es el resto del mundo. Radica en esos países donde vive la mayoría de la población humana. Cómo lograr que mantengan su independencia al mismo tiempo que intervienen los gigantes con su ayuda es el gran eje de toda la cuestión.

—Pero los gastos militares crecientes en una carrera al parecer no tienen límite. ¿No significa que los Estados Unidos y la Unión Soviética han perdido en cierto modo su libre dominio para estar ya, por lo menos en parte, a merced de voluntades extrañas?

—Claro. Si estamos a merced de una situación desesperadamente idiota. Nos encontramos enfrentados en una guerra por problemas que podríamos resolver de otra manera. Cada país lucha por defender su honor y su poder, por extender su "protección" sobre regiones que no hacen sino aumentar las posibilidades de desafío y las probabilidades de guerra. Se lucha hoy por razones simbólicas y yo creo que es ésta la gran dificultad en Vietnam. Vietnam no tiene una justificación realista, sino que es una guerra simbólica, pero lo soldados mueren en realidad y no simbólicamente.

La literatura y Marilyn Monroe

—¿Afrontan hoy los escritores los problemas humanos inmediatos o hay una literatura de evasión?

—Es muy difícil comprender los problemas de la actualidad. Es difícil tener una actitud concisa. Existe un sentimiento de derrota en el mundo literario. Un sentimiento de desesperación por la imposibilidad de imponer orden en las experiencias contemporáneas. No es que se traten de evitar los problemas. Lo difícil es encontrar la solución. Yo encuentro muy difícil dirigirme a los seres humanos, comunicarme con ellos. Me esfuerzo, me esfuerzo todos los días, pero no he encontrado la solución.

Trato en mis obras dramáticas de hablar sobre la vida real, de encarar los problemas más difíciles. Trato y sigo luchando...

Cuelga en la pared, exactamente frente al escritor, el cartel de uno de sus dramas: *Después de la caída*. Una mujer de dorados cabellos, de mirada incandescente, incandescente toda ella, evoca a Marilyn Monroe.

Después de la caída, presentada aquí y en Europa en teatro, Hollywood va a llevarla al cine. Con ese motivo Miller pide, exige casi, que la actriz no corresponda al tipo físico de Marilyn Monroe, pues el drama no lo inspiró ella y mucho menos su suicidio.

En Europa algunos periódicos han querido establecer una relación entre la obra y "el alma perturbada" del autor. Pero no han pasado de presunciones.

La vida de Miller es hoy otra. Sin embargo en sus libros, casi en cualquiera que uno abra, aparece la familiar dedicatoria tan breve como expresiva: *To Marilyn*.

La entrevista llega a su fin. "Una pregunta más", dice el escritor, "la última".

—Usted, señor Miller, es un escritor porque escribe aquello que tiene que escribir. Un periodista ha de preguntar aquello que tiene que preguntar, se acomode o no a su temperamento. Permítame, acerca de Marilyn Monroe...

La respuesta corta como un tajo:

—Dejemos que ella descanse en paz. Mis sentimientos al respecto son personales. No quiero hablar sobre eso.

"Ninguna hegemonía puede ser positiva para Europa"*

Nueva York.- "Es falso que yo sea el 'anti De Gaulle', dijo el excanciller Ludwig Erhard con los ojos azules, fija su mirada, intensamente clavada en su interlocutor. "Lo que sí afirmo es que no concibo una hegemonía de Francia o de Francia y Alemania unidas, en Europa. Desconocería los derechos de los pequeños países y nos llevaría a la destrucción de la unidad en el continente".

Con el inseparable puro entre los dedos, pero tomado como si fuera un lápiz, Erhard desdeñó el término "anti De Gaulle" que le adjudicó *L'Express* en 1965, cuando la disputa entre los gobernantes de Francia y Alemania alcanzaba el clímax. "Es una expresión bastante primitiva y no es justa en lo que respecta a mis relaciones con el general De Gaulle", puntualizó con un dejo de disgusto, de mal humor.

De espaldas a un mural bucólico con paseantes ridículamente vestidos de etiqueta y traje largo, tan atento a su puro como a un vaso de whisky, el sucesor de Konrad Adenauer dijo también a *Excélsior*:

1. Alemania ha cobrado conciencia de sí misma, pero no con un espíritu revanchista. Renace de la República Federal un sentimiento nacional, mas no con intenciones agresivas. Los sueños de dominio quedaron sepultados en el pasado.
2. El problema de la reunificación —espina en el alma de todo germano— no podrá ser resuelto por la fuerza. La República Federal no hará de él un problema que pueda ser explosivo para el mundo.
3. El mundo occidental, incluidos en él la Comunidad del Atlántico y América Latina, debe ser solidario en todos los problemas económicos, sociales, monetarios y políticos que afronte.

---

* *Excélsior*, 19 de febrero de 1968

4. No representan ninguna posible alternativa, ni hoy ni para el futuro, las relaciones de la República Federal con Moscú y las naciones de Europa Oriental.
5. La amistad entre Alemania y Francia es imperativa para la unidad europea.

No hay espíritu de revancha

La elegancia de Erhard —traje azul finísimo, el nudo de la corbata hecho con esmero, llamativas mancuernillas de oro— es hecha añicos por sus anticuados botines cafés con metros de agujetas que nacen en el empeine y terminan en el tobillo. Tampoco cuida las formas. Libre hasta el desenfado, colocó el cenicero sobre la alfombra sólo para olvidar, las más de las veces, que la ceniza se desprendía por sí sola del puro.

Atento y más que eso, concentrado en la conversación, escuchó la primera pregunta de esta entrevista exclusiva:

—Hay en el mundo gran admiración por Alemania, pero al mismo tiempo temor. Se admira sin reservas el espíritu alemán, pero hay quienes temen todavía lo que ha dado en llamarse su capacidad de agresión. ¿Hay razones para que pudiera prevalecer una actitud de revancha sobre la capacidad creadora del pueblo alemán?

—De ninguna manera se puede hablar de espíritu de revancha alemán. Quizá se pueda decir que el pueblo alemán ha vuelto a ganar conciencia de sí mismo, pero no acompañado por ilusiones de hegemonía. Alemania forma parte en la actualidad de la Comunidad Económica Europea y también es miembro de la OTAN. Por lo tanto ha vuelto a ganar la conciencia de sí misma, como ya he dicho, y de su importancia, mas no con un espíritu de revancha. Quizás también podría decirse que ha habido en cierto modo un renacimiento de un sentimiento nacional, pero no con un espíritu de agresión hacia otros países.

—"Un alemán, un poeta; dos, Martín Lutero; tres, el Estado Mayor", escribía, no recuerdo en cuál de sus novelas, Erich Maria Remarque. ¿Qué opina usted acerca de esto?

—Creo que ese pensamiento —y aquí Erhard sonrió, casi rio, mejor dicho— ya no corresponde a la realidad. El mundo ha cambiado, la posición de Alemania ya no es la misma y la humanidad ha tomado conciencia de sí misma. Alemania tiene hoy en día problemas que no ha resuelto, siendo el mayor y el último de ellos la reunificación. Este problema sabemos que no se puede resolver por la fuerza. Será sólo posible gracias a las relaciones pacíficas con los otros países como podremos llegar a eliminar tan artificiosa separación. Nosotros nunca ejerceremos presión sobre este problema para hacer de él uno de primera plana y explosivo para el mundo.

El futuro de Alemania

—¿Cuál será, según usted, el futuro destino de Alemania? ¿Quizá la imagen del péndulo entre Washington y Moscú, hasta una Tercera Guerra Mundial, que es, en el fondo, la idea de Willy Brandt, si no le he comprendido mal?

—No. Alemania siente que forma parte de la Comunidad Europea, forma parte del mundo atlántico. Sus relaciones con Moscú y con los países de Europa oriental no representan una alternativa para Alemania. En nuestras relaciones con esos países predominan las intenciones pacíficas y en nuestras relaciones económicas no existen dudas ni ambigüedades. Nosotros somos europeos, pertenecemos al mundo atlántico, formamos parte del mundo libre, en el cual incluyo a América Latina. En ese sentido Alemania sigue una política clara y definida.

—Usted, doctor, entró en la política como economista. ¿Fue una circunstancia de la situación alemana o es lo que Alemania necesita en adelante, fundir el Estado en la economía, tener un Estado predominantemente apolítico, un Estado tecnócrata?

—Es verdad que yo, primero como ministro de Economía y luego como canciller de la República Federal, traté de forjar una situación estable que descansara sobre una firme base económica y social. Y traté de lograr que los otros países europeos también se comprometieran en este empeño. Al hablar de Alemania me refiero a la República Federal y no a la Alemania del Este, es decir, a la Alemania comunista con su gobierno totalitario. Es cierto que las condiciones económicas y financieras no son iguales en todos los países europeos. Gran Bretaña, por ejemplo, tiene graves problemas que nosotros tratamos de ayudarle a superar, porque tenemos un sentido de solidaridad hacia Europa, la Comunidad Atlántica, el mundo occidental, en el que se incluye América Latina, a donde viajaré próximamente, como usted sabe. Nuestros países deben manifestar su solidaridad económica, social, monetaria y política. Después de la Segunda Guerra Mundial no se necesitaba un hombre de Estado, sino a alguien que pudiera introducir la libre convertibilidad monetaria y de divisas, tal como yo hice. Fue tanto lo que hablé de esta convertibilidad que a mi intérprete la llamaron *Miss Convertibility* —otra vez casi una carcajada—, ya que para mí fue de trascendencia la estabilidad monetaria, un medio indispensable para llegar a la estabilidad económica y política.

Erhard rememora los días inauditos. La mitad de Europa destruida, Alemania yerma, todo por hacer, reconstruir al país moral y materialmente, crearlo de nuevo.

—Cuando he recorrido mi pasado durante el Tercer Reich —la voz nostálgica y se adivinan lágrimas—, revivo que mi idea predominante en aquel entonces era mi hostilidad hacia el régimen nacionalsocialista. Yo en aquella época no tenía incentivo para ser político. Luego, con la ocupación de las tropas americanas, éstas apelaron a mí, puesto que conocían mi posición contraria al nacionalsocialismo. Es así como fui lanzado a la vida política activa. El problema más importante que encaraba en aquella época Alemania era la necesidad de crear un país nuevo de entre las ruinas y la destrucción en que yacía. Por lo tanto se hizo hincapié sobre todo en el problema económico. Se trata de la existencia misma del pueblo, de su supervivencia. De este renuevo económico se desprendió luego, automáticamente, la expresión política. Para el futuro yo veo no sólo el aspecto económico puro, sino la necesidad de contemplar a Alemania en plena armonía política con el mundo libre.

Erhard y De Gaulle

—De usted se dijo una vez (*L'Express*, 1965) que era en esos días "el anti De Gaulle". ¿Fue justo *L'Express*?

—Ésta fue una expresión bastante primitiva y no creo que sea justa en lo que respecta a mis relaciones con el general De Gaulle. Considero que la amistad entre Alemania y Francia es imperativa para una unidad europea. Pero la razón por la cual en aquella época me llamaron el "anti De Gaulle" se debió a que no concibo una hegemonía de Francia como tal o de Francia y Alemania, conjuntamente, sobre el resto de Europa. Esta hegemonía yo no la acepto por respeto a los derechos de los pequeños países, única senda hacia la unidad europea. La hegemonía, en cambio, no nos llevaría a la integración, sino a la destrucción de la unidad europea. Éstas son mis diferencias con los puntos de vista del general De Gaulle. Considero, por lo tanto, que es falsa mi clasificación como enemigo de De Gaulle.

—Usted es un economista, De Gaulle es un político. ¿No ha triunfado el político nato sobre el economista nato?

—Yo no creo que deba hacerse una separación entre un político y un economista, ya que es imposible separar el uno del otro en la vida de un Estado. Yo no soy sólo un economista, porque para crear a Alemania también se necesitó del político. De Gaulle no sólo es político, ya que también se preocupa por que las condiciones económicas y sociales de su país sean buenas. Creo, por lo tanto, que una distinción entre el economista y el político no es realista. Quizá haya una diferencia de acento. Yo soy quizá más economista aun en circunstancias políticas. Pero no soy un economista puro, como De Gaulle no es un político puro.

"Amistad con Rusia, sí; imitación, jamás"*

Praga.- De 1948 a 1968, 20 largos años, Moscú fue el modelo. No lo es más. Checoslovaquia sigue ahora su propio camino.

Sin ánimo de ocultarse en afirmaciones protocolarias ni frases hechas, el ministro de Relaciones Exteriores, doctor Jiří Hájek, definió el cambio profundo, inimaginable aún en todas sus consecuencias fuera del mundo socialista de lo que esto significa:

Amistad indestructible con la Unión Soviética, sí; imitación, no.

Cuatro lustros de historia quedaron rebasados. El lenguaje es otro. La actitud es distinta. Hájek dice que la dictadura del proletariado pertenece al pasado en Checoslovaquia y que la gran preocupación del Partido Comunista no es ya una sola clase, sino todos los componentes de la sociedad.

"Creemos en el pluralismo social. Juntas han de integrarse las distintas fuerzas. Entendemos que la tarea del futuro es la aglutinación, la armonía".

De tez blanquísima y ojos azules, ligeramente encorvado y algo miope, entre ausente y concentrado, recuerda a Sartre. Su desenvoltura un tanto atropellada corresponde al hombre atento a un mundo interior y a problemas que nada tienen que ver con la personalidad superflua. Sin un adorno, el nudo de la corbata hecho a un lado, los zapatos deslustrados, atrae por su sencillez sin rebuscamiento. Domina además de su idioma el español, el inglés, francés, alemán, ruso y latín. No hace alarde de su sabiduría, pero entre sus empleados se sabe que tiene familiaridad con otras 10 lenguas.

Reputado como uno de los intelectuales más ilustres de su patria, atesora una experiencia de 100 años. Ha "vivido" en los campos de concentración y representado a Checoslovaquia en la ONU. Su húmeda mirada,

---

* *Excélsior*, 13 de junio de 1968

vivaz o petrificada, cambiante o suspendida por el asombro, es tan llamativa como el más acabado perfil.

¿Dónde está el paraíso?

Los días pasan y ni siquiera en esta región tan apartada de los Estados Unidos, geográficamente y políticamente, se olvida la muerte de Kennedy. Pesa su fin. Lastima igual que un paisaje inhóspito. Hájek le dedica sentidas reflexiones. Recuerda a Hemingway y su conmovedora a la vez que trágica sentencia: "Cuando una sociedad no puede vencer a un hombre, lo mata".

—En Estados Unidos se ha producido una ola de magnicidios, intelectuales de jerarquía dicen que aún no hay libertades fundamentales en la Unión Soviética y aquí, en su patria, en algunos capítulos de su vida diaria se abjura del pasado. ¿Dónde está el paraíso, señor ministro?

—Yo creo que no hay paraísos, aunque todos los buscamos. El nuevo régimen checoslovaco busca un camino que dé satisfacción a cada ciudadano. Quiere una sociedad humanística, realmente humana.

"No sólo en el mundo capitalista, sino en el mundo socialista y en el Tercer Mundo, en todos los mundos, nos hemos olvidado del hombre, de esa entidad simple, escueta y conmovedora que es el ser humano.

"La gente joven tiene la sensación de perderse en un bosque tecnificado. Las revueltas exigen el reconocimiento de una mentalidad nueva. Nuestro gran compatriota Franz Kafka, comprendido hoy como no lo fue hace 40 años, en vida dibujó con acierto clarividente el rasgo de la sociedad extraviada.

—¿A dónde ir entonces, doctor?

—A la construcción del socialismo, pero también al centro del hombre, a su corazón...

Víctimas y verdugos

—Ayuda al extravío la desconfianza, el temor entre los hombres. ¿Será imposible volver atrás y confiar unos en otros?

—El periodo de la Guerra Fría nos condenó a la desconfianza. No sé si será imposible o no volver atrás. Sé que para siempre es sólo la muerte. Únicamente ellos, los muertos, han llegado al fin. Los vivos hemos de luchar sin descanso por un cambio. ¿Cómo?, me preguntará. Con una política de convivencia y con el fin de la guerra infame de Vietnam, ante todo. Si eliminamos los mayores obstáculos podremos ver un horizonte. Si no, tendremos la tapia ante nuestras narices.

"Por otra parte, hay hechos irrebatibles que están obligando a cierto acercamiento entre los dos mundos desarrollados. Derivan de la realidad descarnada de los acuerdos parciales suscritos ante los organismos internacionales. Todos sabemos que el Tercer Mundo, el mundo en desarrollo, víctima de la desocupación y urgido de asistencia, no puede esperar más. Estamos de acuerdo. Pero como las desavenencias entre Oriente y Occidente son muy profundas, se retardan los pasos para acelerar al ritmo debido la transformación del Tercer Mundo. Sabemos de sus necesidades, pero hay otros factores en juego.

"Todo esto es lo que vuelve tan difícil y complejo el análisis pormenorizado de la situación mundial. Necesidades frente a conflictos, enajenación frente a la tecnocracia, evolución desorbitada pero desigual. En fin.

"Hay otro punto de acuerdo, la convicción de que una confrontación nuclear acabaría con todo y con todos. En la crisis del Caribe, en 1962, hubo pruebas de que podrá eludirse la guerra atómica. Es una esperanza para el género humano. Porque en este problema no hay zonas a salvo. Estamos involucrados todos. Es el hombre el que pende del hilo.

¿Por qué hubo un modelo?

—La Unión Soviética fue un modelo para los países socialistas. ¿Por qué lo fue y por qué ha dejado de serlo? ¿Cuándo cobra un pueblo su imagen?

—Los países de aquel entonces, 1948, no tenían experiencia suficiente. A tres años del fin de la Guerra Mundial, todavía entre escombros, sin base sólida en la formación socialista, era muy difícil que buscaran su propio camino e hicieran experimentos. Aceptar el molde que nos ofrecía la Unión Soviética era práctico y razonable.

"Pero después de realizar cierto trabajo económico e ideológico, comenzamos a pensar de manera crítica. A la crítica, por razón natural, siguió la autocrítica. Comprobamos muchas deformaciones habidas en estos 20 años y advertimos también que Checoslovaquia tenía condiciones propias para seguir su propio camino si quería velar por la evolución del socialismo y por el bienestar de sus hijos.

"Decimos muy claramente a nuestros amigos soviéticos que no son más el modelo, pero también les decimos claramente que nuestra amistad y alianza con ellos permanecerá indestructible.

412

El ministro Hájek no quiere que se le malinterprete: no cambiará la relación con la Unión Soviética, como tampoco habrá modificación en el trato con Occidente. El cambio de Checoslovaquia es interno, toca a su sociedad.

Y dijo:

"En lo que toca a aquellos que abiertamente demuestran que les agradaría que el proceso actual de nuestra patria significara la posibilidad de la infiltración de un ideal antagónico, de una divergencia filosófica, a ellos tenemos que decirles que hacen cálculos no con realidades, sino con una ilusión...".

Suspicacia en el mundo comunista

—¿Por qué hasta ahora sólo Yugoslavia apoya su movimiento? ¿Es cierto entonces que hay suspicacia, por no llamarle desconfianza, en el mundo comunista por lo que en Checoslovaquia se ha dado?

—Ciertamente los compañeros yugoslavos se han expresado de manera inequívoca en favor del nuevo camino que emprendemos. También la prensa húngara ha hablado positivamente de nosotros. En poco tiempo vamos a firmar un acuerdo de cooperación, amistad y defensa mutua con Polonia, que renueva el documento sellado por nuestros gobiernos hace 20 años. Con Alemania y Bulgaria hemos llegado a pactos semejantes.

Y añadió:

"No ignoramos que se nos mira con ciertas dudas, que nosotros no tenemos en cuanto a la decisión tomada. Pero sabemos que las formas son nuevas, inclusive para nosotros, y comprendemos las suspicacias. Hay quienes conocen suficientemente los antecedentes y por ello preguntan qué es lo que estamos haciendo, si seremos capaces de nuestro papel dentro del socialismo.

"Para nosotros no existen más la dictadura del proletariado. En la época presente la lucha de clases antagónicas no es el tema decisivo, pues llegó el momento de la unificación de clases. Las clases de ayer no existen más en Checoslovaquia. A la dictadura del proletariado la sustituye una sociedad pluralista".

Marx, un punto de apoyo

—¿No cree, doctor Hájek, que la marcha de la historia, el encadenamiento de los hechos, previsibles algunos, imprevisibles los más, hayan rebasado a Marx, que lo que a él le interesaba era abrir el camino y marchar hacia el socialismo? No podía tener la visión clara y completa del porvenir, ni imaginar la revolución tecnológica de la segunda mitad del siglo XX, él, que vivió en plena Revolución Industrial.

Responde:

—Fue autor de un método que sigue siendo válido. Podríamos compararlo con Einstein, con Newton o Copérnico, para decir nombres. ¿Podría alguien, seriamente, sostener que pasó de moda, que es inactual, anacrónico? Ninguno vislumbró ni previó el futuro con exactitud. Pero todos ellos fueron autores de ideas en las que nos seguimos apoyando y yo creo inalterables como ciertos principios de la conducta humana.

"No existe investigador o artista (podría haberlo) que haya agotado la visión del mundo o la visión de su especialidad. No lo permitiría el hombre, que así se vería negado. Pero tenemos eso, puntos de apoyo que son como nuestras piernas. Sin ellas no podríamos incorporarnos. Mucho menos avanzar.

"Castro está equivocado"

Varias veces —y con el mayor énfasis— ha defendido el doctor Hájek el derecho de cada nación a tomar su propio camino, bajo su exclusiva responsabilidad.

—¿Es correcta la posición de Fidel Castro, que sostiene que la revolución debe exportarse, no importa por qué medios?

—Soy un gran admirador de Fidel Castro y de todo cuanto ha hecho, pero creo que la revolución no se puede exportar.

Vuelve sobre sí el canciller. Hay en su cara una sonrisa nueva, propia de quien ha hecho un hallazgo que le complace:

"Ni exportar ni importar. Esto quiero subrayarlo. Las revoluciones no se exportan ni se importan, porque dependen, para ser, de ciertas condiciones objetivas que no pueden llevarse o traerse".

Sobreviene breve diálogo. No cree el doctor Hájek que Castro sea partidario de exportar la Revolución cubana. El reportero lo contradice. Cita una de sus frases: "Haremos de los Andes una Sierra Maestra".

—Es posible que así sea —responde el ministro—, pues las palabras no valen sólo por sí mismas, sino por su intención o la interpretación a que dan lugar. Pero, si efectivamente piensa de esa manera, creo que está en un error.

—¿No considera usted, doctor, que la presencia del Che Guevara es un documento que prueba mejor que ninguno el deseo de Castro de exportar su revolución?

—El Che se disoció de Fidel para ir a Bolivia. Conocí al Che. Un gran hombre, de contagiosa sinceridad, con la idea obsesiva de liberar a los pobres del continente. Una personalidad heroica. Pero su presencia en Bolivia puede interpretarse como una prueba más de que no es posible exportar las revoluciones. Con su vida pagó su error. Que no deja de ser un hermoso epitafio cuando el error se lleva a cuestas con valor y generosidad probados.

—Otra vez Checoslovaquia. Se ha hablado de la instauración de una sociedad pluralista, por tanto diferenciada y sujeta a muy distintas opiniones entre sus miembros. ¿Qué hará el régimen con los enemigos del nuevo poder?

—Yo calculo que el 80 por ciento de los ciudadanos checoslovacos está a favor del Partido Comunista y del nuevo camino que emprenda. Contra el 20 por ciento restante no utilizaremos las armas de la represión, como en el pasado, sino las armas políticas de la dialéctica y la persuasión.

"Los observadores muchas veces creen que una vez abierto el camino para la libre opinión, la mayoría abandonará la amistad con la Unión Soviética e irá hacia el capitalismo. Combatiremos esas opiniones. Nuestra responsabilidad será demostrar que quienes piensan así están equivocados.

"Son otros tiempos los de Checoslovaquia.

Checoslovaquia 1968 I
El gobierno dialoga ya con la Iglesia católica[*]

Praga.- El gobierno comunista de Checoslovaquia ha puesto fin a su antagonismo radical con la Iglesia católica y discute con ella la posibilidad de que vuelvan a sus diócesis los obispos encarcelados por el régimen anterior, se rehabilite a los sacerdotes confinados en "centros de trabajo", se reabran los seminarios y retorne el país a los tiempos en que era posible educar a la juventud en los moldes que se quisiera.

Vestido de negro y púrpura, al acecho de cada una de sus palabras para no ir más allá de límites que severamente se ha impuesto, el obispo de Praga y primera autoridad eclesiástica del país, monseñor Francisco Tomášek, hizo este mediodía revelaciones que permiten conocer hasta dónde han avanzado Iglesia y Estado en la búsqueda de un régimen que haga posible su tranquila y humana convivencia.

Breve y severo dijo a *Excélsior* que empiezan a perderse en las brumas del pasado 20 años de persecución implacable.

El obispo Tomášek, trasladado hace tiempo a lo que benévolamente se llamaron aquí "centros de trabajo", sin posibilidades de moverse libremente, vigilado día y noche por la policía, ahoga toda su emoción. Sus manos grandes y duras, como las de un obrero. Su porte, la mirada lúcida, la alta frente despejada, hablan de un intelectual o, cuando menos, de un erudito. Evasivo, casi misterioso, opone un muro entre su personalidad y la del reportero. Exalta a su Iglesia y anula al ministro. Quiere informar, mas no revelarse.

Responde a su carácter la gran sala en que tiene lugar la entrevista. Muchos cuadros de papas —tres de Paulo VI, uno de Pío XII, dos de Juan XXIII, uno de León XIII, muchos paisajes bucólicos, algunas imágenes de la Virgen María, pero ni una sola pintura o fotografía en que aparezcan los afectos íntimos, entrañablemente personales. ¿Cómo habrá sido su madre? ¿Y su padre? ¿Evocará el obispo el lugar de su nacimiento?

---

[*] *Excélsior*, 14 de junio de 1968

Repicarán las 100 torres

Desde una ventana del palacio arzobispal, en la parte más alta de Praga, se extiende "la ciudad de las 100 torres". A lo lejos, hechas un horizonte con el horizonte, se miran las torres de la iglesia de San Nicolás, las del Niño Jesús de Praga, las de la capilla de Belén, las de Juan Huss, las de san Wenceslao, las de san Jorge; muchas flechas apuntan al cielo y un dedo apunta hacia ellas.

"Enmudecieron nuestras campanas por largos años, pero un día volverán a repicar...".

Como si hubiera de reprocharse un desahogo, en seguida habla el prelado del mundo en este día:

"Se respira hoy otra atmósfera en Checoslovaquia, resultado del principio de democratización con libertad recientemente promulgado. La libertad estaba concentrada en los organismos directivos del Estado. El nuevo impulso ha sido dado por el Partido Comunista, que dirige la vida política del país.

"En esta atmósfera nosotros, como creyentes, tenemos nuevas posibilidades para vivir no sólo de acuerdo con una mayor libertad política, sino de acuerdo con la indispensable libertad religiosa".

—¿Hasta dónde podrá llegar Checoslovaquia en este nuevo camino?

—En cuanto a las premisas aplicadas a la libertad religiosa que han sido presentadas a los correspondientes representantes políticos, ahora nos esforzamos por que esas premisas sean una realidad...

—¿Qué premisas son?

—Que cada diócesis tenga su obispo, que puedan regresar a la administración eclesiástica los religiosos que trabajan en la producción industrial y puedan así rehabilitar, con plenitud, la educación religiosa para los jóvenes. Que se puedan imprimir los libros, revistas y folletos religiosos que sean necesarios, que haya más civiles para el porvenir feliz de nuestra patria.

Una nueva pregunta cae en tierra infértil. Terminante:

"Basta con lo que he dicho", es impuesto por el prelado.

Las manos enlazadas y suavemente apoyadas sobre una mesa atraen la mirada del obispo Tomášek, mientras su pensamiento recorre los últimos años. Debe ser triste el recuente de lo que ocurrió, pero en su voz no hay acentos que descubran emociones, como no hay en sus palabras notas que describan lo acontecido. El rigor impuesto y la despersonalización en que parece vivir lo llevan a enumerar, lacónicamente, los hechos. El drama queda oculto en los detalles humanos, expresión de cualquier tragedia;

como oculta, permanece el alma de este hombre que ha sabido de los trabajos forzados, aunque a nadie haya relatado aún lo que fueron para él aquellos episodios velados por el secreto.

"Estos años fueron muy difíciles. La mayor parte de las diócesis no tenía sus obispos. Muchos sacerdotes perdieron el consentimiento oficial para desempeñar su cargo. Hubo numerosos procesos judiciales contra obispos, sacerdotes y personal de las diócesis sin más motivo que el haber cumplido fielmente con sus deberes religiosos. Fueron abolidos los seminarios, al grado de que sólo quedó uno para los checos y otro para los eslovacos. A las órdenes se les prohibió que aceptaran jóvenes, era casi imposible enseñar la educación religiosa".

—¿Cree usted que todo eso llegó a su fin?

—Se ha producido una solución gradual de los problemas que he mencionado. No obstante, quedan muchos otros que no han sido resueltos. Sin embargo, esperamos solución favorable.

—¿Podría confirmar cuál fue la respuesta del papa Paulo VI al informe que recientemente le presentó a propósito de los cambios habidos en Checoslovaquia?

—El santo padre se sintió muy satisfecho cuando oyó decir que es posible una solución gradual o sucesiva de los problemas religiosos aún sin solución. Expresó muy claramente que confía en la buena voluntad de los correspondientes funcionarios del gobierno checoslovaco.

—¿Cuándo y en qué circunstancias fueron rotas las relaciones entre el Vaticano y el gobierno checo? ¿Hay gestiones preliminares para la reanudación de relaciones?

—Fueron rotas en el año 1950 y hoy se espera la continuación de las deliberaciones para el mejoramiento de las relaciones entre el Estado checo y el Vaticano. Acerca del tema no puedo decir más como no podría predecir cuándo podrían reanudarse las relaciones rotas hace 18 años.

—¿El cambio habido aquí significa un retorno al humanismo, a la comprensión profunda de la persona humana? ¿Representa un acercamiento al cristianismo, al pensamiento occidental?

—Lo ocurrido en Checoslovaquia es un acercamiento a la realidad cristiana de la vida, ya que el cristianismo es profundamente humano. En cuanto a un acercamiento al pensamiento occidental ha de tenerse en cuenta que esta palabra, "occidental", tiene hoy un sentido político y que la Iglesia no es política, sino apolítica.

Con parsimonia se incorpora de su asiento el obispo Tomášek. Mientras se encamina a la puerta habla del cardenal Beran, su viejo amigo, actualmente en Roma. Salió de Praga en los días de la persecución y hoy discuten el Vaticano y el gobierno checoslovaco si ha de regresar o no a su patria, pues dejó la decisión al resultado de las deliberaciones.

—¿Por qué salió el cardenal de Checoslovaquia?

Extiende el obispo Tomášek la sombra del ministerio al superior:

—Es una pregunta que sólo él podría contestar.

Checoslovaquia 1968 II
¿Progreso sin libertad, libertad sin progreso?*

Praga.- El segundo hombre en el mando político de esta república, el vice primer ministro Gustáv Husák, declaró a *Excélsior* que no prevé por ahora el triunfo del comunismo en Francia, pero no descarta la posibilidad de una coalición en que figuren destacadamente las fuerzas rojas.

"Teóricamente, no hay razón para no pensar en la instauración de un gobierno comunista en Francia; pero en la situación actual, probablemente no", dictó más que dijo el vice primer ministro Husák, doctor en Filosofía, y hoy por hoy al frente del gobierno checo por ausencia del primer ministro Oldřich Černík. Husák, que hace apenas unos años había sido condenado a prisión perpetua bajo los cargos de "saboteador" y "traidor a la patria", hizo esta breve, esquemática explicación:

"Aunque el Partido Comunista es muy poderoso en Francia —como en Italia—, también son muy fuertes los partidos contrarios. Hay una real y verdadera lucha política entre ellos, pero no está de más recordar que, después de la última guerra mundial, hubo tal concentración de fuerzas que, prácticamente, estuvieron en el poder los comunistas al lado de los socialistas y de otros grupos políticos importantes".

Medita unos segundos: "Habrá que observar los hechos. Es posible que el desenvolvimiento de los fenómenos se produzca de tal manera que las fuerzas de que hablo puedan consolidarse nuevamente. En esta ocasión no podemos saber lo que el futuro nos depara".

No quiso el vice primer ministro ahondar en el tema de Francia, país febril en los preparativos para renovar su asamblea nacional.

"No puedo expresarme con la suficiente claridad acerca de este problema. No conozco la situación detalladamente", dijo.

---

* *Excélsior*, 19 de junio de 1968

Historia de un condenado

Apartado de cualquier sensacionalismo o de recurso fácil de recoger, alguna entre las mil historias que circulan por Praga acerca de la época de la persecución o la "época del miedo", como se le llama casi oficialmente a los últimos 20 años, el reportero preguntó directamente al doctor Husák, uno de entre tantos, cómo fue su proceso y por qué; cuál fue el desenlace y las circunstancias en que se produjo.

De cabello más blanco que gris, con una sonrisa en los labios, pero no en los ojos; fragmentado, escindido en dos, inmerso en mundos distintos al de su pulcra oficina, empieza:

"En cuanto a los presos políticos podríamos hablar sobre varias categorías. Una parte, como ocurre en cualquier país, cometió actos criminales contra la nación".

"En Checoslovaquia, después de la Segunda Guerra Mundial, hubo aquí una fuerte lucha por el poder. Como usted seguramente sabe, esta lucha se resolvió en febrero de 1948 en favor de las fuerzas socialistas. Fue natural lo que sobrevino entonces. Parte de los políticos caídos, de los vencidos, quiso seguir adelante. Ellos formaron un núcleo de los presos políticos por sus contradicciones con la ley".

—Pero nosotros quisiéramos, doctor Husák, saber lo que vino después, a partir de 1950.

Es sombría la actitud del vice primer ministro. Ha inclinado el cuerpo y colocado las manos enlazadas sobre la mesa, en la que hay vasos de jugo de naranja y agua mineral.

—En ese periodo hubo mucha gente en prisión. Comunistas y no comunistas.

—¿Y usted, doctor...?

—Yo estaba con un grupo de comunistas eslovacos que habían sido injustamente encarcelados. Habiendo hoy en Checoslovaquia un propósito de legítima y humana rehabilitación, tenemos en la mente, día y noche, a quienes fueron castigados por supuestas violaciones a la ley. Tendremos aquí que distinguir a los presos políticos de aquellos que en verdad cometieron algún delito. Verificaremos caso por caso y haremos justicia a cada uno.

—Pero usted, doctor, ¿por qué fue encarcelado?

—Cuando me apresaron, ni ellos sabían por qué. Después de 39 meses me acusaron de traición a la patria y actos de sabotaje. Me condenaron a cadena perpetua.

—¿Y cómo fue su proceso?

—Vivíamos una época en la cual nuestros reglamentos eran violados continuamente en lo que concernía a la defensa y a todo lo demás. El proceso fue secreto, organizado por la policía. No podríamos hablar de un curso legal propiamente dicho en este asunto. En otros casos hubo procesos públicos, pero se llevaron a la práctica después de ciertas condiciones que voy a explicar de manera general.

"Cuando la policía lograba, tras largas indagaciones y esfuerzos, que el preso político actuara conforme al papel que la acusación le había prescrito, se discutía el asunto públicamente. ¿Me entiende? Había una intensa presión psicológica que sólo cuando había tenido éxito permitía que el proceso se llevara a cabo frente a todos, a la luz del día; pero cuando nada lograba la policía después de su presión psicológica, los procesos eran secretos. Fue mi caso y el de muchas otras personas.

El vice primer ministro corta con cierta brusquedad. Parece claro que pone punto final al tema. Hay digna reserva en su actitud.

Toda gran idea...

—Doctor Husák, el régimen de Novotný fue comunista como éste. Bajo aquél conoció Checoslovaquia muchas formas de opresión. No hubo libertad de prensa ni de reunión y hasta fueron perseguidos funcionarios y miembros del Partido Comunista. Ahora otro grupo dentro del Partido Comunista le pide al pueblo checoslovaco cooperación y confianza. ¿No le está pidiendo mucho, sobre todo en lo que la confianza atañe?

—Toda gran idea puede ser comprometida por la conducta y el comportamiento de las personas, pero esto podemos decirlo de Novotný y la gente que actuó a su alrededor en relación con la idea del comunismo.

"En la esfera de la libertad política, de la observancia a las leyes, Novotný y sus hombres hicieron mucho daño. No obstante, fueron resueltos muchos problemas bajo su régimen y a esto el pueblo también es sensible. Fueron eliminadas las distintas capas de trabajadores. Se desarrolló nuestra economía en forma muy considerable. Hubo grandes obras en materia de sanidad. La expresión cultural fue notable, etcétera. No sólo hay sombras bajo Novotný, ni podríamos hablar, si queremos ser justos, de 20 años perdidos.

—Pero ¿no hubo libertad, doctor?

Encerrado en unas cuantas palabras el viejo dilema: ¿progreso sin libertad? ¿Libertad a costa del progreso? ¿Primero el pan y el trabajo o primero la libertad aunque no hay pan ni trabajo? ¿Es posible la libertad sin pan? ¿Vale la pena el pan sin libertad?

Su respuesta es la esperada:

"Es cierto, pero también el pan y el trabajo son necesarios. Nosotros criticamos muy duramente la violación a las leyes cometida durante el régimen anterior. Queremos purificar el socialismo, desarrollarlo sobre una base muy amplia. El pueblo lo comprende así y por eso nos apoya.

"En toda revolución podemos notar deformaciones que ocurren en periodos determinados. Nosotros lo sabemos y no ocultamos lo que ha ocurrido en Checoslovaquia, porque nos proponemos eliminar esas deformaciones y hacer valer ideas puras. De nuestros propósitos habla nuestra sinceridad".

"Verifique lo que digo..."

Se ha hablado de la libertad. Entró en vigor la ley contra la censura. Estudia el Parlamento un proyecto para que los checoslovacos puedan salir de su país cuando les plazca y a donde les plazca. De la existencia de cuatro partidos no comunistas —dos checos y dos eslovacos—, de cómo los partidos no siempre son una garantía para la libertad, como lo prueban Mussolini y Franco, quienes se valieron de partidos justamente para acabar con todas las formas de libertad, de la democracia y de sus orígenes griegos, pero cristalizada en los siglos XVIII y XIX en el mundo occidental. Del socialismo científico de Marx y Engels, ubicados también en esa zona geográfica y hoy, sobre todo, política. Se han tocado otros temas que desembocan en esta pregunta:

—¿El clima de libertad es tal, doctor Husák, que podría yo ser aquí un militante anticomunista, luchar públicamente por la formación de un partido también anticomunista?

—Por ahora los partidos políticos que existen aquí están en pro de la construcción de la patria socialista, aunque el Partido Popular, por ejemplo, proclama la concepción mundial del cristianismo, lo que no le impide cooperar con los comunistas.

"Nuestro pueblo tiene experiencias muy amargas en relación con los partidos políticos. No obligamos a nadie a ingresar con ellos, pero como nosotros conocemos el pensamiento que los partidos anticomunistas difunden, sabemos que no encontrarían ningún eco en las masas populares.

El vice primer ministro de Checoslovaquia pide al reportero que verifique en la calle, con la persona que quiera, cuanto ha dicho, pues sus palabras no tienen propósitos propagandísticos, sino uno mucho más hondo: decir la verdad.

"Le he hablado a usted con toda sinceridad".

La respuesta es tan simple como honrada:

—Tardaría años, doctor Husák, en verificar la verdad de cuanto usted me ha dicho.

Lo acepta y ríe de buena fe el doctor en Filosofía.

—Volverá a nuestro país y verificará que el desenvolvimiento de los hechos sigue conforme a lo que aquí platicamos un soleado día de junio.

El billete de 50 coronas

Una pequeña escultura destaca en el despacho ministerial de anticuados muebles de madera clara, casi amarilla; dos figuras la integran: un soldado con un ramo de flores recibe el abrazo de un jovencito. Simboliza en conjunto a Checoslovaquia y a la Unión Soviética el Día de la Liberación, mayo de 1945.

No podríamos penetrar en la intención del doctor Husák cuando, a un lado de la escultura, hablamos de ella.

"Todas las cosas aquí están como las dejó mi antecesor. La escultura es muy bella; como usted ve, no he podido, sin embargo, traer a la oficina los objetos de mi gusto personal".

Obedece el reportero a un impulso espontáneo y muestra al vice primer ministro un billete, rojo y blanco, de 50 coronas. Entre los elementos figurativos de la pieza destaca un hombre con una metralleta fuertemente sostenida en las manos. Del arma brotan, como de la tierra negra, hermosas lilas.

Compara el símbolo de la paz conquistada por la fuerza de las armas, alusión a los días de mayo de 1945, pero no gusta de la expresión plástica.

Es sólo una sonrisa el rostro del doctor Husák:

"Le aseguro que yo no propuse el modelo del billete, que a mí tampoco me gusta. Pero si en aquellos días hubiera estado usted aquí, hubiese visto cómo, cubiertos de flores, avanzaban los tanques soviéticos por las calles de Praga. Desaparecía el acero bajo las lilas…".

Alemania Occidental culpa a Rusia de lo que pasa en Berlín*

Bonn.- Los acontecimientos de Berlín, visados para los alemanes que quieran cruzar a la zona oriental, pago por el tránsito de mercancías, son consecuencia de la liberalización que irrumpe en el mundo comunista, alarmado por las "voces heréticas" que se escuchan.

Günter Diehl, vocal del gobierno de la República Federal de Alemania, portavoz del canciller Kiesinger ante prensa, radio y televisión, especie de Pierre Salinger en tiempos del presidente Kennedy, dijo a *Excélsior* que la Unión Soviética ha puesto en juego un desacreditado pero eficaz principio político: frente a problemas internos, creación artificiosa de conflictos externos. Es sabido, agregó, que así se obtienen dos ventajas: reagrupación de fuerzas y dispersión de la crítica, fragmentada por objetivos diversos.

Con la desenvoltura común a todo funcionario acostumbrado al trato con periodistas, tan extrovertido como seguro, el organizador del "equipo de talentos" de Erhard en su época de canciller, dijo también que la posición de la URSS es comprometida y difícil: por una parte, quiere cumplir sus compromisos con Estados Unidos, Francia e Inglaterra; por la otra, fortalecer su vasto mundo.

Las lianas enlazadas de la política, que no permiten soluciones absolutas, vuelven casi imprevisibles las predicciones a corto plazo. Es posible, no seguro, que la Unión Soviética extreme las medidas de control en su bloque. Si así ocurriera, prosigue Diehl, esperan a Europa tiempos ásperos, riesgosos. "Por ahora sólo tenemos un camino, mantenernos vigilantes, muy atentos. Pero también una esperanza: que sigan adelante los cambios".

---

* *Excélsior*, 22 de junio de 1968

Dos fuerzas: militar y política

Hizo nuestro entrevistado estas consideraciones: "Ha cambiado mucho la situación general del mundo. Es formidable el poder militar de la Unión Soviética, pero es relativo su poder político. No soplan hoy los vientos de antaño. El régimen comunista no es ya monolítico, pues existen opciones que algunos toman por su cuenta y riesgo. Se habla cada vez más de herejía y de divisiones".

Habla de Checoslovaquia: "Yo creo que si el régimen comunista de Checoslovaquia estuviese a punto de desaparecer, la Unión Soviética haría uso de la violencia. Ésta es la diferencia con Hungría. La pérdida de prestigio para la URSS sería hoy enorme. Mucho mayor que antes, si actuara militarmente en Praga. Por eso se ha visto obligada a soportarlo todo, incluso cambios profundos, mientras no se llegue al límite: la eliminación del comunismo".

Un grupo de periodistas dijo hace poco que Alemania Occidental y Checoslovaquia estaban a punto de reanudar sus relaciones diplomáticas. Diehl lo niega: "Tenemos una misión comercial en Praga y pensamos que es razonable la actitud de su gobierno, que muestra toda clase de reserva frente a la República Federal. Lo entendemos. Conocemos la situación en que se encuentran. No estamos empeñados en forzar la situación, tenemos paciencia, tiempo. Pero a la larga, habremos de llegar a la normalización de todo tipo de relaciones, incluso las diplomáticas".

Forma y fondo en Berlín

Acerca de Berlín, expresa el vocal del gobierno que preside Kiesinger: "No es tiempo aún para formarse un juicio definitivo. Las acciones del gobierno de Berlín Oriental tienen sobre todo un carácter formal, por ello son de poca importancia práctica. En rigor, los hombres y las mercancías seguirán pasando al 'otro lado', como siempre. Pero lo que aquí se juega es un problema de principio, no de forma. La URSS se comprometió, frente a los aliados, a garantizar el libre acceso a Berlín Oriental. Con la visa que hoy se exige, las autoridades tienen la posibilidad de decidir si autorizan o no el tránsito. Ahora bien, con un papel en la mano, son dueños del recurso de aceptar o negar.

"Es donde el principio, el compromiso de libre acceso, se ve violado. No aceptamos que ellos queden con la facultad, aunque sea eminentemente teórica, de decidir, porque ésta no es la cuestión a debate.

Defendemos la tesis de que se ha producido una ruptura del derecho. De allí nuestra pregunta: ¿y la fidelidad al convenio? ¿Se cumple o no? ¿O no existe tal convenio?".

Diehl piensa que a la larga las consecuencias de estas acciones repercutirán negativamente en el régimen de Alemania Oriental: "Durante años se ha esforzado por obtener prestigio, respetabilidad, reconocimiento, estima. Pero su política actual hace estériles los esfuerzos del pasado. Alemania Oriental se aísla más. ¿O no puede pensarse de esta manera cuando se la compara con Checoslovaquia, Yugoslavia, Rumania, Hungría? La errática política seguida en Berlín Oriental me lleva a pensar que el régimen de Ulbricht no se siente seguro. ¿No es sabido por todos que la propia debilidad suele transformarse en arbitrariedad, cuando no en violencia? Algo de esto creo que está pasando por allá. Pero, en fin, es tiempo de esperar. Europa está llena de noticias. Y seguirá estándolo por mucho, mucho tiempo".

1971

China I
Ante la omnipresencia de Mao*

Pekín.- Revivo una serie de impresiones de cuando me encontraba exactamente bajo el cuadro gigantesco del presidente Mao Tse-tung en la plaza de la Paz Eterna, en el centro de Pekín. Estirado de cuello como quien busca una estrella, fijos los ojos en su casa, tuve una sensación de vacío. ¿Vacío es la palabra? Me alejé en busca de perspectiva y de nuevo frente a la monumental pintura creí que la razón de este viaje no debía ser China, sino Mao, que parece que ha nutrido y devorado el país entero, porque la imagen que tiene China de sí es el rostro de Mao. No estrecharle la mano ni saber directamente de la inflexión de su voz podría ser el término de cualquier asunto trascendente.

¿También había construido una forma de culto de Mao? ¿También lo identificaba con cuanto significan 750 millones de chinos? ¿También aceptaba que Mao es la tierra, la comuna, la fábrica, el río, la sal, la industria, el heroísmo de esta nación? ¿También elevaba a Mao a la categoría de un hombre que es todos los hombres, un pensamiento que resume todos los pensamientos, una personalidad que agota todas las personalidades, un jefe que es todos los jefes, súbdito que puede verse en todos los súbditos sin dejar uno fuera?

Llevaba apenas 96 horas en Pekín cuando estas reflexiones dieron paso a otras ideas. Comprendí hasta dónde puede resultar abrumadora la presencia de un hombre cuando es punto de referencia y horizonte, nacimiento y futuro de cuanto existe. De un modo u otro, Mao está en todos los sitios y en todos los momentos, en todos los libros y en todas las citas, en todas las películas y en todas las óperas revolucionarias, en todos los almacenes y en todos los himnos, en todas las conversaciones, en todas las almas.

Imposible sustraerse a él. A la llegada, en el aeropuerto, como un cuchillo en la carne, como un rayo en los ojos, como un estremecimiento,

---

* *Excélsior*, 6 de septiembre de 1971

aparece. En el centro de un edificio de construcción híbrida, simple fachada con puertas, él da el carácter. Sin sombra en el rostro ni luz en la mirada, parece más próximo a la máscara que al ser vivo. Pero enreda, posee. Luego, a fuerza de mostrarse, acabará por ser como la geografía o el cielo de China. Allí está, ineludible. No hay manera de apartarlo, como no hay manera de ser sin estar.

A punto de franquear la puerta de acceso del aeropuerto, camino a la aduana, una primera y gigantesca aduana, una primera y gigantesca estatua de Mao se planta y yergue sin contraste posible. De uniforme, a media pierna el abrigo militar, blanco en el mármol de que está hecho, domina hasta volverse escena y escenario. A sus lados, colgadas de marcos pequeños, las fotografías de Marx, Engels, Lenin y Stalin apenas si son algo, puntos de referencia para distinguir el detalle del conjunto, la anécdota de la historia.

Blancos sobre fondo rojo, rojos sobre fondo blanco, los caracteres de la escritura china parecen grecas estilizadas, flores exóticas. Esparcen desde todos los puntos y rincones las consignas de Mao y da lo mismo decir que es un llamado a la producción que a la victoria, a la lucha contra el imperialismo yanqui que a la unidad de los pueblos revolucionarios de la tierra, a la fidelidad al marxismo que a la construcción de una sociedad invencible.

Ya en el vestíbulo, otra estatua, nuevas pinturas, más citas de Mao. No hay ornamento ni motivo que no sea el presidente. La cortesía china pone en mis manos una revista. En la portada, Mao. Sus ojos penetran en la historia.

Poemas de Mao en chino antiguo

Media una distancia de 36 kilómetros entre el aeropuerto y el hotel Pekín. Pesado automóvil negro, especie de Chrysler viejo con visillos blancos en la ventana posterior y en los laterales, parece arrancado de una ceremonia nupcial de hace 30 años.

Después de un recorrido entre árboles y vegetación crecida, desemboca el auto en la avenida de la Paz Eterna. Sin horizonte, se pierde en el infinito. Su anchura es también impresionante: cuatro veces, lo menos, el Paseo de la Reforma. Unos cuantos vehículos, apenas un número mayor de autobuses y muchas bicicletas circulan por la calle.

A lo largo de la avenida, enormes columnas de madera decorada con el arte abstracto de la escritura china proclaman el pensamiento maoísta.

Citas y más citas. Los trabajadores, los campesinos, los soldados, la unidad, la producción, la victoria, el pueblo, las reivindicaciones, el partido. Lo que es y lo que nos espera. La historia y el porvenir, el orbe, la humanidad.

Con la llave del cuarto 654 recibo el boletín del día de la agencia China Nueva. Antes que nada, las palabras de Mao:

"Los próximos 50 años, más o menos a partir de hoy, serán una gran época de cambio radical del sistema social del mundo, una época que estremecerá a la Tierra".

En la recámara, las flores exóticas arrancan los ojos de sus cuencas. Frente al lecho, estoy cierto, otra consigna. Al lado del intérprete, éste explica:

"Se trata de un poema del presidente Mao escrito en un chino antiguo. Por la dificultad del idioma no se lo traduzco, pues debo conservarme fiel a su pensamiento".

China II
Las mujeres, como en el primer día
de la creación*

Pekín.- Mural de colores inalterables, la calle es de una uniformidad envolvente. Hombres, mujeres, niños, niñas, casi todos visten cortados por el mismo molde.

Pantalones grises, azules, negros; blusas blancas, grises, azules. No hay un escote ni el modo de adivinar el nacimiento de una curva, no hay brazos descubiertos, no hay una falda, un collar, un anillo, una pulsera, un arete, un prendedor, un moño o un pedazo de tela —¡donde sea!— de más. El cabello corto, cortísimo, es regla entre los hombres. Centímetros arriba de la espalda, a menudo anudado en trenzas sujetas con una liga, lo peinan las mujeres. Un fleco es motivo, si no de asombro, al menos de gratitud.

Distraen los niños que lanzan mudas proclamas desde el fondo blanco de sus camisetas: "Aprender de los obreros". O "Viva el gran líder, gran guía, gran timonel, gran comandante, el presidente Mao Tse-tung. Viva. Viva". Pinceladas reales, los muchachos y muchachas con sus brazaletes de guardias rojos y, entre ellos, delgados y frágiles bambúes en movimiento, los "soldaditos rojos" con su distintivo de plástico en el hombro.

Sin que la calle pueda hacerlos suyos, el uniforme verde olivo de los soldados se aprecia donde quiera se dirija la mirada, la gorra convertida en corona con su estrella roja al centro. Uno con el paisaje, igual que los ojos oblicuos, las bicicletas avanzan por millares y millares. En contraste, contados vehículos transitan envueltos en el estrépito de sus bocinas sin llamar la atención. Un detalle, apenas, en el tema obsesivo de la urbe: la igualdad, la monotonía.

Pero no se advierten sombras de tedio ni rostros contraídos, como tampoco aparece el hombre solitario que gesticula y habla a su imaginario

---

* *Excélsior*, 7 de septiembre de 1971

interlocutor frente a un mundo de ajenos e indiferentes. En medio de ir y venir cobija una atmósfera tranquila. Si una criatura se desprende de la mano de su madre y rueda, no se producen amonestaciones y un llanto redoblado y feroz, sino una solicitud amable, paciente.

Las mujeres parecen en el primer día de la creación. Sin pintura ni maquillaje, naturales como si hubieran abolido la crítica, amables hasta convertir la sonrisa en características, sin prisa ni agitación hacen suyo el tiempo de manera suave.

Se cruzan con ellas, a menudo, ancianos y ancianas que acompasan su paso a otro ritmo, el de la eternidad. De 1.60 o 1.65 de estatura, exhiben su tórax de niños. Esculturas de arena, cada arruga sumida hasta el fondo, a punto de desmoronarse si el viento llega. Los hay que más que avanzar se bambolean, danza sin gracia. No hacen falta explicaciones. Son testimonio, eco aún no lejano de la China esclavizada de ayer.

No hay vestigios de prostitución, no son visibles los brotes de amor. No hay andrajos ni mendicidad. No hay perros ni moscas. El olor a tierra mojada, si la hubiera, sería percibido por todos. La calle es limpia como la mañana. Privan la extrema modestia y la sencillez. Nadie discute, nadie grita, nadie se precipita, nadie aventaja.

El Pueblo y Mao Tse-tung

A la entrada de la avenida El Pueblo, la primera zona comercial de la ciudad, una serie de fotografías muestra la historia de Mao Tse-tung, desde su pueblo natal de Shaoshan hasta la constitución de la República Popular de China en 1949. Como si perteneciesen a hombres diferentes, casi no hay dos retratos que se parezcan entre sí. Extraños y súbitos cambios los del héroe que muere y resucita en cada misión que los consume y vivifica.

Imposible resistir a la fascinación por su epopeya, lo mismo en la Gran Marcha que al triunfo, con palos y puños sobre el ejército mecanizado de Chiang Kai-shek. Con razón se decía entonces que al lado de Shu The, Chou En-lai y Lin Piao "se le admiraba con el embeleso reservado a los dioses".

Es la acera de enfrente, también en fotografías, la historia contemporánea. Es la vida del que manda, absoluto, desde el poder constituido. El micrófono ante los labios, los honores, las recepciones, el aplauso de iza. Poderoso, es siempre igual a sí mismo. Crecen las entradas y ahondan la frente hasta convertirla en bóveda, aumenta el peso, se acentúan las curvas del rostro, pero Mao ya no encarna a otro hombre. El árbol no creció más. Y envejeció, dicen las estampas de su propia vida.

Paralela a ésta, los testimonios del avance apenas concebible de un pueblo que hasta hace 30 años moría de hambre y hoy hace estallar bombas de hidrógeno en las alturas. En exhibición, fábricas de cuanto existe, campos inmensos con inacabable diversidad de cultivos, aviones de propulsión a chorro, cubiertas de barcos con marinos vigilantes, el fusil al hombro.

La calle toda proclama a Mao. En una tienda de radios, su busto. En una de cámaras fotográficas, su retrato. En la de ropa, busto y fotografía. La librería de lenguas extranjeras dedica tres cuartas partes de sus estantes a las obras de Mao en chino y en todos los idiomas sobre la Tierra; algunas secciones a Marx, Engels, Lenin y Stalin, y los últimos rincones a libros de viejo de diferentes escritores, casi todos desconocidos entre nosotros.

Y, si no es Mao, son sus héroes. En un escaparate, la estatua en bronce de un soldado que a duras penas contiene a su caballo a punto de cruzar la vía del ferrocarril. Salvó el convoy, pero perdió la vida. "Amó infinitamente al presidente Mao y es héroe del pueblo", dice la leyenda alusiva.

En la farmacia, una enfermera exultante levanta en triunfo el *Libro rojo* de Mao y acuna a una enferma sonriente. La vitrina contigua está dedicada a los personajes de la Ópera Moderna y Revolucionaria de China, comunistas que destruyen, envueltos en la bandera roja de la hoz y el martillo, la infamia y las acechanzas de los reaccionarios, los revisionistas, los feudales y explotadores.

En los Grandes Almacenes El Pueblo, tres pisos que son hormiguero, Mao preside desde una estatua de pasta gris mate, irreal como el yeso, casi grotesca. Tienda modesta, pero vasta, vende hasta telas de seda verde esmeralda, morado obispo, amarillo que desafiaría la luz del girasol.

Frente al mostrador de los comestibles ofrecí a mi intérprete un regalo insignificante, ni siquiera simbólico, simple muestra de cortesía que provocó grandilocuente respuesta. Fue el estupor escucharle decir:

"Usted puede hacer un regalo mejor: corregir mis errores en el idioma español, porque si hablo un mejor español podré servir mejor a la causa de la paz mundial y al entendimiento entre los pueblos chino y latinoamericanos, como enseña el marxismo-leninismo y el pensamiento Mao Tse-tung. ¿Me explico?".

¿Se explica Shen Chi-chong, de maneras delicadas y rara entraña? Quizá explique los propósitos del partido, del Estado: limitar a juego secundario la relación personal, disminuir el valor de la palabra al otro.

Hacer sentir y saber que el paso firme es el avance a lo tangible y nada tan real como el presidente Mao Tse-tung. Cincelar a Mao y cuanto él representa como la propia identidad, llevarlo a la conciencia igual que medida y norma. Mao convertido en China.

China III
El metro pekinés, soledad entre mármoles*

Pekín.- Dos guardias protegen la entrada al metro en la estación Museo Militar. Relucientes los mármoles del piso y los muros interiores, exhiben el lujo de las costosas obras del mundo occidental. A un grupo de extranjeros, franceses en su casi totalidad, los soldados Wong Tai-tang y Jao Lien-tcheng, responsables de la administración de este mundo subterráneo, detallan:

"El metro se construyó bajo la solícita atención del presidente Mao Tse-tung y del vicepresidente Lin Piao, su íntimo compañero de armas. En la construcción aplicamos los principios de independencia y autodecisión, de autosostenimiento y de trabajo arduo, poniendo en tensión todas las fuerzas, pugnando por marchar siempre adelante, como nos enseña el presidente Mao.

"La construcción se inició en 1965 y terminó el 1 de octubre de 1969, día de nuestra fiesta nacional. La velocidad de los trenes es de 80 kilómetros. Tenemos 60 estaciones. Pero afrontamos aún problemas: hacen mucho ruido los vagones, la iluminación es imperfecta, existe humedad en diferentes puntos, por ejemplo. Por eso no hemos inaugurado la obra".

En una estación desierta, el mundo despoblado, abordamos uno de los trenes y la verdad es que el estrépito no es insoportable. Las conversaciones se siguen en voz baja, con mínimo esfuerzo. Suave música de viento nos acompaña en el viaje. Lenta, cada nota un canto, parece compañía de pesaroso sin más dueño que sus sufrimientos. Preguntamos por la melodía tan triste. Es del ballet moderno revolucionario *La muchacha del cabello blanco*. El argumento, así de sencillo y terrible.

Engañado por el explotador del pueblo, el padre de la heroína, analfabeto y miserable, puso su huella digital en un documento que vendía a su hija. Cuando comprendió lo que había hecho se suicidó. La heroína,

---

* *Excélsior*, 8 de septiembre de 1971

reducida a la esclavitud, no puede ni pedir socorro. Sola en el centro del infinito, su desdicha es tanta que al cabo de los días encanecen sus cabellos igual que los de una anciana.

Sigue el relato la explicación de lo que fueron las atrocidades en la China anterior al presidente Mao, tan vivas aún que la Constitución de 1950 prohíbe la venta de mujeres; tan cercanas que todavía es corriente advertir cómo avanzan por las calles de Pekín, inseguros, torpes, esos pies diminutos, no mayores que la mano de una niña, testimonios, si los hay, de estéril brutalidad.

¿Será posible algo distinto?

Hiere la soledad entre mármoles. Las ocho o 10 muchachas del metro que aplauden al grupo de extranjeros que descienden del vagón calan la herida. Son aplausos irreales, como fantasmal es la escena. En la capital del "amontonamiento sin suciedad", como ha sido descrita, es difícil entender por qué 23 meses de espera a causa de problemas [se han] reducido casi a lo estético.

Avanza la comitiva y se suceden las explicaciones en este mundo para unos cuantos:

"El boleto costará la décima parte de un yuan... fue construido el metro con obreros y técnica exclusivamente chinos... esperamos las críticas de nuestros amigos, de acuerdo con las enseñanzas del marxismo-leninismo, el pensamiento Mao Tse-tung, para superar defectos y corregir errores...".

Camino a un descanso, las consignas del presidente Mao Tse-tung. Allí: "Esforzarse por pugnar siempre adelante y construir el socialismo según las normas de cantidad, rapidez, calidad y economía". Al lado: "La fuerza núcleo que dirige nuestra causa es el Partido Comunista de China". Enfrente: "La teoría básica que guía nuestro pensamiento es el marxismo-leninismo: Mao Tse-tung". Allá: "Hacer nuevos servicios meritorios en la gran Revolución Cultural Proletaria manteniendo en alto la gran bandera roja del pensamiento Mao Tse-tung: Lin Piao". También: "La revolución popular, guiada por el pensamiento Mao Tse-tung, es la locomotora de la historia: Lin Piao". También: "Pueblos de todo el mundo, uníos y derrotad a los opresores yanquis y a sus lacayos". También: "El pueblo, sólo el pueblo, es la fuerza motriz de la historia". También: "...". También: "...". También: "...".

¿Será posible algo distinto? Sobreviene la esperanza cuando aparece, allá a lo lejos, un cuadro de colores vivos, calientes. Es la fiesta del 1 de octubre en la plaza de la Paz Eterna. Contrastan en el negro de la noche los globos con cintas de oro cuajadas de inscripciones: "Viva nuestro gran líder Mao Tse-tung", "Viva el invencible pensamiento de Mao Tse-tung", "Viva la gran unidad de los pueblos revolucionarios del mundo entero", "Viva la República Popular China. Viva. Viva".

Todo en bien del pueblo

De nuevo en la calle, a la entrada de la estación Museo Militar. Wang Taisiang se había despedido: "Para fortalecer el entendimiento mutuo y la amistad entre los pueblos...".

Quedaban los franceses y algunos diplomáticos latinoamericanos. Se encuentran, en pleno, la embajada de Chile y la oficina comercial del Perú, precedente de las relaciones diplomáticas Lima-Pekín. Llevan tiempo en la ciudad y han visto, oído:

—¿Por qué no se inaugura el metro? —pregunto a uno de ellos.

Se encoge de hombros.

—¿Sabes? ¿Has oído algo?

—Y tú, ¿no sabes?

—No.

—Se dicen muchas cosas. Hay quienes hasta aseguran que son instalaciones contra ataques atómicos.

Sonríe. Es burlón.

—¿O crees que no lo inauguran porque hace mucho ruido?

* * *

Por la noche, en el hotel, la cita del presidente Mao en el boletín de China Nueva:

"Hacer preparativos para enfrentar la guerra, hacer preparativos contra las calamidades naturales y hacerlo todo en bien del pueblo".

China IV
El sol que nunca declina*

Pekín.- Hoy he sabido lo que es el ansia. Caminaba sin guía, dueño de mí, del espacio, real, al lado de la columna de niños a la que había dado alcance. Eran unos 400 soldados en miniatura. Los encabezaban dos enormes banderas rojas, en manos de adultos. Una voz poderosa impartía órdenes secas, terminantes. El ejército infantil se detenía, daba media vuelta, aceleraba el paso, descansaba.

El vozarrón improvisaba lo que debían ser arengas. Estirados los cuellos, succionados los ojos, quedaban petrificados los niños. Luego el silencio y, a una exclamación, cantos. Himnos, seguramente, por la enjundia, el entusiasmo. Y vuelta a la marcha.

La posibilidad de saberlo todo era tan remota como la posibilidad de comprender. No tenía más noticias que la de los soldaditos rojos de seis, ocho, nueve años, todos con un botón de Mao en el pecho, todos con su emblema triangular en el hombro que, de pronto, como aparecieron desaparecieron tras el portón de un edificio con el retrato del presidente al centro.

"Escenas como ésta —se me diría más tarde— son familiares no sólo en Pekín, sino en toda China. A los soldaditos rojos se les enseña, en el amor al presidente Mao, la fidelidad al marxismo-leninismo y el trabajo en favor de las amplias masas de obreros, campesinos y soldados. Sólo armado con el pensamiento Mao Tse-tung puede un comunista chino mantenerse fiel a la política del partido y el servicio a las masas, éstas y sólo éstas, el dios que reconoce nuestro gran líder".

* * *

* *Excélsior*, 9 de septiembre de 1971

Había concluido la visita al Museo Militar. Nada extraordinario. Todas sus salas, con excepción de una, se encuentran cerradas. La explicación pediría otra explicación:

"Después de la gran Revolución Cultural Proletaria, personalmente iniciada y dirigida por el presidente Mao Tse-tung, era indispensable hacer modificaciones. No todos los personajes que se encuentran en el museo deben seguir en él. Por igual razón permanece temporalmente cerrado el Museo de la Revolución China".

Tsui-Ping, subcomisario político del Departamento de Propaganda, suministra los datos en un inmenso salón, tan hermoso como elegante. Unas 50 sillas de madera tallada esperan alrededor de una mesa a los asistentes de una supuesta reunión. En los rincones, mesas más pequeñas trabajadas con finura y rematadas con adornos tradicionales, contribuyen al buen gusto. Una luz sedante, comparable si se pudiera a la tibieza del ambiente, relaja sin adormecer. Frente a Tsui-Ping, dos ayudantes militares: 16 y 18 años, mujeres ambas.

Gigantesca foto mural de Mao empequeñece el contorno. De perfil, una pierna sobre otra, ligeramente tendido en el asiento, lee documentos. Si alguna reflexión cupiera sería la del hombre capaz de ensimismamiento, espiritual por naturaleza. Mao parece vivo, en plena creación.

"Nunca ha estado el presidente aquí, pero aquí ha dejado sus lecciones, sus enseñanzas", dice Tsui-Ping. Nunca ha estado —meditó—, pero está, absoluto, único".

De un salón vecino llegan notas, cantos leves, finalmente un coro. Asciende la música a vibrante clímax. El nuevo ambiente transporta lejos, al aire libre. "Son personas que llegaron de Hong Kong y de otros sitios para visitar a sus familiares", explica el subcomisario político.

Participar del escenario se vuelve imperativo, vivir el mismo ritmo eléctrico que transmiten las voces de los cantores. Fuera de este mundo, hombres y mujeres cantan con pasión. Muchos leen de un libro pequeño con la efigie de Mao en la carátula, tan pequeño que cabría en la bolsa superior del saco. Pregunto por la letra. "Ahora", promete el intérprete Shen.

Regresa pronto. "Aquí —señala en un librito, idéntico al del grupo coral, sólo que en español—. Aquí":

"Quien sostiene una causa justa gana amplio apoyo, quien sostiene una causa injusta carece de apoyo; un país débil puede derrotar a un país poderosos, un país pequeño puede derrotar a un país grande. Pueblos de todo el mundo, uníos y derrotad a los agresores norteamericanos y a todos sus lacayos".

1971

***

Expira la tarde junto al radio y en conversación con Shen Chi-chong. Cuenta que en China no hay vacaciones, aunque sí unos 10 días de descanso extra al año. Cuando la fiesta nacional del 1 de octubre, el 1 de mayo y el año nuevo, disponen de dos, tres, a veces hasta cuatro jornadas de asueto. Hay descansos un día a la semana, pero no necesariamente los domingos. Existen turnos para no detener el trabajo. Los almacenes se ven pletóricos precisamente esos días. En fábricas y comunas la vida se sucede invariable.

Envuelve e impulsa la música, marcial, rápida alegre. Una a una pregunto por los nombres de las marchas y canciones:

Himno de la Guardia Roja, La clase obrera es la clase dirigente, Nos gusta leer los tres artículos más leídos del presidente Mao, Canto a la patria socialista, Los pueblos del mundo vencerán. El mismo tono estimulante, la misma vivacidad, pero canto coral la música que ahora se escucha. *La navegación en los mares depende del timonel,* se llama. Shen conoce de memoria la letra:

La navegación de los mares depende del timonel, los seres vivientes crecen gracias al sol, los cultivos se vigorizan humedecidos por la lluvia y el rocío, hacer la revolución depende del pensamiento Mao Tse-tung.
Los peces no pueden vivir sin agua, los melones no se desarrollan sin tallos, las masas revolucionarias no pueden separarse del Partido Comunista, el pensamiento Mao Tse-tung es el sol que nunca declina.

443

China V
"Si uno muere por la Revolución, la muerte es grande"*

Pekín.- Si hoy lloviera sobre China, cada gota de agua traería consigo el nombre o el retrato de Mao Tse-tung y fecundaría los surcos y las espigas crecerían enormes, porque el salvador del país en 1949 se ha vuelto hacedor y providencia, fundamento de lo real y lo posible, razón de causas y efectos, perfección suma.

En la comuna de la amistad chino-vietnamita se nos explica que la cría de cerdos y el aumento de las cosechas son plausibles porque "se ha aplicado correctamente el pensamiento de nuestro presidente, el gran líder Mao Tse-tung". Y cuando avanzamos por un pasillo que desemboca en la planta ordeñadora de leche, una consigna previene y alerta: "Unámonos para conquistar nuevas victorias: Mao Tse-tung".

Ocupa la comuna una superficie de 98 kilómetros cuadrados, tiene siete mil hectáreas de tierra cultivada, una población de 40 mil personas, cría de patos, de caballos. Florecen los campos de trigo, de maíz, de arroz, algodón. No hay un milímetro que denuncie descuido, no se diga falta de esmero. Recuerda el panorama la primera visión de China, desde el avión: inmensas zonas cuadriculadas que hablan de trabajo y celo. Un país que vela por sus recursos con amor.

Mueven a admiración las instalaciones: de material de desecho han nacido máquinas que funcionan con rigor. Hemos visto pedazos de hierro laminado encajados unos en otros con paciencia infinita. Las cuadras de los caballos, hechas de cobertizos elementales, funcionan con orden y limpieza. Rudimentarios aparatos para alimentar patos, viejos como el país, son prácticos, eficaces. La vida es real, dura: el grueso del trabajo se hace con los callos de las manos y aún se cava con las uñas.

La tarde es clara, diáfano el aire. Hombres y mujeres parecen seres transparentes. La sonrisa verdadera, naturales los gestos y ademanes. Se

---

* *Excélsior*, 10 de septiembre de 1971

ha dicho con insistencia que hay chinos que recuerdan caras de mexicanos, así de familiares son unos y otros. Es cierto. Campesinos sin ojos tan acentuadamente rasgados, algo más que una línea apenas abierta, acusan semejanzas con hombres de nuestro altiplano.

¿Le da miedo morir?

Cuelgan de los muros de la casa comunal fotografías de Ho Chi Minh y Mao Tse-tung. En una de ellas brindan, sonrientes ambos. Voluta de humo el presidente de Vietnam; las plantas como tablones, sólido sobre el piso, el presidente chino. El contraste es total, como el de la vela y el cirio.

Ma Ching-chang levanta su taza de té e invita a beber. Es un campesino desproporcionadamente alto para el país, como de 1.80, más cerca del moreno que del amarillo. Sin solemnidad, cuenta la vida de los 98 kilómetros cuadrados a él confiados, en su carácter de vicepresidente del Comité Revolucionario de la comuna.

"Después de la gran Revolución Cultural Proletaria también enviamos alumnos de aquí a cursar sus estudios en las universidades. Las condiciones para que sean admitidos en ellas son cuatro:

"Primero y ante todo, amar al presidente Mao; segundo, amar el trabajo manual; tercero, participar en el trabajo manual durante más de dos años; cuarto, que la elección del aspirante sea también aprobada por los campesinos pobres y campesinos de la capa inferior [nunca, y nos fue explicado mil veces, comprendimos la diferencia esencial]. Los tiempos de ahora no son los tiempos anteriores a la gran Revolución Cultural Proletaria. No aceptamos más a estudiantes que no sirven para nada. El estudiante ha de entrenarse para rendir cuentas, para ser útil a las amplias masas de nuestros trabajadores, campesinos y soldados".

—¿Cómo se sabe si el candidato a universitario ama o no al presidente Mao?

—El presidente Mao dice que no hay que temer a los rigores ni a la muerte, por ejemplo. Si el aspirante demuestra que no teme a los rigores ni a la muerte, que estudia y hace vivo el pensamiento Mao Tse-tung, es que lo ama.

Ching-chang habla de su propia vida:

—He visto transcurrir la guerra, participado en la resistencia contra Japón. Lucho por la Revolución, contra el imperialismo, por el derrocamiento de las clases explotadoras.

—¿No le da miedo morir?

—Sólo cuando uno lucha por la soberanía de China y del mundo, no teme a la muerte. Nosotros hemos conquistado la victoria porque contamos con el espíritu revolucionario de no temer a la muerte ni a los rigores de la vida, armándonos con el pensamiento Mao Tse-tung.

—¿Tiene usted hijos?

—Cuatro.

—¿Sufriría si los viese morir?

—Uno de mis hijos sirve en el Ejército, otro se ha establecido en las zonas rurales, en Mongolia interior. Si mis hijos mueren por la Revolución, en vez de sufrir me sentiré lleno de gloria como su padre.

—¿Qué piensa de la muerte?

—La muerte tiene distinto sentido. Si uno muere por la Revolución, la muerte es grande como la montaña Taishan, imposible de olvidar. Si uno muere por los reaccionarios, la muerte es liviana, intrascendente como el vuelo de una pluma.

—¿Qué es para usted la vida?

—Mi vida significa luchar por la liberación del mundo.

Las fuentes de amor

¿Será eso la vida? ¿Un pequeño mesías en el fondo del alma? ¿O la pureza sin mancha, el ardor de la perfección, como Savonarola? ¿Será cada vicepresidente del Comité Revolucionario hombre con algo de mesías o de Savonarola?

Son preguntas, algunas de las más superficiales, quizá, que plantea la China contemporánea. Es fácil afirmar que los vicepresidentes de comités revolucionarios obedecen ciega, fielmente las consignas del partido, maquinaria a la que se sirve o tritura. Pero seguramente no es la respuesta así de simple. Porque estos hombres se veían apenas ayer como tierra informe y hoy, erguidos en posesión de una mirada en el horizonte. De la esclavitud, balbuceo, existencia en sombras a la identidad, relámpago, atisbo de la conciencia. ¿No es comprensible, explicable hasta volverse inevitable, que vean en Mao al hombre que los hizo ser?

Como quiera que se le mire, el problema resulta atroz. El amor a la humanidad es luminoso en teoría, pero insalvable en la práctica, como no sea para los dioses o quienes se sienten con tamaño de dioses. El hombre, al menos en Occidente, ama a su igual, otro hombre, pero no a la abstracción, a todos los hombres disueltos en un concepto, forma sin sangre.

El amor a la humanidad —que es el amor sin asidero, amar sin amar a alguien— es helado, terrorífico. Vienen a la mente las palabras de Camus, que decía más o menos:

"Conozco algo casi tan espantoso como el odio: el amor abstracto".

Amor sin lazos, sin las dulcísimas cadenas que son razón del mismo amor.

China VI
La acupuntura y el *Libro rojo* aniquilan el dolor*

Pekín.- Yace en la mesa de operaciones Li Shi-sun. Cuatro agujas en las piernas, dos en el estómago unidas a una especie de red de alambres amarillos, adormecerán la sensibilidad sin que el enfermo pierda la conciencia. Los médicos podrán cortar, sangrar. Jóvenes practicantes y un grupo de extranjeros rodean, cercan el lecho para no perderse detalle. Los ojos de Li Shi-sun miran con ansiedad. Parecen manos. Querrían asirse a algo.

"El sistema chino de acupuntura no necesita de aparatos complejos. Es muy útil en tiempos de guerra. Además, como el enfermo está en todo momento consciente, puede cooperar con los cirujanos", explica el doctor Li Shan-chung, vicepresidente del Comité Revolucionario del Tercer Hospital Subordinado del Instituto de Medicina de Pekín.

Cuando el bisturí penetra la piel y la desgaja, Li Shi-sun sabe lo que ha ocurrido. Abrillantan su rostro infinitas gotas de sudor que escurren y empapan el cojín sobre el que reposa la cabeza. Entonces advertimos: al lado, más que talismán, descansa el *Libro rojo* del presidente Mao Tse-tung, esperanza en la vida, seguridad en la propia fortaleza, todas las posibilidades abiertas, la proeza, si hiciera falta.

Sigue el doctor Li Shan-chung nuestra mirada. Comenta:

"Gracias al pensamiento del presidente Mao Tse-tung sabemos que la medicina y la farmacología son un campo de acción que es preciso elevar a nivel superior en favor de las masas".

Pasamos a otra sala de operaciones. Médicos y paciente, lúcido este último, repiten la escena. En pleno trabajo, los cirujanos cortan, se entregan pinzas, introducen gasas, secan. No hay titubeos, un segundo sin acción. Ajenos al frío, agobiante ataque contra su vientre, seguimos atentos la cara del enfermo, el cojín, el *Libro rojo*, resplandeciente como rubí sobre el blanco de la sábana.

---

* *Excélsior*, 11 de septiembre de 1971

Volvemos el rostro al médico que nos conduce.

"La fortaleza del paciente y el conocimiento de los médicos —explica— tiene su origen en la aplicación viva del pensamiento de nuestro gran líder y gran guía Mao Tse-tung".

Mao ya no es sólo el hombre que repartió la tierra y levantó las fábricas, acabó con el hambre y venció el frío. No es sólo la política ni el aparato estatal, ni la regla de conducta ni la imagen del chino. Es también la vida íntima, profunda. Es la creencia. La fe.

¿Mil millones de chinos?

Entre cuatro paredes encaladas, una mesa cubierta con mantel de hule, sillas rústicas, como el piso de cemento, las doctoras Ku Fang-ying y Li Fay-ming ahondan el problema de la demografía.

Desconocen detalles de la realidad nacional y acerca del pasado; ideas vagas no consiguen poner orden cabal en sus cabezas. Saben con certeza, en cambio, de un imperativo: contener la impresionante carrera, que podría hacer de China, mucho antes del año 2000, un país con más de mil millones de habitantes.

Acerca de estos asuntos había existido un velo. Las autoridades no aclaraban los propósitos y circulaban por el mundo toda suerte de versiones.

China tiene 750 millones y los límites para el futuro son definidos: un desarrollo no mayor del 0.2 por ciento anual.

Las doctoras Ku y Li abundan en pormenores: el hospital realiza todos los esfuerzos posibles para difundir ideas y principios acerca del anticonceptivismo. Han de iluminar la vida de los chinos igual que rayos de sol, igual que las palabras de Mao Tse-tung. En Pekín y en las grandes ciudades el problema del convencimiento es fácil. Surgen complicaciones cuando se piensa en fábricas apartadas, en comunas perdidas de ese país, más que continente, mundo.

Los rostros sonrientes, las actitudes apacibles, los pausados y lentos sorbos de té confieren sonoridad a estas palabras:

"Practicamos cada día con mayor éxito y en mayor número la esterilización. Cuando el matrimonio tiene dos o tres hijos y voluntariamente la pide, para él o para ella, actuamos. Las operaciones se practican sobre todo en la mujer, pero son particularmente sencillas en el varón. Tratamos de extenderlas también a él".

Se abre una pausa. La rompe la doctora Ku:

"China necesita de familias con pocos hijos".

Li Shan-chung confirma con movimientos de cabeza la explicación de su colega:

"Hemos de concentrar todo nuestro esfuerzo en la construcción de la revolución socialista. Sin tiempo para estudiar las obras del presidente Mao, quienes tienen muchos hijos se ven afectados en su progreso ideológico".

China VII
Los agravios de Estados Unidos[*]

Pekín.- El confortable comedor privado del hotel Pekín, la mesa redonda, restos de pato y salsas exquisitas sobre el mantel, todo incide en una atmósfera tranquila. Pero la conversación desdice de la apariencia. El tema ronda el odio.

Centra la atención una mujer que en delicada pintura de dos tintas se ve en diálogo con un Mao relativamente joven, rostro de profesor de escuela más que de revolucionario y combatiente. Inclinada sobre unas hojas de papel, aprovecha un alto en la batalla para tomar notas. Mao, el aire reflexivo, los ojos suspendidos, habla.

Es Anna Louise Strong. En agosto de 1946, en plena lucha contra los ejércitos de Chiang Kai-shek, entrevistó al presidente de la Comisión Militar Revolucionaria del Pueblo Chino. Fue la primera vez que éste llamó "tigres de papel" a los reaccionarios. La metáfora dio la vuelta al mundo y aquí, en la mesa redonda, se festeja como expresión genial.

En círculo, los responsables de la agencia Xinhua. Preside Chen Wenchuan, el saco militar sobre la silla, abierta la camisa, suelto el cuerpo. Las palabras se anudan en Mao.

"Nos ha explicado el presidente Mao Tse-tung que las guerras de agresión, más la agresión política, económica y cultural de los Estados Unidos contra China, han provocado el odio al imperialismo, imperialismo que tenemos que destruir, liquidar.

"¿Sabía usted que las armas, el dinero y la técnica que los Estados Unidos pusieron en manos de Chiang Kai-shek nos costaron millones y millones de vidas en la guerra civil de 1946 a 1949? ¿Sabía usted que ni aun ahora tenemos el dato de los millones de chinos que perecieron en las aterradoras campañas de 'cerco y aniquilación' ordenadas por Chiang? ¿Sabía que fuimos tratados mucho peor que bandidos?".

---

[*] *Excélsior*, 12 de septiembre de 1971

Chen Wen-chuan tiene la expresión del que no olvida. No sé cuál es el misterio de los ojos, las llamas que se encienden, los fuegos que se apagan, las luchas que se ocultan o fulguran, pero los pequeños círculos negros de Chen son hogueras.

Chiang, carta de desecho

¿Cabrá la naturaleza entera en los ojos? Se transforma el rostro de Chen Wen-chuan cuando habla del vencido. Lo que era lumbre se volvió hielo.

"Chiang Kai-shek marcó un periodo en la historia de China, pero no está más en el juego: es carta de desecho. En la lista de criminales que habíamos publicado en la guerra de liberación, ocupaba el primer lugar. Pero cuando los criminales de guerra piden paz y quieren abandonar el camino, podemos quitarles la etiqueta".

Chen conoció un fusil a los 17 años, arma de fabricación alemana abandonada por el enemigo. Sin saber, se vio con el dedo en el gatillo y la muerte al alcance de sus ojos. Natural, inevitable, la sangre corrió como los ríos.

La remembranza, de la que huye como del horror, lo conduce a textos y referencias documentales que se difunden hoy por toda China. No hay sitio en el hotel, los mostradores, cada piso, el comedor principal, los vestíbulos, que no informe de las tesis maoístas a propósito del imperialismo yanqui, "que puso hierro y plomo en las manos de Chiang para asesinar a millones de hermanos inocentes".

Consignan los documentos la historia de las relaciones entre China y Estados Unidos, tal como las ve el presidente Mao. "Cuanto han hecho los explotadores desde hace más de un siglo es censurable y la historia cerró el capítulo sin posibilidad de redención".

Copiamos del líder de este país:

"Hemos acumulado una experiencia de centenares de luchas, grandes y pequeñas, y sólo entonces obtuvimos la victoria fundamental de hoy".

La historia no es sólo pasado

Ésta es, en esencia, la lista de agravios del presidente Mao Tse-tung:

"1.- A mediados del siglo pasado, los Estados Unidos, aprovechándose de la situación en que se encontraba China después de la derrota de la guerra del opio, obligaron al gobierno de la dinastía Ching a firmar en la aldea de Wanghia, cerca de Macao, el Tratado Chino-Norteamericano sobre la apertura de cinco puertos al comercio.

"Este tratado estipulaba que cuando los súbditos de países imperialistas residentes en China cometían crímenes o eran acusados en juicios civiles, sólo podían ser procesados en los tribunales consulares establecidos en China por sus respectivos países sin que el gobierno chino pudiese intervenir.

"2.- El Acuerdo Chino-Norteamericano de Transporte Aéreo fue firmado el 20 de diciembre de 1946 entre el gobierno de Chiang y el imperialismo norteamericano. Con arreglo a sus estipulaciones, los aviones norteamericanos podían volar sobre el territorio chino y cargar, descargar o transbordar en cualquier parte del mismo. La aviación norteamericana gozaba en territorio chino del 'derecho de aterrizaje no comercial', esto, el derecho de aterrizaje militar.

"El imperialismo norteamericano le arrebató a China los derechos soberanos sobre su territorio, sus mares y su espacio aéreo, así como el derecho de navegación fluvial, y se arrogó privilegios comerciales, privilegios en asuntos interiores y exteriores de China e incluso el privilegio de matar a la gente.

"3.- Hacia fines de 1946, los Estados Unidos habían adiestrado a un personal militar de 150 mil hombres del Kuomintang; fuerzas terrestres, navales y aéreas, agentes secretos, policías de comunicaciones, oficiales de Estado mayor, etcétera. Buques de guerra y aviones norteamericanos transportaron al frente, para atacar las regiones liberadas, más de 540 mil hombres. El gobierno de Estados Unidos desembarcó en China 90 mil soldados de su Infantería de Marina que se estacionaron en Shanghái, Tientsin, Pekín y Chinjuangtao.

"Según el libro de relaciones de los Estados Unidos con China, *Libro blanco*, publicado por el Departamento de Estado el 5 de agosto de 1949, el valor global de las diversas clases de ayuda proporcionada por Estados Unidos a Chiang Kai-shek sobrepasó los 4 mil 500 millones de dólares. El libro admite que la ayuda norteamericana es 'proporcionalmente de mayor magnitud, en relación al presupuesto de Chiang, que la ayuda suministrada por Estados Unidos a cualquier nación de Europa Occidental desde el término de la guerra'".

Escuchamos a Chen Wen-chuan:

"Luego vinieron el despojo de Taiwán y 22 años de bloqueo".

Su pregunta se abre paso como un cuchillo:

"¿Se puede olvidar? ¿Es la historia sólo pasado?".

PERIODISMO PARA LA HISTORIA

Los norteamericanos, los japoneses, los rusos en 1960 quitaron a China técnica y técnicas hasta dejarla sola, atenida a sus propias fuerzas. ¿Y antes?

Hemos visto palacios inauditos, el de Verano, el Imperial. Salones para unas cuantas dinastías, recubiertos de oro hasta el último milímetro, como no los podría imaginar el espectador estupefacto del altar de Tepotzotlán. Bloques de piedra tallados con paciencia de milenios, inconcebibles para el admirador reverente de las estelas mayas, tal acumulación de riqueza que lo conduce a uno de la admiración a la enfermedad.

¿Qué se ha hecho con el individuo, con el chino? Explotarlo sin misericordia, absorberle la sangre, arrancarle hasta el último pedazo de músculo. Basura entre basura frente a los que abusaron de él, cayó en el maniqueísmo, con dos mundos separados: el bueno, él; el malo, los que no son como él.

Al pueblo chino se le tapiaron las salidas. Hubo de crecer como Hércules: primero para ser y luego para encararse con quienes lo cercaron. En su desarrollo fue heroico, admirable. Ahora quedan los efectos de su lucha impresionante: una masa poseída de sí hasta el paroxismo.

454

1974

Sudáfrica I
Johannesburgo, Manhattan sólo para blancos[*]

Sudáfrica.- Johan Oberholzer parecía representar todo cuanto se espera de un político comprometido a fondo, una manera de ser para la esperanza. Tranquilo y enérgico, en público y en privado había sostenido el alcalde de Johannesburgo:

"Diálogo con los negros o muerte".

Conocedor o no de la frase de Fidel Castro, podía pensarse que una intención con orígenes semejantes aproximaba de alguna manera a dos hombres apartados entre sí por todas las distancias. "Diálogo o muerte", "Patria o muerte", se escuchaban como exigencias del mismo discurso.

"En Johannesburgo podemos cambiar las leyes locales con el acuerdo o no del gobierno central, con el apoyo o no de la administración provincial. Por eso a los negros les hemos abierto en estos días los parques, las bibliotecas, los museos, el zoológico. Estas restricciones resultaban innecesarias y humillantes", corroboraba Oberholzer a *Excélsior*.

—¿Humillaciones tan profundas han degradado al negro? —preguntamos.

—Los negros son hombres felices. Se ríen más que nosotros.

—¿Humillaciones tan profundas han degradado al blanco?

—No.

—¿Entonces?

—Les han dado una mala conciencia.

—¿Qué es una mala conciencia?

El rostro del alcalde se alteró apenas.

—Inseguridad por el futuro.

—¿Sólo eso?

—Y por sus trabajos. Piensan que puede pasar aquí lo mismo que en otros países de África.

[*] *Excélsior*, 25 de febrero de 1974

—¿Sólo eso?

—Muchos blancos perdieron sus vidas.

—¿No tiene otro sentido la mala conciencia de quien humilla y ofende, ofende y humilla un día y otro?

—No.

—¿No?

—No. Los negros se han educado a sí mismos para aceptar las humillaciones diarias.

Dueño de una oficina con piso de parquet, el escritorio de metal, alineadas contra la pared las sillas de su sala de espera, vertical el respaldo, plano el asiento, dos tablas en ángulo recto, Oberholzer mira con mirada dura, los ojos redondos, esferas sólidas sin lágrimas ni lacrimal.

La ciudad que gobierna es como un campo de juego para niños de Nueva York. Johannesburgo tiene un edificio de 50 pisos; varios de 30; dos torres gigantescas, agujas que penetran las nubes; un rascacielos de cristales negros, ideal para ver sin ser visto, para aparecer y desaparecer, ninguno como su misterio para imaginar fantasías y soñar sueños; avenidas flanqueadas por almacenes y escaparates con todo el oro del mundo y los diamantes más caros de la tierra; hermosas rubias de prisa para llegar sin llegar, acariciar y sólo contemplar joyas y joyas; señores preocupados con los derechos especiales de giro, que nada son, pero son el poder; algunos negros estorbosos, pero imprescindibles; camiones y taxis para blancos, camiones y taxis para negros, elevadores para blancos y para negros.

Calculadas las distancias para que los negros no puedan hacer una sola vida con los blancos de Johannesburgo, el pueblo de Soweto está a unos 15 kilómetros del Manhattan en miniatura. Entre árboles de dos y tres metros de altura, la hierba crecida, dispersa la basura, aquí y allá montículos que serán cerros, el desorden que se afirma, una fealdad que gana terreno, 10 mil casas construidas para 600 mil metros se alinean igual que formaciones militares. Confundida la normalidad con la emergencia, cada siete minutos aparece en Soweto el tren, los trabajadores lo abordan y a toda velocidad arranca para la ciudad blanca y las zonas industriales de sus alrededores. Al anochecer o caída la noche, cada siete minutos el convoy regresa con su mismo cargamento.

Así, como si la vida fuera el estrépito del tren, los segundos para no perderlo, las horas en Johannesburgo para vivir sin vivir y el retorno a Soweto para seguir viviendo sin vivir, los negros creen que viven.

El negro es del blanco

Las esposas y los hijos de los negros quedaron lejos. En el Transvaal, en Transkei, en los centros nativos donde la pobreza es miseria y la miseria, desesperación. Johannesburgo absorbe el 72 por ciento de las manos de Soweto. Reclama lo que necesita. Las mujeres y los niños estarían de más, porque el sirviente es todo del blanco, indiferente el blanco a la existencia toda del sirviente.

Ha de permanecer el negro en la ciudad blanca el tiempo indispensable para cumplir con las obligaciones impuestas. No sería posible sin la Carta de Identificación que ha de traer consigo día y noche, adherida a él como piel. Ciego sin bastón, un negro sin "pase" está expuesto a todas las caídas. El "pase" es la casa en Soweto y el trabajo en Johannesburgo, la biografía que le dice quién es y la esperanza de seguir siendo, así sea negro.

Oberholzer explica:

"No sería posible un exceso de población negra en Johannesburgo y su zona industrial ni un crecimiento desproporcionado en Soweto. Son poblaciones complementarias, en armonía".

—¿Humilla al negro el "pase"?

—Lo agradece. Es su garantía.

—¿Concibe usted la integración económica entre blancos y negros?

—Quizá. Dentro de muchos años.

—¿Y la integración humana?

—Imposible.

—¿Por qué?

— Creo en la pureza de la raza.

—¿Por qué?

—Así nací.

—¿Así morirá?

—Seguramente.

—¿Algún día, en algún momento, ha habido un negro en su oficina?

—No, nunca.

Los héroes y los dioses

Parecidos a los dioses, necesitaban los blancos de Sudáfrica héroes parecidos a Napoleón. Sin hazañas comparables, la leyenda por hacer, podían al menos imitar el monumento, conmover a los niños que lo visitaran, magnificar la historia. Sobre el pasado, el presente, colmarían al blanco de amor por sus antepasados y al negro lo llenarían de asombro y gratitud por quien es superior aun antes de balbucear.

Piet Retief, aristócrata y colonizador, guerrero de sombrero de copa, vive para los sudafricanos en una estatura exterior de 10 metros, en frisos interiores de marfil tallado con la perfección de las pinturas flamencas, pero sobre todo en una tumba colosal de mármol café con vetas rojas como sangre. Gigantesco el monumento, vela por los blancos desde el punto más alto de Pretoria. A él se llega después de ascender pesada escalinata cortada en varios planos, a fin de permitir el reposo al caminante.

En el interior del mausoleo los frisos cuentan en círculo la epopeya de Piet Retief y cómo vence al rey Dingaan en batalla que combina el heroísmo y el milagro: decenas de blancos contra millares de negros, una horda; y cómo Dingaan asesina a Piet Retief apenas firmado el pacto que garantizaba las tierras del centro de Sudáfrica al héroe de origen holandés. Termina la historia con la muerte del rey a manos de negros enardecidos por su cobardía y el perdón de Pretorius, sucesor de Retief, a los herederos del malévolo.

Pero el canto empieza. El anfiteatro, dos niveles distintos, tiene en su centro un círculo enorme que permite que se mire hacia abajo, donde se encuentra la tumba simbólica de Retief y sus 70 hombres asesinados con él. Los niños se asoman y observan, el asombro en los ojos y la pregunta que es detenida por el índice en los labios de su preceptor. Susurro en el santuario e informa éste cuando los niños, inquietos, insisten:

"Sobre el catafalco se lee: 'Nosotros para ti, Sudáfrica'. El 16 de diciembre de cada año conmemoramos la muerte de los héroes. Ese día desciende del cielo un rayo sobre el centro de la tumba y allí queda unos segundos. Es el beso de Dios".

Sudáfrica II
Ochenta mil negros sacan, a cuatro mil metros de profundidad, poder para el país*

Johannesburgo.- A cuatro mil metros de profundidad desciende el negro en busca de los filones de oro de las minas, sabedor o no de que la roca puede estallar en cualquier momento bajo el peso de billones de toneladas y que pueden brotar de las fisuras de los muros, sin advertencia alguna, chorros de agua hirviendo.

De ese mundo en que los hombres ni topos son, recargado el miedo contra la piedra; de ese mundo en que el desprendimiento de una roca produce estrépito, como si la montaña completa se viniera abajo; de ese mundo que une el calor del desierto y el calor del trópico, al mismo tiempo la resequedad quemante y la humedad que consume; de ese mundo de voluntades vencidas por la fatiga obtiene Sudáfrica parte de la inmensa riqueza que la ha hecho poderosa e industrializada.

El director general de algunas de las minas más importantes del país situadas al lado de la ciudad de Welkom, que al oro debe su nacimiento y sus 130 mil habitantes, confirmó que el minero de Sudáfrica y el minero de Mozambique han llegado juntos hasta donde nadie había llegado antes, y trabajado bajo temperaturas de 40 grados centígrados en cámaras donde el techo de roca es tan bajo que apenas caben manos y brazos.

En las minas al cuidado del ingeniero Bailey se cala a kilómetro y medio de profundidad y se extrae una tonelada de oro cada 15 minutos. Ochenta mil mineros trabajan en ocho unidades. No hay un negro con un puesto de mando. Si son empleados, son modestos; si han dejado la mina son sirvientes, el cuerpo derrotado y mal cubierto por ropas que los agobian aún más.

---

* *Excélsior*, 26 de febrero de 1974

461

Por el negro nadie vela. Importan sus manos y su trabajo ocho horas y media diarias. Seis días a la semana desciende al mundo sin piedad de los explosivos y las cámaras profundas como vías al centro de la Tierra. Calaveras rojas y negras que a cada paso indican algún peligro y el sopor que es la vida en el corazón de la montaña se convierten al final de cada jornada en signos de la misma especie: al rápido consumo de la propia existencia.

Pero nada cuenta para escapar de la discriminación, que lo persigue como demonio bajo la piel. Junto al tiro que ha de llevar a los negros hasta la superficie —los hemos visto, una larga fila de espera, algunos con uniformes de trabajo, otros sin él, en su mayoría camisas y pantalones pardos e inclusive algunos torsos desnudos. En otra fila unos cuantos blancos también esperan todos con overoles claros que destaquen en la semioscuridad del laberinto. Lleno, asciende el primer elevador; casi un ascensor de hotel, el de los ingenieros, capataces y ayudantes.

—¿Así es siempre? —preguntamos al responsable del llamado "pozo número dos", Dave Stenvenson.

—Siempre.

—¿Siempre por caminos diferentes el blanco y el negro?

—Siempre.

—¿Siempre los negros pegados a la mina en las horas libres, siempre los blancos en Welkom?

—Siempre.

Vestido con su safari café claro, Stevenson está listo para reunirse con su esposa y sus tres hijos varones. Se queja del dolor en el oído, que no lo abandona desde sus vacaciones en el mar.

—¿Y los negros?

—Llegaron por avión y en ferrocarril del África Septentrional y de Mozambique. Habría resultado antieconómico el traslado de sus familiares.

Lejos de su mundo, un mundo les fue impuesto: la mina, sin derecho a séptimo día. Día sin trabajo, día sin paga.

La tienda, los dormitorios...

—¿Existe el salario mínimo en Sudáfrica?

El ingeniero en jefe mira a su jefe de relaciones públicas, Bill Flynn.

—Cada mina tiene sus propios salarios mínimos, medios y máximos —responde Flynn.

El 11 por ciento de los negros de la región de Welkom gana 90 centavos de rand cada día —unos 15 pesos—, excluido su descanso semanal, excluidos los días en que ha de permanecer "arriba" por enfermedad.

"Es dinero para el bolsillo. En la mina todo les damos: cama, comida, deportes. No tienen para qué salir de aquí y no salen. En el almacén hay cuanto pueden necesitar", narra la voz de las relaciones públicas.

Visitamos la tienda. El pequeño mostrador exhibe cigarros, cerillos, jabón, azúcar, tres o cuatro cosas más.

Visitamos la sala de primeros auxilios. Mercurocromo, algodón, alcohol. "Las medicinas están bajo llave". Ni un doctor ni una enfermera. "Hay varios turnos; no deben tardar en presentarse". El tanque para suministrar oxígeno es anticuado, inservible. "Las ambulancias trasladan a los enfermos al hospital".

Visitamos los dormitorios. Alguna máquina de coser, algún mueble de hace 30 años con sus bocinas RCA Victor a los lados, pequeño lujo de museo. Ni mujeres ni niños. Dormitorios sin cortinas, dormitorios sin vida. Cemento en el piso, hierro en los camastros, vidrios que prolongan los muros, ni una ventana por la que penetre, franco, el sol.

El ingeniero George Stewart

Agobia Sudáfrica. Dondequiera es lo mismo. Blancos que explican que las cosas están bien, muy bien, negros arrinconados. Los países industrializados llegan aquí con sus cargamentos de bienestar. La ginebra Gordon, los automóviles Peugeot, los Mercedes Benz, los Lancia, la Olivetti, el Holyday Inn, el First National City Bank, Kleenex Afrikaana, las tiendas Woolworth. Y los letreros a cada momento: "Sólo para blancos", "Sólo para no blancos", "Únicamente europeos"; "Prohibido para no europeos". En los baños, cines, camiones, bares, hospitales, hoteles, lo mismo, lo mismo, siempre lo mismo.

En la mina de diamantes más rica del mundo, la Cullinan, 20 millones de pesos cada día, ni la Kimberley alcanza esa cifra, trabajan 650 blancos y 3 mil negros. Allí se encuentra el ingeniero George Stewart, uno de esos hombres que muy de vez en cuando aparecen y hacen pensar que nada es comparable a un alma sabia y cálida, sabiduría y amor en un mismo ser, síntesis casi imposible de la inocencia. Stewart es de los hombres que, visto todo, todo oído, todo vivido, regresa sin escándalo, muerto el asombro por los vicios de los demás, apagada la indignación por sus errores. Se sabe con cáncer en los pulmones, los días contados, razón para sonreír.

"Los negros cargan su negrura; yo, mi cáncer", confortan sus ojos claros en los ojos negros de los negros.

—¿Hay algún subjefe negro entre los empleados de la Cullinan? —le preguntamos.

—Ninguno.

—¿Algún ingeniero negro?

—Ninguno.

—¿Algún ingeniero negro de minas en toda Sudáfrica?

—Conozco a uno. No creo que haya más.

Stewart exhibe en su oficina réplicas de brillantes famosos, como el obsequiado a principios de siglo por el Transvaal al rey de Inglaterra con motivo de su sexagésimo aniversario y los brillantes de la Corona británica que admiran los conocedores, todos extraídos del fondo de la mina de Cullinan por manos negras.

—Muchas personas opinan que el negro se interesa sólo por los trabajos mecánicos —dice Stewart.

—¿Mecánicos o manuales?

—Digamos mecánicos, ¿quiere?

—¿Usted lo cree?

Casi ríe. Inmediatamente decae su rostro.

—Por supuesto que no.

En los jardines de la compañía grupos de visitantes blancos toman fotografías a negros con tijeras en las manos, el casco hasta las cejas y casi sin movimiento en las piernas. Cortar el pasto en unos metros cuadrados les llevará la mañana.

Sudáfrica III
Apartheid es educación, religión y aun las ideas[*]

Sudáfrica.- Separan cuerpos igual que objetos. La discriminación es así; el cuerpo definido por su color, no la unidad con el espíritu que representa.

El *apartheid* es eso: que falten cunas para niños de color y sobren camas para niños blancos; que el niño blanco sea atendido por enfermeras blancas y el niño de color por enfermeras de color; inclusive que las enfermeras blancas ganen más que las de color; que los quirófanos y la sala de cuidados intensivos sean, en casos extremos, para los niños blancos; que la entrega y distribución de medicinas pertenezca al gobierno de los blancos.

Apartheid es el director del llamado Hospital Infantil de la Cruz Roja en Ciudad del Cabo, que de la Cruz Roja sólo tiene el nombre, orgulloso de la discriminación como un general prusiano del ejército al que asocia el honor. *Apartheid* es el doctor William Greff, que se detiene impacientemente y responde en tono agresivo:

"¿Soñar con un hospital sin discriminación? ¿Me pregunta si alguna vez he soñado una cosa así? Ni se me ocurre".

Apartheid es la esperanza de nuevos recursos para el hospital, no sólo con el propósito de comprar equipo e impulsar la investigación, sino también para tener más quirófanos y más salas de auxilios intensivos y evitar que sobre la misma mesa de operaciones se acuesten el niño blanco y el niño no blanco, y para que las sondas y las inyecciones y los tratamientos de emergencia sean para niños blancos y no blancos, pero lejos unos de otros.

"Discriminar es separar cuerpos. No debemos juntar los cuerpos, porque juntaríamos los complejos", ha dicho el doctor Greff.

Apartheid es O'Brien Geldenhuys, jefe del Sínodo de Transvaal, de la Iglesia reformada holandesa, quien se apiada entre nubes de incienso, la

* *Excélsior*, 27 de febrero de 1974

voz blanda, el ademán melifluo, de los pobrecitos niños no europeos que ya gatean:

"¿Exige Dios el mismo esfuerzo y los mismos sacrificios al padre y al niño adoptado? Dios responsabiliza al padre por el niño que adoptó. En Sudáfrica hemos de cuidar a nuestros niños no europeos. Sabemos que un niño no comprende por qué su padre le niega ciertas cosas. Pero el padre sabe que un niño no debe conducir un automóvil y no se lo compra ni permite que maneje el automóvil del vecino".

Apartheid es el pintor y ortopedista Henkel, de origen alemán, dueño de una casa con un jardín como un parque, parque habitado por estatuas, estatuas bellísimas de toda África que muestra con orgullo, honrado el artista con la admisión de sus cuadros en el Museo de Arte Moderno de Pretoria.

—Cuando yo tenía 14 años, en una isla cercana de Hannover nos mostraron a varios negros y nos dijeron que eran monos. Los negros estaban en jaulas.

—¿Recuerda el año?

—Mil novecientos treinta y cinco.

—Eran tiempos de Hitler. Hitler tampoco dio la mano al primer atleta del mundo, el negro Jesse Owens, en la Olimpiada de 1936.

—Pero ocurrió y eso es lo que importa. Además, las mismas cosas que se decían en Hannover se decían en países de América. Hace 35 años el negro era esclavo en Sudáfrica. ¿Pretende usted que en sólo 35 años los negros sean iguales a los blancos?

Demonios que se pasean

Apartheid es el profesor Louw, director del Departamento de Relaciones Internacionales de la Universidad de Witwatersrand, en Johannesburgo:

"Los individuos que se apartan del grupo integrado a que pertenecen, blanco, negro, hindú o mestizo, y tratan de incorporarse a otro grupo, sufren una crisis de identificación. La crisis de identificación se llama despersonalización, la despersonalización se llama deshumanización. Yo he sostenido que en Sudáfrica puede haber interacción en el trabajo y no mezcla de sangre, por ahora. Para decirlo en otras palabras: abogo por la interacción en el comité, pero no por la integración en la cama".

Apartheid es el horror por ciertas ideas, las ideas como demonios, demonios que se han paseado por esta universidad de Johannesburgo.

Conserva como reliquia y testimonio de una época la que fue oficina del general Jan Christan Smuts, primer ministro de Sudáfrica de 1919 a 1924;

jefe del Partido Unido de 1939 a 1948, y de nuevo primer ministro; el único hombre en la historia que participó en la fundación de la Liga de las Naciones y en la fundación de la ONU. Su oficina, sin embargo, no se conservó intacta. Los hombres que gobiernan vendieron uno de los libros más valiosos de la biblioteca del general. Entregaron el volumen a una casa de Inglaterra. Era *El capital*, de Marx, con anotaciones del autor.

Dice el profesor Louw:

"Nos dieron dos mil dólares por él".

Ni Heidelberg es tan bello

Apartheid es la enseñanza primaria obligatoria para niños blancos y no obligatoria para niños negros —no obstante que el 80 por ciento sabe leer y escribir— porque muchos niños negros cuidan los animales en el campo y son víctimas de las costumbres tribales de sus padres, brujos que no quieren que se "contaminen".

Apartheid es la duda metafísica del profesor de Economía Jan Sadie, de la Universidad de Stellenbosch, la más hermosa del país; la estatua de su benefactor en el centro de una gigantesca explanada cubierta por césped esmeralda, flores y más flores, rosas y más rosas, enredaderas en los muros lejanos de los edificios, paraíso como quizá no lo tenga Heidelberg, la ciudad ideal del estudiante europeo.

"El problema es saber si los no blancos van a alcanzar el nivel de los blancos para estar en aptitud de permanecer en las universidades de los blancos".

Apartheid es la formulación descarnada del propio profesor Sadie, simple con el corazón que se detiene:

"La verdad es que todos los hombres son iguales ante Dios, pero el negro no es igual ante el blanco".

Agrega, siempre la duda:

"¿Podrán cambiar las cosas?". Y mira a su esposa blanca, que le sonríe.

Apartheid es el pesar del profesor blanco Dick Liebenberg, director de Desarrollo de la Universidad del Cabo Occidental, por el mestizo:

"Los mestizos han desarrollado un trabajo tan rutinario que no les ha permitido hacer algo de sí mismos".

La ley es la ley

Apartheid es la melancolía de los meseros mestizos del hotel Plaza Ritz, frente a la bahía azul turquesa de Ciudad del Cabo, azul turquesa el cielo, blancas y amarillas las casas de grandes terrazas que cubren los cerros de una población tan hermosa como la más bella del Mediterráneo. "No nos dan propina los blancos. Ellos mandan y no nos quieren".

Apartheid es la división de las playas, unas para blancos, otras para no blancos, pero para los blancos la gran mayoría y, desde luego, las de profundos bancos de arena, que el sol debe ser casi todo para las mujeres blancas que se tienden bajo sus rayos, que nada importa que viva una mujer blanca por siete no blancas en el Cabo.

Apartheid son las reflexiones del chofer Kleyn, rubio y pecoso como irlandés, gordo como alemán de Baviera: "Trabajo para el gobierno y gano 300 rands al mes. Mi colega mestiza trabaja como yo y gana 60 rands".

Apartheid es la conversación en la oficina de Tom Swartz, líder de los mestizos del Cabo:

—¿Está permitido el matrimonio entre mestizos, hindúes y negros?

— Sí.

—¿Por qué?

—Es la ley.

—¿Está permitido el matrimonio entre blancos y los grupos de mestizos, hindúes y negros?

—No.

—¿Por qué?

—Es la ley.

Sudáfrica IV
El mundo al revés: la ley contra la justicia*

Sudáfrica.- *The Star*, de habla inglesa, el periódico más liberal de Sudáfrica, tiene a disposición de cualquiera las listas oficiales de hombres colocados al margen de la ley por delitos supuestos. No está obligado el gobierno a probar el cargo ni el acusado puede apelar ante los tribunales. Es el monólogo del juez y el silencio del inculpado. Es la ley contra la justicia. Es el mundo al revés, kafkiano, enloquecedor.

Un hombre de cabello blanco y piel sonrosada, estrecho de hombros, tranquilo como si estuviera en su casa, el oído atento a una sonata de Beethoven, todo el fuego en el círculo diminuto de sus ojos claros, pide a un ayudante el cuaderno con los nombres de los señalados, listas enviadas regularmente por el gobierno a los diarios de toda la nación.

"Éstos son, unos 300. Mes a mes nos hace saber el gobierno qué nombres dejaron de figurar en las listas y qué nombres fueron agregados a ellas. En estos meses ha disminuido el número de los exculpados y aumentando el de los inculpados, la mayoría negros", indica el director adjunto del periódico, el señor Binns, a quien acompaña uno de sus reporteros de confianza.

Los inculpados sin culpa probada son hombres que han caído en la sombra de la sospecha, los sentidos sólo para saber de ellos mismos, la inteligencia maniatada, el razonamiento inútil como los dedos que no pueden desatar el nudo del que depende la propia existencia. No son las puertas de Kafka que no llevan a lugar alguno, sino la ley que conduce a un sitio cierto: la desesperación.

Instrumentos y recursos son del gobierno en este juego de todos los gatos contra el ratón. Si por algún motivo considera que un hombre ha caído bajo sospecha, lo proscribe de la sociedad durante 90 días sin explicar la causa. Puede obedecer la proscripción a mil pequeñas o medianas

---

* *Excélsior*, 28 de febrero de 1974

razones, a mil mezquinas o infames sinrazones. Se castiga la presunción de la falta, pues los 90 días se aplican sólo por delitos políticos.

Al juez le basta creer. Si cree, el aparato legal de Sudáfrica cae sobre un sujeto que no podrá comparecer ante los tribunales y a quien no se le dirá palabra acerca de las causas de su proscripción. Pueden ser 90 días una vez, o 90 días 90 veces, o indefinidos e infinitos 90 días. Es el rosario de los imponderables, son las cuentas entre los dedos de una autoridad enmascarada. Es una forma de Ku Klux Klan, en la noche la ley, encapuchado el verdugo, inocente el inocente.

"Es la ley, es la ley"

Victimario el gobierno, alrededor del proscrito se hace el silencio. Los periódicos tienen prohibido ocuparse de su caso y por radio no debe ser pronunciado su nombre. La actividad del penado se reduce casi a la vida contemplativa. No puede salir de su casa antes del amanecer y ha de retornar con las primeras sombras de la noche. Ha de abandonar la mina si es minero; el consultorio y la clientela si es médico; la escuela si es maestro. No puede concurrir a mítines ni reunirse con más de tres personas a la vez.

Acerca de esta ley, pilar de leyes en el país, confirmó el doctor Derik de Villieres, miembro del Parlamento y secretario de la Junta Electoral del Partido Unido, de la oposición (la única oposición reconocida es, por supuesto, la oposición del blanco al blanco): "No es aceptable que una persona sufra condena por decisiones administrativas".

—¿Se pueden prolongar indefinidamente los 90 días?

—Es posible.

—¿De qué se hace depender la continuación o el fin de la pena?

—De la voluntad exclusiva de quien juzga. En el mundo cada hombre tiene el derecho de comparecer ante un tribunal para defenderse por sí o por intermedio de un abogado. No ocurre de esta manera en Sudáfrica.

—¿Por qué motivo?

—El ministro que juzga escucha a sus consejeros legales, no al acusado.

—¿Por qué?

—Es la ley.

Albert Lutuli, premio nobel de la paz, estuvo proscrito largo tiempo. Fue el silencio de su voz un grito. No se puede hablar hoy con algunos de los hombres que estuvieron cerca de él. Heredaron a Lutuli completo.

Un mundo triste, horriblemente triste

El orgullo de *The Star* es René de Villiers (apellido muy común aquí). Fue director del periódico y hoy está entregado a la política. Nadie como él para opinar del país, que conoce como ninguno en las redacciones de los diarios. Su voz es para hacerse oír en una sociedad de profundos silencios.

Hijo de padre sudafricano y madre inglesa, nació en Johannesburgo. Dice que dejó su carrera como un sacrificio. Algo había que intentar en otras actividades para ayudar a los que menos pueden, la gran mayoría de no blancos que posee el 13 por ciento de las tierras de Sudáfrica, reservadas para la minoría blanca el 87 por ciento de las áreas mejores. Formas opresivas en la vida cotidiana, explotación en el trabajo, desprecio que terminó en indiferencia y mató hasta la capacidad de indignación, trituraron a una masa ya pulverizada.

Enumera De Villiers los motivos de su lucha:

Está contra las leyes que discriminan y que abarcan los derechos políticos, el empleo, el derecho de trasladarse de algún lugar a otro, la posibilidad de vivir donde a uno le plazca y trabajar en el sitio que uno elija; está contra la desigualdad en las universidades para blancos y no blancos; contra la vida triste, horriblemente triste de los barrios de los negros; contra la pena de muerte, muerte en la horca, que es frecuente; y contra los latigazos a jóvenes, muchas veces por los robos que cometen, algunas para "prevenir" delitos que no han cometido; contra la existencia de juntas de trabajo que nada son y contra la falta de sindicatos, que no son ilegales, pero que son menos que eso, pues ni siquiera son reconocidos como organismos fuera de la ley.

Está contra la "filosofía estúpida" de la raza pura, que es enfermedad y amor propio exacerbado, filosofía contra la evolución y la ley de la vida que harán estallar los que quieran romperla, amarse y mezclarse; contra la miseria, que es pauperismo, en las zonas remotas pobladas por negros; contra la emigración del trabajador de color sin su mujer y sus hijos, quiebra de la familia, que acaba en pedazos.

"Sé —dice—, como lo sabe hasta un niño, que la igualdad ideal no existe, pero anhelo para cada hombre la oportunidad de realizarse como mejor pueda o como mejor la parezca. Estoy por un país donde se viva y se piense de otra manera. Estoy contra la ausencia de amor en Sudáfrica".

Relaciones clandestinas

El secretario de la Junta Electoral del Partido Unido, doctor Derik de Villieres, cree que el futuro pertenece a los hombres que piensan como él, "cada día más numerosos" y sobre todo jóvenes entre ellos. No es posible que las leyes escritas prevalezcan sobre las leyes de la especie y sean más fuertes que la tendencia de los hombres a confundirse unos en otros por razones tan profundas como misteriosas.

No es posible aceptar que el código del primer ministro evitará por muchos años más que blancos y no blancos se mezclen. El señor Volster ignora o quiere ignorar que las relaciones clandestinas entre blancos y mestizas, entre mestizos y blancas, son cada día más frecuentes. Llegará el día en que los panegiristas de la raza pura se vean rodeados por niños nacidos de relaciones que sus leyes prohibieron.

—¿Ha observado usted —pregunta el doctor— que no existe violencia en el país, que los hombres y mujeres de diferentes razas se tratan sin aspereza?

—No he observado eso. He visto una relación de autómatas.

—Pero ¿estará de acuerdo conmigo en que un día de violencia en Nueva York son años de violencia en Sudáfrica?

—Nada me dice esa frase, doctor. Hay ocasiones en que es deseable la violencia y no el desprecio, preferible la ofensa a la indiferencia.

—Es posible. Es posible que la gran falta de Sudáfrica sea la indiferencia de unos para otros.

—¿De unos para otros, doctor?

—Seamos optimistas. Las leyes en vigor no serán más fuertes que las leyes eternas del hombre. La evolución está por encima de la legislación. Será el principio del fin de los grandes problemas de Sudáfrica.

Sudáfrica V
Blanca por los siglos de los siglos[*]

Sudáfrica.- Por los siglos de los siglos, los blancos de Sudáfrica se conservarán blancos. Racismo es la base de la política y la razón de la vida del primer ministro John Baltasar Vorster. Sólo blancos concibe a los hijos de sus hijos y a los nietos de sus nietos.

Ha sido descrito como un "hombre pequeño, rechoncho, feo, de párpados caídos y ojos azules". La pintura es ajena al hombre que tenemos enfrente. Es grueso, pero de hombros anchos y no es particularmente pequeño. La frente despejada, en la que llaman la atención prominencias que abultan y restiran la piel, es poderosa y da interés a esa porción de su rostro. Los ojos son azul gris y la mirada es de quien mira como si tuviera en las pupilas una punta de acero. Cuando sostiene la mirada se pone en guardia. Hay una especie de reto o descaro en esos ojos que ven sin malicia y sin pudor, como acostumbrados a todos los espectáculos del hombre, ojos sin sorpresa ni asombro, fríos, ojos sin amor ni piedad.

Puede asegurarse de Vorster lo que se quiera, menos que es tímido o distraído, como también se ha dicho. Muchos pueden ser sus defectos, pero hay en él una cualidad que se abre paso entre sospechas u odios: está lleno de carácter, sobrado de vitalidad. El cabello escaso, más blanco que gris, no le agrega un matiz de sabiduría ni le presta nobleza. Pero tampoco deprime su personalidad. Ni ha envejecido ni parece próximo a los días de fatiga.

La voz es agradable, clara y uniforme como agua que cae. No es simpático ni pretende serlo. Va al asunto sin formalidades. Sonríe con dificultad y su sonrisa se inicia con un rictus, pero, cuando al fin se forma, es la sonrisa de un mundano la que aparece. Hay en ella sensualidad, satisfacción de sí mismo. Al saludar, da y retira la mano como un militar. Y así se viste, como hombre que gusta de subrayar el rigor de sus costumbres: de oscuro, siempre; de azul marino, casi siempre.

---

[*] *Excélsior*, 1 de marzo de 1974

En el parlamento, a dos metros de la presidencia ocupada por un anciano que se conduce con la modestia y la parsimonia del santo clásico, el santo de los libros escolares, entrelaza las manos bajo el abdomen, inclina la cabeza y musita la oración "dirigida a Jesucristo Nuestro Señor y Salvador" y que empieza así:

"Dios omnipotente, que en su sabiduría infinita y en su bondad providencial ha designado los oficios de sus gobernantes y parlamentos para el bienestar de la sociedad y el gobierno justo de los hombres, te suplicamos a ti que los consideres tus servidores con tu favor abundante".

Los hombres del destino

Ministro de justicia del doctor Hendrik Verwoerd, a quien la historia oficial presenta como el gobernante de los mayores éxitos, autor de las leyes del racismo puro y de la palabra *apartheid*, asesinado a puñaladas hace ocho años por Dimitri Tsafendas, de quien se afirmó que había dicho que una "endemoniada lombriz solitaria" lo había impulsado al crimen —la lombriz es, por supuesto, oscura—, Vorster aparece en las pinturas oficiales como el segundo hombre del destino.

Hay un gran cuadro en el comedor del Parlamento, comedor para blancos solamente, servido por meseras blancas solamente, los platillos preparados por cocineros blancos solamente, que muestra a Verwoerd de pie, la mirada en el otro extremo de una mesa ocupada por el gabinete en pleno, donde se encuentra el ministro de Justicia, también de pie. Sentados los compañeros de Vorster y Verwoerd dominan la escena con la simple actitud. Dueños de ese minuto de la historia que los radicales sudafricanos blancos quieren perpetuar son los dos hombres que han mantenido sin disputa el mando durante los últimos cinco años.

Heredero de la oficina de Verwoerd, el despacho es como piel seca. Un ramo de flores sudafricanas que tienen el hermoso nombre de *adorata*, igual que claveles rojos, pierden el color, se les va la vida colocadas contra una gran pared de madera café oscura. El escritorio es cuadrado, de proporciones anticuadas, una silla frente a otra. Plumas y lápices, libretas de apuntes y un cenicero ocupan uno de sus extremos. En un rincón, dos sillones verdes aceituna hacen juego con ocho sillas alineadas a dos metros del escritorio, igual que butacas delante de una pantalla. Cubre el piso una alfombra café, opaca.

Desde allí gobierna Vorster un país de 23 millones de habitantes: cuatro millones blancos, 16 millones negros, dos millones mestizos y un millón de hindúes, más grande que Alemania Occidental, Francia, Italia y Portugal juntos. Los negros están divididos en ocho razas y subdivididos en multitud de tribus. Es la capa más baja, últimos en todo, renegados eternos.

Los blancos disfrutan del nivel de vida más alto de la Tierra, comparado con los Estados Unidos, Suecia o Canadá. Un dólar se cotiza a 65 centavos de rand, la moneda oficial. Sus ciudades tienen la fuerza de las metrópolis sin el esmog ni aglomeración; los litorales son la belleza en todo virgen y el punto en que se unen el océano Índico y el Atlántico; en Punta del Cabo es el segundo día del Génesis: montañas que emergen del azul de los mares, transparente el agua como en un acuario, a veces como la luz, e insondable como el misterio que ha unido a los hombres más civilizados y duros con los más débiles e ignorantes, primitivos.

El sol es el sol por el blanco

Recluido en un campo de concentración por sus actividades en favor de Alemania durante la última guerra, cuando se opuso a que Sudáfrica combatiera al lado de Inglaterra y Francia, John Baltasar Vorster tuvo tiempo después para acostumbrar a sus partidarios a la idea de que el hombre se define por su eficacia, y el blanco aquí es la razón y principio, suma y síntesis de la eficacia.

Piensa:

"Sin el blanco no habría en este país historias dignas de ser contadas ni existirían las ciudades y las tribus vivirían para la muerte: asesinatos, luchas, guerras. Los negros no tendrían escritura y se comportarían igual que seres sin el don primero de la inteligencia. El día de 24 horas sería la vida completa, que el día que transcurre ha de transcurrir y nadie puede cambiar su curso.

"Entre el blanco y el negro nada es posible. La obra común está vedada por fuerzas superiores: dos maneras de vivir la vida sin conexión entre sí, no como hombres distintos, sino como especies ajenas. No queda, pues, otra solución que separar al blanco y al negro, el blanco en Johannesburgo, en Pretoria, en Ciudad del Cabo, en Stellenbosch, en Durban, en Puerto Isabel, en Islenden; el negro en su confín".

Con la seguridad del hombre que no conoce el error, el primer ministro descubre el nervio de su política con estas palabras:

"Los blancos llegaron aquí en 1652 y el ímpetu del país ha sido su obra. Desde su origen desarrolló el blanco un triple esfuerzo para reconstruir el país, disuadir las guerras tribales, pues casi se exterminaban los pueblos negros cuando peleaban entre sí.

"Reconstruido el país, el blanco proveyó de empleos para los negros, gente que no hubiera existido de otra manera, y tuvo que adaptar la escritura a su lenguaje oral, pues no existía ningún lenguaje escrito entre los negros. Trabajó también en favor de una organización escolar para el negro, que tampoco existía, sin contar otros servicios a los que dio vida".

—Si de su voluntad dependiera, ¿los cuatro millones de blancos se conservarían blancos en los hijos de sus hijos y en los nietos de sus nietos?

—Los diferentes pueblos: blanco, negro, mestizo e hindú, tienen que mantener su propia identidad. Para referirme en concreto a su pregunta, el blanco ha de conservar su posición como blanco y permitir que los zulúes mantengan su identidad como zulúes, los xhoza como xhoza, los tswana como tswana, los zwazi como zwazi, etcétera. Es la política de desarrollo por separado.

"Tratamos de guiar a los pueblos"

—¿Por qué no acepta la mezcla entre hombres de diferente color?

—Crearía fricciones sin fin y desataría una situación imposible. El problema no se reduce a tratar con pueblos diferentes, sino con hombres con hábitos y costumbres diferentes, lenguas y culturas diferentes, con todo un sistema de vida diferente.

—¿Por qué en muchísimos otros sitios la mezcla es posible?

—Siempre ha sido posible encontrar bases y poner fundamentos para que cada pueblo mantenga su propia identidad.

—El Partido Unido cree que la evolución se impondrá y que hombres y mujeres de todos los colores habrán de mezclarse…

—No estoy de acuerdo con la segunda parte de la afirmación, pues no habrá mezcla, pero sí estoy de acuerdo con la primera. Consistiría la evolución en la independencia de la nación blanca y en la independencia de ocho naciones negras diferentes, ocho razas diferentes, cada una con su propio territorio, su propia cultura, su propia lengua.

—Me han dicho en Sudáfrica, en especial profesores blancos, que los negros no tienen aptitudes para las matemáticas, que es sobre todo capacidad de abstracción. ¿Lo cree usted?

—Pueblos diferentes tienen aptitudes diferentes. Pero no soy autoridad en el asunto y no puedo hablar acerca de él. Nosotros los blancos no queremos decir que somos mejores que los no blancos, más desarrollados, más instruidos, que nuestro nivel de vida es mejor.

—¿Por qué entonces dicta el blanco la ley para todos?

—La política que emprendemos indica otra cosa. Tratamos de guiar a estos pueblos para que tengan su vida independiente. Encontramos, al contrario, gente que quiere forzar la integración.

Un condenado eterno

—¿No trata el gobierno de forzar la no integración?

—No. Es una forma de mantener separada a la gente que por inclinación no quiere mezclarse.

—¿Por qué no dejarla en libertad?

—Porque vivimos en un país con muchas nacionalidades diferentes y es imprescindible para mantener el orden.

—¿Por qué no acepta el Parlamento a los representantes directos de negros, mestizos e hindúes, sino que han de hacerse oír a través de representantes, de delegados blancos?

—En nuestro Parlamento no tenemos representantes de negros, mestizos o hindúes. Los negros tienen su propio parlamento, sus propios ministros; los mestizos y los hindúes tienen sus propias constituciones.

—Pero ¿tiene o no el presidente de Sudáfrica, blanco, que ratificar todas las leyes del Parlamento negro?

—Ocurre con nuestras propias leyes. Es exactamente igual en el Parlamento de los blancos que en el Parlamento de los negros.

—¿Por qué, si es así, el parlamento negro no puede legislar sobre asuntos de defensa, en su territorio?

—La defensa, según el acta (la ley) está reservada para nuestro Parlamento. Cuando los pueblos negros sean independientes, la jurisdicción de nuestro Parlamento en sus asuntos será eliminada.

—¿Por qué tampoco pueden legislar los negros en materia de comunicaciones, en su territorio?

—No puede haber autoridades que traten sobre el mismo asunto.

—En la nación absolutamente blanca y totalmente independiente que usted quiere construir, ¿serían los negros la inmigración que los blancos necesitarían para seguir adelante en su industrialización?

—No es asunto que hayamos concebido así. Es así y siempre ha sido así. Para generaciones por venir, el problema de todos los países negros de África y no solamente de nuestros negros, será encontrar empleo para su gente. Ya en la actualidad no pueden proveer empleo para sus nativos. El índice de crecimiento de los países de África es superior al 3 por ciento anual. Por tanto, el problema de empleo para su gente es fundamental y será más grave con los años.

"Malaui es completamente independiente y está muy lejos de aquí. Sin embargo, miran a este país y buscan trabajo para 90 mil hombres. Lesoto es independiente, pero más de 100 mil trabajadores de Lesoto tienen ocupación aquí. Botsuana y Suazilandia, completamente independientes, tienen aquí a muchos miles de sus hombres. Proveemos de trabajo a miles y miles de negros de países independientes. Y si no los empleamos, su economía sería de colapso, muy difícil sobrellevar la existencia. Les tomará mucho tiempo, generaciones enteras, resolver el problema y encontrar trabajo para su gente.

"Soy un demócrata"

—¿Cuál cree usted que será el futuro de África?

—El hombre que pueda contestar esta pregunta sabrá más de lo que yo pueda saber hoy.

—No le pido una respuesta matemática, le pido una respuesta especulativa.

—La diferencia entre nosotros y los negros es clara: la política de ellos depende del hombre que está en el poder y el poder entre ellos no es estable. La política entre nosotros es regular y uniforme. Los negros no se preocupan por el futuro. Su filosofía es vivir día por día.

—El riesgo de la democracia consiste en aceptar la pérdida del poder y la posibilidad de recuperarlo. ¿Puede llamarse democrático este país que no acepta el riesgo de la democracia?

—Tendremos elecciones generales el 24 de abril. Si perdemos, la oposición se encargará de los asuntos del Estado. Somos democráticos y yo soy el primer ministro de un país democrático.

—Pero ¿sólo votarán los blancos el 24 de abril?

—Éste es un país blanco.

Sudáfrica VI
Parlamento de mármol para los que no existen*

Sudáfrica.- El Parlamento del Transkei, asiento de los poderes de dos millones de xhoza que algún día serán independientes, fue construido por los blancos para los negros. De mármol los exteriores, de madera oscura los escaños y muros de la sala de debates, el sillón de la presidencia al fondo, y al centro, los hombres del partido del gobierno a su derecha, los de la oposición a su izquierda, frente a frente, los ojos en los ojos de los adversarios; impone, que no sugiere, una forma de esquizofrenia.

Trastorna el edificio como si los fantasmas se hubieran vuelto reales y los hombres de carne y hueso, piel y sangre, fueran aire y sólo aire. Es un parlamento real y bello para hombres que no existen, el juego de la democracia jugado donde nadie puede jugar el juego que no conoce. A su lado se encuentra el Hotel Transkei, modesto lujo de los negros. Los blancos, que viven en zona exclusiva, sus casas llenas de flores, tantas rosas como rayos de sol, miran el letrero que les advierte: "Prohibida la entrada a europeos".

A 500 metros principia el escenario del Transkei —"más allá del río Kei"—: redondas chozas de paja con ventanas como cerraduras, el piso de bohiga, sólido y fétido, hombres y mujeres con ropas sin forma, niños descalzos que, igual que todos los niños pobres del mundo, a la primera señal piden limosna como una mezcla de inocencia y perversión. El calor es agobiante y casi no hay árboles. Penetra un polvo seco en el cuerpo y el cuerpo acaba de volverse tierra.

En la patria de los xhoza no existe un taller o una fábrica dirigida por negros. Un negro es general del hotel y negros están al frente de las tiendas, pero el taller de zapatería, el de hilados y tejidos, una fábrica de plásticos, una fábrica de cerveza, una de cerillos y una de muebles —están dispersos en 25 mil kilómetros cuadrados y no hay más en todo el territorio— son dirigidas por blancos.

---

* *Excélsior*, 2 de marzo de 1974

Kobie Barnard, encargado de mostrar el Transkei a los pocos visitantes que llegan, todo un cazador con sus pantalones cortos y sus medias altas, el cabello rubio casi rapado, la boca de lado, informa como quien da un manotazo:

"Pensamos que después de 20 o 25 años podremos entregar talleres y fábricas a los negros. Hemos firmado contratos que nos comprometen a la cesión de las industrias. Podría ser antes, si los negros se capacitan. O después. Está previsto que los contratos pueden renovarse por cinco años. Transkei tiene un presupuesto de 70 millones de rands al año. Sólo 12 millones aportan los negros; el resto, casi todo, ha de darlo el gobierno blanco de Pretoria".

El punto de atracción de la ciudad y capital de Transkei, Umtata, es el cine, y el negocio que más produce es un local que vende piel de víbora triturada, buena para la astucia; gotas de amor; raíces que deben frotarse contra el pescuezo cuando sobreviene el miedo; cucarachas vivas que alargan la vida si un puño de ellas se traga con cerveza al amanecer; pedazos de metal contra el mal de ojo y la mala fortuna; frascos de todos los tamaños con líquidos de todos los colores, y hierbas cortas, hierbas largas, hierbas secas, hierbas frescas y jugosas, hierbas como filamentos, hierbas que se confunden con serpientes acuáticas.

El Colegio Jongilziwe

En Tsolo, a 20 kilómetros de Umtata, se encuentra el Colegio Jongilziwe para hijos de los jefes tradicionales de las tribus negras. Ciento dos internos, entre 14 y 22 años, reciben clases de tres profesores blancos y seis profesores negros. Blanco es el director (se le llama *principal*), blanco el vicedirector y blanco el maestro de matemáticas: John Talgaard, Jan Fourie y Siegwald Ames. Los muchachos están vestidos con sacos azul marino y gruesas rayas anaranjadas, corbatas que hacen juego, camisas blancas o azules, pantalón gris oscuro y zapatos negros cerrados con agujetas. Los profesores blancos se visten con pantalones cortos y sacos ligeros como papel de China, medias 15 centímetros debajo de las rodillas y huaraches.

Brilla el cielo completo, la reverberación es fuego. En la clase de los mayores, presentes las autoridades del colegio, se suscita un diálogo más y más vivaz hasta que el *principal* le pone fin porque "hay mucho trabajo para todos". Destacan dos muchachos: bajito uno, negra como el negro la piel, rosa pálido como el rosa pálido los labios; el otro, futuro porte de señor, mira de frente con naturalidad, la sonrisa a punto, categórica la voz por la misma razón que es clara y gruesa.

El salón es como un esqueleto: cuatro paredes, una tarima y una mesa, seis filas de pupitres de cuatro a fondo. Inexpresivas las facciones de los estudiantes, la expresión son los ojos: redondos y húmedos; azoro por fuera, brasa por dentro; ojos de niño, ojos de demonio; ojos sin escondrijos, dan miedo o inspiran ternura.

—¿Por qué están aquí?

—Nuestro más grande interés es aprender derecho bantú (derecho negro) y administración.

—¿Qué piensan del hombre blanco en Sudáfrica?

—Si usted quiere saber si el blanco debe marcharse de Sudáfrica, pienso que Sudáfrica es como es para el blanco y para el negro.

—¿Vivirían en una ciudad blanca?

—Yo no quiero vivir en una ciudad blanca; prefiero vivir en el Transkei.

—¿Por qué?

—Porque me gusta.

—¿Qué le deben al hombre blanco?

—Muchas cosas. El establecimiento de nuestro sistema de gobierno, la construcción de fábricas...

—¿Qué más?

—El mejoramiento de la tierra, la educación...

—¿Conciben la vida sin el blanco?

Se agita el muchacho de piel negra como el negro.

—Yo sí.

—¿Deseas la vida sin el blanco?

—Creo que sí.

—¿Qué piensas de los Estados Unidos?

La misma agitación, un revuelo.

—Es un gran país por su gobierno y su modo de vivir.

—¿Por qué?

—Es una sociedad multirracial.

—¿Alguno de ustedes concibe o desea el amor con una mujer blanca?

El muchacho con una sonrisa siempre a punto responde:

—¿Se casaría usted con mi hermana?

—¿Leen libros fuera de clase, en sus horas libres?

—No, ninguno —sostiene la misma voz.

El índice del *principal* señala a un joven de la primera fila.

—Dile a nuestro visitante si lees libros fuera de clase.

—Yo sí.

—¿Cuáles? —preguntamos.

—Muchos. Leo boletines.

—¿Entonces no lees libros?

—Sí, leí uno del Medio Oriente.

—¿Recuerdas el título?

—Era del Medio Oriente.

La iniciativa por su cuenta, el muchacho que se sintió o fue privado de la palabra, inquiere a su vez.

—¿Hay negros en su país?

—Unos cuantos.

—¿Es como aquí?

—No.

—¿De veras?

Fuera ya del salón de clase, el *principal* pregunta y propone:

—¿Quiere usted conocer la biblioteca de la escuela?

Sin espacios libres, se alinean unos 200 volúmenes en estantes impecables. Un enrejado los protege.

—¡Pero esto no se abre nunca, señor!

—No hemos abierto la biblioteca este año por falta de personal. Pero la biblioteca funciona regularmente.

El cardenal y los negros

Con esa dulzura que no se sabe si es fruto de un largo ejercicio, el carácter atento al suave comportamiento con los demás o bondad que fluye en la manera de saludar, en la señal que muestra una silla, en la atención sin condescendencia, el arzobispo católico de Ciudad del Cabo, cardenal McKennan, dijo que puede ver ahora "aperturas que acercan a la gente".

En contra de la segregación, en sus iglesias son iguales blanco, negro, mestizo o hindú, y para todos hay el mismo trato.

—¿Observa usted alguna diferencia en el coeficiente de inteligencia de los distintos grupos?

—No veo ninguna diferencia en este coeficiente.

—¿Por qué están los negros tan atrasados?

—No han tenido la misma oportunidad de educación que los otros grupos. Pero entre los negros hay personas altamente instruidas que pueden hacer una contribución muy valiosa para el desarrollo del país. Existen también indicios de que los jefes de los diferentes grupos quieren emprender tareas comunes. Últimamente el país ha hecho esfuerzos para proveer de alojamiento a los grupos más atrasados. La situación de los no blancos ha mejorado.

—En sus términos, ¿podría decirse que la discriminación racial es pecado de soberbia?

—No es tanto pecado de soberbia, sino el afán de los blancos por mantener una posición personal, el control del país.

—¿El control para qué?

—El control político y económico.

—¿Para qué?

—Tienen aquí grandes inversiones. Es un problema con orígenes remotos, causas profundas, que nace de la intromisión gradual en la vida económica de los demás y termina en la intromisión de su vida toda.

Sudáfrica VII
Christiaan Barnard, "el indeseable"*

Sudáfrica.- Christiaan Barnard termina en estos días un libro: sus experiencias como médico en uno de los medios sociales más duros, el de su propio país. *El indeseable* se llama, testimonio de la constancia y permanencia del sufrimiento humano.

Narra el propio cirujano:

"Un médico blanco trata de entender por qué un adulto, mestizo, viola a un niño de 15, mestizo también. ¿Por qué permite Dios la perversión por la perversión en un mundo hecho con sus manos, el sufrimiento sin sentido, la aberración como límite último? El médico pregunta y el mestizo no responde. El médico le pregunta a un sacerdote y el sacerdote le responde: 'Es para la mayor gloria de Dios'. El médico expresa su repugnancia por una respuesta repugnante, pero queda paralizado cuando el sacerdote, a su vez, le pregunta: '¿Podría darme usted una respuesta mejor?'. El médico nada puede decir, porque el dolor del hombre, si es aberrante, no tiene explicación.

"Hay un paralelo entre el drama que yo escribo y el que relata Morris West en una de sus obras", observa Barnard.

—Pero es el tema de los *Los hermanos Karamazov*, ¿recuerda usted, doctor?

—Es la respuesta de Aliocha, si no recuerdo mal, a propósito de un niño que sufre el más abominable de los sufrimientos, el impuesto por el fuerte al débil. Pero la pregunta queda en pie: ¿habrá alguien en este mundo que pueda comprender el sufrimiento del inocente en manos del miserable, el inocente un niño, el miserable un hombre?

"¿Por qué todos hijos de Dios hemos de soportar un espectáculo así? En *El indeseable* yo acepto la explicación del sacerdote, porque no hay explicación mejor. Y esto para concluir que debo aceptar a Dios.

---

* *Excélsior*, 3 de marzo de 1974

—¿Cree usted en Dios?

—Creo en una fuerza mucho más grande y poderosa que el hombre. En el interior de una célula que no es visible en términos naturales se aloja una célula negra y dentro de ella, infinitamente más pequeña que la célula invisible al ojo, se encuentran todas las fuerzas y misterios del ser humano, los conocidos y los desconocidos, el color de la piel y la vibración de los nervios, la inteligencia y la memoria, el carácter y las tendencias enfermizas. Frente a la certidumbre de mi ignorancia casi total acerca del hombre, ¿podría vivir en el misterio y ponerme los guantes y tomar los algodones y el bisturí, y cortar, sangrar, secar, trasplantar el corazón de un hombre a otro hombre, y trabajar así un día y otro, una hora y otra, sin fe? He de creer en una fuerza infinitamente más poderosa que la fuerza del hombre. No me apoyo en ella ni la intuyo como el ciego la luz. Creo, de la manera más sencilla, que el hombre no es el fin ni es el absoluto, porque si lo fuera aceptaría con naturalidad el sufrimiento de un niño. Un mundo así sería repugnante.

Indeseable para los demás fue Christiaan Barnard en su niñez. Su padre, misionero, "cura religioso", como le llama, trabajó entre mestizos y vivió el aislamiento de los blancos. Ganaba mucho menos que el sacerdote de la iglesia blanca y los desprecios que le acompañaban en su trabajo fueron el pan de cada día para la familia.

"Mi casa fue muy pobre y mi padre fue discriminado. Mi padre era más inteligente que los demás, pero los predicadores de los blancos lo humillaban. Mi padre ganaba 20 rands al mes y los predicadores de los blancos ganaban 20 rands a la semana. Me acuerdo de cómo criticaban a mi padre, cómo se burlaban de él porque saludaba a los mestizos y cómo los mestizos, saludados por mi padre, hubieran preferido que su saludo fuera el saludo de los predicadores de los blancos. El hombre discriminado es discriminado por todos. La discriminación es absoluta, el infierno".

El pequeño consultorio de Barnard en Ciudad del Cabo es afirmación de sí mismo. Escenas en las montañas nevadas, él, su mujer y los niños, todos con esquíes; uno de sus hijos, de apenas 10 años, sonríe con un gran puro en los labios y un mapamundi entre las manos; su hija, una chiquilla, es el retozo entre la lluvia y las flores; fotografías de pájaros, de puestas de sol, de mares y playas, la espuma de las olas, un camino que no podrían recorrer los caminantes todos de todos los tiempos.

—¿Es cierto que tiene artritis en las manos?

—Es cierto.

—¿Lo asusta el futuro, la posibilidad de no entrar más al quirófano?

—De ninguna manera. Tengo muchos intereses en la vida. Mi familia, la investigación, los enfermos, el trabajo literario, la política.

—¿Aspiraría usted al gobierno?

—Un hombre como yo jamás seria aceptado en el Parlamento. ¿Encuentra usted, entre el señor Vorster y yo, una sola arruga, una idea, una palabra en común?

—Tiene usted fama también como *playboy*. ¿Le importa?

—Nada, absolutamente nada. Amo la vida. Aprendí a amarla de niño, con mi padre, discriminado él, indeseable yo.

—Pero usted es blanco y un triunfador. ¿Qué pasa con los que no son blancos ni triunfadores? ¿Aman la vida?

—Conozco un ensayo de Erik Erikson, del Centro de Estudios Avanzados de las Ciencias del Comportamiento de Stanford, acerca de las ocho edades del hombre. Dice Erikson que desde el nacimiento a la madurez (para los que maduran) cada ser humano pasa por ocho fases o estados y que en cada uno de esos periodos vive experiencias negativas que deben ser superadas por experiencias positivas para que del estado de confusión nazcan virtudes básicas. Estas virtudes son esenciales para un comportamiento racional, responsable y productivo.

"En la primera fase, en la fase oral sensorial, cuando un niño depende por completo de sus padres para la satisfacción de sus necesidades y para un confort mínimo, el niño debe desarrollarse en un clima de confianza que supere sus tendencias a la desconfianza. El equilibrio inicial entre estas tendencias opuestas debe terminar con un desequilibrio en favor de la línea positiva. Así el niño crecerá con un sentimiento de esperanza, que desarrolle una virtud tan importante como la fe, creer en el hombre, en sus padres, creer en la vida, creer en el futuro.

"A través de los años los sentidos positivos son una contraparte básica de los sentidos negativos y la personalidad vive enfrentada a una lucha interior y exterior que se resuelve, finalmente, en el mundo misterioso de la existencia íntima.

"Pienso mucho en estos problemas. Creo que el blanco en este país tan hermoso ha dado al negro y al mestizo y al hindú razones para que en la lucha entre los sentidos negativos y los sentidos positivos hayan sido las fuerzas negativas mucho mejor alimentadas que las fuerzas positivas. Creo que el blanco da razones para la desconfianza, la duda, la incompetencia, la inferioridad, la confusión, la soledad, el estancamiento y la desesperación.

"Mata el alma, mata el amor"

Barnard ha estado atento a la atención de su interlocutor. Sonríe como si su sonrisa fuera risa. Sobre su escritorio descansan las listas de enfermos a los que ha de operar en los próximos días. Tres intervenciones diarias ocupan la mañana y a veces el día del cirujano. En las listas aparecen cuatro datos esenciales de los enfermos: lesión, sexo, edad y raza.

—¿No le indigna?

—Lucho contra el racismo, que es inmoral, anticientífico, odioso, que mata el alma y mata el amor.

"Yo he propuesto la cooperación con los no blancos, porque es indispensable que superemos los sentidos negativos que hemos incubado y desarrollado en ellos. Para que Sudáfrica se salve (que no se salvará con la tutela de los blancos, porque es inmoral; que no se salvará con la tutela de los negros, que es ineficaz, porque ahora no pueden responder al reto de la tecnología moderna) necesitamos la participación y coparticipación de responsabilidades.

"Para esto sólo hay un camino: debemos superar su desconfianza dándoles motivos para que nos tengan confianza; la duda debe superarse por pruebas de que estamos preparados para permitirles jugar un papel importante en el desarrollo del futuro; la incompetencia, con oportunidades para que alcancen la cumbre; la inferioridad, dejándoles participar en trabajos adecuados que los estimulen y no los degraden; la confusión, permitiéndoles que se identifiquen con el éxito en el progreso general; la soledad, brindándoles nuestra confianza, consultándoles acerca de los problemas comunes; el estancamiento se vence si los guiamos con eficacia y les damos una buena educación; la desesperación quedará atrás si son parte integral de este país. Ser y pertenecer, pertenecer y ser es la expresión última del hombre, la sabiduría.

Dos malas noticias

Barnard se incorpora. Es alto, delgado, el cabello color paja le cubre el cuello y desciende un poco más; la voz tiene un timbre ligeramente agudo, que no le importa, porque habla muy alto; el traje de seda café claro y la camisa azul claro hacen juego con una corbata café y azul.

"Hace poco dicté una conferencia. La empecé así:

"Anoche tuve un sueño que les voy a contar: dormitaba en el avión y fui despertado por una voz que decía: 'Buenas tardes, señoras y señores.

Les habla el piloto. Estamos volando a una altura de 35 mil pies, a una velocidad de 600 millas por hora. Tengo dos noticias para ustedes, una buena y una mala. La mala es que hemos perdido el rumbo; la buena es que tenemos tiempo para encontrarlo'. Me disponía a dormitar de nuevo cuando la voz volvió: 'El anuncio que acabo de hacer no se refiere a nuestros pasajeros de Sudáfrica. Para ellos tengo dos noticias, pero las dos malas. Una, que hemos perdido el rumbo; otra, que no tenemos tiempo para encontrarlo'".

José Tohá: crimen, suicidio o inducción fatal*

Muchas muertes fueron su muerte. Llegó la última cuando se encontraba sin energía moral, sin ímpetu psicológico, flaco como un alambre.

Es posible que se haya suicidado; es posible que su muerte, la última, haya sido un crimen. La mente ya alterada de José Tohá y su cuerpo quebrantado hasta la postración abren todas las posibilidades, pero dejan una certeza: hay maneras de morir y maneras de ser conducido a la muerte.

Su viuda, Eugenia Morales Etchevers, cuenta la historia de José Tohá, ministro del Interior, ministro de la Defensa Nacional y vicepresidente en varias ocasiones durante el gobierno de Allende. La historia de Tohá es, en rigor, la historia de los dos y de muchas personas más. Es, en parte, historia chilena después del 11 de septiembre de 1973.

Dice la señora de Tohá: "A la habitación donde se encontraba hospitalizado José entraron las esposas de Orlando Letelier y Hugo Miranda. El cadáver estaba desnudo y había sangre en las paredes. José, efectivamente, estaba psíquicamente mal, porque permanentemente iba a interrogarlo el fiscal de Aviación, Horacio Otaíza. Día y noche le decía 'asesino, ladrón, asesino'.

"La última vez que lo vi, el sábado pasado, con voz apenas audible y ojos extraviados, decía: 'Dicen que soy un asesino, que maté a mucha gente. ¿Es verdad que he hecho todo eso?'".

He aquí el relato, que dividimos en dos partes, tal como fue contado a Julio Scherer García:

"El martes 18 de septiembre me llamaron por teléfono desde el Ministerio del Interior. Me dijo una secretaria ayudante del general Bonilla: 'Señora, usted vino el otro día a preguntar por el general Bonilla. Me indica que le diga que, si requiere usted una audiencia, se la da para mañana'. Le pregunté si podía ir con Isabel Margarita Letelier. Me contestó que sí, que fuera con ella.

---

* *Excélsior*, 20 de mayo de 1974

"Al día siguiente llegué a las oficinas del general Bonilla, donde nos recibió amablemente. Explicamos la situación, lo grave que resultaba para todas nosotras estar viviendo en Santiago una situación que no entendíamos, sin saber el paradero de nuestros maridos. Nos dijo que ese día en *El Mercurio* había salido una lista con la gente que estaba en isla Dawson. Le pregunté si era la misma isla que había adquirido José para la Armada. Se sonrió socarronamente y me dijo que sí. Le pregunté entonces si tendríamos la oportunidad de hacerles llegar un envío de ropa adecuada, porque, hasta donde sabíamos, el clima de la isla era sumamente duro, con vientos muy fuertes y a esas alturas del año con mucha nieve. Nos contestó que no habría problema, que lo único que se requería era que se concentraran los bultos en una misma casa. Me preguntó si yo disponía de la mía. Le contesté que sí. Me dijo entonces: 'El 1 de octubre va a ir un oficial a recoger los bultos. No deben pesar más de 20 kilos y deben contener ropa de abrigo y chocolates y caramelos para el frío'. Ese mismo día llamé a cada una de las señoras [cuyos maridos aparecían en la] lista [que], efectivamente, publicaba *El Mercurio* y les pedí que llevaran hasta mi casa, antes del 1 de octubre, maletas que no contuvieran más de 20 kilos de peso, que tuvieran tipos de alimentos no perecederos.

"El día 1 llegó el comandante Merick a mi casa para retirar los bultos en una camioneta. En esa oportunidad me dijo: 'Los bultos destinados a Carlos Lazo y Erich Schnake no deben ser enviados a la isla porque ellos ya fueron trasladados a Santiago; están siendo interrogados por el Servicio de Inteligencia de la Fach'.

"Pasaron los días y también los meses. La correspondencia que venía de la isla Dawson era muy irregular. La gente de allá, al parecer, mantenía un estado anímico que trataba de levantarnos a nosotras, estimularnos y hacernos sentir a las mujeres que nos encontrábamos en Santiago que debíamos estar tranquilas, porque ellos también lo estaban. Como digo, transcurrió bastante tiempo, pero alrededor de los primeros días de diciembre, el seis o el siete, como había pasado ya un mes sin que tuviera correspondencia de José, alarmada concurrí hasta la central de detenidos que funcionaba en el Congreso y acercándome a un oficial que estaba en la portería le reclamé la falta de correspondencia de la isla.

"Me preguntó: '¿Quién es su marido?'. 'José Tohá'. 'Ah, tengo justamente un radio que viene desde Punta Arenas y que dice que su marido está enfermo desde el 24 de noviembre, en Punta Arenas, en el hospital de las Fuerzas Armadas'. Alarmada le pregunté de qué se trataba. Me contestó: 'El informe dice *desnutrición*'".

490

Tenía dificultades para caminar

"Traté desesperadamente de averiguar más datos sobre el particular. Llamé al general Leigh; como no lo ubiqué, le envíe una carta. Eran simplemente cuatro líneas. Le manifestaba mi inquietud por el diagnóstico médico llegado de Punta Arenas y mi necesidad de verlo. Me contestó telefónicamente por medio de uno de sus ayudantes, el general Magliocchetti, que podía ir a Punta Arenas y que no tendría problema en ver a mi marido.

"Al llegar a Punta Arenas me remití a hablar con el general Torres de la Cruz, en esa época jefe de plaza de Punta Arenas. Le dije que traía, de parte del general Leigh, autorización para ver a mi marido por unos días, lo que durara el pasaje. Me contestó que estaba autorizado a verlo solamente una vez, por 10 minutos, y que el tema de conversación debía radicar exclusivamente en la situación de salud de mi marido y la de la familia. No se podía hablar de otras cosas. Le contesté: 'Lo lamento mucho, general, pero en esas condiciones yo no puedo ir a ver a mi marido. Usted comprenderá que después de tantos meses y estando José enfermo es poco el estímulo que le puedo dar en 10 minutos. No voy a ir. Consulte usted a Santiago y averigüe si lo puedo ver mientras dura mi estancia en Punta Arenas'.

"Me contestó que lo haría, pero que mientras tanto me fuera yo al hospital. Mantuve mi negativa. 'No voy a ir —le dije— hasta que no tenga la seguridad de poderle decir a mi marido 'hasta mañana' por cuenta mía. Ya veremos luego lo que hacemos'.

"Llegué hasta el Hospital Militar. Allí me esperaba un miembro del Servicio de Inteligencia, un oficial joven, que me dijo que la reunión con mi marido sería bruscamente cortada si yo me salía del tema salud y familia. Le contesté que mi marido era inocente, que en ningún código del mundo a ninguna persona se le podía tener incomunicada si previamente no estaba acusada de algo, que José no estaba acusado de nada, que no tenía proceso y que su estado de desarraigo obedecía al estado de sitio y el estado de guerra, según lo había manifestado públicamente el general Bonilla.

"Entré a ver a mi marido. Era una pieza cerrada del hospital y él avanzaba lentamente por el pasillo. Tenía dificultades para caminar, se veía muy delgado, tenía el pelo cortado de una manera extraña, al parecer a tijeretazos, su mirada era cansada y esbozaba una leve sonrisa. Lo abracé, pero la verdad es que no hablamos nada, nos miramos solamente. Yo traté de contarle algo, pero la verdad es que estábamos muy cortados con la presencia del oficial, metralleta en manos. Le expliqué que había estado con el general Pinochet, que había hablado con el ministro del Interior y con otros oficiales que habían sido sus colaboradores. Me miraba en forma escéptica. Me dio la impresión de que no me creía. Pero la reunión terminó bruscamente. Como digo, no hablamos nada. El oficial, cuando salió mi marido, me miró y me dijo que cómo le había encontrado. 'Pésimo —le dije—. Pero mañana será otro día'".

La vida en la isla Dawson

"Al día siguiente llegué hasta la intendencia para obtener la información y verlo en la tarde. Me informaron que, efectivamente, había llegado autorización de Santiago y que lo podía ver tres veces más, pero en las mismas condiciones, revisada de pies a cabeza y con un oficial al frente. Las reuniones que vinieron a continuación soltaron un poco la conversación con José. Me contó todo lo que había ocurrido en la isla con su salud. Había bajado más de 10 kilos. Su aspecto era bastante insano. Me contestó que todos los exámenes que le habían hecho eran negativos, que lo trastornos que tenía eran producto de su falta de asimilación por el tipo de alimentación que había en la isla.

"Efectivamente, el año anterior, cuando José era ministro de Defensa, se le había hecho un reconocimiento en el Hospital Militar. En esa oportunidad los médicos le habían aconsejado que evitara en su dieta alimenticia los farináceos, porque este tipo de alimentos no eran asimilados por su organismo. Sin embargo, en la isla la base de la alimentación eran los farináceos. Allí se comen tallarines, garbanzos, porotos, lentejas. Ésta era una de las razones de que José bajara de peso.

"Había tenido también, sumada a la grave tensión nerviosa que existía en la isla, un trabajo pesado al que ninguno estaba acostumbrado, como el hecho de cortar árboles con un viento que va a más de 100 kilómetros por hora y cuya peligrosidad hace que este tipo de oficios, tanto en la isla como en Punta Arenas, sean de alta especialización y muy bien remunerados. La gente estaba en una tensión nerviosa constante, el trabajo era pesado, tenían que cargar piedras y crear murallones en lo que iba a ser la cancha de aterrizaje, trabajo pesado porque tenían que construir los propios barracones donde tenían que dormir, trabajo pesado porque tenían que hacer desde las letrinas hasta las duchas, porque desgraciadamente la gente que estaba en la isla era gente acostumbrada a ciertos sistemas de aseo y no podía vivir en un medio donde no se les permitía ducharse.

"Fue iniciativa de ellos construirse unas duchas, muy primarias, con tarros que eran previamente picoteados con unos clavos. Todos esos trabajos, junto con su peligrosidad, junto con el vejamen que constituye el hecho de hacerlos con un oficial o un suboficial metralleta en mano, obligándolos a cantar canciones como *Lilli Marlene*, y otras con letras adecuadas, inventadas por ellos. Este tipo de vejámenes iba royendo internamente a cada uno de esos seres humanos que estaban allí, que desconocían su suerte, que desconocían cuáles eran las alternativas de su proceso, qué tipo de procesos se les haría, qué tenían, cuándo empezarían los procesos, cuándo terminaría la pesadilla. Todo ello fue, como digo, royendo, royendo internamente a cada uno. A algunos físicamente más delgados, como José, se les presentaron problemas más rápidamente".

Los 30 segundos de despedida

"Al término de los cuatro días, el 22 de diciembre, dejé de ver a José. Nos despedimos luego que el oficial, en tono de irónica generosidad, nos dijo: 'Tienen 30 segundos para despedirse'. Fueron quizá los únicos 30 segundos que tuve en real soledad con José. Nos miramos, nos dimos un beso y yo le dije: 'Hay mucha gente que se está moviendo por ti, gente que realmente tú no crees. Existe un espíritu solidario. Tú, yo sé que no lo puedes entender desde el hospital o desde la isla. Diles que a mí no me ha faltado nada, que he sentido, por primera vez en mucho tiempo, renacer la esperanza en los seres humanos que me rodean. Pienso que saldrás pronto'.

"Terminó el tiempo y el oficial que mira sonriendo y me dice: '¿Usted tendría el gusto de ver a don Daniel Vergara?'. Le contesté que realmente para mí sería un gusto. Me preguntó si yo era amiga de él. Le contesté que sí, desde hacía muchos años y, aunque no lo fuera, 'quiero que sepa que la gente que está en la isla, aunque no los conozca a todos, son todos mis amigos'. Vi a Daniel Vergara, sólido como siempre. Me dijo: 'Dile a mi mujer que estoy bien, que no se preocupe, que no he muerto, que lo que dice la prensa es mentira'. José me miró y me dijo: 'La prensa es despiadada'. 'Sí —le dije—, la prensa es despiadada'. Lo que no podía decirles es que la prensa estaba controlada y que entonces no era justamente la prensa despiadada. Terminó la reunión y nos fuimos.

"El 24 de diciembre me embarqué hacia Santiago para pasar la Navidad junto a mis hijos. Al llegar a Santiago esa misma noche, luego de entregarles los pequeños regalos a mis hijos, escribí una larga carta al almirante Carvajal. Le expliqué la situación en que encontré a José, su estado anímico, su estado físico, la peligrosidad que constituía que José, en esas condiciones, fuera retenido en la isla. Una persona que mide 1.95 de estatura, cuyo peso normal son 76 kilos, que había perdido más de 10, es blanco de cualquier tipo de microbios o algo más grave. Esta carta fue llevada el 26 de diciembre al almirante Carvajal. Se la dejé con su ayudante Castro, de la Fach. Me dijo que se la haría llegar ese mismo día y que una vez que el almirante la leyera me iba a recibir en audiencia privada. Le dejé mi teléfono y le dije que esperaría su llamado.

"No me contestó la llamada, pero insistí varias veces con el comandante Castro. Le dije que había solicitado al general Torres de la Cruz que me entregara los certificados médicos de los análisis hechos a José. El general me había contestado afirmativamente que me serían entregados, pero que luego habían decidido trasladarlos al Ministerio de la Defensa. El comandante Castro me dijo: 'Ya no se los vamos a entregar, señora, porque esos análisis se los vamos a hacer llegar al director del Hospital Militar para que sea él quien opine si efectivamente es necesario que su marido sea trasladado a Santiago para nuevos exámenes médicos'".

"No sé si podría caminar"

"Pasó el tiempo. Llamé nuevamente. El comandante Castro me dijo: 'Estamos en la espera del informe médico del director del hospital, doctor Patricio Silva'. Para ese entonces llegó a Santiago Aniceto Rodríguez. Habló largamente con el general Arellano. Le hizo saber la peligrosidad de la situación en que se encontraba José, que su salud era sumamente delicada, al igual que la salud de Osvaldo Puccio y de Edgardo Enríquez. Le dijo que era gravísimo que ellos siguieran en la isla, que de ser así en cualquier momento podrían morirse, que estaban mal alimentados, que no digerían. Que los problemas cardiacos de Puccio y de Enríquez hacían temer por sus vidas. Que José adelgazaba cada día más, que estaba en 54 kilos, que con su 1.95 apenas podía moverse.

"Parece que algo de lo que le dijo Aniceto Rodríguez conmovió al general Arellano. Tampoco sé si realmente fue así o si realmente fue un informe médico emitido por el doctor Silva cuando conoció el estado de salud de José. No lo supe. Pero el 1 de febrero se me avisó que José había sido traído al Hospital Militar de Santiago.

"Hablando con el comandante Castro, me indicó que el sábado 2 estaba autorizada mi suegra para ver a José. Fue una visita corta, de 10 minutos. Yo esperaba afuera de la puerta. Sentía la voz de José, que hablaba fuerte. Le decía a su madre que estaba bien, que se repondría, que el comandante Feley le había dicho en la isla que tanto él como Pulido serían posteriormente enviados a sus casas, luego del reconocimiento médico que era necesario hacerles.

"Mi suegra salió desfigurada por la angustia. Me dijo que estaba muy delgado, muy muy delgado. 'No sé realmente si podrá caminar en el estado en que viene'. Yo no podía imaginarme a José más delgado de lo que lo había visto en Punta Arenas. No se me informó mucho sobre el peso que traía José. Las informaciones eran contradictorias. La que decían los enfermeros era un peso, la que decía el director del hospital era otro peso. No sé si eran 54 kilos o 50 los que pesaba José cuando llegó de la isla.

"El sábado, como no pude ver a José, aproveché que el director del hospital acompañaba a mi suegra en la visita para preguntarle si el 6 de febrero, día en que José cumplía sus 48 años, podía ir toda la familia, con los niños, a hacerle una visita en la tarde. Me contestó que él pensaba que no habría problema, pero que lo averiguaría. 'En todo caso —me dijo— usted puede venir el lunes a hacerle una visita sola'. Fui. Estuve 15 minutos con José. Estaba sentado en su cama y cuando me vio entrar se sobrepuso. Tenía una bata puesta y avanzó afirmándose entre el mueble que sujetaba el televisor que le había hecho llevar el sábado y una silla que había cerca de él. Los ojos los llevaba chicos, la vista como agudizada para tratar de distinguir el bulto. Estaba yo a sólo seis metros de él y me dio la impresión de que le costaba distinguirme. Efectivamente, José había perdido parte de la visión".

La conversación con los niños

"Lo abracé, le toqué las manos y le dije: 'Estamos llegando al final del camino. Cuando salgas de aquí nos iremos a la casa y allí pensaremos qué vamos a hacer. ¿Te gustaría salir de Chile?', le pregunté. 'Si no es absolutamente necesario preferiría quedarme aquí con los niños. Creo que mi lugar está aquí. No tengo nada que temer. Lo único que quisiera es una investigación pública tanto de mi vida privada como de mi vida de político. No tengo nada de que avergonzarme, al contrario. Si tengo responsabilidad política, de ella estoy orgulloso y me gustaría que lo supiera todo el mundo. Estoy orgulloso de haber trabajado al lado del presidente Allende'.

"Yo sabía que era así, no tenía para qué decímelo. Realmente los 15 minutos que nos dieron pasaron volando. Le contesté que estábamos autorizados para el 6, que nos veríamos con los niños. Me preguntó con mucha ansiedad por ellos. Los niños míos, que son muy chicos, uno tiene cinco y medio y la otra ocho años, eran muy regalones de José. Y yo sabía que el impacto iba a ser muy fuerte cuando los viera. Por eso preferí llevarlos en el momento de su cumpleaños, en que habría otra gente, sus hermanas y cuñadas. Además, tendría oportunidad de conocer a su sobrino chico, el único hijo de su hermano Jaime.

"El sábado por la mañana llegué al hospital con una tarjetita hecha por los niños y con un pedazo de torta. Había una gran movilización, gran cantidad de militares se deslizaban por el pasillo, gente con metralleta. Hacía mucho tiempo que no veía eso en el Hospital Militar. Avancé hasta el pasillo donde estaba José. En el tercer piso un oficial me interceptó y me dijo: '¿Qué lleva allí?'. 'Es una torta', le dije. 'Ésa tiene que revisarla Seguridad'. Se acercó uno de los suboficiales que atendían a los detenidos enfermos y me dijo: 'Señora, yo se la hago pasar'. 'Dígale que estoy aquí', le pedí. 'Ahora no se puede —dijo—, porque está saliendo Calderón'.

"Lo miré y, efectivamente, desde una de las piezas del hospital avanzaba lentamente el exministro de Agricultura, Calderón. Me sonrió levemente, me hizo seña con la mano y entremedio de gendarmes lo vi avanzar por el pasillo. Me fui a mi casa. Preparé a los niños y a las seis de la tarde volví al hospital".

"Los sacaron esta mañana, se fue"

"Mi suegra ya había llegado, estaban sus dos hermanas y una niñita con su niño chico, una sobrina, los niños y yo. Tengo todavía grabada en mi retina la mirada de José cuando se encontró con Carolina y José, en la puerta de la pieza. Él estaba en cama. Se le veía contento. Sus ojos lo decían, había lágrimas. Los niños saltaron en la cama y se sentó uno a cada lado de él, le preguntaron cosas. José les contestó que había estado lejos, en una isla en el sur de Chile. Lo niños se atropellaron para decirle: 'Sí, nosotros sabemos de la isla que tú compraste para la Armada'. 'Sí, hijo, allí estuve con varios tíos de ustedes'. 'Sí —dijeron los niños—, nosotros sabemos'. José hizo una mueca, no agregó nada.

"Estaban los niños de Jorquera, agregado de prensa, estaba la mayor parte de los padres de los amigos de mis hijos. Conversaban atropelladamente, comían torta, no se sí consciente o inconscientemente. Estuvimos una hora con él, compartimos la torta, hablamos de temas varios. Creo que José había recuperado algo de peso en los cinco días que llevaba en Santiago. Se le veía más animado, sus reacciones eran más alegres, se le veía como que iba superando el grado de depresión que traía desde la isla.

"Pasaron dos o tres días antes de que lo volviera a ver mi suegra. Pero las reuniones eran muy cortas, poco o nada se podía hablar. Un día, un viernes, 15 o 16 de febrero, llegué con mi hijo chico, José, a ver a mi marido. En la puerta me esperaba un sargento. 'Señora —me dijo—, su marido ya no está aquí'. 'Pero ¿cómo no va a estar aquí?, si está enfermo'. 'Fue requerido, lo sacaron esta mañana, se fue'. 'Pero ¿cómo que se fue?'. 'Bueno —dijo—, él había recuperado peso desde que llegó al hospital'.

"Alarmada, me fui hasta mi casa, tomé el teléfono y llamé a la Guarnición de Santiago. Contestó el coronel Ibáñez. 'Coronel —le dije—, ¿dónde está mi marido? Fue sacado del Hospital Militar y no sé dónde está. Me da la impresión de que está en la Fach'. Dije aquello no sé por qué, no sé por qué se me ocurrió que estaba en la Fach. Tal vez porque toda la gente que había sido detenida se decía que estaba en la Fach. 'No sé de qué se trata. Voy a averiguarlo'. A la media hora se comunicó conmigo: 'Señora, su marido fue trasladado del Hospital Militar al hospital de la Fach, donde seguirá con la atención médica, pero donde será sometido a un breve interrogatorio por el coronel Otaíza, el fiscal de la causa intitulada Bachelet y otros'.

"Le pregunté dónde podía ubicar al coronel Otaíza. Me dio el teléfono. 'Puede ubicarlo mañana a las 10 a. m.', o sea, el 16 de febrero. Me aseguró que mantendría el mismo horario de visitas. 'No se preocupe; esta vez, en lugar de ser el Hospital Militar será el hospital de la Fach'".

"No le puedo dar mayores antecedentes"

"Al día siguiente, a las 10, llamé al coronel Otaíza. No estaba, pero una persona que me atendió al teléfono me dijo: 'Yo creo que da lo mismo que hable con su ayudante'. Hablé con un señor de apellido Crusat. Le dije que era la señora de Tohá, que mi marido estaba detenido en el hospital de la Fach y que a todo esto yo no sabía si el coronel Otaíza era su médico o no. 'Aquí no está —me dijo— y que yo sepa su marido no está siendo interrogado'. Le contesté lo que había escuchado el día anterior y que la información que tenía por el coronel Ibáñez era de que el coronel Otaíza lo tenía en interrogatorio en el Hospital Militar.

"Me contestó: 'Señora, su marido ocupó cargos muy importantes, así que de estar sometido a interrogatorio será por muchos meses. Pero no tenga preocupación, porque dado su estado no va a ser apremiado físicamente'. Me alarmé. ¿Qué significaba eso? ¿Por qué el señor Crusat me decía que dado el estado físico de José no estaba siendo sometido a procedimientos físicos que lo obligaran a hablar de cosas que quizás supiera, quizás no? Pensé qué sería de aquella gente que no estaba en la situación de salud de José. Se lo hice saber. Me dijo: 'Hable usted con el fiscal'. Lo llamé a la 1 p. m., cuando ubiqué al coronel Otaíza.

"'Efectivamente, su marido fue trasladado ayer al hospital de la Fach con autorización de los médicos de cabecera para que fuera interrogado en el recinto hospitalario. Pero yo lo hice revisar por mis propios médicos y autorizaron que lo retirara del hospital'. '¿Dónde lo tiene?', le pregunté yo. 'No le puedo decir, señora, pero llámeme el martes de la próxima semana, a lo mejor le tengo novedades. Su marido está bien tratado y tiene a su cabecera una enfermera día y noche'. 'Eso significa —le contesté— que no está bien'. 'Señora, llámeme el martes, no le puedo dar mayores antecedentes'.

"De más está explicar cómo fue el resto de ese sábado y ese domingo sin saber realmente en qué situación estaba José, ni por qué era interrogado. Había preguntado al señor Crusat si el señor que era fiscal de la causa 'Bachelet y otros' era abogado. El señor Crusat me contestó: 'No, no es abogado'. A mi vez me pregunté y se lo pregunté a él: '¿Cómo una persona que no es abogado puede ser fiscal de una causa?'. Me contestó: 'Estamos en tiempo de guerra'.

"Pero yo recordaba que el general Bonilla, en uno de los comunicados de los primeros días de septiembre, había manifestado que la gente detenida durante el 11 sería juzgada por tribunales ordinarios y de tiempos de paz. No podía entender entonces por qué tribunales de guerra presididos por una persona que no era más que un fiscal *ad hoc* y no un abogado podía ser, en este momento, la persona que interrogaba a José por delitos comunes. Fue una interrogante que me costó mucho tiempo dilucidar".

"Estoy esperando las instrucciones"

"El lunes a primera hora, a las 10, en que abren el Ministerio de la Defensa Nacional, fui a hablar con el coronel Ibáñez. Le conté mi diálogo con el señor Crusat y con el coronel Otaíza. Le manifesté lo grave que era que a José, sin autorización médica, lo hubieran trasladado del Hospital Militar para someterlo a interrogatorios y a una comunicación que obligadamente lo tendría en tensión nerviosa con repercusiones para su salud y nueva baja de peso. Me dijo el coronel Ibáñez: 'No se preocupe, señora, voy a hablar con el general Arellano y veremos qué se puede hacer'. Esa tarde, a las siete, llamé nuevamente al coronel Ibáñez. Le manifesté mi inquietud. 'Señora, su marido en estos momentos va a ser trasladado de la Fiscalía de la Fach al Hospital Militar'. '¿Quiere decir entonces —pregunté— que esa fiscalía que se compró durante la gestión de José para la Fuerza Aérea de Chile va a ser su segunda cárcel?'.

"No me contestó el coronel Ibáñez, pero él sabía, igual que yo, que ese lugar que se llama Academia de Guerra había sido adquirido de las monjas de Villa María Academy durante la gestión de José en el Ministerio de Defensa. Seguían las ironías del destino. La segunda cárcel de Pepe también había sido adquirida por él.

"Usted tiene que ponerse mañana en comunicación con el director del hospital, el doctor Yupanqui. Él la autorizará para las visitas que usted mantenía hasta el viernes pasado con su marido. Podrá seguirlo viendo, igual que sus hijos, igual que su suegra'. El martes temprano fui a hablar con el doctor Yupanqui. Me dijo que, efectivamente, ésas eran las instrucciones que él tenía, pero que eran verbales, que estaba esperando la resolución por escrito del fiscal Otaíza. 'Pero esta autorización viene del jefe de plaza de Santiago', le dije. 'Lo siento mucho, señora —me contestó—, pero su marido está a cargo de la Fach y estoy esperando instrucciones. Creo que mañana podremos lograrlas'.

"Pero quiero volver hacia atrás. El martes, en medio de mi desesperación, tomé el teléfono y llamé al coronel ayudante del general Pinochet, al coronel Moral. Le dije: 'Coronel, yo desde septiembre no hablo con el general Pinochet. Quisiera que le dijera en mi nombre que tengo urgencia de comunicarme'. Me dijo: 'Señora, las audiencias están interrumpidas. Estamos preparando su viaje a Brasil'. Le contesté: 'Dígale que es urgente'. Me dijo: 'Yo le avisaré'".

"En una cama, desnudo, los brazos abiertos", el cadáver de Tohá[*]

Esta es la parte final del relato que la viuda de José Tohá hizo a Julio Scherer García acerca de las circunstancias que condujeron a la muerte al exministro y exvicepresidente de Chile. La señora Tohá, con sus hijos Carolina y José, se encuentra ya en México.

Hermosa en el dolor, continúa su relato la señora de Tohá. Ni busca las palabras ni remueve los sentimientos. Cuenta igual que si viera con los ojos cuajados de lágrimas:

"Al día siguiente, a las ocho de la mañana, me llamó el coronel Moral y me dijo: 'Señora, usted tiene audiencia hoy día, a las cinco de la tarde, con el general Pinochet'. Se abría una nueva puerta de esperanza. Yo quería seguir pensando que el general Pinochet, que yo recordaba como un amigo de nuestra casa, como un amigo de José y como amigo mío, al igual que su mujer Lucía, sería el mismo general que había conocido tiempo atrás.

"A las cinco llegué a la UNCTAD. Hacía siete meses que no entraba en ese local que había sido mi lugar de trabajo durante más de un año. Allí funcionaba la Secretaría Nacional de la Mujer, donde junto a otras mujeres elaboramos infinidad de programas destinados a la trabajadora, a la campesina, a la proletaria. Ya no era el mismo local: había alfombras, cortinajes. Ninguno de esos lujos tuvimos nosotros. Subí en el ascensor, acompañada de un carabinero, hasta el piso donde estaba el general Magliocchetti. Me acerqué a él y le dije: '¿Tú me acompañarías a la reunión?'. Me contestó: 'Yo te dejo hasta la puerta'. Le avisó al ayudante del general Pinochet que yo estaba en el piso anterior, en el 23. 'Cuando se desocupe el general Pinochet dile que está aquí la señora de Tohá para que ella suba'.

---

[*] *Excélsior,* 21 de mayo de 1974

"A los 15 minutos me llamaron. El general Magliocchetti me fue a dejar hasta la puerta del presidente de la junta de gobierno. Allí me esperaba Augusto. Su aspecto era amable, me hizo pasar hasta una sala. Me dijo: 'Señora, ¿qué se le ofrece?'. 'Perdóneme —le contesté—, no vengo a hablar con el presidente de la junta de gobierno, vengo a hablar con Augusto Pinochet, a quien conozco desde hace tanto tiempo. Vengo a pedirte que me devuelvas a mi marido inmediatamente. Quiero que me lo devuelvas porque está mal, porque está en el Hospital Militar, porque ha habido problemas, porque ha sido sacado del recinto hospitalario sin autorización médica. Cualquier cosa que le pase en este momento puede ser gravísima. Necesito verlo, quiero estar con él. Quiero que me lo devuelvan'.

"Me dijo: 'No me puedes pedir eso. Eso no lo puedo hacer yo. Seguramente la Fach tendrá algún cargo contra tu marido. Tú tienes que agradecerme a mí que tu marido haya sido trasladado al Hospital de Punta Arenas por determinación mía y luego al Hospital de Santiago, también por determinación mía. Tienes que agradecerme, Moy, que me hayas pedido una audiencia y en menos de 12 horas te haya sido concedida. Tienes que pensar la cantidad de gente que me ha esperado durante meses para que yo la recibiera'.

"Lo miré con extrañeza. Le dije: 'Tú nunca tuviste que pedir audiencia para llegar hasta mi casa. Siempre llegaste y fuiste bien recibido. Fuimos amables con ustedes, los sentíamos nuestros amigos'":

"¿Por qué gritas tanto, Augusto?"

"Se paseaba de un lado a otro del salón. 'Yo no me comprometo a nada —me decía—. Sí, Tohá fue amable conmigo, tú también'. Entremedio gritaba. Decía cosas como que la Tencha iba ser declarada apátrida y cosas por el estilo. Tomaba mucha agua, gritaba muy fuerte. De repente, le dije: '¿Por qué gritas tanto? Hace ya mucho tiempo que no te puedo oír ni en TV, gritas demasiado'. Me contestó: 'Eres igual a mi mujer, me dice que grito el día entero. Pero yo ya soy viejo y sigo gritando, no puedo cambiar'. Le dije: 'Hace seis meses eras igualmente viejo que ahora, pero eras un viejo simpático, ahora eres un viejo gritón'. Me miró y me sonrió. Me recordó un poco al antiguo general Pinochet.

"Le pregunté qué pasaba con Clodomiro Almeyda. 'Está bien', me dijo. 'No sé si está bien —le dije—, sé que fue sacado del Tacna y que está desaparecido'. 'Está bien —insistió—, tú no eres su mujer, no tienes por qué preguntar por él'.

"Seguían avanzando los minutos, seguía tratando de explicarle la situación de José. 'Si hago algo —me dijo—, lo voy a hacer por ese niño chico, que merece un padre'. Le contesté: 'De ese niño chico me encargo yo, que soy su madre. Si tú haces algo será porque reconoces en José un ser humano maravilloso, un ser humano a quien tú tanto conociste. Si haces algo va a ser porque le tienes respeto, por su trayectoria política y privada. Si haces algo es porque estoy cierta de que nos tienes todavía afecto'. No me dijo nada, pero me miró con extrañeza. Seguía paseándose y seguía hablando. 'No puedo hacer nada, no me comprometo a nada'. Al final, como no avanzábamos en nuestra conversación, le dije que me iba. Me contestó: 'Mira, lo único que puedo hacer es apurar el proceso. Voy a hablar con el fiscal para que tengas facilidades y puedas ver a tu marido'.

"La verdad de las cosas es que ya a estas alturas del proceso yo no tenía confianza. Había tenido tantas desilusiones, había visto que esto de que los generales no mienten es también una utopía. Me despedí de él. Fue afectuoso. Pero lo cierto es que tenía la impresión de que no lo volvería a ver nunca más. Me fui. Pasé por la oficina de Magliocchetti y bajamos por el ascensor. Le pregunté: '¿Es efectivo que el fiscal de la causa Bachelet y otros era adiestrador de perros antes de ser fiscal de la causa?'. Me miró, se rio y me dijo: 'Los tribunales militares pueden ser presididos por cualquier militar'. Le pregunté: '¿Es efectivo o no que el coronel Otaíza adiestraba perros antes de ser fiscal de la causa?'. 'Sí —me dijo—, entre otras cosas también adiestraba perros'. Allí supe que todo ese cominillo que se hablaba en los pasillos de la UNCTAD y en las calles de Santiago era efectivo: el fiscal Otaíza había sido adiestrador de perros antes de interrogador de ministros".

El proceso sin cargos

"Al día siguiente de mi reunión con el general Pinochet me dirigí a hablar con el abogado. Le expliqué lo que había ocurrido. En la oficina del abogado Etcheverry me encontré con la señora del general Bachelet. Me dijo: '¿Fuiste a hablar con el general Berdichevsky?'. 'No —le contesté—. ¿Qué tiene que ver en esto?'. 'Es el juez de la causa'. '¿De qué causa, de la causa en que está siendo interrogado tu marido, la causa Bachelet y otros?'.

"Yo a Berdichevsky lo había conocido mucho. Era un general de la Fach que había sido a su vez agregado militar en Moscú. Recuerdo que

502

cuando José entregó la isla Dawson a la Armada Nacional, el general Berdichevsky estaba a cargo de la base aérea de Punta Arenas. Había visto muchas fotografías de José con él. Ese mismo día, en la tarde, lo llamé por teléfono y le pregunté si le sería posible recibirme. 'Véngase para acá inmediatamente —me dijo—, no tengo ningún problema'. Le conté toda la historia que le acabo de narrar a usted, paso por paso. 'Qué raro que esté siendo interrogado su marido —me dijo—; yo he leído el proceso y no hay ningún cargo en su contra'. 'Así es —le respondí—, yo también conozco ese proceso, es un proceso cerrado, que se cerró en el mes de enero y los antecedentes de él están en conocimiento de mi abogado, dado que muchos militares juzgados en esa causa son también defendidos por el abogado de José'. 'Claro —me dijo—, es efectivo. Voy a llamar inmediatamente al coronel Otaíza y le voy a preguntar en qué situación está su marido'.

"En mi presencia tomó el teléfono y llamó al coronel Otaíza. Le hizo ver que a José había que darle la oportunidad de que mejorara de salud antes de empezar los interrogatorios, que era positivo para José que estuviera en contacto con su familia, al menos con su mujer y sus hijos. Otaíza le comunicó que sería levantada en cinco días la incomunicación. Me dijo Berdichevsky: 'Moy, en cinco días más a su marido se le dejará de interrogar. Usted comprenderá que este procedimiento hay que seguirlo porque ha sido aludido en algunas partes del proceso. Nada comprometedor, por cierto, porque la verdadera causa o proceso por el que van a ser juzgados los ministros del gobierno de la Unidad Popular es un proceso que afortunadamente no está a mi cargo. No me gusta ser juez de nadie'.

"Me impresionaron sus palabras o me dieron buena impresión o necesitaba tener buena impresión de alguien o necesitaba creer en algo, no sé. Pero le creí también. Pasaron los cinco días, al cabo de los cuales llamé por teléfono al coronel Otaíza y le dije que prescindía yo de la audiencia o de la posibilidad de ver a José al cabo de esos cinco días en que se levantaría la incomunicación. Le dije que me importaba mucho que José viera a su hermano médico, Isidoro, que también estaba en problemas, dado que había sido incomunicado durante 15 días y dos veces había estado en prisión, y que había sido autorizado por la Fiscalía de Chillán para visitar a su hermano en Santiago. Por ser médico, por ser el jefe de la familia visible que aún existía, ya que los demás estaban todos presos, quería que José lo viera.

"Me dijo que no había problema, que ese jueves 28 fuera mi cuñado hasta la fiscalía a buscarlo y que él lo acompañaría personalmente al Hospital Militar. Mi cuñado vio a José ese día por 20 minutos. José le dijo:

'Yo creo que es preferible que, si me van a ejecutar, lo hagan pronto'. Isidoro se rio. '¿Y por qué te van a ejecutar?'. 'Aquí me dicen o me han dicho, no me acuerdo realmente en qué tiempo se conjugó el verbo, que me van a ejecutar por asesino y por ladrón'.

"Quedé muy impresionada por el relato de mi cuñado cuando repitió las palabras textuales de José. ¿Asesino? ¿José, asesino? ¿Cómo iba a ser asesino José si nunca había matado a nadie, si nunca había deseado la muerte de nadie? ¿Cómo iba a ser ladrón si no teníamos casa propia, no teníamos auto, no teníamos cuenta corriente? Todo era paradojal. Se necesitaba estar muy enfermo para repetir semejante barbaridad. Se necesitaba estar muy enfermo para que una persona pudiera meter en la cabeza de otro ser humano semejante barbaridad.

"Trató Isidoro de hacerle entender, de explicarle que todos esos procedimientos eran en términos generales, que no había nada concreto en su contra, que habíamos visto el proceso, que nuestro abogado conocía los antecedentes del mismo, que yo había hablado con el general Berdichevsky y con el general Pinochet y que no había sido tarde. Lo que ocurrió en la Academia de la Fach no lo sé. Pero lo único que puedo explicarme es que en ese momento lo que José Tohá le dijo a su hermano nada tenía que ver con [lo dicho por] el José Tohá que yo había visto tres semanas antes.

"Al cabo de 20 minutos entró el coronel Otaíza a la pieza y le dijo a mi marido: 'Don José, usted sabe que es muy molesto seguir interrogándolo por escrito, pero nosotros tenemos que cumplir con el deber'. A lo que José contestó, delante de mi cuñado: 'Yo no tengo ningún problema con responder a ningún tipo de acusación de orden político, vuelvo a insistirle, coronel. Soy responsable políticamente de muchas cosas y estoy orgulloso de ser responsable de cosas políticas del gobierno de la Unidad Popular'. El coronel le dijo: 'Le dejo cuatro puntos para que los desarrolle y yo los hago recoger mañana'. 'No tengo problema', contestó José. Pero, mirando a su hermano, le dijo a éste: 'Si quieres, sales de la pieza. Se me ocurre que el coronel quiere hablar en privado conmigo'. Isidoro se despidió de José y fue la última vez que lo vio. Lo fuimos a dejar al tren y regresó a Chillán".

"Mi alarma era gravísima"

"Después de hablar con el general Berdichevsky, la madre de José fue un día hasta el hospital y conversó con una de las personas de la guardia que cuidaba a los enfermos y le preguntó si José necesitaría algo. Le contestó:

'No tiene cigarrillos'. La madre de José le compró cigarrillos y los dejó allí, pero al llegar de vuelta vio que un señor gordo con delantal blanco salía de la pieza de José. Le dijo: 'Soy la madre de José Tohá. ¿Quién es usted?'. Le contestó: 'Soy el psiquiatra, estoy atendiendo a su hijo'. Alarmada, mi suegra le preguntó: '¿Por qué está José con psiquiatra?'. 'Tiene una neurosis depresiva'.

"Es bastante serio que una persona con neurosis depresiva sea interrogada e incomunicada. Pero mi suegra no le dijo nada al médico, sino que me llamó por teléfono y me dijo: 'Moy, vengo llegando del hospital y hay un psiquiatra atendiendo a José'. Ella es una señora de edad, yo no podía decirle nada, pero tomé el teléfono y llamé al coronel Ibáñez. Le dije: 'Coronel, ocurre lo siguiente: José, contrario a todas las instrucciones, contrario a todos los veredictos del general Berdichevsky, sigue incomunicado, sigue siendo interrogado, y en esta oportunidad ya lo encuentro muchísimo más grave, porque hay un psiquiatra atendiéndolo. No puede ser que una persona que tiene neurosis depresiva esté siendo interrogada en las circunstancias de José, con la debilidad física manifiesta. No se puede aprovechar la debilidad física de una persona para hacerle un interrogatorio'.

"Le dije también: 'Usted no se da cuenta, coronel, a José lo están matando'. 'Señora —me contestó—, voy a ver qué es lo que puedo hacer. La llamo luego por teléfono'. No me llamó por teléfono. Yo hablé nuevamente con el general Berdichevsky. Ya mi alarma era gravísima. Le dije: 'Usted tiene que ayudarme, hacer algo, tiene que ver qué se puede hacer'. Me respondió: 'No se preocupe, Moy, voy a hablar con Otaíza'. 'Pero yo ya estoy aburrida. Usted me dice que se le va a levantar la incomunicación en tres o cuatro días más, la incomunicación no se levanta. La única oportunidad que ha tenido José de ver a un familiar fue aquel jueves en que estuvo 20 minutos con su hermano. Lo encontró mal, su hermano es médico. Comprenderá, general, que ustedes no pueden pretender un juicio justo si José está en ese estado de salud y así es interrogado. No se reúnen ni las circunstancias ni las posibilidades físicas para que pueda defenderse'. 'Voy a ver qué se puede hacer, voy a hablar con Otaíza'".

"Tienes que pensar en los niños"

"Pero ya veía al general Berdichevsky en un carácter distinto. Ya no era el hombre tan amable. No me llamó por teléfono, pero yo seguí insistiendo, seguí llamando a Ibáñez, aunque me decía que ya no tenía nada más que hacer. Y seguí llamando a Berdichevsky hasta que me dijo: 'Usted va a poder ver el sábado a su marido y queda levantada la incomunicación definitivamente'. Ya no creí, definitivamente ya no creí. Ya no podía creer más. Sin embargo, ese sábado vi a José, estuve una hora con él. Me paré en la puerta y lo miré.

"Estaba tendido en su cama, se le veía muy débil. Me dijo: 'Me van a juzgar por ladrón y por asesino'. Traté de festinar el asunto, a pesar de que lo encontré muy mal. Le dije: 'Cómo no te van a procesar por asesino y por ladrón, mira la cantidad de gente que mataste, mira lo ricos que somos'. Yo sabía que no teníamos un escudo. Me dijo: 'Ellos vienen para acá'. No sé quiénes eran 'ellos'. Me dijo: 'Ellos vienen para acá y a los pies de mi cama se mofan de mí y hacen escarnio de mi indefensión'. Le dije: 'Mira, flaco, ellos están logrando lo que querían, están quebrándote. Solamente necesitan eso. Ninguna acusación seria se le puede hacer a una persona que está enferma, como tú lo estás. Nada serio puede haber si lo que están diciendo es que eres asesino y ladrón. Yo me quedaría tranquila. Sé que es difícil lo que pido, pero tienes que pensar en los niños, tienes que pensar en lo que he luchado yo estos siete meses por lograr que te trasladaran a Santiago. Tienes que ayudarme, si no, no tiene ninguna razón toda esta lucha que se ha dado, todas estas conversaciones interminables con tanto general, con tanto coronel. ¿Para qué todo si a ti te va a convencer el coronel Otaíza? ¿Quién es el coronel Otaíza? Supongo que valdrá más la opinión de un general Berdichevsky o la de un general Arellano'".

"Lo miré por última vez"

"Entonces me contestó con esa generosidad que era tan propia de su carácter: 'El coronel Otaíza no tiene la culpa, él no es letrado'. No había ironía en sus palabras. Pero yo tenía mucha rabia. Naturalmente el coronel Otaíza no era letrado, él se dedicaba a adiestrar perros, él no sabía por qué las leyes del mundo entero solamente permiten cinco días de incomunicación y José, en el estado de salud en que se encontraba, ya llevaba más de cuatro semanas de incomunicación.

"Pero yo no se lo podía decir a él. Era decirle: están abusando de tu debilidad, estás muy mal, estás muy enfermo. Tienes que superar psíquicamente todo el enorme problema físico que tienes. Estás débil, pero no estás enfermo. Es un problema que tienes que superar, me tienes que ayudar. Pero era difícil hablar de aquellas cosas con un oficial al frente metralleta en mano.

"Me tendí en la cama, hice que su cabeza reposara en mi hombro, le hice cariños en la cabeza. Me reí, le hablé de las cosas de los niños. Realmente estaba mal, físicamente mal. Le hacía cariños en la cabeza y él me besaba una mano y miraba incesantemente la hora, minuto a minuto. No sé si realmente me escuchaba o solamente miraba los minutos que faltaban para separarnos. No sé si él sabía que ya nunca más nos volveríamos a ver. "Fue una hora corta. Nos dijimos muchas cosas que no recuerdo. Al cabo de eso me levanté y me puse la chaqueta para partir. Le tomé la mano y me la apretaba fuertemente, fuertemente, era la única expresión de fuerza que había en su cuerpo, su cabeza seguía descansando en la almohada, su mirada era profunda y sumamente triste. Le dije: 'Te veré, yo sé que hoy día te levantan la incomunicación'. Realmente no lo sabía. Me lo había dicho el general Berdichevsky, pero ya no creía en esas cosas. Le dije: 'Te veré; martes o miércoles te veo. De todas maneras, te veo'.

"Nos despedimos, lo miré por última vez y avancé por el pasillo. Me encontré con uno de los que cuidaban allí, un suboficial y le dije: 'Cuídelo, no lo noto bien'. 'Tiene una depresión, pero está bien físicamente. Si lo hubiese visto usted unas semanas atrás...'. Avancé por el pasillo y me fui.

"El lunes fue de gran agitación. Traté de ver nuevamente qué había pasado con la incomunicación de José, pero ya no estaban ni el coronel Ibáñez ni el general Berdichevsky. Las cosas se hacían cada vez más difíciles. El martes había quedado de mandarle a José un pijama y una toalla, pero en la mañana, cuando me encontraba en la oficina de mi abogado, llegó alarmado otro de los miembros del grupo patrocinado por Etcheverri y me dijo: '¿Supiste que murió Bachelet?'.

"Me desesperé. La verdad es que nosotros no teníamos una amistad de mucho tiempo con el general Bachelet. Lo había conocido como había conocido a los demás generales de la Fach. Pero era un hombre simpático, agradable. Trabajaba en la Secretaría de Abastecimiento, tres pisos más arriba de la oficina en que trabajaba yo en la UNCTAD. Lo veía continuamente en las horas del almuerzo, trabajaba sin descanso por darle de comer al pueblo. Lo vi realmente motivado por su tarea. Sentía respeto por él. Me impactó la noticia de su muerte".

Los generales y coroneles sabían

"Me desesperé, salí a la calle. No sabía qué hacer, si ir al hospital, no sabía si José se había enterado o no, no sabía si la noticia la había escuchado a través de la TV, que a todo volumen escuchaba la gente de guardia afuera de su cuarto, y cómo le iba a afectar todo esto. Volví nuevamente a la oficina. Traté de llamar a unos amigos para que hicieran presente la gravedad de la situación. Salí de la oficina del abogado alrededor de las cuatro de la tarde. Compré un diario que sale a mediodía. En él, en forma destacada decían: 'Exvicepresidente de la República, grave en el Hospital Militar'. Leí la información ávidamente. Se refería a José. Decían que José estaba muy grave. Enloquecida fui al Hospital Militar y traté de comunicarme con el director.

"Hablé con él y le dije: '¿Qué opina de esta noticia? ¿Qué significa esto? ¿Qué pasa con José?'. 'Su marido está bien. Son informaciones de la prensa'. 'No puede ser que hoy, justamente el día que muere Bachelet, estén empezando a decir que José está grave'. Me contestó: 'Se va a reponer una vez que se levante la incomunicación'. 'Pero ustedes tienen que hacerlo presente —insistí—. Me dijeron que hay informes médicos que lo están pidiendo continuamente, lo que significa que los generales sabían el estado de salud en que estaba José'. Lo que yo había visto, también ellos lo sabían.

"Me fue a ver a la viuda del general Bachelet. No estaba en su casa. Me dijeron que estaba en la capilla del Ejército. Fui a verla. Allí me encontré con casi todas las señoras de Dawson que, en forma solidaria, tanto a la viuda de Bachelet como a Cecilia Bachelet de Miranda les presentaban su pésame. Estuve con ellas largas horas. No alcancé a ver a José, es decir, hacerme presente a los oficiales o gente que lo cuidaba. Pero llamé por teléfono a mi suegra y le dije a mi cuñada que llevara la toalla y el pijama que necesitaba. Dicen que José mandó decir que qué pasaba conmigo, que por qué no había ido. Naturalmente, ellas no le manifestaron que yo estaba en el funeral de Bachelet, porque no sabían si José estaba enterado o no.

"Al día siguiente, luego de ir a enterrar al general Bachelet, me fui hasta el hospital y le mandé a José una tarjeta, le dejé unas galletas, unas pastillas y un manjar. Me dijo el oficial: 'Está bien. No se preocupe. Es posible que se le levante la incomunicación'. Llamé por teléfono al general Berdichevsky y al coronel Ibáñez y a éste le dije: 'Coronel, después de lo que ha pasado con el general Bachelet, ¿supongo que tomarán alguna medida respecto a José?'. Me contestó el coronel Ibáñez: '¿Y qué pasó con el general Bachelet?'. 'Pero, coronel —le dije—, ¿cómo, no sabe usted que el general murió?'. '¿Cómo que murió? No tenía la menor idea'.

"Realmente no entendí, no entendí cómo el ayudante del jefe de la guarnición de Santiago pudiera desconocer que un general de la Fach había muerto y ya había sido enterrado. Le dije que quería ver a José, que estaba muy preocupada por su salud, que había informaciones de prensa muy serias respecto a la salud de José y seguían insistentemente saliendo, que yo había llamado a *La Tercera* y que me había contestado que esas informaciones que estaban saliendo respecto a la salud de José eran entregadas por la Secretaría General de Gobierno.

"El jueves me acerqué nuevamente hasta la suboficialía que cuidaba los enfermos del Hospital Militar. Me contestaron que José estaba bien. No hubo mayor información".

"Su marido ha muerto"

"Al día siguiente, viernes, almorcé con Isabel Margarita en mi casa, la señora de Orlando Letelier. Estaba tratando de ubicar al siquiatra para que me diera alguna información respecto de la salud de José cuando las líneas se cruzaron y me salió por teléfono al cuarto para las cinco de la tarde la voz de un coronel:

'¿Estoy hablando a la casa de don José Tohá?'. Le contesté que sí. 'Quiero hablar con la señora', me dijo. '¿Con quién hablo yo?', le contesté. 'Con el coronel Aguirre'. '¿Qué desea? Usted habla con la señora de Tohá'. 'Llamo por instrucciones del general Arellano, llamo para informarle que su marido ha muerto'.

"Lo que le dije, no lo recuerdo. Creo que manifesté que era una broma tétrica, que no podía creerlo. Me dijo: 'Venga para acá, señora, y le explicaremos'. Isabel Margarita, afortunadamente, tiene movilización y me llevó al Hospital Militar. Allí me fui a la oficina del director, en donde me esperaba este coronel, quien con la pipa en la mano me dijo: 'Vamos, señora, iremos hasta la pieza'. Avanzamos hasta el tercer piso, donde me atajó un oficial y me dijo que tenía que firmar un libro. Le contesté que no firmaba nada. El coronel, impertérrito con su pipa en la boca, me dijo: 'Pase por aquí, señora', y se dirigió en forma displicente al suboficial para decirle solamente: 'Está autorizada para entrar'.

"Yo veía que todo ese grupo de cabos, de sargentos, que siempre me habían dicho que confiara que José estaba bien, que las informaciones de prensa eran mentira, estaban arrinconados. Ninguno se acercó. Habían sido amables otrora conmigo. Hoy día estaban en un rincón. Avancé y entré a la pieza. Vi el cuerpo desnudo de José en una cama. Sus brazos abiertos, su mirada al cielo. Había sangre en su nariz. Los labios estaban cerrados y había placidez en su rostro. Una mirada casi dulce. No había nada macabro. Diría yo que era como una esfinge de mármol tendida.

"Le tomé la cara, le hice cariños, estaba frío, solamente detrás de las orejas había un poco de tibieza. Lo besé, hablé con él largamente, no sé lo que le dije, pero bruscamente me di cuenta de lo que estaba viendo y encarando a uno de los oficiales que estaba allí, le dije: 'Éste es el precio que se ha pagado por entregar tres años de nuestra vida, de nuestra felicidad casi en comienzo; de nuestros nueve años de matrimonio, tres fueron dedicados a ustedes, trabajados intensamente para ustedes, nuestra casa abierta para ustedes. Hoy día me entregan un cadáver'. Me miró el oficial y me dijo: '¿Ha terminado, señora? ¿Me quiere escuchar? No estaba con cargo a nosotros'. No sé qué me quiso decir, tal vez que estaba con cargo a la Fach. 'Fue su determinación', me dijo. Y me pasó un cinturón. Lo miré. Efectivamente, en la base del cuello de José había leves marcas de un cinturón".

Así no mueren esos suicidas

"Yo trabajé en investigaciones muchos años y recuerdo casos de mucha gente que había tomado la determinación de ponerse un cinturón al cuello. Normalmente sus rostros estaban deformados, amoratados. No era ése el aspecto de José. No quiero decir con eso que se me estuviera mintiendo. No me gusta ser el juez de nadie. Creo que uno es juez solamente de sí mismo. Había, como digo, una leve marca de cinturón bajo el cuello de José. Miré al oficial y le dije: 'Yo no sé si fue su determinación o no. Tenía pocas fuerzas ya cuando lo vi el sábado'.

"Me veía el oficial.

"Pero quiero decirle que, si fue así, es la más hermosa protesta que he visto en mi vida. Es la única protesta de una persona que está en la indefensión más absoluta para reclamar contra un procedimiento, para salvar otras vidas tan honradas y decentes como las de él, para librar otras vidas de políticos. ¿Qué hacen los políticos? A lo mejor lo de José, el comprar una isla para la Armada —la Dawson—, una Academia de Guerra para la Fach, comprar el barco más lindo de Latinoamérica para la Armada, entregar todo el territorio limítrofe para seguridad nacional del Ejército, tal vez todas esas cosas son pecado, tal vez esas cosas son malas para el país".

Sus últimas reflexiones, ya con *Excélsior*, bañada en lágrimas, fueron éstas:

"Yo sé que no me pueden desmentir, que todo lo que he contado es cierto, que no hay ironía en lo que acabo de decir, sino una tremenda amargura, una tremenda desilusión. Hasta muy pocos días, antes de la muerte de José, yo creía, creía en el ser humano, creía en las personas que de una u otra manera tenían en sus manos la suerte de una vida, de una vida maravillosa, admirable y decente como era la de José. Yo creía, llegué a creer que algo harían para salvarla.

"No quiero juzgar. Espero que las personas a las que he aludido y que tuvieron la vida de José en sus manos hayan hecho todo lo que estuvo a su alcance en favor de él y que puedan dormir tranquilas. Y si no pueden, que Dios los perdone".

Argentina 1974
Ezeiza fue el principio del camino al abismo[*]

Buenos Aires.- El 20 de junio de 1973 retornó Perón a Buenos Aires. Más de un millón de argentinos, las banderas en el aire, el cántico en el corazón, lo esperaron en Ezeiza. Pero él no llegó directamente al aeropuerto. Y se produjo la matanza, de inmediato silenciada. Se contaron los muertos: 300. Se indagó por los desaparecidos y la lista creció. *El Descamisado* publicó lo ocurrido en fotografías, pero fue confiscado de puestos y quioscos. El sistema ocultó su crimen.

A Perón se le exculpó. "El viejo fue traicionado", se dijo en coro. Hoy, los hechos en perspectiva, la afirmación no parece tan clara. Muy pocos se atreven a hablar en voz alta y crece el número de los que deslizan: "El peronismo se habilita como instancia política".

Al Brujo López Rega, alma negra de Argentina, se le señala como el detonador de la matanza. Pero López Rega fue el hombre de confianza de Perón y el hombre de confianza de la esposa de Perón. Él lo tuvo en España, él lo trajo a Argentina, él lo hizo ministro de Bienestar Social, él lo sostuvo a su lado. Y ella, Isabel, peleó por López Rega. Pero peleó con el alma, al grado de que a mediados de julio, en plena crisis gubernamental, cuando los embates de todos los sectores centraban sus fuegos en López Rega, quiso contenerlos con una frase: "¡Cuidado! López Rega es un patriota".

En las reuniones de amigos, "decentemente", como aquí se dice, todos hablan de la masacre y señalan al coronel Jorge Osinde como el organizador del día de duelo. Pero Osinde perteneció al equipo de López Rega, creció en el círculo de su intimidad, y López Rega se apoyó en Osinde. Aunque no se quiera mirar, la cadena parece soldada: Perón, Isabel, López Rega, Osinde, Osinde, López Rega, Isabel, Perón.

Por un milagro de la casualidad obtuvo este diario *El Descamisado* de junio de 1973 y conoció la historia tal como fue escrita por un grupo de

---

[*] *Excélsior*, 17 de agosto de 1974

argentinos. Esa historia fue enviada a la Asociación de Estudios Latinoamericanos, con sede en Nueva York, pues hay quienes quieran que se
sepa lo ocurrido. Porque Ezeiza fue el principio de una serie de acontecimientos que llevan al país camino del abismo.

Crónica de la matanza

Ésta es la historia:

En las primeras horas de la mañana del 20 de junio, largas caravanas
de hombres y mujeres seguían llegando a los alrededores del aeropuerto
internacional de Ezeiza. En los terrenos arbolados, en el césped todavía
húmedo por el rocío de la noche, había hombres cubiertos por frazadas
o por hojas de diarios, mujeres y niños que se abrigaban con el calor de
las fogatas. Se veía a gente repartiendo víveres. Llegaban canciones con
jóvenes que entonaban sus consignas. Por la autopista que une la ciudad al
aeropuerto, en automóviles, en camiones, a pie avanzaban largas filas que
se diseminaban luego por los parques, que se sumaban a la multitud que se
movía todavía en las sombras del amanecer.

En pacíficos y solidarios vivacs humeaba el reconfortante mate cocido
que iba de mano en mano, de boca en boca. Algunos, los más viejos,
recordaban la primera movilización aquel 17 de octubre de 1945, cuando
habían abandonado los talleres y las fábricas para avanzar desde los barrios
y el suburbio hasta el centro de Buenos Aires, hasta la misma plaza de
Mayo en donde reclamaron a su nuevo líder, a ese joven coronel Perón
que los militares tuvieron que traer desde la isla Martín García, el coronel
que salió al balcón y saludó a la multitud con los brazos en alto.

Era él, ahora el Viejo quien volvía. Para los jóvenes, que no habían
conocido esas épocas, que sólo habían combatido a la dictadura, Perón
era la posibilidad de construir un país independiente y, como decían sus
consignas, una patria socialista. Entre tanto, seguían llegando contingentes de las distintas facciones del movimiento peronista, grupos de obreros
y estudiantes, los camarógrafos de los noticieros, los fotógrafos, los periodistas, la gente apurada que iba hacia el puente 12, hasta el palco desde
donde se suponía que Perón hablaría a su pueblo.

Se esperaba un día de fiesta, era un día de fiesta todavía. Había allí más
de un millón de personas; algunos afirmaban que se trataba de tres millones. Gente que seguía llegando desde la capital y los pueblos vecinos, que
venían por la autopista que cruza populosas localidades del llamado Gran
Buenos Aires. Gente de distintos gremios, algunos con el mítico bombo

de las grandes asambleas peronistas, en jeep, en moto, en bicicleta, con estandartes, brazaletes, con el colorido de las celebraciones populares, contagiados de un mismo contento.

Era un día muy distinto a ese noviembre de 1972 tan lluvioso, tan triste, cuando ellos, 100 mil de ellos, trataron de llegar hasta el general eludiendo las fuerzas de la policía y del Ejército, metiéndose en las zanjas, caminando por el barro entre los insultos y bombas lacrimógenas.

Era un día de fiesta todavía.

El puente 12, un lugar estratégico

Allá, lejano, estaba el puente 12. El palco. El escenario donde se iniciara la matanza. Pero nada hacía prever ese funesto desenlace en esas horas de la mañana. Llegaban al palco los músicos de la Orquesta Sinfónica de Colón; se distribuían, ordenados, como para un concierto. Uno colocaba la partitura en el atril; otro fumaba, mirando la enorme audiencia. El locutor Edgardo Suárez, en el micrófono, decía que el general Perón llegaría poco después del mediodía. También estaba el actor y director de cine Leonardo Favio. Otros personajes, menos conocidos que los músicos o los actores, esperaban el momento de actuar. Bajo ese mismo escenario guardaban el armamento que utilizarían horas después para ametrallar a la gente.

El escenario tenía un largo superior a 100 metros y un ancho de algo más de seis metros y en él se habían ubicado los hombres de una vasta guardia vestida de civil. Entre los decorados había armas y municiones suficientes. ¿Quién los comandaba? Muchos de ellos eran dirigentes activos del nacionalismo, de los grupos fascistas desplazados por la voluntad popular. ¿Cómo estaban allí? Entre esa guardia figuraba un terrorista como Giovenco, gente de los servicios de seguridad como el coronel Osinde (a la sazón simple funcionario del Ministerio de Bienestar Social) y otros individuos vinculados a la represión.

El puente 12 es un lugar estratégico. Y el escenario ubicado en aquel lugar así fue considerado seguramente por quienes lo "coparon". Desde allí la reacción dio su respuesta al pueblo. Fue su desquite frente al júbilo del 25 de mayo. Entonces, según la versión de ellos mismos, el balcón de la Casa Rosada había sido "copado" por la llamada izquierda peronista. Esta vez el escenario estaba "incontaminado"; lo ocupaban hombres expertos en cuidar el orden del sistema. Expolicías de la dictadura, terroristas, matones.

Por otra parte, todos los invitados especiales —ministros y las más altas autoridades del país— que hablan de subir oportunamente al puente-palco se encontraban desde horas tempranas en el aeropuerto internacional de Ezeiza esperando el arribo de Perón.

A la vez, desde muy temprano las columnas de la Juventud Peronista y otros grupos militantes habían avanzando por los caminos laterales de acceso a la autopista aproximándose al puente 12. Pero ninguno pudo acceder al puente 12. Éste se había transformado en una fortaleza a la que sólo se podía llegar con las tarjetas de autorización de los organizadores. Sin duda, ellos habían seleccionado a esa gente. En el palco no había lugar para los militantes peronistas. Sólo los músicos. Sólo el locutor que seguía hablando. Sólo la guardia de la muerte que no tardaría en actuar.

No aterrizará Perón en Ezeiza

Las 12 de mediodía.

El avión que traía a Perón demoraba su llegada.

Los jóvenes peronistas que no pudieron franquear los controles del palco se instalaron cerca de allí. Corearon sus consignas. Esperaban, todavía esperaban.

Una hora, otra.

¿Qué eran unas pocas horas cuando se había esperado 18 años?

Las canciones, los vítores, el reiterado golpeteo del bombo. Todavía la fiesta. Todavía la esperanza.

La gente miraba al cielo como queriendo descubrir entre las nubes al "avión de Perón". Lo mismo que antes. Cuando en la mitología popular creció la leyenda de que Perón regresaría en un fantástico avión negro. Lo mismo que antes. Cuando Perón emprendió el camino del retorno desde España y fue obligado, en Brasil, a regresar a su casa de exilio.

Perón, Evita…

La patria socialista…, cantaban los jóvenes.

Perón, Evita…

"¡La patria peronista…!", respondían los hombres que más tarde formaron las fuerzas de choque de la burocracia sindical y también los más ortodoxos y los más viejos.

Era un duelo verbal. Todavía.

Pero era también la expresión de ese contradictorio complejo de fuerzas políticas y económicas que el peronismo había convocado y resumido en su propio movimiento. Detrás de las consignas enfrentadas estaban no sólo ideologías contradictorias, sino intereses antagónicos: el de la Juventud Peronista, el de los partidarios del verticalismo ("Perón manda, el pueblo obedece"), el de las centrales empresariales, el de los aliados políticos del peronismo en la contienda electoral y, finalmente, el de la reacción que quería perpetuarse más allá de la caída de la dictadura.

Perón, Evita...
La patria socialista..., cantaban los jóvenes.
Perón, Evita...
La patria peronista...

Entre tanto, en las pantallas de los televisores sólo aparecían las pistas de aterrizaje de Ezeiza, la terraza, la torre de control, la silueta del edificio del Hotel Internacional. El locutor intentaba llenar el vacío visual repitiendo una y otra vez que aquél era un día de fiesta. Fuera del objetivo de las cámaras, los hombres del gobierno seguían esperando.

[Las] 15 horas. Se informa que el general Perón no aterrizará en Ezeiza, sino en el cercano aeródromo de Morón.

La hora de retirar a los muertos

En pocos minutos la plataforma de Ezeiza quedó despoblada.

Los funcionarios se van sin saber a dónde. Unas horas después todos marchan rumbo a la capital.

En las pantallas de televisión se ven las pistas, los hangares vacíos.

[Las] 15 horas.

Puente 12, Ezeiza.

Desde el palco alguien dispara contra las columnas de la Juventud Peronista. Se responde el fuego. Se ve a los músicos de la Orquesta Sinfónica cuerpo a tierra bajo las balas. El coronel Osinde empuña su metralleta. Se oye el ulular de las ambulancias. Hay gente herida, muerta, sobre la autopista y en los parques.

Es muy difícil reconstruir al detalle lo sucedido. En una de las rutas de acceso a la autopista —la ruta 505—, alrededor de las 16 horas, se vio por ejemplo al entonces diputado nacional de la Juventud Peronista, Croatto, sucio y embarrado, con un arma en la mano. Acababa de salir de la zona de fuego y había sido testigo y víctima del ataque. Ni él mismo sabía qué había ocurrido, fuera de haber visto caer a algunos de sus compañeros.

Se registran escenas confusas, patéticas. Se asegura que en el Hotel Internacional matones sindicales torturan y ultiman a militantes peronistas. Se dice que en un determinado momento irrumpe allí el artista Leonardo

Favio, con una fuerte crisis nerviosa, manifestando que se matará allí si siguen torturando y matando a otros peronistas.

Continúan las ráfagas de ametralladoras barriendo las arboledas donde la gente busca refugio.

En el césped, que horas antes había servido de asiento, y mesa, y cama a los participantes de la fiesta, estaban los heridos, los muertos.

Estaba terminando la jornada que unas horas atrás semejaba un vasto pícnic más que un acto político, una fiesta multitudinaria, una enorme asamblea, un luminoso domingo después de los días grises de la dictadura.

Veinte minutos de fuego.

Cien muertos.

Rodilla en tierra, varios dirigentes del Comando de Organización disparan sus escopetas Itaka.

[Unos] 40 minutos más tarde todo había concluido. Quedaron 300 muertos, incontables heridos, desaparecidos. Por la autopista regresaba la multitud. Hombres, mujeres con niños en brazos, el pueblo de Perón. También regresaban en sus coches los consternados funcionarios.

Anochecía en los bosques de Ezeiza. Era la hora de retirar los muertos.

Bangladesh I
"Me llaman Padre de la Patria y no puedo dar de comer a mis hijos"*

Dacca, Bangladesh.- El líder de un pueblo que vive más la muerte que la vida, el jeque Mujibur Rahmán, primer ministro y Padre de la Nación, dijo a *Excélsior*, momentáneamente vencido:

"No tengo la lámpara de Aladino".

Centenares de miles de muertos por un ciclón; tres millones de muertos en la guerra de independencia; 400 mil niñas, jóvenes y ancianas violadas por soldados pakistaníes en una sociedad donde no se debe rozar a una mujer fuera del matrimonio, no se diga tocarla; sequía como no se había visto en mucho tiempo y después inundaciones que cubrieron el 75 por ciento de los campos del país; la hambruna que ha matado y seguirá matando por inanición, todo esto, el recuento de los últimos cuatro años, hacen que el jeque exclame, igual que en presencia del apocalipsis:

"Bangladesh sobrevivirá".

Más para sí que para su interlocutor, este hombre que se inició en la vida atado de pies y manos, a los 14 años comprometido con su esposa de tres, en un matrimonio arreglado por las familias, dijo:

"Me llaman Padre de la Nación y no puedo dar de comer a mis hijos".

El desorden premeditado, citas de Tagore alternadas con declaraciones acerca de la situación del país; los datos autobiográficos confundidos con pensamientos de un poeta inglés, Mujibur Rahmán crea su propio espectáculo: él mismo. No permite la grabadora, porque "me gusta abusar de los temas prohibidos"; no autoriza el taquígrafo, "tan temible como la grabadora". Al jeque hay que seguirlo como se pueda.

En sus tiempos de guerrillero, interrogado antes de entrar en prisión, dijo una vez, valeroso y encantador:

---

* *Excélsior*, 5 de diciembre de 1974

"Regreso a mi segundo hogar".

Su retrato está en los billetes de banco, en las salas del Museo de Arte, en el Parlamento, en las mezquitas, en los comercios, en las oficinas, en las peluquerías, en los hospitales, en el interior de casas particulares. Su nombre es tema de canciones. "Sheik Mujibur", entre susurros y arrebatos, igual que una declaración de amor, es la más popular.

Mujibur Rahmán sabe todo esto, pero nada le impide decir:

—Soy un hombre ordinario que cultiva dos cualidades: el amor a mi pueblo y la convicción de que la primera virtud es el valor.

—¿Y un hombre así es ordinario?

El jeque se ríe, la carcajada más poderosa que un estruendo.

Las miserias de los hombres

Un auxiliar a sus espaldas, estatua dispuesta a todo; guardianes hipnotizados por sus palabras, el líder vestido con blancas ropas de algodón, la camisa de tres botones cerrada al cuello, el pantalón para un hombre dos veces más alto y robusto, como los que se acostumbran aquí; intensa la luz que desciende de las lámparas de una oficina de grandes proporciones en el Palacio del Pueblo, de inmensos jardines, una ciudad en la ciudad, el escenario sería el de un monarca si no fuera por la personalidad del jeque. Su energía rechaza el hastío de la solemnidad y la certidumbre de saberse historia lo lleva al familiar encuentro con los demás.

La mano del visitante detenida largamente entre sus manos es parte del saludo. Acompaña las frases de bienvenida con las palmadas que se dispensan a los amigos. La despedida habría de ser personal:

"He sabido que descubrieron grandes mantos de petróleo. ¿Así que son ricos? Orgullosos de su independencia al lado de los Estados Unidos, lo merecen todo".

A Mujibur Rahmán nadie lo ataca ni censura. El Padre de la Nación no puede estar inmiscuido en las miserias de los hombres.

Pero el país clama contra la corrupción. En los mercados se vende la leche en polvo que llega del extranjero como ayuda para el pueblo hambriento, y en los mercados se ven también latas de pescado búlgaro y latas de chocolate de los Estados Unidos. El sacerdote Pirsahab, de la mezquita Baitul Mukarram, quien arengó a los bengalíes para que lucharan contra los pakistaníes con más fiereza que si los enemigos fueran infieles, amado y respetado como ningún otro religiosos en Dacca, afirma que la deshonestidad agrava y enturbia la miseria hasta límites inauditos. La

Asociación de Exportadores de Yute de Naraningianj denunció el contrabando de un millón de sacos de fibras a la India y la venta clandestina de arroz y sal.

El doctor Catón Cuéllar, de Tamaulipas, único mexicano en Bangladesh, miembro del cuerpo de científicos de la Universidad Johns Hopkins, dice que el mercado negro es tan visible como el mercado blanco. Richard Levine, epidemiólogo de los Estados Unidos, asegura que las brigadas contra la viruela se preocupan más de la extorsión que de su deber. Cuando se reunió en París un consorcio de países para considerar la posible ayuda a Bangladesh, los periódicos publicaron aquí que se pedía a los bengalís que dejaran de exportar los granos de sus cosechas y manejaran con eficacia la distribución de alimentos. El fotógrafo Rafiquir Rahaman, del *Banglar Bani* (*Mensajero de Bangladesh*), cuenta que vio en el puerto de Chittagong cómo se perdía el trigo en los sacos por falta de un manejo adecuado.

Michael O'Reagan, el irlandés que ocupa la secretaría ejecutiva de la Organización Mundial de la Salud, impedido para hablar en su calidad de funcionario internacional, se limita a este apunte:

"Abusos o no abusos, corrupción o no corrupción, un hecho es claro: Bangladesh necesita todo, desesperadamente".

El leopardo no pierde sus manchas

—A causa de la corrupción existe un clamor contra funcionarios de su gobierno. ¿Cree usted, Excelencia, que los abusos pudieron ser evitados o previstos?

(Los ayudantes de Mujibur Rahmán sugieren que se llame Excelencia al primer ministro. Antes de franquear las puertas de su oficina, uno de ellos confía: "El leopardo no pierde sus manchas y el Padre de la Nación no cambia. Sigue siendo el de antes, el de los tiempos de la guerrilla y la guerra de liberación. Pero convendría que le llamara Excelencia").

La contestación es el rechazo:

—¡Todo eso no es verdad! ¡Es una tontería!

—Los hechos, Excelencia.

—¿Por qué un país que sacrificó a tres millones de sus hijos en la guerra contra Pakistán no habría de contar con funcionarios y gente honrada?

—No sé, Excelencia. Pero los hechos tienen un valor.

—Hay corrupción, como en todos los países en vías de desarrollo. Pero también tenemos hombres honrados.

Los anteojos y la pipa de Mujibur Rahmán han quedado sobre la pequeña mesa que tiene al lado.

"No tenemos un gobierno estable. Queremos formarlo. Bangladesh estuvo bajo control militar y hay que hacerlo todo nuevo, como al nacer el día. Empezamos en el cero, en el suelo, sin herramientas ni experiencias. Surgimos a la vida independiente con problemas y angustias de siglos. Rehabilitar a 10 millones de refugiados que se internaron en la India durante la guerra y han regresado a su patria; la reparación de todas las vías de comunicación, incluidos los puertos; la batalla contra la sequía, primero, y luego contra las inundaciones; los destrozos del ciclón, antes de la lucha contra los genocidas pakistaníes. El hambre, ahora, la miseria que usted ve, que todos ven, la miseria que no ocultamos ni podríamos ni queremos ocultar. Sé que tenemos muchos problemas, problemas gigantescos. Pero sé también que no tengo la lámpara de Aladino. No la encuentro".

Fuerte y alto, la piel clara, el bigote y el cabello más blanco que oscuro, el primer ministro opta por el silencio. Pero el silencio no afloja los rasgos de su cara ni suaviza la expresión del jeque. Es el mismo de los retratos oficiales: el cuello estirado, la mirada negra, los labios cerrados a presión.

—Muerte, hambre, miseria, desocupación, epidemias son algunos de los problemas que exigen pronta solución. ¿Cómo la visualiza, Excelencia?

—Tenemos recursos. Reservas de agua dulce, selva, un gran depósito de gas puro, yacimientos de cal, de carbón, yute, té, hierro, acero. Hemos de buscar, hasta encontrarlo, el Bangladesh de oro de nuestro himno, escrito por Tagore. Sobreviviremos por la decisión de todos. El pueblo sabe que el país cuenta con recursos y que necesita tiempo para explotarlos. La tierra es fértil, nuestro delta es uno de los más grandes del mundo. Podremos hacer de la nación un granero. La voluntad mueve montañas. Ahora sufrimos y recibimos la ayuda de países amigos. Mañana podremos socorrer a los más necesitados. La confianza en uno mismo es la mejor expresión de la fe. Es la fe.

El canto a Tagore

De pronto canta el Padre de la Nación, canta a Tagore, el himno de Bengala:

"Mi Bengala de oro, te quiero. Quiero tu cielo y tu aire afina mi corazón como si fuera una flauta. En primavera, madre mía, la fragancia de tus árboles de mango me llena de alegría".

Canta y señala hacia un cuadro al fondo: el poeta de abundante y crecida barba blanca.

"Oh, madre mía, palabras de tus labios son como el néctar para mi oído. Oh, qué canto. Si la tristeza deja una sombra sobre tu rostro, oh, madre mía, mis ojos se llenarán de lágrimas".

La voz de Mujibur Rahmán es melodiosa y también la voz del soldado.

"Tagore rechazó a los aristócratas. ¿Sabía usted que aceptó la vida plena, que gozó y sufrió entre poemas y cantos?".

Con el rostro transformado, sin parecido con el del retrato oficial, regresa el primer ministro al mundo de los muertos.

"Ya no hay cadáveres en la calle, pero lloro por los que ha habido, Padre de la Nación como me llama y considera el pueblo".

Las manos recogidas a la altura del corazón acompañan sus palabras:

"Mi conciencia sufre, mi mente sufre. Trabajé por ellos, pienso en ellos. Tengo responsabilidad, sin duda. Abrimos 5 mil 300 cocinas en el país y hemos proporcionado 4 millones 300 mil comidas gratis en dos meses. Fracasé por falta de recursos".

Sostiene que la peor época ha pasado y niega la aseveración del ministro de Alimentos, Rehabilitación y Asistencia, quien dijo en el Parlamento y confirmó a *Excélsior* que el faltante de granos puede llegar a un millón de toneladas y un número de muertos podría ser catastrófico.

—No hay tal posibilidad.

—La oposición en el Congreso dice que murieron ya 150 mil.

—Mienten.

—Extranjeros en Dacca mencionan la misma cifra o un poco más alta.

—Mienten.

—¿Cuántas víctimas estima usted, Excelencia, que pudiera haber hasta julio si subsiste la falta de granos?

—No puedo decirlo, no puedo calcularlo ahora.

La voz de un ayudante se filtra:

—Los ministros le esperan, Excelencia.

Mira el jeque a su visitante. Sus ojos parecen decir: "La víctima soy yo".

"Estoy muy contento con Fazilatun"

—¿Qué le enseñó la cárcel, Excelencia?

—Conocí en la cárcel todos los sufrimientos y una alegría: nadie quebrantó mi voluntad.

—No se interrumpa.

—Me vi involucrado en crímenes contra el Estado, en complots, en intrigas e implicaciones de sedición. Supe de la prisión en el desierto y de la pesadilla en sentido estricto. Un día vi, frente a mi celda, cómo unos presos cavaban una tumba: mi tumba. Pero no quiero hablar de eso. Es difícil que me entienda y fácil que no me crea: no le doy gran importancia a esa época. ¿Importa frente a lo que usted ha visto?

Vuelve la voz de la impertinencia: "Los ministros le esperan, Excelencia".

—¿Cree usted, Excelencia, que los padres tienen derecho de casar a sus hijos?

Mujibur Rahmán comprende la intención de la pregunta. Su carcajada hace sonreír a sus ayudantes; la estatua a sus espaldas también sonríe.

—Estoy muy contento con Fazilatum. Ella ha sufrido mucho por mi cautiverio del pasado, por mis sufrimientos actuales, por mi vida toda. Y no me ha dejado. Pero permita contestarle a su pregunta: hoy los niños tienen libertad para decir si aceptan o no a la novia o al novio.

Vuelve atrás, como si la entrevista empezara:

—Tuvimos a 195 pakistaníes en nuestras manos, crueles a cual más, autores de genocidio comprobado. En busca de paz para el subcontinente asiático, Bangladesh y la India liberaron a esa gente. Esperábamos que Pakistán comprendiera la intención y regresara los barcos que nos robó, los aviones que nos robó, el oro que se llevó de aquí, las reservas de los bancos, íntegras. Pero no devolvieron nada. Brutales en la guerra, resultaron infames en la paz.

—¿No fue ingenuo pensar que regresarían el oro, los barcos o los aviones, Excelencia?

—Si usted dice que fui un tonto, está en su derecho de creerlo. No lo discuto. Pero sí discutiré si usted niega que en la vida alguien ha de dar el primer paso, abrirse en la comprensión e intentar la concordia, decisión que es la más difícil de todas.

El tema de la verdad y la injusticia

El Padre de la Nación está de nuevo con Tagore.

"Escribió un poema que me gusta recordar. Trata de la verdad y la injusticia. Dice Tagore que si un pueblo ahoga al vecino para obtener riqueza, tiempos llegarán en que padecerá el destino que quiso imponer a otro.

"Vivimos en un mundo que, de tan desigual, toca el absurdo, la locura. Si una cuarta parte de la riqueza destinada a la producción de armas
se dedicara al bien del hombre, no habría un solo hambriento sobre la faz
de la Tierra".

—En Cuba, Excelencia, Castro acusó...

—No quiero hablar de las grandes potencias. Hubo un pensador inglés que escribió: en la prolongada guerra entre la mentira y la verdad, la
mentira gana la primera batalla, y la verdad, la segunda.

—Excelencia, los ministros le esperan.

El primer ministro se pone de pie:

—He sabido que descubrieron grandes mantos de petróleo... Orgullosos de su independencia al lado de Estados Unidos...

—Excelencia, han transcurrido sólo 30 minutos desde que usted me
recibió.

—Usted ha visto el país. Sea generoso.

Bangladesh II
La muerte es la vida en Dacca*

Dacca.- Dacca es un mundo enfermo poblado por sombras desfiguradas. Los harapos se desplazan; los brazos esqueléticos de las madres acunan cadáveres; sombras petrificadas permanecen inmóviles por horas; en las concentraciones de chozas se eterniza el llanto que a nadie llama, como se eterniza el sonambulismo que a nadie busca.

Cualquier recorrido por la ciudad está acompañado del hallazgo de cuerpos tendidos en la calle. El guía nativo, que de inglés conoce las palabras elementales, las de uso diario, no puede ir más allá de su laconismo: "Muerto... comida". Y su dedo apunta al cadáver de un hombre tapado hasta el cuello por una especie de sábana gris y a un niño al lado, su rostro vacío (la vida, sin vida).

Por el rumbo de la estación, en movimiento furgones cargados con sacos de trigo, una mujer yace a unos metros del riel. Los enjambres de moscas están cerca y muchas caminan por su cara como si fuera un desecho. Un brazo extendido, la mano entrecerrada hasta formar un cuenco que pide, es biografía de sus últimos intentos por sobrevivir.

Imposible mirarla, imposible dejar de verla. La morbosidad y la compasión se trenzan, en un dato más de esta crónica del hambre.

—¿Muerta?

—No.

Los párpados, entreabiertos, anuncian la extinción inminente. Ni siquiera una agonía.

Hay ambulancias, hospitales, puestos de socorro. Pero no se les ocurre llamar a nadie. A lo largo del andén, familias o grupos humanos están en la vida sin saber de ella. Difícil averiguar si palpitan estas formas que atraen nubes de insectos. Difícil averiguar cuántos días restan a estos seres de mirada vidriosa, de boca sin rictus, de brazos sin fuerzas, de mente sin luz.

Abruma la ciudad. ¿Qué es la muerte sin la vida?

---

* *Excélsior*, 6 de diciembre de 1974

La escudilla, un estandarte

La fila a un costado de East Road, cerca de la Escuela de Ingeniería, es compacta y densa. De lejos parecía una mancha entre gris y negra. De cerca destaca como lo que es: un avispero. Gritos, golpes, algún escupitajo donde caiga, el insulto formado con saliva y rabia. Las escudillas, en alto, son mostradas como estandartes.

Algunos guardianes empujan a los hambrientos que los acosan. A veces una orden y la mirada fiera, el cucharón en alto, los reduce y paraliza: la papilla podría quedar sepultada bajo la suela de los zapatos. La marejada se contiene. El minuto es tenso, anhelante. Alguien se aleja, al fin, la vida en los dedos que ya hurgan en el trasto.

Entre empellones, una mujer es arrojada de la fila. Se aparta con el bulto pequeñito al que deseaba hacer vivir para tener derecho a un poco más. Fue descubierta de tanto que lo ocultaba, igual que si lo protegiera del frío en esta mañana de sol pleno.

No lejos de aquí, en la sala del aeropuerto, algunas madres, ansiosas y desquiciadas ante los viajeros que llegan, muestran los cadáveres de sus criaturas. Los señalan con ademanes desmesurados y extienden la mano. Chillan, chillan enloquecedoramente para llamar la atención, temerosas de que no sea suficiente el espectáculo del esqueleto que traen a cuestas. El personal del aeropuerto previene: nadie se atreve a un gesto de conmiseración, nadie regala una "taca" (la moneda). Los mendigos acechan.

Algunos niños se arrastran, igual que contorsionistas. Un adulto es menos que un títere, la cabeza y las caderas a la misma altura, los brazos colgantes, fiebre y desesperación en los ojos. Sonríe para atenuar el *shock* que provoca.

No hay tregua para una lúgubre fantasía. Dondequiera se mire hay cuadros de sufrimiento y desesperanza. La muerte es la vida en Dacca.

Harapos entre los lotos

Avanzan los huérfanos, los desocupados, los limosneros, los ciegos, los enfermos de tifo, de disentería, de tuberculosis, las víctimas de la viruela, las víctimas del cólera. Hacen suyos los espacios. Son tantos que no hay más que dejarlos llegar y aceptar su presencia, una herida en la piel, una llaga en las entrañas.

La Suprema Corte, reminiscencia británica y morisca, suntuosa construcción blanca levantada entre jardines que son parques, un lago con flores de loto en el punto más bello, pertenece a los invasores. Bajo árboles frondosos, destruido el césped que dejó al descubierto una tierra rojiza, colocaron sus anafres, hornos milenarios de tristes fuegos alimentados por hojas secas, y convirtieron el lugar en campamento de refugiados. Las mujeres esperan la mejor hora para lavar sus harapos entre los estanques de lotos que, poco a poco, han visto convertidas sus tranquilas aguas en un caudal turbio.

Un hombre cuenta que perdió los brazos en la guerra contra Pakistán. El tórax no es más grande que una caja de zapatos; una mujer canta frente a un niño que llora, el niño tan ajeno a ella como ella indiferente a él; una familia, toda, come de una cazuela donde quedaron restos de habas; cinco famélicos llegaron hasta aquí sin recordar cómo. Bendicen a Alá y vivirán con lo que haya para vivir. Pertenece la existencia a Alá, de la misma manera que son suyas las hojas de los árboles, las flores, la vida de los hombres, su muerte, la reencarnación, la eterna rueda del tiempo.

Cortejos al cementerio

También han sido invadidos el cementerio, las calles, los barrios, el suburbio. En el camposanto, algunos hombres permanecen sentados al lado de las tumbas o en cuclillas sobre la tierra apisonada. Viven entre los muertos, duermen entre las fosas. Los sacerdotes, el Corán en la mano, el lúgubre canto en los labios, van y vienen entre ellos como van y vienen las cabras y los perros.

Los cortejos llegan, incesantes. Los religiosos conducen a los deudos hasta unos baños donde lavan el cadáver. Rezan enseguida, los pies descalzos, el cuerpo a Oriente, a La Meca. Los grupos son de cuatro, cinco personas. La ceremonia es desconsoladora, pero la muerte que es tan terrible parece aquí muy simple.

Luego, el muerto al lado de la tierra herida, cantan alabanzas a Alá. Son elogios a su bondad, a su belleza, a su generosidad, a su paciencia. Noventa y nueve alabanzas por todas. La última, la número 100, la desconocen. Es el misterio, la pregunta sin respuesta, el principio sin principio. El ser de Alá.

Al fondo del cementerio hay un gran espacio donde quedaron los muertos sin parientes ni cortejo. La tierra removida parece el oleaje de un mar petrificado.

Los llantos y los cuervos

En la ciudad, los laberintos ganan terreno. En sitios donde había calles se levantan aldeas de palma y bambú. Sus moradores son como en cualquier punto de Dacca: cuerpos que denuncian urgencias.

Se amontonan las familias en espacios inverosímiles: unos metros cuadrados para todo aquel que halle un lugar en el cubil. Las callejuelas son serpentinas de tierra o lodo, y los lavaderos, charcos de agua estancada que reverbera bajo el sol.

Llantos, gritos, madres que quitan los piojos a sus hijos, hijas que detienen el tiempo para limpiar las orejas de sus padres con un pasador del cabello, hombres que dormitan como lagartijas, mujeres que no se sabe qué esperan, las manos en el regazo, las miradas en la casucha de enfrente.

La vida transcurre en el exterior y marea la dulzona fetidez de la atmósfera. La descomposición de la basura y el fermento de inmundicias ha poblado de cuervos cielo y tierra. Se les mira en continuo vuelo, y están en los techos miserables, en las cornisas de casas y edificios, en los postes de telégrafos, en las copas de los árboles, en los parques convertidos en campamentos, en los toldos de automóviles y motonetas, en los manubrios de las bicicletas.

Su graznido, un taladro y una angustia, es parte de la ciudad. Ellos también son Dacca.

¿Hay alguna esperanza?

Sombras inmóviles por horas.

Bangladesh III
El cólera disputa las víctimas al hambre[*]

Dacca.- En el pueblo de Mirpur, fusil en mano, un soldado protege la puerta del campamento de refugiados.

Cuando franquea el paso, en el interior se miran montañas de leña, tierra y lodo y al centro un pequeño lago de agua estancada.

A su alrededor, los hombres de un lado, las mujeres de otro, forman fila para recibir una de las raciones del día: pupilas y huesos, los asilados miran desde el fondo de lo inexplicable y avanzan hasta el perol con caldo de habas. Trabajan el corazón y los pulmones, misteriosamente, en algún hueco de sus entrañas sin sangre.

Los niños duermen o lloran en galerones con piso de cemento y muros de ladrillos. Desnudos o semidesnudos, apenas ocupan espacio. La piel de muchos está herida por ronchas y llagas, y de muchos ojos negros fluye una secreción blanca. Las moscas revolotean como un animal de millones de vientres diminutos.

El encargado del campamento, un magistrado en comisión, Abdul Majeed, dice que soporta el trabajo porque ha llegado a pensar que los refugiados no sufren, que el alma escapó de sus cuerpos mucho antes que el último aliento.

"No son más que hambre", dice.

"Los primeros días pensé que el campamento era parecido a un campo de concentración de los peores tiempos de la guerra. Perecen los más débiles. He visto el coma de los esqueletos. La muerte de la muerte.

"Hay tres mil refugiados. Si alguien quiere irse, se va. Pero no tienen punto de referencia ni destino. Perdieron sus casas, su trabajo, no saben de sus familiares, están deshechos. Saldrían a pedir limosna y morir en la calle. El invierno está próximo y, si no conseguimos ropa, habrá muchos que no resistirán el frío".

---

[*] *Excélsior*, 7 de diciembre de 1974

La clínica, al lado de los galerones para los niños, es una especie de catacumba. Algunas camillas fueron habilitadas como lechos y un chiquillo es el encargado de repartir unas pastillas.

"Vitaminas", informa.

La compañera de los siglos

El tema del subcontinente asiático es el hambre. Compañera de los siglos, devasta y asuela como las inundaciones o la sequía. Siempre presente, no llega. Está.

En el mismo lugar, otros los hombres y otros los niños, pero en rigor los mismos hombres y los mismos niños, Nehru sufrió por los que mueren de inanición. Todo parece igual. Excepto Nehru, inimitable.

Hace 30 años, cuando Bangladesh (país de los bengalíes) era una provincia de la India y en la India mandaban los ingleses, dejó escrito:

"Llegó el hambre fantasmal, abrumadora, indescriptiblemente horrible. En Malabán, en Bijapur y, principalmente, en la rica y fértil Bengala, los hombres, las mujeres y los niños mueren diariamente a miles por falta de alimento. Sus cadáveres yacen en las chozas de barro de las innumerables aldeas y cubren los cuerpos los caminos de las zonas rurales.

"Los hombres mueren en todo el mundo y se matan mutuamente en los campos de batalla. Por lo general, es una muerte rápida y, con frecuencia, la muerte del bravo, la muerte por una causa, la muerte con un propósito, la muerte que parece, en este enloquecido mundo nuestro, una inexorable lógica de los acontecimientos, una brusca cesación de la vida que no podemos regular o dominar. La muerte es bastante común en todas partes.

"Pero la muerte no tiene aquí ni propósito, ni lógica, ni finalidad; es el resultado de la incompetencia y la insensibilidad del hombre, la obra del hombre, una cosa de horror lenta y reptante sin nada que la redima, la vida que se funde y desvanece en la muerte, con la muerte que mira desde los hundidos ojos y el marchito cuerpo mientras la vida se demora todavía un tiempo. Y por ello se entiende que no es razonable ni correcto mencionar una situación desdichada. Las autoridades de la India y de Inglaterra publican falsas informaciones. Pero no es fácil pasar por alto los cadáveres; se tropieza con ellos en el camino.

"Morirán un millón, dos millones o tres millones; nadie sabe cuántos morirán de hambre o de enfermedad durante estos meses de horror. Nadie sabe cuántos son los millones de jóvenes y niños que escaparon justamente de la muerte, pero que habrán de quedar sin desarrollo y destrozados de cuerpo y espíritu. Y el miedo al hambre y a la enfermedad seguirá cerniéndose sobre el país".

El cólera está en la calle

El cólera está en la calle, libre como los cuervos. Entre cada mil habitantes puede haber dos o más contagiados. Nadie lo sabe. Las autoridades sanitarias desistieron de combatirlo con posibilidades de éxito. Han confesado, ni tristes ni resignadas, simplemente realistas: "La epidemia está fuera de nuestro control".

Estraga el cólera a su víctima igual que mil diarreas simultáneas. En minutos, el enfermo pierde el 10 por ciento de su peso. Eliminada la sal del cuerpo, queda seco, exánime. A partir de entonces no se duerme ni se dormita; se oscila entre el tiempo y la eternidad.

Los hemos visto en el hospital Makahali. Los ojos entrecerrados, sin fuerzas para mantenerlos cerrados; los labios entreabiertos, sin energía para pedir un vaso de agua. Son tantos y el cuadro es tan repetido que la sensibilidad empieza con clausurarse a la compasión ajena y al temor por sí mismo. La personalidad amenaza deslizarse por un peligroso fatalismo, la impotencia en su expresión final.

En este mundo de sombras errantes y cuerpos tirados en la calle, nadie podría decir si el último bengalí expiró a consecuencia del hambre, la gastroenteritis o el cólera. El camino es el mismo; expulsado el hombre de sí mismo hasta el límite de su energía, no queda solución frente a su incapacidad para sobrevivir. Sin posibilidades para amar a la vida ni temer a la muerte, la cuna y el ataúd acabaron por ser iguales, el mismo cero dibujado por el mismo enigma.

El doctor George Curlin, norteamericano especialista en cólera y primer epidemiólogo en Bangladesh, proporcionó estos informes:

No hay vacuna en el mundo que sea eficaz contra la enfermedad. En condiciones normales, durante los primeros 90 días previene con un margen favorable de 80 por ciento; a los seis meses la eficacia se ha reducido al 50 por ciento; al año, la vacuna resultó inútil.

Sería infantil pretender el control de la enfermedad mientras no haya un cambio radical en el ambiente, que se mira imposible. El sistema sanitario es deplorable; los contagios, inacabables. El hacinamiento es una "forma de vida" donde no hay nada. Embotado el entendimiento, exhausta la imaginación, sin más horizonte que la misma miseria de todos los días, la misma hambre, el mismo andrajo, los hombres, parecidos a los animales, se juntan. Se defienden no saben de qué, y en realidad se atacan, pues generalizan sus enfermedades y desatan las epidemias.

"El cólera es doblemente benigno o doblemente cruel, no sé —y Curlin hace una mueca—, porque es una enfermedad que ataca sobre todo a los niños. Los fulmina como el rayo y muchas veces los deja muertos en las calles".

—¿Existen recursos para esta lucha?

Curlin se pone de pie:

—Disponemos de unos 80 centavos de dólar diarios por cama de hospital para combatir la enfermedad directamente. Vea mis manos —y muestra las palmas—. Así Dacca".

En la capital "no hay nada, pero un hospital está en servicio, como en Matlab. En el resto de Bangladesh, ni eso. Y el cólera se extiende por el país".

Bangladesh IV
En las profundidades de la miseria[*]

Dacca.- Zainul Abedin es el artista más famoso de Bangladesh. Ha recorrido el mundo en homenajes. Conoce a México y habla de "los tres grandes" con familiaridad.

Pinta la miseria, "porque no hay ojos para otra cosa"; pinta la muerte, "porque no hay ojos para otra cosa"; pinta la muerte, "porque no hay corazón para otra cosa".

Su casa es sólida, en un buen punto de Dacca. La comida es abundante. Sus dos hijos están sanos, fuertes.

"Tengo todo en el mundo de las carencias. Me siento explotador".

No siempre resiste el graznido de los cuervos y hay días sin ánimo para salir de la calle.

"Conscientemente quiero volverme inconsciente".

Richard Levine, epidemiólogo norteamericano, recorre el país desde hace dos años. Ha visto trabajar a las brigadas contra el cólera y la viruela. Ha conocido la extorsión de los oficiales sanitarios, siempre sobre el dinero, y supo de un nativo que vacunó en su pueblo contra la viruela, olvidó el tratamiento para sí mismo y murió.

En compañía de su mujer, bacterióloga suiza, y de su cuñado Fritz Siegeirst, que vino de Berna para visitar a su hermana, contrajo el tifo, pero no se irá, "porque hasta yo soy útil", reflexiona en voz alta:

"Es una sociedad normal, si un hombre roba a otro, uno gana dinero y otro pierde dinero. En la sociedad de Bangladesh, si un hombre roba a otro, uno gana dinero y otro pierde la vida".

Eleanor Agnes Johnes trabaja en los Servicios de Salud Rural. Es inglesa. Se graduó en la Academia de Ana Freud, hija del ilustre psicoanalista, severa hasta no consentir más de ocho alumnos por año.

"No hay estadísticas rigurosas —explica—. Pero de acuerdo con mi

---

* *Excélsior*, 8 de diciembre de 1974

experiencia, de cada cuatro niños que sobreviven, uno será hombre pleno. Me asusta el futuro. Bangladesh tiene hoy 75 millones de habitantes; en el año 2000 pueden ser 185 o 190 millones.

Catón Cuéllar, médico de Tamaulipas que investiga las epidemias propagadas por mosquitos, su casa un muestrario fotográfico de mujeres deformadas por la elefantiasis, los dedos, los brazos como muslos, las piernas como dos troncos, cuenta:

"Hace unos meses, frente a su carreta de madera, más barato que un animal, empapado en sudor, sólo fatiga y desnutrición, vi morir al culi que tiraba del carruaje. Otro ocupó su lugar, confundido el cadáver en la carga de palos de bambú".

El dato que agrega parece superfluo:

"No existen certificados de defunción de Bangladesh".

Sander Ashafruddin, director adjunto de la Facultad de Psicología de Dacca, ha sabido de bengalíes que rezan a la comida, Alá encarnado en la tortilla de trigo, en el arroz, en el caldo de habas.

"Algunas madres —dice— despojan a sus hijos de sus raciones que están a punto de llevarse a la boca y cuando los pequeños mueren, lloran, lloran desesperadamente. El hambre es la pérdida de la identificación personal, la existencia sin puntos de partida".

Abdul Alí, de la Asociación de Exportadores de Yute, refiere su experiencia:

"La asociación reparte mil 500 comidas diarias en Naranyanganj. Soy el responsable de la distribución y he visto las caras de los hambrientos y de los locos. En algunos locos hay gasto de energía, azoro convulsivo en sus ojos. Están en la existencia. Los hambrientos salieron de la vida. El hambre es un disfraz de la muerte".

El ministro de Salubridad, hombre gordo que ofrece té, galletas y plátanos, resume:

"En diferentes grados, el 50 por ciento de los bengalíes tiene hambre".

Una escena en Elephant Road

No hay manera de acercarse a los hombres tirados en la calle, hablarles en un idioma que no conocen, hacerse traducir, y luego inquirir acerca de sus vidas, en las sombras de la muerte.

Guy Aroul, indio de Pondichery —al sur de Madrás—, hombre paciente y bondadoso, se comunica con ellos en indostano y bengalí. Dice lo que vio.

1974

"Abdul Samir, muchacho de unos 15 años, estaba sentado frente a una tienda de Elephant Road. Era tan pequeño su dhoti (tela enrollada como vestido) que apenas le cubría la cintura y los muslos. Cuando me acerqué, quiso decir algo. Me pidió limosna con la mano y como no tenía fuerza para hablar, me miró con ojos fijos, que es no mirar. Le pregunté qué necesitaba y susurró que se sentía sin fuerza para ir al hospital (a tres cuadras) y que vomitó todo lo poco que había comido el día anterior. Le di para que comprara dos chapattis (tortillas) y un plato de vegetales. Aceptó. Insistí para que comiera algo de inmediato, pero no quiso. Le pregunté si necesitaba medicinas y con la mano me indicó que Alá lo cuida.

"Mumtaz Bergum, viuda de Boroshal, vino a Dacca con sus hijos para intentar vivir. Estaba vestida con un sari muy sucio y a punto de llorar. Frente a ella, sobre un pedazo de tela blanca, yacía el cadáver de su hijo, de tres meses, muerto esa mañana por alta fiebre y falta de ropa. Fue al morir cuando el niño tuvo por vez primera con qué cubrirse. Algunos transeúntes habían dejado monedas para ayudar al entierro.

"Omar Mohamed fue pescador en Chittagong y perdió el empleo. Vino a Dacca para trabajar como culi y no encontró empleo. Se instaló en New Market Area, cerca de Dhonomongi, la zona de la alta sociedad, de los grandes jardines, de algunos Mercedes Benz, de las preocupaciones por el futuro, que el presente no angustia en el interior de las sólidas casas estilo inglés. Mohamed permanece en el mismo sitio las 24 horas, sentado durante la mañana, acostado la tarde y la noche.

"Ali Mian está en Motijheel Road, la zona comercial de la ciudad. No podría describir lo que tiene. Parece que el hambre es una enfermedad como el desempleo. Vino de Dinajpur, la región de las sequías. Vendió su rickshaw (el carrito oriental de la esclavitud) y dice que está contento con su destino, con lo que destinó Alá para él.

"Bajo un árbol de neem, en Shahbad Road, Ibrahim Karim ni quiere irse de Dacca ni quedarse en Dacca; no quiere ir al hospital ni quedarse en la calle; no quiere comer, porque vomita, ni dejar de comer, porque se siente peor. Parece que no piensa nada. Está como muerto".

Bangladesh V
Reseña de lo que amenaza al Tercer Mundo*

Dacca.- El tercer mundo debe mirar a Bangladesh con atención y aprender de su dolor. La tragedia que aquí se ha producido puede repetirse en los llamados países en vías de desarrollo. Falta de alimentos, una inflación galopante, abrumador y desquiciante el desorden internacional, todo conduce a tiempos que pueden ser los tiempos de la desesperación.

En una oficina adornada con una flor de Nochebuena, el escritorio igual que un pupitre, una pluma, un lápiz, una goma y algunos papeles sobre la madera lisa, el canciller y ministro de Recursos Naturales, Kamal Hossain, dijo en el más sencillo de los lenguajes:

"El pueblo de Bangladesh y sus problemas representan, en su expresión más cruda, el problema que enfrentan los países nuevamente independizados. La cara de la muerte, la cara del hambre, la cara de la mala nutrición, la cara de los niños que llegarán a viejos y seguirán en las tinieblas de la debilidad mental, es la reseña de lo que ocurrirá en las naciones en vías de desarrollo, a menos que se haga algo para luchar eficazmente contra la injustica e invertir este proceso ignominioso".

Pero si escucha alguna palabra que le interesa, la actitud cambia y la pasión se expresa en el doctor en Filosofía de la Universidad de Oxford y miembro del Colegio de Abogados de la Gran Bretaña, catedrático de la Facultad de Derecho en la Universidad de Dacca y exmiembro de la Suprema Corte de Justicia de Pakistán.

"Usted seguramente ignora lo que es un muerto en la mejor avenida de su ciudad, un muerto por hambre, un hombre por el que nada pudo hacer el gobierno, a pesar de sus esfuerzos y su lucha. Es una agonía, una agonía mortal y por mortal quiero decir lúcida. Es la agonía del hombre vivo y pleno, dueño de sus facultades, dueño de sí, pero impotente como

* *Excélsior*, 9 de diciembre de 1974

el hombre que muere de hambre. Son dos muertes en una. No puedo describirle en palabras todo cuanto esto significa".

La entrevista con Hossain

Entre docenas de puertas a uno y otro lado de un pasillo estrecho e interminable, dos macetones con flores color jacaranda indican la oficina del doctor Hossain. La sala de espera es la de un consultorio sin recursos. Un sofá y dos sillones viejos y maltratados, una silla elemental, una mesa pequeña y ligera. Al canciller, de 37 años, no le gusta que dormiten sus visitantes. Recibe en punto.

Viste la ropa de algodón de los hombres del gobierno. Pero la suya es una camisa de vuelo tan amplio que parece abrigo y mangas tan anchas que parece bata. Ofrece y se sirve té. Quedarán llenas las tazas.

Principia su voz, lenta y grave:

"A sus órdenes".

—¿Han recurrido ustedes ya, en forma directa, a los países vecinos y sobre todo a los que ayudaron a Bangladesh a lograr su independencia (India y la URSS) para conseguir la ayuda urgente que evite los peores efectos de la hambruna? ¿Qué ayuda han recibido de los Estados Unidos? ¿Cuál de los organismos internacionales?

—Hemos recurrido a todos los países amigos del mundo y a los países de la Comunidad Económica Europea, a través de nuestras misiones diplomáticas. Les hemos hecho saber la magnitud de nuestros problemas y también hemos mantenido informado al secretario general de la ONU y al presidente del Banco Mundial. Hay quienes nos han ofrecido ayuda bilateral; quienes, créditos; quienes, alimentos. Un consorcio se reunió en París para considerar la ayuda que podría prestarnos un grupo de naciones.

—¿Ha sido suficiente la ayuda?

—Suficiente es un término relativo. Pero en términos absolutos puedo afirmar que necesitamos más. En este año se perdieron las cosechas y nuestro déficit es de 2 millones 700 mil a 800 mil toneladas. Descontado el auxilio ofrecido, tenemos faltantes por un millón de toneladas de granos. La ONU nos hizo llegar 10 millones de dólares, dinero con el que cubrimos los fletes de los alimentos que nos enviaron naciones amigas. El hambre ha sido dolorosa y extrema. Los granos han ido directamente de las bodegas de los barcos a las bocas de los hambrientos. En la emergencia, los minutos cuentan como los días y los meses. Por fortuna, siguen llegando granos.

—¿Existen pruebas o elementos de juicio suficientes para afirmar que los granos se emplean también como arma de presión o intimidación política contra los países débiles? Castro hizo la acusación contra los Estados Unidos, precisamente a propósito de Bangladesh.

—No sería apropiado que hablara acerca de este asunto. Bangladesh ha recibido ayuda de los países que tienen excedentes. No debo comentar nada sobre el particular.

Un país que fue de esclavos

—¿Cree usted que ha sucedido al colonialismo un imperialismo financiero con formas de explotación antes desconocidas?

—La situación económica mundial ha mostrado que existen muchos problemas para los países en vías de desarrollo y que los países avanzados siguen teniendo una situación privilegiada. Las dificultades de países como Bangladesh y mis propios sentimientos están reflejados en la Declaración de Argel. Bangladesh, como el Tercer Mundo, ha sido afectado por la inflación universal, que significa alza en los productos manufacturados e iguales precios para nuestras materias primas de exportación. Esta situación, que agrava la miseria de los pobres, crea un mundo todavía más injusto. Las naciones en vías de desarrollo deben adoptar medidas y resoluciones conjuntas. Las naciones poderosas deben entender que el mundo es uno solo y que los problemas, a la larga, afectarán a todos, sin salida posible para unos cuantos, como es la creencia de la insensatez.

—¿Es la inflación, en sus consecuencias, una forma de colonialismo?

—Imposible negar que la inflación impone nuevas y más pesadas cargas a los países en vías de desarrollo. Pobreza sobre pobreza, miseria sobre miseria.

—¿Por qué existe un contraste abrumador entre Europa y los Estados Unidos, por una parte, y Asia y América Latina por la otra, en cuanto a desarrollo técnico, adelanto científico y energía creadora? ¿Qué ha hecho de Bangladesh una de las regiones más atrasadas de la Tierra?

—Es la herencia histórica del colonialismo. Es también el destino de Bangladesh, que enfrenta los resultados de una explotación secular. La historia del colonialismo ha sido una constante transferencia de recursos del país explotado al país colonialista. En este subcontinente hay mucho algodón. Inglaterra se lo llevó todo y no desarrolló la industria nativa, pero sí su industria en la metrópoli.

"Después de Inglaterra, fue Pakistán el país explotador. La junta militar tenía su sede en Occidente y de manera sistemática trasladaba allá los recursos que extraía de lo que hoy es Bangladesh, el antiguo Pakistán Oriental. El 70 por ciento de las exportaciones de yute, canal de divisas, iba para Pakistán Occidental. Para nosotros quedaba el sudor y el atraso, la quietud de los siglos. Construyeron con nuestros recursos obras y presas para el control de inundaciones, en su territorio. En Pakistán Oriental, nada. Nuestros campos se inundaban y se inundan como usted ha visto, el país bajo el agua. Podríamos tener tres cosechas anuales, pero Pakistán no estaba interesado en el desarrollo de hombres a los que trataba como esclavos. En un sentido vivimos en el principio de la creación; en otro, en el término de los siglos.

Una raza a la que hay subyugar

—Un pueblo que permanece rezagado también debe atribuirse algunas culpas. ¿Cuáles serían las culpas de Bangladesh en su hambre crónica y su atraso secular?

—Tenemos que agruparnos y formar equipos que trabajen en los distintos campos de la producción. Hace apenas tres años conquistamos la independencia.

—Bangladesh conquistó la independencia, pero no conquistó la libertad para sus hijos, que mueren de hambre. La independencia para el Estado, el hambre para los ciudadanos. ¿No es una paradoja cruel?

—Pero ¿usted sabe, imagina usted lo que es la independencia política para Bangladesh? Es la oportunidad para desarrollar la independencia económica y la libertad personal. La independencia política es el primer paso, y la libertad personal, la suma de todos los pasos, el recorrido completo. Hasta ahora empezarán los bengalíes más pobres, son casi todos, a desarrollar su personalidad. ¡Cuánta severidad para un país con 34 meses de vida independiente y 225 años de esclavitud! Doscientos años fuimos esclavos de los ingleses, 25 años esclavos de los pakistaníes. En esa situación es difícil juzgar a un pueblo.

El doctor Hossain mantiene los ojos en los ojos de su interlocutor. Hay hechos que no se pueden olvidar:

"A finales de siglo se nos decía que los ingleses eran la raza imperial, con derecho divino a gobernarnos y mantenernos en la sumisión; si protestábamos se nos recordaba que 'una raza imperial tiene cualidades de tigre'.

"Hace tres años, los soldados pakistaníes violaron a nuestras mujeres, tratadas con igual brutalidad las niñas y las ancianas. [Unas] 200 mil contrajeron enfermedades venéreas y 200 mil se salvaron del contagio. Pero todas pagaron como culpables. Los padres rechazaron a sus hijas, los maridos a sus esposas, los hermanos a las hermanas. Intocables en público, los pakistaníes hicieron públicas las violaciones, secuestradas las mujeres en los cuarteles de la turba.

"Nuestra independencia fue un parto. La sangre aún está fresca".

—¿Ayuda la religión a vivir al pueblo bengalí o le nubla el problema de la existencia humana?

—Derivamos fuerza de la fe religiosa. Nos permite enfrentar las calamidades naturales y los problemas que estúpidamente creamos los hombres.

—¿Es el fatalismo una forma de derrota? .

—Nosotros no somos fatalistas ni queremos serlo. La religión [Hossain es musulmán, como el 85 por ciento de los bengalíes] nos enseña que la cabeza sólo se inclina frente a Alá. Yo no bajo la cabeza frente a ningún hombre. No la bajo ante el jeque. La inclino ante Alá.

—Nehru pensaba que la religión ha perdido espiritualidad en todo el mundo.

—El rito es malo, la fe es buena. Se ha abusado del rito. Sobran templos.

—¿No parte usted de un concepto muy "occidentalizado" de la religión?

—Los pensadores interpretamos la religión, no los fanáticos. Ellos la sufren y la pervierten.

—¿Qué es la muerte?

—El principio de otra vida.

—Si hay otra vida, ¿interesa ésta sobremanera?

—Mi religión dice que no hay que sacrificar aquí por la otra. Debemos vivir mejor aquí y vivir mejor allá.

—Y mientras llega la otra vida, ¿qué piensa de esta que estamos viviendo?

—Para cualquier hombre que piense directamente, el mundo evoca un sentimiento de angustia.

VOLUMEN IV

1975-2014

Nota del editor

Cuando en las recámaras del poder en México ya se urdía la trama de traición que terminaría con su dirección en *Excélsior* en julio de 1976, Julio Scherer García tuvo aún la oportunidad de hacer dos series de reportajes excepcionales: viajó a Bangladesh para narrar la tragedia de un país cuya población moría literalmente de hambre; y abrió las entrañas de la operación de Washington que culminó con el golpe militar en el Chile gobernado por Salvador Allende. Poco tiempo después, reaparece en las páginas de la revista que funda y dirige, *Proceso*. En este cuarto y último volumen de *Periodismo para la historia* incluimos un apartado al que decidimos titular "El legado de don Julio", compuesto por textos e intervenciones públicas del periodista que ofrecen partes esenciales de su pensamiento, de su filosofía de la vida, de sus reflexiones sobre el poder, la moral, la ética, la corrupción y, al final, sobre el valor insondable que daba a la amistad.

1975

Bergman, hielo y brasa, según Bibi*

Estocolmo.- Marilyn Monroe fue la mujer de *El castillo* de Kafka: abrió y abrió puertas que no la condujeron a lugar alguno, porque a ningún sitio desembocaban. Una puerta llevaba a otra puerta y la puerta abierta a otra puerta también abierta. La locura del laberinto es una sola, pero la locura de quien espera encontrar y nada halla, ardor y frustración que se repiten y vuelven a repetir, son muchas locuras a la vez y ninguna para siempre.

Ella era así. Juntas, lado a lado, la necesidad de ser amada y la incapacidad para amar. Manos sin dedos y un cuerpo deshabitado fue todo cuanto pudo ofrecer. Cuando comprendió, se mató.

Bibi Andersson, una de las criaturas de Ingmar Bergman, protagonista de *Silencio, Fresas salvajes, Persona,* referencia inevitable para los cineastas del mundo entero, recuerda los días en que representó a Marilyn Monroe en los Estados Unidos. Extrañamente bella la actriz sueca, la frente sin sombras, plácidos los claros ojos azules, blanco el rostro, dorado el cabello, concentra la pasión en los pómulos salientes y las mejillas enjutas. Sus labios tienen la fuerza simple de la sensualidad.

—¿Por qué llegó Marilyn Monroe a una última puerta?

—No tuvo una identidad profunda, una identidad propia. Creyó que todos los problemas podía resolverlos el amor y al amor le hizo demandas excesivas. El amor no se utiliza, porque no es instrumento. Arthur Miller representó para Marilyn Monroe la seguridad del padre. Fue el calor, el refugio. Pero ella quería más. Y él, a su vez, vivió la turbadora sensación de exhibirse con ella.

Piensa Bibi Andersson que la identidad es tierra firme dentro de uno mismo. Ha de escuchar el individuo sus propios pasos, comprobar que avanza hacia algún sitio. Por dentro se camina, como se camina por fuera.

---

* *Excélsior,* 28 de mayo de 1975

El ser sin identidad es un océano sin islas. No tiene manera de iniciar una vida sobre el agua.

"Detesto hablar de Bergman"

La entrevista se desarrolla en un restaurante a la vuelta del teatro Dramaten, donde Bibi Andersson representa a Shakespeare. Viste pantalón blanco y una blusa con toscos bordados cosidos a máquina. Su ostentación es un anillo insignificante en el anular de la mano derecha.

La primera pregunta es acerca de Bergman.

"Detesto hablar de Bergman".

La segunda pregunta es acerca de Bergman.

"Detesto hablar de Bergman".

La tercera pregunta:

—La vida de relación es un punto de coincidencia y un reparto de fuerza o no hay relación posible. ¿Qué es usted en manos de Bergman y qué es Bergman en las manos de usted?

—Nuestra relación se basa en el amor y en un desafío recíproco. Él conoce mis aciertos y mis errores a fondo, y yo sé a fondo, también, de sus exaltaciones y sus caídas. No hay ventajas para nadie. Cuando estamos juntos, uno y otro sentimos la necesidad de la cautela.

"Esta relación crea limitaciones y deslumbramientos. Hay épocas en que el trato es convencional, aburrido, artificial hasta la congelación de la sangre. Pero de pronto la tierra cruje y se abre. El director tiene la necesidad de asombrar a su intérprete o no la retiene, y la actriz ha de sorprender a su director o éste acabará por irse".

Hay pruebas de esa acechanza mutua para producir en el otro la descarga de lo inesperado. En *Persona*, Bibi Andersson habla de la vez que hizo el amor en una playa y cómo la escena fue presenciada por una amiga suya y un muchacho. La descripción que hace del episodio hizo exclamar a Bergman: "Bibi Andersson está magnífica en esa escena, porque cuenta la experiencia en un tono de voz de impúdica lascivia. No tengo la menor idea de dónde ha podido sacar ese tono".

Los hallazgos

—Si es verídico que la relación artística da un conocimiento más profundo del otro que la vida en común, usted seguramente conoce las raíces en el fenómeno creativo que es Bergman. ¿Cómo nació el arte? ¿Cómo lo alimenta?

—Pienso que son muchos los hallazgos de su obra que sólo se explican por sus antecedentes familiares. Pero yo creo que existe en Bergman, sobre todo, un cierto misticismo. Hay fenómenos que no se pueden explicar, porque la razón nada puede frente a su complejidad. Bergman es una mezcla de inteligencia, sensibilidad e intuición.

"Tiene misterios que oculta a los demás y se oculta a sí mismo. Conmueve su temor a la muerte, él, que ha dicho que no cree en la otra vida porque ésta le proporciona cuanto necesita. No puede dejar de lado los problemas religiosos y a veces quiere prenderse de los hombres como si fueran rocas. Pero sabe que nada le ofrece seguridad y que lo único que le hace avanzar son sus adivinaciones, la mezcla de brasa y hielo de su mundo interior.

—¿Cómo supo usted de la intuición de Bergman?

—Percibe a los seres humanos, los cerca, los atrapa. Quizá ni él lo sabe. En su relación con los demás, así se equivoque, siempre hay un elemento de verdad que impone. Es tal su fuerza, tal su pasión, es tan original su pensamiento, que no hay manera de contradecirlo. La verdad que Bergman descubrió en mí, por ejemplo, es la verdad que acabó siendo la verdad para mí misma, así hubiera estado equivocado él y así hubiere estado equivocada yo.

"Bergman me recuerda a un personaje de Ibsen. A un insensible, indiferente a la vida y muerto para la muerte, lo convenció de que la muerte era aterradora. Así Bergman. Nos convence de cuanto quiere y desata en nosotros capacidades y posibilidades que empiezan por asombrarnos y terminan por asombrarlo a él.

—¿De qué otra manera llamaría a la intuición en Bergman?

—Yo diría que es una dimensión extra de su personalidad. Para nosotros, los actores, esa dimensión extra es de una intensidad anormal.

—¿Busca Bergman un modelo de vida para sí? ¿Lo busca para los demás?

—No quisiera penetrar a esos terrenos, coto de Bergman. Sé, eso sí, que tiene enorme capacidad para proponer modelos de vida a los demás. "Tú debes ser así y así", argumenta. Y uno termina por ser así y así… hasta el despertar, que pudiera no ocurrir nunca.

—¿Cuánto queda del Bergman religioso?

—No podría decir más de lo que expresan sus películas. La respuesta a su pregunta depende de cada espectador. Para algunos, que son sensibles, las inferencias religiosas de Bergman pueden ser inacabables. Para otros, los datos religiosos son apenas perceptibles. Para mí el problema religioso no es capital en las películas de Bergman. El hombre como tal es el que

importa, centro de sí mismo, referencia de los demás, centro de los demás, referencia de sí mismo.

—¿El círculo eterno?

—El eterno círculo.

Moralista, no puritano

—¿Cuál es la continuidad del niño Bergman en el adulto Bergman?

—Trabajaba hace cuatro años en una película con él. Hoy quizá Bergman sea distinto al que conocí entonces.

Bibi Andersson no quiere hablar más acerca del director. Se echa el
cabello para atrás y prueba su ensalada de lechuga. Para beber ha pedido
agua. Y para el final, café.

—¿Qué significa para usted la vida en un mundo que incluye a Dios?
¿Significa algo la muerte en un mundo sin Dios?

—No creo en Dios, pero vivo como si Dios existiera. Constato que un
mundo sin Dios sería el caos y con eso quiero decir que Dios da sentido a
la vida de muchos hombres que, de otra manera, no sabrían qué hacer en
este mundo. Es terrible, sin embargo, que la religión asocie a la existencia
de Dios al dios, con minúscula, que castiga. El castigo es tan abrumador que
no hay manera de enfrentarlo y por eso hay quienes prefieren renunciar a
vivir antes que pecar. Y vivir para no pecar es una manera de morir y pecar.

—¿La ha influido Bergman en estas ideas?

—Nada. Bergman me influyó mucho, pero en otros aspectos de mi
formación artística. Me conoció muy joven, cuando yo tenía 19 años. Me
costó tiempo y esfuerzo evaluar y procesar sus enseñanzas. Bergman es un
moralista por herencia familiar y yo no lo soy por temperamento. En la
familia de Bergman fue continua la instrucción religiosa. Del castigo de
Dios se hablaba siempre. Es su bagaje.

—En definitiva, ¿qué dejó Bergman en usted?

—Una visión del arte. Me es muy difícil explicarme. Diría que todo
depende de lo que esté mirando ahora. Si usted me ayuda a abrir los ojos
para que vea más allá de mi mirada; si usted abre mis sentidos más allá de
mis sentidos, usted me da una conciencia del arte.

Bibi Andersson pregunta:

—¿Qué es para usted la vivencia artística?

—Una conmoción.

—Sí, creo que sí. Muchas personas tienen los sentidos muy limitados y
son atraídas sólo por estímulos raquíticos. El arte es una manera de hacer

que el hombre crezca más allá de sí mismo, que se rebase hasta no darse alcance jamás. A mí no me gustan las escenas divertidas. Me aburren, así me ría a carcajadas. Esto no significa que el arte no pueda divertir. Pero la diversión por la diversión es el sueño sin ensoñación.

La lechuga en la boca le hace guardar un segundo de silencio.

—Cuando tengo un rol, sé lo que tengo que hacer... hasta que Bergman aparece y modifica las cosas. Bergman es la aventura, el episodio inesperado, aunque no la pérdida de la orientación.

—¿Será su secreto? ¿Capacidad para cambiar sin modificarse?

—Bergman interpreta su propia persona, pero experimenta en los demás. Dueño de sí mismo, maneja a los otros. No digo esto en sentido negativo. Yo creo que todos los artistas hacen lo mismo.

—Y para el público, ¿qué destina Bergman?

—Me parece que no piensa en las opiniones que su obra pueda despertar en el público. Bergman hace su tarea. Si alguien la ve, se siente satisfecho y es feliz. Pero no especula ni hace trampas con las posibles reacciones de los espectadores.

—¿Qué se propone Bergman? ¿Perturbar? ¿Comunicar siempre algo importante e impresionante?

—Sí, en cierto modo. Pero la forma que elige para perturbar es una expresión de sí mismo. Cuando perturba no es con la intención de perturbar por perturbar. Bergman es moralista, no puritano. Quiere el bien, no la perfección.

—¿Es sensible al éxito?

—No. Es ambivalente. Le gusta, pero se niega a pagar cualquier precio por él.

Las cinco historias

—¿Bergman, siempre Bergman? —pregunta Bibi Andersson como quien pide que la alejen de él.

Se hace el silencio. Ella se lleva el café a los labios.

—En su caso, ¿qué le debe la mujer a la actriz?

Piensa detenidamente.

—Distintas cosas. No podría hablar de una principal. Es posible que sean cinco los roles en que pude ver claro dentro de mí y más allá de mí misma.

"La primera enseñanza fue en *El séptimo sello*. Me resultó maravilloso simbolizar el amor y la belleza.

"La segunda enseñanza fue en una obra de teatro sueca, *El cuento*. La dirigió otro Bergman, Halmer. Representó para mí el descubrimiento de la poesía y la más tierna inocencia.

—¿...?

—Es la historia de una muchacha que murió por sufrimientos de amor. Se suicidó en una fuente, metida la cabeza en el agua hasta que la corriente se llevó su espíritu. Pero cada vez que una mujer necesitaba apoyo, abrumada por desengaños amorosos, su espíritu escapaba de la fuente e iba en pos de la desdichada. Pero lo hacía con buen humor y hasta era un poco mala. La obra es un monólogo de 40 minutos, mezcla de prosa y poesía.

Bibi Andersson anula su propia pausa:

"En la vida hacen falta personas así. La bondad reseca es la forma redonda del desprecio.

"Cuando representé a Marilyn Monroe en *Después de la caída*, de Arthur Miller, entendí todo cuanto es la femineidad destruida. Marilyn Monroe fue un ejemplo extraordinario de mujer quebrada, insaciable de amor e incapacitada para amar. Es un nudo que la vida no desató. Lo desató la muerte.

"En *Persona* abrí los ojos a una realidad extraña: ser la número dos en la familia, el segundo hijo. Es decir, tener siempre, para toda la vida, alguien delante de mí. Se es, pero no se es del todo, porque no se es el primero. Se es, pero las huellas no son las originales. Se es, pero se pudo o se debió ser de otra manera, sin un descubridor al frente. El problema es tan profundo que, aun si se llega a ser el primero por el esfuerzo, la constancia o el mérito, el segundo sigue marcado como segundo.

"Conozco algunas posibilidades de la psicología moderna. Me han dicho que es fácil distinguir en una familia al número uno, al número dos, al número tres y que ser el número uno, el número dos o el número tres deja impresiones determinadas que no se superan. *Persona* me reveló un complejo de inferioridad que podía controlar, pero no eliminar, o sea, que pude vencer a medias. Para siempre quedaría agazapado el pequeño monstruo en algún rincón de mi alma.

"La quinta historia fue *Casa de muñecas*, de Ibsen. Una esposa del siglo pasado que deja a su familia, que se rebela contra todos con tal de hacer su propia vida. Imagínese, en tiempo de Ibsen, en una sociedad cerrada como ya no existen ahora.

"Yo creo en esa historia. La esposa no sabía a dónde ni cómo iba a hacer su propia vida, pero comprendió que no podía hacerla a la sombra del marido. Tal vez la conciencia y la moral del esposo eran mejores que su propia conciencia y su propia moral, pero ella tampoco quería ser la mejor, sino ser ella misma. Cada quien ha de vivir según su propia capacidad y de acuerdo con sus impulsos genuinos y no según la capacidad de los otros y en función de reglas ajenas. En el teatro y en el cine comprobamos que la autenticidad hace al actor. Creo que la norma se aplica también a la vida. Mejor dicho, que la autenticidad de nuestra vida hemos de trasladarla al cine y al teatro".

El lado oscuro

Hace algunos años, en los Estados Unidos, Bibi Andersson fue entrevistada por televisión. Cuando el animador le preguntó si le gustaría vivir en el país, repuso que no.

"Tengo la impresión de que la sociedad me asignaría primero y me impondría después un papel. No es la vida que quiero vivir".

De alguna manera admiró a Marlon Brando por encima de todos los actores. Le atrajo el tipo de sensualidad que representaba y creyó que correspondían a su sensualidad física formas de sensualidad mental.

Frente al silencio que la interroga, Bibi Andersson comprende que no se ha explicado suficientemente:

"La última sensualidad no es la del cuerpo, sino la de las ideas. Me pareció que Marlon Brando reunía las dos".

Pero el personaje se le fue reduciendo. Marlon Brando es avaro consigo mismo, se reserva, se acurruca, es su propio dueño y es su propio guardián.

"Habla y se mueve bellamente. Pero en la vida no se encarna. Es la certidumbre que me han dejado sus últimas entrevistas".

El lenguaje de los meseros se deja sentir. Miran sus relojes con el descaro universal que los hace inconfundibles.

—¿Cuál es el lado oscuro de Bergman?

—¿Qué quiere decir por oscuro?

—Escondido.

—Bergman no es una persona. Bergman son dos personas. Una de esas personas es el miedo.

—¿Miedo de qué?

—De la vida. No sale de su isla, no viaja, no concurre a cenas. El otro Bergman es el del encanto.

—¿No hay mucho más?

Ya en la calle, el frío en la cara, Bibi Andersson responde y calla, todo a la vez: "Yo sé que el Bergman del poder daña al otro Bergman".

Argentina: la Presidente, cautiva de su impotencia*

Buenos Aires.- La pérdida de la autoridad en la Casa Rosada y la guerrilla en la calle son los datos que resumen lo que se llama, sin eufemismos, la más grave crisis en la historia del país. Se agrega la ola de cesantes que ya se deja sentir, nunca antes conocida en la magnitud que la actual. Calabró, el gobernador de Buenos Aires, dijo que las organizaciones se estremecen: han empezado los despidos en masa y para septiembre puede haber millón y medio de trabajadores sin empleo.

Como en la guerra, Los Montoneros dan a conocer sus partes en revistas clandestinas. Un mes informan: ejecuciones, 17; ametrallamientos, 34; detenciones, cinco; caños y voladuras, 20; recuperaciones, 20; allanamientos, cinco; propaganda armada, ocho; copamientos, seis; otros, dos. Bajas del enemigo, 31 muertos; detenciones, cinco; heridos, seis. El 26 de julio pasado miles de sus hombres hicieron explotar 400 bombas en la capital y en las principales ciudades. Saludaron: "¡Perón o muerte! ¡Viva la patria! ¡Hasta la victoria, mi general!".

El país vive angustiado, aunque se estrenen 14 películas a la semana; se tiene el estadio de River Plate en vísperas de su coronación, después de 18 años de perseguir el campeonato; los restaurantes se vean concurridos y por la Florida las tiendas, todas, permanezcan abiertas. Pero los síntomas empiezan a ser evidentes: hay anuncios de "liquidación" en cada cuadra y obras de teatro que crispan el alma, como *El señor Galíndez*, cuyo tema es una herida con el cuchillo al rojo: ¿es la tortura una profesión?

Cautiva de su impotencia vive la Presidente. Personifica el cargo sin el contenido, la autoridad aparente. Los Olivos, su parque-residencia, fue transformado en cuartel. Donde se contemplaban árboles y flores hoy se miran los accesos prohibidos, los fusiles, una barda digna de un presidio. Altas murallas en vez de tres líneas bien disimuladas de alambres de púas

---

* *Excélsior*, 18 de agosto de 1975

marcan la diferencia entre el ayer de la viuda de Perón y la actualidad de Isabel Martínez.

Aun en público ha perdido el dominio sobre sí misma. El 7 de julio, en la cena de la Camaradería de las Tres Armas, flanqueada por el arzobispo de Buenos Aires y el comandante general de la Fuerza Aérea, brigadier Fautario, se dirigió a éste y le preguntó en voz baja, pero no tanto que no la registrara el micrófono, a corta distancia de ella:

—¿Puedo decir en voz alta "por la patria"?

—Pues dígalo, señora.

El diálogo fue escuchado por el país.

En la plaza que ha sido como la historia de la nación habló a 30 mil trabajadores que habían ido a escuchar el mensaje anual del 1 de mayo. Conoció del buen humor de Perón frente a la multitud, orador maravilloso como todos dicen que fue. Perón se permitía las bromas y los chistes fluían igual que las consignas. Quiso ella imitar al teniente general y como empezara a llover se le ocurrió decir:

"Ahora váyanse a casa, porque si no después mamita les tiene que poner la bolsa de agua caliente".

El país entero supo de la arenga.

Hay dos Isabeles:

La del cartel, la actitud heroica, la frente alzada, bello, a veces bellísimo el noble rostro. Es la Isabel de las fotografías en los periódicos, la pulcra reseña de sus audiencias a ministros y embajadores. La heredera por decreto del principio justicialista de la verticalidad: "Perón manda, el pueblo obedece", culto a la infalibilidad de un hombre.

Pero existe la otra Isabel, la que incita al comentario frívolo, la Isabel de la historia fácil que comienza en ironía, sigue en sarcasmo y termina en injuria.

Entre tanto, la ciudad conserva su disfraz. Por todos lados se miran retratos de Perón, la proclama al pie del perfil aguileño, el mapa del país concebido como una parte del mundo, porque el mundo es el rostro de Perón.

"Perón eterno" se lee en las bardas de Buenos Aires y en las bardas de las afueras de la ciudad. "Perón, qué grande sos", como canta el himno justicialista, canto que Perón cantó cuando fue presidente. "Perón, qué grande sos", pueblo él, líder él, la patria él, el futuro él.

Perón inmortal

Duerma, mi general, en las manos del cielo.
A Perón se le piensa como a un dios. El héroe no es de su talla y al santo le falta el heroísmo de Perón. Hubo argentinos que se declararon niños a su muerte, huérfanos perdidos en la patria irreconocible.
José María Castiñeira escribió:

La noche tiene el peso de una lágrima inmensa
y el color de una pena que jamás conocimos.
Hemos quedado solos en medio de esta muerte,
como niños perdidos Dios sabe en qué caminos.
La pena nos hermana; y al mirarnos los ojos
vemos en otros ojos un dolor compartido.
Bajo el aire cruzado de la noche y la lluvia
se acongoja en los rostros una angustia sin gritos.
Es como si de pronto, bajo el arco del cielo,
la Patria se nos fuera muriendo entre los cirios.
Todo el dolor del mundo se arrodilla en nosotros
en esta noche oscura del destino argentino.
¡Duerma, mi general, en las manos del cielo
y en este amor unánime del pueblo que lo llora!

Parecía difícil, casi imposible tocar a Isabel: su esposa y la vicepresidenta en último gobierno. Ella era él. Y él, el pueblo justicialista. Las primeras censuras a Isabel fueron como las censuras al padre.
Pero el crimen, la bancarrota, la pérdida de la fe y el nacer del pánico hicieron pensar que Isabel no era Perón. En el límite de la angustia, un jefe de partido, Francisco Manrique, excandidato a la presidencia de la República, le escribió una carta:
"Levante la vista, señora presidente, atraviese el cerco de mediocridades e intereses que la rodean, cierre sus oídos a las mezquindades y advierta que esta Argentina, que quizá usted no conoce en profundidad, espera, ya en el filo de la desesperanza, que la autoridad presidencial se recupere con actitudes claras y coherentes en función del país y no de un enloquecido e inoperante afán de perdurar".
Todo crujió. Perdida la verticalidad se perdió el rumbo. Argentina lo busca, pero no sabe qué hacer con Isabel, la esposa de Perón.

La espalda contra la pared

"Urge un acto de contrición nacional", dijo un diputado en el Congreso. "Falta fe", clamó otro. "El Estado exhibe un fracaso lamentable", acusó un tercero. "Estamos al pie del precipicio", sintetizó alguien. A principios de mes, frente al representante del gobierno, la Cámara de Diputados en pleno abordó el único examen de la situación que se ha hecho hasta ahora en términos amplios. La guerrilla, el terror, los secuestros, la impunidad, la quiebra económica, el reproche, las acusaciones, la desesperanza, todo salió a relucir en horas y más horas de debate. Las palabras de los diputados reflejaron un país azorado, contra la pared. Buscaron una solución, búsqueda que se agotó en sí misma. Se habló de reagrupar fuerzas, partir de cero.

Entre sus muchas afirmaciones, es posible que éstas den idea del momento que vive el país. Forman una crónica, el relámpago que iluminó la escena argentina.

Diputado Tróccoli:

"¿Qué pasó a partir del 1 de julio de 1974? —cuando asciende Isabel—. La Iglesia se vio sometida a situaciones equívocas en más de una ceremonia y nadie ignora que muchos sacerdotes y un obispo —importante obispo del mundo— estuvieron sujetos a la amenaza por esas organizaciones, cuya titularidad nunca se pudo desentrañar.

"Había un enfrentamiento total, una separación del gobierno con todas las áreas que integran el quehacer argentino. El saldo de todo esto fue negativo para el gobierno, desalentador para la sociedad y triste para toda la nación.

"La recesión ya no es una hipótesis, sino que se ha convertido en un hecho concreto y objetivamente comprobable. La reacción política es urgente, porque como muchas veces en otras ocasiones, estamos hoy al pie del precipicio".

Diputado Moyano:

"Ha habido errores políticos que han colocado a la señora presidente de la nación en circunstancias en que debió estar colocado tal vez un ministro, para que jugara a modo de fusible, de manera que si se equivocaba se quemara, pero no quemara toda la institución del Estado. También han contribuido a deteriorar la autoridad del Poder Ejecutivo las marchas y contramarchas que se aprecian en ciertas designaciones de gabinete.

"¿En qué medida se han esclarecido los centenares de muertos que en el último año han ocurrido por acción de organizaciones de represión terrorista que han actuado totalmente al margen de controles, por acción de estas organizaciones? ¿Cómo es posible que últimamente, con motivo del secuestro de los hermanos Born, hayamos visto publicada una entrevista de prensa dictada por el jefe o el presunto jefe de una organización clandestina? (Mario Firmenich, de Los Montoneros). Deseamos saber qué ha ocurrido con el rescate que declaró públicamente haber percibido esa organización guerrillera, que llegó a jactarse de que significaba un tercio del presupuesto anual de las Fuerzas Armadas Argentinas (el rescate ascendió, dijo Firmenich, a 60 millones de dólares).

"Ya hemos perdido la capacidad de asombro al constatar que toda persona que desempeña alguna tarea directiva de importancia tiene que institucionalizar el guardaespaldas. También hemos perdido la capacidad de asombro cuando oímos sonar las sirenas de algunos automóviles que no son vehículos del Estado y observamos a civiles armados que apuntan con sus armas desde las ventanillas de esos automóviles.

"La repercusión que en el sector de la economía tiene la guerrilla es gravísima. Lo es por el clima que existe en los sectores productivos, donde los empresarios están aterrorizados, por más valientes que sean".

Tener confianza, recurso retórico

Diputado Lorences:
"Cuando la confianza del pueblo se deteriora y el sistema institucional aparece incapaz de ofrecer las soluciones adecuadas, se abren las puertas a cualquier aventura que ninguno de nosotros desea, y que esto quedó bien claro, pero que seguramente muchos estamos empezando a temer.

"Hace pocos días, en una suerte de exorcismo colectivo sin precedente, el país excluyó de su seno a un hombre que consideraba nefasto para la marcha de los negocios públicos. Lejos ya del país ese hombre, debemos preguntarnos: ¿tuvo él toda la culpa de los males que estamos padeciendo? Si la contestación es afirmativa, debemos concluir que nuestras instituciones y nosotros padecemos de una debilidad extrema que hace posible este tipo de aventuras. Pero si la respuesta es negativa, debemos buscar la cuota de nuestra propia responsabilidad.

"En las trágicas plazas del Medioevo, las gentes quemaban a los brujos creyéndolos culpables de todos sus males. Las piras se apagaban y los males seguían. Si López Rega y su equipo han cometido delitos, que sea la justicia la que promueva la última palabra. Pero yo afirmo que el país no puede darse el lujo de seguir golpeando a una sombra. La seguridad pública ha decaído a límites nunca conocidos, pese a los esfuerzos de las fuerzas de seguridad y a la contribución del Ejército nacional".

Diputado Fernández Gill:

"Queremos saber qué piensa hacer el gobierno nacional para consolidar la autoridad presidencial, la que a nuestro criterio se ha visto gravemente afectada por una serie de hechos, causas y anécdotas que, por consideración para el país y respeto a la más alta investidura presidencial, no vamos a mencionar en este momento.

"La crisis que se origina en lo moral repercute en lo político generando anarquía, y en lo económico produciendo inflación con recesión, y en lo social con aspectos de subversión institucionalizada por su carácter permanente y una progresiva desaparición de la clase media que amenaza con deformar la composición misma de nuestra sociedad, arrojándonos precisamente en brazos de quienes desean provocar el caos y la anarquía para cumplir sus inconfesables designios de poder".

Diputado Insúa:

"La implantación del estado de sitio ha sido ineficaz para enfrentar la subversión y ha sido utilizada en no pocas veces para la persecución ideológica, para encarcelar ciudadanos que nada tienen que ver con las organizaciones subversivas y a quienes se mantiene presos sin proceso, sin posibilidad de defensa aun después de haber sido ordenada su libertad por los jueces competentes. Se extiende por toda la República el clamor de los familiares, el pedido y la protesta de diversas instituciones, partidos políticos y organizaciones profesionales, abogando por la libertad de centenares de presos políticos".

Diputado Valenzuela:

"Rescato una frase del señor ministro en la que se nos pide confianza a los argentinos y, por consiguiente, a los señores diputados. Estas frases me son conocidas y son reiterativas, pero evidentemente no existe hasta el momento la autoridad que inspire esa confianza.

"El diputado Insúa se refirió al problema de los presos políticos. Yo quiero hacer referencia a una larga y monstruosa lista de desaparecidos que ha llegado a nuestro bloque y al Ministerio del Interior con denuncias sobre torturas.

"Hay éxodo de gente joven por falta de fuentes de trabajo y, en definitiva, por carencia de apoyo de la nación. Si ese éxodo se materializa en fuentes de trabajo, en buena hora. Pero desgraciadamente en algunos lugares se materializa como una fuente de reclutamiento para la subversión".

El peso de la incertidumbre

Diputado Ferreira:

"Aquí urge un verdadero acto de contrición nacional para sacudir la carga de largos y profundos errores que se fueron acumulando durante más de cuatro décadas y que ahora explotaron en el rostro, entre asombrado y perplejo, de esta Argentina nuestra. ¿Qué pasó para que ocurriera una caída tan brusca? ¿Por qué este fracaso nacional si no perdimos ninguna guerra, si no sufrimos ningún cataclismo, si no enfrentamos la guerra civil vivida en otras comunidades? Argentina, en muchos aspectos, vive de manera ficticia aferrada todavía a una etapa y a una estructura que hace rato debieron ser superadas merodeando en los umbrales de su nuevo ciclo, pero sin atreverse a asumirlo en su plenitud. Y de esto somos culpables todos, civiles y militares, izquierdistas y derechistas, empresarios y gremialistas, políticos y apolíticos.

"El país y su crisis es el reflejo exacto de lo que nosotros, en conjunto, hicimos en esta etapa histórica que estamos examinando. Tiene el rostro que nosotros le dimos. Y es inútil que en ese entretenimiento de transferir responsabilidades, al que somos tan afectos los argentinos, busquemos echarle los galgos a un tercero. Estamos donde estamos por obra y responsabilidad nuestra, de todos nosotros sin excepción".

Diputado Monsalve:

"¿Podrá renacer la confianza que tanta falta hace cuando surge del comentario de los observadores político-económicos que un determinado grupo financiero comienza de pronto a comprar mercaderías de la más heterogénea línea en cantidades astronómicas, justamente hasta el día anterior a aquel en que los conductores de la economía estatal provocan un *shock* tan formidable como no ha conocido otro el país?

"Existen presos políticos, existen guerrilleros que responden a disímiles filosofías; existe un clima de temor y de inseguridad que se acentúa más o menos según sea el rincón del país que miremos.

"¿No considera (el señor ministro) que es denigrante el espectáculo que se da a pacíficos ciudadanos en lugares públicos, inclusive en los que se da de comer a los clientes y parroquianos, cuando entran protegiendo a un personaje, individuos que exhiben ostensiblemente armas de guerra de importación prohibida?

"Digo que no hay nada tan negativo, tan extremadamente negativo para la vida de un país que el no saber a qué atenerse. Y esto, no saber a qué atenerse, es el signo de esta hora desgraciada.

"Todos sabemos que sólo una circunstancia de azar nos podría salvar si fuéramos los elegidos como víctimas el día de mañana. ¿Quién no conoce el hecho notorio de que los organismos encargados de la seguridad apenas caen las últimas luces del día se recluyen en los establecimientos y que la ciudadanía queda liberada entonces, en materia de seguridad, a lo que cada uno pueda hacer por su propio provecho? El Estado exhibe un fracaso lamentable.

"¿Quién tiene la seguridad de que mañana va a poder viajar porque circularán los medios de transporte? ¿Quién tiene la seguridad de que mañana una fábrica va a poder funcionar? ¿Quién puede asegurar que al ir a un comercio se encontrará con las puertas abiertas?".

Lectura de unas cartas

Diputado Mira:
"No hacemos distinción entre los actos individuales de terror o de grupo. Todos tienen nuestra total condena, pero desde hace mucho tiempo hay una persecución hacia los sectores terroristas de ultraizquierda. Incluso con las Fuerzas Armadas, pero esas mismas medidas no se han tomado en relación a la ultraderecha. Las tristemente célebres Triple A llevan cometidos horrendos crímenes que suman más de 400, de 500, según algunos diarios. Dentro de esos atentados, en algunos, sus autores dejaron las huellas digitales. Sin embargo no se han tomado medidas para identificarlos.

"Queremos saber, en lo que se refiere a los presos políticos, en base a qué razones y motivos se resuelve la puesta a disposición del Poder Ejecutivo; qué organismos del Poder Ejecutivo comprueban la veracidad de las imputaciones que se postulan; qué posibilidades de descargo tienen los presuntos acusados de acciones contrarias a la seguridad pública y al orden institucional".

Diputado Sandler:
"Sin estado de sitio hay un orden que se ajusta más a los derechos y garantías individuales que aquel en que se aplica el estado de sitio. Quienes nos reunimos aquí el 25 de mayo de 1973 (cuando Cámpora fue presidente) de alguna manera entendimos que superábamos una etapa real cuando derogábamos toda la legislación represiva por unanimidad. Esta legislación represiva paulatinamente ha ido *in crescendo*, es decir, que, a pesar de esos valores constitucionales formalmente cuestionables pero esencialmente indiscutibles, nuestros pasos no se dirigen hacia un mayor ejercicio de una sociedad de hombres libres, sino todo lo contrario.

"Tengo sobre mi banca varias cartas dirigidas por presos políticos que no conozco. Una de ellas dice: 'Mi nombre es Norma Luisa de Fontana.

Me hallo detenida injustamente desde el 13 de noviembre de 1974, y fui sobreseída el 24 de enero de 1975, quedando a disponibilidad del Poder Ejecutivo por el decreto 1564'. Esta medida concreta de la puesta a disposición del Poder Ejecutivo siempre debimos pensar que había venido a sustituir una actitud netamente judicial, dándose mediante un acto del poder administrador. Pero ahora ocurre que el poder administrador enfrenta al Poder Judicial. Éste juzga, valora, medita y dice: 'Señor, está libre de culpa y cargo'. Pero el Poder Ejecutivo a su vez dice: 'Lo lamento mucho. Estará libre de culpa y cargo, pero no sale a la calle'".

Ataques a la CIA

"Pero yo me formulo una pregunta: ¿la penetración extranjera sólo opera a nivel del orden económico o también puede operar penetrando en otros órdenes de la sociedad? ¿Puede haber una penetración extranjera dentro de las fuerzas de seguridad? Es indispensable formularse estas preguntas en las actuales circunstancias, sobre todo después del Watergate y del conocimiento que hemos tomado respecto a los agentes de la CIA, que andan por este mundo y que confiesan que trataban de derrocar a algunos gobiernos. Uno debe pensar hasta dónde nuestras propias estructuras estatales no pueden haber sido objeto de esa penetración.

"Con ese afán he traído un libro bastante promisorio. *La guerra sin fin*, traducción del título en inglés, donde se hace el análisis de los problemas que sufren los países del Tercer Mundo, como el nuestro, y donde están transcritas una serie de citas. No voy a tomar las expresiones del autor del libro, porque desconozco sus intenciones y no puedo caer en el error de tomar su subjetividad. Pero voy a tomar las citas de los responsables de la política americana, del señor McNamara o de algún otro jefe político importante.

"Una de las citas se refiere a la primera línea de defensa y la califica específicamente como el programa de seguridad pública para los países en desarrollo, el que tiene elementos claves, sustanciales, tales como las comunicaciones y el entrenamiento de personal. Una buena administración debe dirigirse especialmente a esos recursos y debe implementarse una fuerza paramilitar policial que prevenga contra la actividad de la guerrilla. Ésta es la transcripción de una declaración ante el Comité de Seguridad del Senado de los Estados Unidos, en 1962. Es decir, que hace 13 años empezó a implementarse un sistema de seguridad continental a cargo del Departamento de Estado que no carece de significación para nosotros.

"Hay también un programa que se denomina MAP, que es de auxilio y asistencia. Al respecto, McNamara expresó ante el Comité de Seguridad, en 1962, refiriéndose a los países latinoamericanos, que el gran programa no consiste en proveer tanques, artillería, aviones y buques de combate. El énfasis debe ponerse en vehículos y helicópteros que aseguren la movilidad interna y los equipos de comunicaciones para una mejor coordinación de las fuerzas de seguridad en los respectivos países.

"Y refiriéndose al entrenamiento de las fuerzas de seguridad, expresó que, probablemente, la más grande recompensa a nuestra inversión de asistencia militar provenga del entrenamiento de oficiales seleccionados y especialistas de nuestras escuelas militares y centros de entrenamientos de los Estados Unidos o de ultramar".

La conclusión del diputado

"Nuestros centros de educación han sido forjados a través de la imagen de la Guerra Fría y de la consigna ideológica de un mundo maniqueísticamente dividido, es decir, de un lado el mundo de los buenos y del otro el de los malos, de tal manera que la instrucción de muchos elementos de las fuerzas de seguridad se ha hecho dentro de esa escuela. Estos instructores han llegado a la República Argentina y forman hoy parte del aparato normal, ordinario o común del país.

"Pero ¿cuáles son los conocimientos de esos instructores? Acaba de aparecer un libro de Philip Agee. *La CIA por dentro*, donde se señala específicamente el programa formulado entre las fuerzas del Uruguay, la República Argentina y los Estados Unidos como prevención de la guerrilla, ¿Qué se entiende por guerrilla o elemento subversivo conforme a estos conceptos? Todo aquello que se oponga al orden imperante. Todo aquello que signifique un cambio puede ser calificado de subversivo.

"Entonces, nosotros podemos encontrarnos colocados en la difícil y enojosa situación de un aparato estatal, una de cuyas partes, representada por las fuerza de seguridad, no tiene el pensamiento político que nosotros podemos tener, a pesar de ser exactamente iguales y connacionales nuestros".

El mejor enemigo es el enemigo muerto[*]

Buenos Aires.- En Argentina se invitó a matar. Hizo la invitación *El Caudillo*, revista semanal apoyada por López Rega sin disimulo, al grado de que insertó en sus planas la publicidad del Ministerio de Bienestar Social y de todas sus filiales.

Del odio se hizo la apoteosis. Una forma de plenitud fue el machacamiento del adversario. "El mejor enemigo es el enemigo muerto, porque es así y porque Isabel Perón manda", fue el pregón. La neurosis social y la patología criminal se unieron en el mismo nudo.

Se puede creer lo ocurrido a condición de tener los documentos en las manos. Porque la violencia aquí conocida es barbarie. Ahora muchos simulan descender del limbo y el exministro del Interior, Benítez, aseguró en el Congreso, a principios de mes, que no sabía si la Triple A de López Rega, que mató hasta cansarse, existió o no existió.

Es casi imposible encontrar los documentos que circularon con apoyo del gobierno y el beneplácito de Isabel, a la vista del país entero, mientras 20 periódicos y revistas eran clausurados por sus "alardes de oscuridad" y por sus "incitaciones a la violencia". Pero ni los muertos ni los documentos desaparecen. El rastro queda para siempre y a veces puede darse con él a condición de tener paciencia.

El 19 de marzo de 1975 se publicó el último número de *El Caudillo*, en poder de *Excélsior*. En sus párrafos finales, el editorial explicó:

"Se han acabado los días de las palabras. Ahora vendrán los tiempos de los hechos. La hoja impresa, en tales tiempos, está de más".

Páginas más adelante, se agrega:

"Las palabras son hembras. Los hechos son machos".

Y en ese número, el llamado a los hechos: "Rompan todo".

---

[*] *Excélsior*, 18 de agosto de 1975

A toda plana, el fondo negro, las letras blancas, *El Caudillo* invitó a una nueva noche de san Bartolomé:

Hoy toca romper todo.
Las nueve de la noche es buena hora para eso.
Se los convoca a destrozar los reductos enemigos.
Ya verán cuando arda el fuego si es en serio.
Que el fuego se confunda con los gritos, los gritos con la noche, la noche con el humo, el humo con el barrio, las llamas con las llamas.
Seamos el fuego.
El mundo sólo recuerda lo brutal y lo grande.
Seamos esa brutalidad y esa grandeza.
Por cada usurero corriendo despavorido,
existe un premio prometido.
Fierros de todas clases que no falten.
Teas.
Manoplas.
Cadenas.
Estopa.
Caños.
Botellas.
E inflamables, tampoco.
Armas, por supuesto.
Las armas de construcción cercanas proveerán
los habituales, los clásicos ladrillos.
Suban las piedras, vuelen. Veloces, vivaces.
Que mil ladrillos planeen el cielo.
Que busque cada uno sus respectivas trizas.
Que todos cumplan su trecho aéreo,
pasando a través de las vidrieras,
destrozando los cristales.
Que los ladrillos tomen la palabra, cesen los males.
Los que se mueran de miedo —sin que nadie los toque—
valen doble.
Se recomienda apilar a las esquinas
las barbaridades contemporáneas que pretenden ocupar
el lugar del arte.
No confundir las piras. No mezclar.
Que haya estilo en eso.

Que cada cosa arda por su lado.
Rige la piedra libre.
(Cuánta humillación a manos de la canalla usuraria.
Cuánto sufrir, hacer sufrir en vano. Cuánto crimen impune.
Cuántas noches en blanco. Cuánto avanzar al descubierto
y cuánto evitar tener que pagar con el honor).
Despleguemos generosos nuestro odio múltiple y
multicolor.
Demos paso a nuestro odio blanco y negro.
Fuego y fuego.
Subamos nuestro odio todo rojo.
Ese odio magistral para sacar mercaderes de los templos,
para que no vuelvan a entrar más en ningún lado.
Hoy la oración será el blandir de las barretas,
será multiplicar las ruinas.
Ellos nos han chupado la sangre
y esquilmado.
Es justo que paguen con la sangre.
Acordonar el barrio. Nadie se va sin previo aviso,
sin posterior permiso.
Se autoriza el saqueo, la requisa, lo que sea.
Los que descubran los negros de los especuladores
pueden usar la opción de tirar de nuevo.
El lugar ya lo conocen: el Barrio de la Usura.
Se agiten mil bastiones, se sangren mil cabezas.
Los libros bastardos se queman aparte.
Juventudes:
No levantar el cordón de las veredas, no hace falta.
Deben dejar leyendas aclaratorias en las inmediaciones
para que la gente sepa.
Que todo quede devastado. Después emparejaremos.
Nadie tiene derecho a pensar que con esto lo ha hecho
todo.
Esto es un ejercicio espiritual:
romper el Mal.
Sin burlas. Sin palabras.
Con fuego, que con fuego basta.
Cuando amanezca, reunirse en las esquinas.
Vivar la Patria.
Crear canciones de esperanza.

Arreglarse un poco.
Despedirse.
Encolumnarse.
Respirar hondo.
Volver.

Las proclamas del crimen duraron 15 meses. En Navidad del año pasado, invocó *El Caudillo*:
"Pido a Dios que guíe mi mano para que mi tiro sea certero. Pido a Dios que guíe mi alma para que mi tiro sea sin odio".

La noche de Temperley

Seis días después de "Rompan todo", Buenos Aires se estremeció:
Trece hombres, 11 encapuchados, irrumpieron al barrio de San José de Temperley en ocho automóviles blancos. Eran las 23:30 horas cuando llegaron al bar El Recreo y gritaron por Héctor Lencina. Se alejaron ametrallándolo todo.
Al llegar a su casa, la arrasaron, cargaron con Lencina y raptaron a una persona que atónita los contemplaba. Se apartaron entre bombas que hicieron estallar donde fuera.
En la esquina de Calandria y Lules secuestraron a dos jovencitos sin dejar de ametrallarlo todo. Un matrimonio les hizo frente con la debilidad de sus gritos. A ella la mataron; de él se apoderaron. Y allí mismo, los disparos en la nuca o en el vientre, liquidaron a los secuestrados.
Luego juntaron los cadáveres y al lado colocaron explosivos de gran poder. Los cuerpos volaron. El de Lencina cayó sobre un cable de alta tensión que produjo un corto circuito. Horas tardó en volver la luz. En un área de 10 cuadras quedaron destrozados vidrios y cristales.
Fueron vecinos de Temperley:
Gladys Martínez, sirvienta; Guillermo Óscar Cafaratta, albañil; Héctor Lencina, concejal; Héctor Flores, funcionario público; Rubén y Alfredo Díaz, de 15 y 17 años, y los obreros Pablo Gómez y Antonio Baguna.
Ricardo Balbín, tres veces candidato a la presidencia de la República, jefe de Unión Cívica Radical, repitió puntualmente a *Excélsior* la frase que corre por calles y callejones:
"Se sabe quién muere, rara vez quién mata".

El asesinato del expresidente

Exhibe sus crímenes quien quiere. Con lujo y alarde si le dan ganas. Los Montoneros relataron el asesinato del expresidente de la República, teniente general Pedro Eugenio Aramburu, igual que si contaran un cuento. Su revista del 7 de septiembre de 1974, impresa a todo color, en bello contraste negro y anaranjado de la portada, el papel de primera, la presentación impecable, dio cuenta de circunstancias y detalles.

"Era la una y media de la tarde. Esquivando puestos policiales y evitando caminos transitados, una pickup Gladiator avanzaba desde hacía cuatro horas a Timote. En la caja, escondido tras una carga de fardos de pasto, viajaba el exfusilador del general Valle, escoltado por dos jóvenes peronistas. Lo habían sacado a pleno día, en pleno centro de la capital, y lo habían detenido en nombre del pueblo.

"Uno de los jóvenes peronistas tenía a mano un cuchillo de combate —sigue el relato—. Ante cualquier eventualidad, ante la posibilidad de una trampa policial, ante la certeza de no poder escapar de un cerco o una pinza, iba a eliminarlo. Aunque después cayeron todos. Así se había decidido desde el principio. El fusilador tenía que pagar sus culpas a la justicia del pueblo".

El expresidente fue asesinado el 29 de mayo de 1970. Cuatro años después de su muerte, la autoexaltación de los narradores sacudió al país. Pero no hubo estupor. El gobierno confiscó la revista varias horas después de que fue puesta a la venta en tres pesos.

El crimen fue así:

Mario (Firmenich): El ajusticiamiento de Aramburu era un viejo sueño nuestro. Concebimos la operación a comienzos de 1969. Había de por medio un principio de justicia popular —la reparación por los asesinatos de junio del 56—, pero además queríamos recuperar el cadáver de Evita, que Aramburu había hecho desaparecer.

Pero hubo que dejar transcurrir el tiempo, porque aún no teníamos formado el grupo operativo. Entre tanto trabajábamos en silencio: la ejecución de Aramburu debía significar precisamente la aparición pública de la organización.

A fines del 69 pensamos que ya era posible encarar el operativo. A los móviles iniciales se había sumado en el transcurso de ese año la conspiración golpista que amenazaba Aramburu para dar una solución de recambio al régimen militar, debilitado tras el *cordobazo* (un estallido popular acallado en el acto en la ciudad de Córdoba).

Por la importancia política del hecho, por el significado que atribuíamos a nuestra propia aparición, fuimos a la operación con el criterio de todo o nada. El grupo inicial de Montoneros se juega a cara o ceca en ese hecho.

Arrostito (Nelly): Toda la "organización" éramos 12 personas, entre las de Buenos aires y las de Córdoba. En el operativo jugamos 10.

Lo empezamos a fichar a comienzos del 70, sin mayor información. Para sacar direcciones, nombres, fotos, fuimos a las colecciones de los diarios, principalmente de *La Prensa*. En una revista Fernando encontró fotos interiores del departamento de la calle de Montevideo. Esto nos dio una idea de cómo podían ser las cosas adentro.

Mario: Pero dedicamos el máximo esfuerzo al fichaje externo. El edificio donde él vivía está frente al Colegio Champagnat, y averiguamos que en el primer piso había una sala de lectura o una biblioteca. Entonces nos colamos, íbamos a leer allí. El que inauguró el método fue Fernando, que era bastante desfachatado. Más que leer, mirábamos por la ventana. Nos quedábamos por periodos cortos, media hora, una hora. Nunca nadie nos preguntó nada.

Arrostito: Allí lo vimos por vez primera, de cerca. Solía salir alrededor de las 11 de la mañana, a veces antes, a veces después, a veces no salía. Lo vimos tres veces desde el Champagnat. Después fichamos desde la esquina de Santa Fe, en forma rotativa. Llegamos a hacer relevos cada cinco minutos. Teníamos que hacer así porque en esa esquina había un cabo de consigna, uno rubio, gordito, y no queríamos llamar la atención.

Mario: A medida que chequeábamos fuimos variando el modelo operativo. La primera idea había sido levantarlo por la calle cuando salía a caminar. Pensábamos usar uno de sus autos con cortina en la luneta y tapar las ventanillas con un traje a cada lado. Le dimos muchas vueltas a la idea hasta que la descartamos y resolvimos entrar y sacarlo directamente del octavo piso.

Para eso hacía falta una buena "llave". La mejor excusa era presentarse como oficiales del Ejército. El Gordo Maza y otro compañero habían sido leceístas, conocían el comportamiento de los militares. Al Gordo Maza incluso le gustaba, era bastante milico, y le empezó a enseñar a Fernando los movimientos y las órdenes. Ensayaban juntos.

Arrostito: Compraron parte de la ropa en casa Isola, una sastrería militar en la avenida de Mayo. Fernando Abal tenía 23 años; Ramus y Firmenich, 22; Capuano Martínez, 21. Cortándose el pelo pasaban por colimbas. Así que allí compraron las insignias, las gorras, los pantalones, las medias, las corbatas. Para comprar algunas cosas hasta se hicieron pasar por *boy scouts*. Un oficial retirado peronista donó su uniforme: simpatizaba con nosotros, aunque no sabía para qué lo íbamos a usar. El problema es que a Fernando le quedaba enorme. Tuve que hacer de costurera, amoldándoselo al cuerpo. La gorra la tiramos —era un gorrón, le bailaba en la cabeza—, pero usamos la chaquetilla y las insignias.

Mario: Una cosa que nos llamó la atención es que Aramburu no tenía custodia, por lo menos afuera. Después se dijo que el ministro Imaz se la había retirado pocos días antes del secuestro, pero no es cierto. En los cinco meses que estuvimos chequeando no vimos custodia externa ni ronda de patrulleros. Solamente el portero tenía pinta de cana, un morocho corpulento.

A alguien se le ocurrió: si no tenía custodia ¿por qué no íbamos a ofrecérsela? Era absurdo, pero ésa fue la excusa que usamos.

Justo en esos días en que la operación iba tomando forma, a alguien se le ocurrió arreglar la calle Montevideo, una de esas respiraciones de luz o de gas que siempre se están haciendo. Lo cierto es que rompieron media calle, justo del lado de su casa. Y nosotros teníamos que poner la contención allí. Era un problema. Pensamos cortar la calle con uno de esos letreros que dicen "En reparación", "Hombres trabajando", pero lo descartamos.

Después nos fijamos en que el garaje del Champagnat daba justo frente a la puerta del edifico, y que en dirección a Charcas había otro garaje y que allí el pavimento no estaba roto. Entonces la contención iba a estar allí: un coche sobre la vereda del Champagnat, el otro en el garaje.

La planificación final la hicimos en la casa de Munro, donde vivíamos Capuano Martínez y yo. Allí pintamos con aerosol la pickup Chevrolet que iba a servir de contención. La pintamos con guantes, hacíamos todo con guantes para no dejar impresiones digitales. No sabíamos mucho sobre el asunto, pero por las dudas no dejábamos huellas ni en los vasos, y en las prácticas llegamos a limpiar munición por munición con un trapo.

Arrostito: La casa operativa era la que alquilábamos Fernando y yo, en Bucarelli y Ballivián. Allí teníamos un laboratorio fotográfico. La noche del 28 de mayo, Fernando llamó a Aramburu por teléfono con un pretexto cualquiera. Aramburu lo trató bastante mal, le dijo que dejara de molestar o algo así. Pero ya sabíamos que estaba en su casa.

Dentro de Parque Chas dejamos estacionados esa noche los dos autos operativos: la pickup Chevrolet y un Peugeot 404 blanco, y tres coches más que se iban a necesitar: una Renoleta blanca, mía, un taxi Ford Falcon que estaba a nombre de Firmenich y una pickup Gladiator a nombre de la madre de Ramus.

La mañana del 29 salimos de casa. Dos compañeros se encargaron de llevar los coches de recambio a los puntos convenidos. La Renoleta quedó en Pampa y Figueroa Alcorta, con un compañero adentro. El taxi y la Gladiator cerca de Aeroparque, en una coartada; el taxi cerrado con llave y un compañero dentro de la Gladiator. En el Peugeot subieron Capuano Martínez, que iba de chofer, con otro compañero, los dos de civil, pero con el pelo bien cortito. Y detrás Maza con uniforme de capitán y Fernando Abal como teniente primero.

Mario: Ramus manejaba la pickup Chevrolet y la Flaca (Norma) lo acompañaba en el asiento de adelante. Detrás íbamos un compañero disfrazado de cura y yo con uniforme de cabo de policía.

Arrostito: Yo llevaba una peluca rubia con claritos y andaba bien vestida y un poco pintarrajeada. El Peugeot iba adelante, por Santa Fe. Dobló en Montevideo, entró en el garaje. Capuano se quedó en el volante y los otros tres bajaron. Le pidieron permiso al encargado para estacionar un ratito. Cuando vio los uniformes dijo que sí en seguida. Salieron caminando a la calle y entraron en Montevideo 1053.

Nosotros veníamos detrás con la pickup. En la esquina de Santa Fe bajé yo y fui caminando hasta la puerta misma del departamento. Me paré allí. Tenía una pistola.

Mario: Nosotros seguimos hasta la puerta del Champagnat y estacionamos sobre la vereda. El "cura" y yo nos bajamos. Dejé la puerta abierta con la metralleta sobre el asiento al alcance de la mano. Había otra en la caja al alcance de otro compañero. También llevábamos granadas.

Ese día no vi al cana de la esquina. Mi preocupación era saber qué hacer si se me aparecía, ya que era mi "superior", traía un grado más que yo. Pasaron dos cosas divertidas. Se arrimó un Fiat 600 y el chofer me pidió permiso para estacionar. Le dije que no. Quiso discutir. "¿Y por qué la pickup sí?". "¡Circule!". En eso pasó un celular. Le hice la venia al chofer y el tipo me contestó con una venia. Y de golpe, lo increíble. Habíamos ido allí más bien dispuestos a dejar el pellejo. Pero no, era Aramburu el que salía por la puerta de Montevideo. El Gordo Maza lo llevaba con un brazo por encima, como palmeándolo, y Fernando lo tomaba del otro brazo. Caminaban apaciblemente.

Adentro…

Sus voces no están, se perdieron en La Calera y en William Morris. Pero su testimonio ha traspasado el tiempo, en la evocación de sus compañeros.

Un compañero quedó en el séptimo piso, con la puerta del ascensor abierta; en función de apoyo. Fernando y el Gordo subieron un piso más. Tocaron el timbre, rígidos en su postura militar. Fernando un poco más rígido por la "metra" que llevaba bajo el pilotín verde oliva.

Los atendió la mujer del general. No le infundieron dudas: eran oficiales del Ejército. Los invitó a pasar, les ofreció café, mientras esperaban que Aramburu terminara de bañarse. Al fin apareció, sonriente, impecablemente vestido. Tomó café con ellos mientras escuchaba complacido el ofrecimiento de custodia que le hacían esos jóvenes militares. A Maza le descubrió en seguida el acento: "Usted es cordobés".

"Sí, mi general". Las cortesías siguieron un par de minutos, mientras el café se enfriaba, y el tiempo también, y los dos muchachos agrandados se paraban y desenfierraban y la voz cortante de Fernando dijo:

"Mi general, usted viene con nosotros". Así. Sin mayores explicaciones. A las nueve de la mañana. ¿Si se resistía? Lo matábamos allí. Ése era el plan, aunque no quedara ninguno de nosotros vivo.

Afuera…

Mario: Pero no, allí estaba, caminando apaciblemente entre el Gordo Maza, que le pasaba el brazo por el hombro, y Fernando, que lo empujaba levemente con la metra bajo el pilotín. Seguramente no entendía nada. Debió creer que alguien se adelantaba al golpe que había planeado, porque todavía no dudaba de que sus captores fueran militares. Su mujer había salido. De eso me enteré después, porque no recuerdo haberla visto.

Subieron al Peugeot y arrancaron hacia Chacras, dieron la vuelta hacia El Bajo. Y nosotros detrás. Cerca de la Facultad de Derecho detuvieron al Peugeot y transbordaron a la camioneta nuestra. Capuano, la Flaca y otro compañero subieron adelante. Fernando y Maza, con Aramburu, atrás. Allí se encontró por vez primera con "el cura" y conmigo. Debió parecerle esotérico, un cura y un policía; y el cura que en su presencia empezaba a cambiarse de ropa.

Se sentó en la rueda de auxilio. No decía nada, tal vez porque no entendía nada. Le tomé la muñeca con fuerza y la sentí floja, entregada. Maza, "el cura", la Flaca y otro compañero se bajaron en Pampa y Figueroa Alcorta, llevándose los bolsos con los uniformes y parte de los fierros. Fueron a la casa de un compañero a redactar el comunicado número 1. Quedamos Ramus y Capuano adelante, Aramburu, Fernando y yo detrás. Seguimos hasta el punto donde estaban los otros dos coches. Bajamos. Capuano subió al taxi y nosotros nos dirigimos a la otra pickup, la Gladiator, donde había un compañero.

La Gladiator tenía un toldo y la parte de atrás estaba camuflada con fardos de pasto. Retirando un fardo quedaba una puertita. Por ella entraron Fernando y el otro compañero con Aramburu. Adelante Ramus, que era el dueño legal de la Gladiator, y yo, siempre vestido de policía.

Durante más de un mes habíamos estudiado la ruta directa a Timote sin pasar por ningún puesto policial y por ninguna ciudad importante. Delante iba el taxi conducido por Capuano, abriendo punta. Un par de *walkie-talkies* aseguraba la comunicación entre él y nosotros. En toda mi vida operativa no recuerdo una vía de escape más sencilla que ésta. Fue un paseo. El único punto que nos preocupaba era la Gral. Paz, pero la pasamos sin problemas: no estaba tan controlada como ahora.

Salimos por Gaona y a partir de allí empezamos a tomar caminos de tierra dentro de la ruta que habíamos diseñado. El río Luján lo cruzamos por un viejo puente de madera, entre Luján y Pilar, por donde no pasa nadie. Si la alarma se hubiera dado en seguida, creo que igual nos hubiéramos escapado.

Aramburu no habló en todo el viaje, salvo cuando los compañeros tuvieron que buscar el bidón en la oscuridad. "Aquí está", dijo.

A la una de la tarde la radio empezó a hablar del "presunto secuestro". Ya estábamos a mitad de camino. Serían las cinco y media o las seis cuando llegamos a La Calma, un casco de hacienda que pertenecía a la familia de Ramus. El taxi se volvió a Buenos Aires y nosotros entramos. La primera tarea de Ramus fue distraer la atención de su capataz, el vasco Acébal.

Esto no fue fácil porque la casa de Acébal y el casco de estancia estaban casi pegados y Ramus tuvo que arrinconar al vasco a un costado de la entrada, hablándole de cualquier cosa, mientras Fernando y el otro compañero metían a Aramburu en la casa de los Ramus. Ese compañero estaba tan boleado que bajó con la metra en la mano. Pero Acébal no sintió nada y los únicos que aparecimos frente a él fuimos Ramus y yo, que me había cambiado el uniforme de policía.

Metimos a Aramburu en un dormitorio y, allí mismo, esa noche, le iniciamos el juicio. Lo sentamos en una cama y Fernando le dijo:

—General Aramburu, usted está detenido por una organización revolucionaria peronista que lo va a someter a juicio revolucionario.

Recién allí pareció comprender. Pero lo único que dijo fue:

—Bueno.

Su actitud era serena. Si estaba nervioso, se dominaba. Fernando lo fotografió así, sentado en la cama, sin saco ni corbata, contra la pared desnuda. Pero las fotos no salieron porque se rompió el rollo a la primera vuelta.

Para el juicio se utilizó un grabador. Fue lento, fatigoso, porque no queríamos presionarlo ni intimidarlo, y él se atuvo a esa ventaja, demorando la respuesta a cada pregunta, contestando "no sé", "de eso no me acuerdo".

El primer cargo que le hicimos fue el fusilamiento del general Valle y los otros patriotas que se alzaron con él el 9 de junio de 1956. Al principio pretendió negar. Dijo que cuando sucedió eso él estaba en Rosario. Le leímos sílaba a sílaba los decretos 10.363 y 10.364, firmados por él, condenando a muerte a los militares sublevados. Le leímos las crónicas de los fusilamientos de civiles en Lanús y José León Suárez. No tenía respuesta. Finalmente reconoció:

"Y bueno, nosotros hicimos una revolución y cualquier revolución fusila a los contrarrevolucionarios".

Le leímos la conferencia de prensa en que el almirante Rojas acusó al general Valle y a los suyos de marxistas y amorales. Exclamó: "¡Pero yo no he dicho eso!". Se le preguntó si, de todos modos, lo compartía. Dijo que no. Se le preguntó si estaba dispuesto a firmar eso. El rostro se le aclaró, quizá porque pensó que la cosa terminaba allí.

"Si era por esto, me lo hubieran pedido en mi casa", dijo, e inmediatamente firmó una declaración en que negaba haber difamado a Valle y los revolucionarios del 56. Esa declaración se mandó a los periódicos y creo que apareció publicada en *Clarín*.

El segundo punto del juicio a Aramburu versó sobre el golpe militar que él preparaba y del que nosotros teníamos pruebas. Lo negó terminantemente. Cuando le dimos datos precisos sobre su enlace con un general en actividad, dijo que era "un simple amigo". Sobre esto, frente al grabador, fue imposible sacarle nada. Pero apenas se apagaba el grabador, compartiendo con nosotros una comida o un desayuno, admitía que la situación del régimen no daba para más y que sólo un gobierno de transición, que él consideraba capacitado para ejercer, podía salvar la situación. Su proyecto era, en definitiva, la integración pacífica del peronismo a los designios de las clases dominantes.

Es posible que las fechas se me confundan, porque los que llevamos el juicio adelante fuimos tres: Fernando, el otro compañero y yo. Ramus iba y venía continuamente a Buenos Aires. De todas maneras creo que el tema de Evita surgió el segundo día del juicio, el 31 de mayo. Lo acusábamos, por supuesto, de haber robado el cadáver. Se paralizó. Por medio de morisquetas y gestos bruscos se negaba a hablar, exigiendo por señas que apagáramos el grabador. Al fin, Fernando lo apagó.

"Sobre ese tema no puedo hablar —dijo Aramburu— por un problema de honor. Lo único que puedo asegurarles es que ella tiene cristiana sepultura".

Insistimos en saber qué había ocurrido con el cadáver. Dijo que no se acordaba. Después intentó negociar: él se comprometía a hacer aparecer el cadáver en el momento oportuno, bajo palabra de honor. Insistimos. Al fin dijo:

"Tendría que hacer memoria".

"Bueno, haga memoria".

Anochecía. Lo llevamos a otra habitación. Pidió papel y lápiz. Estuvo escribiendo antes de acostarse a dormir. A la mañana siguiente, cuando se despertó, pidió ir al baño. Después encontramos allí unos papelillos rotos, escritos con mano temblorosa.

Volvimos a la habitación del juicio. Lo interrogamos sin grabador. A los tirones contó la historia verdadera: el cadáver de Eva Perón estaba en un cementerio de Roma, con nombre falso, bajo custodia del Vaticano. La documentación vinculada con el robo del cadáver estaba en una caja de seguridad del Banco Central a nombre del coronel Cabanillas. Más que eso no podía decir, porque su honor se lo impedía.

Era ya la noche del primero. Le anunciamos que el tribunal iba a deliberar. Desde ese momento no se le habló más.

Lo atamos a la cama. Preguntó por qué. Le dijimos que no se preocupara. A la madrugada, Fernando le comunicó la sentencia:

"General, el tribunal lo ha sentenciado a la pena de muerte. Va a ser ejecutado en media hora".

Ensayó conmovernos. Habló de la sangre que nosotros, muchachos, íbamos a derramar.

Cuando pasó la media hora lo desamarramos, lo sentamos en la cama y le atamos las manos a la espalda.

Pidió que le atáramos los cordones de los zapatos. Lo hicimos. Preguntó si se podía afeitar. Le dijimos que no había utensilios. Lo levamos por el pasillo interno de la casa en dirección del sótano. Pidió un confesor. Le dijimos que no podíamos traer un confesor porque las rutas estaban controladas.

"Si no pueden traer un confesor —dijo—, ¿cómo van a sacar mi cadáver?".

Avanzó dos o tres pasos más.

"¿Qué va a pasar con mi familia?", preguntó.

Se le dijo que no había nada contra ella, que se le entregarían sus pertenencias.

El sótano era tan viejo como la casa, tenía 70 años. Los habíamos usado la primera vez en febrero del 69 para enterrar los fusiles expropiados en el Tiro Federal de Córdoba. La escalera se bamboleaba. Tuve que adelantarme para ayudar su descenso.

"Ah, me van a matar en el sótano".

Bajamos. Le pusimos un pañuelo en la boca y lo colocamos contra la pared. El sótano era muy chico y la ejecución debía ser a pistola.

Fernando tomó sobre sí la tarea de ejecutarlo. Para él, el jefe debía asumir siempre la mayor responsabilidad. A mí me mandó arriba a golpear sobre una morsa con una llave para disimular el ruido de los disparos.

"General —dijo Fernando—, vamos a proceder".

Fernando disparó la pistola 9 milímetros al pecho. Después hubo dos tiros de gracia, con la misma arma, y uno con una 45. Fernando lo tapó con una manta. Nadie se animó a destaparlo mientras cavábamos el pozo en que íbamos a enterrarlo.

Chile 1975 I
En septiembre de 70, Nixon ordenó
"salvar a Chile" de Allende[*]

Washington.- El 27 de junio de 1970, dos meses y días antes de las elecciones presidenciales en Chile, en una reunión secreta del Comité de los Cuarenta —entidad que coordina las operaciones mayores de inteligencia de los Estados Unidos—, Henry Kissinger declaró:

"Yo no veo por qué nosotros debiéramos adoptar una actitud pasiva mientras Chile se vuelve comunista debido a la irresponsabilidad de su propio pueblo".

El 15 de septiembre de 1970 Richard Nixon se había reunido en la Casa Blanca con Henry Kissinger; el director de la CIA, Richard Helms; y con el ministro de Justicia, John Mitchell. El informe preparado por el Comité del Senado de los Estados Unidos para Estudiar las Operaciones Gubernamentales de Inteligencia, presidido por el senador Church y publicado el 20 de noviembre de 1975, señala que las notas tomadas por el director de la CIA, Helms, acerca de las instrucciones del presidente Nixon en esa reunión, contienen los siguientes datos:

"Una en 10 posibilidades, quizá, pero hay que salvar a Chile.

"Vale la pena gastar.

"No importan los riesgos.

"No envolver a la embajada.

"Diez millones de dólares disponibles, más si es necesario.

"Trabajo de total dedicación —los mejores hombres que tengamos.

"Plan de Operaciones.

"Hacer crujir la economía.

"Cuarenta y ocho horas para un plan de acciones específicas".

En la página 227 del informe senatorial norteamericano se indica:

"En su testimonio ante el comité, el director Helms recordó que había salido de la reunión del 15 de septiembre con la impresión de que el

[*] *Excélsior*, 10 de diciembre de 1975

presidente había sido muy claro en cuanto a que él deseaba que algo fuera hecho y que a él no le importaba cómo y que además estaba preparado para proveer el dinero necesario. 'Ésta fue una orden muy categórica... Si alguna vez yo salí con el bastón de mariscal en mi mochila de la Oficina Oval de la Casa Blanca, ello ocurrió ese día'".

Helms también testificó que la reunión del 15 de septiembre con el presidente Nixon podía haber sido impulsada por la presencia en Washington del propietario de *El Mercurio*, Agustín Edwards, y que esa mañana, a pedido de Donald Kendall, presidente de Pepsi Cola, Henry Kissinger y John Mitchell se habían citado para desayunar con el propio Kendall y con Edwards. El tema de la conversación fue la situación política de Chile y a su alrededor los planteamientos de *El Mercurio* y de otras fuerzas antiallendistas.

Por otra parte, en su testimonio ante el propio Comité Church, Henry Kissinger declaró:

"El propósito principal de la reunión del 15 de septiembre, convocada por el presidente Nixon, fue urgir a Helms para que hiciera cuanto pudiera para impedir que Allende llegara al poder".

Los primeros preparativos

Inmediatamente la CIA se puso a trabajar de acuerdo con las instrucciones de Nixon y constituyó un grupo especial de trabajo para Chile integrado por miembros de los diversos grupos de inteligencia del aparato gubernamental. El 21 de septiembre Helms envió instrucciones desde Washington al jefe de la unidad de la CIA en Santiago, en estos términos:

"El propósito de la operación es impedir que Allende asuma el poder. La posibilidad de actuar mediante el soborno parlamentario ha sido descartada. La solución militar es el objetivo".

En los días siguientes, la CIA en Chile desarrolló sinnúmero de acciones para crear las condiciones de un golpe militar que impidiera el ascenso de Allende al poder. Sin embargo, encontraban un serio obstáculo: René Schneider, comandante en jefe del Ejército de Chile, había señalado que las Fuerzas Armadas respetarían el veredicto del pueblo y las normas constitucionales del país. Los oficiales chilenos que complotaban con la CIA solicitaron a ésta armas para llevar a cabo el rapto del general Schneider, que sería atribuido, a través de la prensa financiada por la CIA, a los grupos de izquierda.

Mientras esto ocurría, diversos grupos chilenos y norteamericanos intensificaban una campaña de terror político y económico para promover el caos, basado en el temor de que Salvador Allende llegara a la presidencia.

La guerra psicológica impulsada por la CIA en el transcurso de 1970 fue constante en los meses anteriores a la elección presidencial y se intensificó una vez que Allende obtuvo la más alta mayoría individual en las elecciones del 4 de septiembre.

El 1 de junio de 1970 el diario *El Mercurio* lanzó la parte central de esta campaña con una fotografía de cuarto de página en la que se mostraba el Palacio de La Moneda rodeado por tanques soviéticos que lucían junto con la hoz y el martillo las insignias del Partido Comunista. El fotomontaje estaba acompañado por la siguiente leyenda:

"Un gobierno precomunista abrirá las puertas de Chile a estos tanques".

En el otro periódico de la cadena de *El Mercurio* —*La Segunda*—, Últimas Noticias y siete diarios en provincia se hacían montajes similares de fotografías que aludían a la irrupción de tanques soviéticos frente a La Moneda. Y con el fotomontaje, la leyenda: "Y los tanques soviéticos entraron a Checoslovaquia".

La campaña, por otra parte, utilizaba radios, panfletos e incluso llamadas telefónicas incesantes. Éstos son algunos ejemplos, tal como los describe el profesor Fred Landis, del Departamento de Ciencias Políticas de la Universidad de Illinois:

Aviso por radio.

"Se escucha el grito de ametralladoras. Una mujer grita: '¡Los comunistas han matado a mi hijo!'. Se escucha la voz de un locutor: 'Esto puede ocurrir si Chile se hace comunista'. Se escucha la voz de una locutora: 'Éste ha sido un mensaje de Acción Femenina'".

Otros mensajes y otros recursos

Aviso por el periódico.

"Aparece la fotografía de un estudiante. Junto a ésta, una fotografía del mismo estudiante, pero vestido como guerrillero y con una metralleta que apunta. Debajo de la foto, estas palabras: 'Su hijo o su enemigo'. Luego, más abajo aún, un párrafo en que se indica que en los países socialistas los niños son educados para espiar y denunciar a sus padres".

Otro aviso en un periódico:

Se presenta la secuencia de una ejecución con el título: "Esto es comunista". Arriba de la fotografía, este gran titular: "¿Desea usted esto para

Chile? Salve a Chile del comunismo". Al pie del anuncio: "Patrocinado por Chile Joven".

El profesor Landis señala:

"El 24 de agosto de 1970 la Cámara de Diputados emitió un informe sumario acerca del origen del financiamiento de Acción Femenina y Chile Joven, a petición de parlamentarios que apoyaban la candidatura de Salvador Allende. Este informe indica que los promotores de esta campaña fueron la Agencia Andalién y la cadena *El Mercurio*. La Agencia Andalién fue organizada por Salvador Fernández Cejes, un ejecutivo de *El Mercurio*. La documentación de esta empresa muestra como principales contribuyentes de la misma a las compañías norteamericanas del cobre, a *El Mercurio* y 600 mil dólares aportados por 'Charlie', más tarde identificado como la CIA".

Además de este tipo de publicaciones, un cuestionario preparado en papel apócrifo de la Unidad Popular fue enviado a centenares de miles de hogares de la clase media. En ese cuestionario se solicitaba que se respondiera con informaciones acerca del número de utensilios eléctricos de que disponía el hogar, número de vehículos y cuartos desocupados en casa; que se explicara también la disposición o falta de disposición para compartir las facilidades de una vida bien establecida con las personas de más bajos ingresos, una vez que la Unidad Popular y Salvador Allende llegaran al poder. El formulario terminaba con esta frase:

"Este cuestionario será recogido en su casa por un representante oficial de la Reforma Urbana del gobierno de la Unidad Popular".

Conocido el resultado de la votación del 4 de septiembre, la propaganda se intensificó aún más y se orientó, sobre todo, hacia la creación de terror económico y hacia un llamado a las Fuerzas Armadas. Los titulares casi cotidianos en la cadena de *El Mercurio* estuvieron orientados a destacar el rápido deterioro de la situación económica del país, a indicar que la total incertidumbre se proyectaba sobre el porvenir de Chile, que la salida de divisas era continua, que eran totales los vínculos entre la ultraizquierda y Salvador Allende, que los dueños de las pequeña unidades agrícolas sufrían pérdidas crecientes y que los soldados estarían en su puesto para defender el futuro de los niños de Chile.

Cómo se urdió el rapto de Schneider

Según el informe del Comité Church del Senado norteamericano, en la tarde del 17 de octubre un agregado militar de la embajada de Estados

Unidos en Santiago, el coronel Paul Wilmert, según el *New York Times*, se reunió con el general Camilo Valenzuela y un almirante de la Marina chilena. El general y el almirante solicitaron al coronel Wilmert de ocho a 10 granadas lacrimógenas y tres metralletas calibre 45, así como 500 proyectiles. Explicó el almirante que él disponía de tres subametralladoras, pero que "podían ser identificadas por su número de serie como armas en su poder".

Las metralletas y las municiones fueron enviadas en la mañana del 19 de octubre, desde Washington. Aunque la oficina central de la CIA se mostró algo desconcertada por el pedido, indicó a su corresponsal en la capital chilena:

"Continuaremos realizando los esfuerzos para suministrar lo que ellos necesiten, pero nuestra credibilidad se estira demasiado ante un oficial de la Armada que dirige sus tropas con ese tipo de armas. ¿Cuál es el propósito específico del uso de esas armas? Le trataremos de enviar lo que necesita, pueda o no suministrarnos usted una explicación adecuada" (este texto está consignado con el cable número 854).

El resto del pedido fue entregado a los oficiales chilenos en la noche del 18 de octubre. Consistió en seis granadas de mano que, inicialmente, se había pensado entregar en otro enlace.

(Resulta que las conspiraciones golpistas estaban centradas en varios individuos clave. Uno era el general en retiro Roberto Viaux, quien conservaba el apoyo de varios oficiales y era reconocido como líder de varios grupos de civiles de ultraderecha. El otro era Camilo Valenzuela, comandante de la guarnición de Santiago).

El 18 de octubre el general Valenzuela informó al agregado militar norteamericano que estaba listo, junto con otros tres oficiales chilenos, para provocar el golpe de Estado (diario de la CIA sobre actividades del grupo de trabajo para Chile). El plan consistía en secuestrar al general Schneider la tarde siguiente, el 19 de octubre, a la salida de una cena militar ofrecida en su honor. Schneider sería conducido hasta un avión y enviado a Argentina. Frei renunciaría y abandonaría Chile. Un general del grupo de Valenzuela quedaría al frente de una junta militar y disolvería el Congreso.

El secuestro previsto para la noche del 19 de octubre fracasó debido a que el general Schneider abandonó la cena en un auto oficial y no en su carro privado, y también porque no les fue posible a los complotistas capturar a su guardaespaldas. Sin embargo, los oficiales chilenos aseguraron al agregado militar norteamericano que un segundo intento se llevaría a cabo al día siguiente (cable 582 de la CIA en Santiago a la oficina de

Washington). El agregado militar fue autorizado para pagar a Valenzuela 50 mil dólares, suma que correspondía al precio convenido entre los oficiales conspiradores y los ejecutores físicos. Pero el agregado norteamericano insistió en que el secuestro debía consumarse antes de que él pagase el dinero.

El segundo atentado, previsto para el 20 de octubre, también fracasó. La CIA y el grupo de trabajo que se había constituido para llevar adelante las instrucciones generales impartidas por Nixon, empezaron a sentirse descorazonados. Era difícil que tres días antes del 24 de octubre, fecha en que el Congreso pleno de Chile debía pronunciarse sobre la designación de Allende como presidente de la República, se pudiera consumar el golpe de Estado. El grupo de trabajo de la CIA dejó constancia de su preocupación:

"Las perspectivas de un golpe exitoso aparecen ahora como remotas".

Fracasa el secuestro, se consuma el crimen

En las primeras horas de la mañana del 22 de octubre, en una zona apartada de Santiago, el grupo que intentaba secuestrar al general Schneider se reunió para discutir las instrucciones de último minuto. Poco después de las ocho, en el trayecto a la oficina, fue interceptado el automóvil del general en jefe. Cayó mortalmente herido cuando, en un acto de defensa personal, quiso repeler el ataque pistola en mano. La Corte Militar chilena determinó que el atentado se consumó con un revólver, aun cuando dejó también establecido que una metralleta había cumplido un rol.

Al día siguiente moría el general Schneider, el Estado chileno decretaba la ley marcial y el general Carlos Prats era designado comandante en jefe.

Estas medidas y otras tomadas de inmediato llevaron al grupo de trabajo para actividades en Chile a formular los siguientes juicios iniciales:

"Quedando sólo 24 horas para la reunión del Congreso, un clima de golpe existe en Chile... El ataque al general Schneider ha producido desarrollos que siguen cercanamente los planes de Valenzuela... Consecuentemente, la posición de los conspiradores se ha fortalecido".

El 23 de octubre, el director de la CIA, Helms, revisó y analizó la marcha de los planes con sus principales colaboradores y "se llegó a la conclusión... de que se habían desarrollado al máximum de los esfuerzos y que ahora solamente los chilenos podían definir un golpe exitoso... Los chilenos han sido llevados a un punto donde por lo menos la solución del golpe ha quedado abierta para ellos".

Sin embargo, contrariamente a lo que en ese momento pensaba la CIA, el atentado creó una situación de fortalecimiento entre los oficiales constitucionalistas, especialmente porque Carlos Prats se pronunció en el tono más enérgico por la línea legalista y porque a los conspiradores no les era posible, en ese marco, atribuir el ataque contra el general Schneider a los grupos de izquierda.

El 24 de octubre, Salvador Allende fue declarado presidente de Chile por el Congreso pleno. La muerte de Schneider, ese mismo día, enlutó al país.

Thomas Karamessines, subdirector de Planificación de la CIA, mantuvo durante la ejecución de todos esos planes permanente contacto con la Casa Blanca. Karamessines rindió testimonio ante el Comité Church del Senado norteamericano y dijo que se reunió entre seis y 10 veces con Henry Kissinger durante las cinco semanas más intensas del desarrollo de estos planes denominados Pista 2.

Consultado por el Comité del Congreso encargado de la investigación acerca de si Pista 2 se había cerrado ante el fracaso del general Schneider y la confirmación de Salvador Allende como presidente de Chile, contestó:

"Estoy seguro de que las semillas sembradas en ese esfuerzo de 1970 tuvieron su impacto en 1973. No tengo ninguna duda acerca de eso. Realmente a Pista 2 nunca se le puso fin. Lo que se nos dijo fue [lo siguiente]: 'Bien, Allende es ahora presidente, de manera tal que las acciones destinadas a impedir que llegara al poder están técnicamente fuera de lugar'. Pero se nos dijo que continuáremos nuestros esfuerzos, que estuviéramos alerta y que hiciéramos cuanto pudiéramos para lograr en cualquier momento los objetivos y los propósitos que había tenido Pista 2. Siendo así, yo no creo que sea apropiado hablar acerca de que ese plan hubiese germinado en octubre de 1970".

Chile 1975 II
La carta nunca enviada de Allende a Nixon[*]

Washington.- Al centro, el escudo presidencial. Al término de la carta, la firma del presidente de la República de Chile antecedida de un escueto "lo saluda atentamente". No hay una cortesía para el presidente Nixon. Existe, paralelamente, el estiro riguroso de Salvador Allende para enmarcar su pensamiento alrededor de lo que ocurre en esos días ya aciagos de agosto de 1971.

Escribió acerca de su propio país:

"La dura realidad de nuestra tierra, el hambre, la ignorancia, la miseria, la casi total desesperanza, han convencido a nuestra gente de que necesitamos cambios profundos para superarlas".

Y acerca de las relaciones de Chile con el exterior:

"Hemos sufrido el permanente combate, ora abierto, ora subrepticio, de intereses y fuerzas contrarios a los nuestros; una campaña destinada a deformar lo que somos y lo que queremos, intentando perjudicar nuestras buenas relaciones con los demás pueblos".

El texto de esta carta nunca enviada a su destinatario es el siguiente:

Señor Richard Nixon
Presidente de los
Estados Unidos de Norteamérica
Washington D. C.
U. S. A.

———

Señor presidente:

He decidido dirigirme a Ud. en carta abierta y pública ante el cariz que están asumiendo últimamente las relaciones entre Chile y los Estados

* *Excélsior*, 12 de diciembre de 1975

Unidos. Lo hago porque para los países pequeños como el nuestro, la fuerza moral de sus posiciones y actuaciones constituye la mejor defensa de sus legítimos derechos y aspiraciones.

La dura realidad de nuestra tierra, el hambre, la ignorancia, la miseria, la casi total desesperanza han convencido a nuestra gente de que necesitamos cambios profundos para superarlas. Y hemos elegido realizarlos en democracia, pluralismo y libertad, en amistad con todos los pueblos de la tierra.

Este proceso interno sólo es posible si se apoya, en lo exterior, en los sólidos principios de la no intervención, la autodeterminación y el diálogo entre los países, y a esta línea nos hemos ceñido estrictamente.

Sin embargo, hemos sufrido el permanente combate, ora abierto, ora subrepticio, de intereses y fuerzas contrarios a los nuestros; una campaña destinada a deformar lo que somos y lo que queremos, intentando perjudicar nuestras buenas relaciones con los demás pueblos.

No obstante esta campaña internacional, aparentemente concertada, hemos mantenido serenidad plena, conscientes de que deberíamos preservar los vínculos entre su país y el nuestro a fin de facilitar la solución de los problemas comunes en que sustentamos posiciones diferentes.

Ello nos ha llevado a restar importancia a algunos ingratos episodios no originados por nosotros, que es preciso recordar ahora, cuando la política oficial norteamericana parece dirigida, más que a favorecer la buena disposición de las partes para arreglos amistosos, a coaccionar indebidamente a nuestro país por la vía de la presión económica y financiera.

En los primeros días de mi mandato presidencial, el gobierno norteamericano procedió a retirar, unilateralmente y sin autorización, la misión científica radicada en la Isla de Pascua, infringiendo acuerdos suscritos entre Estados Unidos y Chile.

A mediados de febrero del presente año, el almirante Zumwalt, en visita oficial a Chile, planteó en el curso de su conversación conmigo si veríamos con agrado la presencia del buque de guerra Enterprise en el puerto de Valparaíso. Respondí que le invitaba, complacido, como presidente de Chile, porque quería que los miles de tripulantes conocieran la realidad auténtica y democrática que vivimos, en que se respetan todas las ideas, principios y creencias. Para nuestra sorpresa, el gobierno norteamericano decidió suspender la visita del Enterprise, sin explicación alguna, infligiéndonos un desaire que no merecíamos.

En marzo, cuando en Ginebra se discutió la sede de la tercera reunión de la UNCTAD, no fue misterio que la representación norteamericana usó toda su capacidad de influencia para intentar impedir que se aprobara la candidatura de Santiago.

El 12 de agosto, el presidente del Export and Import Bank, Mr. Henry Kearns, declaró que el Eximbank suspendía la concesión de un préstamo solicitado por el gobierno de Chile, con las garantías bancarias y financieras necesarias, para adquirir dos aviones Boeing 707 y un 727. El portavoz de la Secretaría de Estado, Mr. Robert McCloskey, comentó esta decisión y la vinculó a que el gobierno de Chile no ha dado seguridad suficiente de que las empresas cupríferas nacionalizadas recibirán adecuada compensación. Mr. McCloskey indicó al día siguiente que la solicitud chilena fue objeto de una entrevista el 12 de agosto entre el presidente del Eximbank y el subsecretario de Estado, Mr. John Irwin.

El pasado día 16, un alto funcionario del gobierno de Estados Unidos declaró a la prensa que Chile ha violado cuatro veces sus compromisos para concluir un acuerdo de indemnización con la Cerro Corporation, lo que pone en duda la intención y capacidad de Chile para cumplir sus obligaciones. Según la misma fuente, esta actitud para con Cerro Corporation ha sido decisiva para suspender los créditos a Chile.

Es propósito decidido del gobierno chileno evitar cualquier motivo de fricción con el de Estados Unidos. Por eso hasta ahora hemos guardado silencio ante los hechos recién enumerados. Hoy, con respeto y claridad, debemos dejar constancia de nuestro desagrado por los acontecimientos últimos.

Su desviada intención queda de manifiesto, ya que la propia Cerro Corporation había comunicado a la prensa el día 13 de agosto: "Cerro Corporation anunció hoy día que el mineral de Río Blanco de Chile ha alcanzado producción total en la forma en que se la define en su contrato de crédito con Export and Import Bank; en los 30 días que preceden al 10 de agosto, la mina ha producido 274 mil toneladas de mineral, produciendo 18 mil toneladas secas de concentrado con 30 por ciento de contenidos de cobre. Resulta significativo que estos resultados han ocurrido durante el periodo en que la administración de la mina ha pasado de Cerro Corporation a la Corporación del Cobre (Codelco) de propiedad chilena en virtud de las disposiciones de la reforma constitucional recientemente acordada en Chile. El control de la mina pasó a Codelco el 7 de julio. Cerro y Codelco han cooperado durante este periodo para hacer la transferencia de dominio lo más fácil posible. Según C. G. Murphy, presidente de Murphy. En respuesta a preguntas formuladas por la prensa, Murphy agregó que la compensación por la nacionalización de la mina de Río Blanco no había sido establecida en forma definitiva. Dijo que Cerro se veía alentado por la atmósfera cordial de las conversaciones habidas sobre esta materia en el mes de mayo de este año y que esperaba el anuncio de un acuerdo después de cumplirse los procedimientos exigidos por la reforma constitucional por parte del gobierno".

La decisión del Export and Import Bank fue adoptada previa consulta y con el beneplácito de los organismos gubernamentales de Estados Unidos. Está fundamentada en un solo supuesto sustancial: que la nacionalización de las grandes minas de cobre no contempla plenas garantías para indemnizar a las compañías norteamericanas que las explotaban.

Chile, señor presidente, se honra en mostrar ante sus conciudadanos y el resto del mundo una historia republicana basada en la plena e ininterrumpida institucionalización del Estado de derecho, en la observación de los principios democráticos y en el libre funcionamiento de los mecanismos representativos. Una trayectoria democrática que, en su concreción práctica, puede parangonarse con la de los países que más se vanaglorien de la suya.

La nacionalización de las grandes minas de cobre no es el capricho del gobierno de Chile. Ha sido una decisión de nuestro pueblo en uso de su soberanía, aprobada por unanimidad en el Congreso e incorporada al texto de la Constitución. Un Congreso, señor presidente, elegido por sufragio universal, directo y secreto, la mayoría de cuyos miembros pertenece a los partidos de oposición.

El texto de la reforma constitucional que aprueba la nacionalización de las grandes minas de cobre establece, en términos específicos y claros, la indemnización de las compañías extranjeras y los criterios a observar para determinar su cuantía. Esta última tarea se ha confiado a la Contraloría General de la República, institución independiente cuya función es precisamente fiscalizar el comportamiento de la Administración Pública.

El texto de la reforma constitucional que nacionaliza la Gran Minería de Cobre provee, igualmente, la posibilidad de que tanto las compañías afectadas como el Estado chileno puedan apelar ante la decisión de la Contraloría General de la República, para lo cual se ha establecido un tribunal compuesto, en su mayoría, por ministros de la Corte de Apelaciones y del Tribunal Constitucional.

En Chile, señor presidente, la separación entre los poderes del Estado es, conforme a nuestra Constitución y su aplicación concreta, mayor que en Estados Unidos. Los tribunales de justicia son independientes del Ejecutivo tanto en su generación como en su funcionamiento.

El Estado de Chile, señor presidente, tiene orgullo de exponer ante sus conciudadanos y el resto del mundo un ininterrumpido y probado respeto a los compromisos contraídos, tanto en el interior de sus fronteras como frente a cualquier otro país.

De donde afirmar que la nacionalización de la Gran Minería del Cobre no contempla plenas garantías para la indemnización supone:

1. Ignorar deliberadamente lo más esencial de la realidad institucional y política de mi país.
2. Ofender, no sólo al gobierno de Chile, sino a su Congreso, a todos sus partidos políticos, a sus tribunales de justicia y a la Contraloría General de la República.
3. Presionar inadmisiblemente al pueblo chileno y a sus instituciones representativas en una materia que no sólo es nuestra exclusiva e interna competencia —reconocida por el derecho internacional y resoluciones unánimes de las Naciones Unidas—, sino que es vital para nuestra economía y su desarrollo: el cobre significa casi el 80 por ciento de nuestros ingresos en divisas y más de 20 por ciento del presupuesto fiscal.

Representarle, señor presidente, el sentimiento unánime de mi país ante el pretexto y real alcance de la decisión política adoptada en torno a la suspensión de los créditos de Chile significa hablarle con plena conciencia de la dignidad que los latinoamericanos sentimos en nosotros mismos y conferimos a los demás, cuya reciprocidad exigimos. Significa testimoniar nuestra convicción en la libertad de los pueblos de Latinoamérica para disponer de sus recursos naturales, de sus riquezas y de su propio destino.

Este sentido de dignidad y la búsqueda de su libertad orientan el comportamiento del pueblo de Chile y lo orientarán también en el futuro. Sólo el respeto mutuo de los países por la dignidad y la libertad pueden fundamentar la paz y cooperación internacionales en términos beneficiosos para todos.

Señor presidente, dijo usted ante el Congreso de su país: "Estados Unidos está preparado para tener la clase de relaciones con el gobierno de Chile que él esté dispuesto a tener con nosotros". Yo respondí, apenas unos días después, que "el gobierno de Chile quiere relaciones amistosas con el país más poderoso del hemisferio, siempre que se admita discrepar, disentir y negociar desde distintos puntos de vista". Y hemos cumplido. No ha salido de nuestro gobierno una sola expresión crítica desorbitada. Por el contrario, hemos buscado la posibilidad de diálogo.

Una vez más el gobierno de Chile reitera su voluntad de amistad, cooperación y mutuo respeto con Estados Unidos, y a ello ajusta su comportamiento. De esto puede estar seguro el pueblo norteamericano. Pero, máxime cuando el gobierno de Estados Unidos se orienta a reconocer la realidad de otros Estados y pueblos impugnados hasta hoy, aceptando el pluralismo de la realidad nacional, los latinoamericanos estamos en nuestro legítimo derecho de exigir una actitud de respeto y cooperación.

En la íntima y personal convicción de que estos principios serán realidad, he querido hacerlos manifiestos, a través de su más alto dignatario, al gobierno y al pueblo de los Estados Unidos.

Lo saluda atentamente
SALVADOR ALLENDE G.
Presidente de la República de Chile

Su misión, proteger los negocios

En este agosto de 1971 el *New York Times* señalaba ya que la decisión de bloquear los préstamos del Eximbank a Chile había sido tomada "a nivel de la Casa Blanca y bajo presión de empresas norteamericanas".

Al producirse en septiembre de ese año el acuerdo final del presidente Allende para reducir de las compensaciones de las nacionalizadas Anaconda Co. y Kennecott Copper Corp. 774 millones de dólares por concepto de utilidades excesivas, las medidas económicas en contra de Chile trataron de presentar el bloqueo económico como "la natural consecuencia de medidas adoptadas por el gobierno de Salvador Allende que perjudicaban intereses norteamericanos y eran contrarias a las normas del derecho internacional".

Pocas semanas después, Robert McNamara, presidente del Banco Mundial, declaró que el descuento por utilidades excesivas a Anaconda y Kenecott deterioraría seriamente la capacidad de Chile para obtener préstamos internacionales y el 13 de octubre el secretario de Estado, William Rogers, formuló una declaración pública en la que indicó que la acción de Chile reduciría no sólo las posibilidades de financiamiento de este país, sino en general el nivel de ayuda norteamericana al resto del mundo.

En el mismo mes de octubre Rogers tuvo una reunión con representantes de Anaconda, Ford Motor Co., First National City Bank, Ralston Purina e ITT, en la que se planteó el embargo de repuestos y materiales a Chile, así como otras medidas orientadas a producir el caos en la economía de este país.

El acta de esa reunión, preparada por Jack Guilfoyle, vicepresidente para operaciones en América Latina de la ITT, termina con este párrafo:

"El secretario de Estado Rogers, tanto en sus palabras iniciales al abrirse la reunión como en dos o tres ocasiones durante la hora y cuarenta y cinco minutos que ésta duró, repetidamente señaló que la administración Nixon era una administración para los negocios, que favorecía los negocios y que su misión era proteger a los negocios".

Por otra parte, en carta de William Merriam, vicepresidente de la ITT, a Peter Peterson, ayudante del presidente para Asuntos Económicos Internacionales, sugiere entre otras medidas, las siguientes:

"Fuera de restringir las fuentes de ayuda a Chile ya citadas, nosotros creemos que el gobierno de Estados Unidos pudiera tomar una acción que le haga comprender al régimen del presidente Allende que sus métodos marxistas son incompatibles con prácticas internacionales e informarle que se le responsabilizará por acciones contra la empresa privada norteamericana.

"Es sabido que las exportaciones anuales de Chile a los Estados Unidos ascienden a 154 millones de dólares. Todos los mercados norteamericanos que sean posibles deberían cerrarse a Chile. Por otro lado, cualquier exportación norteamericana de especial importancia para Allende debe ser retrasada o congelada.

"Estados Unidos debiera consultar con otros gobiernos que están siendo afectados por el marxismo chileno. Esto incluye países a los cuales Chile debe dinero. Las reservas monetarias de Salvador Allende se están acabando rápidamente y él ya ha sugerido una moratoria en el servicio de la deuda externa chilena.

"Hay numerosos puntos de presión justificable que el gobierno norteamericano puede utilizar para contrarrestar o castigar, en el caso. Nosotros creemos que estas presiones deben ser utilizadas a su máximo".

La fecha de esta carta indica: 1 de octubre de 1971.

Contra Allende, desde el comienzo

Excélsior, en una entrevista con Orlando Letelier, embajador chileno ante la Casa Blanca, le preguntó:

—¿Cree usted que las diversas acciones adoptadas desde Estados Unidos en contra de la economía chilena estuvieron basadas fundamentalmente en la negativa del gobierno de la Unidad Popular de pagar compensaciones a las empresas norteamericanas del cobre nacionalizadas en Chile?

—En primer lugar, es necesario aclarar que el principio de la compensación previsto en el derecho internacional fue cumplido por el gobierno chileno. En nuestro país había varias empresas norteamericanas operando en la minería del cobre, que fueron nacionalizadas. De acuerdo con lo previsto en la Constitución de Chile, del monto de la compensación establecida para cada una de ellas, de acuerdo con el valor del libro, el presidente de la República tenía la facultad de deducir utilidades excesivas en los casos en que éstas hubiesen excedido de un "monto razonable", el que fue establecido por el presidente Allende en un 12 por ciento.

"Como en el caso de alguna de las empresas el monto de utilidades por encima del 12 por ciento, que ya habían retirado del país, era superior al valor del libro, no existía para el caso de estas empresas un monto adicional que Chile debiera cubrirles por concepto de compensación. Por ese motivo, en el caso de esas empresas, al hacerse los descuentos respectivos, no existía un saldo que pudiera pagárseles. Hay que tener en cuenta, además, que frecuentemente algunas empresas del cobre extraían de Chile utilidades anuales superiores al 30 por ciento de sus inversiones, o sea que en tres años retiraban del país un monto equivalente al de su capital.

"De acuerdo con el derecho internacional, la posición del gobierno chileno era muy clara en el sentido de que la fijación del monto de las compensaciones se rige por la legislación interna del Estado que lleva a cabo la nacionalización y de esta manera se procedió en Chile, ateniéndose el gobierno a las normas de la Constitución.

Sigue Letelier:

"Mucho se ha dicho que si el gobierno del presidente Allende hubiese tenido una posición distinta frente a Anaconda y Kenecott las acciones que se ejercieron en contra de Chile no habrían tenido lugar y que quizá no se hubiesen producido los acontecimientos que todos conocemos. Examinando retrospectivamente lo ocurrido yo no pienso que hubiese sido así. Resulta bastante claro que las acciones de la administración Nixon y de ciertos grupos económicos de Estados Unidos en contra de

Chile se llevaron a cabo mucho antes que Salvador Allende hiciera las deducciones por utilidades excesivas.

"Pienso que en gran medida la nacionalización del cobre sirvió como para dar una aparente justificación a una serie de medidas económicas y financieras, utilizando para ello el distinto concepto que del derecho internacional, en materia de nacionalizaciones, han tenido los países industrializados frente a las naciones del Tercer Mundo.

"Pero, sin duda, la decisión de parar a Allende, de evitar por todos los medios que la vía pacífica al socialismo que nosotros estábamos recorriendo tuviera éxito, había sido ya tomada mucho antes tanto por la administración Nixon, como por las grandes corporaciones norteamericanas y los grupos de la burguesía chilena dependientes del capitalismo internacional. Basta examinar las acciones que aun antes de que Allende asumiera el poder desarrollaron en Chile la CIA y otras agencias del gobierno norteamericano para saber que estoy en lo cierto".

Chile 1975 III
La doble cara de las conversaciones secretas[*]

Washington.- Hacia fines de 1971 Kennecott inició acciones para obtener los embargos de las cuentas corrientes de varias agencias chilenas en bancos de Estados Unidos. En febrero de 1972 obtuvo la congelación de numerosas cuentas, lo cual creó serias dificultades para que la Corporación del Cobre de Chile y la Corporación de Fomento de la Producción pudiesen adquirir los repuestos y equipos que necesitaban en ese país. La Anaconda, por su parte, embargó también en Estados Unidos bienes de entidades públicas chilenas que estaban en depósito en Nueva York.

Más tarde, tanto en Francia como Italia, Suecia y Alemania, Kennecott inició acciones para bloquear los pagos a Chile por sus ventas de cobre en Europa. Estas medidas tuvieron inmediatos efectos indirectos en diversas gestiones financieras que en el continente impulsaba el gobierno de Allende. Los bancos europeos, frente al peligro de acciones de embargo por parte de la Kennecott, dejaron de operar normalmente con Chile. Líneas de crédito por 200 millones de dólares y negociadas por las autoridades chilenas con bancos suizos, ingleses y alemanes quedaron sin efecto, lo que produjo nuevas dificultades a Chile para sus aprovisionamientos de repuestos y otros bienes desde Europa.

Un informe oficial del Ministerio de Economía chileno señala que en agosto de 1972 el 30 por ciento de los camiones de pasajeros, el 21 por ciento de los taxis y el 33 por ciento de los camiones de las empresas estatales quedaron inmovilizados por falta de repuestos.

El 1972 sólo entre 12 y 20 por ciento de las importaciones chilenas provinieron de Estados Unidos. En los años anteriores, esta proporción había sido más del 40 por ciento. En 1972, del total del financiamiento externo recibido por Chile, sólo un 6 por ciento provino de Estados

---

[*] *Excélsior*, 13 de diciembre de 1975

Unidos. Antes de la iniciación del gobierno de Allende más del 78 por ciento de los créditos recibidos por Chile eran de origen norteamericano. Dada la estructura del aparato productivo chileno, especialmente de su sector industrial, constituido fundamentalmente por equipos e instalaciones de origen y tecnología norteamericanos, estas reducciones produjeron innumerables problemas a la producción en virtud de las dificultades que existían para obtener piezas y repuestos de todo tipo.

Los esfuerzos para sobrevivir

En noviembre de 1971 Allende había resuelto negociar la deuda externa contratada por Chile antes de que se iniciara el gobierno de la Unidad Popular, fundamentalmente durante los periodos de Alessandri y Frei. El pago de la amortización y los intereses de esta deuda externa representaba una carga extremadamente onerosa, más del 20 por ciento del valor del total de las exportaciones del país.

Chile enfrentaba los mismos problemas que muchas naciones del Tercer Mundo, en las cuales los modelos de desarrollo basados fundamentalmente en la llamada ayuda externa terminan por transformarse —como consecuencia del peso que significa el pago de dicha ayuda— en una carga que termina por impedir todo tipo de política de cambios estructurales y acentúa la dependencia y la necesidad casi irreversible de seguirse ajustando a dichos modelos.

Esta tendencia creciente al endeudamiento externo ha determinado que se constituya el Club de París, al cual concurren uno tras otro los países del Tercer Mundo para obtener nuevas facilidades para el pago de sus deudas con los países industrializados. Tan pronto como el gobierno de Allende trató de lograr la renegociación de la deuda externa chilena, que alcanzaba aproximadamente tres mil millones de dólares, el Departamento del Tesoro de Estados Unidos inició acciones para impedir que Chile pudiera obtener cierto alivio o un respiro financiero.

En abril de 1972 Allende obtuvo del Club de París un acuerdo en el que se establecían las bases sobre las cuales los acreedores de Chile debían renegociar las deudas de éste. En los meses restantes del año Chile suscribió los convenios bilaterales con 13 de los 14 países acreedores miembros del Club. El único país con el cual no fue posible llegar a un acuerdo final fue Estados Unidos. El motivo esgrimido por el Departamento de Estado fue que Chile no había compensado o no se había comprometido a compensar adecuadamente a Anaconda y Kennecott.

Esto conducía, además, a que de acuerdo con la llamada "Enmienda González", aprobada en marzo de 1972 en Estados Unidos, la que señala que los representantes norteamericanos en organismos internacionales de financiamiento deben votar en contra de préstamos o utilización de fondos destinados a países que nacionalicen o expropien propiedades norteamericanas en términos no satisfactorios en opinión del gobierno de Estados Unidos, el cerco financiero contra Chile se hiciera cada vez más estrecho.

Curiosamente y sin que el gobierno de Allende lo solicitara, la ayuda de Estados Unidos a las Fuerzas Armadas de Chile no sólo se mantuvo, sino que incluso se incrementó entre 1970 y 1973. A principios del segundo semestre de 1972, el secretario de Estado, William Rogers, suscribió, en representación del presidente Nixon, una resolución en la que se establecía que "por considerarse importante para el interés nacional de los Estados Unidos y de acuerdo con las atribuciones del presidente de la República, las disposiciones de la Enmienda González y otras normas que inhibían la asistencia financiera a países que tuvieran pendientes con Estados Unidos cuestiones de nacionalización de propiedades norteamericanas no se aplicarían para el caso de créditos militares otorgados a las Fuerzas Armadas chilenas".

La asistencia militar en forma de armas y equipos a las Fuerzas Armadas chilenas fue de 3 millones de dólares en 1971, 6 millones 200 mil dólares en 1972 y 15 millones en 1973. Producido el golpe de Pinochet, el crecimiento de la asistencia militar fue violento: 68 millones de dólares, la cifra más alta en toda América Latina, incluso superior a los 58 millones 700 mil dólares que recibió Brasil en 1974. Todo esto según datos del Departamento de Defensa de los Estados Unidos.

Las Fuerzas Armadas y los Estados Unidos

Las relaciones de las Fuerzas Armadas de Chile con el Pentágono habían tenido un desarrollo bastante peculiar. Desde el fin de la Segunda Guerra Mundial estas vinculaciones se habían estrechado cada vez más. En 1947, al suscribirse el Pacto de Asistencia Recíproca, por el que Estados Unidos buscó a través de una alianza militar en América Latina complementar la serie de alianzas de esta naturaleza en distintas regiones del mundo, las Fuerzas Armadas chilenas habían recibido un trato amistoso de parte del Pentágono.

Tanto en los programas de crédito para equipos militares como en los programas de adiestramiento de oficiales y suboficiales, Chile recibió consideración particular. La Marina chilena participaba regularmente en la denominada Operación Unitas de la Marina norteamericana; los centros de adiestramiento en las acciones antiguerrilleras que Estados Unidos posee en Panamá acogían a un alto número de soldados chilenos y los oficiales de las tres ramas eran invitados frecuentes a programas de instrucción.

Todo esto creó una vinculación material, tecnológica y humana entre los oficiales de Chile y los representantes del Pentágono que constituyó un factor al cual Allende miró cuidadosamente, pues las acciones de la administración de Nixon tendientes a desequilibrar en lo económico y en lo político al régimen de la Unidad Popular eran acompañadas, por otra parte, con medidas tendientes a afianzar aún más las relaciones con las Fuerzas Armadas chilenas.

Allende vivió una contradicción. Desde cierta perspectiva no podía oponerse a que las Fuerzas Armadas recibieran la asistencia técnica que necesitaban. Desde otro punto de vista, aceptar estas vinculaciones con el Pentágono ofrecía peligros potenciales bastante claros.

Al parecer su posición consistió en buscar una diversificación en cuanto al origen de los suministros militares para Chile y tratar, al mismo tiempo, que el proceso de cambio en la estructura económica y social del país fuera incorporando a las Fuerzas Armadas dentro de los nuevos valores que trataba de gestar en la sociedad chilena. De allí que numerosos oficiales fueran incluidos en las tareas de dirección de grandes industrias públicas fundamentales para el desarrollo económico y que otros fueran enviados a Europa y diversos países socialistas en misiones especiales.

El gobierno de los Estados Unidos no accedió en el transcurso de 1972 a renegociar el conjunto de las deudas externas de Chile, según las normas establecidas en el acuerdo que este país había logrado, en abril, en el Club de París. Sin embargo, anunció su disposición de renegociar las deudas de carácter militar. Los documentos respectivos fueron suscritos en agosto de 1972.

"Actuando con honradez y franqueza..."

Entre septiembre y noviembre de 1972 se produjo un intercambio de notas diplomáticas entre la Cancillería chilena y el Departamento de Estado. En ellas se planteaban distintos puntos acerca de los cuales existían claras divergencias entre los dos gobiernos. En todas se reconocía que el estado de las relaciones entre ambos gobiernos había tenido un claro deterioro. Como consecuencia de ese intercambio de notas, hacia fines de noviembre ambos gobiernos acordaron llevar a cabo conversaciones reservadas para abordar el examen de la situación. Estas conversaciones se llevaron a cabo en cuatro oportunidades. El 20, 21 y 22 de diciembre, en Washington. El 22 y 23 de marzo de 1973, también en Washington. El 24 y 25 de junio, en Lima, y el 16 y 17 de agosto, tres semanas tres días antes del golpe, en Washington.

Aun cuando estas conversaciones fueron secretas, de ellas tanto el gobierno chileno como el norteamericano conservaron las minutas respectivas. *Excélsior* pudo examinarlas en copias que salieron de Chile a México. En estas conversaciones se discutió un gran número de cuestiones, en especial los planteamientos chilenos relacionados con el bloqueo financiero a que estaba sometido el país. La violación del derecho internacional que implicaba la Enmienda González, los asuntos relativos a las acciones de la ITT y la divergencia entre los dos gobiernos frente a las normas de derecho internacional que rigen las cuestiones de nacionalizaciones y compensaciones. Entresacamos el contenido de algunos diálogos o planteamientos tal como constan en estas minutas.

"Reunión iniciada el miércoles 20 de diciembre de 1972. Charles Meyer, secretario adjunto de Asuntos Latinoamericanos:

"Da la bienvenida a la delegación chilena leyendo texto previamente preparado. Señala que delegados chilenos han traído la primavera a Washington (alusión al día excepcionalmente templado para la época), lo que, espera, ayudará a encontrar un clima propicio para solucionar las diferencias existentes. Cita a un autor literario chileno que escribió acerca de la necesidad del diálogo".

Más adelante el mismo Meyer "señala que reconoce que existen cuestiones conceptuales y de principio que separan a ambos gobiernos, pero que actuando con honradez y franqueza se pueden salvaguardar estos aspectos para los fines de entendimientos prácticos que se buscan... Refiriéndose luego a la nacionalización del cobre chileno. Meyer subrayó: 'Dentro de nuestra concepción en esto está comprendido algo más que la cuestión del cobre: la aplicación de la fórmula constitucional chilena envuelve una amenaza de carácter general para los intereses norteamericanos'".

El embajador chileno Orlando Letelier, al referirse a esta operación de la agencia del gobierno norteamericano, la OPIC, con la Kennecott Copper Corp., mediante la cual dicha agencia obtuvo a través de un banco el pago anticipado a Kennecott y se subrogó en los derechos de esta empresa para el caso de que Chile no cumpliera con el pago de los pagarés que tenía Kennecott, dijo:

"Debe aclarársenos qué diferencia existe entre Kennecott y el gobierno norteamericano. La operación Kennecott-OPIC tiene el efecto de
insertar al gobierno norteamericano en este problema, lo que no parece
comprensible cuando al mismo tiempo se nos señala que el gobierno de
Estados Unidos no tiene ningún tipo de vinculaciones con Kennecott.
El gobierno de Estados Unidos muestra claramente su disposición para
ayudar a Kennecott, pero se nos alega que no tiene influencia sobre ella
a fin de que detenga sus acciones contrarias a los intereses de Chile y su
pueblo".

El secretario Meyer insistió en que "Kennecott es libre para actuar
en los tribunales, porque son 'decisiones de negocios'. De igual manera
las obligaciones contractuales de OPIC son también en sí operaciones de
derecho".

Letelier contestó:

"Cualquier participación de OPIC en las relaciones de Chile con Kennecott tiene un carácter público y político que tiene por objeto otorgarle
a esa empresa el paraguas protector del gobierno norteamericano. De
hecho el gobierno de Estados Unidos ha pagado el seguro a Kennecott
antes de que se incendie la casa".

Al término de las reuniones de diciembre la delegación chilena propuso a la de Estados Unidos que todas las cuestiones en las cuales existían
divergencias entre los dos gobiernos fueran sometidas al procedimiento
establecido en el tratado bilateral suscrito entre ambos países en 1947, con
el fin de que la Comisión de Juristas prevista en el tratado se pronunciara
sobre las materias en que una y otra parte sostenían que había existido
una violación del derecho internacional y formulara a ambos gobiernos
las recomendaciones respectivas.

Grandilocuencia en la reunión de Lima

En las conversaciones de los días 22 y 23 de marzo de 1973 gran parte de
las discusiones se centraron en la definición y alcances de la proposición
formulada por Chile o de un eventual mecanismo de características más
o menos similares.

De dichas sesiones entresacamos estos párrafos:

"El secretario de Estado asistente, John Crimmings (que reemplazaba
a Meyer) señala que el corazón del plan y lo que tiene proyecciones sobre
todas las relaciones entre los dos países es el problema de la compensación
a las compañías del cobre. Señala que le preocupa la proposición chilena

por cuanto no ve diferencia ni provecho en la intervención de un tercero, puesto que los asuntos que se discutirían serían los mismos y lo que interesa es tener un resultado, es decir, el pago de una compensación".

El embajador Letelier sostiene que es necesario reiterar muy claramente que el objeto que persigue la delegación chilena a través de estas conversaciones no es acomodar su posición a la posición norteamericana. "Si estamos dispuestos a discutir nuestras divergencias con un tercero —dijo—, como es lo previsto en el tratado de 1947, es porque estamos convencidos de que no hemos sido nosotros los que hemos violado el derecho internacional y ante ese tercero expondremos todas las argumentaciones que tengamos para demostrar que nuestra posición es la justa".

La reunión en Lima tuvo lugar el 24 y 25 de junio en la residencia del embajador de Chile. En los dos días de trabajo no se avanzó en términos muy apreciables, aunque se fue definiendo un mecanismo ante el cual se pudieran someter algunas divergencias entre los dos países.

Sin embargo, en todas sus declaraciones los representantes norteamericanos señalaron su clara decisión de no intervenir en asuntos internos chilenos e insistieron en que no debían confundirse las actitudes que pudieran asumir algunas empresas norteamericanas frente a Chile con las actitudes del gobierno del presidente Nixon. Aludieron, además, al clima de pluralismo ideológico existente en las relaciones internacionales y a los éxitos obtenidos por el presidente Nixon en sus esfuerzos por un entendimiento con los países socialistas.

Al referirse a la situación internacional, el secretario adjunto para Asuntos Latinoamericanos, Jack Kubisch, dijo:

"Quisiera hacer el comentario de que tal vez hoy es un día histórico debido a que el presidente Nixon y el secretario general del Partido Comunista Soviético, Leonid Brézhnev, emitirán un comunicado de prensa muy importante sobre las reuniones mantenidas por ellos en el transcurso de esta semana. El secretario de Estado Rogers ha señalado que, si bajo la administración del presidente Nixon hemos podido llegar a acuerdos con aquellos países y gobiernos que han sido nuestros adversarios, tales como la Unión Soviética, la República Popular China, los países de Europa Oriental, y tenemos excelentes relaciones con naciones tales como Yugoslavia, Rumania y Polonia, ¿por qué, entonces, no podemos llegar a un acuerdo con aquellos países y aquellos pueblos con los cuales hemos tenido, como es el caso de Chile, una amistad tradicional?

"Es ése el espíritu con el que hemos participado en estas conversaciones y a través del cual esperamos encontrar algunas soluciones a nuestros problemas pendientes con Chile".

La caída de Allende y la declaración de Ford

La cuarta reunión tuvo lugar los días 16 y 17 de agosto de 1973 en la casa del embajador de Chile en Washington.

En esa ocasión hubo varias indicaciones de parte de la delegación norteamericana para que Chile aceptara someter a arbitraje los asuntos relativos a las compensaciones del cobre. Estas proposiciones fueron rechazadas por la delegación chilena, la que insistió en que el proceso de nacionalización del cobre era asunto cerrado, de acuerdo con la legislación de su país, y que, por tanto, no era susceptible de ser sometido a arbitraje. Reiteró, sin embargo, su proposición para que a través del instrumento jurídico existente entre los dos países —el tratado de 1947— se examinara qué parte había violado las normas del derecho internacional.

Al término de las reuniones, José Tohá, que presidía la delegación chilena, comunicó a la norteamericana que el gobierno de su país estudiaba en esos momentos el envío al Congreso de una iniciativa para la nacionalización punitiva de todos los bienes de la ITT en Chile, en virtud de las acciones en contra del país ejercida por esa empresa transnacional.

Kubisch expresó un alto grado de preocupación sobre el proyecto que afectaría a la ITT, en la medida en que pudiera tener un aspecto discriminatorio con respecto al trato dado a otras empresas. Tohá indicó que era decisión del gobierno que la ITT tuviera en Chile un trato diferente al resto de las empresas, pero que debido a que aún no se habían presentado las iniciativas de ley no estaba en condiciones de señalar su exacto alcance.

En esta reunión Kubisch reiteró lo indicado en buen número de ocasiones por las autoridades norteamericanas:

"El gobierno de Estados Unidos enfoca las relaciones bilaterales con Chile desde una posición del mayor respeto por el país, su dignidad y su soberanía y con un sentido de igualdad completa y de respeto mutuo. Existe una larga tradición de amistad entre los dos países. Las relaciones bilaterales pueden y deben ser amistosas, no solamente personas reunidas en torno a esta mesa. La posición oficial del gobierno de Estados Unidos es que sólo al pueblo de Chile le compete decidir por sí mismo el sistema político, social y económico que desee tener. Es conveniente destacar lo anterior porque tanto en Chile como en Estados Unidos hay personas, seguramente enemigas de las buenas relaciones entre nuestros dos gobiernos, que utilizan ciertos factores con el fin de hacernos perder la visión objetiva de la realidad de nuestras relaciones".

Tres semanas más tarde el gobierno de Chile era derrocado y el presidente Salvador Allende moría con las armas en la mano en su despacho del Palacio de La Moneda.

Un año después, el 16 de septiembre de 1974, el presidente de los Estados Unidos, Gerald Ford, reconocía públicamente que la CIA había tenido activa participación en los asuntos políticos destinados a desestabilizar al gobierno constitucionalmente elegido en Chile.

En una entrevista, un periodista preguntó a Gerald Ford:

—Señor presidente, recientes testimonios ante el Congreso han indicado que la CIA, bajo la dirección de un comité encabezado por el doctor Kissinger, actuó para desestabilizar el gobierno de Chile durante el periodo del presidente Allende. ¿Es la política de su administración tratar de desestabilizar los gobiernos de otras democracias?

Repuso el presidente Ford:

—Permítame contestar en general. Creo que ésta es una pregunta muy importante. Nuestro gobierno, como otros gobiernos, adopta ciertas acciones en el campo de la inteligencia para ayudar en la implementación de nuestra política externa y para proteger nuestra seguridad nacional. Tengo informaciones dignas de crédito en el sentido de que las naciones comunistas gastan ampliamente más dinero que nosotros en el mismo tipo de propósitos. Ahora, en este caso particular, como yo lo entiendo y no existe duda en mi mente, nuestro gobierno no tuvo ninguna participación en el golpe mismo.

"En una época, hace tres o cuatro años, hubo un esfuerzo de parte del gobierno de Allende para destrozar los medios informativos de oposición, tanto la prensa escrita como la electrónica, y para destrozar a los partidos políticos de oposición. El esfuerzo que fue hecho en ese caso por nosotros consistió en ayudar y asistir en la preservación de los periódicos de oposición y de la prensa electrónica y preservar los partidos políticos de oposición. Yo creo que esto ha sido hecho en el mejor interés del pueblo de Chile y ciertamente en nuestro mejor interés.

Una segunda pregunta a Ford

De nuevo la voz del periodista:

—Señor presidente, ¿de acuerdo con qué norma del derecho internacional tenemos nosotros el derecho de actuar para desestabilizar el gobierno constitucionalmente elegido en otro país? ¿Tiene la Unión Soviética un derecho similar de intentar desestabilizar el gobierno de Canadá, por ejemplo, o el de Estados Unidos?

Contestó el Presidente Ford:

—Yo no voy a pronunciarme acerca de si esto está permitido o autorizado por el derecho internacional. Es un hecho conocido que históricamente y en la actualidad esas acciones son ejecutadas en el mejor interés de los países involucrados.

"En el mejor interés de Chile":

Asesinato de su presidente; abolición de la Constitución, abolición del Congreso, abolición o suspensión de todos los partidos políticos; abolición de las organizaciones y los derechos sindicales; intervención militar en la educación; abolición de los derechos individuales: supresión de periódicos opositores, suspensión de estaciones de radio opositoras; más de 30 mil muertos, más de 100 mil personas que han sido arrestadas por razones políticas; establecimiento de campos de concentración; más de 100 mil exiliados; la tortura y el terror como una constante en la vida del país.

"En nuestro mejor interés":

Asociación del aparato gubernamental de Estados Unidos en materia de seguridad con una de las dictaduras más brutales en la historia de América Latina.

Chile 1975 IV
Los 40, de EU, compraron hasta las conciencias en Chile*

Washington.- El efecto producido por el golpe de Estado en Chile y por el régimen de represión de la junta militar produjo una gran conmoción. En los Estados Unidos, la opinión pública recibió el impacto de incontables artículos de prensa, documentos de juristas que viajaron a Chile, informes de grupos del Congreso y de organizaciones diversas, como Amnistía Internacional, y federaciones de trabajadores que, de un modo u otro, se ocuparon de los acontecimientos antes y después de la caída de Allende. Pronto empezaron a surgir comités de solidaridad con el pueblo chileno hasta sumar decenas a lo largo del país.

Destacó en el Congreso la acción de los senadores Edward Kennedy, James Abourezk, George McGovern y Frank Church. En la Cámara de Diputados principalmente Michael Harrington, Donald Frazer y Ronald Dellums trabajaron acerca de lo ocurrido. Todos estos sectores exigieron que se clasificara la participación de las agencias gubernamentales de los Estados Unidos en los actos que dieron lugar al derrocamiento del gobierno de la Unidad Popular.

El representante de Massachusetts, Harrington, dio a conocer en septiembre de 1974 un memorándum relativo al testimonio presentado ante el Comité de las Fuerzas Armadas de la Cámara de Diputados por William Colby, director de la CIA, en el que éste reconoció que la agencia había gastado más de ocho millones de dólares entre 1970 y 1973, en Chile, con el objeto de desestabilizar al gobierno de Allende, y el presidente Ford reconoció estas acciones. Desde entonces la sociedad norteamericana vive agitada por sucesos nunca antes clarificados.

El comité del Senado de los Estados Unidos, presidido por Frank Church y constituido en febrero de 1975 para investigar las acciones de los aparatos de seguridad de Estados Unidos a través de operaciones

* *Excélsior*, 14 de diciembre de 1975

encubiertas en otros países, receptivo a las denuncias aparecidas en los principales diarios del país, investigó los asesinatos de varios líderes y personajes extranjeros llevados a cabo con participación de la CIA. Entre éstos se investigó el del comandante en jefe del Ejército chileno, René Schneider, y en el informe respectivo se enumeraron los datos ya consignados en este periódico.

Pero ante la magnitud de la intervención en Chile y el escándalo correspondiente en la opinión pública, el Comité Church resolvió hacer un estudio especial sobre las acciones de los servicios de espionaje e inteligencia de Estados Unidos durante el periodo comprendido entre 1963 y 1973.

Por primera vez en una investigación de esta naturaleza se emitió un informe público, distribuido a la prensa el 4 de diciembre de 1975. Por primera vez también se abrieron audiencias públicas en las que comparecieron diversas personas que de un modo u otro estuvieron vinculadas a estos actos de intervención en la vida política chilena. Con el resultado de estas audiencias y el informe ya entregado preliminarmente, el Comité Church espera rendir su informe final en febrero próximo. De allí, todo parece indicarlo, surgirán diversas medidas legislativas destinadas a regular las acciones de la CIA y otras agencias de seguridad que desarrollan "acciones encubiertas" en otros países.

Del informe dado a conocer por el Comité Church hemos extraído la siguiente cronología de las acciones encubiertas, las que atañe fundamentalmente a las decisiones que el más alto grupo de coordinación de actividades de inteligencia de la Casa Blanca, el Comité de los Cuarenta, adoptó entre 1970 y 1973, al mismo tiempo que la administración Nixon sostenía y declaraba su propósito de desarrollar relaciones amigables con el gobierno de Allende e insistía en su respeto a la soberanía de Chile y a los principios de la autodeterminación y no intervención.

Ésta es la cronología:

Año 1970:

Marzo 25: "El Comité de los Cuarenta aprueba 125 mil dólares para una 'operación de desprestigio contra la UP' (Unidad Popular).

Junio 27: "El Comité de los Cuarenta aprueba 300 mil dólares para operaciones de propaganda adicional contra Allende".

Julio 16: "John McCone (exdirector de la CIA y miembro del directorio de la ITT) relaciona a William Broe (de la CIA) y a Harold Geneen que la CIA no puede desembolsar fondos. Más tarde la ITT entrega 350 mil dólares para la campaña de Alessandri, a través de un intermediario".

Septiembre 8 y septiembre 14: "El Comité de los Cuarenta discute la situación de Chile. El Comité aprueba 250 mil dólares para uso del embajador Korry, destinados a influir en la decisión del Congreso chileno el 24 de octubre" (día en que el Congreso pleno confirmó presidente a Salvador Allende).

Septiembre 15: "El presidente Nixon le da instrucciones a Richard Helms, director de la CIA, para impedir el ascenso de Allende al poder. La CIA jugará un papel directo en la organización de un golpe militar. Este papel se conocerá más tarde como 'Pista 2'".

Septiembre 16: "En una conversación reservada con periodistas, Henry Kissinger advierte que la elección de Allende sería irreversible, afectaría a los países vecinos y plantearía 'problemas masivos' para Estados Unidos y América Latina".

Octubre 14: "El Comité de los Cuarenta aprueba 60 mil dólares para financiar una petición del embajador Korry y comprar una estación de radio. El dinero nunca se gasta".

Noviembre 13: "El Comité de los Cuarenta aprueba 25 mil dólares para el apoyo de candidatos demócratas cristianos".

Noviembre 19: "El Comité de los Cuarenta aprueba 735 mil dólares para un programa de acción clandestina en Chile".

Año 1971:

Enero 28: "El Comité de los Cuarenta aprueba un millón 240 mil dólares para la compra de estaciones de radio y periódicos, así como para apoyar a candidatos municipales y para otras actividades políticas de los partidos antiallendistas".

Marzo 22: "El Comité de los Cuarenta aprueba 185 mil dólares de apoyo adicionales para el Partido Demócrata Cristiano".

Mayo 10: "El Comité de los Cuarenta aprueba 77 mil dólares para la compra de una imprenta para un periódico del PDC (Partido Demócrata Cristiano). La imprenta no se compra y los fondos son utilizados para subvencionar un periódico".

Mayo 20: "El Comité de los Cuarenta aprueba 100 mil dólares de ayuda de emergencia para que el Partido Demócrata Cristiano pueda cubrir deudas de corto plazo".

Mayo 26: "El Comité de los Cuarenta aprueba 150 mil dólares de ayuda adicional para el Partido Demócrata Cristiano".

Julio 6: "El Comité de los Cuarenta aprueba... 150 mil dólares para el apoyo de candidatos de oposición en una elección complementaria" (provincia de O'Higgins y Conchagua).

Septiembre 9: "El Comité de los Cuarenta aprueba 700 mil dólares para el apoyo del periódico más importante de Santiago, El Mercurio".

Noviembre 5: "El Comité de los Cuarenta aprueba 815 mil dólares de apoyo a los partidos de oposición y para inducir una división en la UP".

Diciembre 15: "El Comité de los Cuarenta aprueba 160 mil dólares para apoyar dos candidatos de oposición de unas elecciones suplementarias en enero de 1972".

Año 1972:

Abril 11: "El Comité de los Cuarenta aprueba 965 mil dólares de apoyo adicional para *El Mercurio*".

Abril 24: "El Comité de los Cuarenta aprueba 50 mil dólares en un esfuerzo para dividir a la UP".

Junio 16: "El Comité de los Cuarenta aprueba 46 mil 500 dólares para apoyar a un candidato en una elección suplementaria de Coquimbo".

Septiembre 21: "El Comité de los Cuarenta aprueba 24 mil dólares para apoyar a la Sociedad de Fomento Fabril (Sofofa)".

Octubre 26: "El Comité de los Cuarenta aprueba 427 mil 666 dólares para apoyar partidos políticos de oposición y organizaciones del sector privado en anticipación de las elecciones parlamentarias de marzo de 1973".

Año 1973:

Febrero 12: "El Comité de los Cuarenta aprueba 200 mil dólares para apoyar a partidos de oposición en las elecciones parlamentarias".

Agosto 20: "El Comité de los Cuarenta aprueba un millón de dólares para apoyar a partidos políticos de oposición y organizaciones del sector privado. Este dinero no se gasta".

Septiembre 11: "Las Fuerzas Armadas derrocan al gobierno del Salvador Allende".

Octubre 15: "El Comité de los Cuarenta aprueba 34 mil dólares para una estación de radio antiallendista y para los gastos de viaje de personeros projunta" (estos personajes viajaron por algunos países de América Latina y Europa).

"Un trabajo soberbio"

En una carta dirigida al Comité Church el 23 de octubre de 1975, Edward Korry, embajador de los Estados Unidos en Chile entre junio de 1967 y fines de septiembre de 1971, quien ante el Comité reconociera descarnadamente su participación en los actos intervencionistas en Chile, dejó escrito:

"La CIA es amoral. Fue autorizada por el Congreso para ser así. Fue pagada para que así fuera; su verdadero poder, yo creo, no se origina en su percepción de la Unión Soviética y de la Guerra Fría, y ni siquiera en la deshumanizante naturaleza de alguna de sus operaciones. Ella puede operar a mis espaldas. También con el presidente de los Estados Unidos, con chilenos y ciudadanos privados norteamericanos, porque el conjunto del proceso de espionaje e inteligencia, como el conocimiento, confiere inmenso poder y porque la CIA es la institución que une el pasado con el presente en la permanente y envolvente arena de la actividad clandestina política.

"Los hombres y las mujeres de la CIA hicieron un soberbio trabajo profesional en Chile. Ellos estaban motivados por lo que entendían que eran sus rigurosas responsabilidades y por precedentes legitimados por sucesivos presidentes y congresos".

1979

Jane Fonda: la superioridad norteamericana es obsoleta*

Como si llegara del campo o fuera a la playa, vestida con blusa y falda de tela áspera, de un solo azul la blusa, de muchos azules la falda floreada, Jane Fonda desayuna con apetito. Sin maquillaje, dueña de su rostro, se incrusta una margarita entre los cabellos cuando su pequeño hijo se la ofrece. Se miran, se gustan, se abrazan, se besan, se miman.

Frente a la pareja, el embajador Lucey asiste a la escena con la complacencia del anfitrión. Tom Hayden, al lado de su esposa, pretende conservarse a distancia, pero envuelve a la mujer cuando le aproxima un cubierto o pone a su alcance el azúcar.

Una época ella fue Barbarella, alucinante en su desnudez, los pósteres en el mundo eternizándola íntegra y púdica, los brazos sobre los senos; otra época oscureció su biografía en el *jet set*; más tarde se declaró enemiga jurada del *establishment* sin comprender el juramento a fondo; hoy se piensa segura y se sabe fuerte, una con su pasado y una con su futuro, una ella misma.

Dice:

"He superado los sentimientos de culpabilidad a causa de la clase que represento".

Su madre le mostró la muerte cuando tenía 13 años. Señora dueña de un palacio y de un marido famoso, enajenada, sólo un cuerpo sin volumen, se suicidó. El fin fue silencioso. A solas unos segundos, una soga la degolló.

Habla la actriz de su infancia y de los valores de su padre:

"Él ha sido una maravillosa persona, un ejemplo en mi vida. No sólo me ha dado cariño, ejemplo y sentido de responsabilidad, sino que fue quien en una ocasión me abofeteó cuando yo, inocentemente, utilicé la palabra *negro* en sentido negativo (*nigger*), una palabra que apenas había

---

* *Proceso*, 30 de julio de 1979

aprendido ese día en la escuela. Todos crecemos y debemos aprovechar las experiencias de nuestro pasado para vivir la vida de la mejor manera posible. Yo tuve una infancia muy afortunada y en esto mi padre desempeñó un papel primordial".

Fue largo el recorrido [contado] por ella misma en su entrevista con *Proceso*. Porque es ella y es su pasado y su pasado es su padre, y su padre es símbolo de la sociedad que ella detesta.

La pregunta fue directa:

—Si entiendo bien su lucha, diría que cuestiona el abuso de todas las formas de poder sobre los débiles y los marginados. ¿Cuestiona con la misma energía su propio origen, hija de un padre famoso y millonario, dueño de influencia y poder en la sociedad de la que es prototipo?

—Existe una tremenda diferencia entre ser una persona dedicada a la actuación, de quien se da por sentado que gana bastante dinero y es famosa y pertenece a una familia privilegiada, y las personas que protegen los intereses de las corporaciones, quienes pueden determinar, por ejemplo, el número de los empleos en los Estados Unidos, los precios y el bienestar social. De manera que en mi caso sí me enfrento con los problemas de una persona que pertenece a una clase más alta y que por esta razón está separada del común de la gente. Pero no creo que esto lo convierta a uno necesariamente en un opresor.

Aparecieron y desaparecieron los jugos, el pan, los huevos con tocino. Sólo queda el café. Y volvió el tema de la primera pregunta, pero de otra manera.

—En 1971 a raíz de que un grupo de monjas y sacerdotes habían sido acusados de planear el secuestro de Kissinger, usted, vestida de soldado, gritó: "No soy una hermana de la caridad; soy una mujer revolucionaria". ¿Qué es ser revolucionaria y cómo se es revolucionaria desde la fama y la riqueza?

—Utilicé la palabra "revolucionaria", supongo, ya no me acuerdo, pero si la utilicé lo hice en el mismo contexto en que se utilizaría para referirse al caso Watergate. Esto sucedió hace casi 10 años, cuando la retórica estaba en su apogeo y desde mi cándido punto de vista de entonces, posiblemente pensé que estábamos viviendo algún tipo de situación revolucionaria. Ciertamente creo, sin embargo, que los cambios que deben tener lugar en los Estados Unidos son cambios estructurales. Y creo que cualquier movimiento importante que va más allá de la protesta y quiera llegar al poder debe incluir todo tipo de personas: los intelectuales, los profesionistas, artistas prominentes, aun cuando la base de cualquier movimiento debe ser la gente pobre, la gente que trabaja.

"Por esto puedo decir que he superado los sentimientos de culpabilidad de la clase que represento; y me considero como una persona que tiene un papel que desempeñar, alguien que puede expresar sus ideas y valores a través de sus películas, que puede tener acceso a numerosos públicos, alguien que también desempeña un papel como ejemplo, particularmente para las mujeres.

Muchos días de sol broncearon la piel de Jane Fonda, muchos días de ejercicio y dieta la espigaron. La naturaleza está en su cuerpo, la pasión en sus ojos azulmorado. Es vivaz y rotunda, ave con esqueleto de hierro.

—*Regreso sin gloria* cuestiona la guerra de Vietnam, pero no las formas de vida de la sociedad norteamericana. ¿Podría conservar esta sociedad la vida que se da, consumidora del 30 por ciento de la producción mundial de petróleo, si su gobierno prescindiera de la política exterior que usted combate?

—Permítame responder a su pregunta con respecto a *Regreso sin gloria*. Es cierto que esta película enfoca tan sólo un síntoma y las raíces del problema. No pude, a través de esta película, encontrar la manera de hacerla comercial en un país que esencialmente no es una nación políticamente sofisticada, y al mismo tiempo realizar un filme que hiciera un verdadero análisis de lo que el mundo representa en términos de toda nuestra política exterior.

"Es más bien una película impresionista que aborda la absurda ética machista como si fuera una alegoría dirigida a toda la nación. Por lo que se refiere a los Estados Unidos, pienso que cumplió con su propósito. Ahora estoy trabajando en una película acerca de la forma en que la economía norteamericana depende de su política exterior, de manera particular relacionada con el petróleo, y cómo es manipulada de manera especial por los bancos.

—Le agradecería que profundizara en la segunda parte de mi pregunta: *Regreso sin gloria* censura aspectos de la política exterior de su país, pero no las formas de vida de la sociedad norteamericana, formas de vida que nacen y se explican por esa política exterior. ¿No tropezó usted con una contradicción esencial en el guion?

—¿Quiere usted decir que la contradicción nace de que no haya criticado la totalidad de la política norteamericana?

Interviene Tom Hayden:

—Para hacer eso se hubiera requerido un documental de 14 horas de duración.

Vuelve Jane Fonda:

—Yo traté, pero no pude encontrar la manera de hacer que la película dijera todo lo que podría y debía haber dicho.

—¿Le hubiera gustado que lo dijera todo?

—Sí, pero a medida que me convierto no sólo en más actriz, sino también en productora de películas, comienzo a aprender que en los Estados Unidos nuestra cultura debe ser popular, que las historias deben ser sencillas y muy fuertes, no didácticas, no retóricas. En la película no podía hacer un análisis político más explícito sin haber caído en la trampa de la didáctica. Entonces nadie la habría visto, a excepción de las personas que estuvieran de acuerdo con mis puntos de vista. ¿Usted qué piensa?

—La película cumple espléndidamente las exigencias artísticas, pero no las razones políticas. ¿Está de acuerdo conmigo?

—Entiendo por qué dice esto. Pero probablemente mis propias fallas y las de mis colaboradores expliquen las razones por las cuales no pudimos lograr más. En todo caso, no encuentro ningún otro motivo.

—En la escena final, cuando el mayor se desnuda y desaparece en el mar, ¿el propósito es representar la idea del fracaso total o del suicidio, o las dos situaciones al mismo tiempo, en resumen una sola?

—Queríamos que la escena representara cuán obsoleta es la ética del macho.

—O sea…

—La destrucción del individuo por el mito del machismo norteamericano, de la superioridad norteamericana. Fracaso y suicidio, todo. De allí el simbolismo: la desnudez y el mar que se traga esa desnudez. Lo que no me gustó del final de la película, y es un tema que discutí con el director, fue que un marino que hubiera combatido en los frentes, un veterano de guerra, no se habría dado muerte de esa manera. Me pareció un suavizado suicidio intelectual.

—¿Cómo debió suicidarse el marino?

—Un amigo mío, que fue marino e inspiró el personaje que protagonizó Jon Voight en la película, me contó la manera en que todo esto pudo haber sucedido: manejando su automóvil a gran velocidad, el marino hubiera activado una granada de mano y hubiera muerto instantáneamente en la explosión.

La historia, y el periodismo lo es, se ocupa de los personajes. Los sigue más que un sabueso. Rastrea, husmea, desempolva, hurga, otea siempre, día y noche, años y siglos. Conocen los grandes el precio: soportar la vigilia permanente, aceptar el acoso, intuir que ni siquiera la recámara es la cerrada intimidad, pues ni allí faltará quien devele secretos y quien quiera contarlos. El hombre con identidad ocupa mayor espacio que el hombre anónimo, y por ese espacio se paga. La vida es como es.

Jane Fonda quería un solo espacio para todos. Se muestra indivisible con el mesero, el ayudante, el intérprete, el periodista, el embajador y su marido. No hay tonos más o menos cálidos al dirigirse a uno o a otro, uno solo es el tono. Sí, en Jane Fonda la sencillez es acabada disciplina. La escultura de su cuerpo contrasta con el rostro adulto. Sobre el labio superior de la actriz, dos arrugas cuentan sus años.

La entrevista fluye:

—En el pasado usted protestó contra la guerra de Vietnam y recientemente contra los efectos de la radiación nuclear en Harrisburg. ¿Qué relación existe entre una y otra protestas?

—Para comenzar con la básico, la guerra y la energía nuclear son una contradicción en la democracia. Si tuviéramos una política exterior realmente democrática y como ciudadanos estuviéramos en verdad cerca de la naturaleza de las acciones de nuestro gobierno, nunca habríamos peleado la guerra que peleamos en Vietnam. Por lo que se refiere a la energía nuclear, su manejo ha sido centralizado y existe toda una política para mantener al público mal informado acerca de sus peligros potenciales, los efectos inflacionarios sobre nuestra economía y la existencia de alternativas que podríamos intentar con éxito.

—¿Cómo se explica que no exista una información veraz en el país de las grandes cadenas periodísticas, las más sofisticadas redes de televisión y los más complicados circuitos radiofónicos?

—En primer lugar, no creo ni quiero dar la impresión de que existe algo así como una conspiración entre los medios de comunicación y las "fuerzas del mal". Aunque ciertamente los medios de comunicación en los Estados Unidos son los más grandes, no tengo la capacidad para decir si son o no los más saludables. Creo que el contenido de los medios de comunicación norteamericanos, en su mayoría, refleja los prejuicios del *establishment*. Esto se comprueba fehacientemente en el marco de ciertos periodos de nuestra historia. En el de Nixon, por ejemplo, existió una tremenda presión sobre los medios para que no reflejaran políticas contrarias a sus proyectos.

Tom Hayden:

—La energía nuclear fue desarrollada en los Estados Unidos dentro de una política de estricto secreto, secreto oficial.

Jane Fonda:

—Existen otras presiones sobre los medios. Acabo de terminar una película, *El síndrome de China*. Trata de un accidente en una planta nuclear, y cómo los miembros de su junta directiva lucharon por acallarlo. A raíz de la película, la industria de energía nuclear envió su propaganda a todos los críticos de cine. La Westinghouse, que produce aparatos nucleares y patrocina un programa de Barbara Walters, intentó bloquear una entrevista que ella me había hecho, pues no quería que el tema del filme repercutiera en la TV. Debo agregar que a muchos reporteros que quisieron conversar conmigo sobre el mismo asunto les fue difícil abordarme con franqueza. Entendí que trabajan para estaciones de radio propiedad de corporaciones involucradas en la industria de la energía nuclear.

"Existe otro tipo de censura, la censura de la conciencia. Se dio durante la guerra de Vietnam y de ello puedo hablar. En esos años muchos periodistas recibieron la información de militares racistas incapacitados para entender o percibir siquiera la verdadera naturaleza de lo que allá estábamos haciendo.

"Éstos son algunos de los problemas apasionantes de nuestro país, las contradicciones que se acentúan. Mi esperanza es que periodistas como Barbara Walters, quien se negó a cancelar nuestra entrevista, puedan seguir adelante en su trabajo. Otro signo que me alienta es que haya podido realizar una película como *El síndrome de China*, no obstante que fue financiada por compañías multinacionales que no la consideran necesariamente dentro de los términos de su propio interés a largo plazo.

Los ojos de Jane Fonda, ahora sólo azules, tranquilos, miran a Patrick Lucey:

—También me alienta que pueda estar diciendo todas estas cosas en la residencia del señor embajador de los Estados Unidos en México.

La risa de todos, flores en la mesa, es seguida por el relato de Tom Hayden:

—Quisiera dar otro ejemplo de cómo van cambiando las cosas y cómo las contradicciones son cada vez más claras y estimulantes. Fue en 1968 la primera ocasión que viajé a México, el año de Chicago, Praga, París, Tlatelolco. En ese tiempo vivía en el temor. Regreso 11 años después y justamente el día en que mi avión aterriza en México, Nixon llega también, pero para entrevistarse con el sah. Ocurre entonces un hecho excepcional: mientras yo me hospedo en la residencia del embajador de los Estados Unidos, todo lo que Nixon puede obtener es un automóvil para trasladarse a Cuernavaca.

No hay fatiga. El embajador consulta su reloj y se retira; la sonrisa inseparable de su personalidad.

—El hambre devora 220 millones de hombres en América Latina. ¿Por qué no la conmueve este sólido drama, apenas a la vuelta de la frontera con su país, tanto o más que las atrocidades de Vietnam? ¿Será porque la muerte lenta, sin cambios aparentes, sórdida, monótona, tediosa, no excita su imaginación de artista?

—Por supuesto que me conmueve. Y estoy profundamente preocupada por la pobreza que existe en América Latina. También me doy cuenta del papel que desempeñan las compañías multinacionales en este problema. Tom y yo pertenecemos a un movimiento, la Campaña por una Democracia Económica, que trata precisamente de cambiar la estructura de las corporaciones para que respondan mejor a las necesidades de los pueblos. Si triunfamos en nuestro empeño, por supuesto que el poder de estas corporaciones disminuirá y habrá un alivio para todos.

—Hace tiempo usted dijo que confiarle a Schlesinger el plan energético de los Estados Unidos era como confiarle a Drácula los bancos de sangre de un hospital ¿La sangre de quién chupaba Schlesinger y cómo la chupaba y para qué?

—La frase es de Tom y coincido con ella. Es evidente que la política energética de los Estados Unidos ha terminado en un desastre. El país atraviesa por una crisis que podía haberse evitado en su mayor parte si hubiéramos tenido otra política y, sobre todo, si se hubiera puesto énfasis en el desarrollo de otras fuentes alternativas de energía que sí funcionan.

—Pero ¿qué sangre chupaba Schlesinger?

—Las consecuencias de esa política las está sufriendo el pueblo norteamericano: mayor inflación, mayor desempleo, precios más altos, etcétera.

—Los países de América Latina han padecido y padecen la intervención de los Estados Unidos en sus asuntos internos. Algunos ejemplos entre muchos: hace 30 años el presidente Roosevelt dijo que Somoza era un hijo de puta, pero que era su hijo de puta. Después apoyaron las intervenciones en Guatemala, Santo Domingo, Cuba, etcétera, y la desestabilización de gobiernos democráticos, como el de Allende. ¿Representa Carter algo distinto de lo que representaron, en su tiempo, Eisenhower, Kennedy, Johnson, Nixon, etcétera?

—No lo creo. Después de Vietnam todo cambió. Esto se refleja en todo, desde Angola hasta Nicaragua, y en nuestra decreciente capacidad para luchar militarmente en los puntos donde tienen lugar reacciones contrarias al *statu [quo]*. Pero esto ha sucedido no tanto a causa de Carter, sino a un cambio en la situación global. Carter es una buena persona. Es un hombre decente, con valores morales, pero esto no es suficiente. Frecuentemente sus acciones políticas parecen reflejar que no es del todo independiente, que la presidencia es una presidencia corporativa.

—¿Qué resta del ideal norteamericano?

—Permanece muy vivo en los corazones de la clase media. Ésta es la razón por la cual Tom y yo somos optimistas. Pero la realidad es que el sueño se está convirtiendo en pesadilla.

—¿…?

—El ideal está muy vivo en las mentes y en los corazones de los norteamericanos: el derecho de poseer un hogar, una comida decente nutritiva, una buena educación, fuentes de combustible por las que se paguen precios razonables, atención médica accesible. Pero cuando estos derechos resultan inalcanzables en la vida de todos los días, entonces se dará lo que Nixon llamó la "mayoría silenciosa", una fuerza irritada y frustrada que demandará el cambio. Nosotros, como activistas, somos optimistas. Dada la naturaleza de nuestra gente y su creencia en la democracia y en su ideal, creemos que podremos superar las dificultades que afrontaremos.

—¿Cuál es el futuro de las grandes corporaciones trasnacionales, cuál el del militarismo norteamericano, cuál el de líderes como Castro?

—No puedo responder las dos últimas preguntas. No puedo predecir cuál será el futuro de las dictaduras de América Latina, salvo esto: si los Estados Unidos no las apoyaran, su vida sería más corta. No estoy muy familiarizada con la situación en Cuba, pero me parece que Castro ha realizado una labor extraordinaria en su país.

"Por otra parte, no puedo predecir con ninguna certeza cuál será el futuro de las compañías multinacionales, porque no soy economista ni experta en la materia. Me parece, sin embargo, que existen dos posibilidades. Una, que su poder llegue a ser aún más explícito y manifiesto. Otra, que tengamos éxito en el tipo de movimiento que representamos. Nuestra organización exige que las corporaciones sean reestructuradas desde dentro. Es el camino para proporcionar al pueblo una participación democrática en la toma de decisiones a nivel corporativo.

Irán
Revolución de regreso a Dios, frente al mundo de la técnica
En coautoría con Enrique Maza*

Teherán.- En el siglo XX las edades del hombre se quebraron. Hicieron crisis dos mundos: el que sabe y el que cree, el que planea y el que intuye. Dueño del tiempo y del espacio, Occidente se adentra en el año 2000. Un arte y una técnica nacen de su visión del futuro. En el aeropuerto Charles de Gaulle los espacios de acceso a la nave no se llaman puertas, sino satélites. Satélite uno, satélite dos, satélite cinco. Los pasajeros se introducen en embudos de plástico y desde los túneles transparentes se miran unos a otros. No tienen necesidad de caminar por sí mismos. Avanzan por la acción de plataformas en movimiento. El orden y la perfección son patentes. También el hombre que se avizora: un robot, computarizado.

No es éste el tiempo ni el espacio del islam. Alá vive, Mahoma vive y Jomeini es hijo de Alá y hermano de Mahoma. Él también es la verdad revelada. Su más allá no es la Luna. Es el paraíso inefable de los hombres, que aquí construyen su felicidad y se despojan de la imperfección para unirse con Dios.

Bárbaro y fanático llama Occidente a Irán. Impuro llama Irán a Occidente. Occidente desprecia. Irán rechaza. Occidente no tiene pasado; la electrónica tomó el mando e inauguró su propio tiempo. El islam no tiene futuro; busca a Dios y en Dios no hay tiempo.

El tiempo del islam

Ruhollah Jomeini llamó impuras a las costumbres de Occidente y las prohibió. Jomeini llamó impura a la música de Occidente y la prohibió.

---

* *Proceso*, 31 de diciembre de 1979

La orden fue terminante. Severa es la autoridad del líder. Las consecuencias de su decisión se dejan sentir: no se escucha la música de Occidente. Si acaso en los taxis.

Beethoven proscrito. ¿Tiene algún sentido? ¿Degrada la *Oda a la alegría*, el canto de la fraternidad universal?

La ley de Jomeini —Jomeini es la ley— sostiene que Beethoven no es impuro, pero pertenece al tiempo de Occidente, que no es el tiempo de Mahoma. El tiempo ajeno es la vida ajena: cultura, ideales, leyes, civilización, utopías, miserias, tecnología, música. El tiempo propio es la fidelidad a sí mismo, la posibilidad de ser.

¿Qué es el hombre? Tiempo. ¿Qué es el tiempo? Historia. ¿Qué es la historia? La transformación de las sociedades humanas. Si el tiempo del islam acepta el tiempo de Occidente, que es más fuerte que Irán y quiere conquistar el país, abre las puertas al enemigo y traiciona a su tiempo.

La Constitución ordena que el país se cierre a las influencias del exterior, al tiempo de los enemigos de Irán. Es la fidelidad al tiempo de Mahoma, que es el tiempo del islam.

La Constitución de Irán

Es el siglo VII, el siglo del Corán y de Mahoma, es el tiempo de la Constitución de Irán en 1979, que invoca a Dios y se apoya en el islam, llama a la guerra santa y proclama que la razón de la vida es el remanso en la divinidad.

Dueño de la justicia y el perdón, el ayatola Jomeini, hijo de Alá y hermano de Mahoma, gobierna al islam con poderes absolutos. Puede declarar la guerra o la paz y tiene facultades para iniciar la cruzada que instaure la ley de Dios en el mundo entero.

La Constitución recién aprobada proclama a Jomeini líder único e indiscutible. Lo llama justo, piadoso, informado, valeroso, emprendedor, honrado, íntegro.

Dice el texto:

"La revolución triunfante es la realización de los desposeídos que el Corán ha prometido a las naciones desposeídas y oprimidas de la Tierra. Es la victoria de los desposeídos sobre sus opresores".

Anuncia el documento el destino mesiánico de los musulmanes. "La república islámica es un sistema con fe en Dios, sumiso a su voluntad, fiel al mensaje divino que juega un papel fundamental en la elaboración de las leyes. Dios es el líder eterno que asegura la permanencia de la Revolución islámica. Es la esperanza de los pueblos y la posibilidad de purificación para alcanzar el remanso".

De esta manera, mil 300 años después de Mahoma, el clero se hace de nuevo gobierno y la fe se hace de nuevo política. Setenta y dos expertos, 57 de ellos mulajs (miembros del clero islámico), redactan la ley de leyes. Hasta de su elaboración desaparece la sociedad civil como fuente de autoridad y aun de consulta.

Ciento setenta y cinco principios (artículos) tiene la Constitución. El 110 enumera los derechos de Jomeini:

Seleccionar a los miembros del Consejo Guardián; nombrar a la autoridad judicial; fungir como comandante supremo de las Fuerzas Armadas; designar al jefe del supremo comando conjunto y a los jefes de cada arma: Ejército, Marina y Fuerza Aérea; nombrar al comandante del Cuerpo Islámico Revolucionario; establecer el Consejo de la Defensa Nacional; declarar la guerra o la paz; aprobar o cesar al presidente de Irán; conceder amnistías y reducir sentencias.

Hay líneas específicas consagradas al papel islámico que desempeñará el Ejército: "No es sólo la defensa de las fronteras del país, sino la cruzada, en el nombre de Dios, hasta que la ley de Dios se establezca por todo el mundo".

El sah y Jomeini

La Constitución de Irán detalla cómo llegó el sah a la barbarie, en contraste con el liderato "firme y decisivo" del imam (el pontífice) Jomeini. De un lado las prisiones, las torturas, las ejecuciones y el exilio. Del otro, "el heroísmo del líder, quien en el cenit de la represión expuso a su pueblo los dos motivos que le asistían para continuar en la lucha y consolidar su esfuerzo: el gobierno islámico y el poder del clero".

Dice el texto:

"El gobierno despótico publicó una carta insultante contra el clero y el imam Jomeini (7 de enero de 1977). Esto sólo encendió la ira del pueblo. El factor de éxito fue la solidaridad de todos los sectores del pueblo contra la brutalidad armada. El precio fueron más de 60 mil mártires y billones de riales en daños materiales. La Revolución se implantó al grito de 'independencia, libertad y gobierno islámico'. El movimiento tuvo éxito basado en la fe, en la unidad de propósitos y en el liderato decisivo que abrió un nuevo capítulo en la lucha de los pueblos del mundo".

Explica que un factor de unidad de la Gran Revolución fue el enfrentamiento a la Revolución Blanca del sah, cuyo fundamento era reforzar la dependencia de Irán del imperialismo. Este enfrentamiento se dio por vez primera en Jordad, en 1963, lugar y fecha que determinaron el liderato islámico de Jomeini.

El documento constitucional compara la Revolución con los movimientos pasados, incluido el que nacionalizó el petróleo, en 1952. Fracasaron todos porque no contaron con la filosofía orientadora que ahora guía al gobierno islámico, iluminado por Jomeini.

La Constitución es la apología del ayatola imam Jomeini, vivo en cada una de las páginas de la ley, presente en todo lugar de Irán.

En el nombre de Dios, el benéfico

"En el nombre de Dios, el Misericordioso, el Benéfico.

"La Constitución de la República Islámica de Irán, en cuanto es el verdadero fundamento cultural, social, político y económico de la sociedad iraní, está basada en principios y preceptos islámicos que reflejan las verdaderas aspiraciones de una sociedad islámica".

Así comienza la nueva Constitución de Irán. En sus párrafos introductorios afirma que la esencia de "la Gran Revolución de Irán" y las luchas del pueblo musulmán clarificaron las aspiraciones de la sociedad islámica, cuyo cumplimiento demanda.

Después del triunfo vino el referéndum nacional en favor de la República Islámica. El consenso fue de 98.2 por ciento.

Reescrita así la historia de la Revolución, describe la Constitución qué es el gobierno islámico:

"El gobierno no es el producto de la distinción de clases ni de la supremacía de un grupo o de una clase particular de la sociedad. El gobierno es el objetivo político de una sociedad que se organiza para avanzar hacia sus ideales y objetivos, para avanzar hacia Dios. La nación iraní se purificó del despotismo y se deshizo de una cultura ajena y de un estilo de pensamiento impropio para volver a la cultura islámica abarcadora del mundo. Irán está hoy en los umbrales de una sociedad ejemplar".

Subraya que el objetivo es "crear las condiciones para que el hombre pueda desarrollarse y crecer de acuerdo con los nobles valores del islam. El contenido de la Revolución iraní es el islámico, es decir, representa la victoria de los desposeídos sobre los opresores. Es también el terreno local e internacional para continuar la Revolución y preparar el camino al advenimiento de una comunidad nacional unificada. Es la ley suprema que se convierte en garantía contra la opresión social o intelectual y contra toda forma de explotación económica. Su propósito último es colocar el destino del pueblo en sus propias manos.

"De aquí la necesidad de que piadosos y cultos estudiosos islámicos garanticen la equidad del gobierno, cuyo objetivo es preparar el terreno para el florecimiento de todos los talentos humanos y los potenciales latentes. De esta manera el hombre crecerá hasta un mayor bien propio y alcanzará el remanso de la divinidad".

Utopías y realidades

"Al contrario de otros sistemas que buscan la ganancia y la concentración de la riqueza, la idea fundamental de la economía islámica es satisfacer las necesidades de todos. En las sociedades orientadas a lo material, la economía es el objetivo y, por tanto, en los estadios de crecimiento la economía se convierte en elemento de corrupción, destrucción y despojo. En el islam la economía será un instrumento para que el hombre se acerque a Dios".

Rechaza la Constitución islámica "la degradación de la mujer en manos de Occidente, objeto sexual e instrumento del consumismo. Al rescatarla para la dignidad y el respeto, le devuelve la libertad que había perdido y orienta los recursos humanos femeninos al servicio de la verdadera identidad humana femenina y de las más altas responsabilidades sociales de la mujer". La exalta como unidad fundamental de la familia, "no como instrumento al servicio de la explotación interior y el colonialismo".

Los medios de comunicación "deberán estar al servicio de la cultura islámica y obtendrán su beneficio del sano intercambio entre las distintas opiniones de la sociedad. Deberán rechazar todo material de división, destrucción y antiislamismo.

"La libertad de publicación en radio y televisión queda salvaguardada por los principios islámicos. La administración de los medios quedará bajo la autoridad conjunta de los poderes legislativo, ejecutivo y judicial".

La libertad y su contraparte, siempre un nudo. La libertad y la prohibición, un binomio que se niega, pero que la Constitución consagra. Dice:

"La libertad humana es primero. El objetivo es hacer del islam un modelo para el resto del mundo".

Establecido su espíritu, la Constitución se concreta en principios (artículos). Éste es el contenido de algunos de los sobresalientes:

"La obligación del gobierno es el desarrollo de las virtudes morales y la lucha contra el vicio y el mal. Su deber es aumentar el nivel de conciencia por el uso apropiado de los medios de comunicación y de la prensa; rechazar el colonialismo, toda influencia exterior sobre Irán, la autocracia en cualquier nivel; asegurar la participación de todos en todos los campos y en el destino de la nación; eliminar la discriminación; simplificar la acción del gobierno y de sus organizaciones; crear la autosuficiencia tecnológica, agrícola y productiva; garantizar la seguridad legal en todos los órdenes; hacer realidad la hermandad islámica entre todos los hombres; establecer el apoyo incondicional a las naciones desposeídas y a los oprimidos del mundo.

"La religión oficial de Irán es el islam, eterno e inmutable.

"La interpretación de los principios islámicos en que se basará todo —la construcción total de la sociedad, de la nación y del aparato gubernamental y legislativo— es la responsabilidad de los abogados religiosos del Consejo Guardián. Es decir, del clero islámico.

"El liderato será único en la persona del abogado religioso, imam, que sea justo, piadoso, informado, valeroso, emprendedor y respetado por la mayoría como el líder indiscutible. Si esa persona no existe, el liderato será ejercido por un Consejo de Liderato formado por clérigos".

La Constitución consagra después, uno por uno, todos los derechos humanos y todas las libertades en un bello cuadro de la sociedad perfecta y utópica.

Dice, en contrapunto:

"Bajo el magisterio de la experiencia dolorosa y conjunta de la Savak y de la CIA, queda prohibido todo tipo de censura, invasión de privacía, intercepción de conversaciones, intercepción de teléfonos y toda la tecnología que apoye el espionaje. Otro tanto regirá en lo referente al arresto arbitrario, el juicio ilegal, la tortura, el exilio y todas las demás instancias de los sufrimientos padecidos".

Reza el principio 56:

"Dios Todopoderoso, cuya supremacía sobre el hombre y el mundo es absoluta, ha capacitado al hombre para que tenga soberanía sobre su propio destino nacional. Nadie puede privar al hombre de este derecho dado por Dios".

¿Por qué Jomeini?

La Revolución iraní culminó en esta Constitución, que repetitivamente afirma su ser islámico.

Los hechos parecen incomprensibles. Un pueblo desarmado, con sus simples manos desnudas, derroca a un dictador poderoso, a uno de los ejércitos mejor armados y a una policía eficaz y omnipresente, más allá de toda previsión computada. Uno de los éxitos aparentes del sah había sido la despolitización de su pueblo. Pero el pueblo se levanta politizado en un sentimiento que va mucho más allá del mero rechazo a la dictadura.

De esta lucha surge un líder religioso al que la Constitución otorga poderes absolutos y al que obedece ciegamente buena parte del pueblo. La lucha, la religión y la política se confunden. Estados Unidos, directamente atacado en su embajada y en sus intereses, no se atreve a intervenir. La República Islámica que surge parece un proyecto invertido del régimen imperial derrocado. Los dos regímenes, a fuerza de ser antitéticos, llegan a parecerse de una manera extraña. Del totalitarismo imperial, pasa Irán a la teocracia absoluta. El sah regulaba su hora por el meridiano de las trasnacionales. El ayatola, por el meridiano de La Meca. El sah había construido una máquina loca de acelerar el tiempo para hacer entrar a Irán, por grado o por fuerza, en un siglo XXI ajeno, como imitamonos de Occidente. El ayatola parece construir una máquina arcaica para remontar el tiempo hacia un islam original y mítico, donde encuentra el ritmo de la vida de su pueblo.

El pueblo destruye el imperio deslumbrante del sah y elige a un líder intransigente y obstinado. No era afecto a las prácticas religiosas y funda una república islámica rigorista y sectaria. Se levanta en nombre de la libertad y da a luz a un régimen autoritario. Aspira a afirmar sus diferencias y desemboca en el integrismo.

Buscar una explicación a estos hechos obliga a retroceder más allá de la Revolución misma. No fue Jomeini quien derrocó al sah. Fue Mahoma. Se dice que ésta fue una revolución religiosa. Fue más que eso. Fue la restauración de un sueño.

La Constitución iraní describe un ideal que quiere reproducir la era de oro de la comunidad islámica. Los 10 años que gobernó Mahoma en Medina y, quizá, los 30 que siguieron a su muerte constituyen la época en que la sociedad islámica llegó tan cerca de la perfección como le fue posible.

Las instituciones, las leyes, las finanzas y la religión de aquel periodo marcan los términos, los conceptos y el orden perfecto de lo que hoy quiere ser la sociedad de Dios.

Las situaciones políticas posteriores a Mahoma, muerto en 632, fueron separando a los legistas religiosos de la participación en el gobierno. Pero, aun antes de que se separaran, la más estrecha colaboración de la jurisprudencia islámica con la política y el aparato oficial no podía ya cerrar el abismo entre lo ideal y lo real, entre lo normativo y lo práctico, entre el orden sagrado que pretendía construir y las decisiones políticas concretas. El abismo se abrió hasta hacerse infranqueable. Hasta que la Revolución iraní y su nueva Constitución vinieron a intentar de nuevo la conquista del abismo.

La experiencia de 13 siglos, a partir prácticamente del 700, enseñó a los musulmanes y legistas piadosos a apartarse de la política —destructora del orden sagrado— por miedo a perder sus almas. Los políticos, a su vez, por más que favorecieran las normas de la jurisprudencia religiosa, se enfrentaban a demasiadas emergencias y caían en lo que se consideraba la iniquidad del poder.

El gobierno de Dios y el gobierno del sultán tomaron caminos separados. La vida social y la vida política se desarrollaban en dos planos. Uno, que era espiritualmente válido, pero irreal. Otro, que era real, pero sin validez posible.

La ley de Dios falló porque no tuvo en cuenta el factor de cambio, al que Dios sometió a sus criaturas. Así, la teoría legal religiosa acabó por abandonar el sueño grandioso de un cuerpo social que operara siempre bajo la ley inmutable que Dios reveló en plenitud de los tiempos. Poco a poco se deterioraron y fracasaron los ideales establecidos en la edad de oro de Mahoma, hasta el día de hoy. Los miembros del islam acabaron viviendo bajo dos leyes. Una, eterna, que los obliga en razón de su fe. Otra, revocable y modificable, que los obliga en razón de su historicidad.

Hicieron la paz con el mal menor, pero quedó latente el sueño. El sah era un mal menor que un doctor islámico explica así: "¿Hemos de renunciar entonces a obedecer la ley? ¿Hemos de declarar la invalidez de toda autoridad? ¿O debemos continuar como somos, reconociendo que los actos de la administración son válidos, dadas las circunstancias del caso y las necesidades del momento? Estas concesiones no son espontáneas, pero la necesidad hace legal lo prohibido: ¿Qué es preferible, la anarquía y la disrupción de la vida social por falta de una autoridad propiamente constituida o el reconocimiento del poder de hecho, sea el que fuere? De estas dos alternativas, los juristas sólo pueden escoger la segunda".

"En invierno llega la primavera"

Éste ha sido también el razonamiento del ayatola Jazem Chariat-Madari, el hombre amado de la provincia de Azerbaiyán que le salvó la vida a Jomeini y logró que le concedieran la cualidad de ayatola. Madari, para evitar el caos social, prefería la república democrática y aun la monarquía constitucional a la república islámica.

Pero Jomeini replicaba: "Sólo Dios sabe cuántos crímenes ha cometido la monarquía iraní desde sus orígenes. Los crímenes de los reyes han ensombrecido toda nuestra historia. Para el profeta del islam el título del sah, rey de reyes, es el término más excecrable a los oídos de Dios. Los principios del islam se oponen a la monarquía. ¿No tenemos una responsabilidad hacia Dios y hacia el pueblo? El profeta contra el rey".

En Neauphle-le-Château, Francia, Jomeini y sus fieles imaginan la república islámica. "En invierno llega la primavera", dicen las banderolas que se agitan al retorno de Jomeini desde el exilio.

Para el islam la ley es la voluntad de Dios y no depende de razonamientos o de valores humanos. Su objetivo es limitar la libertad original del hombre, en beneficio del hombre mismo y en bien de la sociedad.

Los iraníes se levantaron en nombre de la libertad y se dieron a sí mismos un régimen autoritario. Para el islam el estado original del hombre es la libertad. Pero las exigencias de la vida social obligan a la disminución de la libertad. La ley es el complemento de la fe y regula las acciones del hombre, como la fe regula sus creencias. Felicidad y salvación de los premios respectivos.

De allí el islam concluye que la libertad encuentra su límite en su propia esencia, porque la libertad ilimitada equivaldría a la autodestrucción. Ese límite es la ley. Pero ningún límite es arbitrario, porque nace de su utilidad o de un mayor bien para el hombre y para la sociedad. La utilidad es el fundamento de la ley, al mismo tiempo que es su amplitud y su frontera.

Así es como el levantamiento de la libertad desemboca en el autoritarismo, límite esencial de la libertad. Éste es el espíritu que funda la Constitución islámica de Irán, y ésta es la esencia de la Revolución iraní. Es recrear la edad de oro de la sociedad perfecta, es rehacer el periodo de Mahoma, perdido en el abismo de los cambios históricos, en el abismo que separa al ideal de la realidad y en el abismo que se abre entre la voluntad divina inmutable de un orden sagrado y la voluntad divina manifiesta de la transformación histórica. No es querer vivir en Dios, sino bajo la férula de Dios. Mahoma lo logró 10 años; Jomeini lo intenta para siempre.

La nueva Constitución

La nueva Constitución intenta codificar la vida buena, como los legistas lo intentaron por siglos, en cuanto es la voluntad de Dios. Pero es obvio que Dios no ha revelado esta Constitución. Sólo la habilidad interpretativa puede derivarla de Dios. Y se plantea la disyuntiva. Admitir cualquier otra fuente de autoridad y de ley que no sea Dios sería reconocer la imposibilidad de construir la vida individual y social exclusivamente en la voluntad de Dios. Eso es impensable para el islam. Sería renunciar al ideal que dio nacimiento a la comunidad islámica. Pero no admitir otras fuentes de autoridad y de ley sería deshonesto y contra la evidencia de los hechos.

Lo que está en juego en esta disyuntiva es la gran causa islámica. Pero queda en pie la gran pregunta ¿Reveló Dios o no reveló el estatuto íntegro de esta sociedad de Dios? ¿Debe ser gobernada la sociedad solamente por Dios o se pueden admitir elementos humanos en su estructura? ¿Se pueden hacer concesiones a las demandas de la vida?

En la historia del islam, las discrepancias entre los sueños normativos y la realidad de la vida fueron especialmente agudas en la esfera de la organización política. Allí se dieron los más notables fracasos entre las aspiraciones y el logro. Siempre acabó por imponerse la incapacidad de institucionalizar los principios revelados en el cuerpo político. Allí se demostró siempre la irrealidad y se impuso la renuncia al ideal, pero de tal manera disfrazada para proteger la conciencia del pueblo que la comunidad sigue pensándose a sí misma como la sociedad de Dios.

Para dar respuesta a estas preguntas y resolver estas discrepancias, la comunidad islámica se constituyó en teocracia. Dios tiene el poder político, pero lo administra a través de sus delegados. La misión divina confiere el poder político al profeta o a sus sucesores. Cuando ese poder se define, no hay distinción entre lo espiritual y lo temporal. La separación de la Iglesia y Estado es impensable en el islam. El poder temporal es el poder espiritual y viceversa. El Estado es la Iglesia, en cuanto salvaguarda y expande el área de la fe y atiende los negocios de los creyentes. Religión y política son inseparables, "porque el presente mundo perecerá y el otro mundo permanecerá".

De allí que sea obligación inabdicable de la comunidad islámica nombrar a un imam. En él se sintetizan la ley eterna y la ley histórica, lo inmutable y el cambio, el gobierno de Dios y el gobierno del hombre, el ideal y las concesiones a la vida, el orden religioso y el orden político. El Corán manda la obediencia al líder. La autoridad del imam es de origen divino y sólo puede haber un imam o "el cielo y la Tierra irán a la ruina".

1979

El parteaguas del tiempo

"Levántate, levántate, resucita el gobierno, del derecho y de la justicia", gritaban millones de iraníes al retorno de Jomeini, a lo largo de 33 kilómetros que terminaban en el cementerio de los mártires. "Allí está. Helo allí".

"Imam. Imam. El imam ha venido. Ayatola. Ayatola imam Jomeini, has venido por fin".

Y allí el cementerio —"el mártir es el corazón de la historia"—, Jomeini anuncia el principio de los tiempos nuevos, denuncia el tiempo de la usurpación y afirma: "Yo designaré mi gobierno". Se quiere y se declara el constructor de la nueva sociedad y también el justiciero implacable. El hombre y Dios, juntos al fin. "Queremos la república islámica". Y responde la multitud: "Ha dicho verdad". Es la epopeya del tiempo islámico.

El imamato es un puesto de elección y requiere condiciones especiales. Ambas, la elección y las cualificaciones, están especificadas en la Constitución, que dedica al líder su sección octava.

En ningún otro punto se aferran tanto y tan desesperadamente los musulmanes a sus axiomas, sus ideales y sus ilusiones como en su concepto del oficio supremo. Quizá porque en este punto han sufrido más amargas decepciones a lo largo de su historia.

El deterioro empezó en el siglo VIII y carcomió la fuerza del islam. Se llegó a pensar que el imamato estaba muerto y no podía encontrársele sustituto. Pero la muerte del imamato implicaba la muerte de la obediencia y, por tanto, la muerte del islam, porque la vida del pueblo se constituiría en el pecado. Por mucho tiempo se instalaron la desesperanza y la resignación, que marcaron también la vida política. Fracasó la ciudad de Dios. La comunidad islámica vivió su fracaso.

La Revolución de Irán es la resurrección del sueño y arranca desde el siglo VII. Es recuperar la esperanza, rescatar el tiempo y revertir el fracaso. El intento de Jomeini —visionario, audaz, contra siglos de historia— es demostrar la realidad del sueño, volver la realidad al ideal perdido, pero en una época y en unas circunstancias que le arrebatan el dominio del tiempo.

Aunque el régimen del sah y el régimen de Jomeini se parecen extrañamente, no tienen nada en común. Uno es el tiempo de la iniquidad; otro es el tiempo de la pureza. Uno es el tiempo del exceso, del lujo, del saqueo; otro es el tiempo del ascetismo. Uno es la dinámica de los apetitos, de las satisfacciones terrenas y desiguales; otro es la dinámica del puritanismo espiritual. Uno es el tiempo de la sociedad abierta al pillaje y a las concupiscencias del imperialismo; otro es el tiempo de la sociedad sólo abierta a los hermanos musulmanes y cerrada a toda influencia extranjera.

Uno es el tiempo de los poderosos del mundo; otro es el tiempo de los desposeídos de la Tierra. Jomeini es una amenaza y un reto al siglo XXI de los occidentales y de los ricos. Irán es el parteaguas del tiempo.

1980

Estados Unidos es el enemigo, con distintos rostros*

"Podrá teñirse de sangre el territorio entero, que los salvadoreños seguirán adelante".

Corridas las cortinas de dos ventanas pequeñas, cerrada al exterior una habitación de madera y piedra, Salvador Cayetano Carpio, panadero, seminarista, secretario general del Partido Comunista, el puro dolor en las mazmorras del gobierno, la vida como clandestinidad y el peso de la venganza sobre su sombra desde hace 15 años, dijo a *Proceso* que están próximas las batallas decisivas en El Salvador:

"Entre este año, al que ya se le ve diciembre, y el próximo, el de la alborada, caerá la junta de gobierno y ascenderá el pueblo al poder".

Inició la entrevista con estas palabras:

"Hace 15 días tratamos de encontrarnos. La seguridad lo hizo imposible. Conversemos ahora. Permítame saldar mi deuda de gratitud con usted".

No hubo otra alusión a hechos narrados en estas páginas.

Reo de todos los delitos para los gobernantes, es el héroe de la guerrilla, la punta de la lucha armada, el teórico de la estrategia política. Pequeño, delicado de manos y dedos, fina la armadura de sus anteojos, revela secretos de la contienda en su país:

"Hemos organizado los primeros cuerpos del ejército regular en la nueva sociedad salvadoreña. Los comandos operan bajo la más estricta jerarquía militar y una severa disciplina. Batallones de 600 hombres actúan en regiones seleccionadas. Sus hombres manejan armas profesionales y viven la guerra en plenitud. Es su profesión. Son los hechos, aunque frente a nosotros exista una bien montada campaña de desinformación. En algunas áreas suburbanas, el llano que dicen los cubanos, no hay más autoridad que la de nuestros cuadros y el pueblo".

---

* *Proceso*, 25 de agosto de 1980

Pareciera que no cabe la inquietud en su cuerpo de 1.60 o 1.65:

"En un segundo nivel, dueños del arte de la emboscada, los guerrilleros actúan las 24 horas del día. Ni se dan descanso ni admiten tregua. No hay jornada sin la captura de armas al Ejército, a los guardias de las haciendas, a los policías, a los 'orejas'. Las bajas que le infligen al enemigo son constantes. No es una gota constante. Es un hilo de sangre que nadie para".

Sonríe:

"Pronto la dictadura tendrá anemia".

Llama la atención el contraste entre su rostro apacible y la frente poderosa, la estricta expresión del carácter. Dice Cayetano Carpio:

"En la lucha contra la dictadura el pueblo ha organizado las milicias. Contamos con 100 mil milicianos armados. Manejan armas profesionales o de fabricación casera, pero todos son temibles. Combaten en el área de sus lugares de trabajo, la fábrica, el comercio o los centros de estudio. Son obreros, universitarios, maestros, empleados públicos y privados. Representan al transeúnte común, el ser de vida aparentemente rutinaria. Son héroes anónimos en la transformación de la sociedad".

Los ojos negros del guerrillero quedan detenidos en los ojos de su interlocutor:

"La tiranía no tiene 100 mil hombres en pie de lucha. Nuestra superioridad numérica es innegable. Las fuerzas paramilitares a las que nos enfrentamos son poderosas, pero están sometidas a la guerra incontrastable y a la guerra que no se ve, la de la desmoralización y el desgaste. La junta de gobierno ha tenido que iniciar la leva entre los jovencitos. Cualquiera puede ver la pelusa de sus bigotes y la metralleta en sus manos inseguras".

Sigue:

"Hace poco más de un año la dictadura realizó un gran esfuerzo para acabar con la guerrilla y las fuerzas activas disidentes. La acción fue brutal. Aviones y helicópteros, el Ejército, las tropas de desembarco, la Guardia Nacional y todas las policías juntas sembraron la muerte y el dolor, pero también la rabia y el odio. Murieron niños, mujeres, ancianos. No hubo piedad. Los límites saltaron hechos añicos. Concluida la dispersión en los poblados, regresó la tiranía a los campos desolados para culminar lo que llamó 'la limpia', pero se encontró con fuerzas organizadas que se le enfrentaron. Con eficacia y precisión el pueblo voló vehículos militares, tendió emboscadas, ajustició a los asesinos uniformados que cayeron en sus manos. A la brutalidad opuso la inteligencia. A la crueldad, la resistencia. Nadie previó este salto de calidad en la lucha armada. Es la paradoja de quien está a punto de liquidar al adversario y, al no lograrlo, ve que se yergue, poderoso".

A los 64 años, Salvador Cayetano Carpio se instala en el futuro. "Mi presente es el porvenir. No me miro los pies ni miro p'atrás".

Sin embargo, tendría mucho que recordar, como este relato del año 50:

"Golpeado, regreso al fondo de la celda. La debilidad devora mi organismo. Oigo botas que se acercan.

"—¿Usted es Carpio?

"—Sí, señor.

"El militar se apoya en los barrotes. En silencio me mira.

"—¿Por qué está ensangrentando?

"—Fueron los agentes.

"—¿Por qué corrió?

"—Quise evitar que se consumara una detención ilegal.

"—La autoridad se respeta. Estamos en un país civilizado.

"—¿Democrático?

"—Como guste.

"No resisto el deseo de replicarle moderadamente:

"—La policía está obligada a respetar las normas que establecen las garantías individuales.

"El efecto de mis palabras es fulminante. Se ha puesto lívido, después rojo, congestionado.

"—Por última vez ¿vas a hablar?

"—No sé nada.

"—¡La capucha!

"Alguien se monta a horcajadas sobre mi espalda y me va cubriendo la cabeza, hasta el cuello, con la parte superior de la capa de hule que usan reglamentariamente los policías. El forro queda hacia afuera, el hule pegado a la piel. No veo nada. La oscuridad me ha caído encima. Qué desagradable es el tibio olor del hule.

"El jinete que tengo sobre la espalda descarga todo el peso de su cuerpo contra el mío. Ha metido el brazo bajo mi barbilla y me está levantando la cabeza. La atrae hacia su pecho y me empuja las piernas hacia atrás, más, más. Cruje la columna vertebral. Mi cuerpo forma un arco tenso, vibrante. Se me hace difícil respirar. Los pulmones están aplastados. Otro puntapié sobre las costillas, en los puntos que dejan libres las piernas del jinete. Golpes precisos, maestros.

"Pujidos cortos y agudos arrojan la última reserva de aire. Un círculo de acero ciñe mi garganta. Una mano implacable forma un torniquete con los bordes de la capucha y va apretando, apretando, hundiendo los bordes como un cuchillo alrededor del cuello.

"El aire no se filtra más. Los pulmones lo reclaman desesperadamente. Bombean la misérrima cantidad que resta entre los pliegues de la capucha. La boca se abre, aspira, succiona, chupa. Más puntapiés. El hule se pega a los dientes, obtura los conductos nasales. La boca está abierta. Grita. Son los alaridos de un animal en el matadero. El cuerpo se estira, se encoge. El jinete se aferra más y más al caballo enloquecido. Las sienes golpean como un gigantesco martillo, los oídos zumban como una estridente orquesta de un millón de grillos. Los ojos se salen de sus órbitas. Los intestinos escapan por la boca.

"Llegan a su clímax los estertores de la asfixia. Ahora descienden, se debilitan. Un temblor convulsivo me sacude. Los verdugos se dan cuenta de que ha llegado al límite. Apareció la muerte. Aquí está. Aflojan poco a poco el círculo que aprieta la garganta. Entra el aire, la vida. Uno, dos, tres, cinco segundos y ya está el torniquete apretando, ciñendo la garganta de nuevo. Otra vez los puntapiés, el jinete, las convulsiones, los intestinos que vomito, los estertores de la agonía. En el dintel de la muerte, el torniquete se afloja de nuevo. Uno, dos, tres, cinco segundos. Y otra vez. Y otra vez. Y otra vez".

—Circula la versión de los 100 mil muertos. ¿Es cierta, Cayetano?

—No le entiendo.

—Que la junta matará 100 mil hombres para "pacificar" El Salvador.

—Eso fue antes. Habla de 200 mil. Pueden ser más, nunca todos. La historia del país es ya otra, porque no tienen piedad. Llevamos 49 años de tiranía.

—¿Cómo se explica que, en un país tan pequeño y densamente poblado, subsistan y accionen fuerzas regulares fijas, la guerrilla en todo el territorio y 100 mil milicianos armados en el estrecho círculo de su vida cotidiana? ¿Es posible frente a un Ejército dueño de pistas y aviones, de helicópteros y fuerzas de desembarco, de todas las armas y todos los pertrechos?

—Se explica por la naturaleza de nuestra guerra, la combinación de la lucha militar y la lucha política. Sin la lucha política el enfrentamiento con el Ejército hubiera sido una locura. Nos adaptamos a las condiciones específicas que nos rodeaban. No podíamos empezar en las montañas, porque son bajas y no ofrecen seguridad. Nos iniciamos con la formación de comandos urbanos, guerrillas de nivel elemental. Las extendimos al campo. Poco a poco abarcamos el país entero. Tuvimos y tenemos presente el principio clásico irrebatible: la guerrilla es el pueblo o es un grupo armado a salto de mata.

Se amarra al tema:

"Estrategas de café, creo que así les llaman ustedes, han documentado la corrupción de los sucesivos gobiernos de El Salvador, de 1931 a la fecha. Tarea inútil. Los rebasan hechos elementales:

"En 1970 unos cuantos iniciamos el movimiento. No éramos más de 10. No contábamos con una pistola. No teníamos un colón. En 10 años hemos librado miles de acciones militares y reunido decenas de millones de dólares con los secuestros de los oligarcas y las requisas a los bancos. La marea ha crecido. Es incontenible. Nuestra acción cuenta, pero más ha contado la de ellos. Sanguinarios en el poder, corrompidos en la vida privada, mediocres. Medimos los resultados de la revolución por el odio del pueblo a sus tiranos".

Le atrae la frase que ya formula. Sonríe de nuevo:

"En Nicaragua, Somoza fue el dueño de todas las vacas. En El Salvador los títeres sucesivos no han podido formar una dinastía. Se desplazan unos a otros y, en el breve periodo que les toca matar y robar, engordan hasta que revientan".

—¿Tiene por venir una revolución en 20 mil kilómetros cuadrados congestionados por cinco millones de habitantes? En la victoria, ¿valdrán más allá de la retórica los vocablos independencia, soberanía, autosuficiencia?

—El proceso revolucionario de Centroamérica es uno solo. Los triunfos de uno son los triunfos del otro. Nuestra unidad geográfica, histórica, política, económica fue destruida por la ambición del imperio. Guatemala tendrá su hora. Honduras la suya. Costa Rica vivirá un momento estelar. La primera nota se escuchó en Nicaragua. La historia cantará en Centroamérica.

Entre tanto, las acechanzas se multiplican. No basta la inteligencia para planear una acción contra ellas. La única esperanza es el pueblo de El Salvador. Fue amedrentado y no cedió. Se extendió el luto por su territorio y se mantuvo firme. El arzobispo Romero murió con la certeza de que el heroísmo y el martirio formaron la corona de espinas en el país masacrado.

Cayetano Carpio enumera los peligros externos contra la revolución:

"Ocho barcos de guerra y dos mil marines, un portaviones y 60 aeroplanos de combate han sido avistados en aguas del Pacífico. Su presencia es un gesto bélico. La intervención es posible. No contradice la historia de los Estados Unidos.

"Herrera Campins, demócrata cristiano aliado a los demócratas cristianos de la junta de El Salvador, Duarte y Morales Ehrlich, usurpó la voz de Venezuela para pedir a la OEA que integrara una 'fuerza pacificadora' que nos hiciera retroceder a tiempos imposibles. Sabemos para qué sirve y a quién sirve la OEA.

"Honduras se arma en la frontera y reclama la faja territorial en disputa. La intemperancia de las declaraciones de sus gobernantes es una señal de alerta para nosotros. El avance de las fuerzas armadas marcaría el inicio de la intervención. Conocemos la historia: la bota del enemigo un metro adentro es la violación de la soberanía. Conocemos los principios: la violación es absoluta. Consumada, no se impone límite ni freno.

"Lucas ofreció el Ejército a sus colegas salvadoreños. Es el caso más complicado y oscuro para el enemigo, el más claro para nosotros. Guatemala vive una situación emergente. Si la promesa la hiciera efectiva su presidente, adelantaría el fin del régimen. El mundo sabe que no controla la situación interna, que no puede enfrentar el desprestigio internacional, que asiste, paralizado, al éxodo dé los mejores hombres. Como El Salvador, se desangra por la infamia de los títeres".

En el fondo y en la superficie, como quiera que se mire el problema, el enemigo es uno con distintos rostros: los Estados Unidos.

"Es probable que yerren en la estrategia y pongan en juego algunas de estas opciones contra El Salvador. Prolongarían la tragedia y nos obligarían a cavar más hondo las tumbas de nuestros verdugos.

"En América Latina las consecuencias serían negativas para el imperio. No se apaga el rescoldo de la invasión a Santo Domingo hace 15 años. Quedan las piedras ardientes. Nuevas hogueras incendiarían el continente".

No encuentra la figura que le permita expresarse.

"Vea, mire. Cómo decirlo. Los muertos cuentan cada día menos y valen cada día más. Uno que cae, la madre o el hijo, la mujer, no nos detiene. Sabe El Salvador que no hay abrigo en las tiranías".

Dice Cayetano Carpio:

"En los últimos meses el horizonte se clarificó en el país".

Anuncia:

"Las fuerzas políticas militares, por largo tiempo dispersas y en algunos casos con enfoques distintos acerca de la manera en que debía encararse la lucha, se han cohesionado bajo un mando único: la Dirección Revolucionaria Unificada. Acordaron la unificación las Fuerzas Populares de Liberación Farabundo Martí, la Resistencia Nacional, el Partido Comunista y el Ejército Revolucionario del Pueblo.

"Para ejercer su papel político y militar, la DRU se agrupa en comisiones conjuntas de abastecimiento logístico, comisiones conjuntas y relaciones internacionales y comisiones conjuntas de propaganda. Está facultada para aprobar los planes de guerra conjunta, las fases del plan de guerra y la iniciación de las diferentes campañas estratégicas. Decidirá el momento de la batalla final. Un día anunciará la formación del Gobierno Democrático Revolucionario. Me gustaría que fuera al amanecer.

"Doce hombres integramos la DRU, tres por cada organización. Yo represento a las Farabundo Martí".

Insiste:

"Ha cambiado la situación de las fuerzas revolucionarias radicales en menos de un año. Hemos conquistado los más amplios niveles de la unidad del pueblo. Vivíamos bajo la confrontación y en la dispersión del movimiento popular".

Festeja su analogía —Mao— con un guiño de ojos:

"Hemos dado 'el gran salto'".

—¿Cuáles fueron las diferencias que hicieron tan difícil la unificación?

—Una, fundamental, de la que se desprendieron consecuencias innumerables. Había quienes pensaban que la lucha en El Salvador debía ser eminentemente política y había quienes pensábamos que la lucha también debía ser política, pero eminentemente militar, combinadas las dos. La política, sólo la política, nos habría llevado al agotamiento y a la frustración. Frente a la dictadura no hay caminos. Hay el camino: la guerra.

Vive un momentáneo ensimismamiento.

—Pero ¿entiende qué es la guerra?

—¿Cómo la entiende usted?

—Es todo. Hasta la última gota de sangre, el último quejido.

—¿Sólo eso?

—Tiene razón. También la esperanza en el momento de la tortura.

—¿Usted fue seminarista?

—Cuatro años.

—¿Por qué se apartó del seminario?

—No tenía vocación.

—¿Renunció al Partido Comunista?

—Así es.

—¿Podría decirme por qué?

—Por la Revolución cubana.

—¿Por qué?

—Vi claro, entendí que la transformación en América Latina es por el camino de la guerra. El Partido Comunista salvadoreño sostenía que el camino era la política y sólo al final, cuando había que asestar el golpe definitivo, debían emplearse las armas. La DRU, la unificación de cuatro corrientes populares en el país, es un gran triunfo, entre otros motivos, porque el Partido Comunista aceptó también que no hay otra fórmula. Cerrado el mundo, hay que abrirlo. A golpes.

—No tuvo usted vocación religiosa. ¿Su vocación es la guerra?

—La detesto.

El nobel Lawrence Klein: a la vista, la petrolización de México*

Filadelfia.- Con un buen liderazgo, México podrá vencer al subdesarrollo. Sin esta condición, puede llegar al fin de la esperanza creada por su riqueza petrolera.

Dice Lawrence Klein, el nobel de economía 1980:

"Depende el país de su presidente. Ahora parece que tiene un buen líder en López Portillo. Pero Echeverría fue un megalómano. Quiso ser un gran hombre y controlarlo todo. Al final de su sexenio optó por medidas escalofriantes".

Se cuelga de la última palabra:

"Hubo miedo".

Todo el tiempo de Klein es para *Proceso*. De las 9:15 a las 10:30 una primera conversación, antes de su cátedra en la Universidad de Filadelfia. A partir de las 12:30 horas, también en su cubículo, entre sándwiches y cervezas, tuvo lugar la segunda parte de la conversación.

—México debería asomarse al modelo de Noruega.

—¿Por qué Noruega?

—Ha desarrollado sus reservas energéticas con moderación y ha evitado que los problemas sociales queden fuera de control.

México ha sorteado los conflictos. Pero la petrolización está a la vista. No a la manera de Venezuela. Al estilo de Irán. Es cruda la reflexión del nobel:

"En una economía que aceleradamente se desarrolla son cada día más frecuentes los casos de vida conspicua. La gente se divide, los celos se desatan. Cada ciudadano, hasta el más pobre, piensa que debe progresar rápidamente, como el país, porque el país es rico, porque tiene petróleo. Si esto no ocurre, el ciudadano cae en la desilusión. Se agudiza y generaliza entonces el problema de la corrupción antisocial. La gente sale a la

---

* *Proceso*, 10 de noviembre de 1980

calle. Grita sus demandas. Exige todo y cualquier cosa. La corrupción en los diversos niveles sociales termina por generar movimientos revolucionarios".

Responde la personalidad de Klein al acabado tipo del académico tradicional: un vasto horizonte sobre los anteojos de fina armadura, los gestos moderados, el cuerpo en reposo. Su chaleco remata en pico una hilera de botones y calza anchos zapatos con agujetas.

"Si los grupos depauperados no tienen un rápido ascenso en México, se corre el peligro de un desenlace como el de Irán".

Enumera las etapas:

Tensiones sociales, airadas demandas populares, desintegración del sistema.

Subraya:

"México depende de un solo hombre. Puede tener estabilidad seis años y seis años no. La inestabilidad cíclica podría detener el crecimiento en algún momento histórico. Sobrevendría entonces el colapso".

Experto en el análisis y el pronóstico, la economía como un todo, desde la computadora hasta el juicio político, la econometría de la que es padre, resume el tema:

"No ha sucedido hasta ahora, pero podría suceder".

Preocupa a Klein la guerra en el golfo Pérsico y su consecuencia inevitable: la disminución del abasto de petróleo en el mundo.

"Como quiera que veamos el problema, mientras los días transcurran y la guerra persista, se volverá más y más seria la presión sobre los precios mundiales de los energéticos. Algunos expertos sostienen que no les causaría sorpresa alguna que se elevaran hasta 40 dólares por barril en 1981" (hoy cuesta 32 dólares el barril de petróleo ligero de Arabia Saudita, el mejor cotizado).

—¿Habría presiones para que México aumente su producción y exportación petroleras?

—En términos generales no se presionará a México para que se desvíe de los precios mundiales del petróleo; sí habrá presión para que aumente la producción y exportación del crudo. Esto es, que deberá abastecer lo más ampliamente el mercado mundial y, en particular, a ciertos países aliados de los Estados Unidos: Japón, por ejemplo, en el caso de que no pueda recibir petróleo crudo de Irán o de Irak. Israel, si nosotros no podemos cumplir nuestra obligación y enviar el petróleo hasta ese lugar. Israel y Japón pertenecen al tipo de amigos a los que habrá que proveer de petróleo.

—¿De qué manera se presionaría a México?

—Se trataría de incentivar una mayor exportación petrolera de México a partir de la resolución de ciertos problemas en los que el país está fundamentalmente interesado. Sería el caso de una inmigración laboral a los Estados Unidos legalmente documentada. Podría ser el caso, también, del fomento al turismo y a la industria fronteriza.

Es claro que México vivirá acosado. A los problemas en el golfo Pérsico se agregan las pérdidas de cosechas en algunas zonas de los Estados Unidos y el desastre agrícola en la Unión Soviética. Éstos son los datos del nobel:

"La sequía de este verano en la región sudoeste del país y las pobres cosechas de la Unión Soviética, estimadas en 235 millones de toneladas métricas y que ascendieron a sólo 181 millones, provocarán una fuerte presión sobre los precios internacionales de los granos y aumento sensible en el ganado. Algunos de nosotros estamos sorprendidos por la magnitud de los faltantes en la Unión Soviética. Proyectamos altos precios para la comida, el año próximo".

—¿Cuál será el impacto de estos fenómenos en América Latina?

—Argentina obtendrá ventajas, desde luego. México tendrá que pagar más por los granos que importa. Se beneficiará, sin embargo, con la venta del tomate y otros productos hortícolas; 1981 será un mal año agrícola. Sin embargo, existe un dato positivo: como la escasez de comida tiene que ver con alimentos relativamente fáciles de producir con exceso, los Estados Unidos, que cuentan con vastas extensiones ociosas, podrán extender inmediatamente las siembras de granos. Mi pronóstico es que los altos precios de los alimentos van a estimular una gran oferta en 1982, siempre y cuando se den buenas condiciones climatológicas.

—¿Cree usted que los países subdesarrollados alcanzarán algún día a los desarrollados?

—Ésta es una pregunta fundamental. En nuestra vida adulta hemos podido observar cómo algunos países se han movido del subdesarrollo al desarrollo. Japón es el caso más notable. Antes de 1960 estaba clasificado como un país subdesarrollado conforme a las reglas del FMI, que incluye criterios como el producto nacional bruto por habitante. Todos sabemos lo que ocurrió después.

"Se ha señalado que existen otras naciones, llamadas 'recientemente industrializadas', que definitivamente tienen la capacidad para llegar al estadio del desarrollo durante este siglo. Es el caso de Brasil, Taiwán, Singapur, Sudcorea y Hong Kong.

"Los países exportadores de petróleo, México y los de la OPEP, se encuentran en condiciones favorables para dar el salto, a condición de que puedan 'sembrar' las ganancias del petróleo en inversiones productivas y puedan controlar el crecimiento de su población. Sin este requisito, los nuevos pobladores absorberán los nuevos recursos y el estancamiento en el subdesarrollo será la consecuencia ineludible.

"México es rico y muchos de sus habitantes son pobres. El país es complicado y heterogéneo. Mi impresión es que mejorará en promedio, pero soportará a muchos pobladores muy pobres en un territorio eminentemente rico. La desigualdad es seria y peligrosa".

Irán va y vuelve en la entrevista. Pareciera un pájaro que revolotea en la mente de Klein.

"La desigualdad puede ser un problema cada vez más crítico. México no debe repetir los errores de Irán. El desarrollo iraní, con una población sin recursos, creó presiones sociales intolerables. Hubo también en Irán una absorción muy rápida del estilo de vida occidental. El fenómeno, mezclado con cuestiones religiosas, fue incontrolable.

"México, en este momento, se desenvuelve de manera que ha evitado estos problemas. Debiera asomarse al modelo de Noruega, país diversificado y próspero aun antes de que apareciera el petróleo".

Para el nobel [ése] es el camino. Arduo y difícil, con muchos años de retraso, pero la solución está allí. Es la única manera en que podríamos manejar nuestro petróleo con moderación.

—Libre mercado o planificación centralizada: ¿cuál es su posición frente a esta disyuntiva?

—Creo que para Occidente es preferible mantenerse en su sistema de economía de mercado. Creo también que para los Estados de economía centralmente planificada es mejor conservarse en su sistema. La pregunta fundamental se refiere a la dirección que habrán de seguir los países en desarrollo. Yo les aconsejaría: manéjense con inteligencia y manténganse en el modelo de la OCDE (Organización para la Cooperación y el Desarrollo Económicos, formada por Estados Unidos, Canadá, Europa Occidental y Japón). Es un modelo de economía mixta en el que predomina el mercado, pero abierta a la intervención gubernamental.

"Deja mucho que desear la eficacia de los países de economía planificada. Sufren los embates de la economía mundial y en nada les ayuda su aislamiento.

—¿Qué opina de las expectativas del socialismo real: Unión Soviética, China, Cuba?

—La perspectiva para China es positiva. No crecerá a tasas muy altas, pero excederá el promedio mundial. Será una economía en rápido crecimiento dentro de los regímenes centralizados. Los técnicos tienen ya bajo control el crecimiento de la población.

"Los prospectos para el desarrollo de la Unión Soviética no son tan favorables. Nuestro modelo econométrico proyecta una tasa de crecimiento entre 4 y 5 por ciento, probablemente más cerca del 4 por ciento. Es una tasa baja en relación con la historia del país. La URSS se aproxima a límites definitivos en sus recursos energéticos y afronta problemas gigantescos para producir los alimentos que mejoren la dieta a base de carne y proteínas.

"Sobre Cuba no estoy suficientemente informado. Pero sé que depende fundamentalmente de una cosecha.

—¿Enfrenta el mundo el problema de economías nacionales no viables?

—Ningún país puede emprender el camino del desarrollo si no cuenta con una base diversificada en su producción y en su comercio interior. El desarrollo interesante de Brasil fue el cambio de su dependencia respecto del café por la exportación de manufacturas.

El subdesarrollo, el grillete en los tobillos, es la amenaza que crece.

La academia no se llevará con la política en los próximos años ni la escuela econométrica con el nuevo presidente.

El lunes 3, la víspera de la elección, decía el premio nobel a sus amigos: "Será Carter".

Resintió el golpe.

Compara a los dos presidentes:

"Carter ha sido un modesto creyente del libre comercio, no un creyente absoluto".

La moderada libre empresa, que postula Klein, no se perfila por ningún lado.

"Carter sólo parcialmente mantuvo abierto el mercado americano y favoreció las restricciones voluntarias de otros países para no exportar a los Estados Unidos. En cambio, algunos asesores de Reagan son ortodoxos puros como creyentes del libre comercio internacional.

"En relación con el tema de la ayuda externa, creo que Carter será, a la postre, más generoso que Reagan. Carter se preocupó por la concesión de préstamos favorables en cuanto a las tasas de interés, los plazos del reembolso y otras condiciones atractivas. Ésta fue una política general para los países de América Latina y de otras regiones del mundo. Creo que Carter comprende los problemas de los países en desarrollo mejor que Reagan".

—¿Su opinión sobre Reagan?

—Será más moderado de lo que piensa hoy la gente. Está tratando de aparecer como un político que razona. Sin embargo, es indudable que se considera a sí mismo como un personaje surgido de Barry Goldwater. Bush jugará un papel importante, moderador, sobre todo en política internacional.

Más que melancólico, triste, dice Klein:

"Aprenderemos a vivir con Reagan".

La victoria de Reagan reactualiza muchos temas en América Latina. Friedman, uno de ellos.

—¿Qué valor y qué eficacia atribuye usted a las recomendaciones de Friedman y la escuela de Chicago aplicadas en Chile, Argentina y Uruguay?

—No estoy familiarizado con las recomendaciones específicas. Algunas de las estadísticas sobre Chile y Argentina muestran avances impresionantes en la reducción del ritmo de la inflación y en el aumento de los niveles de producción. Pero creo que estos resultados han sido obtenidos a costos sociales y políticos muy altos y severos. No responsabilizo a Friedman por la política que se ha seguido en Chile y Argentina, pero es cierto que sus ideas sólo funcionan en países que se manejan de esa manera. Espero que México se mantenga adherido a su sistema político actual. No creo que una política monetarista doctrinaria realmente resuelva los tipos de problemas que México enfrenta.

—¿Cuáles son esos excesivos costos políticos y sociales?

—Recibimos continuamente reportes de Amnistía Internacional sobre personas que han sido aprehendidas sin causa alguna en las calles de Buenos Aires o de Santiago. En otros casos las asociaciones de economistas nos llaman para que intervengamos a fin de encontrar el paradero de muy conocidos economistas que se encuentran desaparecidos.

Se duele de cuanto ocurre en el Cono Sur: la expulsión de Marx de la cátedra de Economía en las universidades. La irracionalidad avanza y todo carcome a su paso.

"El marxismo, sin duda, es parte de nuestra historia. No se le puede omitir. El hueco que dejaría es enorme".

—¿Ha muerto Marx como conductor político?

—De ninguna manera. Muchos países en el mundo, que suman una buena parte de la humanidad, están orientados por el marxismo. A propósito, permítame leerle las instrucciones para una cátedra de Economía en una universidad de China y es claro que en todas las universidades del país se imparte la misma enseñanza: "Desarrollar un entendimiento completo de los principios marxistas fundamentales, incluyendo las aportaciones de Lenin y Mao Tse-tung; estudio de las cualidades morales del socialismo; estudio de la disciplina revolucionaria: actitudes hacia las masas;

perspectivas materialistas y dialécticas. Éste es el currículum que se va a implantar en todo el país. Diga usted si Marx está o no vivo.

—¿Por qué abandonó usted el Partido Comunista?

—Cuando fui miembro del Partido Comunista tenía 25 años y sencillamente después de un tiempo me aburrió por sus actividades. Todo lo que hacíamos era sentarnos a hablar.

EL LEGADO DE DON JULIO

"La moral está por encima de la política"*

Ante mil cooperativistas y sus familias —que conforman la sociedad que edita Excélsior, el periódico de la vida nacional—, el director general de esta casa, Julio Scherer García, definió ayer —con motivo del quincuagésimo segundo aniversario de la empresa— los principios fundamentales que norman la conducta profesional de las publicaciones de esta cooperativa.

El texto completo de lo expresado por el compañero Scherer García se incluye a continuación.

Compañeros:

Les pido que abramos una pausa en nuestra alegría —tan legítima— para meditar unos minutos en la cotidiana responsabilidad de nuestro trabajo. Nada tan propicio para hacerlo como esta fecha de aniversario. Recordar nuestros deberes como la primera institución periodística de México aviva el cariño que nos une y fortalece nuestra confianza en el futuro.

Excélsior participa con responsabilidad intelectual y moral en la trascendente función pública que implica el periodismo moderno. Esta conducta asegura que, más allá de la reseña episódica, del comentario circunstancial o de las opiniones —aceptadas o controvertidas— que nuestras ediciones diarias entregan al lector, realizamos con calidad, independencia y dignidad la función básica del periodismo: orientar a la opinión pública hacia los más elevados valores humanos.

Al periodista, cuyo objetivo es la opinión pública, le es indispensable tomar en cuenta lo que sus lectores piensan y desean; pero al mismo tiempo, la influencia que tiene la prensa sobre la opinión pública le impone normas profesionales que exceden del campo de la presentación escueta de los acontecimientos del día. La prensa no cumple su función si sólo

---

* *Excélsior,* agosto de 1969

está pendiente de informar la noticia. Debe orientar a los diversos sectores —antagónicos muchas veces— que influyen para formar esa opinión pública, que el periodista no puede ignorar sin faltar a los deberes de su profesión.

La orientación no sólo se realiza en el comentario editorial. La simple presentación de los hechos cumple muchas veces esta función. Para el interés particular hay acontecimientos que nunca deberían ser publicados, aunque su conocimiento importe para una formación equilibrada de la opinión nacional.

La prensa, por naturaleza, debe reflejar las inquietudes del medio al que sirven. El periodista no puede considerar como material de trabajo los rincones tranquilos y rutinarios de la vida. Tiene que cumplir su difícil función, presentando el episodio y el acontecimiento diario, sin deformar o sustituir con ellos el reflejo total de la vida.

Con la mirada puesta en el México de hoy y de mañana, *Excélsior* cumple su misión del informar y educar. Presenta la realidad viva. Al margen de mitos e ilusiones y de intereses políticos y económicos; condena lo que considera nocivo para México y apoya lo que beneficia al interés general.

La mirada puesta en México

Esta conducta no puede satisfacer a todos. En un mundo de intereses encontrados, donde se suceden vertiginosamente las transformaciones técnicas, sociales y económicas, donde algo se derrumba y algo se levanta a cada instante, un periódico cuyas normas son la objetividad y la imparcialidad es natural que cause reacciones opuestas, comentarios y controversias entre quienes se sientan afectados favorable o desfavorablemente por sus informaciones o puntos de vista. Es parte de nuestra función. Un periódico que no suscita reacciones carece de impacto en la opinión pública. Un periódico que no es noticia no es un gran periódico.

Excélsior no practica un periodismo dogmático. Dentro del pluralismo que exige la realización dinámica de la sociedad democrática, la prensa tiene como función informar y formar a la opinión pública, pero sin pretensiones de uniformarla. Al servir a nuestros lectores las diarias informaciones con nuestros puntos de vista, contribuimos a formar la opinión tanto de quienes los aceptan como de quienes los rechazan.

Entregamos informaciones claras, verdaderas y —en tanto lo permite el ritmo de trabajo— rápidas y completas. Todos los días, *Excélsior* hace del público un colaborador. Más que en los boletines impersonales o en las opiniones hechas por los sectores interesados en presentar la realidad a su medida, buscamos la información directa entre quienes son actores de los acontecimientos y en el sitio exacto en donde éstos se producen. Es ésta la mejor manera de servir a las mayorías, que a fin de cuentas representan las opiniones básicas que deciden el destino de los pueblos. Una conducta distinta sería errónea, porque nos haría perder el interés del público al que procuramos servir lealmente y, más aún, el respeto a las esencias de la profesión tan querida.

Lejos de exclusivismo político

Más allá de criterios políticos exclusivistas, nuestro trabajo se realiza dentro de una recta concepción profesional del periodismo, con honradez y mesura en la apreciación de los hechos; porque si el público lector nos da colaboración y apoyo cada día mayores, también es el tribunal inapelable al que diariamente estamos sometidos.

A *Excélsior* le preocupa no sólo la gran revolución que la técnica ha impuesto a la prensa en los sistemas de impresión, de presentación de noticias y de comentarios. Momento a momento tratamos de superarnos, para entregar al lector ordenadamente la información que específicamente puede interesarle. Cada día, superando factores adversos, entregamos un diario más variado, más ágil y de mejor y más fácil lectura.

Pero ante todo —con la cooperación y apoyo de nuestros reporteros y columnistas, del personal técnico, administrativo y de talleres, y de todos los que en cada edición de *Excélsior* sirven a México— tratamos de hacer un periódico al que ni la generación presente ni las generaciones futuras puedan imputar silencios intencionales en perjuicio de la vida nacional.

Una sola meta: la verdad

Excélsior tiene un objetivo, una meta: la verdad. Para alcanzarla ha adoptado una actitud: la buena fe. Y para hacerla actual, permanente, se vale de un instrumento: su profesionalismo. Estos valores, la verdad, la buena fe, el profesionalismo son los que, en definitiva, explican la supervivencia de nuestro periódico a lo largo de 52 años. Por este medio siglo presente en la vida del país, consideramos con orgullo legítimo que no somos un periódico más sino una institución de México.

Compañeros:

Les llamé así al empezar las palabras con las que me dirijo a ustedes. Mas debo corregirme porque ustedes y yo estamos unidos por una fraternidad tan poderosa, tan fuerte, como la de la consanguinidad. ¿O no son hermanos aquellas personas que buscan los mismos fines, quieren las mismas cosas y afrontan día con día los mismos sinsabores, los mismos júbilos? Sigamos juntos, como hasta ahora, o mucho más si cabe. Nos alberga una casa a la que no podríamos cambiar por ninguna otra y nuestro trabajo tiene, más que un contenido político, una razón moral: la lucha incesante por la verdad, esa verdad sólo comparable a un fenómeno de la naturaleza: imposible de ocultar, imposible de contener.

El periodismo libre e independiente no necesita del poder para existir*

Hace casi 10 años fui señalado con cargos infamantes, ladrón o cómplice de ladrones. Difundieron los actuales dirigentes de *Excélsior* que de la caja del periódico había desaparecido una fortuna y que yo, dueño de un poder ilimitado en la cooperativa, vejaba a trabajadores dignos y honrados. El presidente Echeverría participó con todo su peso en la contienda y secundó la turbiedad de cargos indemostrables.

El 8 de julio de 1976, pasadas las cuatro de la tarde, junto con amigos y compañeros entrañables, salí de *Excélsior* para siempre. No imaginé entonces que reconstruiríamos el futuro imposible. Dueños sólo de nuestra decisión, en días oscuros e impredecibles empezamos desde cero. Ahora, ante ustedes, habría deseado que la palabra inefable les hiciera llegar el ánimo que me conturba y alegra. Sólo la voz del silencio podría transmitirles con fidelidad mi reconocimiento por su desprecio a la calumnia y por la confianza que externan en el trabajo colectivo del que formo parte en *Proceso*.

En un sistema como el nuestro, que a gala tiene el servilismo y la adulación al presidente de la República, es arduo y paciente el ejercicio de la libertad. Todo la pone a prueba. En la época del licenciado Echeverría, uno de sus secretarios más cercanos, el licenciado Francisco Javier Alejo, llegó al extremo de afirmar que el prestigio del jefe de Estado es un problema de seguridad para el Estado. En lenguaje sin adornos esta teoría deja abierto el campo para matar. Se puede matar por razones patrióticas en salvaguarda del prestigio del jefe de la nación.

En tiempos del presidente López Portillo fue clara y directa nuestra discrepancia con él. Dijimos desde el origen de su sexenio que petrolizaba la economía con daños irreversibles para el país y denunciamos que llevaba la inmoralidad de su gobierno a niveles intolerables. No soportó nuestra crítica.

---

* *Proceso*, 2 de junio de 1986

Con el licenciado Miguel de la Madrid nuestra relación tiene otro sesgo. Manuel Alonso, su hombre ante los medios de comunicación, me ha dicho que juzgar al presidente con crudeza es tanto como faltarle al respeto. Pienso que no. Que los hombres juzgan hasta el fondo, que la vida vivida de veras también para eso sirve. En el contrapunto del poder y la crítica sabemos hoy, sin que nadie nos lo haya enseñado, que el periodismo libre e independiente no necesita del poder para existir. Sabemos también que no ha nacido el hombre capaz de manejar un poder absoluto con honestidad.

Permítanme confiarles, para terminar:

Premio es vivir la vida con plenitud, hasta donde dé. Y da en la medida de uno mismo, pero sobre todo en la medida de los demás. No podría, pues, aceptar el premio a título personal. En nombre de mis compañeros y en el mío propio les expreso mi conmovida gratitud.

Julio Scherer García

30 de mayo de 1986

Veinte años
En coautoría con Vicente Leñero y Enrique Maza[*]

Este 6 de noviembre, *Proceso* cumple veinte años. Nació como respuesta periodística al puñetazo de un presidente que sobrevive ahora en el descrédito y la grisura. Fue una afirmación. La puesta en práctica de un derecho. La voluntad, sobre todo, de ejercer profesionalmente y con entusiasmo un oficio que pretende mostrar, esclarecer y definir la problemática de nuestra realidad. Con las severas armas de la información, pero también con la ética y la pasión por servir a nuestros lectores, a nuestra sociedad, *Proceso* ha sido desde su nacimiento —para quienes trabajamos aquí— una tarea inacabada e inacabable: una causa.

Proceso cumple veinte años. Para tres de sus miembros fundadores, Julio Scherer García, Vicente Leñero y Enrique Maza, la faena del arranque está cumplida. Es el momento de retirarnos y dejar en manos de nuestros compañeros el quehacer periodístico semanal. Para continuar esa tarea inacabable. Para inyectar nuevos bríos a la obsesión informativa. Para reafirmar, con el siempre saludable relevo generacional, las convicciones del presente, proyectadas ahora hacia un futuro de búsquedas, de sorpresas, de alientos…

El retiro no significa rompimiento. La empresa Comunicación e Información, S. A. de C. V., que produce y conduce *Proceso*, permanece intacta. Su consejo de administración está y seguirá estando integrado por Julio Scherer García, Vicente Leñero, Enrique Sánchez España, Froylán M. López Narváez, Carlos Marín, Enrique Maza y Rafael Rodríguez Castañeda.

Lo que se transforma, lo que se renueva y adquiere forma de responsabilidad compartida, es la conducción semanaria de la revista, la creación de cada número. Un consejo editorial, formado en su mayoría por miembros fundadores, asumirá ese compromiso: Rafael Rodríguez Castañeda,

---

[*] *Proceso*, 4 de noviembre de 1996

Froylán M. López Narváez, Carlos Marín, Francisco Ortiz Pinchetti, Carlos Puig y Gerardo Galarza.

Con ellos, entregados al mismo empeño, todos los trabajadores de *Proceso* —en el área periodística y en el área administrativa— seguirán demostrando que la elaboración de nuestro semanario es fundamentalmente un trabajo de conjunto, una creación colectiva, una causa de todos.

Si hace veinte años vivimos inciertos la aparición de *Proceso*, hoy nos apartamos convencidos y seguros de un futuro exitoso.

Las gracias son, desde luego, para nuestros lectores.

El oficio*

Confrontado con partes esenciales de sí mismo, Julio Scherer García abrió fragmentos de su piel y de su alma, la semana pasada, al ser objeto de un homenaje entrañable, extendido en un tiempo que parecía interminable, durante la ceremonia en la que recibió el Premio Nuevo Periodismo Iberoamericano, en Monterrey. No hay crónica verosímil de lo que ocurrió en el Museo de Arte Contemporáneo de la capital de Nuevo León, al mediodía del miércoles 3 de abril. Como no la puede haber cuando se trata de hablar de las insondables profundidades del espíritu de los periodistas auténticos. En todo caso, poco se puede hacer para transmitir las emociones sino buscarlas en las palabras de quienes las experimentan. "No sabes cuánto te quiero, me jodiste", dijo Gabriel García Márquez a Julio Scherer García en el momento de entregarle el premio en el estrado del Marco. "Gabriel, Gabriel, Gabriel", fue la respuesta, al tiempo del abrazo estrecho y el beso en la mejilla. En estas páginas reproducimos las palabras del fundador de Proceso.

Me abruma la expresión "homenaje a un periodista". Sé de mi piel, conozco mi alma. En la segunda mitad de 1976, expulsado de *Excélsior* por un sistema que se soñó imbatible, tuve el impulso de abandonar el trabajo que me acompañaba desde la juventud. Sin ojos para el futuro, pensé en un porvenir de días circulares. Compañeros de entonces y de siempre que rehusaron permanecer una hora más en el diario ultrajado, pugnaron para que siguiéramos juntos. El despojo había sido brutal. No era tolerable la cancelación de un destino común, la vocación truncada.

Aún los escucho, generosos. "Empecemos de nuevo, a costa de los riesgos que vengan". Su entereza pudo más que mis resquemores y su capacidad creadora mucho más que la rabia estéril que me vencía. Ellos tuvieron los ojos que a mí me faltaron. Así nació *Proceso* el 6 de noviembre

---

* *Proceso*, 7 de abril de 2002

de 1976 en una casa alquilada. Incluida la estufa, la redacción formaba parte de la cocina.

Fue una época que trajo de todo. Comprobé que el dinero mercenario astilla los huesos y la traición los deshace. Valoré la lealtad, poderosa como el amor. Entendí extremos de la condición humana. Dice la frase bíblica que un amigo fiel no tiene precio, y en la paradoja que es la vida yo agregaría que los judas tampoco tienen precio.

En nuestro tiempo, dominados por la prisa, decididos a llegar primero a donde sea, pasamos de largo por las palabras. Como si se tratara de un lugar común, recitamos que el poder corrompe y el poder absoluto corrompe absolutamente. Pero al estadista inglés Lord Acton habría que tomarlo en serio. La corrupción absoluta destruye los principios, degrada los hábitos y atenta contra el deseo, la gracia impalpable de la vida. Arriba, en la cumbre donde todo sobra, no se sigue a la mujer con la admirada naturalidad con la que se la mira en la calle, incompleta como el varón, necesitado uno de la otra, complementarios para la dicha. No son éstas las venturas del poder. Sin límite que los satisfaga, los dioses no se divierten.

El reducto que los resguarda y aísla está construido con materiales abominables: el crimen y la impunidad. Ahí está el arsenal para lo que se ofrezca: la información reservada, los instrumentos para ensuciar la intimidad, la amenaza, la tortura, el calabozo, la disuasión por la violencia, la simulación y sus mil disfraces, la intriga permanente, el engaño a toda hora, los modos y maneras para exhumar secretos que protegen el honor. Notables en algún momento muchos de ellos, los hijos del poder se acostumbran a vivir con ventaja sobre todos, expresión ésta de la cobardía que se encubre en la prepotencia.

Hay otros poderes: el *show* del dolor, el drama individual para el *rating*, las matanzas como un espectáculo colorido, las drogas a cambio de hombres y mujeres colgados sobre el vacío y sin energía para desprenderse y caer, las fortunas labradas con el sufrimiento de millones y hasta con los cuerpos frágiles de los niños.

La manipulación ordena el mundo. Los pobres están ahí para que los ricos puedan volcar sobre ellos los tesoros de su corazón. A los de abajo ya les llegará su momento, que el mundo, aldea global, también les pertenece. Escuchamos el canto: todos formamos una familia. La cuestión es mantener la esperanza. Se ha dicho que la oscuridad cerrada anuncia la alborada, la tímida luz primera a la que seguirán todos los resplandores del cielo.

Al periodismo no le compete la eternidad. Son suyos los minutos milenarios. Ubicuo, su avidez por saber y contar no tiene medida, maravilla del tiempo.

No obstante, conviene reconocer que nuestro oficio tiene una dosis de perversidad: es difícil escapar a la seducción que ejerce, sin punto de convergencia con el hastío. Pero carga también con deberes estrictos.

Perdería su sentido si no recorriera los oscuros laberintos del poder, ahí donde se discute del hambre sin sentirla, la enfermedad sin padecerla, la ignorancia sin conocerla, la muerte prematura como una lánguida tristeza, la depravación como un tóxico en la sangre de los desencantados. Es abominable el terrorismo de las bombas y las torres, como odioso es un mundo paralizado por la enajenación de hombres y mujeres apenas con fuerza para sostener sus huesos.

El terrorismo destruye cuerpos e inteligencias que supieron lo que es vivir y mata a los desdichados que se fueron sin noción de la vida. Tan vil es un asesinato como otro, una masacre como otra, que en la tragedia no existen escalas ni mediciones. Sin la denuncia del terror y las contradicciones que lo provocan, el periodismo quedaría reducido a una deslumbrante oquedad. Habría que agregar que los huecos permiten suplantar la realidad por la apariencia y poner ésta al servicio del poder. A los hechos no se les maneja; a la apariencia sí.

A Gabriel García Márquez lo reclamamos íntegro para nuestra profesión. Amante del dato preciso como el poeta consagrado a la metáfora perfecta, sabe que el dato preciso evade la mentira y burla el equívoco. Libre su fantasía sin espacio, la somete a la realidad concreta. A la vida no hay para qué engañarla, quizá dijera el Gabo.

A don Lorenzo Zambrano quiero expresarle mi gratitud y a los miembros del jurado decirles que he leído muchas de sus páginas con el concentrado sentimiento que llamamos devoción. Me corre prisa por abrazarlos, reiterarles que se excedieron, que me conmueven, que una emoción así no es peso, sino alivio, y hasta podría humedecer mi alma.

La palabra y la imagen[*]

Con su figura recia, con su emoción apenas contenida, con su prosa contundente, Julio Scherer García aprovechó la ceremonia de entrega del doctorado honoris causa, *que le otorgó la Universidad de Guadalajara, para diseccionar con crudeza al gobierno de Vicente Fox. Bajo la cúpula con los murales de Orozco, en el paraninfo de la UdeG, lleno en toda su capacidad, el fundador de* Proceso *advirtió, en su discurso de aceptación del diploma universitario: "El futuro pertenece a los dioses, pero es predecible una época dura de la que no podrán librarse el presidente de la República ni su esposa. Las promesas incumplidas tienen el ácido sabor del engaño y la descarada deshonestidad en casa los mancha...". Transcribimos aquí el texto completo de su intervención.*

Al iniciar la redacción cuidadosa de las páginas que ahora leo, comprendí que llegaría a la universidad con el ánimo turbado. No imaginé, sin embargo, la desproporción de la ceremonia que me tiene en el centro de su atención. Estremecido por la generosidad de la noble institución que me acoge como a un privilegiado y agradecido en el corazón por la presencia de todos ustedes, me percibo extraño. Soy y no soy el sujeto del que aquí han hablado personas entrañables.

La modestia es moneda falsa en nuestro trabajo. No existe el periodista sin su sueño de cabecera: la noticia o el reportaje que lo lleve a la historia. Así somos todos. Sensible a mi timidez y a sus enredos, me adapté tanto como pude a una manera de vivir: la claridad para el trabajo y la penumbra para mi persona.

Fui alumno irregular de la UNAM y en los estudios formales no avancé más allá de la preparatoria. Carezco de los títulos para hablar con propiedad del impresionante desarrollo de los medios de comunicación. Pero no van por ahí mis obsesiones. Honrado con amigos que rara vez se

* *Proceso*, 4 de diciembre de 2005

encuentran, unido a reporteros que ya son el futuro y enriquecido por columnistas y escritores admirables, giro en torno a un tema que no suelto ni me suelta: la libertad de expresión y el torpe empeño del gobierno por limitar la fuerza expansiva de la palabra impresa.

Suele decirse que *Proceso* nació para la estridencia. Ciertamente no somos moderados, pero el país no está para la crítica prudente a la que muchos se acomodan. La impunidad tomó partido y la zozobra domina la vida cotidiana: los robos y los crímenes por la mañana, los atracos y secuestros por la tarde, los asaltos a mano armada por la noche y la corrupción a toda hora.

En el gobierno del cambio, punzante la tragedia en su tiempo malogrado hiere el dolor de las niñas y los niños explotados con trabajos rudos y nubla los sentidos el comercio vil con sus débiles cuerpos en formación, agota la peregrinación del hambre a Estados Unidos y atemoriza el narcotráfico que se nutre de la miseria en el campo para extender los sembradíos de amapola.

El futuro pertenece a los dioses, pero es predecible una época dura de la que no podrán librarse el presidente de la República ni su esposa. Las promesas incumplidas tienen el ácido sabor del engaño y la descarada deshonestidad en casa los mancha. Vicente Fox no pudo superar las prácticas priistas que denunció hace seis años con pasión vindicativa. Sin embargo, para la fortuna del país y de él mismo, ya en la silla enorme se apartó de los regímenes que hicieron del crimen selectivo y masivo una forma de gobierno. Imposible olvidar el asesinato del líder agrarista Rubén Jaramillo, su mujer embarazada y tres de sus cuatro hijos; la maldad hecha furia contra los seguidores del líder ferrocarrilero Demetrio Vallejo, Tlatelolco, Jueves de Corpus, la guerra sucia y lo que vendría después, asunto de investigación insalvable.

Los amigos de Vicente Fox dicen que es un hombre bueno, de noble corazón. Quizás estén en lo cierto, pero su mundo interno no cambiará el juicio que se anticipa. Hemos retrocedido en el tiempo, hemos perdido oportunidades y el presidente ha ido apartándose de las formas de un buen político. Se escuda ya en el triunfalismo que descalifica por principio, signo de intolerancia.

Progresa el país y está asegurado un largo periodo de paz, dice. Agrega en su lenguaje cortado que fuerzas de mala fe han trabado las iniciativas para que México pudiera crecer más rápidamente en la modernidad. Vicente Fox oscureció su juicio cuando afirmó en Río de la Plata, recientemente, que el presidente Bush es un demócrata.

Desde la campaña, desestimó su orfandad cultural. Los libros le fueron superfluos, como las obras de arte y los hallazgos de la ciencia. Pleno de sí mismo, seguro como si fuera ya un patrimonio de la historia, se instaló en Los Pinos con todo el peso de su ignorancia. Los dislates en sus intervenciones improvisadas se multiplicaron y a la burla siguió la sátira. No habría manera de borrar sus famosos "José Luis Borgues", al confundir el nombre y apellido de Jorge Luis Borges, ni olvidar el humor negro en su diálogo con Eprosina Rendón, del municipio El Marqués, en Querétaro:

—Yo no sé leer, pero en la televisión sí lo veo —dijo la mujer a Vicente Fox, confianzuda.

—Mejor —respondió el mandatario—, va usted a vivir más contenta.

Acaso para unir en la posteridad su nombre a un monumento cultural, el presidente aprobó la construcción de una biblioteca enorme. El proyecto nació maltrecho. No representa una prioridad, costará una fortuna y terminará como un edificio a la nada.

La metrópoli cuenta con dos grandes bibliotecas, asentadas en sitios consagrados: la Ciudad Universitaria y la Ciudadela. Además, las 16 delegaciones de la urbe disponen de modestos centros de lectura fáciles de ampliar. Por si no bastara con todo esto, la internet hace posible la comunicación casi inmediata con las bibliotecas de todos lados.

La del sexenio de Fox suma desaciertos. Se la conocerá con el nombre de José Vasconcelos, el iluminado promotor de la cultura en la calle, libre, frenética. Soñaba Vasconcelos con un millón de volúmenes en manos de los niños, cubierta la República con hojas de papel impreso. Bautizó su cruzada con un bello título: "Lecturas clásicas para niños". Cedo a la tentación de citar al secretario de Educación Pública del año 1927.

Es necesario desechar el temor de los nombres que no se comprenden bien. Clásico causa alarma. Sin embargo, lo clásico es lo que debe servir de modelo, de tipo, lo mejor de su época. Lo que hoy llamamos genial será clásico mañana y lo clásico es lo mejor de todas las épocas. ¿Por qué ha de reservarse eso para los hombres maduros que frecuentemente ya no leen? ¿Por qué a los niños se les ha de dar la basura del entretenimiento únicamente porque nosotros suponemos que no entienden otra cosa?

Inexistente una política cultural en el sexenio del cambio, me animo a contar. Conocida la gravedad de Octavio Paz, cerca el fin, lo llamaba los lunes. Solía acudir al teléfono. Aún miro su tristeza: "Del cuello para arriba todo está bien y del cuello para abajo todo es un desastre", me dijo alguna vez.

Sin advertirlo entonces, las palabras de Octavio me encaminarían a un cuadro famoso de David Alfaro Siqueiros: *Imagen de nuestro tiempo*. La figura al óleo carece de cabeza. Su lugar lo ocupa una piedra maltratada y del cuello descienden los trazos de un tórax hercúleo.

La doble estampa me alarma y conmueve, la cabeza sin cuerpo y el cuerpo sin cabeza. Me parece que no hay un destino para la política y otro para la cultura. Nacieron juntas y juntas se salvan o juntas se pierden. Años y años se tuvo a los periódicos y a las revistas como un subproducto de los libros. Cultura de segunda. Su lenguaje era ligero y su vigencia fugaz. Nada es tan viejo como el diario de ayer, se decía. Hoy los órganos de información y crítica también son libros. Ahí están los nobel y los no nobel que escriben como reporteros crónicas y reportajes febriles que cautivan.

Ante la doble vía que en realidad debiera ser una sola, la palabra impresa y la imagen, el régimen ha dado cuenta de su peculiar manera de entender la libertad de expresión. Distante de la palabra, sus recursos multimillonarios han sido para la televisión, ese relámpago que ilumina el planeta y muestra a una multitud que avanza sin saber a dónde va.

El medio consentido responde al dinero que le llega a manos llenas. Está a la vista su crítica moderada en los asuntos del gobierno y la avalancha contra los enemigos cuando hace falta. Orgulloso de su relación de clase con el poder político, desdeña a los que apenas tienen o no tienen modo de vivir. Avergüenza "Celebremos México", ese largo canto a la vanagloria.

Por cuenta propia, además, cancela de hecho temas para enfrentar con razones la postración de 50 millones de mexicanos. Sólo de vez en cuando aparece en la pantalla la sombra de la iniquidad, ese mal que de manera cruel divide al país. La televisión, un factor en el desequilibrio que padecemos, no podría animarse a denunciar tamaña injusticia. Atentaría contra sus intereses: el dinero sin límite y el poder atrás o delante del trono.

Incondicionales de la imagen sostienen que ésta vale por mil palabras. No hay duda del portento que capta la locura del mar contra todo lo que no sea agua o el segundo de un ser humano en trance mortal. Nadie podría olvidar a la niña vietnamita que huye aterrorizada del napalm, quemadas sus ropas, toda ella desnuda. La criatura corre con los brazos desfallecidos. Busca otro infierno, el que sea.

Desde 1972 la estampa pertenece al mundo, pero había que explicar de qué se trata. En su momento aparecieron las palabras imprescindibles, sin tiempo ni viento que se las pudiera llevar. La oración que acompaña a la niña es sencilla y aterradora: "Ésta es una de las imágenes que cambiaron la percepción de la guerra en Vietnam".

A la tecnología debemos el prodigio de la imagen instantánea y universal, pero a la palabra debemos el prodigio del hombre y de la mujer.

Muchas gracias.

El valor del tiempo[*]

Siempre intensa, la amistad entre Octavio Paz y Julio Scherer García no estuvo exenta de desencuentros. Con todo, aun desde la lejanía física respecto del periodista, el premio nobel se abstuvo hasta su muerte de dinamitar los caminos alternos, así como el fundador de Proceso *evitó reprocharle su colaboración con el títere presidencial que confabuló para echar de* Excélsior *a su director. En el texto que adelantamos enseguida —fragmento de un libro en preparación—, Scherer García repasa momentos álgidos de su relación con el poeta, en vísperas de que sea objeto de un homenaje en la sede del Senado de la República.*

El cáncer, siempre el cáncer. En un principio me dije que Octavio Paz vencería el abominable mal, como Gabriel García Márquez. Había sufrido Gabo con su salud, pero de cáncer no moriría. Otras desventuras han empañado su vida, pero no ésa. Lo recuerdo abatido en los inicios de la enfermedad y poco a poco más confiado en la bienaventuranza que en muchos sentidos ha sido su vida.

De lunes a lunes buscaba por teléfono a Octavio para saludarlo y preguntarle por su ánimo. En la brevedad de unos minutos, omitía el tema de su salud, derrumbada. Alguna vez me dijo:

"Del cuello para arriba todo está bien, pero del cuello para abajo todo es un desastre".

Yo quería verlo, estrecharle la mano. Desde hacía muchos años, la lectura de *El laberinto de la soledad* me había permitido asomarme a su talento inmenso. No tuve duda: sería un personaje de la literatura universal.

En octubre de 1968 renunció a la embajada en la India y poco después escribió *Posdata*, enfrentado al presidente Gustavo Díaz Ordaz por la matanza de Tlatelolco. De regreso a México no hubo quien le ofreciera trabajo. Hablaba entonces de radicar en un país de Europa o en Estados

---

[*] *Proceso*, 16 de octubre de 2011

Unidos. Si de Europa se hubiera tratado, yo tenía por cierto que habría elegido París, sabido su amor por Francia y casado con Marie Jo, la única compañera del resto de su vida.

En cuanto al gobierno mexicano, su furia contra Octavio se expresaba en el "memorándum reservado" que Silvio Zavala, embajador en Francia, envió a la Cancillería el 20 de enero de 1969. Dice el documento que nuestra representación diplomática "podría emprender la gestión correspondiente para que se haga saber oficialmente al señor Paz que su residencia en Francia no es compatible con la campaña política que viene desarrollando".

Conversábamos Octavio y yo en el hotel María Cristina, sobre la calle de Lerma, a un costado del Monumento a la Madre. Yo le decía que sólo en México podría desarrollar la vida que merecía.

Me respondía con hechos. En la Universidad Nacional Autónoma de México, entonces presidida por el rector Javier Barros Sierra, no hubo quien le ofreciera una cátedra o al menos una conferencia magistral. Igual ocurría con El Colegio de México. Del monolítico PRI y la no menos cerrada cúpula empresarial, no se gastaba en palabras.

Un día tuve la ventura de ofrecerle una revista, semanal, quincenal, mensual, lo que él quisiera. Octavio sería el único responsable de su contenido, libre de compromisos. Tendría un ingreso razonable que cubriera sus expectativas, así como las de dos o tres de sus colaboradores de tiempo completo. *Excélsior* pagaría todo.

El tiro de *Plural* era modesto y la venta no levantaba el vuelo. Yo respondía a sus impugnadores en la cooperativa que nuestros suscriptores, más de 60 mil, recibían mensualmente la revista mes a mes. En otros términos, sostenía que contaba con lectores. La réplica saltaba automática, agresiva. La contabilidad no mentía: la publicación mermaba las utilidades de todos.

En 1977 Jaime Labastida asumió la jefatura de la publicación e introdujo en ella cambios de estilo y contenido.

Siguieron los sucesos. Paz recibió el Premio Nobel, y Jaime Labastida, hoy académico de la lengua, escribió un artículo oscuro. El texto lo publicó en *Excélsior* el 16 de octubre de 1990. Asentó:

"Quienes colaboran conmigo consideran, a la par que yo, que desde junio de 1977 *Plural* entró en una segunda época. Desde entonces la revista es distinta y ha trazado una línea de demarcación con su fundador (Conrad diría que hemos atravesado una línea de sombra).

"Pero debo decir que la diferencia es de estilo, de temática, de posición ideológica. Algo nos une (acaso me sienta obligado a decir, de modo enfático, que al propio tiempo es nuestra deuda de honor con Paz)".

Sin explicar cuál es "esa deuda de honor", añadió Labastida: "Felicidades, Octavio, desde este lado de la palabra".

Tampoco explicó cuál es "este lado de la palabra".

* * *

De enero de 1989 a septiembre de 1992, Octavio Paz mantuvo una relación incomprensible con el periódico del que se había apropiado Regino Díaz Redondo. Sin poderlo evitar, me alteraban sus artículos en la primera plana del diario. Sumaron nueve ensayos en el periodo que consigno. Fue manifiesto el contraste con Gabriel García Márquez y Julio Cortázar, entre otros grandes escritores de la talla del mayor, adictos a *Proceso* y a la libertad de expresión. Incongruente, el poeta había dejado su nombre en un órgano de golpistas. Incluso aceptó que fuera utilizado en las campañas publicitarias con las que el periódico pretendía incrementar su menguada nómina de suscriptores.

Éstos fueron los títulos del trabajo de Paz en el diario y la correspondiente fecha de publicación:

"Intolerancia y violencia verbal. ¿Por qué no reconocer aciertos del gobierno?" (31 de enero de 1989).

"Pequeña crónica de grandes días. Fin de un sistema" (8 de enero de 1990).

"Pequeña crónica de grandes días. Fin de un imperio" (11 de enero de 1990).

"Vuelve Estados Unidos su mirada a América" (15 de enero de 1990).

"Panamá y otros palenques" (18 de enero de 1990).

"México, modernidad y tradición" (22 de enero de 1990).

"Modernidad y patrimonialismo" (25 de enero de 1990).

"Alba de libertad. Desenmascara AL al viejo patrimonialismo colonial" (7 de marzo de 1990).

"Coloquio o cuento de invierno" (9 de febrero de 1992).

"La literatura y el gobierno" (11 de septiembre de 1992).

El 11 de septiembre de 1992, los ojos estupefactos en la plana frontal de *Excélsior*, vi uno al lado del otro a Gastón García Cantú y a Octavio Paz. El historiador escribía acerca de las vueltas del tiempo y el escritor se ocupaba de la literatura como la forma perfecta de la palabra. El artículo de Paz lo acompañaba su fotografía. Se le veía sonriente, pleno de vida o satisfacción.

No encontré ni busqué explicación alguna a su comportamiento. Octavio haría siempre lo que le venía en gana.

* * *

No volvió a *Excélsior* y un día apareció en Televisa. Para él, todo lo que quisiera de parte del monopolio. Su relación con Emilio Azcárraga Milmo debió ser constante y firme. Junto al magnate, en Nueva York, festejó el anuncio del Premio Nobel de Literatura que la Academia Sueca le entregaría a fin de 1990. Pero éste no era asunto que me concerniera en lo personal. Fueron tiempos en los que sentí a Octavio inmensamente lejos.

No sé cuándo ni cómo volvió a nosotros, ostensible, la amistad que nunca había desaparecido. Platicábamos en el Passy, restaurante francés que le agradaba; nos veíamos en su casa y estuve con él en la crisis que le provocó el incendio de una parte de su biblioteca en su departamento de la calle de Lerma, el 22 de diciembre de 1996.

Octavio me enviaba sus libros. Hubo uno que me conmovió sobremanera. Aludía el poeta a la amistad y la calificaba con la palabra "azul".

—¿Por qué "azul"? —le pregunté un día.

—Es la llama más pura —me dijo.

* * *

En los 80 años de Paz le pedí una entrevista. Aceptó y me pidió que llegara a la cita con un cuestionario escrito. Reunidos en su departamento de Lerma, le pregunté si había consumido cocaína y también de qué manera contemplaban la muerte sus ojos de poeta. Me dijo que descartara ambos asuntos. A Marie Jo la alteraba que hablara de la muerte y le disgustaría que abordáramos la cuestión de la droga. En privado me confió que la había probado, rendido simplemente a la curiosidad.

La entrevista no tuvo lugar como yo la esperaba. Me dijo Octavio que se apoyaría en algunas ideas del cuestionario y respondería por escrito. Se incorporó de su asiento y desapareció algunas horas.

Tuve en mis manos páginas concentradas que aparecerían en el número 885 de *Proceso* (18 de octubre de 1993). La revista le rendía homenaje a Paz, su rostro en la portada y estos subtítulos que lo acompañaban:

"Lo que creo, pienso y quiero".

En la despedida, me dijo:

"Te escribí una carta".

El tono personal se extendía a las páginas que redactó sin un cuestionario formal. Escribió:

"Tú me propusiste con extraña generosidad —apenas si me conocías— la dirección de una revista semanal de opinión. Rehusé: no me sentía con inclinaciones por el periodismo militante. Tampoco con talento. Tenía otra idea y te propuse una revista mensual de cultura: letras, arte, pensamiento, política. Tú aceptaste con entusiasmo. Todavía me maravilla tu gesto. Así nació *Plural*: conjunción de dos ideas y de dos voluntades. Hoy pienso que también podía haberse llamado *Encuentro*".

—Habría sido un buen título, Octavio, pero *Plural* era más vivo, más actual.

—Es una palabra que se ha puesto de moda. Nosotros fuimos los primeros en usarla. Hoy se ha gastado. En aquellos días era un término nuevo y combativo. *Plural* en oposición a monolítico, monopolio, monocorde, monotonía y otras palabras que comienzan con el prefijo 'mono', que denota único o solo. El nombre mismo de la revista era un manifiesto: nos oponíamos al monólogo del poder y al coro de las ideologías. Sin embargo, *Plural* no era sinónimo de eclecticismo ni de condescendencia y manga ancha moral o literaria. Aunque todas las opiniones nos parecían respetables, no todas debían ni podían tener cabida en nuestras páginas: éramos una revista crítica, con ideas claras, propósitos definidos y, en materia estética y literaria, con gustos y preferencias. La historia de *Plural* es conocida y no la repetiré.

"En cambio, no me cansaré de repetir que, a pesar de las críticas que provocaba *Plural* entre tus amigos de izquierda —algunos de ellos eran tus colaboradores cercanos—, tú me defendiste sin jamás intervenir en la orientación de la revista. Eres un ser apasionado, y esto, a veces, te hace perder la objetividad y aun los estribos. Te salva tu pasión por la libertad y, por esto, fue natural que la redacción entera de *Plural* dejase *Excélsior* en 1976. Fue un acto de solidaridad contigo y tus amigos. Nuestra salida no fue una derrota, sino una victoria: logramos fundar *Vuelta*, una revista independiente. No fue casual que *Proceso*, *Unomásuno* y *Vuelta* nacieran casi al mismo tiempo; la aparición de estas tres publicaciones fue un signo de los tiempos y una confirmación de las previsiones de *Posdata*: vivíamos el fin de un largo periodo histórico abierto por la fundación del Partido Nacional Revolucionario en 1929".

* * *

Yo pugnaba por ver a Octavio, enfrentar de una vez el estremecedor "nunca más". Marie Jo me decía que no le era fácil encontrar un lugar para mí, pero habríamos de conversar, sin duda. No recuerdo el día en que nos reunimos, pero sí que caía una noche que ahora imagino sin una luz.

Marie Jo me recibió en una sala que rezumaba dolor. Innecesariamente amplia para una pareja cerrada al mundo, vi flores dispuestas en cualquier sitio y libros seriados, de lomo gris. Todo me pareció liso, de una desolada humanidad.

"Ahora viene Octavio", me decía Marie Jo.

No lo habría concebido en silla de ruedas y hubieron de transcurrir unos minutos hasta que el camillero, íntegro de blanco, lo condujera hasta el sitio donde su esposa y yo lo aguardábamos. Al estrechar su mano, inclinado sobre el cuerpo doliente, sentí su respiración agitada.

Al camillero Octavio Paz le llamaba Hércules, sobrado de razón. Hércules avanzaba con precaución extrema, pero no podía evitar algún movimiento en la silla que arrancaba del hombre que moría protestas continuas. "Hércules, cuidado; fíjate, Hércules".

El muchacho no despegaba los ojos del piso y caminaba como si fuera de puntas. El cáncer ya había acabado con el nobel.

* * *

Apenas me cabía en la cabeza el encuentro con el poeta, ya en la muerte. ¿De qué manera podría conversar con él? Llegado el caso quizá pudiera recurrir a la carta que me había escrito. Por sí mismo, el texto podría abrirnos a un diálogo suavizado por la amistad.

Desde su silla de ruedas, Octavio guardó un silencio tenso. Le pregunté si le interesaría que leyera algunos párrafos de la carta. Asintió y de pronto me interrumpió para decirme que dos o tres palabras no le habían gustado.

—¿Cuáles, Octavio?

—No vale la pena —respondió.

En la primera oportunidad, ya en el diálogo, le dije que conservaba intacta la inteligencia y que sólo a partir del trabajo podría aliviar el dolor que lo agobiaba.

"Escribe, Octavio, escribe cuanto puedas", le decía.

Subrayaba, desconocedor del tema, pero quizá certero, que la literatura podría ser más fuerte que la desdicha en los últimos días de Octavio.

Me hizo sentir que se encontraba a gusto y se dirigió a Marie Jo con la brevedad de una orden:

—Comunícame con Sheridan.

—Estás con Julio, Octavio.

Octavio se enfureció. Algo en él se había venido abajo y los reproches a su esposa, que en otras circunstancias me habrían lastimado, los dejé pasar. Tampoco reaccioné a su voz aguda, irritante.

—Te comunico, Octavio.

—No, ya no.

A partir de ese momento se apoderó del breve tiempo que tendríamos por delante. Yo comprendía su desesperación. Mi madre, Susana y mi hermana Paz habían muerto por el cáncer que se fue haciendo de ellas con la paciencia de un sujeto adiestrado para hacer sufrir.

Fuertemente contrariado, un fuego súbito apareció en los ojos azules del poeta. Dijo que los médicos le habían robado seis meses de vida. Un diagnóstico a destiempo había sellado la desdicha que lo cercaba. Me dijo que a su muerte quería que contara lo que en esos momentos expresaba. Vi a Marie Jo recogida en ella misma. La aflicción de sus ojos empañados la expresaba. Su entrega a Octavio resultaba conmovedora. Quise besarla, pasar la mano por su cabeza.

Poco a poco se tranquilizó Octavio y una calma sin consuelo descendió sobre la estancia. Comprendí el valor que daba el tiempo. Me dijo, débil la voz, que cualquiera puede echar a perder su vida en la palpitación del último segundo.

Tiempo de llorar[*]

Se abrió el tiempo para llorar a Gabriel García Márquez. Ya no hay manera de enfrentar el deterioro que poco a poco provocaría el desenlace previsible.

Lo conocí en septiembre de 1979. *Proceso* y la editorial Nueva Imagen habían convocado a un concurso sobre el militarismo en América Latina. García Márquez fue uno de los jurados, muy lejos del Nobel, pero ya famoso.

La segunda ocasión que estuve cerca del escritor fue cuando el fundador de Nuevo Periodismo [Iberoamericano], Gabriel García Márquez, convocó a un certamen para distinguir al personaje merecedor de tal reconocimiento. García Márquez me entregó el diploma y me dio un beso.

Por la noche, en una cena de unos cuantos, decía que era la primera vez y la última, en la que besaría a un varón.

La última vez que estuve con el escritor fui testigo de su deterioro. Su cabeza ya no era la máquina perfecta que había revolucionado la literatura. Dudé hasta el insomnio si debía dar cuenta o no de lo que había visto y escuchado. Pensaba que podría provocar algún disgusto en doña Mercedes, compañera toda su vida de un gran periodista, y pensé que su malestar habría de prolongarse sólo un breve tiempo.

Pretendí dejar atrás la incertidumbre que me pesaba y le pedí a mi secretaria, Ángeles Morales, que me comunicara con la secretaria de García Márquez, Mónica Alonso. El teléfono lo tomó doña Mercedes y me dijo que los asuntos que tuvieran que ver con su marido era ella la indicada para resolverlos.

Tuve en cuenta que mi pequeño texto no develaría secreto alguno. También consideré que nadie podría acusarme de infidelidad. Jaime García Márquez había hecho público que su hermano padecía demencia

* *Proceso*, 19 de abril de 2014

senil[1] y así otros escritores. Jaime Abello, director de Nuevo Periodismo, pretendió restarle importancia al asunto. Fallido en su propósito, le dio realce al tema al afirmar que García Márquez era un "anciano olvidadizo".[2]

Acerca de mi propio debate escribí un breve texto que daba cuenta de lo que ocurría en mi conciencia:

La muerte de Carlos Fuentes provocó que el duelo por el suceso se extendiera por América Latina, Europa y los Estados Unidos. A la voz multitudinaria que lamentó el fin del escritor se unió un silencio desgarrador. Gabriel García Márquez no había pronunciado palabra alguna acerca de su consanguíneo en la vida. Fue claro que el portentoso narrador ya no pertenecía al mundo que había recreado como ninguno.

En esos días visité a Gabo. Los pormenores del encuentro los narré en un texto breve que había publicado en *Vivir*, el año 2012. El relato es sobrio y hasta donde me fue posible no encontré en la relectura una palabra de más. Me atuve a las reglas del periodismo que me es más caro, el de reportero que somete los sentimientos a los hechos tal como los percibió.

Me pregunté si debía o no dar cuenta del episodio que había vivido con el nobel. Dudé muchas veces en un ir y venir de la conciencia. Pensé en la posibilidad de lastimar a personas a las que mucho quiero, pero también consideré que el periodismo tiene principios a los que es preciso encarar y que, llevado a sus últimas consecuencias, siempre causa dolor y sufrimiento.

El deterioro por vejez es insalvable y no hay manera de escapar a sus designios ni existe recurso en el mundo para protegerse de su permanente y dramático avance. Me vino a la mente una extraña semejanza con la lluvia. Irremediable, simplemente cae.

Supe desde entonces que García Márquez no escribiría una línea más. Pronto desaparecería la ilusión de que trabajaba en una nueva obra. Algunas veces aparecía en público y no hubo poder en el mundo que pudiera desprenderlo de su introspección. Los medios lo mostraban con el rostro ya en otros pasajes sólo por él conocidos.

---

[1] Cito a Jaime García Márquez durante su intervención en un encuentro con los expedicionarios de la ruta Quetzal BBVA en el Museo de la Inquisición de Cartagena de Indias, Colombia, realizado el 5 de julio de 2012: "Desde el punto de vista físico y motriz, Gabo se encuentra bien, aunque ya tiene algunos conflictos de memoria. En la familia todos sufrimos demencia senil, yo ya también comienzo a tener algunos problemitas".

[2] El martes 10 de julio de 2012, la agencia AFP dio cuenta de que el director de la Fundación Nuevo Periodismo Iberoamericano, Jaime Abello, dijo que el nobel de literatura "no está demente; simplemente anciano y olvidadizo".

Una tarde apacible, reunidos en su casa de Fuego, anunció con su mejor sonrisa: "Tengo algo para ti".

Se incorporó del sillón que ocupaba, extendidas las piernas a todo lo que daban, y regresó con un libro. De su puño y letra, me llamaba el doceavo hermano. En ese tiempo, 1972, se encontraba lejos aún del Nobel, pero su fama ya se extendía por el mundo.

Evité la obviedad, visto que García Márquez me incorporaba a sus afectos profundos, y le dije que nunca me atrevería a escribir su biografía. ¿Por qué?, parecían decirme sus ojos.

Le dije que, más allá de que su genio me abrumaba, haría hasta lo imposible por describirlo. Jugando y hablando en serio, comenté que lo escudriñaría hasta donde me fuera posible. Averiguaría hasta cuál es la marca de la pasta de dientes con la que se aseaba la boca. Así, le conté que sus hábitos y sus fobias formarían parte de un trabajo ilusorio.

"El periodista no está para callar. Sólo así se escribe una biografía —comentó con una expresión severa—. Si no estás dispuesto a correr el riesgo de una crítica adversa, será mejor que no escribas".

Yo seguí y afirmé que hay conflictos a los que muy pocos sobreviven y quizá ninguno como la envidia. Tengo para mí, continué, que de la envidia escapan muy pocos.

"Escapas tú", esbocé apenas.

Cité a Dostoyevski, a quien, en lo más alto de su talento, lo carcomía de celo y envidia su contemporáneo León Tolstói. A sus amigos les confiaba que no podía entender el éxito arrollador que entre sus lectores había conquistado la heroína de Tolstói. *Anna Karenina* iba de mano en mano. Dostoyevski, corrió la voz, nunca lo buscó, instalado Tolstói muy por encima de *Crimen y castigo* o *Los hermanos Karamazov*. Y muy posiblemente se trató de un problema que tendría que ver con la envidia.

Al iniciarse en el periodismo, muy joven, los laureles más frescos eran para Vargas Llosa. Supuse que el tema podría despertar algún eco en la memoria. Por ese camino indagaría sobre la personalidad de García Márquez.

Otra vez le pregunté qué significado tenía para su vida el Nobel. Me escuchó en un largo silencio. Quizá no deseaba responderme. Insistí, a lo mejor hasta categórico. Querría saber.

—Mi firma vale más y podré trabajar con mayor soltura en favor de los opositores de Fidel encarcelados en Cuba por motivos políticos.

—¿Y después del Nobel, qué sigue, Gabriel?

—La utopía, el límite.

—¿Cuál sería?

—Soñar con el Nobel de la Paz, que mi nombre figurara, sólo eso, en la lista enorme de candidatos con méritos inmensos que yo nunca podría alcanzar…

Varias veces García Márquez y yo nos desvelamos en fiestas sin tronido. En una de ésas me contó que había dos seres que por igual le robaban el corazón. Quise saber de quiénes hablaba.

"Mis bibliotecas, la de la Ciudad de México y la de Colombia. Por una y otra la pasión se burlaba de mí. Nunca pude elegir a la favorita. Así me pasa con México y Colombia. En México escribí mis mejores libros, pero las raíces de Colombia cavan muy hondo".

Vicente, Vicente[*]

Como director de Excélsior, Julio Scherer García invitó en 1972 a Vicente Leñero a colaborar con él y le encargó la conducción de Revista de Revistas. Desde ese momento establecieron una estrecha relación profesional y amistosa. Pieza clave en su creación, Leñero fue durante 20 años subdirector de Proceso y protagonista central de momentos memorables, algunos de los cuales son evocados en estos apuntes inéditos de su fundador.

Escuché a Vicente Leñero por teléfono, la voz lenta, húmeda:

"Llegó nuestro tiempo, Julio. Tengo un tumor en el pulmón. Cáncer. Los médicos me dan dos años de vida".

Vicente me evitó una respuesta que habría sido superflua. Simplemente se retiró del teléfono.

Yo me acompañaba en la casa con algunos de mis hijos y en ese momento nada les dije acerca de la noticia que me laceraba. Necesitaba estar solo.

La palabra de Vicente tenía dos acentos: el irónico y el sarcástico. Ahora asomaba el lenguaje del dolor que ya no lo abandonaría.

Vicente rehuía a los médicos como augures de las malas nuevas. Los galenos se las ingeniaban para encontrar males en cuerpos perfectos. Del momento de la derrota no quería saber. Quería para él final súbito. Un plomazo o un infarto y ya. Sería todo.

Sus amigos le urgíamos para que confrontara su pasión por el tabaco. No era buen camino su adicción: cajetilla y media o dos paquetes diarios. Él replicaba con humo equívoco.

***

---

[*] *Proceso*, 7 de diciembre de 2014

Había visto en *El País* una fotografía reciente de Manuel Fraga, constructor de la democracia española. La información daba cuenta de su edad: 89 años. Se veía satisfecho y no apartaba el cigarro de la boca. Lo disfrutaba como si anduviera en los 50.

Saludé a José Pagés Llergo en su casa, ya vigilante la agonía. Vivía para continuar vivo. Sus pulmones estaban deshechos por su incontrolada pasión por fumar. Para él no había colilla que sobrara. Trabajaba y fumaba, fumaba y escribía. Permanecían a su lado una enfermera y un tanque de oxígeno de metro y medio de altura, color verde, deteriorado. Pagés, vanidoso, dejaba que corriera una entrevista con Hitler en 1945. La entrevista se reducía al intercambio de unas frases de cortesía y un apretón de manos. Nada.

A corta distancia de Pagés vi el rostro de la desesperación. Sin oxígeno en los pulmones quería atrapar aire del medio ambiente de su recámara, las ventanas siempre abiertas. Francisco Martínez de la Vega, su compañero, lo lloraba. De buena fe, tersa la intención, el 7 de junio, Día de la Libertad de Expresión, Martínez de la Vega dijo, en Los Pinos, que sin el consentimiento del jefe de la nación no habría medio impreso que pudiera subsistir. Martínez de la Vega abogaba para que *Proceso* contara con los recursos necesarios para sobrevivir, entre ellos, la publicidad.

Pagés fue hombre generoso. Nos ofreció, a los expulsados de *Excélsior*, un piso en un edificio de su propiedad, en avenida Chapultepec, para que ahí pudiéramos planear nuestro futuro. Vicente fue el primero que rechazó la oferta. Dijo que *Siempre!*, el semanario de Pagés, no era independiente del gobierno. Ahí se publicaron textos contra el gobierno, pero siempre tuvo un límite, la voluntad del Ejecutivo que gobernaba en todas partes. Si en verdad queríamos una publicación libre, con todos los riesgos, no teníamos sino un camino. En esos días renunciaron algunos compañeros al proyecto y otros esparcían su veneno. Las traiciones estuvieron a la orden del día. "Julio está loco —oía decir—. Quiere venganza". Francisco Galindo Ochoa, el portavoz de la palabra presidencial, decía:

"Julio pierde los estribos. En su insensatez perderá hasta su casa. Ya le hice saber que pagaría las consecuencias si publica la fotografía y arma un reportaje sobre la casa del presidente en la colina de Cuajimalpa".

***

Una tarde de esas en las que finalmente la luz triunfa sobre la bruma que se extendía por el Valle de México, recibí la visita de José Antonio

Zorrilla, director de la Federal de Seguridad. Era portador de un mensaje del secretario de Gobernación, Manuel Bartlett, su jefe.

En tono duro me dijo que en Gobernación tenían informes acerca de un próximo reportaje que publicaría *Proceso*. Me advertía que en caso de contrariar la voluntad del presidente, sufriría las consecuencias. Respondí que consultaría con el subdirector de la revista, Vicente Leñero. A solas me dijo que publicaríamos el texto sin una coma de más ni un punto de menos. Zorrilla se fue satisfecho y nosotros quedamos con el preciado as en la mano: nuestro trabajo en nuestras manos y la decisión de publicarlo cuando lo creyéramos conveniente.

***

No escapaban a nuestro quehacer los mensajes amenazantes. Discutíamos cuál debía ser nuestra actitud. Ya se nos había presentado un asunto grave por un reportaje firmado por Alejandro Gutiérrez.

El artículo de Alejandro está fechado el 13 de mayo de 2007 en Apatzingán, Michoacán. En él, hacía referencia de cómo cada día eran más los ciudadanos que padecían violencia e imposiciones de los narcotraficantes y de cómo los operativos policiacos y militares, que se justificaban sólo para restaurar la seguridad pública, incrementaban los riesgos de la población por vivir en un país convertido en campo de batalla: detenciones ilegales, allanamientos, torturas y hasta robos fueron y son algunos de los abusos que han cometido las Fuerzas Armadas.

Alejandro Gutiérrez, según Ramón Eduardo Pequeño García, quien fuera titular de Seguridad Regional de la Secretaría de Seguridad Pública, debía contar con dos hombres de confianza que lo protegieran de un posible atentado. Vicente se opuso al punto de vista. La seguridad de nuestro personal debía depender de nosotros mismos. Agradecimos la atención y optamos por nombrar a Alejandro corresponsal de *Proceso* en España.

***

Echeverría (otro tiempo, el mismo país, idéntica lacra de la política) encargó a un emisario de promisorio futuro decirnos que el presidente era un bien nacional y estábamos obligados a cuidar de su buena fama. A su arenga llegó la advertencia: más nos valía que protegiéramos el nombre y la figura presidencial o podríamos pasar momentos desagradables. Sin embargo, a Vicente ya nadie podría detenerlo.

Siempre de buen humor, extrañaba la literatura. Fue así como fundó *El Mollete Literario*. Ya concluida la jornada de trabajo se iba con perdones, al parecer a recrearse con libros y escritores. Juró que nunca dejaría ir a José Emilio Pacheco y su *Inventario*, ambos de nuestra sección cultural.

Morir a tiempo[*]

Apasionado del trabajo periodístico hasta sus últimos momentos, Julio Scherer García dejó escritas estas desgarradoras páginas, testimonios crudos de sus vivencias en medio de las enfermedades y el sufrimiento que lo agobiaron desde julio de 2012 hasta la madrugada del miércoles 7. Llegó a ver cercana la muerte, se asomó a su abismo y quizás deseó caer en él, al imaginar con repudio la posibilidad de una vida inútil. De todo ello da cuenta en estas cuartillas, trazadas con su prosa, punzante y dolorosa a la vez, magistral como siempre.

Una pesadilla me arrojó fuera de la cama. Cuatro sujetos salidos de no sé dónde pretendían violarme. Ya me habían despojado del cinturón y se empeñaban en bajarme los pantalones. Yo gritaba, manoteaba, pateaba y en una de ésas me vi en el piso de la recámara. Mi cabeza había rebotado contra la madera dura de un sillón y yo sentí que me abrí en pedazos. Me asustó un calor desconocido que me recorría la espalda. Quise mover las manos y las encontré sin fuerza. Los dedos también estaban inertes. Algunos de mis hijos ahí presentes me pidieron que procurara moverme a fin de acomodarme en una silla. El propósito resultó inútil. Me encontraba paralizado.

El viaje en ambulancia hasta Médica Sur fue a toda velocidad, enloquecedora la estridencia chillona de la sirena del vehículo. Me acompañaban dos de mis hijas. Yo sentía la muerte y la deseaba como una obsesión. No tuve un pensamiento para Dios o el más allá, una añoranza para Susana, algunas palabras silenciosas para mis hijos, para mis amigos hermanos, para los muchos que me han dañado. Tampoco supe del arrepentimiento por la vida torpe que había llevado. La ambulancia llegó finalmente y, en el quirófano, la oscuridad me envolvió.

---

[*] *Proceso*, 11 de enero de 2015

Al despuntar la borrosa claridad después de la cirugía, fracturada la cadera, sentí que mi cuerpo estaba hecho para el dolor. No habría podido distinguir entre la tortura que desgarra el estómago y los estragos de una muela podrida que destroza la boca. Entreabrí los ojos y vi a Adriana, su rostro tan cerca del mío como si se dispusiera a abrazarme.

—Papito —escuché en un tono desgarrado.

—Ya suéltenme —alcancé a decirle.

—Papito —repitió bañada en lágrimas.

—Hija, no quiero vivir días inútiles cargados de sufrimiento.

Con las fuerzas que me quedaban, alcancé a decirle:

—Me quiero ir.

—Voy a hablar con mis hermanos —me dijo.

En las reuniones familiares algunas veces habíamos hablado de la muerte. Yo decía que la vida no se había hecho para que ésta durara, que había un momento en el cual uno debería irse.

Cuento todo esto sin pesar. No me tengo lástima.

* * *

En el tiempo del hospital conocí las alucinaciones, voces destempladas que me aturdían con un lenguaje áspero. Resentí los puñetazos sobre el rostro y el cuerpo. Vi caras desconocidas en mi cuarto de terapia intensiva. Las contemplé multiplicadas en los días inacabables de hospitalización. En el piso vi piojos güeros y gordos que me devoraban.

Los delirios me acosaban. Sin noción, la semiinconsciencia persistía hasta que la claridad del día se transformaba en una sombra densa. En la tortura supe de Susana abandonada en la niebla. Supe también de mis hijas, a disposición de monstruos sin nariz. Contemplé serpientes blancas y leones negros de tamaño descomunal.

Una enfermera me despertó súbitamente con voz queda:

—¿Qué pasa? —acerté a decir.

—Gritaba usted, don Julio.

Yo miraba a la mujer de bata blanca, asustado y sin duda con fiebre alta.

—No pasa nada, tranquilo —me dijo.

—No me quiero volver a dormir.

Como si de un momento a otro hubiera dejado de existir como persona, la bata blanca dispuso:

—Le vamos a dar una pastilla.

—No quiero.

—La va a tomar.

El reloj del hospital pareciera concebido para las personas ansiosas de vivir una eternidad. Ese tiempo transforma los minutos en horas y las horas en días. En esta quietud yo permanecía atento a mi lenguaje y confirmaba que ya no era el de antes. Me mantenía sensible a su falta de continuidad, una fluidez que añoraba y se había ido. También extrañaba la flojedad en mi capacidad de concentración.

Conversaba apenas en la intimidad, la única a la que tenía acceso, y me protegía con monosílabos y frases hechas. Cerraba los ojos y fingía dormir para disfrazar los abismos depresivos en los que caía con frecuencia. A mis hijos los veía con sentimientos que no encajaban entre sí. Había en mí una actitud de reproche porque no me habían soltado en el momento preciso, listo como estaba para la muerte. Pero había también una emoción avergonzada, sus ojos en los míos entregados a la comprensión y el amor.

***

En la memoria remota, algunas veces emergía mi padre:

Una tarde había tomado pastillas decidido a morir. Mi madre se enteró a tiempo, el minuto exacto para arrebatarlo del fin. Yo la acompañé al lavado brutal al que debió someterse. Boca arriba y desnudo sobre una plancha de piedra, cuatro enfermeros descargaban sobre su cuerpo cubetazos y manguerazos de agua fría. Fueron minutos crueles, un segundo a punto de expirar y al siguiente asido su organismo a la existencia. Mi madre hacía esfuerzos para contener las lágrimas y abandonaba sus manos entre las mías.

En el primer momento en que mi padre recobró la conciencia me puse de pie.

—No te vayas, hijo —me dijo mi madre—. Nos vas a dejar llorando.

No hice caso y me fui. Sin embargo, aún escuché la voz debilitada de mi padre:

—¿Por qué me hiciste esto, nenita? —ya descansada la cabeza sobre el hombro de su mujer.

***

La primera caída ocurrió en la mañana del día 24 de julio de 2012. La explicación del desplome que haría trizas los huesos de la cadera izquierda tenía su propia lógica: yo era un viejo de 86 años y huesos débiles.

Por más que hubiera nadado todos los días de mi vida, mi cuerpo tenía un destino. Sufrí una segunda caída un año después. La fisura se dio a milímetros de la primera lesión. Hube de aceptar los hechos, una larga inmovilidad como pérdida de los impulsos y la libertad.

Con el tiempo, volví a *Proceso*, cuya lectura había abandonado. Tomaba la revista entre las manos, miraba la portada y la dejaba a un lado. Igual me ocurría con los libros. Los sentía lejos de mi interés. Leía por leer. Ensayé sin provecho el acercamiento con volúmenes que nada tuvieran que ver con el trabajo ni con el país. La vida perdía su sentido, pero el cuerpo trabajaba en silencio por su recuperación.

Hice un primer ensayo para mantenerme en pie unos segundos. Las piernas eran hilachos. Al cabo de semanas, las piernas se transformaban en alambres y, poco a poco, en miembros útiles a un viejo que miraba sin angustia el término de sus afanes. En silencio discurría de qué manera la vida se me había impuesto.

El 31 de diciembre de 2013 fui a *Proceso*, mi entorno de trabajo y segunda casa. Muchos de mis compañeros se encontraban de vacaciones, pero pude conversar con unos 30. Me vi en cada uno de ellos.

Pero faltaba otra operación —que derivaría en cinco más— para arreglar un intestino víctima de un trato severo que armonizara los pedazos desperdigados de mí mismo. El doctor Omar Vergara me había advertido: "Lo operaré cuando usted se encuentre en óptimas condiciones". Transmití al director de *Proceso*, Rafael Rodríguez Castañeda, la infausta noticia.

Ya en la puerta del quirófano, el doctor Omar Vergara había pedido a cualquiera de mis hijos la firma que autorizaría una intervención de altísimo riesgo. Los nueve se miraron entre sí, paralizados. El médico fue terminante: yo moría y él no podía perder un segundo. La firma llegó al papel y yo conservaría una vida que no deseaba.

***

El doctor Tomás Sánchez Ugarte supo de mí en la intimidad tanto como puede conocerse a un hombre en su condición de enfermo. El doctor afirmaba que el origen de todo miedo es la muerte. A él y sólo a él confiaba que quería evitar que lo cotidiano se disolviera. Para eso se escribe, para eso se vive en mi profesión de periodista.

La enfermedad retrocedió súbitamente como si se tratara de una ráfaga. Pero ahí estaba, presente y agazapada. Mi firma en los documentos de *Proceso*, temblorosa la mano, era un garrapato, y la máquina de escribir, Olivetti Lettera 22, me resultaba enigmática. De intentarlo, no reconocería el teclado ni tendría la fuerza para valerme del instrumento de trabajo por el que han pasado miles de cuartillas.

En la leve mejoría, el primer asunto que ocupó mi interés fue el encarcelamiento de la maestra Elba Esther Gordillo. No dudaba de que por sus acciones al frente del sindicato de maestros, que manejaba a su antojo, muchos miles podrían dar cuenta cabal de sus tropelías. Muchos miles también podrían hablar acerca de su enriquecimiento inaudito. Sus escándalos habían sido tema de innumerables crónicas. Sin embargo, no se conocían aún las acusaciones que la habían llevado al presidio. Su expediente resulta esencial en cualquier litigio, el principio causal de cualquier juicio permanecía cerrado.

En el aeropuerto de Toluca, sorpresivamente, agentes federales se habían apoderado de su persona y la habían llevado lejos de los reflectores.

Por su parte, desde el 26 de febrero de 2013, la maestra había guardado silencio. Cómplice del presidente de la República y de los hombres y mujeres con poder político y económico, parecía disfrutar de la vida. No se ocultaba y había librado muchas batallas a cielo abierto. Su encarcelamiento dio lugar a toda suerte de especulaciones. En ellas estaban incluidas dos palabras terribles: traición y venganza, de aquí para allá y de allá para acá. También salía a la superficie la asfixiante corrupción de la política.

Yo pensaba en toda suerte de trabajos periodísticos. Me interesaba conversar con la maestra. En tiempos mejores le había hecho llegar la carta que transcribo:

Doña Elba, sin preámbulos:

Más allá de nuestras diferencias públicas, usted y yo hemos mantenido una amistad persistente. Fueron cordiales nuestras conversaciones en su casa de Galileo, en algunas ocasiones sentados a la mesa con platillos que su madre nos hacía llegar.

Somos amigos por una razón: no nos hemos mentido. Nuestra relación ha estado por encima de la malicia o la mala fe encubierta. Usted ha vivido como ha querido o ha podido y yo he hecho lo propio.

Algunas veces hablamos de la posibilidad de una entrevista entre usted y yo. Nunca llegamos a un acuerdo, la verdad no sé por qué. Ni usted arriesgaba en sus respuestas ni yo en mis preguntas. Conversaríamos de manera llana y nos daríamos el tiempo que hiciera falta.

A través de estas líneas le hago llegar mi renovado interés por entrevistarla. Más aún, me parece que está obligada, como nunca, a ocuparse de capítulos cruciales de su pasado y su presente, en especial, los motivos que, a su juicio, la mantienen en la cárcel.

Reciba, como siempre, un saludo afectuoso.

En el supuesto de que la señora optara por una entrevista de preguntas y respuestas, había preparado el siguiente cuestionario:

1. ¿De qué manera ocurrió su detención en el aeropuerto de Toluca, el 26 de febrero de 2013, y su posterior aprehensión?
2. ¿A qué atribuye su encarcelamiento?
3. En su tiempo de gobierno en el Estado de México y los meses como presidente de la República, ¿hubo entre usted y Enrique Peña Nieto algún acuerdo, compromisos asumidos en el claroscuro de la política?
4. ¿Hubo acuerdos entre los presidentes panistas Vicente Fox y Felipe Calderón, de un lado, y el SNTE y usted, del otro?
5. Cuente de su relación con Carlos Salinas, el presidente que en sus intereses la cubrió de poder.
6. ¿Qué de sus diferencias con Ernesto Zedillo y los arreglos del sindicato a su servicio en aquel gobierno?
7. Existe una inocultable desproporción entre la riqueza que tuvo usted en las manos y la modestia económica que viven los maestros. ¿Le pesa el contraste? ¿Qué reflexiones le suscita?
8. ¿Lamenta haberse cubierto de seda y joyas durante 20 años de su vida?
9. La corrupción ha marcado el destino de México desde mediados del siglo pasado. ¿Cuál será la raíz profunda?
10. ¿Existe o no una insurrección magisterial? En un sentido o en otro, ¿cuál sería el destino de los profesores en el gobierno que preside Enrique Peña Nieto?

***

Pasaron semanas, meses, desvalido en una cama de hospital instalada en mi recámara. Poco a poco recuperé la pasión por las personas que me son entrañables y a su lado disfruté de horas plenas. Pero al cabo de un tiempo regresaba a mi entorno el cielo sin colores. Las fuerzas me habían abandonado. No podía sostener un vaso de agua y requería del auxilio de dos enfermeros para cambiar de postura en el lecho. Las piernas no habrían podido sostenerme en pie un par de segundos. Las manos temblaban y los meñiques habían perdido su relación con los cuatro que les son inseparables.

Proceso llegaba puntualmente a la casa los sábados a media tarde. Veía la portada y en minutos hojeaba el contenido del semanario. Pensaba que sólo así podría mantener un cierto equilibrio interior lejos de la frenética cotidianidad. Al director de la revista, Rafael Rodríguez Castañeda, lo llamaba con prudente regularidad. Admiraba su ímpetu y su carácter. También un cierto estoicismo. Se acostumbró y nos acostumbramos todos al cerco de silencio que el gobierno y casi todos los medios habían decretado contra la revista. Por importante que fuera la exclusiva que el semanario destacara, ya sabíamos que los sucesos difundidos por *Proceso* aparecerían como propios poco después en los medios que viven con la mano extendida. Yo me había prohibido pensar en el trabajo a largo plazo. Considerando que habría sido como girar sobre mí mismo para terminar en el punto de partida.

Acariciaba una frase: morir a tiempo.

Índice

Presentación. Por Rogelio Flores Morales 7
Prólogo. Por Rafael Rodríguez Castañeda 13
Nota de los editores 19

VOLUMEN I
1947-1959

1949

"No pudieron pagarme lo que valgo", dijo María Félix 25
Critica Siqueiros la obra de Rivera: 15 años de oportunismo
    moral y de *Mexican curios* 27
Honores nacionales a Clemente Orozco 30
Homenaje nacional a José Clemente Orozco 32

1952

Frida Kahlo trabaja 37

1953

Demanda a Iduarte 43
Juan O'Gorman vs. Siqueiros 46
Los murales de Orozco 49

1956

Diego manda borrar el "Dios no existe" 53
"Representamos la marcha hacia el futuro" 56
Don Alfonso Reyes: ni inquietud ni impaciencia,
    "Albert Einstein esperó 16 años..." 63

1957

Tumultos en el aeropuerto al llegar los restos de Infante 69
El asesino de Castillo Armas, un conocido comunista 76
Guatemala, en peligro de volver a caer en manos
del comunismo 79
Incertidumbre en el vecino del sur 82
Juan J. Arévalo, posible autor intelectual del crimen 89
Súbitamente murió en su estudio el pintor Diego Rivera 90
El adiós a Diego Rivera 91

1959

En el escenario de una desigual batalla 103
El ataque guatemalteco contra barcos mexicanos I 109
El ataque guatemalteco contra barcos mexicanos II 112
Teme conjuras y por eso ataca a los pesqueros. No lo
habría hecho, dice, de saber que eran de México 117
En el mundo de Goitia 126
Vasconcelos adquirió su dimensión exacta: el mundo
lo llora 131
Con dolor y admiración, México despidió a don Alfonso
Reyes 142

VOLUMEN II
1960-1965

1960

Veinte divertidos minutos con Stravinski 155
Ocho semanas de arte mexicano en Rusia 159
La obra de Orozco en el abandono 164
Tres horas con Pablo Casals 171
Bajo la batuta de Casals, 80 maestros ensayaron El pesebre 176

1961

Dos horas con la heredera de Ana Pávlova 183
En la casa mágica de Diego 190
El minuto actual de Japón I. Los primeros tallos de
la ciudad muerta 197
El minuto actual de Japón II. Evasiones fallidas de una
noche frívola 204

El minuto actual de Japón III. La ciudad que se esconde 209
El minuto actual de Japón IV. Noventa y tres millones
    de "ímpetus" 215
El minuto actual de Japón V. Se rompen las antiguas
    formas y se da la espalda al Sol Naciente 222
El minuto actual de Japón VI. La sociedad en un mundo
    irreal 229

1962

Argentina 1962 I. La caída de Arturo Frondizi 237
Argentina 1962 II. Entre la espada militar y el muro
    peronista 243
Argentina 1962 III. La rivalidad de los Frondizi 247
Argentina 1962 IV. Esperan los peronistas el regreso
    de Perón 253
Regresan los generales de Hitler 260
Galland, un héroe nazi 266
Lenguaje brutal de la muralla de Berlín 274

1965

Censura el presidente peruano la poca eficacia de Alpro
    y OEA 283
Ramón Castro Jijón: Ecuador vive bajo una "dictadura
    democrática" 289
René Barrientos Ortuño: el nacionalismo, ruta para
    que Iberoamérica supere la crisis 293
Arturo Illia: "El continente, amagado por las llamas" 299
Excélsior habla con los actores del drama dominicano.
"Dígale al mundo que no soy comunista", pide el
    jefe rebelde 307
Humberto Castelo Branco: integración iberoamericana,
    pero sin Cuba 321

VOLUMEN III
1966-1974

1966

Necesaria, la victoria de EU en Vietnam 331

Maxwell D. Taylor: la guerra de Vietnam puede durar
un año… o mucho más 334
Robert Kennedy: es absurdo no dialogar con nuestros
adversarios 346
Los hombres de Kennedy I. Kenneth Galbraith: Vietnam,
tumba de una política 350
Los hombres de Kennedy II. Arthur Schlesinger:
las razones de Robert Kennedy 356
Los hombres de Kennedy III. McGeorge Bundy:
De Gaulle sobreestima a Francia 363
Los hombres de Kennedy IV. Theodore Sorensen: veremos
a otro Kennedy en la presidencia 369
Tamayo: "Si un creador se limita, es el suicidio". Siqueiros:
"¿Por qué buscar amor lejos de lo amado?" 376

1968

Paul Warnke: "Si quisiéramos, arrasaríamos a Vietnam en
menos de una semana" 387
Martin Luther King: "Aprendamos a vivir con los
comunistas" 394
Arthur Miller: caerá Estados Unidos en la autodestrucción
si no ayuda a los países pobres 397
"Ninguna hegemonía puede ser positiva para Europa" 405
"Amistad con Rusia, sí; imitación, jamás" 410
Checoslovaquia 1968 I. El gobierno dialoga ya con
la Iglesia católica 416
Checoslovaquia 1968 II. ¿Progreso sin libertad, libertad
sin progreso? 420
Alemania Occidental culpa a Rusia de lo que pasa
en Berlín 425

1971

China I. Ante la omnipresencia de Mao 431
China II. Las mujeres, como en el primer día de
la creación 434
China III. El metro pekinés, soledad entre mármoles 438
China IV. El sol que nunca declina 441
China V. "Si uno muere por la Revolución, la muerte
es grande" 444

China VI. La acupuntura y el *Libro rojo* aniquilan
el dolor 448
China VII. Los agravios de Estados Unidos 451

1974

Sudáfrica I. Johannesburgo, Manhattan sólo para blancos 457
Sudáfrica II. Ochenta mil negros sacan, a cuatro
mil metros de profundidad, poder para el país 461
Sudáfrica III. *Apartheid* es educación, religión y aun
las ideas 465
Sudáfrica IV. El mundo al revés: la ley contra la justicia 469
Sudáfrica V. Blanca por los siglos de los siglos 473
Sudáfrica VI. Parlamento de mármol para los que
no existen 479
Sudáfrica VII. Christiaan Barnard, "el indeseable" 484
José Tohá: crimen, suicidio o inducción fatal 489
"En una cama, desnudo, los brazos abiertos", el cadáver
de Tohá 500
Argentina 1974. Ezeiza fue el principio del camino
al abismo 512
Bangladesh I. "Me llaman Padre de la Patria y no puedo
dar de comer a mis hijos" 518
Bangladesh II. La muerte es la vida en Dacca 525
Bangladesh III. El cólera disputa las víctimas al hambre 529
Bangladesh IV. En las profundidades de la miseria 533
Bangladesh V. Reseña de lo que amenaza al Tercer Mundo 536

VOLUMEN IV
1975-2014

1975

Bergman, hielo y brasa, según Bibi 545
Argentina: la Presidente, cautiva de su impotencia 552
El mejor enemigo es el enemigo muerto 562
Chile 1975 I. En septiembre de 70, Nixon ordenó
"salvar a Chile" de Allende 575
Chile 1975 II. La carta nunca enviada de Allende
a Nixon 582

Chile 1975 III. La doble cara de las conversaciones
    secretas 591
Chile 1975 IV. Los 40, de EU, compraron hasta las
    conciencias en Chile 601

1979
Jane Fonda: la superioridad norteamericana es obsoleta 609
Irán. Revolución de regreso a Dios, frente al mundo de
    la técnica. En coautoría con Enrique Maza 617

1980
Estados Unidos es el enemigo, con distintos rostros 631
El nobel Lawrence Klein: a la vista, la petrolización
    de México 638

EL LEGADO DE DON JULIO

"La moral está por encima de la política" 647
El periodismo libre e independiente no necesita
    del poder para existir 651
Veinte años. En coautoría con Vicente Leñero
    y Enrique Maza 653
El oficio 655
La palabra y la imagen 658
El valor del tiempo 662
Tiempo de llorar 669
Vicente, Vicente 673
Morir a tiempo 677

Periodismo para la historia de Julio Scherer García
se terminó de imprimir en mayo de 2024
en los talleres de
Impresora Tauro, S.A. de C.V.
Av. Año de Juárez 343, col. Granjas San Antonio,
Ciudad de México